U0458942

高校德育工作
的理论研究和实践探索

GAOXIAODEYUGONGZUO
DELILUNYANJIUHESHIJIANTANSUO

主　编　　冯世勇

副主编　　卢少华　解廷民　张永然

山西出版传媒集团

山西人民出版社

图书在版编目（CIP）数据

高校德育工作的理论研究和实践探索／冯世勇主编 .
-- 太原：山西人民出版社，2014.6

ISBN 978-7-203-08668-0

Ⅰ.①高 … Ⅱ.①冯… Ⅲ.①高等学校—德育—教学
研究—中国—文集 Ⅳ.①G641-53

中国版本图书馆CIP数据核字（2014）第188658号

高校德育工作的理论研究和实践探索

主　　编：冯世勇

责任编辑：冯灵芝

装帧设计：陈　婷

出　版　者：山西出版传媒集团·山西人民出版社

地　　　址：太原市建设南路21号

邮　　　编：030012

发行营销：0351-4922220　　4955996　　4956039

　　　　　　0351-4922127　　（传真）　4956038（邮购）

E－mail：sxskcb@163.com　　发行部

　　　　　　sxskcb@126.com　　总编室

网　　　址：www.sxskcb.com

经　销　者：山西出版传媒集团·山西人民出版社

承　印　者：山西臣功印刷包装有限公司

开　　本：787mm×1092mm　　1/16

印　　张：43.75

字　　数：850千字

印　　数：1-1000册

版　　次：2014年6月　第1版

印　　次：2014年6月　第1次印刷

书　　号：ISBN　978-7-203-08668-0

定　　价：98.00元

如有印装质量问题请与本社联系调换

让我们共同加入到
立德树人的队伍中

党的十八大报告明确提出"把立德树人作为教育的根本任务"，这一重要的理论创新不但确立了我国教育事业的根本任务，也确立了当代大学生思想政治教育的根本任务，为新形势下加强和改进大学生思想政治教育工作指明了努力方向，提出了新的要求。

当今世界经济全球化、政治多极化、文化多样化日益发展，各种思想文化交流、交融、交锋更加频繁，社会思想文化越来越多样、多变，互联网、手机等新兴媒体对大学生的影响越来越大。而我国当前正处于全面振兴的关键时刻，经历六十余年的社会主义建设、三十余年的改革开放，社会主义市场经济在不停地发展，经济成分、利益主体、社会组织、生活方式及信息渠道的多样化带来了人们价值取向和思维方式的变化。大学生眼界开阔，思维活跃，信息丰富，在成长过程中难免会受到一定的干扰和冲击，一些大学生中不同程度地存在着政治信仰迷茫、理想信念模糊、道德理念失范、价值取向扭曲、社会责任感缺失等问题。

将"立德树人"作为当代大学生思想政治教育的根本任务，培养全面发展的人，正是基于对当代大学生思想政治状况的客观审视，针对大学生思想政治教育工作中的薄弱环节，以培育和践行大学生社会主义核心价值观为己任，使用多种途径与方式教育引导当代大学生树立正确的世界观、人生观和价值观，通过促进当代大学生思想道德素质、科学文化素质和身心健康素质的普遍提高和协调发展，从而促进他们的健康成长和科学成才。

当然，完成好立德树人的根本任务，是一项复杂而繁重的系统性工程，既面临着外部环境的考验，又具有自身独特的运行规律。

首先要把社会主义核心价值体系融入大学生思想政治教育工作全过程，强化理想信念教育、民族精神和时代精神教育，从高校的课程教学、社会实践和校园文化等多

1

方面建构社会主义核心价值教育体系的载体，引导、教育大学生自觉践行社会主义核心价值体系。习近平总书记指出："青年处在价值观形成和确立的时期，抓好这一时期的价值观养成十分重要。这就像穿衣服扣扣子一样，如果第一粒扣子扣错了，剩余的扣子都会扣错。人生的扣子从一开始就要扣好。"自觉践行社会主义核心价值观，不仅是时代的需要，更是青年大学生自身成长成才，建功立业，实现人生价值的迫切需要。

而不断提升大学生思想政治教育工作者的德育意识和育人能力，打造一流的大学生思想政治教育人才队伍，则是完成立德树人根本任务的核心条件。

毋庸讳言，实现立德树人根本任务的主力军是教师，他们传道、授业、解惑，学会并善于结合学科特点在课堂教学中因势利导地开展德育教育，使大学生既学到学科知识，又接受德育引领。他们用一把把崭新的钥匙开启着求知者如饥似渴的心智，他们中的佼佼者更是大学生们的偶像，被大学生称道、喜爱，挂在口上，以至于终生难忘。

作为大学生日常思想政治教育和管理工作的组织者、实施者和指导者，辅导员对大学生的成长起着至关重要的作用，是开展大学生思想政治教育的骨干力量。面对当代大学生在社会适应、学习能力、人际关系、职业指导等方面的成才需求，身处一线的辅导员要善于指导、引导他们，从而在大学生出现心理困扰、心理疾患等问题时及时、有效和妥善地处置。因此，辅导员队伍建设需要着眼于专业化、职业化发展，要牢固树立"立德树人"的职业理想与操守，完善培养、准入、培训、考核的工作机制，规范工作范畴，丰富工作内涵，不断提升辅导员的职业技能，增强人们对该职业的社会认同。

当然，大学生思想政治教育工作既是科学又是艺术，既要单兵作战，更要形成合力，既要第一、第二、第三课堂的有机结合，更要发挥专业课教师、理论课教师、班主任、导师、辅导员以及管理和服务人员的合力作用。换言之，培养大学生健全的道德观需要一个有灵魂的整体系统来共同完成，要使大学生在校园处处受到熏陶，时时受到教育，要建立健全教学育人、科研育人、管理育人、服务育人、环境育人、大学生自我育人的全员全域育人体系。

我分管学生工作五年来，组织开展了五次全校性的学生工作理论研讨，结集出版了五本研究成果，目的是更好地适应不断变化的形势，结合高等教育的规律和中国政法大学的实际，从理论上深入研究学生工作的特点、规律、方式、方法，求解当前学生工作的主要问题，找到解析这些问题的钥匙。

我们十分欣喜地看到，不仅仅是辅导员，学校越来越多的专业课教师、科研人员、管理人员乃至武警国防生选拔培训工作办公室的领导同事们，都投入到这一研究之中。大家以问题为导向，从统计学、管理学、社会学、心理学、法学、教育学等不同学科出发，用实证的方法、推理的方法、辩证的方法等将当前学生工作中存在的突出问题高度概括，深入分析，提出见地。这必然会进一步深入地推动和促进中国政法大学的学生工作。

本书收录了 75 篇论文，内容涉及学生工作的方方面面，是大家智慧和汗水的结晶。这些具有理论深度和实践基础的成果，与我校贯彻立德树人根本任务的实际做法相互辉映，是中国政法大学学生工作的精神财富。现在的任务之一，便是将研究的最新成果有效地转化，运用到实际工作中，进一步推动学校思想政治教育工作的科学发展。

我希望更多的教职工特别是知名学者，能加入到大学生思想政治教育的研究大军中。让我们形成共识，紧密配合，深入探究，共育学人，共同加入到立德树人的队伍中。

冯世勇

2014 年 6 月

目　录

教学培养篇

队伍建设篇

党团建设篇

事务管理篇

思想教育篇

SI XIANG JIAO YU PIAN

中国政法大学大学生
德育状况调查报告

学生处　卢少华　张永然　熊元林

周佳磊　张金磊　孙峰悦

摘　要　本次调查采取规范的概率抽样方法，调查内容主要集中在大学生在校日常行为、价值观念、社会态度、身心健康、网络行为以及对学校德育工作的满意度等几个方面。结果显示，大部分学生表现出对专业的兴趣，在学习方面投入较多，但学生中"轻微违纪"现象较为普遍。相对于日趋风行的网络媒体，报纸、期刊等纸质传播媒介仍在大学生中发挥着重要作用。较高比例的大学生对自己的职业发展有规划，但存在明显的功利性；大学班级集体氛围较好，学生互助关系良好，学生内部社会支持与交往比较密切，同学关系较为融洽。大学生公益参与比例较高，政治参与态度积极，参与率较高；主体认同社会主义核心价值观，在政治、经济、社会文化某些方面态度存在分化，但对改革持有普遍的支持立场。大学生对于社会现实团体和个人表现出基本信任，但同时对于网友等陌生群体也持较强烈的警戒心态，道德态度分布较为正常。大学生群体心理健康水平自我评价总体良好，但心理咨询意识有待加强，学业压力和就业压力是大学生压力的主要来源。大部分学生对学校"校风"状况持肯定评价，对学校持有较强的认同感，对学校德育工作比较满意，但德育工作仍有一定提升空间。网络社交工具已成为大学生社交的重要工具之一，在班团及学校建设方面也起着重要的作用，同时，对于学生"网瘾"的防控需引起重视。

关键词　概率抽样　日常行为　价值观念　社会态度　身心健康　网络行为　满意度

德育工作是大学教育的重要组成部分，为了更好地了解大学生学习生活及价值观念状况，为学校总结和改进德育工作提供基础支持，中国政法大学学生处于 2014 年 3 月至 5 月间在大学生中进行了问卷调查。

一、抽样方法

本次调查采取了规范的概率抽样方法，总体为中国政法大学全体在校大学生。调查采取问卷方式，直接针对政法大学全体在校本科生进行。考虑到现实情况，调查总体中不包括第二学位、双学位生，不计休学、留级等特殊情况。根据中国政法大学教务处提供的最新资料，全校本科 197 个班级，每班最少 15 个学生，最多 56 个学生，平均 40 个学生；学生总数 8124 名。

为了简化抽样程序，降低执行成本，从可行性和科学性结合的角度考虑，并顾及各类型学生都具有一定样本量，本次调查采取不等概率分层整群抽样的方式进行抽样。由于班级规模、专业构成存在较大差异，且为了推论各院系情况，在院一层，大致按比例但考虑代表性确定各院入样班级数目。由于这种安排，样本在专业、性别等方面构成与总体构成存在差异，统计时均根据总体数据进行事后加权调整。除特殊说明外，本报告统计结果均是在学院、性别加权的情况下计算而得的。①

考虑到专业之间的差异，顾及可能存在的聚类效应，保证样本代表性，此次调查中抽班级 27 个，设计目标样本总量 900 位大学生。调查执行中由于部分毕业班学生未在校，难以在调查执行时间内找到本人，实际样本数量低于目标样本量。至调查结束之日，回收有效问卷 870 份，有效率 96.7%。

表 1 各学院样本班级分布

学院	班级数	比例（%）	入样班级数
法学院	22	11.17	3
国际法学院	25	12.69	3
马克思主义学院	4	2.03	1
民商经济法学院	29	14.72	3
人文学院	8	4.06	2

---

① 由于各院抽取班级并未遍及所有年级，因此不能在考虑学院的情况下直接使用年级作为加权变量。

续表

学院	班级数	比例（％）	入样班级数
商学院	31	15.74	3
社会学院	8	4.06	2
外国语学院	12	6.09	2
新闻与传播学院	8	4.06	2
刑事司法学院	24	12.18	3
政治与公共管理学院	26	13.20	3
总　计	197	100	27

二、样本构成

加权处理后，样本学院－性别构成接近总体比例。样本中男生占37.9％，女生占62.1％。法学占58.9％，非法学占41.1％。上大学之前农业户口占29％。少数民族比例为7.2％，党员、预备党员占38.9％。需要指出的是，由于毕业班许多学生不在校，本次调查中班级构成与总体存在差异。四个年级分别占36.1％、37.4％、20.9％和5.6％。

从性别、学院、年龄等关键背景变量来看，样本主要背景特征分布正常，样本构成与总体构成接近，表明样本具有较好的代表性。

表2　样本学院－性别分布（％）

学院	样　本		
	男	女	平均
法学院	15.2	13.2	14.2
国际法学院	15.1	12.6	13.9
马克思主义学院	2.0	3.1	2.5
民商法学院	18.2	12.9	15.6
人文学院	4.5	3.1	3.8
商学院	10.5	15.7	13.1
社会学院	2.0	7.4	5.6
外语学院	4.5	8.0	6.3

学院	样　本		
	男	女	平均
新闻与传播学院	2.2	4.0	3.1
刑事司法学院	16.6	10.4	12.7
政治与公共管理学院	9.2	9.1	9.2

三、主要发现

（一）学习风气

1. 大部分学生表现出对专业的兴趣，在学习方面投入较多

从调查来看，72.3％的学生表示"喜欢"所学专业，22.9％的表示"说不好"，表示"不喜欢"的仅占4.8％。由此可以看出，学生对于专业的认同感比较高，专业幸福感比较强烈。

学生平均每天在自习方面投入2.55小时。从年级分布来看，大三学生在自习方面平均投入的时间最长，达到2.76小时。

在专业书籍阅读方面，上学期，完整读完一本以上专业书籍的同学占到88.2％，平均数为4.15本，中位数为3。

表3　年级与自习平均时间（小时）

	均　值
一年级	2.57
二年级	2.43
三年级	2.76
四年级	2.44
平均	2.55

2. 学生中"轻微违纪"现象较为普遍

从调查来看，大学生总体纪律性较强，严重违纪属于极少数，但大学教学形式相对自由，学生上课选择权也较大，"逃课"、"迟到"等轻微违纪现象较为普遍。

根据本次调查，71.3％的学生表示上学期有"逃课"行为，65.4％的学生表示有"迟到"行为，16.8%的学生上大学以来有课程不及格的情况。根据统计分析结果，逃课、迟到、不及格现象与对专业的喜爱程度有一定关系。

表4　大学生对专业的喜爱程度与逃课行为（%）

	喜欢	说不好	不喜欢	总计
有	67.8	78.4	90.5	71.3
没有	32.2	21.6	9.5	28.7
总计	100.00	100.00	100.00	100.00

表5　大学生对专业的喜爱程度与迟到行为（%）

	喜欢	说不好	不喜欢	总计
有	62.6	70.7	83.3	65.4
没有	37.4	29.3	16.7	34.6
总计	100.00	100.00	100.00	100.00

表6　大学生对专业的喜爱程度与不及格情况（%）

	喜欢	说不好	不喜欢	总计
有	14.3	21.6	31.0	16.8
没有	85.7	78.4	69.0	83.2
总计	100.00	100.00	100.00	100.00

3. 报纸、期刊等纸质传播媒介仍在大学生中发挥着重要作用

大学生最常阅读的报纸有《南方周末》、《环球时报》、《人民日报》，分别占25.1%、15.6%、14.5%；最常阅读的期刊有《读者》、《凤凰周刊》、《三联生活周刊》、《南方人物周刊》，共计占47.3%。

（二）校园生活

1. 较高比例的大学生对自己的职业发展有规划，但存在明显的功利性

根据本次调查，51.1%的家庭对大学生职业发展有想法，大学生本人有职业规划的占比为77.5%。不过从单位类型来看，大学生职业规划具有很高的共性特征，无论是家庭还是本人，最理想的职业是进入政府机关。这体现了近些年来社会上"公务员热"的影响。

表 7　大学生本人及家庭职业规划的单位性质（%）

单位类型	家庭%	本人%
政府机关	69.6	39.1
事业单位	6.0	6.5
国有企业	1.8	2.9
集体企业	0.0	0.1
私营企业	0.6	4.0
外资企业	0.6	9.1
个人创业	1.4	2.2
合伙创业	1.2	1.7
自由职业者	0.4	6.4
国内继续深造	7.0	14.0
海外留学	10.5	13.0
其他	0.9	1.0

　　大学生本人的职业规划与家庭存在密切的对应关系。尽管家庭对学生职业的期望较为集中，但大学生个人的职业规划更多样性些，进入市场、希望创业的也占了一定比例。

表 8　大学生本人及家庭职业期待的对应关系（%）

		家庭			总计
		体制内	体制外	深造	
本人	体制内	64.5	16.8	10.4	52.0
	体制外	17.5	77.9	7.2	18.6
	深造	18.0	5.3	82.4	29.4

　　在问及倘若毕业后是否会响应政府号召去西部工作的问题时，22.1%的大学生给出肯定的答案，25.3%给出否定的答案，更多的（52.6%）大学生态度犹疑，表示"说不好"。

　　2. 大学班级集体氛围较好，学生互助关系良好本次调查中使用了一个含有 12 个题项的量表①测度了班级氛围（总分 60，分数越低表明集体氛围越好），从结果来看，总体而言，班级集体氛围处于较好状态，尤其是学生们对同学之间的互助关系较为认可。②

表 9　班级氛围

	得分（1~5）
我和班上其他同学交往很密切	2.17
班上的同学都愿意为班级发展做些事情	2.39
我帮助过班上同学	1.81
我得到过班上同学的帮助	1.86
我经常和同学讨论班上的事情	2.48
没人关心班级事务（反向）	3.84
我觉得能成为这个班级的一员很幸运	1.89
手头暂时紧张时可以向班上同学借一两百元应急	1.80
班上同学之间关系是和睦的	1.73
我们班是一个有凝聚力的集体	1.97
班级荣誉是大家很在乎的事情	2.07
班级内部奖学金、班干部人选等资源分配是公平的	1.95

3. 学生内部社会支持与交往比较密切，同学关系较为融洽

从调查来看，与同学本人关系密切，可以从其处获得支持和帮助的朋友数量的平均值为 7.26 个，中位值为 5 个。在遇到紧急情况时，能得到经济支持和解决实际问题的帮助的比例占到 92%，其来源对象大多集中在家人、亲戚、朋友和同学上。

从调查来看，32.7% 的同学表示在遇到急难的情况时曾从家人那里得到帮助，26.8% 的同学表示从朋友那里得到帮助，10% 的同学表示从室友处得到帮助。鉴于大学生这一群体的特殊性，其朋友大多也为同学，故同学的范围包括朋友、室友、同班同学和其他同学，共计 48.2%。根据"讨论网"的社会网测量结果，在大学生的社

① 科隆巴赫信度系数为 0.85，表明具有较好的内部一致性。量表中有一个反向题，以调整方向。

② 根据统计结果，班级氛围与专业、年级、班级规模均不显著相关，而有其内在的规律性。

会网中，与家人、同学、室友之间的交往占较大比例（部分与"朋友"关系重叠），表明在独生子女较多的社会现实状况下，大学生的社会网络中家人之间、同学之间的社会交往占据了重要位置。91.4%的同学表示同学之间很关心。

表10 大学生讨论网构成（%）

讨论对象 ＼ 百分比	响应数百分比	样本数百分比
家人	32.7	46.1
朋友	26.8	37.8
室友	10.0	14.1
恋人	8.0	11.3
同班同学	7.2	10.2
其他同学	4.2	5.9
老乡	4.1	5.7
亲戚	4.0	5.6
老师	1.9	2.6
辅导员	0.7	1.0
其他（注明）	0.5	0.7

（三）社会及政治参与

1. 大学生公益参与比例较高

从调查来看，大学生对捐款、支教、志愿者服务等公益活动参与率较高，如58.3%的学生近一年来参与过捐款捐物，35.6%的学生参与过支教，参加志愿者服务的比例达到43.2%。从被访者的表态来看，各类公益活动自愿参与率都在70%以上。

表11 大学生公益参与（%）

	参与比例	自愿比例
捐赠（款、物）	58.3	91.8
献血	18.7	82.7
支教	35.6	91.5

	参与比例	自愿比例
植树	15.8	71.4
敬老	28.0	79.6
大型活动志愿者服务	39.8	82.9
普法	25.6	75.8
法律援助	21.2	81.2

2. 参与社团在大学生中非常普遍

52.2%的学生表示对于团体（如党团组织、学生会等）组织活动"经常参加"或"主动参加并积极活动"。

参加过社团的同学占到84.1%，参加社团数量的平均值为2.13个，中位数为2个，参加社团中学生会、团委等官方社团或自治团体占到43%，文体娱乐性社团占19.1%，公益服务性社团占15.2%。

表 12　大学生参与社团类型调查（%）

	响应百分比	样本百分比
官方社团或自治团体（如学生会、团委）	43	70.2
文体娱乐社团（如吉他协会、足球协会等）	19.1	31.1
公益服务社团（如青年志愿者协会、环保协会）	15.2	24.8
联谊交往社团（如同乡会）	9.1	14.8
学术研究社团（如创新协会）	6.1	9.9
创业类社团（如创业协会）	2.4	3.9
专业团体分会（如红十字会分会）	1.6	2.5
政治思想类（如邓小平理论研究会）	1.3	2.2
信仰修身社团（如宗教团体、素食协会）	0.8	1.3
其他	1.4	2.3

3. 大学生政治参与态度积极，参与率较高

大学生积极向党组织靠拢。本次调查中，大学生中党员和预备党员占38.9%，入党积极分子占16.7%，共青团员占39.4%。在非党员的学生中，66.1%的学生递

交了入党申请书，有入党意愿的占79.3%。

根据调查结果，30.4%的大学生参加过基层人大代表选举的投票，20.9%的大学生向学校、学院有关部门反映过意见。在基层人大选举中，完全自愿参与的比例为54.4%，68.1%的学生认为大学生有必要参与基层人大代表选举投票，有63.4%的学生支持大学生成为人大代表候选人参与竞选。该结果表明，有待通过各种方式，提高高校大学生主动参与的积极性。

大学生非常关心时事政治。在问及"日常生活中，你是否会与同学讨论国家政策、政府行为等政治问题"时，75.2%的学生表示"经常，很热衷"、"有时，尤其是热点问题"。

表13 大学生政治参与调查（%）

	参与比例
班干部选举投票	85.8
院学生会选举投票	26.3
校学生会选举投票	11.3
基层人大代表选举投票	30.4
向学校、学院有关部门反映意见	20.9

（四）政治思想状况及社会态度

1. 大学生主体认同社会主义核心价值观

调查表明，大学生主体认同社会主义核心价值观的基本内容，如集体主义、奉献精神、爱国主义、法制观念、公民意识等。不过在某些问题的理解上存在一些模糊之处，认识和态度方面存在较明显分化。

表14 大学生对社会主义核心价值观的态度（%）

	非常不同意	不太同意	说不好	比较同意	非常同意
当今中国社会，雷锋精神已经过时了	13.7	49.2	22.0	11.2	3.9
在考虑利益问题时，应首先考虑国家利益和集体利益	5.4	25.6	40.3	24.1	4.6
人生的价值在于奉献	3.8	19.1	36.8	29.4	10.9
孝是百善之首	2.8	3.8	10.4	27.1	55.9

	非常不同意	不太同意	说不好	比较同意	非常同意
个人只有在集体中才能更好地得到发展	2.9	11.0	26.9	41.9	17.3
无私奉献在市场经济条件下实现有困难	7.2	25.0	27.0	35.3	5.5
如果没有积极行动，法律赋予的权利不会落实	3.3	7.9	16.1	39.3	33.4
哪怕审讯和取证程序违反规定，确实有罪的罪犯也应被处刑	22.9	36.4	19.1	19.1	2.5
国家的统一和领土完整是社会的最高利益	5.2	13.7	23.3	38.6	19.2
大多数人决定的事儿，不能因少数人的反对而改变	15.2	42.7	26.0	15.2	0.9
只要经济能保持稳定发展，就不必提高民主程度	60.0	28.4	8.0	2.9	0.7
在公共场合，多管闲事会惹麻烦	5.7	29.0	33.0	29.2	3.1
买到假冒伪劣商品，只能自认倒霉	29.2	47.0	12.8	10.1	0.9
民工地位低下，是由于素质低造成的	27.2	33.9	28.0	10.1	0.8

2. 大学生群体中在政治、经济、社会文化某些方面态度存在分化，但对改革持有普遍的支持立场

为了定位大学生政治态度，借鉴"中国政治坐标系"①，本次调查拟定了一份测量大学生在政治、经济、社会文化等方面态度的量表。从结果来看，总体而言，大学生在政治方面介于权威主义和自由主义之间；在经济方面，略倾向于集体主义与福利主义；在文化方面，则略倾向于自由与激进派。

表 15 大学生政治、经济、社会文化态度

	均值	标准差 .	最小值	最大值
政治	− 0.03	0.41	− 0.65	0.62
经济	− 0.12	0.32	− 0.57	0.56
社会文化	0.11	0.32	− 0.27	0.54

尽管存在一定分化，但在改革问题上，大学生们具有相当一致的立场，对于"当前中国已经形成最好的发展模式，无须进一步改革"的表述，75.6% 的大学生表示不同意，表示同意的仅占 6.6%，表示说不好的占 17.8%。

① http：//zuobiao. me。取值在 ［−2，+2］ 之间。

3. 大学生对于社会现实团体和个人表现出基本信任，但同时对于网友等陌生群体也持较强烈的戒备心态

调查显示，对于家人、关系较为亲密的朋友、一般朋友、同学、辅导员、教师等日常接触较为频繁、关系较为密切的团体或个人，大学生表现出比较信任的倾向；对于中央政府、省市政府、区县政府、街道和乡镇政府、国内媒体新闻、法院、宪法、警察等官方团体或单位及信息，大学生也表现得较为信任，但其中也有一部分同学持无所谓的观点；对于网友、外地人，大学生表现出比较强烈的质疑，说明其对不熟悉、不经常接触的群体，表现出比较强的戒备心理。

表 16　大学生对各类团体的信任程度调查（%）

团体 ＼ 信任度	不信任	不太信任	无所谓	比较信任	信任
家人	2.2	0.9	4	11.4	81.5
亲密朋友	1.9	1.3	4	26.9	65.9
一般朋友	0.5	4.1	22.4	63.3	9.7
中央政府	2.8	11.8	23.7	43.6	18.1
省市政府	4.9	16.2	34.2	34.8	9.9
区县政府	7.6	20.5	35.7	29	7.2
街道和乡镇政府	10	19.1	37.7	26.1	7.1
法院	4	12.8	23.8	47.6	11.8
宪法	7.9	12.2	24.5	35	20.8
警察	6.8	16.1	25	41.5	10.6
学校	2.8	9.8	14.5	52.1	15.8
国内媒体新闻	7.4	34.6	31	23.6	3.4
网友	30	36.6	23.2	8.4	1.8
同学	2.1	5.1	21.7	60.9	10.2
外地人	10.2	28.2	44.3	14.4	2.9
社会上大多数人	7	21.4	44.8	23.3	3.5
教师	1.5	3.9	11.2	57.1	26.3
辅导员	1.8	5.2	15.9	53.9	23.2
慈善组织	7.2	20.2	32.8	31.7	8.1

（五）道德判断能力

培养道德能力是大学生的公民道德教育乃至整个思想政治教育的基本内容。道德是人们依据一定的准则行动时所表现出来的稳定的特征。道德由道德认知、道德情感和道德行为三个部分组成。道德行为目前尚未出现公认的问卷调查使用的量表，本次调查中使用国际通行的道德判断测验（Moral Judgment Test，简称 MJT）对中国政法大学学生的道德认知①和道德情感②同时进行测评。③ 该测评属于所谓"实验问卷法"，由两个两难故事"工厂风波"和"医生困境"构成。每个故事的后面有 13 个问题，要求被测者在"－4"到"＋4"的 9 级评定量表上做出相应的判断。

经对测评结果进行分析研究后，我们发现，中国政法大学的大学生道德态度分布较为正常。在本次测评中，多数学生对"工厂风波"两难故事中工人的偷窃行为持较反对态度；而对"医生困境"两难故事中医生实施安乐死行为持较赞成的态度。这与中国传统文化以及当前法律对这类行为的规范有关。从选择的分布来看，大学生对道德两难故事的态度较为适当，没有极端化，也非过于中庸。

表 17　MJT 道德情感偏好分布（％）

故事 ＼ 态度	－4	－3	－2	－1	0	1	2	3	4
工厂风波	24.7	13.6	19.0	12.5	16.5	6.0	4.1	2.5	1.0
医生困境	6.3	5.4	6.6	8.5	26.4	12.9	17.4	11.8	4.7

（六）心理健康

1. 大学生群体心理健康水平自我评价总体良好，但心理咨询意识有待加强

调查显示，有 5.5％的学生到学校心理咨询部门就自己的问题进行过咨询或治疗。在遇到烦恼时，46.4％的同学选择向家人、亲友、组织求援。在倾诉方式的调查中显示，53.8％的人选择"只向关系极为密切的 1～2 个人倾诉"，22.85％的人表示

---

①　道德认知，即对现实道德关系和道德规范的认识，包括道德印象的获得、道德概念的形成和道德思维能力的发展等。

②　道德情感，是个人道德意识的构成因素，指人们依据一定的道德标准，对现实的道德关系和自己或他人的道德行为等所产生的爱憎好恶等心理体验。

③　道德判断测验是在德国康斯坦兹大学的林德和威根特前人研究的基础上发展的一种道德判断测量方法，可分别测量被测对象在同一行为中的情感分数和认知分数。

会"主动倾诉自己的烦恼,以获得支持和理解"。72.6%的同学认为自己的健康状况"比较好"或"非常好"。75.9%的同学表示自己目前生活"比较幸福"或"非常幸福"。

2. 学业压力和就业压力是大学生压力的主要来源

从调查来看,在大学生中,压力主要来自于学业压力和就业压力,比例分别为75.4%和75.8%。

表18 大学生感知压力来源(%)

压力来源	比例
学业压力	75.4
人际压力	47.7
生活改变与环境压力	47.6
就业与前途	75.8
经济压力	45.3
家庭关系与变故压力	18.1
爱情、婚姻压力	28.5
自我的压力	44.3
其他方面的压力	5.7

(七)满意度评价

1. 大部分学生对学校"校风"状况持肯定态度,对学校持有较强的认同感

大多数学生对中国政法大学"校风"表示了认可态度。调查表明,73.4%的大学生表示学校"校风"状况"很好"或"好",认为"不好"或"很不好"的比例仅为4.6%,认为"一般"的占22%。

2. 大学生对学校德育工作比较满意,德育工作仍有一定提升空间

从调查来看,57.2%的学生对学校德育工作表示"满意"或"很满意",表示"不满意"或"很不满意"的仅占7.1%,另有35.7%的人持中间态度。这种状况表明学校德育工作仍需进一步改进和提升。具体来看,在涉及德育的各方面学校工作中,学生们普遍给予了认可的态度。

表 19　大学生对学校德育相关方面工作的满意评价（％）

满意度 德育工作	很不 满意	不太 满意	一般	比较 满意	很 满意	不清楚/ 不适用
辅导员工作	3.7	9.5	32.5	31.4	21.9	1.0
师生关系	0.9	6.7	33.1	39.0	19.3	1.0
班主任工作	6.4	8.8	33.2	22.5	14.5	14.6
助学金发放	2.3	6.6	38.2	23.6	12.5	16.8
心理咨询	3.3	7.4	44.6	15.5	7.7	21.5
考务管理	2.0	9.9	38.3	31.9	13.7	4.2
大学生党建	4.0	10.1	37.9	21.1	11.8	15.1
共青团工作	2.3	6.7	42.2	25.5	10.4	12.9
宿舍管理	3.7	8.7	28.3	37.4	20.8	1.1
学生活动组织	2.1	5.7	33.6	38.4	17.9	2.3
学术活动组织	2.0	3.8	30.5	44.1	16.8	2.8
就业指导	2.7	8.6	37.9	27.3	7.6	15.9
"马克思主义基本原理"教学	5.5	7.4	41.5	24.4	12.2	9.0
"思想道德修养与法律基础"教学	5.4	6.1	37.4	30.8	15.4	4.9
"中国近现代史纲要"教学	4.5	4.3	32.3	35.0	16.9	7.0
"毛泽东思想、邓小平理论和 '三个代表'重要思想概论"教学	5.2	6.0	37.9	30.3	12.2	8.4
"军事理论"教学	7.0	10.7	41.6	22.1	10.8	7.8

（八）网络行为

1. 网络已成为大学生社交的重要工具之一

调查显示，有82.6％的大学生经常使用微信这一网络社交工具，52.1％的同学经常使用QQ，25.4％的同学经常使用微博，23.3％的同学经常使用人人网。此外，有85％的同学选择了"经常"或"偶尔"更新网上状态，晒心情。在与网络社交好友的互动情况调查中显示，绝大部分大学生与同学、老乡、辅导员、班主任以及硕士生导师都建立了网络好友关系，同学之间经常使用网络工具进行联系，老乡、辅导员、班主任则在节日或有事时联系较多。这也说明，网络工具已成为大学生社交的一大重要渠道。

表 20　大学生与网络社交好友的互动情况（%）

网络社交好友	经常联系	过节时联系	有事联系	从不联系	不是好友
同学	67.6	12.5	19.3	0.5	0.1
老乡	26.7	29.9	37.8	2.6	3.0
辅导员	15.6	12.5	56.3	5.7	9.9
班主任	10.0	11.9	51.0	13.9	13.2
硕士生导师	21.5	12.8	29.4	8.7	27.6

2. 网络在班团及学校建设方面也起着重要的作用

在参与调查的同学中，有 50% 的同学关注了学校的官方微博，有 44.4% 的同学关注了学校的官方微信，有 40.5% 的同学关注了学校的人人网主页。在对个人微博、微信或人人账号的关注调查中显示，87.9% 的同学关注了其他同学，61.5% 的同学关注了校内名师，52.4% 的同学关注了明星，35.6% 的同学关注了校领导。有 84.6% 的同学选择"经常关注"或"偶尔关注"网络上的学习分享、就业等经验贴。

表 21　大学生关注的校园网络公共平台（%）

网络公共平台	响应比例
中国政法大学微博	50.0
中国政法大学微信	44.4
中国政法大学学生处人人网主页	40.5
中国政法大学学生处微博	16.1
中国政法大学就业微信	12.6
社团组织	9.4

在班级建设方面，有 57.2% 的同学认为班级群或年级群的主要功能是"就业、选课、评优以及班级活动等信息共享"，有 32.5 的同学选择"学习资料分享"。由此可见，网络社交工具在班团建设方面也发挥着积极的作用。

3. 网络使用在学生中十分普及，对于学生"网瘾"的防控需引起重视

网络已经成为大学生日常生活的重要组成部分。本次调查中，学生每天平均上网时间 2.55 小时，中位值 2 小时，超过 4 小时的比例达 19.3%。

从上网途径的调查得知，大部分同学使用自己的手机和电脑（含台式机、笔记本、掌上电脑）上网，使用网吧电脑、学校公共电脑等其他上网工具的同学仅占2.3%。

从具体网络使用情况来看，信息检索、浏览新闻、观看下载影音、收发电邮、使用微博以及网上购物/支付等是主要形式。

表22 大学生使用网络具体情况调查（%）

网络使用	非常高%	较高%	一般%	较低%	从不%
信息检索	23.9	45.3	25.4	4.6	0.8
浏览网络新闻	16.9	37.2	34.3	9.6	2
收发 email	15.2	33.5	33.8	15.8	1.7
观看、下载影片	10.3	30	33.5	23.2	3
网上购物/支付	9.1	29	34.3	20.9	6.7
用微博	12.1	24.1	25.6	24.1	14.1
QQ 聊天	8.5	15	30.4	38.7	7.4
浏览论坛/BBS	3.4	17.8	31.8	38.9	8.1
玩游戏	4	9.2	16.3	31.7	38.8
评论网络新闻	2.7	8	22.7	36	30.6
论坛/BBS 发帖回帖	1.4	8.8	21.6	43.8	24.4
写博客/日志	0.7	5.8	19.9	45.4	28.2

大学生主要关注和使用率较高的网站有百度、新浪、淘宝、人人网。

值得注意的是，微博、人人网、淘宝（网上购物/支付）等新的网络技术在大学生中应用已经十分广泛。

表23 大学生网站浏览情况（%）

网站	响应百分比	样本百分比
百度	22	68.3
新浪	17.0	52.3
淘宝	13.8	42.4
人人网	13.2	40.8

	响应百分比	样本百分比
腾讯	6.5	19.9
凤凰网	4.8	14.8
网易	4.7	14.5
谷歌	3.7	11.3
搜狐	3.1	9.4
天涯社区	2.4	7.2
乌有之乡	1.2	3.7
迅雷	1.1	3.3
人民网论坛	1.0	3.2
共识网	0.9	2.6
猫扑	0.9	2.6
环球网	0.7	2.3
四月青年网	0.3	1.0
凯迪网络	0.2	0.6
中华网社区	0.1	0.5
其他	2.4	7.2

调查中设计了一个包含六个题项的简化网瘾量表，统计结果显示，40.2%的参与调查者表示"心情不好时，上网会让我感觉好一些"，61.3%的同学表示"待在网上的时间比原定时间要长的情况经常出现"，39.7%的同学表示"如果有一星期不能上网，会感觉难以忍受"，27%的同学表示"为了上网，有时必须完成的学习、工作任务会被拖延"，49.8%的同学表示"我没有因为上网而改变作息时间"，70.8%的同学表示"我更愿意向身边同学而不是网友倾诉我的烦恼"。统计结果表明，有一部分同学对网络依赖性比较大，正常的生活和学习节奏受到影响。所以，学校应在学生网瘾防控方面加大关注和教育力度。

表 24   大学生网瘾情况调查量表（%）

态度 网瘾情况	非常 同意	比较 同意	说不好	比较 不同意	非常 不同意
心情不好时，上网会让我感觉好一些	7.3	32.9	38.6	15.9	5.3
待在网上的时间比原定时间要长 的情况经常出现	17.5	43.8	24.2	12.0	2.5
如果有一星期不能上网，会感觉难以忍受	14.8	24.9	26.5	23.5	10.3
我没有因为上网而改变作息时间	18.0	31.8	28.6	16.8	4.8
为了上网，有时必须完成的学习、 工作任务会被拖延	5.1	21.9	26.7	30.7	15.6
我更愿意向身边同学 而不是网友倾诉我的烦恼	39.4	31.4	17.7	7.0	4.5

大学生公民意识现状调研及教育机制探究

——以北京七所高校为例

学生处　卢少华

摘　要　大学生公民意识教育作为高等院校的重要任务，由于系统教育的缺失、理论与实践的脱节、社会大环境和历史传统的负面效应等原因，导致目前大学生公民意识薄弱，集中表现为主体意识不强、义务与责任意识不足以及道德意识淡薄。做好大学生公民意识教育应该确立"124"的架构：以社会主义核心价值观为统领确立大学生公民意识教育内容的"一个核心"，理论教学和实践训练相结合作为大学生公民意识教育的"两种基本方式"，搭建课堂教学平台、社会实践平台、校园文化平台和网络媒体平台作为大学生公民意识教育的"四个支持系统"。

关键词　大学生　公民意识　教育

建设社会主义现代化国家，归根结底需要人的现代化。公民意识作为一种现代意识，是人的现代化的一个重要标志。党的十七大报告首次将"公民意识"写进党代会报告，并且明确提出了要"加强公民意识教育，树立社会主义民主法治、自由平等、公平正义的理念"，将公民意识教育提到了前所未有的高度。①《国家中长期教育

---

① 关于公民意识教育，我国一直在积极倡导。1982 年《关于中华人民共和国宪法修改草案的报告》提出，要"养成社会主义的公民意识"。1986 年《中共中央关于社会主义精神文明建设指导方针的决议》要求"在全体人民中坚持不懈地普及法律常识，增强社会主义的公民意识"。2001 年党中央颁布的《公民道德建设实施纲要》、2006 年党中央提出的"八荣八耻"社会主义荣辱观等，都从道德建设方面强调了培育公民意识的重要性。

改革和发展规划纲要（2010—2020 年）》中进一步明确了开展公民意识教育的要求。[①] 正如苏联著名教育学家苏霍姆林斯基所说："学校作为我们苏维埃社会为了培养全面发展的人而建立并不断完善起来的教育机构，它的使命是培养一代又一代的新公民。"[②] 加强公民意识教育，不仅是推动我国公民对其权利和义务的心理认同与理性自觉的过程，而且是发挥人民群众的实践主体作用，培育和践行社会主义核心价值观，推进我国社会主义民主政治建设的过程。因此，培养大学生公民意识是高等院校的重要任务。

一、当代中国社会主义公民意识

拉丁语云："不明白某学术上之用语者，亦不明白该学术。"要研究大学生公民意识，首先必须明确公民意识含义，界定其内涵。根据《辞海》解释，公民是指具有或取得某国国籍，并根据该国法律规定享有权利和承担义务的人。即公民具有一国国籍，具有独立人格，依法享受权利、承担义务，强调权利和义务相统一。

社会存在决定社会意识，社会意识是社会存在的反映，社会存在的性质和变化决定社会意识的性质和变化的原理。公民意识作为一种社会意识的存在形式，是一定社会经济基础的思想上层建筑，是符合社会发展要求，与国家宪法和法律的规定在逻辑上一致的公民思想和观点，是爱国主义与公民自身发展要求相统一的理论体系，其中公民的权利与义务思想是其核心内容。因此，当代中国社会主义公民意识具有以下特点：一是具有社会主义性。其主要任务是服务于社会主义的经济基础和上层建筑的其他方面。二是具有先进性。符合社会发展规律、顺应历史潮流是公民意识存在和发挥作用的关键所在。三是具有广泛性。基于我国以公有制为主体、多种所有制经济共同发展的基本经济制度和多元文化的存在，使我国现代公民意识的内容广泛。四是权利与义务相统一。[③] 公民的权利受到宪法和法律严格保护，公民必须充分履行法律规定的各项义务。

基于当代中国社会主义公民意识具有社会主义性、先进性、广泛性以及权利和义务相统一性，结合十七大报告精神"加强公民意识教育，树立社会主义民主法治、

---

① 《国家中长期教育改革和发展规划纲要（2010—2020 年）》进一步明确要求："要大力加强公民意识教育，树立社会主义民主法治、自由平等、公平正义理念，培养社会主义合格公民。"

② ［苏］苏霍姆林斯基：《关于全面发展教育的问题》，王家驹等译，湖南教育出版社 1984 年版，第 163 页。

③ 参见纪政文：《当代中国社会主义公民意识探析》，载《东岳论丛》，2009 年 3 月。

自由平等、公平正义的理念"和社会主义核心价值观的基本内容①以及继承和汲取中国优秀传统文化讲仁爱、重民本、守诚信、崇正义、尚和合、求大同的价值精髓,②当代中国社会主义公民意识的具体内涵主要包括主体意识、权利意识、义务与责任意识、法治意识、道德意识以及民主、自由、平等、公正等方面的意识。

二、大学生公民意识现状调研

(一) 调查目的及对象

为了解大学生公民意识现状,并根据现状分析原因,以更具针对性地提出科学合理的大学生公民意识培育的路径,本次选取了北京大学、清华大学、北京师范大学、中国政法大学、中国石油大学、北京林业大学、首都师范大学等 7 所高校进行抽样调查,共发放问卷 1600 份,回收有效问卷 1504 份。调查覆盖了本科和研究生学历层次,其中本科生 1146 人,硕士生 352 人,博士生 6 人;涵盖了各专业门类学生,其中文史哲类 376 人,经管类 134 人,法学类 536 人,理工类 432 人,医学类 12 人,农学类 4 人,教育学类 8 人,艺术类 2 人。

(二) 调查现状分析

1. 当代大学生整体热爱、关心国家,社会责任感较强,但主体意识仍有待加强

主体意识是指公民对自己作为国家主人和社会主体的独立存在的意识,是公民对

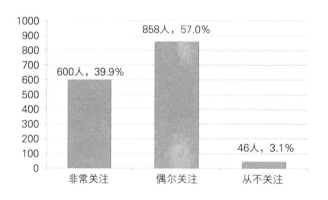

图 1　你是否经常关注国家大事

---

① 社会主义核心价值观的基本内容,国家层面的价值目标是:富强、民主、文明、和谐;社会层面的价值取向是:自由、平等、公正、法治;个人层面的价值准则是:爱国、敬业、诚信、友善。

② 参见习近平在 2014 年 2 月 24 日在中共中央政治局第十三次集体学习时的讲话。

其存在的地位、价值和主观能动性的自觉。作为公民，热爱自己的国家，应以国家和民族利益为重，自觉关心、维护国家、民族的利益、荣誉和安全；自觉地通过法定途径参与国家治理，并对国家治理的过程予以监督。①

图1显示，39.9%的同学表示非常关注国家大事，57.0%的同学表示会偶尔关注，仅有3.1%的同学表示从不关注。可见，大多数大学生都比较关心国家大事。

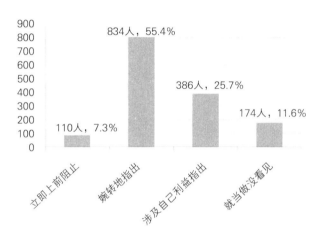

图 2　看到别人做有损公德的事，你会怎么做

图2显示，关于"看到别人做有损公德的事，你会怎么做"这一问题的调查，7.3%的同学选择立即上前阻止，55.4%的同学会婉转地指出，即有超过60%的人会选择无论是否涉及自己利益均会指出来。

可见，大多数学生都具有主体意识，比较关心自己的国家和社会公共利益，但对"别人做有损公德的事"，也还有近40%的人选择"事不关己，高高挂起"的态度。因此对大学生的主体意识的培养仍然需要加强。

2. 当代大学生具有较强的权利意识，民主政治参与度高

权利意识是指公民对宪法和法律赋予自己某种行为合法性的意识，即知晓宪法和法律赋予的公民权利，明了国家法律尊重和保障公民权利，并且要切实保障这些权利的实现，并且在保证自己权利实现的同时，不得损害他人的合法权利；当自己权利得不到保障时，知道积极通过合法途径进行救济的认知。关于对大学生权利义务意识，我们考察了大学生知道哪些权利义务、如何看待大学生以独立候选人身份竞选基层人

---

① 冯军、王海波、丁振君：《从宪法视角看公民意识的内涵》，载《人民日报》，2008年3月26日第7版。

大代表这一现象以及是否参与过人大代表选举投票等内容。

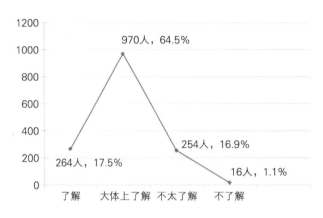

图3　你知道自己有哪些权利义务吗?

图3显示，关于对权利义务的了解程度，17.5%的同学表示了解，64.5%的同学表示大体上了解，即绝大多数（82%）大学生基本了解自己的权利义务，有少部分（18%）学生不太了解或不了解自己有哪些权利义务。

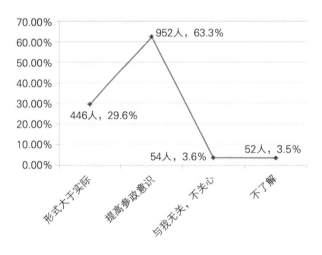

图4　如何看待大学生以独立候选人身份
竞选基层人大代表这一现象

图4显示，就如何看待大学生以独立候选人身份竞选基层人大代表这一现象，29.6%的人认为凑热闹而已，形式大于实际，没有实在意义；63.3%的人认为有利于提高大学生群体参政意识，将对中国政治改革产生非常深远的影响。

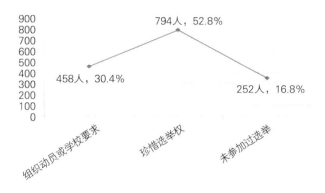

图 5　你是否参加过人大代表选举，动机是什么

图 5 显示，绝大多数大学生在学校都参与过人大代表选举，但从动机上来看，52.8% 的同学是基于关心政治，有参政议政意识，珍惜自己的选举权而参与，但也有 30.4% 的同学表示是组织动员或学校要求的。

以上三项针对权利意识的调查显示，绝大多数大学生了解自己的权利义务，认为大学生以独立候选人身份竞选基层人大代表会对推动政治改革产生影响。但也有 18% 的学生对宪法明确规定的公民的基本权利义务不太了解或不了解。在参加人大代表选举投票的动机中，仅有 52.8% 的同学是基于关心政治，有参政议政意识，珍惜自己的选举权而参与的；30.5% 的同学表示是组织动员或学校要求的。这说明大学生的权利意识有待加强，学校要注意适当注意转变方式，不能为了达到投票人数要求生硬地强行要求学生去参加投票，这样会对学生权利意识的养成产生消极的影响。

3. 当代大学生义务与责任意识相对较弱

义务和责任意识是指公民知道必须履行与自己的公民身份相适应的义务，并具有

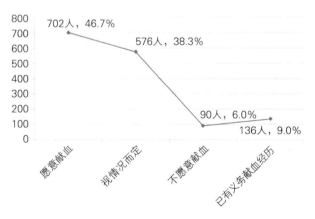

图 6　你对社会上义务献血的态度

积极主动履行的认知。认识到履行法定义务有利于保障自身及他人权利的实现，有利于公共利益的维护以及和谐的社会秩序。我们从对献血的态度和应征入伍这两个方面对大学生的义务与责任意识进行了考察。

图 6 显示，46.7% 的同学认为献血是公民应尽的义务，愿意献血或已经有献血经历，38.3% 的同学表示视情况而定，有 6% 的同学表示不愿意献血。

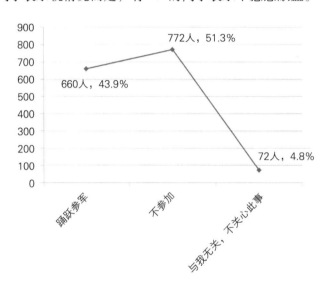

图 7　部队来你校征兵入伍，你怎么办

图 7 显示，关于大学应征入伍的问题，43.9% 的同学会义无反顾，踊跃参军的；51.3% 会选择不参加；有 4.8% 的同学选择了与我无关，不关心此事。

可见，绝大多数学生对义务献血持积极的态度，积极响应了《中华人民共和国义务献血法》的规定。但在义务服兵役一项调查中，仅有不到一半的学生能认识到这是一项基本义务。[①] 因此，大学生的义务与责任意识相对不足。

4. 当代大学生具有较强的法治意识，但信法守法的规则意识和法治信仰还有待进一步加强

法治意识是指公民要有尊重法律，坚持对法律的信仰和忠诚，坚持法律至上，认识到权利的行使要受到法律的制约，要自觉遵守宪法和法律，积极利用法律同各种违法行为作斗争的意识。

---

① 《中华人民共和国宪法》第五十五条：保卫祖国、抵抗侵略是中华人民共和国每一个公民的神圣职责。依照法律服兵役和参加民兵组织是中华人民共和国公民的光荣义务。

图8 你认为法律在日常生活中的作用如何

图8显示，大学生对法律在日常生活中的作用，认为非常重要的占51.2%，认为比较重要的占35.5%，仅有4.0%的表示没感觉。可见绝大多数大学生都认识到了法律的作用，具有基本的法治意识。

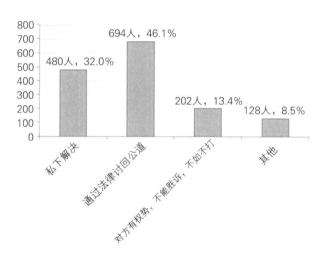

图9 如果合法权益受到侵害，你会怎么办

图9显示，关于"如果合法权益受到侵害，你会怎么办"这一问题，46.1%的人认为一定要通过法律讨回公道；有32%的人选择尽量避免打官司，还是私下解决好；有13.4%的人会视情况而定，如果对方有权有势，打了官司也白打，还不如不打官司。这说明还有部分学生对法治的信仰还不坚定。

以上两项调查显示，绝大多数大学生认识到了法律在生活中的作用，但是在具体运用过程中，还有人对法律持有怀疑和选择的态度。这说明大学生的法治意识培养还需要加强，特别是法律素养和对法律的信仰。

5. 当代大学生普遍具有较高的道德认知水平，但仍存在着知行不能合一的情况

道德意识是指公民在国家政治、经济、文化与社会生活中，具有良好的道德自律认知，具备基本的社会公德、职业道德、家庭美德和个人品德。

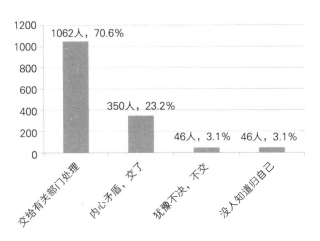

图 10　如果独自拾到一个内有巨额现金的钱包，你将会如何处置

图 10 显示，70.6% 的同学拾到钱包会选择交给有关部门处理；23.2% 的同学表示内心很矛盾，最后还是交了；仅有极少数（6% 左右）的同学会选择不上交。这说明绝大多数大学生还是具有拾金不昧的美德的。

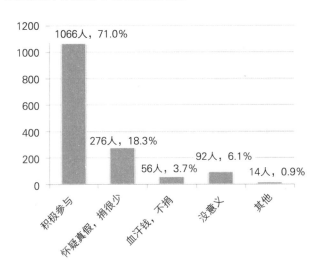

图 11　对学校或社会举行的爱心募捐的态度及做法

图 11 显示，71%的同学表示会积极参与学校或社会举行的爱心募捐；18.3%的同学会怀疑真假，捐很少的钱；也有 10.7%的同学认为自己的钱也是血汗钱，不愿捐给别人，觉得没什么意义而选择不捐。这说明大多数同学还是具有爱心的，但是由于募捐和捐赠的不规范、不透明，也让部分学生产生了怀疑。

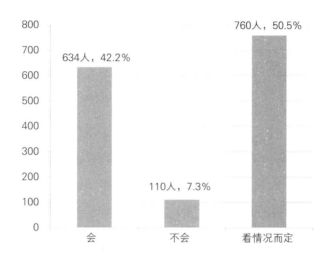

图 12　假如在马路上看到有老人摔倒，你会主动提供帮助吗?

图 12 显示，42.2%的同学在马路上看到有老人摔倒会主动提供帮助，50.5%的同学选择了看情况而定，7.3%的同学不会提供帮助，这主要是受到社会上频频出现的扶老人后受冤枉的事件的影响。

以上三项调查显示，大多数大学生都是善良的，具有基本的道德和良知，但是由于社会不良风气的影响，也一定程度上影响了大学生的道德意识。因此，当前必须要加强大学生道德意识教育，特别是注意抵制社会不良风气的影响。

6. 当代大学生大都具有民主、自由和平等意识，但公正意识还有待提高

民主意识即公民具有一切权力属于人民，人民是国家的主人，实现人民当家做主，人民能够广泛、平等地参与社会管理的意识。自由意识是指公民对法律赋予自己的各种权利的认识和理解，即对法律规定的人身、思想、言论以及信仰等方面的自由权利的认知。平等意识即公民对人人生而平等，每一公民在经济、政治、文化和社会发展上等方面应当具有相同的待遇和权利，不因种族、身份、性别、地域、年龄等个体因素的不同而有所区别的认知。公正意识是指公民对某一普遍认同的规则普遍无偏颇地适用于每一个人，强调机会平等、程序公平和结果正义的一种认知。

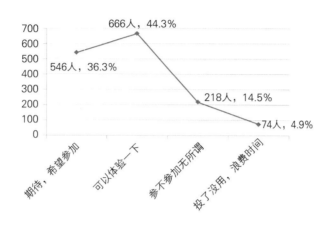

图 13 大学期间你对于班级选举、民主选举的态度

图 13 显示，36.3% 的同学表示很期待，希望参加班级民主选举；44.3% 的同学表示能参加也不错，可以体验一下；即有 80.7% 的同学都希望参加，体验一下民主，说明绝大多数大学生具备基本的民主意识。但也有 14.5% 的同学觉得无所谓，参不参加都行。还有 4.9% 的同学认为投了也没用，对班级民主选举表示否定，认为纯属走过场，浪费时间。

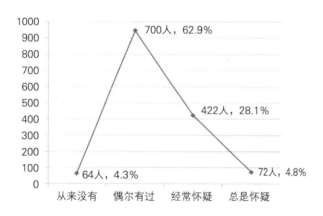

图 14 你有怀疑或质疑过公认的或权威的事情吗？

图 14 显示，对公认的或权威的事情，有 32.9% 的同学表示总是怀疑（4.8%）和经常怀疑（28.1%），62.9% 的同学表示偶尔怀疑，仅有 4.3% 的同学从来不怀疑。这说明大学生不迷信权威，具有自由意识。

另外，关于"当前人与人之间是一种什么关系"这一问题的调查，90% 以上的学生认为是平等互助的关系，这说明绝大多数大学生都具备基本的平等意识。

综上，就目前大学生公民意识现状来看，大学生具有一定的权利意识、平等意识和民主意识，但还是存在一些问题，集中表现为主体意识不强、义务和责任意识不足以及道德意识淡薄等。同时，在大学生公民意识形成中，特别容易受到社会大环境的影响。

三、大学生公民意识薄弱的原因探析

根据上述分析，随着改革开放和社会主义市场经济的不断深入，大学生公民意识在某些方面还相对薄弱，集中表现为主体意识、义务和责任意识以及道德意识的不足。造成大学生公民意识薄弱的原因主要包括系统教育的缺失、理论与实践的脱节、社会大环境和历史传统的负面效应等。

（一）系统教育的缺失

目前，国家对于学生公民意识的教育，仅是一种倡导，在家庭教育及小学、中学和大学教育都比较缺失，没有按照学生认知能力和教育规律安排系统的学生公民意识教育。仅就高校而言，没有像开展"两课"教学那样单独进行规划，专门布置，专门考核，导致目前高校重视程度不够，未单独开设课程。大学生公民意识教育知识点的教学主要分散在《思想道德修养与法律基础》以及《毛泽东思想与中国特色社会主义理论体系概论》等课程教学中，导致了知识点的零碎和不完整，学生在知识的接受上缺乏系统性和连贯性。另外，许多学生对"两课"的学习态度就是一个被动的接受者，主要是为了应付考试，而公民意识教育注重学生积极主动地参与。同时，由于大学生公民意识教育缺乏统一规划和指导，高等学校对教育内容等把握不准，存在一定的顾忌，对教学方式也缺乏探索和创新。

（二）理论与实践的脱节

目前大学生公民意识教育大都借助于思想政治理论课对公民意识的相关知识讲授，即大都只有停留在书本上和课堂上的理论教学，缺乏实践训练。实践出真知，没有实践训练，大学生就缺乏对公民意识的生动体验、感知机会，就无法真正地将公民意识内化于心。"纸上得来终觉浅，绝知此事要躬行。"如果大学生没积极参与投票选举，或者被"强制"参与虚伪地投票，那么他对"民主"意识，就只能停留在模糊的、乏味的概念上，或理解到的是虚伪的民主。

据观察，当代大学生多数人成长于溺爱教育和应试教育环境中，从小到大，他们中的绝大多数人的绝大多数事务都是由家长和学校包办的，这使他们丧失了独立人格的培养，他们独立思考、独立判断、独立选择的权利与能力也随之丧失殆尽。对于独

生子女，多数家长往往是溺爱孩子，都以孩子为中心，对孩子进行过分的、纵容的、无原则的爱，即溺爱。溺爱教育导致了孩子的自私自利、自我、任性、放纵及不负责任，它伤害的是学生的品德，使他们很难感知到个人与国家、与社会、与他人的权利与义务关系的界限与对等。他们会认为父母、老师和他人对自己的爱和给予都是天经地义的，得到的一切都是理所当然的，这种习惯接受爱而不知爱他人的人是很难树立责任和义务意识的。他们看问题也往往只站在自己的立场和角度，做出对自己有利的判断，很少会换位思考，多角度地科学思考，做出理性的、正确的判断。如学生不管市场上菜价如何涨不允许食堂的菜价涨、学生违反了校规校纪应受处分但拒绝接受处分、做错了事不愿承担责任等等。

应试教育伤害了学生综合能力的培养，学生只会考试，实践能力、创新精神、为人处世的能力都比较欠缺。理论教学缺乏对学生公共生活、社会实践的历练与指导，理论与实践的脱节，溺爱教育与应试教育的叠加，造成了学生道德意识特别是公德意识的薄弱与欠缺。

（三）社会大环境的负面影响

正如马克思所指出的："人创造环境，同样，环境也创造人。"[①] 在人的培养过程中，环境既可以传递正能量，发挥正功能，也可能发挥负功能。目前我国改革开放，社会转型，利益调整，贫富差距加大，东西方文化交流频繁，人们的价值观多元化。在社会主义市场经济的大背景下，强调适者生存的丛林法则，过分注重以利益为导向，社会中出现了"地沟油"、"毒奶粉"这样的损人利己、伤天害理的恶性事件。这些见利忘义、目无法纪与道德的不良现象严重地影响了大学生的责任意识、义务意识和道德意识的养成。在道德领域，由于受"彭宇"案等的影响，社会中出现了"扶不起"老太太的讨论，导致了社会道德的滑坡，不利于大学生的道德培养。公权力机关中产生的买官卖官、"人大代表"贿选以及贪污贿赂等腐败现象，与大学生在课堂上学习的道德导向背道而驰，这些对大学生权利意识、民主、公正等的培育产生了极为消极的影响。可见，社会大环境对大学生公民意识的培养非常重要。

（四）历史传统文化与公民意识间存在天然张力

从历史来看，中国几千年的封建统治所留下的后遗症，"官本位"意识根深蒂固，重人治轻法治，重工具轻价值，重依附轻独立，重义务轻权利，重"人民"轻

---

① 《马克思恩格斯选集》第 1 卷，人民出版社 1995 年版，第 92 页。

"公民"等,都成为制约公民意识形成的历史包袱。[1] 由于封建传统文化的影响,我们更多接受的是一种服从教育,要求个人无条件地服从,与公民意识所强调的权利意识、民主、自由、平等以及公正的意识之间存在着天然的张力。在严峻的意识形态争夺战背景下,我们认为应倡导民主、自由、平等、公正等普世价值,防止西方话语霸权,要筑牢思想堤坝,防止西方思想的侵蚀。同时,由于受到封建传统思想的影响,认为教育的唯一目的是将人培养为某一方面的专才,这样就忽略了人才培养的目的。教育要尊重个体,解放个体,充分发展个体。因此,历史传统文化与公民意识间存在天然张力是我国大学生公民意识薄弱的重要原因之一。

四、大学生公民意识教育新机制——"124"架构

大学生公民意识教育是高等学校面临的一个新课题,对如何开展大学生公民意识教育,教育内容、教育方式以及教育支持平台的探索非常必要。笔者在调查研究的基础上,探索了大学生公民意识教育的新机制,即"124"架构。

(一)以社会主义核心价值观为统领——确立大学生公民意识教育内容的"一个核心"

社会主义核心价值观是社会主义核心价值体系的内核,体现社会主义核心价值体系的根本性质和基本特征,反映社会主义核心价值体系的丰富内涵和实践要求。社会主义核心价值观的基本内容明确了国家发展目标,彰显了社会核心理念,确立了公民基本遵循准则。"社会主义核心价值观只有转化为公民意识的构成,才能落地生根于社会和人民之中。"[2] 也只有这样,社会主义核心价值观才能成为我们的行动指南。同时也只有以社会主义核心价值观为统领,才能保证公民意识教育内容在政治上的可靠性和在知识上的准确性。因此,我们开展大学生公民意识教育的内容应该以社会主义核心价值观为统领,紧紧围绕社会主义核心价值观的基本内容展开。

社会主义核心价值观从国家、社会和个人三个层面进行凝练和概括。与之相对应,公民意识教育的主要内容也应引导公民如何认识公民与国家、公民与社会和公民与公民之间的关系。

首先,明确公民与国家的关系,应积极引导公民正确认识我们要建设"富强、

---

① 李芳:《大学生公民素质教育理论探讨与实证研究》,中国社会科学出版社 2008 年版,第 13 页。

② 孙向军:《论社会主义核心价值观及其培育》,载《中央党校学报》,2013 年 4 月第 17 卷第 2 期。

民主、文明、和谐"的国家这一目标。① 而且围绕这一目标，宪法中明确规定了一切权力属于人民，这即是对民主的强调。同时规定公民有受教育的权利和义务，国家积极促进教育、科学、技术、文学、艺术和其他文化事业的发展。因为必须通过教育和发展科教文化，才能使国家走向富强、文明。同时在国家与个人之间，国家尊重和保障人权，依法维护公民合法权益，也要求个人要爱国，规定公民有依法服兵役、维护祖国统一、民族团结的义务。

其次，关于公民与社会的关系，从社会层面，社会主义核心价值观倡导"自由、平等、公正、法治"，宪法明确规定了公民在法律面前人人平等以及公民的人身、通信、言论自由以及公民获得社会物质帮助的权利，享受基本医疗、养老的社会保障等。同时，宪法规定，个人也有自觉维护社会公共秩序、尊重社会公共道德的义务。

最后，关于公民与公民之间的关系，从个人层面，社会主义核心价值观倡导"爱国、敬业、诚信、友善"，宪法中规定了劳动的权利和义务，即倡导公民爱岗敬业。诚信为立身之本，友善为待人之基。关于个人与个人之间的基本要求，个人权利的行使以不侵犯他人权利为前提。

综上所述，公民意识教育应以社会主义核心价值观为统领，以引导学生正确处理个人与国家、个人与社会以及个人与个人之间的关系为核心。

(二) 理论教学和实践训练相集合——大学生公民意识教育的"两种基本方式"

许多社会科学的教育通过理论教学即可完成，但是大学生公民意识教育有其特殊性，需要理论教学和实践训练相结合，需要启发式、互动式特别是体验式的教学。正如《公民道德建设实施纲要》所指出的："公民道德建设的过程，是教育和实践相结合。"从公民知识的掌握到真正意义公民意识的确立，再到真正意义上公民行为习惯的养成，这是一个理论到实践的飞跃过程，而实现这个飞跃有赖于在大学阶段积极参与公民意识的培养和训练并使公民意识观念内化和行为习惯养成。② 理论教学主要实现公民知识的掌握，公民意识作为公民的一种内在观念，必须要通过不断的实践训练，对公民知识进行感知和内化，才能实现"认知"与"践行"的统一。因此，所谓"道器一体，专能两翼"，理论教学和实践训练之于大学生公民意识教育如车之两轮、鸟之两翼，缺一不可。

---

① 同时在宪法序言中对总体目标进行了详细的规定，即：推动物质文明、政治文明和精神文明协调发展，把我国建设成为富强、民主、文明的社会主义国家。
② 李瑞清：《时代视野下大学生公民意识的培育》，载《思想教育研究》，2010年第6期。

（三）课堂教学平台、社会实践平台、校园文化平台和网络媒体平台——大学生公民意识教育的"四个支持系统"

根据大学生公民意识教育理论教学和实践训练的需要，相应衍生了课堂教学平台、社会实践平台、校园文化平台和网络媒体平台四个支持系统。

1. 构建课堂教学平台，畅通课堂教学主渠道

目前，大学生公民意识教育还未在高校单独开设课程，对公民意识教育的理论教学主要依托于《思想道德修养与法律基础》和《毛泽东思想与中国特色社会主义理论体系概论》两门课程。有的学者认为，由于思想政治教育和品德教育与公民教育具有一定的同质性，前者是培养符合社会发展需要和人的自身发展需要的"好公民"，而公民教育是教育学生如何做"合格公民"，两者的目的是一致的。因此，应借助于高校德育主渠道——思想政治理论课为载体开展公民教育。[①] 但是笔者认为，应在高校单独开设"公民教育"课程，让大学生更加系统地接受公民意识教育，因为单独开设"公民教育"课程本身就能体现对公民意识的倡导，学生会更加直接和深刻地接受公民意识教育。

2. 搭建社会实践平台，充分实现实践训练

大学生公民意识的培养主要目的是为了让大学生成长为合格的社会公民，而社会参与是进行公民教育十分有效的手段。因此，只有搭建多样的社会实践平台，建立大学生社会参与机制，才能让大学生实现公民素养的实践锻炼，比如开展社区普法宣传、社区献爱心活动以及社会实践调查活动等。公民意识教育要以整个社会为平台，公民意识的教育和培养，离不开社会大环境。要健全公民利益表达机制，完善政务公开制度、社情民意反映制度、重大事项社会公示制度、社会听证制度及新闻发布会制度等民主制度，[②] 增强公民的民主意识，同时也让大学生能真切地感知和参与政治生活。另外，要逐步健康、有序地发展社会公益组织，充分发挥社会组织对大学生公民意识教育的积极作用。当然，就目前来说，任何国家、社会都不是完美的，都存在这样或那样的问题，在实践训练中应当教育学生如何认识、理解、批判这些问题，分析

---

① 李瑞清：《时代视野下大学生公民意识的培育》，载《思想教育研究》，2010 年第 6 期。二者在教学内容上具有重合性，《思想道德修养与法律基础》涵盖了"思想道德修养"与"法律基础"两部分内容。教材内容遵循由思想到行为、由自律的道德行为到他律的法律行为的逻辑思路，符合公民教育关于道德意识、法律意识的基本要求。通过《毛泽东思想与中国特色社会主义理论体系概论》，可以帮助大学生了解市场经济对公民意识的内在要求；认识民主政治、法治社会对公民文化的要求等。

② 许耀桐：《大力加强公民意识教育》，载《求是杂志》，2009 年第 5 期。

原因，找到解决问题的路径和方法，教育学生如何用全面的、联系的、辩证的和发展的眼光看问题和解决问题，而要解决问题，恰恰需要学生具备公民意识与公民素质，依法享有权利，承担义务，建设法治国家。

3. 塑造校园文化平台，发挥潜在课程的作用

大学生公民意识教育与校园文化等大学潜在课程密切相关。大学潜在课程是显在课程之外的所有教育影响因素，是存在于大学校园内不能用显在课程囊括，而又对人才成长发生重要作用的所有要素，它们与显在课程相得益彰，在人才成长的过程中共同发挥着滋养之源的作用。[①] 校园文化作为大学潜在课程，大学生公民意识的培养既有显性约束力，又有隐性感染力。

塑造校园文化平台，既要注重加强学校社团班级文化建设，发挥大学生自我教育、自我管理、自我服务的作用，使大学生通过参加并管理学生社团和班级，能正确理解民主的运行规则，培养民主意识及为他人服务的意识。同时也要发挥校风[②]、校训、学风、学校管理制度等对学生公民意识教育的影响。如开明的校风，有利于学生树立平等的意识；依法治校的校风，有利于培养学生的法治意识和责任意识。因此，我们必须努力打造校园文化平台，充分发挥其在大学生公民意识教育中潜在课程的功效。

4. 创设网络媒体平台，引导学生学习、交流、讨论

随着全媒体时代的到来，网络已经成为大学生日常生活的一部分，基本上人人上网，时时上网，同时网络具有覆盖面广、传播及时、互动性强等特点。因此，要积极创设网络媒体平台，如借助专题网站、人人网、BBS、微博等平台开展大学生公民意识教育。一是建立专门的公民意识教育网站，建立专栏或专门的信息发布平台，分享文字、影像等资料，向学生传授公民知识。二是建立互动沟通交流平台，引导学生开展积极的讨论交流，增强学生学习的主动性和积极性，在讨论中训练学生的独立思维能力，塑造其独立人格。最后，利用网络平台开展大学生公民意识教育，要注意建立专门的工作队伍，做好信息甄别，及时引导大学生，尽量抑制和消减网络的消极负面影响。

---

① 石亚军：《人才成长岂止在课堂——论大学潜在课程的育人价值》，载《中国大学教学》，2003 年第 5 期。

② 关于"大学校风对学习和成长影响如何"这一问题调查显示：认为影响很大的有 650 人，所占比例 43.2%；认为影响较大的 632 人，所占比例 42.0%；认为影响一般的 176 人，所占比例 11.7%；认为影响不大的有 32 人，所占比例 2.1%。这说明校风对学生公民意识的培育影响非常之大。

论中国梦与大学生
理想信念教育的融合路径

刑事司法学院 王敬川

摘 要 中国梦与大学生的理想信念教育具有相互融合的路径。中国梦准确把握住个人与民族的关系，让大学生在中华民族优秀文化传统的认同中，切实达成思想认知界面的有机融合。中国梦始终坚持人在社会发展中的主体性地位，让大学生在自身精神需求的理性对照中，切实获得内心情感界面的内在融合。中国梦尊重每个人的自由发展潜力，让大学生在学有所成、业有所就的梦想里，享有美梦成真的机会和舞台，真实感受到个人发展与民族梦想在目标界面的终极融合。

关键词 中国梦 大学生 理想信念教育 融合

党的十八大以来，中共中央总书记习近平提出并深刻阐述了实现中华民族伟大复兴的中国梦。在第十二届全国人民代表大会第一次会议闭幕会上的讲话中他又指出："中华民族具有五千多年连绵不断的文明历史，创造了博大精深的中华文化，为人类文明进步作出了不可磨灭的贡献。经过几千年的沧桑岁月，把我国56个民族、13亿多人紧紧凝聚在一起的，是我们共同经历的非凡奋斗，是我们共同创造的美好家园，是我们共同培育的民族精神，而贯穿其中的最重要的是我们共同坚守的理想信念。"他尤其对广大青少年提出了殷切的希望，号召"全国广大青少年，要志存高远，增长知识，锤炼意志，让青春在时代进步中焕发出绚丽的光彩"。中国梦与大学生的青春梦已经紧紧地联系在了一起。

中国梦具有多维的理论张力，这让每一位高校思想政治教育工作者在深入理解中国梦内涵的同时，更加积极地去思考中国梦与大学生理想信念教育的融合路径，并且在实际工作中将中国梦的精髓融汇到高校日常的思想政治教育工作中来，从而探索出可供实践的现实路径。

一、中国梦准确把握住个人与民族的关系，让大学生在中华民族优秀文化传统的认同中，切实达成思想认知界面的有机融合

从社会主义的发展动力层面而言，民族精神和时代精神是社会主义核心价值体系的精神动力。每一个独立的中国人都是中华民族的精神脊梁，都是中国精神的缔造者和传承者。每一个中国人都与民族的振兴与发展密不可分。习近平主席强调："实现中国梦必须弘扬中国精神。这就是以爱国主义为核心的民族精神，以改革创新为核心的时代精神。这种精神是凝心聚力的兴国之魂、强国之魄。爱国主义始终是把中华民族坚强团结在一起的精神力量，改革创新始终是鞭策我们在改革开放中与时俱进的精神力量。全国各族人民一定要弘扬伟大的民族精神和时代精神，不断增强团结一心的精神纽带、自强不息的精神动力，永远朝气蓬勃迈向未来。"梦想是联系大学生和中国梦的共同内在要素。每一个大学生都处在人生最富梦想的年龄阶段，对未来的规划和奋斗目标充满了期待。作为中华儿女的佼佼者，大学生的个人理想作为中国梦的一个重要组成部分，往往展示出更加夺人的风采。从思想深处来讲，中国梦的提出，更容易得到大学生的思想认同，从而通过自身的追梦体验和圆梦历程来践行。中国梦把全国人民的梦想汇聚成民族复兴的共同理想。在践行中国梦的行列里，不分民族，不分职业，不分阶层，每一个中国人都光荣而自豪地投入其中，在追逐个人梦想的人生道路上践行着美好的中国梦。大学生作为时代的精英群体，像早上八九点钟的太阳，怀揣着一份份属于自己的青春梦想，用青春特有的热情和激情行进在中国梦的征程上。

二、中国梦始终坚持人在社会发展中的主体性地位，让大学生在自身精神需求的理性对照中，切实获得内心情感界面的内在融合

新时期里，传统的圣人式和口号式教育模式相对忽略了学生自身精神需求方面的差异性，不易于从客观上把握教育对象的认知程度和践行能力。中国梦则有效地结合了大学生主体的精神需求和民族精神之间的契合点，因此，中国梦提出的具体实现路径能够更加贴近大学生的认知实际，从而提高中国道路和民族精神在大学生群体中的接受程度。

换言之，从大学生的情感世界出发，中国梦有助于最大限度地激发大学生的内在生命力和主体人格的彰显。可以说，在现时代"随着物欲的膨胀和工具理性的强化

与扩张，个别人本身逐渐失去了主体性而被对象化，神圣的情感世界和心灵家园受到物欲的玷污和无情的漠视，对大学生的健康成长造成了极为恶劣的影响，严重影响大学生思想政治教育价值的实现"[1]。大学生的主体人格是大学生在现实生活中具有独立性和自主性的一个重要表现。从影响层面讲，"这种独立人格一方面是受社会生产力水平、社会制度的制约，而且还受社会化程度的影响；另一方面可促进社会生产力的提高和社会的进步，也是促进人全面自由发展的基础"[2]。换言之，大学生的主体性人格塑造得如何将直接影响到大学生自身的发展，并影响到中国梦与高校大学生思想政治教育工作的融合性和实效性问题。

中国梦不是指某个群体的单兵独战，而是要依靠广大人民群众的无数个人梦想来实现，人是中国梦所依靠的核心力量。正如习近平总书记所讲的那样："中国梦归根到底是人民的梦，必须紧紧依靠人民来实现，必须不断为人民造福。"这在人类的思想史上是一个重要的飞跃。在宗教的世界里，人是一个可以虚幻的想象，人们对彼岸世界的期盼无疑成为虚幻的"人的自我异化的神圣形象"[3]。与此同时，人本质中的"真实的现实性"[4] 问题自然被搁置了。在对"宗教是人民的鸦片"的论断中，马克思主义者最终发现："一个人，如果想在天国的幻想的现实性中寻找一种超人的存在物，而他找到的却只是自己本身的反映，他就再也不想在他正在寻找和应当寻找自己的真正现实性的地方，只去寻找自身的假象，寻找非人了。"[5] 但人就是人，就应当是人本身的样子。"人并不是抽象的栖息在世界以外的东西，人就是人的世界。"[6] 这就是罗斯科·庞德所说的"永恒的东西"或者是"相对永恒的东西"。[7] 马克思主义哲学主张在"对象化"的过程中来认识自己，发现自己。这种类似于"镜像论"的观点，显然让我们更清楚地了解到人类各种精神文化现象背后的人的存在。在《关于费尔巴哈的提纲》中，马克思指出，费尔巴哈只能把人的本质理解为"类"，理解

---

[1]　王忠桥、张国启：《新时期大学生思想政治教育发展的理路选择》，载《湖北社会科学》，2006 年第 4 期。

[2]　丁晓武：《论思想政治教育的马克思主义人性论基础》，载《思想政治教育》（人大复印资料），2008 年第 6 期。

[3]　马克思：《黑格尔法哲学批判导言》，人民出版社 1972 年版。

[4]　马克思：《黑格尔法哲学批判导言》，人民出版社 1972 年版。

[5]　马克思：《黑格尔法哲学批判导言》，人民出版社 1972 年版。

[6]　马克思：《黑格尔法哲学批判导言》，人民出版社 1972 年 5 月版。

[7]　[美] 罗斯科·庞德：《通过法律的社会控制》，沈宗灵译，商务印书馆 2008 年版。

为一种内在的、无声的、把许多个人纯粹自然地联系起来的共同性。① 这种共同性不限于"纯自然性"，主要包括人的物质需要和精神需要两大类内容。正如马克思在《1844年经济学哲学手稿》中论述的那样："人直接地是自然存在物，人作为自然存在物，而且作为生命的自然存在物，一方面具有自然力、生命力，是能动的自然存在物；这些力量作为天赋和才能，作为欲望存在于人身上。"② 但就人的本质而言，"在其现实性上，它是一切社会关系的总和"③。

关于中国梦的理解，尽管有不同角度的认知取向，但是内心情感的共鸣却已深深地契合了大学生的情感需求。中国梦契合了大学生所特有的心理需要和精神需求，并且在此基础上搭建起个人梦想与国家需要、民族复兴之间的有效对接点。因此，满足大学生作为人的正常需要是做好大学生思想政治教育工作的基本方法。其中，人类微观的精神层面内容正是中国梦融入大学生理想信念教育的一个重要组成部分。仅以大学生这一共同群体而言，其人性本真中主要涵盖了非物质存在的精神层面的隐性问题，或曰"软问题"。可以说，"人的精神任何时候都不会变成也无法变成消极的、毫无作用的、顺从于物质影响和肉体欲望的媒介"④。反而会通过人这一中介载体传承亘古既有的人性情结。这就使得当代大学生对中国梦所涉及的梦想和期待，都通过自身生存、发展以及人格升华等方式得以具体化、个性化，从而将个人理想转化为关涉国家发展和民族兴旺的一个不可替代的精神动力，在追逐梦想的道路上更加坚定了社会主义的理想和信念。

三、中国梦尊重每个人的自由发展潜力，让大学生在学有所成、业有所就的梦想里，享有美梦成真的机会和舞台，真实感受到个人发展与民族梦想在目标界面的终极融合

从心理学层面讲，按照马斯洛的需求层次理论，可以将人的需求分为如下几个方面：第一层次，基本的生理需要层次；第二层次，安全需要；第三层次，爱的需要；第四层次，尊重的需要；第五层次，也是人的最高需求——"成为你所能够成为的

---

① 马克思：《关于费尔巴哈的提纲》，人民出版社1972年版。
② 《马克思恩格斯全集》第42卷，人民出版社1979年版。
③ 《马克思恩格斯选集》第1卷，人民出版社1972年版。
④ ［俄］伊·亚·伊林：《法律意识的实质》，徐晓晴译，北京：清华大学出版社2005年版，第1～2页。

那个人"① 之自我实现的需要，也可以说是一种发展的需要。而且"这些需要或价值之间是互相关联的，在人的发展过程中，这些需要具有一定的级进结构，在强度和优势方面有一定顺序。通常，对食物的需要是最强的，其次，与诸如爱等其他方面的需要相比，安全需要是一种较优势、较强、较迫切、较早出现和较有活力的需要。所有这些需要都可以被看作是趋向总的自我实现的各个不同阶段，都可以被归于自我实现之中"②。从中，每个人似乎都能够找到属于自己的那一需求层次，并向往着更高的层次，以满足自己的物质需求和精神世界。

但是，我们又不得不承认，这些需要中的每一种需要都"只不过是需要层级结构中的一种。因此，这种需要既是终点，又是趋向某一终极目标的起点"③。可见，从某种意义上讲，这种需求层次理论的提出是对马克思主义哲学人性化理论的具体化。按照马斯洛关于人的需求层次理论，人一共有五个层次的本能，满足了一个层次必然会有更高一层次的需要。这些都是人客观存在的本能，也是把中国梦融于大学生思想政治教育之中需要考虑的一个重要心理学基础，从而在尊重大学生正常心理需求和理想诉求的基础上，有效地将中国梦融入大学生的思想政治教育之中，最大限度地规避掉一部分大学生对社会主义核心价值体系的"心理阻抗"和"心理障碍"问题④，在遵循心理学科学的理论基础的同时，不断净化大学生的心灵世界，不断提升大学生的精神境界，以期在潜移默化中深化大学生对社会主义道路的认同度和践行力。

---

① ［美］马斯洛：《马斯洛人本哲学》，成明编译，九州出版社 2006 年版，第 3 页。
② ［美］马斯洛：《马斯洛人本哲学》，成明编译，九州出版社 2006 年版，第 4 页。
③ ［美］马斯洛：《马斯洛人本哲学》，成明编译，九州出版社 2006 年版，第 5 页。
④ 注："心理阻抗"和"心理障碍"两个词是心理学术语。此处是指大学生在发展过程中，受主、客观因素影响，固着于其个性结构中的偏差或不完善的认知、情感、意志所产生的对德育的漠视或拒绝，影响了德育的有效实施，人们把这种现象称为心理阻抗。这种心理抗拒突出表现在大学生的认知同道德实践的反差、道德理想和道德现实之间的反差、课堂内外道德的反差等上。如果大学生的心理阻抗定式得不到有效的改变，就会转变为学生接受德育的心理障碍，亦即大学生头脑中所存在的某些思想或心理因素阻碍他们对道德要求、意义的真正理解，从而不能把这些要求转化为自己的需要。概括而言，大学生道德接受的心理障碍主要表现为四个方面：一是动力系统功能障碍；二是导向系统功能障碍；三是加工系统功能障碍；四是调节系统功能障碍。大学生的接受心理障碍的存在严重制约了高校道德教育的接受效果。因此，要提高高校道德教育的实效性就必须消除学生道德教授的心理障碍。参见刘志坚：《心理学视角下的高校德育低效反思》，载《思想政治教育》，2008 年第 6 期，第 33 页；孙锦争：《大学生的德育接受与个体心理阻抗分析》，载《陕西青年管理干部学院学报》，2004 年第 3 期；陈金容：《道德接受心理障碍分析》，载《内蒙古农业大学学报》（社会科学版），2005 年第 1 期。

大学生在学习阶段，思想活跃，处事积极。大学生在刚入大学的时候会树立一个属于自己的理想，或学业有成继续深造，或工作如意奉献社会。在中国梦的行程里，"生活在我们伟大祖国和伟大时代的中国人民，共同享有人生出彩的机会，共同享有梦想成真的机会，共同享有同祖国和时代一起成长与进步的机会。有梦想，有机会，有奋斗，一切美好的东西都能够创造出来"。可以说，在社会性的发展中，人最终将实现从必然王国向自由王国的飞跃，从而使得"每个人的自由发展是一切人的自由发展的条件"①。因此，美梦成真是每一名大学生的期盼和期待，而每一个梦想的实现都会带给社会一分新生力量，都为民族发展融入新鲜血液。所以，中国梦让我们真实地感受到个人发展与民族梦想之间在终极目标界面上的一致性。

反观马克思主义经典理论，马克思主义的人性论让我们看到，"人的自然本性、人的本质和人的类特性的统一，人性不是孤立、静止不变的，而是具体的、历史的和发展的，是与人类社会历史的发展相联系的。马克思主义人性论不仅是人类社会发展规律的理论出发点，也是思想政治教育的重要理论基础。它规定着思想政治教育的目标和任务，是思想政治教育方法与原则的主要理论依据"②。原因在于，"从思想政治教育活动的要素看，教育的主体（教育者）、客体（受教育者）、介体（教育目的、内容、方法）、环体（社会环境）无一不与人性相联系，从思想政治教育活动的过程看，教育对象的内化、外化、调解等过程无疑不是人性的反应，这就规定着思想政治教育活动要以人性为原则"③。并且在尊重人性、发展人性自由的基础上展开符合人性需要的理想信念教育，以实现大学生物质需要满足之后对精神需要层次的不断提升。中国梦尊重人的存在，关注人的情感，因为人的需求首先是物质需要，其次是建立在物质基础之上的心理、精神、情感、发展等方面的需要。精神需要可以改变人的思想和行为，能够产生激励的作用，最终可以促进人的全面发展，以带动整个民族的进步和发展。

因此，在遵照社会理性规范的前提下，发掘和培养大学生的个体发展方向，有效引导大学生坚守社会主义理想和信念，建立科学的奋斗目标，是大学生思想政治教育的重要任务。在中国梦与大学生思想政治教育工作的融合中，需要教育工作者科学合

---

① 《马克思恩格斯选集》第 1 卷，人民出版社 1972 年版。

② 丁晓武：《论思想政治教育的马克思主义人性论基础》，载《思想政治教育》（人大复印资料），2008 年第 6 期，第 26 页。

③ 丁晓武：《论思想政治教育的马克思主义人性论基础》，载《思想政治教育》（人大复印资料），2008 年第 6 期，第 29 页。

理地引导和鼓励大学生自觉、自主地展开理想信念教育活动，自觉调节和控制自身言行，在自我教育、自我锻炼的逐梦过程中，把树立和坚守中国特色社会主义道路变成他们自主创新活动的源泉，使他们在精神境界层面获得不断提升，最终在国家、民族和谐发展中来实现个体的自由发展，并为社会主义和谐社会的发展提供坚实的中国力量基础。在高校大学生思想政治教育工作中，通过个人梦想的张扬和人性化的方式融入中国梦的精神力量，探索出一条中国梦与大学生自由发展相统一的融合路径。

总之，中国梦遵循大学生作为一个个体所具有的内在诉求，满足了大学生的多层次性需要，有助于高校思想政治教育工作者确立从外部融合到主体内化的开放式融合实践模式，在理论结合实践的过程中，从框架性思维转向概念性思维，进而步入实践性思维，最终使大学生在科学认知、理性认同的基础上成为当代中国梦的真正践行者，以期在高校形成内外统一、整体划一、兼容并蓄的合力型思想政治教育网络，在引导大学生正确追逐个人梦想的同时，坚定理想信念教育，不断"增强对中国特色社会主义的理论自信、道路自信、制度自信，坚定不移沿着正确的中国道路奋勇前进"，在大学梦与理想的融合中，真正实现中华民族伟大复兴的中国梦。

功利环境下的非功利化追求

——从德育视角看当代大学生
价值取向功利化现象

国际法学院　刘端端

摘　要　当代大学生存在价值取向功利化的突出问题，表现在学习动机、自我意识、政治追求、职业选择和人际交往等多个方面。这其中既有社会环境功利化、家庭观念功利化、高校德育功利化等客观原因，也有大学生认识偏差等主观因素。我们应当正确看待大学生价值取向的功利化倾向，并在德育工作中通过培育大学精神、深化道德教育、优化校园文化、开展社会实践等方式，实现对大学生功利主义的超越。

关键词　大学生　价值取向　功利化　功利主义　德育

一、问题的提出

辅导员在工作中常常会遇到这样让人哭笑不得的问题——从活动意义、集体意识等角度鼓励同学们参加英模报告会、感动法大等活动，学生们总以"有课"、"有事"等各种理由推脱，但一旦将其与形势政策教育课程学分、"七个一"工程、入党加分挂钩，同学们则趋之若鹜；年级举办足球赛、集体舞比赛等活动，总会有同学认为这些活动耽误他们个人时间而以种种借口缺席训练或排练，甚至于有的班长也会向我们抱怨：很多同学都在私下表示只愿意参加职业规划讲座、民法讲座等符合他们利益需求的活动，而足球赛、集体舞比赛等活动并不能给他们带来什么好处，还占用他们的学习、休息时间，同学们缺乏参与的积极性和主动性，甚至有个别同学对负责组织的班委产生了抵触情绪，这让班级集体活动的组织开展阻力重重。

这些问题产生的原因是多方面的。一来脱离了中学同一教室上课的天然纽带，学生们的班级概念和集体意识渐渐淡漠，对同窗情谊的珍视程度也降低了很多，这一点在大一新生中尤为明显，随着年级的升高，情况会有所改善；二来大学生还处于人生观、价值观的塑造阶段，看问题的深度、广度都还有所局限，利益观更是相对比较稚嫩，对"什么事情对自己是有好处的"这一问题，他们并没有一个客观、全面、深刻的认识，往往只看得到眼前利益。而参与集体活动所能得到的锻炼和提升更多的是情商层面的，这是潜移默化的，并不是一次活动、一场比赛所能立竿见影的，同学们对此缺乏足够的认识和重视，宁愿把时间、精力投入短期就能看到表面成效的事情，如准备一次托福考试、看一本书、写一篇论文等。笔者认为，这些原因背后的根源，还是当代大学生价值取向功利化现象越来越严重①，同学们更多地关注自己的利益和喜好，不情愿为他人牺牲或放弃自己的时间和利益。这也是本文欲探讨的主要问题。

二、"功利化"概述

（一）功利主义的内涵与局限

功利主义（Utilitarianism），又译为功用主义或乐利主义，是一种以实际功效或利益作为道德标准的学说。功利主义以资本主义经济的发展为基础，最早发源于近代英国。该学说萌芽于古希腊伊壁鸠鲁学派的幸福论学说中，经过中世纪和文艺复兴时期的发展和演进，最终于18世纪末19世纪初形成一种有系统理论体系的学说，由英国著名哲学家杰里米·边沁②和英国著名哲学家、政治思想家约翰·密尔③完成，并由密尔正式命名。

边沁认为："所谓功利，意指一种外物给当事人求福避祸、趋乐避苦的那种特性。假如这里的当事者泛指整个社会，那么幸福就是整个社会的幸福；假如是具体指某一个人，那么幸福就是那个人的幸福。"④ 可以说，功利主义的基本原则就是："当我们对任何一种行为予以赞成或不赞成的时候，我们看行为是增多还是减少当事人的

---

① 大学生的价值取向是大学生个人或集体在一种或几种文化氛围的影响和熏陶下所表现出的价值选择，体现的是一种特有的精神文化现象。

② 杰里米·边沁（Jeremy Bentham，1748.2—1832.6），英国著名法理学家、功利主义哲学家、经济学家和社会改革者。他是一个政治上的激进分子，亦是英国法律改革运动的先驱和领袖，并以功利主义哲学的创立者、一位动物权利的宣扬者及自然权利的反对者而闻名于世。他还对社会福利制度的发展有重大贡献。

③ 约翰·密尔（John Stuart Mill，1806.5—1873.5），英国著名哲学家、心理学家和经济学家，19世纪影响力很大的古典自由主义思想家。他支持边沁的功利主义理论。

④ 周辅成主编：《西方伦理学名著选辑》，商务印书馆2010年版，第212页。

幸福；换个角度说，就是以某种行为顺应抑或违反当事人的幸福为准。"①

功利主义将道德规定为感性快乐，快乐的就是道德的，不快乐的就是不道德的。这样的结论将道德仅仅理解为对快乐的追求，这样不但是对道德本质的否定，也是对道德所特有的崇高性的一种抹杀。如果从功利主义趋乐避苦的道德论出发，那么人类浩瀚历史长河中，随处可见的无私奉献、明知不可为而为之的牺牲精神和道德情操，以及日常生活中常见的诸如见义勇为、舍己救人、无偿捐献等高尚行为，就很难得到合理的解释。

同时，功利主义者认为，社会利益是个人利益的总和，因而实现"最大多数人的最大利益"的方法就是每个人都尽力实现自己的个人利益。当个人利益与社会利益出现矛盾和冲突时，社会利益要无条件服从个人利益，因为个人利益才是真实的，而且是唯一真实的利益，而社会利益不过是虚幻的。这就是功利主义最大的局限性——认为个人私利及抽象的人性论是道德基础，对人的社会性和多样性忽略不计。但事实上，人是社会关系的总和，人的本质是由其社会性决定的。从中国传统哲学的意义上讲，利他和利己在本质上是一致的，利他就是在利己，社会利益是个人利益存在的前提。②

（二）功利主义在中国

功利主义在中国也有着深刻的历史根基。早在两千多年前的先秦时代，墨子就提出了"兼相爱，交相利"的功利主义思想；后来，韩非子站在人性恶的角度提出了"好利恶害，人之情也"，认为人生来就是自私的，人与人之间只有永恒的利益关系；伴随着中国历史的发展，功利主义也不断进行着理论更新，但由于中国在很长一段时间内都处于小农经济社会，中国的古典功利主义缺乏资本主义的土壤，没有形成完整的体系。直到19世纪中期，随着资本主义的日益深入，中国社会形势发生了巨大变化，涌现出较多的功利主义思想家，如魏源、严复、梁启超、张之洞等，他们鼓励资本主义的发展，呼吁国人追求个人利益，以实现社会整体利益。

到了新中国成立和社会主义建设时期，功利主义有其存在的历史合理性。因为在社会主义初期，我们的物质文明还没有达到一定的水平，社会主义的根本任务是解放生产力和发展生产力。而人是生产力的创造者，人创造生产力的前提是生存可能性的保证，这就决定了人注定要关心个人物质利益、健康、安全、幸福等问题。正如马克

---

① 周辅成主编：《西方伦理学名著选辑》，商务印书馆 2010 年版，第 211、212 页。
② 王文彦：《大学生功利主义思想论析》，大连海事大学 2013 年硕士学位论文。

思所说："我们首先应当确定一切人类生存的第一个前提，也就是一切历史的第一个前提，这个前提就是：人们为了能够创造历史，必须能够生活，但是为了能够生活，首先就需要衣食住行及其他东西。"[1] 而功利主义充分肯定了个人需求的合理性，这样就为中国社会进入市场经济时代提供了思想基础。伴随着改革开放的大潮和市场经济时代的开启，功利主义思想不知不觉成为人民大众的主流思想，代替了中国传统哲学提倡的仁义礼智，成为中国人的主导价值观。而且随着市场经济的发展和深入，人们更关注于解决如何发展经济、如何提高人们的生活质量等问题，功利主义就这样在中国得到了快速的发展。[2]

（三）"价值取向功利化"命题

价值取向功利化是功利主义在价值观上的具体体现，是赤裸裸地将自身的功利需求推向极致，也就是"唯利主义"。它与公益化相反，通常是指主体以经济效益为中心，在社会认知、价值判断、行为指导等方面，均以功利为出发点和归宿，把是否能在短期内为主体带来直接效益作为判断和衡量一切行为好坏、优劣的标准，在观念上奉行利益至上、利润至上、金钱至上，在形态上选择无利无钱则不为，表现在行为上就是唯利是图、见利忘义、损人利己。[3]

同时，价值取向功利化也可被理解为意识形态上的实用主义，其注重"投入—产出"，寻求短期内利益最大化，而且是直线目标，所以利益得失就非常明显。从功利化的角度看，如果没有达到预期的目标，或者投入可能高出预期，就会被认为该行为"不值得"。[4] 可以说，"功利化"是极端的个人主义，是一种扭曲了的人生观、价值观。

三、精致的利己主义者？——当代大学生价值取向功利化现象

"我们的一些大学，包括北京大学，正在培养一些'精致的利己主义者'，他们高智商，世俗，老到，善于表演，懂得配合，更善于利用体制达到自己的目的。这种人一旦掌握权力，比一般的贪官污吏危害更大。"北大中文系教授钱理群在武汉大学

---

① 马克思、恩格斯：《马克思恩格斯全集》第 1 卷，人民出版社 1960 年版。

② 王文彦：《大学生功利主义思想论析》，大连海事大学 2013 年硕士学位论文。

③ 张希梅：《大学生价值取向功利化调查分析》，载《赤峰学院学报》（自然科学版），2012 年第 8 期。

④ 杨楠：《大学生"功利化"现象对高校思想政治教育的影响及对策研究》，重庆理工大学硕士学位论文。

老校长刘道玉所召集的"'理想大学'专题研讨会"上说了这么一段话。这段话登上微博后，被迅速转发3.5万次，并引发了社会公众对于大学生功利化现象和高等教育功利化倾向的大讨论。

客观而言，这段话过于绝对了。我们不能因为对大学教育某些问题的不满而全盘否定我们的大学、大学教育和大学生。"利己"也并不完全是错误的，但是，大学生"精致利己"，甚至"损人利己"的趋势，割裂了人性的利己和利他的统一，为大学生偏离道德规范埋下了隐患，是非常值得德育工作者深刻反思的。

今年的五四青年节，习近平总书记在北大师生座谈会上指出："每个时代都有每个时代的精神，每个时代都有每个时代的价值观念。青年的价值取向决定了未来整个社会的价值取向，而青年又处在价值观形成和确立的时期，抓好这一时期的价值观养成十分重要。这就像穿衣服扣扣子一样，如果第一粒扣子扣错了，剩余的扣子都会扣错。人生的扣子从一开始就要扣好。青年要从现在做起，从自己做起，使社会主义核心价值观成为自己的基本遵循，并身体力行，大力将其推广到全社会去。"

社会主义核心价值观倡导富强、民主、文明、和谐，倡导自由、平等、公正、法治，倡导爱国、敬业、诚信、友善，这是一种公益化、道德化，立足于报效祖国、服务人民的价值观。而功利主义，是与社会主义核心价值观完全相悖的。在这个功利主义盛行的年代，大学生不免会被这种不良风气所感染，表现为价值取向从"理想化"向"功利化"转变，这种倾向表现在学习内容、学习动机、时间分配、入党动机、职业选择和人际交往等诸多方面。

（一）学习动机利字当先

当代大学生在学习方面表现出来的功利化倾向直接导致了大学生在专业选择、课程选择、学术研究乃至考研、出国、考公务员等诸多方面都片面追求利益最大化，主要体现在以下四个方面：其一，学习目的功利化。大多数学生的学习目的为追求现实意义，如找到一份好工作、期末取得好成绩、拿奖学金等，这样功利化的学习动机也导致他们在学习时间的分配上有所倾斜——很多学生将平时的大部分时间投入考证、社团、玩乐等专业学习以外的事情，只在期末依赖"重点"进行突击，以取得高分。其二，对课程的选择功利化。以中国政法大学法学专业的学生为例，《民法》、《宪法》等实用性较强的专业必修课程是他们重视的学习内容，而《思想品德修养》、《马克思主义基本原理概论》等素质教育课程则被他们认为是无实用价值的课程，逃课情况严重。其三，对教师的选择功利化。在学分制和自由选课的宽松条件下，"老师给分高不高"、"上课是否点名"取代了"老师课讲得好不好"，成为大部分学生选择任课老师的主要依据。其四，学术研究功利化。随着发表论文与保研、拿奖学金挂钩，虽然很多本科生、研究生撰写论文、发表论文的积极性大大提高，但他们并非出于对学术的兴趣和提升自我的需要，而是穿上了一层功利的外衣，将学术变成追求现实目的的工具。此外，在功利主义的感染下，部分学生片面追求利益最大化，缺乏诚信精神，考试作弊、论文抄袭现象时有发生，对高校学风建设产生了恶劣的影响。

（二）自我意识过度膨胀

社会主义市场经济的发展、民主进程的加快，培育了市场主体，张扬了大学生的个性，使大学生的独立人格、自由发展、平等权益等主体意识得到确认和加强。在这些价值观念的影响下，崇尚自我，注重自我发展，强调自我价值的实现，成为大学生的普遍追求。[①] 然而，与其强烈的主体意识不相称的是其辨别是非美丑的能力、选择好坏的能力、自律意识较差，导致部分学生过分强调自我，集体意识、社会责任感弱化。当学院、年级、班级举办集体活动时，部分同学总觉得浪费他们个人时间而以种种借口推脱，只有当这些集体活动涉及他们入党、评优等切身利益时，他们才表现出明显的积极性和主动性。更有同学认为为集体奉献和付出是班委和党员的事情，普通同学没有义务。

（三）政治追求急功近利

在政治追求上，不少大学生把加入党组织视为实现功利目的的重要手段。他们向党组织靠拢并非出于内心的信仰，而是出于个人利益的驱使，想为毕业时找到一份"好工作"增加筹码。[②] 许多同学参加义务献血、支教普法等志愿服务活动和党团组织、社团的工作也并非不求回报，背后往往存有丰富履历、换算学分、晋升拿奖等目的，"无私奉献"成为一句空话。此外，部分学生组织和学生干部的官僚主义、实用主义倾向，也是大学生政治追求功利化的集中体现。

（四）职业选择追名逐利

自高校扩招及就业压力的不断增大，大学生的择业观也呈现出功利化趋势。大学生就业开始从强调自我价值的实现逐步倾向于追求利益最大化。在这种心理的驱使下，很多大学生毕业后不愿意到急需人才、条件艰苦的西部、基层工作，而总期望着舒适、体面、收入高、地点好的工作岗位。不少毕业生即使找不到工作也不愿意到艰

① 杨长春：《大学生价值取向功利化倾向的理论分析》，载《汉江大学学报》（社会科学版），2006 年第 6 期。

② 唐如前：《论当代大学生的功利化行为》，载《湖南科技学院学报》，2009 年第 5 期。

苦的地区去，他们或在大城市等待机遇，或加入到考研大军，希望通过学历的提升来创造新的发展机遇。①

（五）人际交往偏重利益

当前，很多大学生在交友的选择中利己观念很强，在交往对象的选择中以是否对自己有利为标准。有些学生漠视班级、宿舍同学情谊，而把交往的注意力集中于师兄师姐、社团同学等所谓对自己"更有用"的群体。此外，大学生的交往中也开始出现越来越多的"一次性"交易，大家获得各自的利益后，便不再有任何干系，人与人之间精神层面的交往正逐渐被利益层面的交往所取代。② 这种交往功利化的趋势不仅体现在同学、朋友之间，也体现在大学生恋爱关系、师生交往等方方面面。

从以上现象可以看出，功利已成为很多大学生的一种思维方式。首先，他们开始习惯于从功利的角度去观察一切，审视一切，理解一切；其次，功利已成为他们评判事物和行为价值的一种尺度，功利的获得与否成为一种现象和一个行为是否有价值的唯一标准；最后，追求功利成为一种人生诉求和行为实践，即把追逐利益作为一切行为的指南和航标。③

四、失落的乌托邦——当代大学生价值取向功利化现象成因分析

曾几何时，"青年"是一个让人热血澎湃的词。近现代史的波澜壮阔的革新，要归功于青年；20 世纪突飞猛进的进步，光荣属于青年。可以说，近代以来，青年人所不懈追求的美好梦想，始终与振兴中华的历史进程紧密相连。④ 而大学生，就是其中最耀眼的一股力量。他们有思想、有担当，自觉将个人命运与国家兴亡联系在一起，投入洪流，为自己开创了一个时代。然而，不知不觉中，人们发现，青年的身影愈发模糊，青年的呐喊愈发微弱。作为"天之骄子"的大学生，不再是毅然奔向祖国最需要的地方，而是打着算盘，精明地算计着如何做出夺人眼球的简历。当代大学生价值取向功利化的出现绝非一朝一夕，也不是这一代人与生俱来的，而是在他们的成长过程中，由于受到客观因素和主观因素的双重作用而逐步形成的。

---

① 唐如前：《论当代大学生的功利化行为》，载《湖南科技学院学报》，2009 年第 5 期。

② 王婧怡：《思想政治教育视角下的大学生功利化问题》，载《哈尔滨职业技术学院学报》，2013 年第 4 期。

③ 张希梅：《大学生价值取向功利化调查分析》，载《赤峰学院学报》（自然科学版），2012 年第 8 期。

④ 李北方：《归来兮，青年》，载《南风窗》，2014 年第 9 期。

（一）客观原因

1. 社会环境功利化

首先，市场经济等价交换原则对大学生有强烈的辐射作用。市场经济就是效益经济，表现在行动上就是追求个人利益的最大化。而现实生活中，人们往往把等价交换原则扩展到其他领域，包括高等教育领域，这在一定程度上导致金钱的升值和道德的贬值，滋生了功利思想。[①]

其次，西方实用主义、个人主义价值观的渗透和社会不良风气的影响为大学生功利思想提供了温床。大学生价值观是社会价值观的晴雨表，在各种西方文化思潮和社会非主流庸俗价值观的双重冲击下，大学生的理想信念容易趋向实用和短视，进而导致行为上的失范和偏差。

再次，交流的开放和网络的普及加剧了大学生功利思想的发酵。当今思想交流的方式高度自由互动，互联网、微博微信等数字化、网络化的现代信息技术的普及，带来了传播方式的深刻变革，打破了原有传统媒体的时空界限，各种思想信息广泛被人们传播和接受。网络信息的开放性、互动性、隐蔽性、随意性、便捷性和发散性，使信息来源难以预测，内容难辨真伪，流向难以控制[②]，功利主义便搭着现代信息高速公路的顺风车，为部分大学生所接受、欣赏甚至推崇。

最后，就业压力的不断增长为大学生的功利化选择提供了"正当"的借口。随着知识经济时代的到来和我国市场经济体制不断完善，高等教育呈现出大众化、市场化、多样化的态势。[③] 大学生生长在中国社会巨大变革中，高考扩招、经济危机、房价飙升、就业困难等让他们感到前所未有的压力。在这些压力下，他们在学习、评优、选拔学生干部以及入党上都表现出很强的竞争意识，并倾向于将有限的时间投入到能够在就业竞争中表现出自身优势的活动中，如社团工作、考资格证等。

2. 家庭观念功利化

中国传统文化重视做人，讲究面子，孩子的学习成绩、言行举止、岗位薪酬等都被视为光宗耀祖、为父母增光的工具。同时，许多大学生自青少年时代开始就一直被

[①] 杨长春：《大学生价值取向功利化倾向的理论分析》，载《汉江大学学报》（社会科学版），2006 年第 6 期。

[②] 孙大志：《论当代大学生唯功利化思潮的价值观引领》，载《长春理工大学学报》，2011 年第 2 期。

[③] 梅国英、胡泊：《"90 后"大学生入党动机去功利化思考》，载《人民论坛》，2010 年第 12 期。

家长灌输这样的观念：好好学习，将来考一个好大学才能找到好工作。甚至在大学期间，家长同样会继续灌输类似的功利思想。而家庭的选择往往左右了大学生的选择，这种文化也促使大学生形成功利性的成就动机，直接导致了大学生的功利化倾向。[①]

3. 高校德育功利化

"教育要实现的目的是两种，一种是'有限的目的'，也就是使受教育者具有谋取生存手段的外在目的；更为重要的目的则是'无限的目的'，即'超出对人的自然存在的直接需要的发展之目的'，这一目的指向人的自我创造、自我发展、自我实现。"[②] 应该说，"无限的目的"才是教育的本质追求所在。其中，德育就是高校实现"无限的目的"的主要手段。然而，整个社会的功利主义价值观也使得教育逐渐背离了教育的本质——对人的终极关怀。[③] 德育工作的功利化色彩日趋浓厚，不再是"使人之为人"的教育，而成了"使人之为物"的教育，一味追求"有限的目的"，主要表现在以下两个方面：

一方面，德育内容层次降低。当前，德育的核心内容从对大学生坚持理想信念和道德品质的培养降格为职业技能培训和社会规范教育。从大一新生入学伊始，我们就非常重视对学生进行职业生涯规划教育，比如很明确地告诉同学们，想保研、想出国、想择业，大学四年该做些什么。这种带有强烈目的性和针对性的指导，虽然能够帮助大学生迅速树立规划意识，少走弯路，但这种方式无疑又成为大学生奔向功利化道路的一个助推器。除此之外，现在的德育工作过于注重学生掌握生存的技能，将培养学生适应社会即时需要的能力作为重点内容，甚至对学生规则意识的引导，也多以了解、遵守既定的客观规范为重点，而鲜有从历史使命、社会责任的高度去激发学生的内在动能。大学生的各种道德活动，并非出于良心和德行，而是迫于外力的强制或压迫，那自然也就毫无道德行为的自觉自律性和主体责任可言。[④]

另一方面，德育形式"知""行"分离。对于大学生的价值观养成教育，我们依然流于形式，说教、灌输远远多于道理解释，教育的内容也大多脱离现实，过于理想化，与大学生的自我实践、自我教育严重脱节。人的道德行为的发生是经过内外因素

① 孙彩霞、方留、钟小要：《大学生学习功利化倾向及其教育对策》，载《高校辅导员学刊》，2011 年第 3 期。

② 鲁洁：《通识教育与人格陶冶》，载《教育研究》，1997 年第 4 期。

③ 徐大纹、吴瑞镛：《关于教育转型期的功利化价值取向的讨论》，载《高等建筑教育》，1999 年第 3 期。

④ 廖芳玲、王学川：《大学德育功利化的危害和根源》，载《学校党建与思想教育》，2010 年第 11 期。

综合作用的结果，缺乏哪一方面都可能造成行为与认知相脱节。以学雷锋活动为例，虽然学雷锋活动一直在高校如火如荼地开展，但由于所处的时代背景、文化环境不同，如果仅仅通过简单的讲授和形式化的活动，当代大学生并不能较好地理解雷锋精神，甚至可能存在一定的价值冲突，无法从情感上建立对雷锋精神较为深厚的道德情感，在行为上则表现为盲目应付。① 这就造成了大学生否定活动的意义，对这种教育方式和内容更产生了怀疑和反感，无法在内心认同高尚的道德信仰，反而更容易在功利主义世界中迷失自我。

（二）主观原因

大学生身心发展不平衡所导致的认识偏差是造成他们价值取向功利化的主观原因。

从身心发展特点来看，大学生的年龄一般在 18 到 22 周岁之间，其生理基本发育成熟，但其心理却并未完全成熟，这就使得大学生的价值取向容易出现一定程度的偏差。

首先，大学生没有形成坚定的人生信仰。长期以来，基础教育偏重应试教育，不论是学校还是家庭，都主要关注于学生的学习成绩，而对学生的认识能力、个性特征和心理健康等方面关注较少。② 加上大学生社会阅历较浅，其理论认知、文化修养、独立分析和判断问题的能力并没有得到充分的开发和培养，当他们独立地面对复杂的社会现象及社会问题时，难以辩证地加以认识和分析，往往随波逐流，极易受到不利因素的干扰。在社会庸俗文化的冲击下，象牙塔里的大学生很难做到"他人皆醉我独醒"。

其次，大学生成人化意识、自我成熟感增强，使得他们相对排斥师长的建议和帮助，喜欢听师兄师姐的意见，并且更愿意跟着自己的感觉走。③

而在当今社会，人们的价值观念正在发生着巨大的变化：价值观念由传统的社会本位转向个人本位，价值目标由理想主义向现实主义转变，价值信仰由一元主导向多

---

① 吕蓉蓉：《开展学雷锋活动困境对高校德育教育的启示》，载《云南农业大学学报》，2013年第 7 期。

② 唐如前：《大学生学习功利化倾向的成因分析及矫治策略》，载《辽宁行政学院学报》，2009 年第 7 期。

③ 张清华、张希梅：《当代大学生价值取向功利化的表现及原因分析》，载《教育理论与实践》，2013 年第 6 期。

元并存发展。① 于是在缺乏坚定信仰和师长引导的情况下，大学生被局部的、表面的、眼前的现象所迷惑和左右，滋生出追求实惠、急功近利的短期行为，就不足为奇了。

五、合情还是合理？——客观看待大学生价值取向功利化

毫无疑问，大学生价值取向功利化趋势具有正负效应，对于如何看待这种趋势并进行引导，教育界一直众说纷纭。

有些学者将大学生的价值取向功利化现象视为毒瘤，对大学生和高校乃至国家及社会提出了各种要求并为此奔走呐喊，但这些要求却并没有得到太多的重视。原因在于，发展到现在，大学生的功利化可说是社会发展的必然结果，在社会大背景得不到改变的情况下，要大学生视金钱如粪土，安贫乐道，那无异于对牛弹琴并妄图教它唱歌，这样的要求即使"合理"，也不"合情"。②

也有不少学者认同大学生价值取向功利化趋势，认为其能为大学生成长成才提供动力。这种观点在一定程度上是"合情"的——毋庸置疑，人具有趋利性，大学生价值取向功利化是人的趋利性的直接体现。但是，人之为人有着他与动物的本质性区别，即社会性，尤其是其中的道德属性。人应当是利己和利他的统一。而且，他们忽略了价值取向功利化对大学生的消极影响：学习动机利字当先，不能脚踏实地，容易一事无成；自我意识过度膨胀，只讲索取，不讲奉献，容易成为对他人和社会不闻不问的"工具人"、"橡皮人"；政治追求急功近利，缺乏道德信仰和精神追求，容易在利益的诱惑下违背理性甚至损人利己；职业选择追名逐利，既失落了人生和事业的真正意义，也导致了人才失衡等社会问题；人际交往偏重利益，感情被异化成金钱关系，当他们的物质需要得到满足后，极易陷入无穷的迷茫和孤独……这些问题若不及时加以扭转，势必对大学生的成长成才造成不利影响，甚至影响我国社会主义的发展进程。因此这种认同大学生价值取向功利化趋势的看法即使是"合情"的，但也是不"合理"的。

我们需要一分为二地看待大学生价值取向的功利化倾向：一方面，这是一种消极思想，放任发展将后患无穷；另一方面，它并不是洪水猛兽，它的存在不至于造成人

---

① 梅国英、胡泊：《"90后"大学生入党动机去功利化思考》，载《人民论坛》，2010年第12期。

② 肖春芝：《应"合情"且"合理"地看待大学生的功利化》，载《读与写杂志》，2012年第2期。

将不人、国之将亡的严重后果，且矫正之路将十分漫长，不可操之过急。同时，我们也要正视：社会的大环境不改变，大学生的功利化思想很难得到根本矫正。① 但这也并不意味着我们只能坐以待毙——通过加强德育工作的针对性和实效性，改变大学生精神生活的小环境，我们同样可以向"去功利化"迈出坚定的一大步。

六、超越功利主义——在德育中引导大学生"去功利化"

（一）回归大学本原，培育大学精神

教育需要乌托邦。大学本是自由创造知识、传递知识和进行学术研究的净地，它不应是功利主义等不良风气的推波助澜者，而应是先进思潮的传播者，是爱国青年的培养者。② 要实现大学这一本原和精神实质，我们需要呼唤大学精神的回归。"大学之道，在明明德，在亲民，在止于至善。"可以说，大学的权威首先是道德的权威，其次才是知识的权威和思想的权威。大学应当是社会的灯塔，是社会道德的楷模，这也是大学为社会所尊敬的根本原因。而大学精神，就是大学之德的集中体现。

具有鲜明时代特征的大学精神一般包含强烈的民族精神、厚重的人文特质、坚定的科学理性、勤勉的务实作风。大学精神作为一所高校师生共同凝聚形成的核心价值取向和信仰追求，具有极强的渗透性。这种渗透实质上是思想方法、道德意识、价值观念、行为方式的启迪、感化、陶冶作用，它通过形成一定的氛围，促使人与人之间相互影响。可以说，大学精神一旦真正形成，便会成为一股凝聚人心、鼓舞斗志、催人奋进的强大动力，对大学生的思想政治、道德品质、行为规范产生深远且深刻的影响。③ 以中国政法大学为例，可以说，政法大学的校训"厚德、明法、格物、致公"就是法大精神的代言。④ 当学生们真正理解了这八个字的内涵，真正将其内化为自身的坚定信念和行为指南后，他们看待事物会更加平和，面对利益会更加理性，对社会责任会更有担当。

---

① 肖春芝：《应"合情"且"合理"地看待大学生的功利化》，载《读与写杂志》，2012年第2期。

② 王文彦：《大学生功利主义思想论析》，大连海事大学2013年硕士学位论文。

③ 冯刚：《弘扬和培育大学精神，推进高校德育创新与发展》，载《中国高等教育》，2007年第21期。

④ "厚德"是人文精神的凝练，要求我们坚持公民道德、职业道德和政治道德，"明法"是法律精神的体现，要求我们掌握法律知识，养成法学素质，具备法治精神；"格物"是科学精神的写照，要求我们确立求真务实、学以致用的科学态度；"致公"，是公共精神的表征，要求我们履践"亲民仕众，天下为公"的社会责任。

大学精神是高校德育的重要组成部分，但大学精神的弘扬既不是知识传授，也不是理论分析，而是精神和观念的传导，教育方式和途径都具有其特殊性。应当说，将大学精神内化为大学生的内在素养，对于大学生而言，是一个习得的过程。这种习得不能靠老师的灌输，只能依靠人的体悟、发现和践行。

首先，大学精神的培育应从大学生入学之初抓起，并贯穿于大学教育的全过程。在校史校情宣讲之外，更应当侧重对大学精神的解析与强调，并通过学术大师、优秀师生的宣讲、纪录片等形式，让学生们了解大学精神，认同大学精神，并逐步明确自身的使命和责任，培养起主动践行大学精神的意识。

其次，应当重视思想道德修养课程等德育课程的育人功能。可以将大学精神的内容融入思修课各个章节中进行教学。这样，既在不影响课程逻辑结构的前提下突出了大学精神教育，也使得课程的内容更加丰富充实，贴近现实，使大学精神与人生观、价值观、道德观教育相辅相成、相得益彰，为学生所认知和认同。

再次，大学教师的率先垂范、宣传部门对大学精神内涵的宣传、有关部门对体现大学精神的优秀行为的褒扬、践行大学精神的党团活动等，都是构成大学精神教育合力的重要组成部分。[1]

（二）深化道德教育，改变评价体系

大学生的精神世界是高等教育最应当重点关注却总是被忽视的领域。我们的高等教育更需要用德育为大学生搭建起一片憩息灵魂的园地。如果我们不用先进理念和文化去充实大学生的大脑，关怀大学生的生命，就会有其他东西去占领他们的思想和灵魂。而我们要与大学生内心的功利化思想宣战，最有力的武器，就是我们的道德教育。道德教育的主要内容包含着两个方面，一是中华民族传统美德，如仁爱孝悌、精忠报国、克己奉公、修己慎独、见利思义、勇毅力行等；[2] 二是结合时代特征，引领新时代青年价值取向的社会主义核心价值观，这其中就包括用社会主义主流意识形态统领多样化的非主流意识形态，用中国特色社会主义共同理想激励大学生自觉为祖国前途和民族未来努力奋斗，用以爱国主义为核心的民族精神和以改革创新为核心的时代精神鼓舞大学生的斗志，用社会主义荣辱观引领大学生树立正确的行为风尚等。[3]

要想通过道德教育培养和造就一批批自觉践行中华民族传统美德和社会主义价值

---

[1] 戴锐：《论高校德育中的大学精神教育》，载《高等农业教育》，2003 年第 3 期。
[2] 虞秀华：《当代大学生功利主义价值取向及其对策研究》，华中师范大学 2012 年硕士论文。
[3] 郑吉友、张志元：《当代大学生功利化倾向的理性分析与教育反思》，载《胜利油田党校学报》，2013 年第 7 期。

观的现代公民，光靠传统的说教和灌输是远远不够的，我们需要在德育观念、德育内容、形式以及评价体系等方面都进行大刀阔斧的革新。

从德育的基本观念和主要内容上看，若想大学生在思想上去功利化，德育工作要率先去功利化——这就要求我们能够静下心来，不再全神贯注于追求就业指标、锻炼学生能力等能够凸显成效的工作板块，而是在培育大学生道德素质、公民意识、人文精神、志愿精神及开展理想信念教育等方面给予更多的关注。例如，在此之前，我们一直强调的是完善"大学生全程就业机制"，在笔者看来，比开展全程就业指导更根本的是对大学生"全程道德培育"的坚持。"对不同类别、不同年级的大学生进行有针对性的分类指导"，不仅适用于就业指导，同样适用于道德教育的全过程。

从方式上看，传统的思想政治课和班会形式已不足以完成当前道德教育应达到的标准和要求。除了在思想政治理论课这个主阵地上继续发挥好德育教育的作用之外，其他学科的老师也应当充分利用课堂、课外与学生交流的机会，将道德教育合理有效地融入教学中去，使道德教育形成全面、系统的科学体系，真正为学生所接受和认同。同时，我们要尽量避免枯燥的理论填鸭，注重因材施教、结合实例、与时俱进，努力探索新方法、新抓手。例如榜样法、激励法、警示法、讨论法、竞赛法、活动法，都是更为大学生所喜闻乐见的道德教育新形式。

当前，大学生的评价体系中的评价标准和评价主体都有待调整。从评价标准上看，判断学生是否"优秀"往往看的是他们的学习成绩是否优秀、工作绩效是否突出等，有些同学或竞赛得奖，或当了学生会主席，或拿到名校的录取通知，或被国家部委、知名企业招录，就会被身边的同学奉为"大神"。这些指标不仅是以结果对学生进行评价，而且还是以功利化的结果被认同，甚至大加宣传，这无疑引导和助长了大学生的功利化趋势。要想扭转这种局面，就应当将评价的焦点从结果转向过程，并加大道德素养在大学生成长成才评价体系中的比重，例如对奖学金的评选标准，不应纯粹以期末考试成绩论"英雄"，而应将日常学习态度、课堂表现、学术研究纳入考察范围。从评价主体上看，我们应当引导学生进行自我评价，让他们通过自我评价全面审视自己，并逐渐掌握独立判断是非曲直的能力。比如，可以要求学生每年写一篇"成长日记"并进行自我测评，从思想、行为、目标等各方面对自己过去一年的表现进行反思和修正，确立新学期的成长规划。辅导员通过阅读学生的成长日记，既能了解学生的心路历程，更能对价值观存在偏差的学生进行有针对性的引导，可以在一定程度上帮助学生调整自己的人生观和价值观。

（三）优化校园文化，占领思想高地

积极、高雅的大学校园文化能在校园内形成良好的精神环境和文化环境，对大学生的思想观念、价值取向和行为方式起到"润物细无声"的影响。通过营造良好的校园氛围，开展有益于大学生身心发展的学术、文娱、体育活动，可以让学生在平等、活泼、博爱的气氛中受到触动和感染，放下对名利的疯狂追求，用心体会成长的过程和喜悦，从而淡化社会功利化现象对他们的冲击。

同时，大学校园文化也是一种黏合剂，把大学生松散游离的个体凝聚成具有内核的群体。校园文化的核心是以集体意识取代个人观念，追求整体优势的发挥。通过培养大学生的归属感、认同感，创造一种强大的向心力，把大学生的行为系于一个共同的文化精神上，并形成一个整体。每个个体都能在集体的力量下升华人格，塑造情感，丰富知识，发挥潜能，最终形成高尚的情操、正确的价值取向和崇高的人生理想。①

随着信息网络的高速发展，大学校园文化建设的平台也从"线下"扩展到了"线上"。

在"线下"，我们首先要培育优良的学风，不仅努力提升学生的学习方法和学习效果，更要引导他们形成正确的学习动机，确立积极的学习态度，养成良好的学习习惯，并逐步用治学精神去影响和修正自己的思想和行动；其次要为大学生创造有利于学生相互交流、彼此尊重的生态环境和有劳有逸、有张有弛、朝气蓬勃的校园活动，让学生在活动中得到教育，在交流中萌发共鸣，并通过模仿、暗示、从众、认同等过程，将主流价值观逐渐内化为自己的人生信念，提升集体意识、责任意识和奉献意识；再次，我们要充分发挥榜样的力量，向大学生群体传递对梦想的坚持和对灵魂的坚守。而能够担此重任的"榜样"，并不一定是学习尖子或学生干部等传统意义上的"好学生"，更应该是脚踏实地弘扬中华美德，践行青年使命的优秀代表。以中国政法大学为例，在2013年的"榜样法大"颁奖典礼上，一年来在学习、科研、竞赛、志愿服务等方面表现突出的个人和集体得到了表彰，同时，学校请来了多位在道德、品格方面率先垂范的榜样讲述他们的故事。他们中既有多年来每周末坚持在博物院担当义务讲解员的年轻校友，也有勇敢追寻梦想，克服万难通过司法考试的学校保安。他们的事迹给了学生一次深刻的精神洗礼，让学生们看到名利之外更加珍贵的东西。

---

① 胡云斗、张冠杰、仲广：《浅谈大学校园文化在大学生中的作用》，载《山东省青年管理干部学院学报》，2005年第4期。

而在"线上"，我们更要抢占思想高地，积极营造健康向上的舆论环境。无论是校报、校电视台、校园广播、校园网等传统校园媒介，还是微博、微信、校园 BBS，我们都要充分发挥这些平台传播快、受众广、表达方式多样、信息量大的优势，针对不同媒介的不同特点，开展能够服务于"去功利化"德育目标的问题答疑、专题访谈、人物介绍、教师专栏、信息反馈及其他互动活动，促进积极健康的舆论增势并形成优势意见，防止功利化思想"螺旋"扩展。

（四）走出大学校园，增加实践体验

从深层次看，价值取向功利化，其最根本的成因是缺乏远大的理想信念和崇高的思想境界。而社会实践和志愿服务活动是树立大学生理想信念，培养大学生责任意识、使命意识的重要途径。

社会实践是帮助大学生了解外部世界，坚定理想信念的重要方式。当代大学生基本是在书本知识和老师教导下成长起来的，对于国情、民情知之甚少，而社会的复杂程度和国家、人民的需要，远不是读几本书、听几次讲座、看几条新闻就能够认知和了解的。这也是"支援西部"、"基层就业"的号召一直未能得到广大毕业生积极响应的原因。试想，大学生不了解西部，不了解基层，光凭几句口号和几场宣讲，怎会有将青春年华投身其中的勇气？而社会实践为大学生了解国家、了解社会打开了一扇窗口。通过创新社会实践形式、丰富社会实践内容，鼓励、支持更多的大学生参与到偏远地区、贫困地区的社会实践活动中去，并在实践的过程中适时进行教育和引导，可以帮助大学生认识到社会的不同层面，体会其中的光亮与幽暗，并强烈感知到国家、社会和人民对青年学生的期盼与需要，从而在社会实践的体验中重塑理想信念，逐步摒弃功利主义的价值取向，培养起慈悲心、责任心与使命感。

其次，社会实践是提升大学生修养品性的大熔炉，既考验人，也历练人。在那些平凡而伟大的人民群众面前，大学生的"娇、骄"二气会得到克服；在实践的困难和危险面前，大学生能够逐渐磨砺出一定的牺牲精神和坚强的品质。大学生长期参与实践活动，就会逐渐形成坚韧、顽强的优良品性，养成务实的态度和严谨的作风，这些都是足以抗衡功利主义思想的精神力量。

同理，志愿服务活动也是大学生摒弃功利主义，提升责任意识的一剂良方。通过开展长期持久、广泛全面的志愿服务活动，大学生既能体会到帮助他人与自我价值实现的满足感和成就感，从而认识到奉献社会是自我完善的需要，又能在关心他人、助人为乐的过程中获得关于道德信仰和社会责任感最直接的生命体验，从而唤醒责任意识，并影响今后的行动与选择，实现自我价值与社会价值的统一。

"去功利化"是一项庞大的系统工程，它涉及传统与现代、国内与国外、理想与现实之间复杂的"辩证"过程。可以说，全社会的功利环境不变，我们很难彻底实现大学生价值取向去功利化这一目标。但是，这也不是我们无视问题存在的借口。在功利环境下，我们仍然要坚持非功利化的追求。这是因为大学并不应是社会的缩影，而更应该是社会的理想类型，大学所培养的人才也不应只去适应这个时代，而应该去开创更好的时代。

当然，我们的大学，既不能培养出一批"精致的利己主义者"，也不能培养出一群脱离现实的理想主义者。大学生应该是面向现实但又高于现实的。他们应当有理想，"接地气"，既有物质追求，但更注重精神追求；既看重个人成就，但更心系国家发展，在利益认同和价值认同的平衡中，重新扛起实现中华民族伟大复兴的重托。

总之，大学生的价值取向关乎社会的发展、民族的未来。所以，在低头看地上闪光的东西的同时，请别忘了抬头看看天空中的太阳。

90后大学生政治思想工作
的特点与完善

光明新闻传播学院　　胡梦瑶

摘　要　作为高校学生管理队伍的主要力量，大学生思想政治教育的大量基层工作都是由一线的辅导员展开，他们肩负着促进大学生德、智、体全面发展的重要任务，是高校大学生思想稳定的重要保障。因此，高校辅导员的角色定位是否准确也就直接关系着高校学生管理工作能否顺利开展。进入21新世纪，在改革和发展的历史机遇下，如何做好大学生的思想政治教育工作，为社会主义事业培养好接班人，这是急切需要得到关注的课题，有着重大的意义。基于以上需求，笔者研究的对象为90后大学生，首先剖析90后大学生的新生特点，把研究的关注点集中在90后的价值观、认知需求、心智发展等特点上，使得高校辅导员的工作顺利展开，从而提升高校辅导员的工作针对性和科学性。高校辅导员是在校大学生的老师、父母、朋友、亲人，对他们的要求是非常高的，他们身负着对祖国花朵的培养、培育、监护作用，所以他们应保持与时俱进的心态，及时分析90后大学生特点，改进工作方式，努力创造良好的思想政治教育文化环境，对全面做好大学生管理工作和促进辅导员进步具有重要意义。

本文的主要创新点在于，通过结合自身工作实际情况和调查研究20世纪90年代大学生身上的新特征和特点，结合他们的新变化，及时调整和提高辅导员自身的素质，然后据此提出提升和优化辅导员工作的方法。

关键字　90后大学生　特点　辅导员工作

一、绪论

（一）研究背景

目前，我国在校本科生、专科生和研究生约有 2500 万人。这批人是祖国的栋梁之材，是祖国未来繁荣发展的力量保证。为了把他们培育成合格的社会主义接班人，加强对他们的思想教育工作，防止他们走弯路、错路，我们高校的辅导员首先要了解新生代学生的特征和特点，知己知彼，百战百胜；其次，根据时代新变化和新要求及时调整自己的知识储备和素质，为培养出具中国特色社会主义的栋梁之材而奋斗和努力。

（二）对 90 后群体的界定

目前我国高校的大学生从大一到大四的年龄在 18～22 岁之间，这也就意味着从 2012 年开始至今，我国高校的在校生基本是 1990 年以后出生的学生。90 后一代是紧随 80 后出现在媒体和我们日常生活中，他们的成长环境已经和 80 后完全不同，甚至可以说是发生了翻天覆地的变化。不管是政策的改变、改革开放的力度还是信息时代的浪潮来袭，他们的眼界更开阔，接触的事物和观念更全球化，他们的价值观、世界观乃至审美观都在急速改变，他们是拥抱世界的新时代幸运儿，社会的变革带给他们更多的挑战和更多的诱惑。同时，我们也应该注意到，他们毕竟还是初生的牛犊，还没有真正地踏入社会这个舞台，还是被老师、父母呵护、保护的花朵，他们看到的世界是在温室外的透过玻璃窗的世界，他们还没有完全做好准备，还没有完全成熟的价值判读。因此，明晰对新生代学生群体的界定，对高校辅导员工作的展开十分重要。

二、90 后大学生思想行为特点分析

每个时代的青年都有自己鲜明的特征，90 后大学生不同于 80 后、70 后，他们的成长背景完全不同。90 后生长在全球网络化、信息化、经济全球化的复杂社会环境中，中国社会、经济、文化不断发生重大变革，社会竞争日趋激烈，新事物、新观念不断产生，各种文化现象相互碰撞，对成长中的 90 后大学生产生了深远影响，从而使 90 后大学生思想行为具有独特的时代特征。

（一）自我为中心特征明显

鉴于我国计划生育政策的开展和实施，这一批入学学生大部分都是独生子女，独生子女就意味着他们得到的是来自多方的加倍关怀和爱护，同时随着我国经济实力的稳步提升，这批 90 后人的生活条件优越，是被溺爱长大的一代。他们已经习惯了被

身边的人呵护和宽容，他们的成长环境和阅历决定了他们是以自我为中心的一代。他们的世界里自己是世界的中心，他们喜欢被身边的人宠着护着，喜欢得到关注，喜欢张扬自我。

（二）求知欲强，喜欢新鲜事物

90后大学生好奇心、求知欲强烈，在他们的成长环境里，他们更喜欢主动探索和获取各个新鲜领域的知识，在电视、网络、智能手机等新媒体的影响和包围下，他们对社会的认识也形成与媒体的传输信息。他们的生活、学习和娱乐都发生了重大的变化。相比于80后大学生，90后大学生更喜欢通过网络了解信息而不是报纸，他们的求知欲也比80后要高，对世界的认识比较全面，喜欢新鲜事物和未知事物。

（三）拜金主义、功利主义盛行

得益于改革开放和我国社会主义市场经济的蓬勃发展，90后大学生获得了大量的机会和信息，同时他们也比80后面对更多的困惑和迷茫。我国两极分化日益加大，阶级分化严重，贫富差距扩大，社会竞争激烈，在这样的背景下，家庭富裕的孩子炫富成风；家庭贫困的孩子异常敏感，渴望财富的拥有。正是在这样的背景环境下，90后大学生之间攀比成风，他们变得更务实、更拜金，对物质生活水平要求高。

（四）严重依赖家庭和父母

因为家里只有一个孩子，因此90后在家庭中往往占据中心位置，父母给予他们更多的溺爱，基本上他们的要求父母在能力范围许可内都会予以满足。这也是当今社会上孩子上大学还不会洗衣服、收拾衣物，生活能力很差的重要原因。同时，在人际交往、待人接物方面也会遇到困境，他们严重依赖父母，对家庭依赖性非常大。而对父母的关爱，往往认为理所当然，并不太懂得感恩。

（五）缺少对职业前景的规划

当今社会已经进入4G移动互联时代，高科技发展日新月异，移动设备不断升级换代，所以90后大学生的移动智能设备可以说是应有尽有。这批大学生善于利用移动智能设备在信息世界里寻求各类知识，他们更活跃、更博识，更具有个性。但是这也使得他们无法持续自己对一件事物的注意力，他们往往只有一时的热情，缺少坚韧和持久的耐力，对自己的未来定位不清晰，不知道自己追求的是什么，容易迷失发展方向，没有明晰的职业规划。

三、目前高校辅导员素质结构存在的问题及原因

目前我国高校辅导员素质参差不齐，急需提高辅导员整体素养，加强对高校辅导

员的后期培训和学习。90后大学生有着全新的特点，是全新的一代，他们朝气蓬勃又富有见地，有远大抱负又爱表现，但同时他们也是自私、物欲强烈的一代。他们渴望成功，向往成名，却又不愿意脚踏实地地付出艰辛奋斗。而目前高校辅导员的工作手段还是比较僵硬和陈旧的，不能完全适用于对90后新生代大学生的身上。

（一）高校辅导员缺少对90后大学生的全面了解

从根本上说，高校学生会选择听辅导员的建议，是因为辅导员手中掌握对学生的奖惩权。根据国家和学校的硬性规定，高校辅导员依照国家和学校制定的规章制度对在校生进行生活和学习的管理。因此，如果在校生的某些行为违反了规章制度，高校辅导员是要对其进行管理的，轻则口头警告，重则可以开除学籍。这也是辅导员之所以会对在校生产生影响的原因。辅导员手里的管理惩戒权是对大学生的一种有力的约束。但是，目前高校的辅导员在工作中对90后缺乏深刻的认识，对90后的管理工作没有和他们的新时代特点相结合，管理手段生硬，容易对学生居高临下地指挥、发号施令，这样收效往往是非常不理想的。90后有不同于以往学生的新特点，高校辅导员对自己要关注的对象如果没有更新的认知，还是沿袭传统的管理方式，肯定会失败的。

每一代人都有自己的时代特征，90后身上有着浓重的时代烙印，他们张扬个性，特立独行，崇尚成功，又依赖父母，敏感脆弱，因此，高校辅导员必须加深对90后学生的认识，掌握其特点才能制定有针对性的管理制度和方案。

（二）高校辅导员的培养管理方式落后

每一项工作的展开都要有自己独特的方式，高校辅导工作也不例外。90后新生代大学生自我意识比较强，以自我为中心，在人际关系方面团体意识特别薄弱，因此面对新情况，传统的高校辅导员的辅导工作依然跟不上时代的新变化。新时代我国的教育观已经变得灵活，教育改革不断深入，现在的教育观念已经发展为以学生为中心，高校辅导员的工作是为学生服务的，而不是仅仅下达硬性的指示和指令。而目前的情况是高校的辅导员教育管理方式存在不足，这种教育模式是不能被90后普遍接受的，他们对辅导员硬性的指导方式心存不满，也不完全认同。在学生层面来看，学生觉得辅导员的工作很官方，没有亲和力，他们对辅导员的性质和工作也没有正确的认知。他们对辅导员没有信任，在遇到困难时首先想到的不是和辅导员沟通，在迷茫的时候不会想到去辅导员那里寻找安慰。而目前辅导员因为工作精力有限，在工作中也没有做到关注每一位同学，往往他们关注的重点在学生会干部以及和自己熟悉的同学中，难以深入了解每一位同学。因此，高校辅导员的工作方式落后，没有得到90

后的认同，没有好的工作氛围和环境。

（三）高校辅导员与在校生缺少有效沟通

高校辅导员与学生的工作展开基本只有一个有效的途径，就是交流。通过交流信息才得以有效地传播，通过交流信任才得以产生。交流是唯一有效的便捷的途径，它能帮助高校辅导员展开工作，交流也是 90 后主动寻求帮助的唯一途径。高校辅导员的工作不能和学生之间隔着一座山，他们之间必须架上沟通的桥梁，才能达到和谐共生。唯有沟通，高校辅导员才能及时知晓学生生活和学习中遇到的困难。而目前，辅导员与学生面对面的交流越来越少，一方面是因为各种便捷手段的出现，辅导员可以选择打电话、网络在线和学生沟通；另一方面也因为辅导员对面对面交流方式的认知不足。因此，高校辅导员在利用高科技的同时不能忽略有效沟通方式的运用。

四、严峻挑战下高校辅导员的应对策略

（一）不断加强学习的同时树立以学生为工作中心的意识

1. 加强相关理论的学习

目前高校辅导员有相当一部分已经拥有研究生学历，其余一大部分人员也是本科学历的知识分子，他们来自不同学科背景，有着不同的知识结构和生活阅历，因此，对高校辅导员的要求也应该与时俱进，他们的工作对象在发生着巨大的改变，如果不及时挑战自身知识储备加强相关理论的学习，对其工作的展开非常不利。抛弃以前不合理的、跟不上时代的、旧的工作方法，不断学习、更新自己的能力，提高自己的素养，充实自己的大脑，才能有效地开展工作。工作不意味着就要停止学习，工作中随时会遇到新情况、新形势，因此参加工作后更不能松懈，不能放松警惕，工作对象在变，工作方式、方法也要随之改变，而唯一有效便捷的途径就是加强学习新知识，武装自己的大脑，创造新的沟通途径，掌握 90 后新生的特征，制定有针对性的工作策略，只有这样才能不被时代抛弃，不断收获，不断进步，不断与时俱进。

2. 树立以学生为工作中心的观念

高校辅导员的工作对象是学生，应该树立以他们为自己工作中心的观念。时时想学生所需，时时关注学生的心理变化。高校辅导员的工作并不是清闲舒适的工作，而是比较烦琐系统的工作，这就要求高校辅导员要对学生进行全面的了解和认识，在了解的基础上对他们的生活状态、学习状态时时关注，同时因高校辅导员的工作范围还涉及学院奖惩的评比等工作，这就要求高校辅导员在工作中要抓住重点，以学生为中心，同时树立为学生服务的观念。高校辅导员的工作要有耐心、有责任心，为学生服

务，发现问题及时与学生沟通，协调学生中的各种不和谐现象，维持学生和谐健康的生活学习氛围。

（二）新形势变化下辅导员的应对策略

面对新形势下的 90 后大学生，高校辅导员应该与时俱进，努力为新一批学生的发展成长提供全方位、全面的帮助。高校辅导员作为大学生工作的中坚力量，同时他们也是在校生日常思想工作的指导者，高校指导员肩负着重要的使命和任务。

1. 对 90 后的思想教育工作不能松懈

90 后大学生的特征就是张扬自我，追求个性化，他们的自我观念很强烈，但是同时自我约束力很差。我国的发展需要德才兼备、全面发展的人才的不断支持，而高校正是培养和输出高端人才的重要源泉。因此，在大学四年这个时间段里，高校辅导员发挥着十分重要的扶正和培养作用。高校辅导员对每一位走进校园的 90 后都要一视同仁，都要关注和观察，对他们的思想状态有时时的掌握和了解，发现问题及时沟通谈话，发现错误及时教导改正。一个人的思想品质对这个人的精神状态和前途选择发挥着重要的作用，是不能被忽视的一个环节。思想品质教育包括学生的思想观念、价值观、世界观教育，对学生这方面素养的教育和培养加以引导是十分必要的。

2. 加强学生的全面培养

目前我国已经融入全球化的激烈竞争。在这样的时代背景下，我们的社会不再需要书呆子，不再需要照搬书本知识课本的简单化人才。社会需要的是复合型人才，他们具有多方面的知识储备，思维活跃，为人处世面面俱到，德智体美全面发展。高校辅导员应该在工作中为 90 后新生创造更多的锻炼机会，注重对 90 后全面素养的培养，为他们走入社会、融入社会打基础。大学不同于高初中的教育模式，大学应该是对学生全面的培养，除了学习，还应培养他们的组织能力、协调能力、应变能力，团队意识以及合作精神，使得他们在走入社会之后可以更加自信，更加具有创造力。

3. 对 90 后大学生心理变化的重点关注

虽然 90 后个性张扬，我行我素，但他们对家庭依赖性大，心理承受能力差，抗挫折能力弱。有些大学生敏感、脆弱、不自信，自卑感重。因此，学生心理的微妙变化是最容易被高校辅导员忽略的一个环节，但是心理变化正是影响学生成长的一个重要因素。很多现实的例子就证明了这一点。很多面临就业的大学生因为找工作不顺利，心理承受能力差，又不善于沟通，被父母和辅导员所忽视，最终走上自杀的道路。还有一些大学生因为失恋、人际关系不顺利等小因素的堆积，而最终选择逃避这个世界。如果高校辅导员及时发现问题，关注在校生的心理变化，第一时间给予帮助、沟通和疏导，那么这种悲剧的发生就会少很多。所以，高校辅导员应该多与学生沟通，关注敏感脆弱的学生的心理变化，必要时请心理专家给予帮助，给 90 后大学生一个温暖的家园，使他们能够锻炼自己的羽翼，走出校园后能自由飞翔。

高校是一个为社会培养栋梁的神圣地方，高校培养的人才是社会健康发展的动力，是社会不断进步的人才资源保障。因此，高校工作对整个社会的和谐运作有着非常重要的现实意义。在这种情况下，高校辅导员更要明确自己所肩负的重担，不断加强相关理论的学习，树立以学生为工作中心的理念，注意关注学生的心理变化，随时给予学生帮助。90 后大学生作为新一批的学生代表，已经步入校园，开始了他们的求学生涯。我国高校辅导员一定要加深对他们的认识，及时调整自己的工作方法，认清新情况，成为他们的朋友、老师，这是保证高校内部和谐运转、协助高校人才全面发展的重要一环。

加强高校优秀传统文化教育的思考和实践

学生处　卢少华　张永然

摘　要　优秀传统文化作为中华民族共同的精神财富，对于培育和弘扬社会主义核心价值观，塑造当代大学生的健康人格，具有重要意义。笔者立足实践，对于高校开展优秀传统文化教育的内容、目标和途径进行深入思考，提出了构建多渠道、系统化高校优秀传统文化教育体系的建议。

关键词　优秀传统文化　教育　思考

优秀传统文化作为中华民族共同的精神财富，对于培育和弘扬社会主义核心价值观，提升全民思想道德素质，创建和谐社会，实现中华民族伟大复兴的中国梦，具有重大的现实价值和深远的历史意义。① 党的十八届三中全会在《中共中央关于全面深化改革若干重大问题的决定》中就明确指出要"完善中华优秀传统文化教育"，习近平同志也多次强调，培育和弘扬社会主义核心价值观必须立足于中华民族优秀传统文化。

当代大学生是民族的希望和国家的未来，高校思想政治教育工作者如何深入挖掘、借鉴优秀传统文化中丰富的思想道德资源，培养大学生正确的世界观、人生观、价值观，帮助学生树立远大理想信念，塑造健康良好人格，使之成为社会主义事业的合格建设者和可靠接班人，已经成为重大的理论和实践课题。

近期，教育部出台的《完善中华优秀传统文化教育指导纲要》（以下简称《纲要》），笔者以深入学习贯彻《纲要》为契机，结合当前大学生的思想状况和高校传统文化教育的现状，深入思考高校开展优秀传统文化教育的内容、目标以及途径等基

---

① 刘良业等：《如何开展中华优秀传统文化教育》，载《河北教育（德育版）》，2014 年 1 月。

本问题，并立足当前教育实践提出建议。

一、以社会主义核心价值观为统领，深入挖掘优秀传统文化的内涵，明确高校开展优秀传统文化教育的内容

在优秀传统文化教育内容上，《纲要》高度凝练了中华优秀传统文化教育的主要内容，即以弘扬爱国主义精神为核心，开展以天下兴亡、匹夫有责为重点的家国情怀教育，开展以仁爱共济、立己达人为重点的社会关爱教育，开展以正心笃志、崇德弘毅为重点的人格修养教育。

传统文化博大精深，内容丰富，形态多样，其中不仅有可以转化为时代精神的优秀价值原则和有益时代发展内涵的思想因素，也有封建糟粕，良莠混杂，瑕瑜互见。而《纲要》的出台为我们传承和弘扬传统文化指明了方向，即坚持以社会主义核心价值观为统领，在时代的坐标系中，继承和弘扬体现科学性（符合人类文明发展的规律）、时代性（汇集现阶段人类文明的发展成果）、民族性（体现中华民族文化的根源和特色）和实践性（可推广和践行）的优秀传统文化。基于此，我们对于作为中国传统文化重要组成部分的儒、释、道、法、墨等文化形态进行了梳理，认为高校开展优秀传统文化教育可围绕以下符合当代社会发展，具有重要的指导意义的优秀的价值原则、思想因素内容展开：

首先，儒家文化经过两千年的嬗变，在中国文化发展中起到了决定性作用，其丰富的内涵已经内化为中国人的民族特质和精神品格。

在国家层面，儒家提出"大一统"和"天下大同"思想，主张"仁政"和"民本"思想，都非常具有现实意义。"大一统"强调天下统一，这对于抵制一些别有用心的人分裂国家、破坏民族统一，凝聚民众共识，具有深远意义。"天下大同"则构筑了一个和谐团结国家和世界的愿景，不仅是中国人民之希冀，也符合世界发展的历史潮流。而"轻刑薄税"、"听政于国人"、"与民同乐"、"民贵君轻"的"仁政"和"民本"思想对于社会主义民主建设具有重要借鉴意义，将其发展为为人民服务和人民利益高于一切的社会主义理想信念，不仅契合这个时代的要求，也是共产党人永远的追求。

在社会层面，儒家提倡"仁义礼智信"等观念，以"仁"和"礼"为核心，以"和"的观念建设和谐社会，在抛弃其"尊卑有序"、"爱有等差"等过时阶级观念的前提下，在当前社会转型期、矛盾多发期，推进社会主义和谐社会建设具有借鉴意义。大力弘扬和谐，以社会主义新的道德风尚和文明礼仪教化人，是当前社会主义和

谐社会建设的主要手段。尤其是儒家大力倡导"孝"文化，百善孝为先，"孝"作为中华民族传统文化的重要内容和特征之一，也是社会主义基本行为规范和重要道德范畴，值得传承和发扬。

在个人层面，儒家倡导自我修养，提出"修己安人"、"正心修身"等命题，提出了"内圣外王"的理想人格建构，这包括"自强不息"的进取精神、"厚德载物"的包容精神、"天下为公"的社会责任感、"位卑未敢忘忧国"的爱国情怀、"箪食瓢饮"的勤俭节约生活方式、"富贵不能淫，威武不能屈，贫贱不能移"、"养吾浩然之气"、"信义为上"的气节操守，"仁者爱人"、"己欲立而立人，己欲达而达人，己所不欲勿施于人"、"老吾老以及人之老，幼吾幼以及人之幼"、"见贤思齐，见不贤而内自省也"的处世观念等等，对于完善个人人格培养，营造和谐人际关系，培养具有高尚道德的社会主义公民，具有重要意义。

其次，道家文化和道教作为一种哲学和宗教传统，主张"惟道是从，道法自然，无为自化"。在国家层面，道家中强调"无为而治"、"道法自然"的治国理念，主张尊重规律，辩证思维，科学发展。如"上善若水"、以雌守雄、以柔克刚、宽刑简政等政治、军事策略，这正是我国在国际上实施韬光养晦、不称霸外交策略，在国内贯彻不折腾，遵循社会经济发展规律的施政方针的理论依据。在社会和个人层面，道家注重"天人合一"、"清静无为"，强调人与自然的和谐统一，人自身心灵和肉体的和谐统一，这一方面符合当前构建生态文明的要求，同时对于塑造个人身心健康具有重要意义。现代中医学和养生学基本上是以道家思想为基础。道家文化对于健康体魄、放松心灵有着指导意义。

第三，法家作为先秦诸子百家中的重要一派，其理论核心和精彩之处在于法治学说。在国家层面，长期以来，中国古代的治国理念就有"外儒内法"的概括，法家文化提出的"缘法而治"的思想，明确"布之于众"地制定公布法律、"刑无等级"地执行法律、"壹法"地保持法律稳定等一系列治国方略，对于当前中国社会主义法治建设，克服人治思想，有着重要意义。在社会层面和个人层面，法家提出的"法不阿贵，绳不挠曲"、"刑过不避大臣，赏善不遗匹夫"，对于树立社会和个人平等思想具有重要意义。

第四，墨家文化发源于战乱频仍的战国时代，具有鲜明的平民色彩，它所崇尚的是平等、博爱、竞争、节俭、守纪律、注重自然科学等等，这也为现代社会所推崇。

在国家层面和社会层面，墨家主张"兼相爱，交相利"，提出了一种无血缘亲疏、无等级差别的具有普遍性的平等互爱观，出于平民的立场，强调人格平等，主张包括法律、血缘、门第等在内的社会平等。这种"兼以易别"、"官无常贵而民无常贱"的平等观，符合当代民主社会发展趋势。

而在个人层面，墨家提出了"主力"、"赖力"、"强力"的人的主体观，成为中华民族自强不息和刚健有为的思想源泉。墨家还提出"强本节用"、"人给家足"的生存观，力举"节用"、"节葬"和"非乐"，主张节俭的生活，这对发扬艰苦奋斗精神、构建节约型社会具有重要意义。墨家还倡导科学精神，崇尚技术发明，这对当前国民创新意识的培养具倡导意义。

另外，佛教文化、名家、阴阳家和兵家等文化中也有诸多可借鉴之处，比如佛教文化提出的众生平等、慈悲等对于当前构建和谐人际关系都具有一定启示意义。

二、契合大学生成才的实际需求，立足实际进行科学合理规划，积极实现优秀传统文化教育的培养目标

在优秀传统文化教育的培养目标上，《纲要》从整体上要求要以推进大、中、小学中华优秀传统文化教育一体化为重点，整体规划，分层设计，有机衔接，系统推进，促进青少年学生全面发展，培养青少年学生做有自信、懂自尊、能自强，高素养、讲文明、有爱心，知荣辱、守诚信、敢创新的中国人，成为富有民族自信心和爱国主义精神的社会主义事业建设者和接班人。《纲要》同时明确提出大学阶段的目标，以提高学生对中华优秀传统文化的自主学习和探究能力为重点，培养学生的文化创新意识，增强学生传承、弘扬中华优秀传统文化的责任感和使命感。深入学习中国古代思想文化的重要典籍，理解中华优秀传统文化的精髓，强化学生文化主体意识和文化创新意识；深刻认识中华优秀传统文化是中国特色社会主义植根的沃土，辩证看待中华优秀传统文化的当代价值，正确把握中华优秀传统文化与中国化马克思主义、社会主义核心价值观的关系。引导学生完善人格修养，关心国家命运，自觉把个人理想和国家梦想、个人价值与国家发展结合起来，坚定为实现中华民族伟大复兴的中国梦不懈奋斗的理想信念。

但从我们调研来看，当前大学生传统文化传承实际上很薄弱，尤其是在前期中小学传统文化教育缺失，想在短短四年内对大学生进行全面系统的传统文化教育，塑造传统文化推崇的理想人格，是不现实的，也是不可取的。同时，调研中也发现了优秀传统文化教育中个别不好的趋势，所谓的国学热，重读经典读成了"食古不化"，重拾礼仪学成了"复古尊礼"，只学皮毛，未及核心。对此，我们认为，高校开展优秀传统文化教育要在深入领会《纲要》精神的基础上，立足实际，整体布局，循序渐

进，应当遵循以下原则：

第一，应当注重优秀传统文化教育的重点化。当前大学生缺乏系统的传统文化知识教育，知识呈碎片化状态。因此，知识的传授是先导和基础。但因为大学阶段的时间有限，不可能全面铺开，因此优秀传统文化精神的传承就成为重点和关键。如"刚健有为，自强不息"的进取精神，塑造大学生的远大理想信念；"天下兴亡，匹夫有责"、"以天下兴亡为己任"的国家民族意识，培养大学生的爱国主义情操；"厚德载物"、"贵和持中"的仁爱观念，构建大学生包容的心态和团结和谐的人际观；"贵德重义，坚守气节"的思想境界、"正人先正己"的自律态度，提升当代大学生的人身修养。而通过精神的传承最终实现践行优秀传统文化的根本目的。

第二，应当注重优秀传统文化教育的分层化。要针对个性化需求，不同专业、层次学生设定不同培养目标和明确差异化的培养措施。一是要针对个性化的需求，不仅开设对中华文化有较为系统全面介绍的基础性课程，也有专业化程度较深的课程讲座，供有兴趣的同学深入研究。二是针对不同专业，理工类院校可以侧重对中华优秀传统文化发展历程和基本内容的学习，旨在养成大学生良好的人文修养；而综合类院校则可以对传统文化的类型、特点、价值特点等深层次问题开展研讨，增强大学生深厚的文化底蕴。三是针对不同层次，本科生要着重培养其传统文化的认知和优秀人格修养，而针对高层次人才培养的研究生，则应增加对优秀传统文化的深入了解和精髓的把握，培养深厚的人文修养和理论修养。当然，还可以结合其专业学习进程设置阶段性的目标。

第三，应当注重优秀传统文化教育的现实化。改变既有灌输式、单向度的教学模式，注重教学方法和内容的创新，以体验式、互动式、情景式教学，使广大同学认可传统文化，对传统文化"好学乐知"。将传统文化与现实社会相结合，以历史事件来解释时事发展，从传统道德来诠释社会现象，将传统文化融入现实世界之中。尤其是针对当今社会发展中存在的一些困境、难题和危机，可以通过讨论、辩论、启发的方式鼓励同学们从传统文化中寻找答案和解决方案，真正让同学们认识到传统文化的现实意义和深远价值所在，将传统文化学习的自发行为转变为自觉行为。

第四，要注重优秀传统文化教育的生活化。优秀传统文化富有深厚的人生哲理，其知识和精神往往被具象在国人的文明礼仪、生活风俗之中，如尊老爱幼、尊师重教、诚信待人等等。要以传统哲理指导个人生活，以生活体验强化传统认知，如可以通过阅读经典，明确志向，树立远大理想；可以通过修习传统艺术，培养良好的兴趣爱好，增强人文底蕴；可以通过练习养生健身之术，养成良好的生活习惯，强健体魄；可以通过践行传统美德，与人友善，孝敬父母，尊敬师长，构建良好的家庭、社会关系；可以通过鼓励大学生在平时健康生活，注重从点滴做起，从细微做起，将传统道德规范转化为个人的日常生活行为。

最后，要注重优秀传统文化教育的具体化。即将传统文化深厚哲理形象地表现出来，转变为可见、可学的生动例子。择优秀传统文化中有用、有趣、有吸引力的内容，找到优秀传统文化和大学生成才需求的契合点，激发同学们学习的兴趣，如通过传统诗词朗诵、猜灯谜、知识竞猜等同学们喜闻乐见、形式多样的活动，广泛吸引同学参与；还可以采用身边的人、身边的事教育广大同学，广泛深入宣传同学们中践行传统文化和传统美德的先进典型，增强同学们的认可度；还可以利用传统节日，加强同学们的生活体验，感受民俗，如端午赛龙舟、清明祭扫等等，在互动体验中使同学们将传统文化的基本精神内化于心，外化于行。

三、积极总结优秀传统文化教育的经验，实现统筹布局和顶层设计，构建多渠道、系统化的优秀传统文化教育体系

在优秀传统文化教育途径上，《纲要》提出"六个结合"，即坚持中华优秀传统文化教育与培育和践行社会主义核心价值观相结合，坚持中华优秀传统文化教育与时代精神教育和革命传统教育相结合，坚持中华优秀传统文化教育与学习借鉴国外优秀文化成果相结合，坚持课堂教育与实践教育相结合，坚持学校教育、家庭教育、社会教育相结合，坚持针对性与系统性相结合。

当前各高校在优秀传统文化教育方面已经进行了大量探索和实践，并取得了诸多值得借鉴的经验。如河北省高校注重系统建设，形成育人合力，充分利用丰富的优秀传统文化资源，全省高校统筹，下力气推动高雅艺术、精品剧目进校园，开设优秀传统文化特色课程，创建非物质文化遗产传播基地，搭建起高校开展优秀传统文化教育的新平台，在让大学生充分体验优秀传统文化的艺术魅力的基础上，使思想政治教育入脑入心，引导大学生树立正确世界观、人生观、价值观。[①] 贵州大学通过丰富完善富有深厚底蕴和鲜明特色的大学文化建设成果，营造良好育人氛围，启动了文化品牌战略，打造文化精品，着力推进优秀传统文化的传承创新，为有特色、高水平大学建

---

① 参见《让思想政治教育入脑入心河北搭建高校优秀传统文化教育新平台》，http://culture.people.com.cn/GB/87423/9997151.html。

设提供精神动力和文化支持。坚持理论教学和实践教学相结合，丰富文化传播渠道，培养大学生对中华传统文化的"文化自觉"。① 湖北工程学院从"知孝、行孝、弘孝"入手，积极弘扬中华优秀传统文化美德，广泛开展"爱学习、爱劳动、爱祖国"教育活动，着力打造"孝爱育人"文化品牌，弘扬了远大理想信念，培养了学生可贵的奉献精神和责任意识。② 而我校则依托通识课程建设，不断拓宽优秀传统文化教育的主渠道，开设"中华文明通论"，由有影响力的知名教授负责，集全校乃至校外的优质师资，以"向学识真，闻道求实，博雅文明，心仪君子"为课程要求，其具体做法是：以历史发展为轴线，通过展示与剖析中华文明中最优秀、影响最深远的精华之处，展示最新考古文化研究成果，带领同学更直接地走进历史，走进中华文明，明古而知今。同时为弥补课堂教学不足，学校还编制教材、开设讲座及建立网站。学校还专门组织中华文明月系列活动，鼓励同学们将课堂所学与实践紧密结合起来。

根据《纲要》精神，在不断吸取已有经验的基础上，我们认为，开展优秀传统文化教育应当整体布局，顶层设计，全员推进，构建其多渠道、系统化的教育体系拓，不断宽传统文化的传播渠道。

一是要全面畅通课堂主渠道，守好"第一课堂"。要根据同学需求，实现优秀传统文化教育课堂教学的全面覆盖，通过老师的"君子之风、圣人气象"来进行言传身教。各高校应高度重视课堂的主渠道作用，将大学生了解传统文化、认同传统文化、传承传统文化的具体要求逐级内化到教育目的、培养目标、课程目标、教学目标当中。全面深化通识教育，把优秀传统文化教育课程纳入其中。如设置全校必修的中华文明通识课程，覆盖到每一个同学，较为系统全面地传授传统文化的精神内涵。将传统文化和民族精神全方位融入"两课"教学之中，让广大同学在课堂上感受到优秀传统文化的魅力。同时要适应同学们差异化的需求，进一步改革课程设置。增加人文素质课程的设置，扩大其课程数目和课时比例，如设置诸子百家精神探析、古文经典阅读、古典诗词赏析、民俗文化探源、京剧艺术欣赏等专业类课程，以专题研讨、主题实践等多样的形式形成一个丰富全面的课程体系，这不仅满足了全体同学的基本要求，还满足了那些对于传统文化有爱好和侧重的同学的需

---

① 参见《贵州大学坚持特色，打造亮点，传承创新优秀传统文化》，http：//www. moe. gov. cn/publicfiles/business/htmlfiles/moe/moe_ 1756/201201/129500. html。

② 参见教育部加强和改进大学生思想政治教育工作简报总 1139 期《湖北工程学院弘扬优秀传统文化着力打造"孝爱育人"文化品牌》。

求。

二是要营造良好校园文化氛围，积极开拓"第二课堂"。可以采取学生喜闻乐见的方式，以传统美德渗透到丰富多彩的校园文化之中，如举办传统艺术进校园，举办主题讲座、专业演出和各种展览，不仅将京剧、昆剧等高雅艺术引入校园，而且还让剪纸、泥塑、风筝等具有中国特色的民俗文化在校园中有一席之地，让同学们在零距离接触中感受到华夏文明的博大精深。加大建设校内人文景观，将传统文化和历史传承有机地融入校园文化整体规划之中。在校园内各场所设置有针对性的经典名言警句，食堂题写"一粥一饭当思来之不易"节俭的名言，教室题写如"学而时习之，不亦说乎"等学习的名言；亦可以结合学校专业特色，校园内摆放历史人物的雕塑，如师范类院校可以放置孔子的塑像，水利专业可以摆放李冰的塑像，法学专业可以摆放诸如商鞅、沈家本等雕塑，还可以赋予学校建筑、道路历史含义的命名等等，在潜移默化中传递传统文化的魅力。鼓励学生建立、参与传统文化特色的学生社团，如京剧、服饰、诗歌、武术等等，组织学生通过读书会、学习圈等学习阅读经典，研习传统文化，加深对传统文化的理解，学校可以给予资金、场地等的支持，并通过相关制度鼓励老师积极参与指导。鼓励学生积极参与能提升文化品位的社会实践活动，组织学生参观爱国主义教育基地、博物馆、图书馆、展览馆、民俗村等，开展有传统文化特色的实践调研活动等。多种途径营造良好的传统文化育人环境，大力倡导发扬仁爱、诚信等优良传统价值观，帮助大学生树立积极的人生态度，形成良好道德规范。

三是充分利用网络技术，建设"虚拟课堂"。面对当前互联网的迅猛发展，传统文化的教育亦当与时俱进，积极推进信息化建设。各高校可以结合传统文化课程建设本校的传统文化主题网站，系统宣传传统文化。网站建设要在形式内容上契合当代大学生的兴趣爱好，努力避免古板生硬和灌输说教，灵活采用视频音频等多媒体形式，实现在绘声绘色之中对传统文化以生动、易懂和权威的解释。同时要积极利用人人网、微博、微信等新媒体，积极传播传统文化，如面向学生实施经典渗透，每天推送一条经典名言，积少成多，在潜移默化中提升同学的修养。还可以通过微信的朋友圈等方式发起传统文化讨论话题等活动。在有条件的情况下，研发传统文化教育的APP软件等移动终端，供同学们下载，定期推送传统文化知识。

四是积极推进全员育人，构建"社会大课堂"。优秀传统文化教育作为一项庞大而复杂的系统工程，这一方面要充分尊重大学生的主体地位，通过课堂、社会实践、校园文化等，发挥其主观能动性，激发其创造力，在学习中提高品德意识，在思考中提高品德心理，在实践中提高品德行为，以知情意的高度统一，构筑完美人格的精神支柱。同时还要注重家庭、社会对于大学生成长成才的巨大影响。家庭要培育良好的家风，尊老孝亲，为人友善，以无形力量影响大学生的成长。动员全社会力量，以优秀传统文化引导树立良好的社会风尚，为培育大学生健康成长成才塑造良好的社会氛围。

大学生社会主义文化
与道德价值观倾向调查

法学院　王家启

摘　要　本文根据问卷和访谈资料，在引述学术界有关理论探讨的基础上，对在校大学生社会主义核心价值观理念认知和文化与道德价值观倾向进行肤浅讨论。调查显示，在校大学生普遍表现出良好的社会主义核心价值和正确自觉的文化与道德意识认知趋向。然而，现实中养成环境及媒体宣传教育的部分缺失，导致部分大学生知识层面的认知不太完备，但不影响其在实践层面的行为表达。通过经常性的教育引导和合理宣传，增强在校大学生社会主义文化与道德认知，培养和提高文化与道德价值意识，从而增强其对社会主义核心价值观的践行能力。

关键词　社会主义核心价值观　大学生　文化　道德

在校大学生处于人生观、世界观、价值观养成阶段，而当今世界多极化、经济全球化的深入发展和文化多样化、社会信息化的持续推进，由此发生的急剧社会转型而引发的各种社会问题，以及中西各种文化、意识形态的碰撞与融合，对在校大学生价值体系的形成、确立和变化造成了影响，使其呈现出多样、多元的特点。社会主义核心价值体系是社会主义意识形态的本质体现，是社会主义文化建设的灵魂。因此，加强社会主义核心价值体系教育就是深化教育领域综合改革的内在要求和重要内容，"要深入开展社会主义核心价值体系学习教育，用社会主义核心价值体系引领社会思潮，凝聚社会共识"①。本文以中国政法大学部分学生为样本对象，采取座谈、访谈

---

①　胡锦涛在中国共产党第十八次全国代表大会上的报告：《坚定不移地沿着中国特色社会主义道路前进为全面建成小康社会而奋斗》，2012 年 11 月 8 日。

的方式，对在校大学生核心价值观理念认知和文化道德价值观养成进行了调查。下文在引述相关文献和学术界理论探讨基础上，就调查结果所反映趋向和问题进行讨论。

一、社会主义核心价值体系和核心价值观的引领作用

社会主义核心价值体系是社会主义意识形态的本质体现，是社会主义文化建设的灵魂，只有进一步加强社会主义核心价值体系建设，才能真正发挥优势和作用，助推社会主义文化的大发展、大繁荣。2011 年党的十七届六中全会通过了《关于深化文化体制改革、推动社会主义文化大发展大繁荣若干重大问题的决定》，部署了推动社会主义文化大发展大繁荣、建设社会主义文化强国的战略任务。2012 年中共第十八次代表大会《坚定不移地沿着中国特色社会主义道路前进，为全面建成小康社会而奋斗》的报告明确提出："全面建成小康社会，实现中华民族伟大复兴，必须推动社会主义文化大发展大繁荣，兴起社会主义文化建设新高潮，提高国家文化软实力，发挥文化引领风尚、教育人民、服务社会、推动发展的作用。"报告也指出，扎实推进社会主义文化强国建设，首先是要加强社会主义核心价值体系建设，要求"倡导富强、民主、文明、和谐，倡导自由、平等、公正、法治，倡导爱国、敬业、诚信、友善，积极培育和践行社会主义核心价值观"。2013 年党的十八届三中全会召开，有关会议文献都强调了社会主义核心价值体系和价值观的思想基础作用的重要性："紧紧围绕建设社会主义核心价值体系、社会主义文化强国深化文化体制改革"，"建设社会主义文化强国，增强国家文化软实力，必须坚持社会主义先进文化前进方向，坚持中国特色社会主义文化发展道路，培育和践行社会主义核心价值观，巩固马克思主义在意识形态领域的指导地位，巩固全党全国各族人民团结奋斗的共同思想基础"。就教育领域的改革和建设而言，在全面贯彻党的教育方针的前提下，其中最紧迫的任务就是"坚持立德树人，加强社会主义核心价值体系教育，完善中华优秀传统文化教育，形成爱学习、爱劳动、爱祖国活动的有效形式和长效机制，增强学生社会责任感、创新精神、实践能力"。

上述文献的出台，为社会各界贯彻执行党建设社会主义文化强国、提高国家文化软实力、推动社会主义文化大发展大繁荣等决策提供了航向与目标。与此同时，学术界也展开前所未有的学习、领会、讨论和吸收的热潮。

第一，对社会主义核心价值体系的领会。任何一种社会制度的背后，都有其核心价值体系。

首先，社会主义核心价值体系是国家经济、政治、文化、社会发展的精神动力，

体现了全国各族人民的核心利益和共同愿望，是社会主义制度的内在精神和生命之魂，是推动社会主义文化大发展大繁荣的精神旗帜。社会主义核心价值体系的基本内容包括马克思主义指导思想、中国特色社会主义共同理想、以爱国主义为核心的民族精神和以改革创新为核心的时代精神、社会主义荣辱观等四个方面。这四个方面相互联系、相互贯通、相互促进，是有机统一的整体。

其次，社会主义价值体系是引领思潮、凝神聚气和培育共识、形成合力的意识形态法宝。随着经济全球化以及我国经济体制变革、社会结构变动、利益格局调整和思想观念变化，我国社会思想活动的独立性、选择性、多样性、差异性明显增强，在价值观念和价值取向上日益呈现出多样化趋势。针对这种形势，党的十六届六中全会指出："坚持以社会主义核心价值体系引领社会思潮，尊重差异，包容多样，最大限度地形成社会思想共识。"十七大报告进一步提出，"建设社会主义核心价值体系，增强社会主义意识形态的吸引力和凝聚力"，"积极探索用社会主义核心价值体系引领社会思潮的有效途径，主动做好意识形态工作，既尊重差异、包容多样，又有力抵制各种错误和腐朽思想的影响"。十八大报告提出"用社会主义核心价值体系引领社会思潮、凝聚社会共识，把广大人民团结凝聚在中国特色社会主义伟大旗帜之下"。

再次，就社会主义价值体系与社会主义文化建设的关系而言，一方面，强调坚守社会主义价值体系，必须发挥中华优秀传统文化的作用。"坚守我们的价值体系，坚守我们的核心价值观，必须发挥文化的作用。……要加强对中华优秀传统文化的挖掘和阐发，努力实现中华传统美德的创造性转化、创新性发展。"另一方面，社会主义价值体系对社会主义文化建设和发展起着引导和规范作用，即马克思主义指导思想决定社会主义文化的前进方向。中国特色社会主义共同理想是社会主义文化建设的奋斗目标，以爱国主义为核心的民族精神和以改革创新为核心的时代精神是社会主义文化建设的精神内核，社会主义荣辱观是社会主义文化建设的道德规范和行为准则。①

第二，对社会主义核心价值观的解读。社会主义自诞生以来，它不仅是一种意识形态和实践运动，更是一种社会制度和价值选择。社会主义核心价值观在社会主义意识形态和文化建设中占据主导和基础地位，起着支配作用，反映社会主义文化发展趋势和内在要求，体现了广大人民的文化利益，从而具有鲜明的党性原则、意识形态色彩及民族特性，是社会实现思想整合和团结协作的理念支撑和精神动力。

---

① 巴中政协网：《坚定社会主义核心价值观，推动文化大发展大繁荣》，http：//BZSZX. GOV. CN，访问时间：2012 - 10 - 11。

2014 年 2 月 24 日下午，十八届中共中央政治局就培育和弘扬社会主义核心价值观、弘扬中华传统美德进行第十三次集体学习。中共中央总书记习近平在主持学习时强调，把培育和弘扬社会主义核心价值观作为凝魂聚气、强基固本的基础工程，继承和发扬中华优秀传统文化和传统美德，广泛开展社会主义核心价值观宣传教育，积极引导人们讲道德、尊道德、守道德，追求高尚的道德理想，不断夯实中国特色社会主义的思想道德基础。① 上述党的文献及领导人讲话显示了核心价值观是文化软实力的灵魂，是文化软实力建设的重点，具有高瞻远瞩的战略高度。

首先，就内涵构成而言，社会主义核心价值观涵盖三个层面，即在国家层面倡导"富强、民主、文明、和谐"，社会层面倡导"自由、平等、公正、法治"，公民个人层面倡导"爱国、敬业、诚信、友善"。这是党在社会主义文化建设实践中长期探索、总结的历史成果，是马克思主义中国化、时代化成果的重要组成部分，它既具有马克思主义意识形态理论基础，能够体现马克思主义文化核心价值观，又与中国优秀传统文化价值体系相吻合，切合广大民众的伦理感受，从而集科学性、历史性、现实性于一体。

其次，核心价值观是决定文化性质和方向的最深层次要素，"一个国家的文化软实力，从根本上说，取决于其核心价值观的生命力、凝聚力、感召力"。同时，作为社会主义制度的内在精神，社会主义价值观是全民族团结一心、奋发向上的精神纽带，蕴涵、凝聚和反映了各民族、社会各群体、各阶层的价值共识和追求，从而也是现代治理体系的思想基础，关乎社会和谐稳定和国家长治久安，"培育和弘扬核心价值观，有效整合社会意识，是社会系统得以正常运转、社会秩序得以有效维护的重要途径，也是国家治理体系和治理能力的重要方面。历史和现实都表明，构建具有强大感召力的核心价值观，关系社会和谐稳定，关系国家长治久安"②。

再次，社会主义核心价值观是引领社会思想道德建设的一面旗帜，贯穿于社会生活的方方面面，通过教育引导、舆论宣传、文化熏陶、实践养成、制度保障等，使其内化为人们的精神追求，形成一套为广大群众普遍认可的道德理念，"要润物细无声，运用各类文化形式，生动具体地表现社会主义核心价值观，用高质量高水平的作品形象地告诉人们什么是真善美，什么是假恶丑，什么是值得肯定和赞扬的，什么是

---

① 习近平：《中共中央政治局进行第十三次集体学习讲话》。
② 习近平：《中共中央政治局进行第十三次集体学习讲话》。

必须反对和否定的"①。

最后，社会主义核心价值观与人们日常生活紧密联系，切合广大群众道德伦理感受，人们可以在社会实践中随时感知和领悟，既可以外化为人们日常的行为规范，也可以转化为人们的自觉行动。"要按照社会主义核心价值观的基本要求，健全各行各业规章制度，完善市民公约、乡规民约、学生守则等行为准则，使社会主义核心价值观成为人们日常工作生活的基本遵循。""要把社会主义核心价值观的要求融入各种精神文明创建活动之中，吸引群众广泛参与，推动人们在为家庭谋幸福、为他人送温暖、为社会作贡献的过程中提高精神境界，培育文明风尚。"②

第三，对社会主义核心价值观与传统文化关系的理解。核心价值观既是历史的积淀，也是时代的产物；既反映时代，又影响时代。传统文化是社会主义文化建设的精神家园，构成了核心价值源泉，党历来很重视发扬和继承优秀传统文化。2014年2月17日，习近平在省部级主要领导干部学习贯彻十八届三中全会精神全面深化改革专题研讨班开班仪式上发表重要讲话，强调要大力培育和弘扬社会主义核心价值观，推进国家治理现代化过程中传统文化的重要性时说："要加强对中华优秀传统文化的挖掘和阐发，努力实现中华传统美德的创造性转化、创新性发展，把跨越时空、超越国度、富有永恒魅力、具有当代价值的文化精神弘扬起来，把继承优秀传统文化又弘扬时代精神、立足本国又面向世界的当代中国文化创新成果传播出去。"2月24日，十八届中共中央政治局第十三次集体学习主题是"培育和弘扬社会主义核心价值观，弘扬中华传统美德"，习近平精辟阐述了社会主义核心价值观与优秀文化传统之间的关系，强调"培育和弘扬社会主义核心价值观必须立足中华优秀传统文化"。③ 这种理论见解既具开拓创新的时代精神，又联系中国历史和社会实际，"是对历史唯物主义和辩证唯物主义科学而精彩的发挥以及联系中国实际和时代精神的充分运用"④。

首先，中国传统文化是社会主义核心价值观的思想源泉和文化基础。社会主义核心价值观必然贯穿着中国传统文化，必须植根于中国传统文化的沃土中，吸收其思想精华和道德精髓，才能形成和发展起来。"牢固的核心价值观，都有其固有的根本。抛弃传统、丢掉根本，就等于割断了自己的精神命脉。博大精深的中华优秀传统文化

---

① 习近平：《中共中央政治局进行第十三次集体学习讲话》。
② 习近平：《中共中央政治局进行第十三次集体学习讲话》。
③ 习近平：《中共中央政治局进行第十三次集体学习讲话》。
④ 卓新平：《以社会主义核心价值观促进民族团结、宗教和谐》，载《中国民族报》，2014年3月24日。

是我们在世界文化激荡中站稳脚跟的根基。"① 中华文化源远流长，"积淀着中华民族最深层的精神追求，代表着中华民族独特的精神标识，为中华民族生生不息、发展壮大提供了丰厚滋养"②，其精髓是中华传统美德，蕴含着丰富的思想道德资源。这些精神追求、精神标识和思想道德正是当今社会所需要继承和发扬的精神，即"以爱国主义为核心的民族精神和以改革创新为核心的时代精神"，以及"讲仁爱、重民本、守诚信、崇正义、尚和合、求大同的时代价值"。

其次，社会主义核心价值观容纳、吸收了传统文化的思想精华和道德精髓。但是，社会主义核心价值观并非是对中华传统文化的全盘继承，而是取其精华，去其糟粕，是对传统文化的升华和创新发展，"要处理好继承和创造性发展的关系，重点做好创造性转化和创新性发展"③。对适合现代社会潮流、有益于社会主义核心价值观建设的文化要素，赋予新时代内涵。因此，对于传统文化的态度，一方面正本清源，"要讲清楚中华优秀传统文化的历史渊源、发展脉络、基本走向，讲清楚中华文化的独特创造、价值理念、鲜明特色"，同时要充分肯定文化传统，摒弃任何文化虚无主义、历史虚无主义思想倾向，"增强文化自信和价值观自信"；再就是扬弃继承："不忘本来才能开辟未来，善于继承才能更好创新。对历史文化特别是先人传承下来的价值理念和道德规范，要坚持古为今用、推陈出新，有鉴别地加以对待，有扬弃地予以继承，努力用中华民族创造的一切精神财富来以文化人、以文育人。"

再次，社会主义核心价值观要合理吸收民族文化中的优秀资源。社会主义核心价值观的建构过程同时也是各民族文化价值更新和重构的过程。中华民族文化多元一体，是同一性与多样性的辩证统一体，文化认同建构是以多元文化的文化内核为基础，即强调中华文化的同一性，也考虑民族文化的多元性。优秀传统文化包括中华各民族的文化。我国是统一的多民族国家，各民族在历史发展中共同创造了博大精深的文化形态，形成了独特的价值观、道德观，各民族文化是中华民族文化的有机构成，共同建构起中华文化的丰富遗产，成为滋养和培育社会主义核心价值体系的沃土。

二、在校大学生社会主义核心价值观及文化道德价值观发展趋向良好

社会主义核心价值观是社会主义意识形态的集中体现，现实中也是一种重要的国

① 习近平：《中共中央政治局进行第十三次集体学习讲话》。
② 习近平：《中共中央政治局进行第十三次集体学习讲话》。
③ 习近平：《中共中央政治局进行第十三次集体学习讲话》。

民意识，其内涵广泛，涵盖了国家观、民族观、历史观、文化观和发展观等，是维系国家存在和发展的重要精神纽带，也是多民族国家民族团结、文化大繁荣、道德大提升的精神实质。社会主义核心价值观有诸多层面和考量维度，从不同的方面体现了国家、社会、个体的价值指向。在校大学生处于人生世界观、价值观养成的重要阶段，在复杂的国际国内形势下，在校大学生社会主义核心价值观的养成不仅关系到他们的健康成长，而且关系到民族团结、社会安定的政治大局。

为贯彻落实十八大、十八届三中全会等重大会议精神及党中央领导同志关于培育弘扬社会主义核心价值观、弘扬中华传统美德重要讲话精神，结合党在教育领域的改革和建设政策，并针对目前大学生思想变化的基本态势，本文以中国政法大学部分学生为对象，紧紧围绕在校大学生"社会主义核心价值体系及核心价值观认知及养成"、"社会主义文化发展观"和"社会主义公民道德观"等主题，通过开放式访谈，多角度调查、分析在校大学生核心价值理念认知和文化、道德价值观养成方面的趋势和问题，增强在校大学生社会主义文化与道德认知，培养和提高社会主义文化道德价值的意识。

调查对象为中国政法大学部分在校大学生，年级主要涉及大二。考虑到调查力量、调查时间的限制，样本量确定为50个。本次调研实际回收有效样本49份，样本有效率98%。在对访谈记录掌握和总结分析的基础上，对在校大学生"社会主义核心价值体系及核心价值观认知及养成"、"社会主义文化发展观"和"社会主义公民道德观"等方面的思想动向有了初步了解。

第一，社会主义核心价值体系及核心价值观认知及养成调查。

在校大学生全面掌握社会主义核心价值体系与核心价值观的重大意义、丰富内涵和时代精神，并把坚定理想信念、增强政治敏锐性和政治鉴别力作为思想引导的重点。本次访谈的主题以开放性多项选择题为主，测试在校大学生对社会主义核心价值体系及核心价值观了解和领会、主动学习和意识养成以及自觉践行的情况。

首先，对社会主义核心价值体系及核心价值观，在校大学生普遍表现出较好的认知程度，概念清晰，内涵明确，对相关表述有着深刻的理解。调查显示，95%的学生认为两者是不同的概念，80%的学生能够清晰地谈出概念的区别，只有极少数学生认为两者是同一概念。50%的学生能够完整或者较为完整地谈出社会主义核心价值体系的内涵，70%的学生能够说出社会主义核心价值观各层面的内容；25%的学生了解相关内涵内容表述，但对内涵内容涉及的具体方面表示不了解，只有少数同学表示只知道概念而不了解内容。建议学校相关部门和辅导人员通过适当方式有针对性地加大社会主义核心价值体系及核心价值观知识普及宣传力度，使学生在知识层面上具备对社会主义核心价值体系及核心价值观的基本了解。

其次，在校大学生一般具有较高的政治觉悟和学习意识，能够积极主动地学习相关重大报告和讲话精神，其中包括对社会主义核心价值体系及核心价值观相关理论、讨论的学习和了解。调查显示，5%的学生表示自己曾主动学习或者培训过社会主义核心价值体系及核心价值观相关理论知识，并使自己的价值认识有了较高提升；80%的学生表示自己通过网络浏览学习相关知识，具有相关知识和良好意识趋向；15%的学生表示自己没有参加过学习活动或者主动学习，对社会主义核心价值体系及核心价值观没有深切体会。就学习方式而言，学生主要通过刊物、报纸、网络、平面宣传等媒介，以及学校安排的相关学习活动、各种讲座中学习、了解相关知识，来自于课堂教学的知识相对较少。另外，几乎所有的学生都表示他们对党和国家的重要思想和政策路线的了解主要是通过思想政治教育课，但是，目前学校开设的思想政治课上还没有关于社会主义核心价值体系和价值观的系统内容，仅有一些任课教师会在课上提到部分内容。调查表明，大学生信息来源渠道众多，学习方法多样，但专题讨论、主题征文、形势报告等交流活动的机会不多，系统学习情况不太良好，主动意识养成程度不高。建议通过思想政治课堂和党委、团委、班级组织学习座谈等形式进行社会主义核心价值体系及核心价值观相关知识的系统讲授和主动探索式讨论，帮助学生澄清心中的疑问，养成良好的价值认知。

再次，践行社会主义核心价值体系，有利于大学生身体力行地坚持指导思想与主导价值一元化，有利于认同主流文化和抵御各种腐朽文化的侵蚀，形成良好的校园文化氛围与社会精神力量。调查显示，80%的学生认为在日常生活中能够以价值意识作为行为指导，20%的学生表示日常行为中虽然没有明确的价值意识，但都符合核心价值的基本要求；几乎所有学生都愿意积极参加相关"正能量"宣传推介活动；90%的学生推崇先进人物，敬仰他们的高尚人格。建议结合校园文化建设，以先进人物为榜样、以典型事迹为示范，经常性引导学生开展社会主义核心价值观讨论和实践活动。

第二，社会主义文化发展观调查。

文化作为社会主义建设的重要领域，在趋于多元化的当今世界，既面临前所未有的发展机遇，也遭遇了空前复杂的矛盾与问题。十八大报告明确提出："文化是民族的血脉，是人民的精神家园。全面建成小康社会，实现中华民族伟大复兴，必须推动社会主义文化大发展大繁荣。"习近平讲话说："坚守我们的价值体系，坚守我们的核心价值观，必须发挥文化的作用。"可见树立正确的文化发展观对坚持社会主义核心价值体系和价值观意义重大。本主题从中华民族文化观、传统文化与主流文化观、抵制西方思潮及价值观等方面测试了在校大学生对中华民族文化多样性和同一性的理解、融入主流社会的能力和抵制西方价值观的自觉性和主动性。

首先，在校大学生对中华民族文化同一性和多样性有着良好的认知度，认为中华民族文化是各族人民在历史长河中共同缔造的，文化建设和发展需要马克思主义的指导。调查显示，对于"你对'中华民族文化'是怎样理解的"这一问题，70%的学生既看到了民族文化的多样化形态，又考虑到中华文化的同质特点。对于"在多元文化建设中是否需要坚持指导思想的一元化"这一问题，70%的学生都持肯定的回答，表示不能搞指导思想多元化；25%的学生持无所谓的态度，5%的学生则持没必要的态度；60%的学生能够正确回答出指导思想是马克思主义，35%的学生则表现出概念的模糊性，认为是社会主核心价值体系，5%的学生表示不知道。

其次，社会主义文化观还要求个体对传统文化和社会主流文化做出正确的价值取舍，就大学生而言，要求他们能紧跟时代潮流，在传统与现代性中辩证地继承扬弃，精益求精。调查显示，对于"有没有必要继承传统文化"和"如何继承"等问题，学生都能够给出较为科学合理的回答，认为推动社会主义文化大发展，有必要做到批判地继承传统文化，能积极融入现代社会的主流文化，并在实践中接受社会主义核心价值体系和价值观的指导。

最后，在信息化为主导的现代社会，报刊、电视、互联网等传媒以其丰富的内容、便捷的方式渗透到人们日常生活的方方面面，影响并主导着人们的思想意识和价值取向；在文化多元化影响下，不同文化形态、思想观念异彩纷呈，不可避免地影响到在校大学生的价值观念。在西方资本主义及敌对势力渗透常态化的情况下，西方资本主义的个人主义、自由主义、民主人权等价值观及其生活方式在国内逐渐占据了一定的市场，社会主义意识形态体系开始受到了威胁。调查显示，在校大学生普遍具有抵制西方价值观的自觉性和主动性，仅有个别学生表现出在资产阶级思想体系中体认自我价值。

第三，社会主义道德价值观调查。

在核心价值体系和核心价值观中，道德价值具有十分重要的作用。一个社会、一个民族、一个人能不能把握正确的行进轨迹，很大程度上取决于道德价值。调查显示，目前大学生普遍具有正确的道德价值观，符合社会主义道德价值观的基本要求。但是，市场经济条件下长期积累的诸多消极因素如个人主义、唯利是图等等，也对学生的道德养成造成了不利影响，使他们在社会实践中很难做到正确的价值取舍。尽管如此，学生们普遍认为，作为一个社会主义合格公民，应该遵守基本的道德规范、法律法规，应该养成健康文明的生活方式，切实践行社会主义道德价值观。

三、加强大学生社会主义核心价值观教育，培养和提高文化道德价值意识

"大学生是否真正把社会主义核心价值观作为自身生存发展所必有的思想能源，表现为他们是否在认知体系和行为方式中真正自觉遵循核心价值观，一个重要的前提就是，他们是否从学校不断创新的思想政治课教育中，真正认识和体会到接受和坚持社会主义核心价值观，对他们实现自身的理想、追求和切身利益，是否能够寄托精神和获得帮助。"① 因而，就高校大学生而言，应该坚持理论联系实际的原则，在充实课程知识的同时，采取学校结合社会途径，在社会实践的海洋中让大学生认识、认同、接受并践行社会主义核心价值体系和核心价值观，增强文化与道德价值意识。

第一，继续优化高校思想政治理论课课程内容和教学方式。

高校思想政治理论课历来是增强在校大学生社会主义文化与道德知识，培养和提高文化道德价值意识的重要手段。调查显示，学生们普遍表示，他们对社会制度、党的思想路线和国家政治等知识的系统了解和学习的主要途径是通过课堂教学。同时，学生们也反映，课堂学习相关理论的方式很枯燥，学习效果不明显，并且影响到课后自学理论知识的兴趣。因此，继续深化高校思想政治理论课课程内容和教学方式的改革尤为必要。首先，高校的思想政治教育课程要不断更新内容，通过课堂教育深化大学生对社会主义核心价值体系的认知认同，使大学生对核心价值体系的认识不仅能"知其然"，更要"知其所以然"。其次，思想政治理论课要贴近社会、贴近生活、贴近学生，使其与大学生的日常情感需要高度契合，强化大学生对社会主义核心价值观的认同。再次，思想政治课要不断改进教学方法，讲求内容与方法、手段与载体等多方面的提升，"把单纯的说教和乏味的灌输，变为生动的传道、有力的解惑和深刻的激励，营造启发学生学习兴趣。②

第二，在校园文化建设中融入社会主义核心价值观和文化道德价值观。

---

① 石亚军：《创造社会主义核心价值体系建设在高校人才培养中的四重效应》，载《中国高等教育》，2007 年第 18 期。

② 石亚军：《创造社会主义核心价值体系建设在高校人才培养中的四重效应》，载《中国高等教育》，2007 年第 18 期。

校园文化在高校育人方面的基础性地位无可替代。"校园文化是依附和从属于社会大文化的一种亚文化,以校园环境和师生实践活动为载体,以精神文化为核心的观念文化、物质文化、制度文化、行为文化和环境文化相统一的一种社区性群体文化。"① "主流校园文化就是在高校校园文化体系中占主导地位,与社会主流意识形态相适应,符合国家和社会发展要求和趋势,占据校园文化活动主体,在文化育人过程中发挥主导作用,为高校师生群体广泛认可和接受的部分。"② 就学生而言,在日常学习、生活中融入与内化社会主义核心价值体系和文化道德价值观,方式多样,效果明显。一是在党团活动、班集体、课外活动、社团、图书馆、宿舍等方面有组织、有计划地加强个体对社会主义核心价值体系的学习;二是利用校报、校刊、校园广播、校园网、宣传橱窗等传媒手段大力加强宣传舆论力度,开展社会主义核心价值体系教育;三是利用节庆日、纪念日和宣传日开展主题教育活动,把社会主义核心价值体系教育融入其中;四是党政团干部队伍、辅导员和班主任队伍在日常工作中有意识地引导大学生对社会主义核心价值体系的学习和领悟。

第三,引导大学生通过社会实践自觉认同社会主义文化和道德价值观。

社会实践是大学生实现社会主义核心价值体系认知的重要途径。大学生通过参加具有一定价值内涵和价值意蕴的社会实践,如社会调查、专业实习、志愿服务、自主创业、大学生"三下乡"等有助于他们将学校学习的理论知识和自身服务社会和人民的实际行动结合起来,在体验中深刻认识和了解社会,并在社会实践中学习理论,检验理论,在实践和理论的结合中坚定理想和信念,增强责任感和使命感,更加符合人类认识自然和社会的普遍规律,更能增强大学生对社会主义核心价值体系科学性的信服度。

第四,重视学校与家庭、社会教育的有机结合。

现代社会是以经济多样化、文化多元化为特点的开放性社会,信息技术的发达也使社会呈立体化态势,教育功能的发挥不再局限于学校等教育机构,各种社会机构、团体以及社会化技术和手段也越来越多地展现出教育功能;另外,家庭传统的道德养成和教育功能也不能被忽视。社会主义核心价值观和文化道德价值观的养成有赖于社会、学校和家庭教育的高度契合和良性互动。一方面,积极发挥社会教育的导引功

---

① 周安涛:《校园文化的内涵及其功能》,载《长春理工大学学报》,2007 年第 2 期。
② 王知春:《当前我国高校主流校园文化建设存在的问题与对策》,华北电力大学 2010 年硕士学位论文。

能："通过完整有效的社会教育，引领大学生树立正确的价值导向，应充分利用与发挥大众传播学对主流意识形态建设的引领作用，各级哲学、社会科学、文学艺术和新闻出版部门都要积极为大学生提供弘扬主流意识形态的精神文化产品，不断强化对互联网等现代传媒的监管和引导，持续不懈地净化网络社会环境。"① 另一方面，也要重视家庭教育的潜移默化作用，"积极培育家庭美德，营造和谐的家庭氛围，培养厚重的家庭亲情，促使家庭教育成为引领核心价值观和正确道德观形成的重要推手"②。

---

① 檀江林、叶璟：《深化价值认同：多元文化环境下的高校德育工作新理念》，载《思想教育研究》，2011 年第 10 期。

② 檀江林、叶璟：《深化价值认同：多元文化环境下的高校德育工作新理念》，载《思想教育研究》，2011 年第 10 期。

论当代大学生思想政治教育中
法治教育的融入

学生处　周佳磊

摘　要　"依法治国"方略的提出、法治国家建设进程的推进、高等学校提出"依法治校"的理念，为高等学校的思想政治教育中法治教育的融入提供了新的契机和元素。法治教育的必要性以及其与思想政治教育相辅相成的关系，都为法治教育融入大学生思想政治教育打下了基础。但是法治教育在融入大学生思想政治教育的过程中，无论是大学生自身还是思想政治教育工作者自身，抑或是教育的工作理念与工作方式上，都是有所缺失的。因此，我们必须从加强课堂教学、课堂外教学和改善学校整体环境等方面来促进法治教育融入大学生思想政治教育中。并且，通过加强法治教育、改进思想政治教育的工作理念和工作方式、提高学生法治意识和法治观念、强化思想政治教育工作队伍的法治修养等方法，来促使大学生思想政治教育中法治教育的融入。

关键词　大学生思想政治教育　法治教育

党的十八届三中全会明确将推进法治中国建设作为全面深化改革的重要领域，是对依法治国方略的丰富与深化，标志着我国的法治建设进程迈入了一个新的发展阶段。法治中国建设目标的提出，是中国从以健全法律制度为重点的形式法治，迈向以提升国家治理有效性为核心的实质法治的重要转折。[1] 在全面推进法治中国建设的新形势下，高等学校法治教育为当代大学生思想政治教育提供了新的元素和契机，在当

---

[1] 《以有效国家治理开启法治中国建设新局面》，http://www.qstheory.cn/zz/fzjs/201405/t20140501_345385.htm。访问时间：2014年5月7日。

代大学生思想政治教育当中融入法治教育是非常必要的。

一、法治教育的内涵和意义

法治教育是指通过对公民进行有目的、有计划、有组织的"依法治国"方略的宣传和教育，培养和发展公民法治意识及用法治意识指导自己行为的一种活动。① 而通过"法治思想"的教育，使人们认识什么是法治、什么是人治、什么是德治的思想，通过学习，了解它们之间的关系；对于"法治原则"的教育应包含法律至上原则、法律面前人人平等原则、依法办事原则、司法独立原则的教育；"法治制度"的教育包括人民代表大会制、中国共产党领导下的多党合作制、政治协商制、其他法律制度的教育；在进行"法治执行过程"的教育中，要注意宣传法律至上、反对特权、依法行政、司法独立的内容。②

我国的法治建设进程需要对大学生进行法治教育。知识分子阶层是法治国家建设进程中一支可以依靠的重要力量，他们对于法治理念的认同和支持为法治建设奠定了稳定的基础；同时，他们可以推动法治理念的普及、法治知识的宣传和推广。在此意义上，他们推动了国家法治建设的进程。树立大学生法治教育目标，不断健全和完善大学生社会主义法治理念教育体系，对于塑造新型的社会主义建设者和接班人，壮大、推进国家法治化的中坚、骨干力量，促进国民法治意识的增强，具有不可替代的作用。③

当代大学生群体具有较高的文化层次和较好的基本素质，能够较大地影响到将来社会发展方向和发展进程。并且，大学生正处于世界观、人生观形成并趋向成熟的阶段，科学系统的法治教育可以引导大学生树立正确的法治意识和法治观念，养成自觉遵纪守法的行为习惯，将法治从被动的他律变为主动的自律，成为法治建设的先锋模范。只有具备较高的法律素质的大学生才能适应社会主义现代人才建设的需要，才有资格做社会主义现代化的建设者和接班人。④ 法治教育不仅能够促进大学生成为法治

---

① 王双群、余仰涛：《法治教育与德治教育的内涵及意义》，载《思想政治工作研究》理论月刊，2006 年第 7 期。

② 王恒、冯伟：《论德治教育与法治教育的关系研究》，载《法制与经济》，2009 年 7 月总第 209 期。

③ 李淑慧：《法治教育：大学生思想政治教育的新维度》，载《学术交流》，2007 年 12 月第 12 期。

④ 孟繁秋：《以法治教育为载体提高大学生思想政治教育水平》，载《文教资料》，2010 年 1 月号下旬刊。

国家的一员，更能对社会产生潜移默化的影响，因为大学生将来会走向社会，他们的先锋模范作用会对社会产生积极影响，也必然能够对科学系统的法治意识和法治观念的传播形成推动，成为社会法治意识和法治观念形成的骨干力量，从而对法治国家的推进产生积极有效的影响。换言之，大学生法治教育的成功实践，既打造了一批社会精英和中坚、骨干力量，也成就了从各个方面推进法治国家的一支现代化队伍。

有位教育部副部长说过，中国已经进入高教大众化阶段，大众化阶段一个重要的特色是教育的多样化。① 一方面，高等教育的大众化使得大学生的比例增多，大学生法治教育的培养能够提高学生自身的法治素质，成为国家法治进程中的基础力量，保障了国家法律制度的有效运行，促进了国家法治目标的实现。另一方面，大众化阶段中教育的多样化，使得我们在大学生思想政治教育中不能局限于原有的教育内容，必须有所创新，通过法治教育的融入，增加教育的多样性。

因此，大学生思想政治教育融入法治教育对于大学生群体乃至国家法治进程都有积极的意义。

二、法治教育融入大学生思想政治教育的基础

对大学生进行思想政治教育，就是要认真贯彻《公民道德建设实施纲要》，以为人民服务为核心，以集体主义为原则，以诚实守信为重点，引导大学生自觉遵守爱国守法、明礼诚信、团结友善、勤俭自强、敬业奉献的基本道德规范，使得我们对大学生进行思想政治教育融入法治教育元素有了坚实的理论保证和客观基础。②

除此之外，法治教育是对学生法治理念和法治意识的培育。通过法治教育不仅让他们掌握法律知识，更要通过法治教育，培养学生遵纪守法的观念，使他们养成自觉守法执法的习惯。这与大学生思想政治教育是一脉相承的。而法治教育融入大学生思想政治教育的基础就在于它们两者具有密切的关系。

（一）法治教育与思想政治教育相辅相成

为培育学生全面健康地成长成才，良好的法治教育与思想政治教育是不可或缺的，它们两者是相辅相成的关系。

1. 在人才培养的根本目标上，两者具有一致性

---

① 《中国已进入高教大众化阶段》，http：//news. xinhuanet. com/olympics/2008 - 08/15/content_ 9345059. htm。访问时间：2014 年 5 月 7 日。

② 李淑慧：《法治教育：大学生思想政治教育的新维度》，载《学术交流》，2007 年 12 月第 12 期。

中共中央《关于进一步加强和改进大学生思想政治教育的意见》指出，大学生思想政治教育"以大学生全面发展为目标，解放思想、实事求是、与时俱进，坚持以人为本，贴近实际、贴近生活、贴近学生，努力提高思想政治教育的针对性、实效性和吸引力、感染力，培养德智体美全面发展的社会主义合格建设者和可靠接班人"①。而法治教育的目标在于以培养大学生社会主义法律意识为核心，通过向大学生传授必要的法律知识和基础理论知识，使大学生充分认识到依法治国、建设社会主义法制国家、加强民主法制建设的重要性、必要性、艰巨性和长期性；树立法律意识和公民意识，增强法制观念和社会责任感，正确行使公民权利，严格履行公民义务，自觉地遵纪守法，依法办事，依法维护国家利益和自身的合法利益，自觉地同违法行为作斗争。②

归根到底，两者都以学生的全面发展为根本目标，培育学生对社会主义核心价值观的认同感和归属感，培养社会主义合格建设者和可靠接班人。因此两者在人才培养的根本目标上是具有一致性的。

2. 在人才培养的基本方向上，两者相辅相成

尽管法治教育与思想政治教育的根本目标是一致的，但二者毕竟在教育的具体目标上具有差异性。在人才培养的基本方向上，法治教育为提高学生法治意识、增强法治理念服务，培养学生自觉主动遵纪守法，承担法律责任，并使之成为推动社会法治进程的中坚骨干力量。思想政治教育更注重学生人格和品质的培养，通过理想信念、思想品德等教育，培养学生对社会主义核心价值观的认同感。两者在培养学生的基本方向上是通过不同的关注点和落脚点，相辅相成，以不同的方向达到同一个目标。

3. 在教育内容上，两者相互关联

法治教育的内容在上文法治教育内涵中已经加以阐述，在此不再赘述。法治教育中包含的法治思想教育，也是大学生思想政治教育的内容之一。思想政治教育包含爱国主义教育、集体主义教育、理想教育、道德教育等，纪律和法治教育也是思想政治教育的内容之一。③ 因此，法治教育与思想政治教育的内容相互关联，有所交叉。这

---

① 中共中央 16 号文件《关于进一步加强和改进大学生思想政治教育的意见》，http：//wenku. baidu. com/link? url ＝ klUm1cN4BHWTnzstyNYTsrWhsJRzl7a5XUIcrPEk－rUozDc3Yp0AzB0lzhUFEoDYvaiNtsP－lSpLmfH3blUG8eFk－s－KNK1yzVzKGSiKwWy。访问时间：2014年5月8日。

② 周帮扬：《法制教育与道德教育若干问题比较研究》，武汉大学 2003 年硕士学位论文。

③ 《思想政治教育的内容主要是什么？》，http：//www. npc. gov. cn/npc/flsyywd/flwd/2000－12/17/content_ 13556. htm。访问时间：2014 年 5 月 8 日。

就成为在思想政治教育中融入法治教育的客观基础。

4. 在教育方法上，两者相互补充

就教育职能和教育方法而言，法治教育侧重于高校人才培养的管理和服务职能，趋向刚性，表现为基础性、普遍性的规范约束，适用于每一个社会成员，强调法律责任承担的严厉性和处罚性；而思想政治教育则侧重于高校人才培养的教育职能，趋向柔性，表现为主体的自律性、惩罚的无形性，主要依靠道德舆论的力量和精神褒贬，其适应的领域具有广泛性，较易受到多元化价值取向的冲击，很难用完全统一的标准来约束每一个受教育者。① 两种教育方法刚柔并济，相互补充，为高校提供了全面的教育方法。

（二）法治教育有利于思想政治教育的进一步推进

1. 法治教育有利于思想政治教育的进一步强化

思想政治教育是中国共产党的优良传统和政治优势，是社会主义精神文明建设的一项基础性工程和两个文明建设顺利进行的重要保障，也是高校思政工作者的重要法宝。② 当前思想政治教育工作所面临的内外环境更趋于复杂，出现了许多新情况、新特点、新问题，这也使加强大学生思想政治教育工作的任务更加艰巨，形势更加紧迫。③

法治教育与思想政治教育相辅相成，两者在教育内容上相互关联，互相交叉，在教育方法上又互为补充。因此，法治教育在内容和方法上都有利于思想政治教育的开展和进一步强化。而重视法治教育的地位，不断增强法治教育的投入，从而服务于思想政治教育的整体，才能使思想政治教育取得更好的成效。

2. 法治教育有利于思想政治教育的科学化和法治化

法治教育的开展是保持思想政治教育科学化、法治化的有效途径。法治教育有利于学生思辨意识的提高和遵纪守法行为习惯的养成，从而由外入内地促进了学生良好品格的形成，保证了思想政治教育的科学化和法治化。

从教育方法上看，思想政治教育趋向柔性，教育效果也较为隐蔽。法治教育可以

---

① 闵辉：《论法治理念培育与大学生思想政治教育的关系》，载《思想理论教育》，2012 年第 3 期。

② 孟繁秋：《以法治教育为载体提高大学生思想政治教育水平》，载《文教资料》，2010 年 1 月号下旬刊。

③ 张勤：《浅论新形势下加强大学生的思想政治教育》，载《山东省青年管理干部学院学报》，2003 年 5 月第 3 期（总第 103 期）。

将思想政治教育工作积累的经验和做法刚性化和外在化。这种刚性化和外在化的表现即是将经验转化为制度规范，从而有利于思想政治教育建立长效的、科学的、系统的机制。同时，法治教育也能促进高校与学生之间权利义务的明确规范，有利于思想政治教育的科学、法治。

3. 法治教育有利于思想政治教育的价值凸显

大学生在高校阶段还处于多变和不稳定的价值观形成、成熟期，法治教育能够引导学生树立正确的法治理念，学会正确行使法律权利，也勇于承担法律责任。法治教育的开展、法治理念的树立指引着大学生的价值判断。而思想政治教育的重要内容即是对大学生价值观、人生观、世界观的指导和引领。在一定程度上，法治教育能够引导学生对价值的判断标准和追求趋向形成正确积极的思维。在思想政治教育中融入法治教育，引导学生在复杂的环境中把握主流价值，辨识并坚持正确的方向，有利于思想政治教育的价值凸显。

三、法治教育融入大学生思想政治教育过程中的缺失

法治教育融入大学生思想政治教育是有其客观基础的，它们二者具有相辅相成的关系，法治教育也有利于进一步推进思想政治教育。法治教育应当在思想政治教育有所衔接和渗透，这是思想政治教育的必然要求，也是依法治校理念的体现。但是，在当前的思想政治教育中，法治教育往往被忽视，其与思想政治教育也未能形成合力，法治教育在融入思想政治教育的过程是有所缺失的。

这种缺失主要表现在：

（一）大学生自身法治精神的缺失

我国目前有将近 2000 所普通本科和高职院校，其中有 630 所高校开设了法学本科专业，而其他的高校都没有开设。[①] 有调查显示：大学生认同法律在社会中的重要性，但法律知识知晓程度与受教育水平不相当。[②] 换句话说，不少大学生应当具备的法律知识贫乏。他们不知道民法和刑法，以及其他诸如行政法等部门法之间有什么区

---

① 《我国已有 630 所高校开设法学本科专业》http：//www. bj. xinhuanet. com/bjfs/2009 – 05/30/content_ 16660577. htm. 访问时间：2014 年 5 月 9 日。

② 普玉松：《高校法治教育的不足及改进策略研究》，西南财经大学 2009 年硕士学位论文，第 24 页。

别。[1] 也有部分大学生法治意识较为淡薄，不信任现有的法律体系，对法治国家表示疑惑和忧虑。甚至有大学生具有错误的法律意识，将法律作为自己谋取利益的工具，钻法律的空子，这是更为危险的。

从主观角度看，一旦大学生自身缺乏相应的法律知识或者法律意识淡薄甚至错误，那对学校的法治教育必然会产生阻碍，在思想政治教育中融入法治教育就会有所缺失。

（二）思想政治教育工作队伍的缺失

在学校工作中除了正常教学工作外，还有一部分是大学生思想政治教育。大学生思想政治教育要产生最大效能，就需要由全校教职工共同进行。但目前的客观情况是，学校的思想政治教育工作大部分是由辅导员这样的专职思想政治教育工作者来承担的。这支队伍的法治精神直接对法治教育融入思想政治教育的过程产生影响。首先，他们自身需要进一步增强法律观念，提高法治意识。其次，他们在工作方式方法上存在一些形式主义的问题，思想政治教育工作是不能够使用强迫和说教的形式，否则会让学生产生反感。教育需要站在学生的角度，以学生喜闻乐见的方式开展，这也是一定程度上缺乏正当法治精神的体现。再次，他们对法治教育的认识还存在一定的偏差，认为法治教育是法律课程教师的工作，这样会将法治教育与思想政治教育割裂开来。

（三）思想政治教育和法治教育理念与方式的缺失

任何一项教育工作，都必须先具备一定的教育理念和形式，思想政治教育如此，法治教育也如此。但高校在梳理学生思想政治教育工作理念时，很多时候没有把法治教育融入其中。[2] 在教育理念中，法治精神的缺失，与法律和道德协调发展相违背，也使得高校思想政治教育工作有所失衡。

同时，教育工作内容通过一定的教育方式实现。传统的大学生思想政治教育形式落后于时代，达不到以学生为本位的要求，这样思想政治教育形式就无法取得教育应有的效果。而我国高校目前的法治教育主要是通过思想道德修养与法律基础课来推行

---

① 施奇：《略论加强大学生思想政治教育工作中的法治教育》，载《上海青年管理干部学院学报》，2007 年第 4 期。

② 孟繁秋：《以法治教育为载体提高大学生思想政治教育水平》，载《文教资料》，2010 年 1 月号下旬刊。

的，教学方式比较单一，缺乏通过其他学科进行渗透教育的方式。① 另外，新媒体的出现也对法治教育和思想政治教育提出了新的任务，如何采用这一新兴的手段来达到教育的目的也是摆在思想政治教育工作者面前的一大难题。

四、法治教育融入大学生思想政治教育的途径与方法

（一）法治教育与思想政治教育相融合的途径

教育的完整性是当今世界和社会发展的必然要求，只有教育的完整，才能促进人性的完整、社会的和谐发展。法治教育与思想政治教育相融合，是大学生教育达到平衡、全面发展的客观要求。法治教育通过课堂内、课堂外教学以及学校整体环境来融入思想政治教育中。

首先，在课堂上，由任课教师来承担学生法律知识的普及、法治意识和法治观念的提高等任务。课堂教学是大学生思想政治教育的主渠道，要从教学时间上保证，从教学方式方法上转变；要根据不同的内容采用不同的方法；要更新教学手段，从而保证法治教育能够真正通过课堂教学发挥主渠道的作用。② 同时，加强思想政治教育课堂教学中的法治教育，并且将两者结合起来，达到互相渗透、互相辅助的效果。在思想政治课教学中，根据当前形势和学生的心理状况及现有的法律知识，结合典型的青年学生违法犯罪的案例对学生进行系统的、全面的法律知识的传授，使学生在轻松愉快的氛围中得到教育，也能够学法、知法、懂法，增强法律意识，并在以后的学习、生活中做到自觉守法、自觉护法、自觉宣法。③

其次，在课堂外的教学可以由专职辅导员、班主任等一支思想政治教育工作队伍来承担。面对一些大学生法律意识淡薄、法治观念不强等实际问题，有针对性地、一对一地来解决。在思想政治教育的过程中进行法治教育的渗透，将法治教育融入思想政治教育的方方面面，帮助学生树立是非观念，提高法治意识，加强道德品质的修养。

最后，法治教育还要通过改善学校的整体环境来融入思想政治教育中。学校是

---

① 普玉松：《高校法治教育的不足及改进策略研究》，西南财经大学 2009 年硕士学位论文，第 36 页。

② 杨伟荣：《具有系统性的充实的法治教育是大学生思想政治教育的应有之义》，载《现代教育科学》，2009 年第 3 期。

③ 李淑慧：《法治教育：大学生思想政治教育的新维度》，载《学术交流》，2007 年 12 月第 12 期。

教书育人的场所，学校的环境对学生会产生巨大的影响。立德树人，要从学校整体环境出发。学校首先要对法治教育给予足够的重视，才能促使学生、教职工重视法治教育。同时，良好的校内法治环境通过认识导向功能、情感陶冶功能、行为规范功能、心理建构功能、榜样示范功能等来影响大学生法律情感和法律意识的形成，直接影响大学生法律素质的养成。① 也只有学校给予了法治的环境，也才能提高学生与教职工的法治意识和法治观念，促进他们对法治精神的追求以及法治教育的开展。

（二）法治教育融入大学生思想政治教育的基本方法

1. 加强思想政治教育中的法治教育，依法开展思想政治教育

中共中央《关于进一步加强和改进大学生思想政治教育的意见》明确指出，加强民主法制教育、增强遵纪守法观念是加强和改进大学生思想政治教育的主要任务之一。② 思想政治教育与法治教育相辅相成的密切关系决定了法治教育成为大学生思想政治教育的重要组成部分。在大学生思想政治教育中加强法治教育，并以法治教育为重要内容开展思想政治教育。

在加强法治教育的同时，也要注重依法开展思想政治教育。首先，完善学校的规章制度。学校的规章制度要保持与上位法一致，不能跟国家法律法规和部门规章相抵触。在完善学校规章制度的过程中也要尊重学生的意见，听取他们的想法。在"有法可依"的前提下，做到"有法必依"，即在对大学生开展思想政治教育的过程中依法办事，遵循学校规章制度进行教育和管理。无论是管理还是教育，都要体现公开、公正、公平。通过引导学生对生活进行思考，由道德教育引导入门，了解法律，学习法律，依靠法治来提高大学生思想道德素质，让学生知道"公平"、"公正"、"正义"，并追求公平、公正、正义。③ 其次，依法开展思想政治教育也要充分尊重学生，保障学生的主体地位。科学发展观的核心是以人为本，尊重和发挥人的主体性是以人为本的基本内涵，大学生思想政治教育必须尊重和发挥学生的主体性。④ 针对大学生之间的差异和个性，分别进行思想政治教育。教育必须贴近学生生活，满足学生的实

---

① 董升太：《当代大学生法治教育现状及对策分析》，载《菏泽学院学报》，2011 年 1 月第 33 卷第 1 期。

② 《中共中央国务院关于进一步加强和改进大学生思想政治教育的意见》。

③ 孟繁秋：《以法治教育为载体提高大学生思想政治教育水平》，载《文教资料》，2010 年 1 月号下旬刊。

④ 闵辉：《论法治理念培育与大学生思想政治教育的关系》，载《思想理论教育》，2012 年 3 期。

际需要，以多元化的手段开展思想政治教育。

2. 努力培养大学生的法律意识和权利意识，提高大学生的法治意识和法治观念

江泽民指出："大学生不仅要具备现代的科学技术知识和管理经验，而且还要具备现代的民主意识和法制观念。"① 培养学生的法律意识和权利意识，第一，要加强对法律法规的学习，让他们对国家的基本规范有所了解，把握行为规范和行为后果，明确社会价值观和是非观。第二，在掌握法律常识的基础上，讲事实、讲证据、讲程序，合理地表达自己的诉求，合法地维护自己的权益，增进权利意识。第三，培养学生的法律思维和辩证观念，培养学生的公民意识和义务意识。权利、义务是辩证统一的关系，在强化权利意识的同时，也要增强公民意识、义务意识，增强社会责任感。

3. 提高高校思想政治教育工作者的法治修养，加强法治教育的师资队伍建设

高校思想政治教育工作者是学校教职工队伍的重要组成，他们承担着大学生思想政治教育的主要工作，他们的法治修养直接影响到大学生的思想政治修养。提高高校思想政治教育工作者的法治修养，一方面是要对他们开展法制方面的培训，加强理论学习。系统的法律学习可以增强思想政治教育工作者的法律修养和政治素养，提升法治修为，公平公正地对待每一名学生。只有具有高层次法治修养的工作者，才能使学生真正信服，并从内心愿意接受思想政治教育，达到理想的效果。

另一方面要适应高等学校思想政治教育面临的新形势，解决新问题，也要加强师资队伍在法治教育方面的建设。培养一支过硬的师资队伍，才能全面地开展学生的法治教育工作。

4. 树立法治教育融入大学生思想政治教育的工作理念，创新思想政治教育工作方式

法治教育融入大学生思想政治教育首先要求我们必须树立新型的思想政治教育工作理念。在工作理念中体现法治教育的重要地位，坚持公开、公平、公正。可以对法治教育的教育内容进行调研。经过调研，确实能够培养大学生法治意识的部分应当保留，而那些不适应实际需求的部分则应当予以削弱；同时，应当增加关于市场经济和法治社会发展的关系的教学内容。②

---

① 《高校学生法律素质的提升途径研究》，http://www.xzbu.com/2/view-4831689.htm，访问时间：2014年5月10日。

② 杨健燕：《大学生法治教育中存在的问题及其解决对策》，载《学校党建与思想教育》，2006年第8期。

在思想政治教育工作方式上也要有所创新。在互联网大数据时代，新媒体盛行，以热点问题和现实问题吸引学生，增强思想政治教育的生动性。同时以现代教育教学技术为手段，以活泼形象的教育方式，增加思想政治教育的感染力。思想政治教育中的法治教育可以拓宽课外渠道，通过普法宣传，以案例说法为切口，深入浅出地对大学生开展法治教育。

培育大学生社会主义
核心价值观的途径[①]

马克思主义学院　　赵庆杰

摘　要　十八大报告提出的社会主义核心价值观，这既是现阶段全国人民"最大公约数"的社会主义核心价值观，更是需要中国广大人民群众努力培育的核心价值观。作为承担建设祖国未来重任的青年大学生群体，有其特殊的历史使命和自身的特点，这为对其进行社会主义核心价值观的培育提供了必要性和可能性。在培育大学生社会主义核心价值观的过程中，应该做到理论灌输与实践活动双管齐下，共同推进。

关键词　社会主义核心价值观　大学生　培育　途径

核心价值观是一个社会中的成员长期形成并普遍接受的价值标准，它具有相对稳定性，且能够指导社会成员的态度和行为。党的十八大报告提出：倡导富强、民主、文明、和谐，倡导自由、平等、公正、法治，倡导爱国、敬业、诚信、友善，积极培育社会主义核心价值观。十八大报告分别从国家、社会、公民三个层面，提出了反映现阶段全国人民"最大公约数"的社会主义核心价值观，这是对社会主义核心价值观的高度概括，又是需要中国广大人民群众努力培育的核心价值观。对于这一社会主义核心价值观的解读，不同的人有不同的见解，不同的群体有不同的素质要求和培育途径。作为承担建设祖国未来重任的青年大学生群体，更应重视对核心价值观的培育。

---

①　基金项目：2013 年教育部青年基金项目（13YJC720051）；中国政法大学校级人文社科规划课题（12ZFG72001）；中国政法大学青年教师学术创新团队项目。

一、社会主义核心价值观需要培育

属于历史范畴的社会主义核心价值观是一个不断丰富发展的概念。十八大报告用"倡导"二字明确地说明了这一核心价值观不是"完成时",而是需要不断培育的"进行时",说明这只是一个指导性的意见,而非盖棺定论的结论性意见。正如一些专家和学者指出的:"十八大报告采用'三个倡导'的表述方式,而没有采用'社会主义核心价值观是什么'这种下定义的表述方式,是科学求实的,符合当前中国实际,因为社会主义核心价值观仍处于培育和建构阶段。他们认为,'三个倡导'所提出的十二项价值观都是美好而值得珍视和追求的,但显然不是所有美好的价值观都能进入核心价值观,核心价值观应突出核心性和超越性。"①

价值观作为意识形态范畴,属于一个国家文化体系中深层的精神文化,它的形成往往需要一个长期的历史进程,而它一旦形成并达到系统完备,就会成为人们自觉遵循的价值标准并影响人的终生。

社会主义核心价值观,从最初的倡导培育到最终的凝练定型,也必然是一个漫长过程,而今天我们只是迈出了第一步。当然,这第一步是至关重要的。如何使社会主义核心价值观得到全社会的普遍认同,形成价值共识,这是践行社会主义核心价值观的前提。当经过许多年的培育和筛选之后,社会主义核心价值观成为广大人民群众的普遍共识,在实践中成为广大人民群众的自觉行为,那个时候,才能凝练出社会主义核心价值观的具体内容,才能明确说社会主义核心价值观是什么,才是社会主义核心价值观的定型时期。

十八大报告用"三个倡导"的语言表明了我们目前所处的阶段是一种实事求是的、负责任的态度。同时,这样一种表述方式也向我们提出了今后的任务,就是要积极培育、践行、凝练社会主义核心价值观。

二、大学生的历史使命与自身特点

不同时代的青年面对不同的历史课题,承担着不同的历史使命。今天的大学生是祖国的未来、民族的希望,他们肩负着特殊的历史使命——建设和发展中国特色社会主义,实现中华民族的伟大复兴。今天的大学生是继往开来的一代,他们成长成才和

---

① 虞崇胜、张建军:《社会主义核心价值观生成的一般规律、基本原则和基本要素》,载《东南学术》,2013 年第 1 期。

创业的时期，正是国家发展的重要战略机遇期，作为我国社会主义事业的建设者和接班人，大学生要继承前辈开创的伟大事业，在新的历史起点上推动中国特色社会主义事业不断前进。

如果说当代大学生的特殊历史使命决定了对其进行社会主义核心价值观培育的必要性的话，那么当代大学生的自身特点就决定了对其进行社会主义核心价值观培育的可能性。

大学时期是一个人的科学文化素质和思想道德素质的提升期和大体定型期。一方面，大学生强烈的求知欲，再加之大学良好的师资和学习氛围，会使他们自身的科学文化素质得到极大的提高；另一方面，大学时期是一个人的人生观、价值观的重要可塑期。由于大学生年龄的特点和大学本身的特殊环境，他们的社会经验尚待丰富，理论思维还不成熟，大学生对思想政治信仰的选择和社会问题的判断极易受外界环境的影响，表现出一定的情感性特征，处于不稳定状态，这说明大学生的思想政治观念和道德品质具有很强的可塑性。这为我们对大学生进行教育和引导，提供了现实可能性。

三、培育社会主义核心价值观的途径

培育社会主义核心价值观是一个长期而艰巨的过程，大学生又有自己的特点和特有的成长规律，这就需要在培育社会主义核心价值观的过程中，做到理论灌输与实践活动双管齐下，共同推进。

（一）理论灌输

对大学生进行系统的思想理论灌输，是培育社会主义核心价值观、加强社会主义核心价值观认同的重要途径。

"灌输理论"是马克思主义者们在长期的革命实践中创立的一种科学理论，它把"灌输"作为工人阶级掌握科学理论的一条重要途径，创立的目的是为了向工人阶级输送科学社会主义思想。对马克思主义的"灌输理论"贡献最大的是列宁，他对"灌输理论"作出了系统的阐发并将其引入思想政治工作领域。他指出："工人阶级单靠自己本身的力量只能形成工联主义的意识，而不能形成社会主义的学说。"[①] 科学社会主义意识的确立必须依靠灌输。这一理论对于今天的核心价值观教育也具有重要的现实意义，大学生社会主义核心价值观的形成不能完全靠自发，而是需要不间断

---

① 《列宁全集》第 1 卷，人民出版社 1995 年版，第 317 页。

的学习和理论指导。向学生进行理论灌输是学校教育的一大特点。当然，"灌输理论"强调的是科学灌输，是用马克思主义基本原理准确地把握社会主义核心价值观的概念、内涵和理论，从而达到对社会主义核心价值观的高度认同，不是所谓的强制灌输、"填鸭式"灌输。

灌输的主渠道就是各高校普遍开设的思想政治理论课。因为，高校思想政治理论课是对大学生进行思想政治教育的主渠道，对大学生世界观、人生观、价值观的形成有着不可替代的作用，是培养中国特色社会主义事业合格建设者和可靠接班人的重要途径，也是社会主义大学的本质体现。这种课堂教学的方式具有三个方面的优势："第一，有明确统一的社会主义核心价值观教育教学大纲和教学内容；第二，由教师在课堂中对学生采取灌输的方式对这些内容进行传递；第三，突出国家、社会和教师在教学内容、标准、规范等方面的权威地位。"① 当然，思想政治理论课在教学方法上应该继续改进，力求避免"满堂灌"，而应发挥学生的主体作用，调动学生积极参与教学过程，启发学生提出问题，引导学生独立思考。对一些学生关心的社会热点问题、焦点问题，通过讨论、辩论等方式，交流思想，使学生在讨论和辩论中明辨事理，受到教育。

构建恰当的网络平台是灌输核心价值观理论的另一个重要途径。网络的普及为高校思想政治教育工作提供了一个广阔的平台，网络传播的开放性促进了高校思想政治教育工作的社会化，网络传播的虚拟性促进了高校思想政治教育工作的高效化，网络传播的交互性促进了高校思想政治教育工作的民主化，网络传播的信息海量性促进了高校思想政治教育工作渠道和方式的多样化。中共中央、国务院早在 2004 年的 16 号文件中就明确提出要"主动占领网络思想政治教育新阵地"。因此，我们应该全面加强校园网络的建设，使网络成为弘扬核心价值观、开展思想政治教育的重要手段。这就需要建设好融思想性、知识性、趣味性、服务性于一体的主题教育网站和网页，积极开展生动活泼的网络核心价值观教育活动，发挥网络教育的效力。鉴于目前大学生手机上网的普遍性，建设手机联动教育平台是一项不容忽视的工作。比如建立手机短信发布平台，利用手机随身携带的优势，学校第一时间将重大国家政策、事件传递给学生，对于网上盛传的谣言及时准确地给予辟谣，引导大学生树立正确的价值取向。这将进一步扩大大学生社会主义核心价值观教育的时间和空间跨度，拓展教育的途径

---

① 张丁杰、曾贤贵：《论大学生社会主义核心价值观教育模式的构建》，载《四川理工学院学报（社会科学版）》，2013 年第 2 期。

和载体，增强教育的效果。

（二）实践活动

在伦敦海格特公墓的马克思墓碑上，镌刻着马克思的一句名言："哲学家们只是用不同的方式解释世界，而问题在于改变世界。"马克思在《关于费尔巴哈的提纲》中指出："全部社会生活在本质上是实践的。凡是把理论引向神秘主义的神秘东西，都能在人的实践中以及对这个实践的理解中得到合理的解决。"① 对大学生核心价值观的培育更离不开实践活动。社会实践把学生从课堂教育带到社会之中，把核心价值观教育落到实处。社会实践活动具有社会灌输、事实疏导、自我教育、自觉服务等思想政治教育功能。大学生只有在实践活动中才能不断地提升认识水平和思想境界，深化对社会主义核心价值观的认同。

结合时代特点，在大学生中广泛开展各种主题的社会实践活动，既是大学生践行社会主义核心价值观的生动体现，又为大学生提供了锻炼自我的机会。比如，组织学生奔赴革命老区，或利用所在地的革命史迹、场馆、人物进行的革命传统和爱国主义教育；鼓励大学生的志愿支教活动；安排学生利用寒暑假从事社会调查活动；等等。在这些实践活动中，让学生深入基层，了解社会，奉献社会，提高分析和解决问题的能力，促进大学生对社会主义核心价值观的认同。

除了校外的实践活动之外，日常的校园活动也是大学生实践活动的一部分，也是进行社会主义核心价值观教育的重要途径。这类活动类型多样，贴近学生，便于组织。要发挥学生社团的作用，在社团活动中融入核心价值观的理念。学生在活动的组织、实施、协调、管理过程中，为了办好活动，自然会主动去研读、思考核心价值观的理论，会自觉地践行核心价值观。久而久之，就会将核心价值观内化为自己内在的素质修养，从而实现学生自我组织、自我教育的目的。

---

① 《马克思恩格斯选集》第 1 卷，人民出版社 1995 年版，第 56 页。

大学体育教育与学生思想教育研究

——以中国政法大学本科生为例

体育教学部　徐京生

摘　要　大学体育教育是大学生思想教育的重要途径之一。现今社会，社会价值多元化、网络媒体迅速发展、接受思想教育多元化、学生学习就业压力大等新形势新问题的出现，使得当前大学生的思想品德教育显得极为重要。本文通过探索加强大学体育教学的教育功能，引导、帮助新时期大学生树立正确的价值观，具有优良的品质，健康的体魄。充分发挥大学体育教育的功能，使其成为大学生思想品德教育最直接、最有效的手段之一，帮助青年学生健康成长。

关键词　大学体育　思想教育　体育教学

自古以来中国就把品德列为第一，在当前新的形势下，党中央仍然强调"两个文明"建设一起抓，表明了思想教育的重要地位。培养新时期的合格人才，大学生应具有爱国精神，待人礼貌，遵守职业道德，公平竞争。高校是培养社会需要的全面发展的高素质人才的主要场所，高校学生的思想教育就显得尤为重要，而体育教育也是至关重要的一方面，体育教学为高校思想教育提供了好场所、好时机和好教材，是加强高校学生思想品德教育的最直接、有效的途径之一。

学校体育教育主要包括体育课堂教学、课外体育活动两方面。为了深入了解中国政法大学体育教育在学生思想教育的状况，进一步改革和加强体育教学工作，对本科生就此进行了调研。

本次调查采用单纯随机抽样方法，抽取了法学院、民商法学院、国际经济法学院、刑事司法学院、政治与公共管理学院、马克思主义学院、人文学院、外语学院、新闻学院、商学院、社会学院共 11 个学院的本科生各 20 名，共计 220 名学生作为问卷调查的研究对象，问卷是委托各院学生负责发放并回收，220 份问卷全部回收，而且均为有效问卷。

利用访谈法分别选取了 20 名专家、管理人员、教师共计 60 人作为访谈对象。

利用数理统计的方法对调查数据进行了处理，还利用文献资料法查阅了大量关于体育教育和思想教育的有关文献，设计了调查问卷。

一、学生对终身体育的认识

终身体育是 20 世纪 90 年代以来体育改革和发展中提出的一个新概念。终身体育，是指一个人终身进行身体锻炼和接受体育教育的过程。

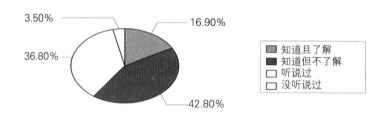

图 1　对终身体育的了解程度

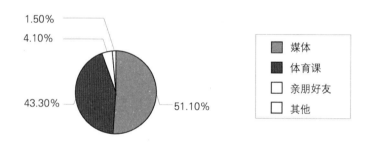

图 2　了解终身体育的渠道

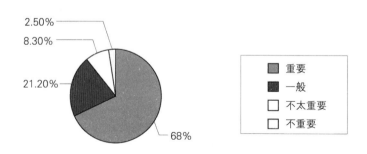

图 3　对终身体育重要性的认识

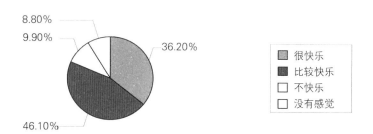

图4　参加体育锻炼身心体验

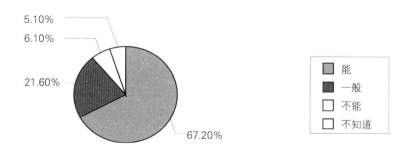

图5　体育锻炼缓解压力的程度

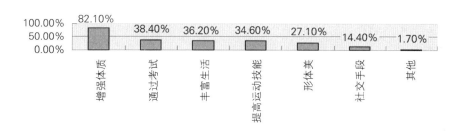

图6　参加体育锻炼的动机（多选）

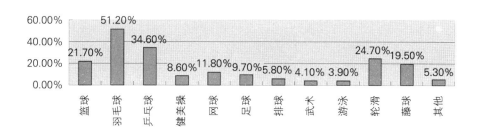

图7　喜欢的体育项目（多选）

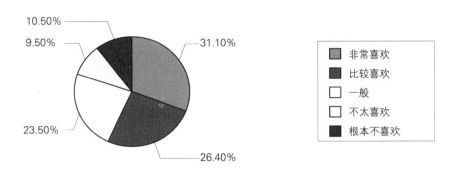

图8　对体育运动的喜欢程度

从图1至图8可以看出，超过50%的学生知道终身体育，超过68%的学生认识到了终身教育的重要性，并且有43.3%的学生是通过体育课了解终身体育，因此，体育课堂教学对于学生了解体育知识和掌握体育技能起到了重要作用。超过80%的学生感受到了体育锻炼带来的身心快乐和缓解压力，大多数学生的锻炼动机是主动和正确的，但有38.4%的学生是为了通过考试而被迫参加体育锻炼，位居体育锻炼动机的第二位。虽然有超过50%的学生喜欢体育运动，但不容忽视的是有10.5%的学生根本不喜欢体育锻炼。在选取的运动项目中羽毛球、乒乓球和轮滑占据了前三位，三个项目均需要场地和一定的运动技巧。我校特色体育项目——藤球，因为在全国比赛中屡获殊荣也受到学生的追捧。

二、学生对体育课堂教学的评价

体育课堂教学是指以学生身体练习为主要学习形式，以身体健康知识获得、运动技术技能传授、心理健康水平增进为主要学习内容，为增强学生身体健康和运动能力而进行的师生多边互动的教学活动。

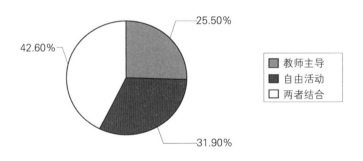

图9　喜欢的体育课形式

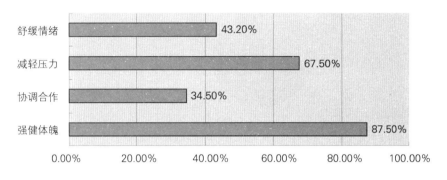

图 10 体育课对身心作用的评价（多选）

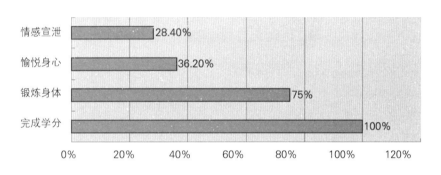

图 11 体育课的目的（多选）

从图 9 至图 11 可以看出：学生体育课学习的主要目的就是为了完成体育课考试，并且希望在体育课考试中获得高分。但学生在体育教学中也体会到了体育锻炼带来的强健体魄、愉悦身心和减轻压力的好处。大多数学生更喜欢"老师主导"和"自由活动"相结合的授课方式，因为这样，他们既能得到老师的技术指导，接受老师的监督，又可以有自己的时间反复练习，能够很好地掌握自己想要学习的体育知识和技能，所以为大多数学生所接受。

三、学生对课外体育活动的评价

课外体育活动是相对于体育课堂教学而言的。它是指学生利用课余时间参与的以锻炼身体、愉悦身心为目的的体育活动，形式多种多样。

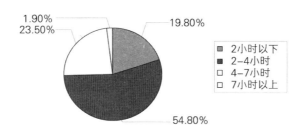

图 12　周一至周五每天课余时间

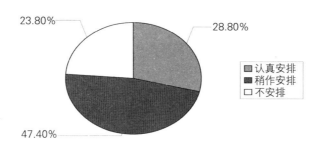

图 13　是否对课余时间进行安排

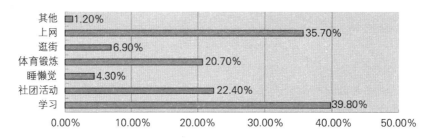

图 14　课余时间做什么（可多选）

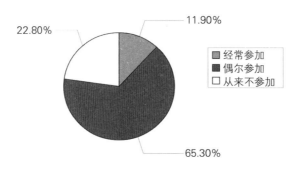

图 15　是否参加过课外体育运动

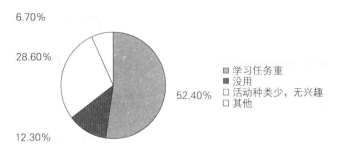

图 16　限制参加课外体育活动的原因

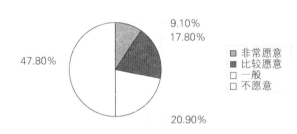

图 17　是否愿意参加课外体育活动

　　从图 12 至图 17 可以看出，超过 80% 的学生有 2 小时以上的课余时间，大部分同学由于学习任务重，把课余时间用在了学习上。但有 23.8% 的学生对课余时间未做任何安排，由于课外体育活动种类少，也影响了学生参加课外活动的积极性。由于受网络的影响，学生宁愿到网上玩游戏，也不愿抽出时间参加课外体育活动，高达 22.8% 的学生从来不参加课外体育活动。

四、对体育教育在思想教育中的影响状况评价

　　从表 1 和表 2 可以看出，无论是学生还是老师，均认同体育教育对大学生思想品德的影响，其中学生认同度最高的是对意志品质的影响，占 31.0%；而教师组认同度最高的是对吃苦耐劳的影响，占 50.0%。

　　通过整体调查可以得出以下结论：大部分同学认识到终身体育的重要性，能主动利用体育课和课余时间进行体育锻炼，掌握了一定的体育技能，体会到了体育教育对身心健康的积极作用。但还存在着一些问题，有很多同学在课余时间宁可睡懒觉、上网，也不愿意抽出时间去锻炼，认为体育锻炼没有任何好处，甚至还有同学根本不喜欢体育锻炼，对体育教育具有抵触心理；没有掌握大学生应具有的基本体育技能，动

作不协调，反应迟钝。由于受教师队伍、场地、体育设施等所限，体育教育还无法完全满足大学生思想教育方面的需求。

表1　体育教育对大学生思想品德影响状况

		爱国主义	集体主义	组织纪律	意志品质	吃苦耐劳	良好情绪	减轻压力	合作能力
很好	学生组	19.5%	24.3%	21.0%	31.0%	22.4%	27.6%	29.0%	21.9%
	老师组	20.0%	48.0%	24.0%	44.0%	50.0%	33.3%	41.7%	28.0%
良	学生组	39.5%	42.2%	49.4%	45.4%	56.7%	47.3%	48.2%	48.9%
	老师组	52.0%	48.0%	52.0%	40.0%	50.0%	54.2%	54.2%	44.0%
一般	学生组	34.0%	28.8%	26.2%	21.6%	17.7%	20.0%	18.8%	25.6%
	老师组	24.0%	4.0%	20.0%	16.0%	0.0%	12.5%	4.2%	20.0%
差	学生组	6.2%	4.3%	3.0%	1.7%	2.4%	0.4%	0.3%	3.1%
	老师组	4.0%	0.0%	4.0%	0.0%	0.0%	0.0%	0.0%	0.8%
很差	学生组	1.3%	0.4%	0.4%	0.3%	0.6%	0.7%	1，0%	0.5%
	老师组	0.0%	0.0%	0.0%	0.0%	0.0%	0.0%	0.0%	0.0%

表2　体育教育对大学生思想品德影响的主要因素

		身体健康	心理健康	师生关系	教育方法
很好	学生组	40.5%	30.6%	31.4%	24.2%
	老师组	37.5%	33.4%	36.0%	4.0%
较好	学生组	42.5%	46.1%	46.1%	45.0%
	老师组	41.7%	41，7%	56.0%	44.0%
一般	学生组	15.0%	20.7%	20.7%	25.7%
	老师组	12.5%	16.7%	8.0%	44.0%
差	学生组	1.9%	2.4%	1.6%	4.3%
	老师组	8.3%	8.3%	0.0%	0.0%
较差	学生组	0.2%	0.3%	0.3%	0.9%
	老师组	0.0%	0.0%	0.0%	0.0%

五、思考与探索

（一）大学体育在学生思想教育中的作用

我国著名体育教育学家马约翰曾经说过，"体育教育为我国之急切需要""体育是培养人格的最好的工具"。"运动场是培养学生品格的极好场所，可以批评错误，鼓励高尚，陶冶性情，激励品质"，"培养青年们勇敢的精神，坚强的意志，自信心、进取心和争取胜利的决心"。

1. 培养学生的优良品德

竞争性是体育运动的最大特点，通过体育教育使学生认识到体育运动过程的参与要比最终结果更加重要，教育学生胜不骄、败不馁，坚强勇敢，团结协作等积极向上的体育精神。通过体育教育还可以培养学生的爱国主义精神、集体荣誉感。

2. 塑造健康人格

随着社会竞争的加剧，学生面临着前所未有的各种压力，以至于近年来大学生自杀事件和恶性犯罪事件司空见惯。在体育教育中开展一些多样化、娱乐性的体育活动可以为学生减轻压力，舒缓情绪，转变焦虑的心态和情绪，缓解心理抑郁问题。如果能够再渗透一些积极的思想教育，可以有效地增加大学生群体在心理层面的成就感和愉悦感。

3. 正确的审美观

一个优美的腾空动作、一次气势磅礴的发力、一段节奏明快的动作连接，都会给人以美的享受，通过体育锻炼可以塑造形体美，培养学生感受美的能力，进一步培养学生创造美和表现美的能力，树立正确的审美观。

（二）大学体育教育在学生思想教育中的有效途径探索

1. 转变观念，重视体育教育

体育教育不仅教授体育知识和技能，激发学生努力锻炼身体，以便为将来更好地工作打下物质基础，同时还能激发学生的爱国主义热情，要求学生遵纪守法。体育教育中首先要抓住常规教学，把思想教育引入体育课堂教学，有效利用课堂教学，培养学生的组织纪律性和良好的习惯。

体育活动因为大多在室外，环境因素复杂多变，各类比赛的特定规则，各种游戏的法则，同学因体育基础不同而出现的学习效果的即时反应，学习动机、兴趣不同者的不同表现等等，这些都是绝好的思想品德教育的时机。

通过体育教育使学生充分认识到体育锻炼的价值，培养学生对体育锻炼的浓厚兴趣，自觉地养成体育锻炼习惯，才能从根本上形成体育锻炼质的飞跃。

2. 打造一支高素质的教师团队

为人师表，做学生表率。教师自身要有崇高的品德，师德是学生的航标，上行下效是道德模仿的普遍规律。教师的言行直接影响着学生的言行，是学生模仿的榜样。教师要注意自身的形象、言行，刻苦钻研业务，关心爱护学生，做到心灵美，具有幽默感，行为要正直、文明、高尚，成为学生崇拜和模仿的典范。

3. 利用新生入学的契机

新生从高中到大学思想认识还存在大片空白，道德认识水平还有待提高，利用新生入学教育、军训等契机，要求学生按时参加体育锻炼，加强组织纪律性，帮助他们树立正确的人生观、价值观，协助他们建立公德意识。通过新生运动会，培养他们爱国主义精神和集体荣誉感，培养良好的体育道德风尚以及勇敢、顽强、积极向上的优良品质。

4. 大力发展体育社团

学生思想积极，充满活力，对各类有趣的活动有强烈的参与意识。利用体育社团，让学生管理自己，发挥学生的主观能动性，为学生积极参加体育锻炼创造良好的体育环境。并把体育社团和体育锻炼、比赛联系起来，使学生有效地利用课余时间，让他们有计划、有目的地集体参加体育锻炼，使其既强健体魄又陶冶情操，同时加强学生间的紧密联系，对学生的身心发展都非常有利。现有的轮滑社、藤球协会等体育社团就收到了很好的效果。

5. 利用形式多样的体育比赛渗透思想教育

通过有组织、有目的、有计划地组织学生参加校内外体育竞赛活动，抓住体育竞赛这个时机，使爱国、爱集体、行为规范等具有具体的实践机会，达到思想教育的目的。如篮球、足球等集体项目的竞赛活动能使广大学生由于共同的价值取向和集体意识而凝集在一起，使学生为了集体荣誉，克服自身的缺点而紧密团结在一起，这更有助于提高学生对自己行为的约束和责任感，更有利于学生不良习惯的矫正，更有利于形成团结互助、遵守纪律、热爱集体的思想品德。体育的竞争性使体育竞赛活动能激发学生的上进心，培养他们奋力拼搏、吃苦耐劳、持之以恒、勇往直前的优秀品质。

浅议新时期研究生
思想政治教育工作

民商经济法学院　蒋龙琴

摘　要　加强研究生思想政治教育是当前高校一项重大而紧迫的任务。文章通过分析研究生群体的特点及当前研究生思想政治教育现状，提出了提升研究生思想政治教育工作的对策和思路。

关键词　研究生　思想政治教育

国家提出加强和改进大学生思想政治教育是一项重大而紧迫的战略任务，研究生作为大学生中学历层次较高的一部分，加强对研究生的思想政治教育也是当前高校一项重大而紧迫的任务。随着国家经济的发展，研究生招生规模不断扩大，据统计，高校研究生招生人数2000年为39.7万人，2010增加至140万人，是2000年招生规模的约3.6倍。[①]近些年来，研究生年龄呈不断低龄化趋势，从学校到学校的现象越来越普遍。因此本科生中出现的一些问题会继续延伸到研究生阶段，除此之外，随着研究生年龄的增长、社会阅历的增加，研究生面临的学业、就业、情感、生活等各方面的问题也复杂多样化，这给研究生思想政治教育工作提出了新的挑战。

一、新时期研究生群体的特点

（一）研究生组成结构复杂

随着研究生人数的不断增加，研究生的组成结构也越来越复杂。从地域上来说，有来自全国各省市的，生活习惯不同。从年龄结构上说，以硕士生为例，研究生年龄

---

① 林桂清：《四大压力让研究生陷群体困境》，载《长春晚报》，2010年5月20日第18版。

大致分布在二十至三十岁之间，不同年龄间会有代沟，他们的人生观、世界观和价值观也不同。从培养方式上说，有自筹经费的，有定向生，有单位委托培养的，不同培养方式同学面临的就业压力不同。从考生毕业院校和毕业专业来说，有本校生源和外校生源，有重点院校生源和非重点院校生源，有本专业考取的还有跨专业考取的，不同生源将来面临的学业压力是不同的。从婚育情况上看，有未婚的，有已婚的，有离异的，还有已婚生子的，有研究生期间结婚生子的，不同婚育情况面临的情感、生活、学习和就业压力都不相同。这些复杂情况增加了研究生思想政治教育工作的复杂性和难度。

（二）研究生思想成熟度较高

研究生经历过本科阶段的学习生活，尤其是工作过一段时间之后在思想层面、生活阅历和生活经验等方面都趋于成熟和稳定，他们的人生观、世界观、价值观基本形成，人格趋于稳定，生活自理能力较强，知识面广，人际交往广泛，对社会各种思潮和学科前沿接触、了解较多，能够客观独立地分析思考人生、社会和学术问题。但由于年龄层次、生活阅历及专业背景不同，研究生个体之间在思想上和价值取向上存在着很大差异。这也增加了思想政治教育的难度。

（三）研究生流动性较大

研究生学制一般为2～3年，但只有第一年时间是集中在校上课的，其他时间都是忙于写论文、实习和就业，研究生经常是处于聚少离多的状态。研究生专业划分较细，即使是同一班级或同一专业，也会因研究方向不同而划分为很多小组。另外，研究生采用导师负责制，研究生同门联系紧密程度往往要高过班集体和宿舍群体，他们会经常跟着导师出差或做课题。在这种体制和背景下，研究生的个人意识不断增强，对集体的依赖不断减弱，从而导致研究生的组织性和纪律性较为松散，集体观念逐渐淡薄，开展研究生集体活动较为困难，这也为研究生思想政治教育工作增加了难度。

二、研究生思想政治教育现状

（一）对研究生思想政治教育重视程度不够

思想政治教育工作队伍是加强和改进大学生思想政治教育的组织保证。辅导员、班主任是大学生思想政治教育的骨干力量。[①] 教育部关于《普通高等学校辅导员队伍

---

① 参见《关于进一步加强和改进大学生思想政治教育的意见》第23条，中发〔2004〕16号文。

建设规定》第七条中规定，高等学校可以根据实际情况按一定比例配备研究生辅导员，从事研究生思想政治教育工作。研究生专业导师在研究生思想政治教育工作方面要担负相应职责。因此辅导员和专业导师是研究生思想政治教育的骨干力量。现实中，高校对本科和专科的学生思想政治教育还是相当重视的，相比较而言，研究生思想政治教育还处于较低水平，研究生思想政治教育体系有很多都是参照本科的内容和形式，没有兼顾到研究生的很多特点，思想教育的针对性不强。另外，由于研究生学习和生活的分散性和流动性较大，辅导员在思想政治教育中的作用发挥也不够突出，而导师往往因为指导学生太多，课题压力太重，而对研究生缺乏指导，即便进行指导也多偏重于与研究生进行专业和学术问题的探讨，思想政治教育更是少之又少。有学者对黑龙江科技学院研究生做了调查研究，发现有 35.6% 的被调查者认为导师对学生经常指导，认为偶尔指导、很少指导的分别为 44.7%、19.7%。可见大部分导师对研究生的指导时间较少，不能满足学生的要求。[①] 其他高校导师对研究生的指导也大致如此。

（二）重学术、轻教育思想依然存在

研究生在校期间不仅要完成规定学业课程，还要跟导师做课题，发表论文，完成毕业论文等。对研究生来说，在校期间重要的考评就是评奖学金和评优。这两种评价体系中都会对学术方面有明确的量化要求，而对研究生思想政治素质方面没有明确的标准和具体的操作要求，研究生只要不违反校规校纪，在学术上成就越高，就越有可能评上奖学金和评上优秀。在这样的考评机制下，多数研究生只重视专业学习与科研活动，而忽视自身的品德修养，造成了研究生人文素养和社会责任感的缺失。

（三）心理辅导缺位

研究生虽然在年龄上已成年，思想上比较成熟和独立，但由于研究生将更多精力专注于学习和科研，与同学和老师缺乏交流，参加集体活动的机会也不多，生活阅历浅，不良情绪排解渠道不畅。面临的学业、就业、情感、人际交往等问题所产生的压力越来越大时，研究生容易出现各种心理问题，作心理调节能力和抗挫折能力变差，近些年研究生因各种问题而自杀的情况时有发生说明研究生的心理健康状况不容乐观。当前，多数高校还没有形成完善的研究生心理健康教育体系。完善的研究生心理健康教育体系可建立心理健康三级网络：第一级是学校层面的心理健康教育指导机构

---

① 唐凤丽：《基于高校研究生特点的教育管理模式探索》，载《东北农业大学学报（社会科学版）》，2013 年第 2 期。

及专业咨询服务机构，对全校研究生心理健康教育进行总体的规划与指导。第二级是以学院研究生导师、辅导员及心理辅导教师为主体的心理健康教育工作队伍，落实日常生活中研究生心理健康教育的各种举措。第三级是经过系统培训与培养的研究生心理骨干队伍，以班委、宿舍长、教研室负责人为主。此群体深入研究生的日常学习和生活中，能够及时发现问题，每周不定期召开骨干例会，汇报班级学生心理状况，便于掌握学生思想动态。通过建立网络式的心理健康教育体系及强有力的服务队伍，可将心理健康教育工作真正落到实处。①

三、提升研究生思想政治教育工作的对策和思路

（一）加强辅导员队伍建设，保障研究生思想政治教育工作实施

思想政治教育工作队伍是加强和改进大学生思想政治教育的组织保证。辅导员作为思想政治教育的骨干力量，首先要从制度上明确研究生辅导员的重要性，明确辅导员与研究生的配比。北京师范大学明确规定："研究生总数超过 30 人的单位配备研究生辅导员，不足 30 人的，由分管研究生工作的党总支（支部）书记或副书记兼任辅导员。超过 30 人的年级，应配备年级辅导员。每位辅导员辅导的研究生不得超过50 人。"② 北京师范大学的做法值得其他高校借鉴。其次，还需完善研究生辅导员队伍的选拔、培养和管理机制，按照政治强、业务精、纪律严、作风正的要求选拔出一批高素质的辅导员，明确辅导员的职责。给辅导员进行经常性培训，提升辅导员的理论水平和业务能力。完善辅导员的激励考核机制，在政策和制度上支持辅导员职业化和终身化发展，确保研究生思想政治教育机制有效运行。

（二）加强导师队伍建设，发挥导师在研究生思想政治教育中的作用

我国研究生教育实施的是导师负责制，导师在研究生培养中发挥着极其重要的作用，一方面是研究生学术上的引路人，另一方面也是研究生行为的楷模，导师的人格、治学态度等对学生有着潜移默化的影响。但现实中，由于研究生招生规模扩大，导师所带的学生队伍越来越庞大，加之导师自身课题的压力、行政职务的影响，导致导师没有时间和精力指导自己的学生，学生一年见不上导师几次面的情况较为普遍。导师要在研究生思想政治教育中真正发挥出应有的作用，则需要切实加强导师队伍建

---

① 张天娇：《探索研究生心理健康教育工作的新途径》，载《教育理论与心理学》，2014 年第4 期。

② 北京师范大学：《北京师范大学研究生辅导员工作条例（暂行）》第一、二条，2004 年。

设。首先需要完善导师遴选制度，重视教师实际能力、科研质量、学术道德和品德修养，放宽对导师学历和论文数量的要求，弱化教师行政级别和声望。其次是建立导师团队。导师团队由两至三名导师组成，其中一个为主导师，另外一个或两个为辅助导师，辅助导师可由不具备条件带研究生的讲师或新上岗的专业教师担任，他们根据各自研究方向、性格特点和兴趣不同，进行合作分工，这样既减轻了导师的负担，又保证了研究生在校期间学习、生活、心理各方面都有导师可以指导。最后是导师评价机制多元化，一方面评价要素多元化，不仅要考查导师的学术水平和能力，也要考查师生关系、导师指导学生的情况、导师的品德修养；另一方面评价主体多元化，要增加同行、学生、社会对导师的评价。①

（三）加强党支部建设，促进研究生思想政治教育工作

研究生党员比例较本科生高很多，党员一般人数都能达到班级的 40% ，多的可达 80% 。做好研究生党员的思想政治教育工作，对于促进研究生思想政治教育工作的全面开展具有举足轻重的作用。高校可利用党组织强有力的政治优势和组织优势开展研究生思想政治教育工作。首先要完善研究生党支部教育和管理制度。根据研究生群体的特点及研究生培养机制建立完善的党员学习和活动制度、党员发展制度及党员评价制度，通过制度确保党员先锋模范作用及支部战斗堡垒作用的有效发挥。其次要重视党员发展工作。坚持标准，保证质量，把优秀的研究生吸纳到党的队伍中来。同时要重视对入党积极分子的培养和考察，扩大支部在班级中的影响力。再次是创新党支部活动形式和内容。研究生在校时间短，流动性大，组织活动较为困难，可改变传统的"面对面"工作方式，将党建工作网络化，利用各种网络平台进行学习讨论、传递文件等。研究生支部活动内容可结合所学专业内容开展理论研讨会或进行实践调研，充分利用研究生专业知识、思想成熟程度和研究能力等特点，避免传统的、枯燥的理论学习和为活动而活动的情况。最后要创新党支部组织构架，除了传统的以班级为单位创建党支部，还可以根据研究生实际情况建立纵向划分的硕博党支部，形成硕士生和博士生、高年级与低年级多层次相互交叉沟通的研究生党组织架构。② 这种支部的成员沟通联系往往要比班级支部紧密，方便了党支部活动的开展，同时也方便了高年级党员对低年级党员的指导。

---

① 李波：《国外研究生导师制对我国的启示》，载《郑州航空工业管理学院学报（社会科学版）》，2011 年第 6 期。

② 唐育虹、侯斌超、周晔：《建设高校创新型研究生党支部的实践对策》，载《思想政治教育研究》，2014 年第 2 期。

（四）加强研究生心理健康教育体系建设，增强研究生思想政治教育工作的实效性

首先，高校应高度重视研究生的心理健康教育，为研究生设立专业的咨询服务机构，并为研究生开设心理健康课程，开展研究生团体心理辅导；其次，对研究生思想政治教育的主力军——辅导员和导师进行培训，高校专职辅导员一般都要求有心理健康教育方面的培训，目前很多高校辅导员也都参加了有关方面的培训。高校导师在这方面的培训还较为缺乏，导师的重点往往都放在了学术和科研上，对学生的指导也多是学习和学术方面，对学生的心理方面缺乏必要的指导。最后，加强对研究生学生干部的心理健康培训，该群体与班级同学联系紧密，通过他们能够及时掌握研究生的心理健康状况，从而能够及时有效地开展心理健康工作。

社会主义核心价值观
与大学生思想引领

马克思主义学院　段志义

摘　要　在学校加强社会主义核心价值观的教育中，我们应认清加强核心价值观教育的意义，引导大学生正确认识"普世价值"，将核心价值观的树立与大学生成长性需要相结合。

关键词　社会主义核心价值观　大学生思想引领　成长需要

"社会主义核心价值观"概念及其内涵的提出与概括，是社会主义核心价值建构中的一个重大理论创新，代表了党对社会主义核心价值问题的最新认识，是马克思主义中国化的最新理论成果之一。2013年12月，中共中央办公厅印发了《关于培育和践行社会主义核心价值观的意见》并发出通知，要求各地区各部门结合实际认真贯彻执行。该文件对"培育和践行社会主义核心价值观的重要意义和指导思想"作了全面深入的阐释，要求把培育和践行社会主义核心价值观"融入国民教育全过程"，"落实到经济发展实践和社会治理中"，同时还提出了"加强社会主义核心价值观宣传教育"、"开展涵养社会主义核心价值观的实践活动"的任务。2014年2月，中共中央政治局就培育和弘扬社会主义核心价值观、弘扬中华传统美德进行第十三次集体学习。习近平总书记在主持学习时强调，把培育和弘扬社会主义核心价值观作为凝魂聚气、强基固本的基础工程，继承和发扬中华优秀传统文化和传统美德，广泛开展社会主义核心价值观宣传教育，积极引导人们讲道德、尊道德、守道德，追求高尚的道德理想，不断夯实中国特色社会主义的思想道德基础。他在讲话中特别强调要求："使社会主义核心价值观的影响像空气一样无所不在。"

一、社会主义核心价值观是社会主义核心价值体系的内核，是大学生人生观教育的重要组成部分

社会主义核心价值观是社会主义核心价值体系的内核和最高抽象。社会主义核心价值体系是一个系统的结构，但其内核则是核心价值观。核心价值观是在整个价值体系中居主导地位、起支配作用的核心理念，是核心价值体系当中最基础、最核心、最稳定的部分。《关于培育和践行社会主义核心价值观的意见》指出："社会主义核心价值观是社会主义核心价值体系的内核，体现社会主义核心价值体系的根本性质和基本特征，反映社会主义核心价值体系的丰富内涵和实践要求，是社会主义核心价值体系的高度凝练和集中表达。"

中共中央办公厅近日印发《关于培育和践行社会主义核心价值观的意见》，指出，富强、民主、文明、和谐是国家层面的价值目标，自由、平等、公正、法治是社会层面的价值取向，爱国、敬业、诚信、友善是公民个人层面的价值准则，这是社会主义核心价值观的基本内容。它紧紧围绕坚持和发展中国特色社会主义这一主题，紧紧围绕实现中华民族伟大复兴中国梦这一目标，使社会主义核心价值观融入人们生产生活和精神世界。这三个层次的价值观相互联系、相互贯通、相互促进，在国家、集体、个人的价值目标上形成了一个有机统一的整体，实现了政治理想、社会导向与行为准则的统一。

《关于培育和践行社会主义核心价值观的意见》强调，培育和践行社会主义核心价值观要坚持以人为本，尊重群众主体地位，关注人们利益诉求和价值愿望，促进人的全面发展；要抓住世界观、人生观、价值观这个总开关，在全社会牢固树立中国特色社会主义共同理想，着力铸牢人们的精神支柱，积极培养社会主义核心价值观。切实把社会主义核心价值观转化为大学生的自觉追求，是高校思想政治教育的一项重要任务，高校要保证人才培养的正确方向，使大学生具有良好的精神面貌，必须高度注意把社会主义核心价值观融入大学生思想政治教育，使之成为大学生的政治共识和行为准则。

大学时期是价值观形成的关键时期，十八大所推出的核心价值观是对已有的核心价值体系的凝练，分别从国家层面倡导富强、民主、文明、和谐，社会层面倡导自由、平等、公正、法治，个人道德层面倡导爱国、敬业、诚信、友善。一个社会一定要有核心的、主流的价值观，支配绝大多数人的行为，如果没有一个主流的价值观，这个社会将要变得混乱而无序。当代大学生人生价值观主流是积极进取、健康向上

的，但是一些大学生价值观却发生了一定偏差，这样用社会主义核心价值观引领大学生树立正确价值观就有十分重要的意义。社会主义核心价值观是符合广大人民利益要求的价值观，与当代大学生所追求的理想目标存在必然契合点。但也要注意到，一部分大学生存在重物质利益、轻理想追求，重个人利益、轻国家集体，重知识、轻道德的倾向。因此对大学生必须用社会主义核心价值观引领大学生处理好一元与多元、理想与现实、个人与集体的关系，使大学生健康成长。

十八大确立的得到大多数社会成员认同的核心价值观，事关国家发展的方向、社会的稳定、个人行为准则的确立。大学生思想活跃，面对多元价值和众多社会思潮的影响也会充满困惑，引领大学生树立社会主义核心价值观，在大学生中形成价值共识，既是大学生健康成长的需要，也是国家教育目的的重要方向，更是人才培养的根本问题。

二、在核心价值观教育中要正确处理社会主义核心价值观与"普世价值"的关系

当今世界确实普遍存在环境污染、生态失衡、资源日益枯竭与巨大浪费、人口爆炸等困扰人类的全球性问题，这样在社会生活领域崇尚诚信、公平、正义、平等、法治等价值理念成为社会大众所期望的一些共同价值追求，这是存在的，也是合理的，这不同于借"普世价值"的幌子进行文化扩张、思想渗透，以"普世"名义，强行兜售本国意识形态的行为。我们并不反对那些真正能够促进人类社会发展的价值诉求。

高校教师要在理论深度上把握社会主义核心价值观，一定要对抽象人性论和对人性的科学抽象进行区分。抽象人性论是社会主义核心价值观教育的理论陷阱。"普世价值"的立论依据就是抽象人性论，实际上，马克思对抽象人性论的批判不是简单地否定，而是"扬弃"。资产阶级抽象人性论的错误，与其说是对人性与人的本质作了抽象的理解，不如说他们仅仅对人性、人的本质作了片面的抽象理解，他们的错误在于其理解的片面性。具体是对于抽象而言的，两者是辩证统一的关系，没有一方面的存在，另一方面的存在也就不可能。人性、人的本质应当是具体与抽象的统一。科学的抽象，对事物的把握有十分重要的意义。

马克思以前的人性理论，确实犯了只从抽象方面去理解人性与人的本质的错误，片面强调人性与人的本质的不变性与永恒性，并将这种永恒性、不变性作为其理论建构的逻辑前提。人性与人的本质是常驻性与流动性的辩证统一，是变与不变的统一。

人性、人的本质一定是变中有不变、不变中有变，流动中蕴含着永恒。

我们的社会主义核心价值观中也提到自由、平等、法治、友善等价值观，也就是说我们承认人们之间存在一定时空条件下即一定范围内的"共同价值"取向和追求，问题在于人们如何解释和如何对待它，平等、公平、法治是历史的产物，同一个词，不同时代、不同制度下的不同人有各自不同的表述，将抽象的"平等"观念笼统地说成是"普世价值"是不科学的。

所以我们对某些"共同的价值"既要看到"同"，又不能忘记"异"。这是一枚硬币的两面，"普世价值"就是割裂抽象与具体的统一，用一般否定特殊。不谈现实的人而谈抽象的人就会把人引入歧途。当今，如何看待"普世价值"，直接关系到人们对社会主义核心价值观的认同与否。"普世价值"的哲学基础是抽象人性论，我们不能从抽象的人性出发研究人的价值，离开社会的经济关系、政治关系，宣传抽象的"人性"、"公平"、"正义"、"平等"、"法治"是不科学的，理论认识上是有缺陷的。还有些人张扬"普世价值"，以学术之名做政治文章，用英美等发达资本主义国家的人权、民主改造中国。我们党是明确反对某些西方国家把他们具有特定含义和用意的价值和理念说成是普世价值强加于中国、强加于世界的；同时，我们党也从来没有把自己的社会主义核心价值观当作普世价值向世界推销，更没有去强加于人。

改革开放以来，西方各种社会思潮纷纷渗透，对我国大学生价值取向产生了深刻影响，而对纷繁复杂的社会思潮，思想政治理论课老师一定要从理论深度上帮助大学生认识各种社会思潮的积极和消极方面，吸收其合理成分，消除其负面影响，才不会让大学生迷失方向，迷失自我，从而使理想信念迷惘、责任意识缺失及道德失范。青年大学生之所以面对西方社会思潮产生困惑，很大原因是他们缺乏科学的思维方法和看待问题的正确立场、观点和方法。思想政治理论课教师有责任自觉运用社会主义核心价值观引领各种社会思潮。同时我们要认识到，"价值"是人们对一件事物的意义、效用的判断，是一种观念。不同社会思潮代表不同群体、不同阶层的利益和需求，人们接受某一种思潮不再只是出于纯粹的思想和价值认同，而是掺杂了更多的现实与长远利益因素，支持与否在很大程度上取决于该思潮是否符合自身利益诉求，而以往单一的纯粹的价值观教育是单薄的，马克思主义利益观认为：人类所奋斗的一切都与利益有关，明确指出追求利益是人类一切社会活动的根本动因。因此利益问题始终是人们最先关注的问题，要清楚各种错误思潮影响，从根本上是对其错误的、不当的利益需求加以引导。

价值形成的基础源于主体需要，不从青年大学生需求入手进行价值观说教必然是悬空的。不同利益群体甚至是相同利益群体的不同个体之间，都会存在价值取向的差异。如有的人以富贵为主要追求，极力追逐金钱和权力；而另一些人则远离名利，以清静为福。这就需要以社会主义核心价值观来统筹和整合不同利益群体的价值诉求。面对价值取向的差异，我们需要坚持用社会主义核心价值观引领各种社会思潮，有力抵制各种错误和腐朽思想对大学生的影响，同时又要尊重差异、包容多样，充分发挥思想政治理论课的主渠道作用。

大学生正处在世界观、人生观、价值观形成的关键时期，他们的思维活跃，求知欲强，容易接受新事物、新思想，但是，由于缺乏社会阅历、理论功底不够，容易受一些错误社会思潮影响，因此只有以思想政治理论课为主渠道，才能帮助他们掌握和运用正确的立场、观点和方法，在多样价值观并存的态势下做出正确的选择。为此，在大学生中进行社会主义核心价值观教育，必须进一步强化思想政治理论课主阵地、主渠道的正确导向作用，帮助他们树立科学的世界观、人生观和价值观。与此同时，又要主动发挥好受教育者的能动性，促进"施教"与"受教"双方的良性互动，避免单纯的单向灌输，注重采用参与式、启发性、研究式教学。如通过角色互换等形式使学生在生动的情境中接受教育，努力使社会主义核心价值观入目、入脑、入心。从内容、方式和方法等方面加大创新力度，把系统教学与专题教育结合起来，增强教学效果，为大学生提供心灵上的方法引导，弥补当代中国转型期一些大学生价值真空，纠正一些大学生因多样化的社会思潮而产生的模糊认识和错误的价值取向，特别是解决道德缺失甚至精神危机问题，为大学生的生存和发展建立一个安身立命的精神家园。在教学过程中要了解大学生的所思、所想、所盼，找准大学生的接受度。

三、将社会主义核心价值观的树立与大学生的利益诉求相结合

当代大学生价值观不仅决定了其自身的生活方式、奋斗目标以及生命意义之所在，而且也充当着社会思想变化的"晴雨表"。而大学生的成长需要是形成价值观的根据，这样，我们可以通过更具体的职业观、婚恋观、人际观、财富观、休闲观、审美观来了解学生具体的需要，进而帮助学生树立社会主义核心价值观。

人的需要是人的行为的动力基础和源泉。马克思把人的需要划分为生存需要、享受需要、发展需要。首先，人的物质需要是人最基本的需要。其次，人不可能离开社会关系而存在，社会需要是需要中最重要的。再次，人的精神需要，这种需要是人的能动性的表现。马克思关于需要的论述，充分体现了需要的全面性。当代大学生正处在全面发展的过程中，大学生全面性的需求，是形成大学生价值观的原始根据。

当代大学生的需要存在社会本位与自我本位的冲突，为此，我们一定要加深社会主义核心价值观教育，加强中华民族优秀传统文化教育，为大学生建立精神家园。对于大学生合理的内在需要，我们要尽可能地帮其满足。思想政治教育的有效性不足，一个重要原因是我们关注大学生内在需求不够，社会主义核心价值观适应大学生个体发展需要，必然会引起大学生的接受兴趣，社会主义核心价值观中国家、社会、个人层面与大学生的自身发展相契合，又可以内化为大学生自身的道德信念和价值追求。通过调查问卷可知，当代大学生强度最大的需求依次是：求知发展成才需求、自尊独立的需求、交往友情的需求、安康的需求。把社会主义核心价值观融入大学生的生活中，就要将国家、社会要求与学生自身发展需求统一，是增强大学生核心价值观教育实效性的整体路径。

大学生自身需求中不乏不合理、不健康的成分，我们一定要引导大学生的需要。这需要艺术性，要以理服人，以情感人，与大学生达到心灵的交汇，使大学生自觉认同社会主义核心价值观。还要关注社会生活中价值冲突与学生内心世界的价值冲突，从贴近学生、贴近实际的社会热点问题入手，调动学生学习的兴趣，将社会主义核心价值观教育融思想性、科学性、趣味性为一体。

最后，笔者认为，在社会主义核心价值观教育中有些地方还需深入探讨。首先，逻辑层次欠清晰，法治原则就包括自由、平等、诚信、公正的原则。其次，概括性差，核心价值观最终目的是引领人的全面发展。引导人处理好三种关系：人与自然的关系、人与社会的关系、人与自我的关系。笔者认为，核心价值观能用三个词概括最好，最多不应超过四个词。简明扼要，易背诵与记忆，利于大众传播。社会主义核心价值观应反映广大人民群众长久的一种价值追求，具有一定的稳定性、长期性和广泛性，如何使社会主义核心价值观的表述更加精准、如何使社会主义核心价值观在逻辑结构和逻辑层次更加清晰，还值得理论工作者深入探讨。

中国筑梦 价值为芯

——把社会主义核心价值观寓于大学生思想政治教育

王太芹 田兆军

摘 要 中华民族的复兴、"中国梦"的实现既要有硬实力，也要有软实力。支撑软实力强大的是那些能够体现一个民族时代特征、具有凝聚力和向心力的精神气质，即核心价值。优秀的青年群体是实现中国梦的核心群体。把前者寓于对后者的培养过程之中，确保方向，凝聚共识，能起到"灯芯"的作用。大学生思想政治教育有发展瓶颈、支撑力量、政策保障，但更需要压舱之石和最新指引。

关键词 中国梦 核心价值 大学生 共识 思想政治教育

"中国梦"的提出，让我们耳目一新。"社会主义核心价值体系"向"社会主义核心价值观"的转变，让我们感觉到意味深长。"大学生思想政治教育"的存在，让我们意识到对青年学生的培养，道还很远，路仍很长。

"中国梦"的实现，需要全中国人民的努力，尤其是青年学子的努力，需要他们有报效祖国的志向、实现梦想的能力。这样他们才能成为合格的建设者和可靠的接班人。为了达到此目标，需要对青年学生进行必要的思想引领，不能偏离方向，更不能反方向。否则，能力越大，不是承担的责任越大，而是破坏力越大。因此，我们需要把社会主义核心价值观寓于大学生思想政治教育之中。

如果我们把要实现"中国梦"比喻成需要点亮一根根蜡烛，优秀的青年群体就是那一根根蜡烛中最重要的部分，核心价值观就是一根根蜡烛中的灯芯。也就是说，中国梦的建筑、实现，需要青年学生的勇于担当，而青年学生的培养成才、敢于担当需要正确的思想引领，而正确的思想引领需要核心价值观的指导作保证。所以，中国筑梦，价值为芯①。

不过，进一步分析，现今的大学生思想政治教育存在什么样的问题，核心症结何在？党的历代领导人重视此项工作吗？此项工作的开展有相关文件保障吗？核心价值观寓于大学生思想政治教育能起到作用吗？中国梦的飞扬对大学生的思想会是种激励吗？二者能否起到相辅相成的作用？这就是本篇文章通过论述所要解答的。

一、价值指导：思想政治教育工作的发展瓶颈

一百多年前，梁启超先生面对积贫积弱的中国，呼喊出"制出将来之少年中国者，则中国少年之责任也……少年智则国智，少年富则国富，少年强则国强，少年独立则国独立，少年自由则国自由，少年进步则国进步，少年胜于欧洲，则国胜于欧洲，少年雄于地球，则国雄于地球"②。让今人仍觉振聋发聩。2013 年 5 月 4 日，习近平总书记在与各界优秀青年代表座谈时也提到"青年兴则国家兴，青年强则国家强"③。因为，一个民族的发展，任何时代，被寄予厚望的都是青少年这个群体。不过，能够指引这个群体沿着正确方向前进的根本，则是在社会的各类思潮中能够起到主导作用的核心价值观。

当前，随着社会主义中国在经济发展上巨大成就的取得和对外开放力度的加大，资本主义国家尤其是老牌资本主义国家以及我国周边邻国中的个别国家，为了各自的利益，不仅在经济上与我们进行着一系列的"明争"，更在意识形态领域与我们持续

---

① 芯：本义为灯心草，也指灯心草茎中的髓，俗称"灯芯"，可在油盏中点火照明。如《黄岩县志》（光绪年修）："家有千金，不添双芯，俭之积也。"后来泛指物体的中心部分，如岩芯、矿芯。载《说文解字大全集》，中国华侨出版社，2011 年 8 月第 1 版，第 195 页。笔者在构思本篇文章期间，一直苦思如何寻找到一个恰当的标题，表达出"要想实现'中国梦'，必须把'中国人，尤其是年轻人内在的精神性、价值性的引导'重视起来，实现二者的融合"，即把"中国梦"与"社会主义核心价值观"很好地联系在一起，但百思不得其名。某一天，路过清华大学东南门和南门之间，紧挨搜狐公司与网易公司，看见一座名为"威盛大厦"的建筑，建筑的外墙厚重而朴实，上面只有三个字"中国芯"。那一刻，我豁然开朗。威盛公司总部位于台北，专注于电子产品核心芯片生产。它的芯片在与外国公司同类产品竞争过程中，取别人之长补自己之短，印上中国烙印，从而确立自己的江湖地位。这不是与我思考的"把社会主义核心价值观寓于大学生思想政治教育，凝聚共识，培养合格人和可靠人，实现中国梦"如出一辙吗？外墙面上的"中国芯"可以理解成：中国创造中的芯（核心动力）；此文中的"中国芯"可以理解成：价值观的指引是确保青年人努力去实现中国梦的"引子"（指导方向）。于是，立借"芯"用。

② 梁启超：《少年中国说》，高等教育出版社 2010 年版，第 2 页。

③ 习近平：《在同各界优秀青年代表座谈时的讲话》，载《人民日报》，2013 年 5 月 5 日第 2 版。

别有用心地"暗斗"。这种暗斗随着人们思想活动独立性、选择性、多变性、多样性和差异性的加强，在思想、文化、价值观方面表现得越来越尖锐。作为意识形态建设对整个社会能起到相当的示范和引导作用的高校，其中的青年群体中的精英——大学生就必然成了各种思潮和思想争夺的对象。

为此，为了把大学生这个群体塑造成我们社会主义现代化事业的合格建设者和可靠接班人，就需要加强对其知识的灌输、技能的培训，更要注重对其进行认识的引领，即思想政治教育。

那么，在当下，高校的大学生思想政治教育是成功的吗？或者说，我们是否遇到了什么瓶颈？我们可以从一则故事谈起。有一则很古老的故事：有位热心人晚上带着他的女儿出来散步，碰见一人在路灯下弓腰寻找东西。热心人问："你在找什么？"那人答："找钥匙。"热心人疑惑道："为何要在这儿找？"那人理直气壮地回答："因为这儿有路灯，比别处亮！"于是，热心人就叫女儿站在一边，自己帮那人一起寻找钥匙。这时，只听小女孩轻轻地问道："钥匙是在这儿丢的吗？"用这样一个小故事来说明当前大学生思想政治教育所面临的问题很形象。

现在，大家都认为大学生思想政治教育这项工作很重要，应该找到"钥匙"，才能打开家门，打开成功之门，把培养人这项工作尽善尽美地完成好，所以，我们投入的人力资源不可谓不多，平台不可谓不好。比如，我们不仅提出教书育人，而且提出管理育人、服务育人，提出教育为本，德育为先；我们在高校不仅开设了德育理论课，而且开设了实践课；不仅有专门从事大学生思想政治教育职能的组织，而且电视、广播、网络、报纸等往往也是承担大学生思想政治教育功能的载体。也就是说，为了做好这项工作，我们提供了一盏盏"灯"，参与了一圈圈"人"，可是，结果并不十分尽如人意。那么，瓶颈的由来、问题的核心到底在哪？正如小女孩那轻轻一问"钥匙是在这儿丢的吗？"

这轻轻一问，其实就揭示了解决问题的方向——到丢失钥匙的地方寻找钥匙。大学生思想政治教育出了问题，看起来是教育方式出了问题，是教育地点出了问题，是教育者与被教育者出了问题，等等，其实都不全面。根本是教育的指导方向出了问题，是教育者没有能够运用与时俱进的指导思想正确地实施教育，是受教育者的内心还没有建立一个完整的、科学的价值观体系。教育者应该用社会的核心价值体系教育被教育者，被教育者经过教育过滤之后，留存的可能有很多，但起主导的应该是与这个社会核心价值观一致的价值选择。

这样的价值选择就是我们要寻找的"钥匙"。也就是说，我们需用社会主义核心价值观引领各种社会思潮，用社会主义核心价值观指导高校的意识形态建设，把社会主义核心价值观寓于大学生思想政治教育全过程。

二、党的领导：思想政治教育工作的支撑力量

在一项项政策的制定及落实过程中，如果最高领导者重视某项工作，就给了此项工作最好的助推力量，则此项工作较易得到推进，并有可能获得理想结果。对于思想政治教育工作，党的历代领导人十分重视。从他们的讲话中可以看出，他们重视对包括青年学生在内的人民群众进行思想上的教育和政治上的引导。

毛泽东在 1958 年指出："思想工作和政治工作，是完成经济工作和技术工作的保证，它们是为经济基础服务的。思想和政治又是统帅，是灵魂。"[①] 邓小平很沉痛地总结："十年最大的失误是教育，这里我主要是讲思想政治教育，不单纯是对学校、青年学生，是泛指对人民的教育。"[②] 江泽民在庆祝中国共产党成立七十周年时的讲话中指出："思想宣传阵地，社会主义思想不去占领，资本主义思想就必然去占领。各级党委要重视意识形态工作，加强对意识形态工作的领导，牢牢掌握意识形态各部门的领导权。"[③] 胡锦涛曾借着给全国教师庆祝教师节的时机，要求广大教育工作者加强和改进学生思想政治工作，把社会主义核心价值体系融入国民教育体系，引导学生树立正确的世界观、人生观、价值观、荣辱观，努力培养德智体美全面发展的社会主义建设者和接班人。他说："伟大的时代召唤着青年，辉煌的事业期待着青年……祖国的未来属于中国青年！民族的光荣属于中国青年！"[④] 习近平要求广大青年要勇敢肩负起时代赋予的重任，把理想信念建立在对科学理论的理性认同上，建立在对历史规律的正确认识上，建立在对基本国情的准确把握上，永远紧跟党高高举起中国特色社会主义伟大旗帜。"历史和现实都告诉我们，青年一代有理想、有担当，国家就有前途，民族就有希望，实现我们的发展目标就有源源不断的强大力量。"[⑤] 他在 2014 年 5 月 4 日与北京大学师生的座谈会上就社会主义核心价值观与青年人的关系更是明确谈到："我为什么要对青年讲社会主义核心价值观这个问题？是因为青年的

---

① 《毛泽东文集》（第 7 卷），人民出版社 1999 年版，第 226 页。

② 《邓小平文选》（第 3 卷），人民出版社 1993 年版，第 306 页。

③ 《江泽民文选》（第 1 卷），人民出版社 2006 年版，第 160 页。

④ 胡锦涛：《在纪念中国共产主义青年团成立 90 周年大会上的讲话》，载《人民日报》，2012 年 5 月 5 日第 1 版。

⑤ 习近平：《在同各界优秀青年代表座谈时的讲话》，载《人民日报》，2013 年 5 月 5 日第 2 版。

价值取向决定了未来整个社会的价值取向，而青年又处在价值观形成和确立的时期，抓好这一时期的价值观养成十分重要。这就像穿衣服扣扣子一样，如果第一粒扣子扣错了，剩余的扣子都会扣错。人生的扣子从一开始就要扣好。"①

中国共产党一向很重视思想教育和意识形态的引导工作，并且在理论上逐渐形成了完整的系统。朱镕基同志曾说过："中国什么工作能达到世界先进水平？我看思想政治工作能达到。"② 中国共产党成立已经有九十多年，而党的思想政治工作始终与党的事业相伴随。

从 20 世纪 80 年代末开始，针对在改革开放过程中出现的一些左右对立、是非不分、光要物质文明不要精神文明的现象，党的领导人认识到，必须重视精神文明建设，必须加强大学生思想政治教育工作。随后，一系列有关思想政治教育工作的政策文件的出台，为此项工作提供了有力保障。

1986 年，中央提出："社会主义精神文明建设的根本任务，是适应社会主义现代化建设的需要，培育有理想、有道德、有文化、有纪律的社会主义公民，提高整个中华民族的思想道德素质和科学文化素质。"③ 1999 年，中央指出，在思想领域的阵地，"马克思主义不去占领，非马克思主义和反马克思主义的东西就必然会去占领"④。进入新世纪，中央印发《公民道德建设实施纲要》，指出："社会主义道德建设要坚持以为人民服务为核心……使之成为全体公民普遍认同和自觉遵守的行为准则。"⑤2002 年 11 月，十六大报告指出："要建立与社会主义市场经济相适应、与社会主义法律规范相协调、与中华民族传统美德相承接的社会主义思想道德体系。加强和改进思想政治工作，广泛开展群众性精神文明创建活动。"⑥

2004 年 10 月，中共中央、国务院首次联合就大学生思想政治教育工作下发了《关于进一步加强和改进大学生思想政治教育的意见》（中发〔2004〕16 号文）。这

① 习近平：《青年要自觉践行社会主义核心价值观——在北京大学师生座谈会上的讲话》，载《人民日报》，2014 年 5 月 5 日第 2 版。

② 张蔚萍：《新编思想政治工作概论》，中共中央党校出版社 1989 年版，第 35 页。

③ 《中共中央关于社会主义精神文明建设指导方针的决议》，载《人民日报》，1986 年 9 月 29 日第 2 版。

④ 《中共中央关于加强和改进思想政治工作的若干意见》，载《人民日报》，1999 年 9 月 30 日第 2 版。

⑤ 《中共中央关于印发〈公民道德建设实施纲要〉的通知》（中发〔2001〕15 号），载《人民日报》，2001 年 9 月 20 日第 2 版。

⑥ 江泽民同志 2002 年 11 月 8 日在中国共产党第十六次全国代表大会上的报告《全面建设小康社会，开创中国特色社会主义事业新局面》（单行本），人民出版社 2002 年版。

个文件，是加强大学生思想政治教育史上一个里程碑的文件。它既是对之前有关思想政治教育工作的提炼和升华，也为以后工作指明了方向。文件指出："加强和改进大学生思想政治教育，提高他们的思想政治素质，把他们培养成中国特色社会主义事业的建设者和接班人，对于全面实施科教兴国和人才强国战略……具有重大而深远的战略意义。"① 为了贯彻落实此文件精神，国家相关部门，尤其是教育部制定了一系列的配套文件。②

这些文件的出台，使此项工作有"法"可依。遗憾的是，有"法"不依或者执"法"不严的现象屡有显现，使大学生思想政治教育工作取得的实践效果大打折扣，那是另一个层面的问题。

三、核心价值：思想政治教育工作的压舱之石

时代发展到今天，我们已经认识到：一个个体的人要想对另一个个体产生影响，既要有物质实力也要有精神实力（即人格魅力）；一个集体要想对大众产生影响，既要有经济效益，也要有社会效益（即社会责任能力）；一个国家要想对他国产生影响既要有硬实力也要有软实力。这个软实力对内部的民众来说，就如一个散发着无形幽香的奇葩，让接触者如痴如醉、如癫如狂般围绕在它身边；对外部的看客来说，就如一面散发光芒的镜子，真实地展现自己，同时让别人从另一个角度认清自我。孰优孰劣，孰善孰恶，一目了然。当然，这样的看客要具有正常的思维能力和理性的力量，绝不能别有用心或戴着有色眼镜。否则，不但不能看清别人，自己的形象也只能是"哈哈"状态，而这样的状态只会是畸形而不是憨态可掬。这样的奇葩、这样的镜子就是价值，确切地说是一国民众共同认可的核心价值！

每种社会制度下的国家都有自己的核心价值。当国力强盛、泽被四方之时，也是其核心价值熠熠生辉、国民自信满满之刻；而核心价值暗淡无光，甚至坍塌得了无痕迹，不知来时去处，也必然是其国力衰退、江河日下之时，甚至混乱不堪、国将不国，即礼崩乐坏了。

社会主义的中国当然要有自己的核心价值。如果说还没有，那只能是别有用心的中伤；如果说有并达成共识，那也只能是掩耳盗铃的自大。现实是，我们有自己的价

① 《中共中央、国务院发出〈关于进一步加强和改进大学生思想政治教育的意见〉》，载《人民日报》，2004 年 10 月 15 日第 2 版。
② 《加强和改进大学生思想政治教育文件选编》，中国人民大学出版社 2005 年第 1 版。

值选择，有自己的信仰依归，但还比较散乱，还没有达成全民共识。这就需要梳理、剥离和构建，在继承中借鉴，与时俱进，随着世情、民情和党情的变化，修正我们的认识偏离，坚持我们的核心共识。

当21世纪来临，中国在执政党共产党的带领下，进入了全民建设小康社会阶段。这个阶段虽然仍处于社会主义初级阶段，但它已是一个新的发展阶段。在这个阶段上，我们的经济体制要进行深刻变革，社会结构要进行深刻变动，利益格局要进行深刻调整，生活方式要进行深刻变化。在这样的转折阶段，因多种因子的对冲、缠绕和碰撞，民众的思想既有推动的活力，也遭到拍打的冲击。同时，随着中国对外开放步伐的迈进，人们思想活动的独立性、选择性、多变性和差异性不断增强，尤其是年轻人的价值观念愈加呈现多样化趋势。"在这种思想大活跃、观念大碰撞、文化大交融的时代背景下，我们既要尊重和包容社会的多样化发展，但也绝不能动摇我们的主流意识形态，绝不能混淆社会主义核心价值观。"① 正是在这样的背景下，党的十六届六中全会通过的《中共中央关于构建社会主义和谐社会若干重大问题的决定》，第一次明确提出"建设社会主义核心价值体系"②，指出社会主义核心价值观是社会主义核心价值体系的内核。学界对社会主义核心价值观的概括开始深入探讨。党的十七大进一步指出"社会主义核心价值体系是社会主义意识形态的本质体现"③。十七届六中全会则强调，"社会主义核心价值体系是兴国之魂"④。为了提炼和概括出简明扼要，便于传播和践行的社会主义核心价值观，党的十八大明确提出"三个倡导"，即"倡导富强、民主、文明、和谐，倡导自由、平等、公正、法治，倡导爱国、敬业、诚信、友善，积极培育社会主义核心价值观"⑤。2013年12月，中共中央办公厅印发《关于培育和践行社会主义核心价值观的意见》，明确这24个字是社会主义核心价值观的基本内容，分别对应国家、社会、个人层面。2014年2月12日，《人民日报》在第一版更是以"社会主义核心价值观基本内容"为标题，再次隆重推出这24个字。

可见，从"社会主义核心价值体系"的提出，到"社会主义核心价值观"的确定，虽只有一字之差，但反映出执政党对社会主义意识形态建设在不断进行新的探索。它是我们党凝聚全党全社会价值共识作出的重要论断。当然，更精确地说，它已经成为执政党作为组织层面的共识，但全民是否已经达成共识，甚至全体中共党员是否已经达成共识，都还存在疑问。为了解答这样的疑问，作为建设现代化事业的排头兵及政治运行的执行者，中国共产党就必须担负起对内教育与统一、对外示范与引领的责任。当然，首要的工作是要针对青年群体中的精英——大学生进行思想政治教育，把它作为压舱之石。唯有如此，才能为大学生思想政治教育这项工作确立基准、把控质量，培养出合格的建设者和可靠的接班人，汇聚正能量，实现中国梦！

四、复兴之梦：思想政治教育工作的最新指引

梦是什么？奥地利心理学家阿德勒认为，梦是在潜意识中进行的自我调整和激励，以及对未来目标的设定。另一位奥地利心理学家西格蒙德·弗洛伊德在他那本被誉为"改变人类历史的书"——《梦的解析》中说，梦是"愿望的满足"，即尝试用潜意识来解决各部分的冲突。可见，一个人在睡眠过程中会有"梦"的出现，若是没有梦，则表明他的睡眠系统出了毛病；在成长过程中，会有"梦想"的出现，否则，他会没有方向，失魂落魄。同样，一个国家在发展过程中，会有"梦"的构筑，会有"梦想"的追寻；一个国家若是没有梦，则表明这个国家要么是积贫积弱，无力做梦，要么是腐气沉沉，无心做梦。一个国家在从昨天到今天的足迹中，若是没有过"梦"，则只能表明这个国家没有历史；一个民族在从今天到明天的征途中，若是没有"梦"的构建，则只会预示这个民族没有未来。中华民族一直是一个有梦并愿意追梦的民族。只不过，在不同的历史时期，梦的内容有所不同，表达的形式也有所不一。直至"中国梦"的提出，它首次形象、清晰、包容地指出我们这个国家全民奋斗的目标。

2012年11月29日，中国共产党第十八次代表大会闭幕后的第十五天，习近平率中央政治局全体常委到国家博物馆参观大型展览《复兴之路》时第一次阐释了"中国梦"的概念。他说："大家都在讨论中国梦。我以为，实现中华民族伟大复兴，就是中华民族近代以来最伟大的梦想。"① 梦想是激励人们发奋前行的精神动力。当

① 《习近平总书记深情阐述"中国梦"》，载《人民日报》，2012年11月30日第1版。

一种梦想能够将整个民族的期盼与追求都凝聚起来的时候，这种梦想就有了共同愿景的深刻内涵，就有了动员全民族为之坚毅持守、慷慨趋赴的强大感召力，尤其对青春飞扬的大学生来说，更是如此。2013 年 3 月 17 日，当选国家主席之后，习近平号召人们"实现中华民族伟大复兴的中国梦，就是要实现国家富强、民族振兴、人民幸福"①。这是新时期作为执政党的中国共产党明确提出的执政追求。那就是，党要带领全国各族人民共同筑起中国梦，共绘出一幅壮丽蓝图。这个梦不是南柯一梦，而是要梦想成真。这个梦不仅有明确指向，而且我们正前进在实现这些指向的路上。

具体地说，中国梦不仅有政治之梦、经济之梦、社会之梦、生态之梦，而且有文化之梦。在这五个梦中如果把它们看做是一个整体的层层包裹的球形，那么，文化的建设应该是处于最里层。所以，中华民族的复兴，既要有硬实力，也要有软实力。如果再把文化的建设看做是一个层层包裹的球形，那么，处于最里层的应该是那些能够体现一个民族时代特征、具有凝聚力和向心力的精神气质，也就是价值。因此，从核心价值体系到核心价值观的建设及传播是实现中国梦的着力点，是其必由之路。中国筑梦，价值为芯。芯者，如装在蜡烛中的捻子，即引芯。如果把优秀的青年群体比作实现中国梦的核心群体，那么，正确的核心价值观即为指导这个群体沿着正确方向前进的捻子。所以，我们必须把社会主义核心价值观正确地寓于大学生思想政治教育之中。

当然，文章论述的结论一旦得出，并非就是船到码头车到站了，长舒一口气关门打烊了。得出结论的目的是什么？是引导民众在心理上、价值认同上朝着一个共同方向行走。这种引导是一种自由式主导，而绝非是不允许另样存在的专制式统一！说得轻松点，思想认识需要多样或多元，百花齐放，一枝独秀不是春；说得严肃点，正是认识上的不专制，多种道路的探索和比较，才让我们找到一国、一民族或人类整体通向幸福的科学之路。那我们为何还要有主导力量和方向的指引？那是为了秩序，为了稳定！也就是说，一个整体中绝大多数价值认同一致，规则类同，是有利于这个整体基础稳定且有秩序发展的。如果人人是大王，人人是方向，结果只能是散兵游勇、一盘散沙、整体坍塌。所以，社会主义核心价值观寓于大学生思想政治教育，目的是让我们这个整体中的精英群体有个基本的共识。这样，有利于我们的秩序，有利于稳定，有利于科学道路的选择，有利于幸福目标的到达。这是一种从自发到自觉的过

---

① 《在第十二届全国人民代表大会第一次会议上的讲话》，载《人民日报》，2013 年 3 月 18 日第 1 版。

程。

为了这个自觉，我们就需要分析我们这个精英群体教育中有什么缺失，有什么经验。如何实现社会主义核心价值与之嫁接即"寓于"？这就是目标与手段的问题了。也就是说，核心价值是先进的（最起码，在当下我们是这么认为的），有了先进还要前进。让精英前进，带大众前进！从而实现自由人的幸福联合。这是任何一个思考者思考的归宿！

90 后大学生对"中国梦"的认同现状及教育对策[①]

马克思主义学院　袁　芳

摘　要　本研究在对我国六所省会城市的高校本科生抽样调查的基础上，运用 StataSE12.0 统计，研究 90 后大学生的理论认知能力、思想特征、利益需要等要素对形成"中国梦"认同的影响性质和程度。其中，90 后大学生对中国梦的认同主要包括认知认同、情感认同以及行为认同三个方面。研究结果表明：90 后大学生的理论认知能力对中国梦的认知认同、情感认同以及行为认同都呈现出显著的正相关影响，思想特征仅对中国梦的情感认同呈现出显著的正相关影响，利益需要仅对中国梦的行为认同产生显著的正相关影响。根据现实情况，针对 90 后大学生开展中国梦教育活动的重点在于提升 90 后大学生对中国梦的理论认知能力，并根据 90 后大学生的思想特征激发对中国梦的情感认同，引导 90 后大学生建立合理的利益需求，构筑科学的成才观，以此实现 90 后大学生对中国梦认知认同、情感认同以及行为认同的相互促进。

关键词　认同　认知认同　情感认同　行为认同

目前，学界普遍认为"中国梦"即中国人的现代化之梦。[②] 90 后大学生作为我国现代化过程中最具有朝气和创造性、富有开拓精神的群体，他们对中国梦的认同状况直接影响着中国梦的实现。为了深入了解中国梦在 90 后大学生中的认同现状，我

---

① 基金项目：2014 年首都大学生思想政治教育一般课题"高校思想政治工作话语的历史发展研究"（BJSZ2014YB35）。

② 程美东、张学成：《当前"中国梦"研究评述》，载《中国特色社会主义研究》，2013 年第 2 期。

们在六所省会城市的高校中开展了一次实证调研，得出了相关结论，这对于进一步开展中国梦的教育实践活动具有重要的指导意义。

一、研究的理论基础——多学科理论视野中的"认同"

"认同"一词源于西方，对应的英语是 Identity。现代汉语中，认同主要有两种含义，一是认为跟自己有共同之处而感到亲切；二是承认、认可。① 弗洛伊德最早提出了"认同"这一概念，② 他把认同看作个人与他人有情感联系的最初形式，③ 随后，研究者从社会学、政治学、文化学等学科对这一问题展开研究，使得认同这一概念有了更为广阔的学科视野。

吉登斯从社会学视角把握这一概念，他认为社会认同是指"人在特定的社区中对该社区特定的价值、文化和信念的共同或者本质上接近的态度"④。美国学者罗森堡姆首先提出了"政治认同"的概念。他认为政治认同是个人自己社会认同的一部分，"这些认同包括那些他感觉要强烈效忠、尽义务或责任的单位和团体"⑤。从文化层面来理解认同，查尔斯·泰勒强调指出："认同问题关涉一个个体或族群安身立命的根本，它所要解决的是如何确定自身身份的方向性定位问题。"⑥ 哈贝马斯提出了以交往和对话为核心的认同理论，他认为现代自我认同的建构必须在与他者的对话中实现，而且更加依赖于他人的承认。

在吸收和借鉴学界研究成果的基础上，本文拟从哲学角度来界定"认同"。即认同是发生在认同主体与认同对象之间的一种关系性范畴，它表现为认同主体自觉自愿地承认、认可、赞同乃至尊崇某种价值观念的倾向性态度。从认同的哲学阐释出发，有学者专门界定了思想政治教育领域的"认同"指的是"认同主体出于自身利益需要的考虑，对思想政治教育自觉自愿的承认、认可、赞同乃至尊崇的倾向性态度，并主动以思想政治教育的要求来规约自己的言行举止，以求自身思想和行为与思想政治教育要求趋于一致的活动过程"⑦。

① 《现代汉语词典》，商务印书馆 2002 年版，第 1067 页。
② 孙余余：《思想政治教育认同论略》，载《山东青年政治学院学报》，2011 年第 2 期。
③ 梁丽萍：《中国人的宗教心理》，社会科学文献出版社 2004 年版，第 12 页。
④ 吉登斯：《现代性与自我认同》，三联书店出版 1998 年版，第 57～61 页。
⑤ 张平、杨西锋：《当代中国政治认同问题研究述评》，载《党政论坛》，2010 年第 7 期。
⑥ ［加］查尔斯·泰勒著：《自我的根源：现代认同的形成》，韩震译，译林出版社 2004 年版，第 110～112 页。
⑦ 王易、朱小娟：《思想政治教育认同初探》，载《思想理论教育导刊》，2013 年第 5 期。

由此，本研究要解释的 90 后大学生对中国梦的认同可以分为三个方面：认知认同、情感认同和行为认同。认知认同即对中国梦的认知和理解程度；情感认同即对中国梦形成的内在情感状态，即赞同、相信等主观层面的态度；行为认同即大学生对中国梦的践行状况。其中，认知认同是认同产生的重要前提和基础，情感作为人对客观事物是否满足主体需要而产生的一种心理体验，通常以肯定或否定、满意或不满意、热爱或憎恨、赞赏或厌恶等心理状态表现出来，并转化为一定的情绪，对认同活动起调节作用。[①] 大学生对中国梦的情感认同体现的是一种理解和赞同。当认知认同和情感认同达到一定程度，从理解和赞同上升为支持和信奉时，将产生更为持续稳定的认同。而行为认同是认知认同、情感认同在现实生活中的具体体现，是更高层次的认同，也是开展中国梦认同教育的最终旨归。

二、理论假设

调查表明，约 90% 以上的大学生听说过"中国梦"，但他们对中国梦的内涵以及奋斗目标的认知程度存在差距，35% 的 90 后大学生了解中国梦的内涵，仅 8% 的 90 后大学生知道中国梦的奋斗目标。对于"你认为实现中国梦的关键主体是谁"的问题，53% 的 90 后大学生回答是广大民众，并接受"广大民众是历史创造者"的观念，这说明 90 后大学生具有一定的公共精神，具备一定程度的理论认知水平。对"中国梦一定能实现"，82% 的大学生非常赞同或比较赞同，其中非常赞同的比例为大一学生占 44%，大二占 16%，大三占 17%，大四占 23%；文科生占 40%，理科生占 60%。这表明 90 后大学生的所在年级以及所学专业对他们形成对中国梦的认知认同具有相关影响，大一和理科的大学生对"中国梦一定能实现的态度"相对更为乐观。

62% 的 90 后大学生表示，中国梦概念的提出，"让人感觉简单朴实，真实可信"。56% 的大学生认为，"中国梦的提出能够凝聚人心"。这说明，"中国梦"能够为 90 后大学生所接受，这种生动化的宣传话语与 90 后大学生追逐梦想的思想特征相吻合，易于激发他们的情感体验。78% 的 90 后大学生认为，"中国梦让人感受到一种积极向上的力量"，但针对"中国梦教育活动是否能够促进你在实际学习和生活中更加积极向上"，仅 15% 的 90 后大学生选择了肯定的回答。针对"你践行中国梦的个人奋斗目标是什么"这一主观题，高达 82% 的人提及找到理想的工作，47% 提到拥

---

① 王东莉：《德育人文关怀论》，中国社会科学出版社 2005 年版，第 294 页。

有幸福家庭，18%提到追逐梦想的机会，12%提到为国家贡献力量，11%提及不断提升自己、完善自己。对"你如何践行中国梦"这一问题，有70%的人提及自己努力学习，提高学习成绩；69%提到了学习专业知识技能，提高实践能力；有34%提及多多兼职实习，融入社会。这表明，"中国梦"教育活动对90后大学生的行为还没有产生广泛的效应。同时，90后大学生践行"中国梦"主要集中在对个人利益需要的满足以及个人人生目标的追求上，反映出90后大学生个性化的思想特征。

由此，我们建立以90后大学生的理论认知能力、思想特征、利益需要为因变量的回归模型验证理论假设。根据已有的调研数据和理论研究，我们提出三个方面的理论假设：一是90后大学生的理论认知能力对中国梦的认知认同、情感认同以及行为认同具有正相关影响，二是90后大学生的思想特征对中国梦的认知认同、情感认同以及行为认同具有正相关影响，三是90后大学生的利益需要对中国梦的认知认同、情感认同以及行为认同具有正相关影响。

三、研究结果

表1　90后大学生对中国梦认同状况的回归模型结果

变量	模型1　认知认同	模型2　情感认同	模型3　行为认同
理论认知能力	0.146	0.128	0.107
思想特征	-0.0262	-0.0331	-0.0274
利益需要	0.0154	0.0133	0.0272
常量	2.387(0.128)	2.507(0.128)	2.324(0.129)
样本量	1200	1200	1200
调整R2	0.154	0.153	0.162

Robust standard errors in parentheses.

p<0.01, p<0.05, p<0.1。

表1显示，在三个回归模型中，调整确定系数R2分别为15.4%、15.3%、16.2%，其样本决定系数都在0.001之上，这表明所构建的回归模型对中国梦的认同具有较好的解释能力。由此，我们之前的理论假设与最终验证结果之间基本呈现出相关联性。90后大学生的理论认知能力对中国梦的认知认同、情感认同以及行为认同都呈现出显著的正相关影响，思想特征仅对中国梦的情感认同呈现出显著的正相关影响，利益需要仅对中国梦的行为认同产生显著的正相关影响。

四、在 90 后大学生中开展中国梦教育的具体对策

90 后大学生对中国梦的认同是一个动态发展的过程，经历从内化到外化再到内化的认识升华。认知认同是自觉践行中国梦的基础和前提，情感认同催化或强化认知认同和行为认同。而大学生对中国梦认知认同、情感认同的培养，最终目的就是落实到行为习惯中，不仅能够适应国家和社会发展的需要，更有效推动了个体自身的发展。根据已有的实证研究结果，可以从三个方面提升中国梦教育活动的效果。

（一）提升 90 后大学生对中国梦的理论认知能力

目前，高校开展的中国梦的理论宣讲，主要通过思想政治理论课课堂、学术讲座、党会、班会和团支部会议等形式开展。根据已有的调查数据表明，65% 的 90 后大学生通过网络、报纸、电视等媒体宣传得知中国梦，只有 25% 的 90 后大学生通过课堂和校园活动了解到中国梦。这表明，一方面要加强网络平台和传统媒体的理论宣传力度，因为 90 后大学生日常学习和生活与网络密切相关；另一方面，高校课堂教学和日常校园文化活动要以中国梦教育为契机，积极引导 90 后大学生树立科学的人生理想。特别是近年来，西方自由主义思潮及普世价值思潮在我国进行多方渗透，对90 后大学生的价值观产生一定程度的消极影响。因此，高校教师要深刻解读中国梦的理论内涵，帮助广大 90 后大学生深刻理解个人人生理想与中国梦之间的联系，以提升他们的政治理论认知能力。这对于培养社会主义的合格人才、助推中国梦的实现具有重要的现实意义。

作为思想政治理论课教师，在课堂要注重引导学生掌握马克思主义的基本观点和方法，并运用这些理论观点和方法正确看待现实生活的各种问题，提高分析问题和解决问题的能力，切实提高广大学生的政治理论认知能力。而思想政治理论课教师要提升教学效果，首先要形成对中国梦本身的科学认识，了解国内外目前的学术研究现状和学术前沿问题，以保证教学内容的正确性。其次，思想政治理论课教师要与学生建立平等、真诚的交往关系，以此培养师生之间的信任，达到教学相长的良好效果。最后，思想政治理论课教师还需要立足于学生成长和成才的需要，不仅仅是为了完成自身的教学任务，更需要通过提升广大学生的理论认知能力来促进学生的全面发展。正如亚里士多德曾在《修辞学》中提出，人们对理论传播者的评价常基于三个特征：

他的知识和正确性、他的可靠和诚实程度以及他的意图。① 此外，以霍夫兰为代表人物的耶鲁学派通过实验发现：对教育程度较高的受众，应将正反两方面的意见一并陈述效果更好。② 因此，对于已经进入高等教育阶段的 90 后大学生，教师需要将正反两方面的观点和阐述都展示给他们，在观点的交锋中让其感受马克思主义理论的真理性和科学性的魅力所在，从而形成自觉自愿的认同。

高校辅导员是大学生日常学习生活的教育者、管理者和服务者，要注重通过班会、党会、团支部会议等各种形式和途径培养大学生的理论认知能力。尽管大学生的能力培养是一个综合系统，包括学习能力培养、生活能力培养、就业能力培养以及人际交往能力培养等方面，但大学生的理论认知能力的培养具有根本性和长远性的重要意义。理论认知能力从根本上影响着大学生的人生观、世界观和价值观，通过深化马克思主义理论认知能力，掌握马克思主义的立场、观点和方法，并自觉运用到实际学习和生活中，牵一发而动全身，可以有效促进大学生其他方面能力的飞跃提升。但在实践中，辅导员工作往往围绕学生的心理辅导和就业指导展开，功利性地以"不出问题"和"提升就业率"为工作目标，容易造成"头疼医头、脚疼医脚"的片面和误差。如果从根本上帮助广大学生形成和完善自身的认知能力，特别是理论认知能力，很多问题是可以"治本"的。

（二）根据 90 后大学生的思想特征激发对中国梦的情感认同

90 后大学生的思想特征深受成长成才的时代环境、社会环境以及家庭环境的影响。其中，网络信息化社会的突飞猛进是 90 后大学生成长过程中的重要时代环境，相比于 80 后，很多 90 后大学生从小就接触网络，他们是伴随着网络成长的一代。与此同时，90 后大学生的成长伴随着我国从计划经济到市场经济的剧烈转型、中国经济发展连续多年超越世界经济总体增长、人们的思想解放和思想日益多元化的发展趋势，这些都深刻地影响着他们的思想观念和价值观点。相比于 80 后，90 后大学生更乐于展示自身独特的个性特征，发微博、发微信等网络上各种乐此不疲的举动，表明他们是乐于展示自我内心世界、自我喜好的年轻一代。而他们所在家庭的物质环境都相对优越，多为家人溺爱，因此容易产生自我、偏激、任性、冲动等思想特征。也有不少人将"独生子女"与"90 后大学生的劣根性"相联系，但其中到底是否有必然

---

① 郭毅然：《影响受教育者态度改变的思想政治教育者因素探析》，载《求实》，2007 年第 10 期。

② ［美］沃纳·赛佛林、小詹姆斯·坦卡德：《传播理论：起源、方法与应用》，华夏出版社 2002 年版，第 178 页。

联系以及在多大程度上存在联系，都需要我们展开深入的科学研究。

因此，不能盲目将90后大学生的思想特征简单归因于某一因素，总体上他们是伴随着我国深化改革和思想进一步解放而成长起来的青年人，时代在进步、社会在进步、家庭在进步，那么身处其中的90后大学生相对也是积极进步的新兴力量。他们有热情、有梦想、有激情、有活力，因此我们需要根据他们的思想特征努力激发他们内在的积极因素，促进他们对中国梦形成情感认同。一旦缺乏情感认同，就难以激发90后大学生的兴趣，也难以促进他们对中国梦的接受和认同。

首先，要努力增强中国梦宣传教育的感染力。如果说认知认同仅仅涉及"懂不懂"的问题，行为认同涉及"做不做"的问题，那么情感认同则涉及"信不信"的问题。要增强大学生对中国梦的情感认同，需要我们增强感染力，触动90后大学生的思想灵魂深处。比如发掘身边的先进典型，让90后大学生群体"看得见"、"摸得着"，才能产生心灵触动。其次，要创新教育活动载体，调动积极性。90后大学生对于信息的接受能力和接受速度都相对处于优势，要调动他们的积极性，还得深入研究他们的思想特征，把握他们的兴趣点和关注点。最后，要开展体验式教育，从而深化情感体验。由于当代90后大学生尚未形成稳定的价值观，其情感认同具有短暂性、丰富性、易变性的特点，因此需要深化他们的情感体验，在体验式教育中深化他们对于道德、理性、高尚等关键词的理解，深化思想认识，形成稳定的情感认同。

（三）观照90后大学生合理的利益需求，引导构筑科学的成才观

在90后大学生中开展中国梦的宣传教育，最终目标是实现人的发展、人的利益和人的需求。只有满足90后大学生自身的物质需求、精神需求和发展需求，帮助其树立科学合理的成才观，才能使高校的中国梦教育活动落到实处，体现中国梦教育活动的最终价值。换句话说，高校开展中国梦教育活动只有满足大学生自身的利益需求，才能"有的放矢"。当前的90后大学生到底需求什么、为什么会产生这样的需求、需求目前的满足程度、将来如何更好地满足他们的需求，只有对这些问题形成清晰的认识，才能科学合理地观照90后大学生合理的利益需求，从而满足大学生自身成长成才的需要，促使中国梦教育活动对90后大学生真正起到思想引领、认识提升、自我完善和全面发展的作用。

首先，要以满足大学生群体渴望尊重的利益需求为起点。开展中国梦宣传教育活动，有必要征求广大学生的意见和建议。90后大学生作为思想活跃、创意丰富的年轻群体，他们有各种各样好的想法和主见，以真诚信任的态度倾听学生的心声，发掘他们当中有价值的建议，可以构建协商平等的合作关系，吸引更多同学自觉主动地参

与活动。为了办活动而举办活动，不尊重大学生群体渴望被尊重的利益需求，难以达成师生的信任关系，也不利于吸引他们自觉参与活动之中。其次，要以满足大学生群体渴望学习进步的利益需求为重点。学习作为大学生群体的主要任务，成为他们较为凸显的利益需求。特别是当今社会的激烈竞争以及就业压力的日益加剧，使得大学生群体更加理性地对待学业。访谈调研中，我们发现，哪怕是学习成绩不好的大学生，他们也有学习进步的内心渴望，只是在学习态度、学习方法和学习目标方面存在各种各样的不足。学习进步的利益需求一旦得到满足，将极大地调动他们对活动本身的信心，从而推动自身更加积极主动而自觉地投入其中。三是要以满足大学生群体专注个人发展的利益需求为落脚点。90后大学生备受家庭和社会的瞩目和期待，因此他们对自身发展的需求远远超过其他群体。为了满足大学生全面发展、协调发展、科学发展的利益需要，高校迫切需要与社会发展同步，不断扩大学生的发展空间、改善学生的发展环境、更新学生的发展渠道、创新学生的发展方式。正如习近平总书记在阐释"中国梦"的人民群众属性时所言："生活在我们伟大祖国和伟大时代的中国人民，共同享有人生出彩的机会，共同享有梦想成真的机会，共同享有同祖国和时代一起成长与进步的机会。"①

---

① 习近平：《在第十二届全国人民代表大会第一次会议上的讲话》，载《人民日报》，2013年3月18日第1版。

新形势下加强和改进国防生
思想政治教育工作的思考

刑事司法学院　张继山

摘　要　依托普通高校培养后备军官是新时期我国国防建设的重大举措。国防生是一个特殊群体，在国防生军训期间以及专业学习和日常的思想政治教育工作中，我们要积极探索，提高国防生思想政治教育的实效。

关键词　国防生　思想政治教育　政治素养

依托普通高等教育培养军队干部，这项制度的建立是提高军队干部素质，加强军队干部队伍建设的一项科学决策。在新的形势之下，如何把握国防生的思想特点，将军队预备军官身份与普通高校大学生身份有机结合在一起，做好国防生的思想政治教育工作，已经成为一项重点工作。这项工作不仅关系普通高校学生培养质量，更关系军队的现代化建设。高校应当重视国防生的思想政治教育，坚持用科学理论武装国防生，坚定共产主义理想信念，树立正确的人生观、世界观、价值观。

一、国防生的思想政治素养内容

2000 年 5 月，国务院和中央军委颁布了《关于建立依托普通高等教育培养军队干部制度的决定》，标志着依托普通高等院校培养军队干部已经开始制度化、规范化。2005 年我校开始为武警总队培养国防生，到 2013 年，我校已经接收了九届国防生，经过这九年的探索和实践，这项工作已经步入正轨。

《普通高等学校国防生军政训练计划》明确要求，国防生应"掌握毛泽东军事思想、邓小平新时期军队建设思想和江泽民关于军队建设的基本观点，熟悉人民军队性质、宗旨和光荣传统，树立热爱人民军队、献身国防的思想，具备良好的军人思想品德修养和较强的法纪观念"。因此，国防生作为军队培养的预备军官，对其政治素养的要求除了包括普通大学生应有的政治素养之外，还应该具备军人的素质与军官的素养。

具体来说，国防生的政治素养包含两个方面，一个是坚定的马克思主义信仰，对马克思主义的充分理解与肯定，政治立场的绝对坚定；二是思想品德方面的素养，主要体现在个人的思想道德品质方面，体现在国防生的身上，就是要充分地体现为人民服务，以国家利益和集体利益为重，为国防利益献身等精神。

二、国防生思想政治教育工作的特点

依托高等教育培养军队干部制度是一项创新工作，因此国防生的思想政治教育工作既不同于军校学生思想工作，也不同于普通学生的思想工作，国防生的思想政治教育工作因其双重身份背景而更加特殊。

（一）教育体系的特殊性

国防生与普通生在一定程度上具有共同性，但是也存在着很大的不同，因此在国防生思想政治教育工作中不可能延续以往针对普通生的工作思路，必须要针对国防生特殊的群体采取有别于普通生的思想政治教育工作体系。

（二）教育环境的特殊性

国防生的培养工作所处的环境区别于军校，也不同于普通生，他们的教育环境较之普通生更为严格，但是又没有达到军校的严格程度，国防生的教育环境处于两者之间，既要有一定程度的军事训练、军事化管理，也有很大的自由空间。

（三）教育内容的特殊性

国防生的政治素养除了需要具备普通生的政治素养之外，还必须要有军人素质，那么在他们的思想政治教育工作中，虽然他们与普通生一起学习生活，但是对他们的思想政治教育的内容却与普通生有本质区别，他们的思想政治教育内容除了普通学生的内容之外，还必须要有部队政工的内容。

三、当前国防生思想政治素养状况

受市场经济与社会转型等多重因素的影响，大学已经不再是一个封闭的空间，高校的思想政治教育工作面临着巨大的挑战，国防生作为双重身份的高校学生，存在着思想和行动上的二重性，在思想政治素养上也不可避免地存在着一些消极因素。

（一）整体政治素养不高

国防生作为新时代大学生的一员，同普通学生一样，多数人都有着远大理想，有着强烈的爱国情怀以及民族自信心与自豪感，这是这个时代学生的主流思想，但是同样由于时代的特点，大多数学生成长环境单一，一般只受过单纯的家庭教育与学校教育，几乎没有参加过任何政治生活，思想上比较单纯，对政治思想的理解水平也比较低。这不仅是国防生思想政治素养中的缺陷，也是所有高校学生的通病。

（二）献身国防意识不强

在对国防生入学动机的调查谈话中，有一个明显的特点，就是主动选择献身国防事业的少，大部分学生都是被动选择，或者由于家庭经济条件的压力，或者由于稳定的工作出路，等等。当然，在选择国防生的动机上，还明显存在着多重动机，例如部分学生的动机就是认为报考国防生，既能够享受到名牌大学的优良教育，又能够接受军队的锻炼。在这样的动机下，很容易造成一个问题，就是学生对毕业之后去部队工作的心理准备不足，对部队工作的理解不够，这也很容易带来一个衍生问题，就是国防生的违约问题。因此，部分国防生对国防事业热情有余，但是理性不足，对献身国防事业的意识还很薄弱。

（三）学习动力不足

国防生的培养方式与大部分普通高校学生不同，他们作为"定向生"，毕业之后考核合格就能直接进入部队，这样的"保险"就业体制，会给部分学生造成学习上的惰性。同时他们还有国防生奖学金。这样一来，就没有了就业压力与经济压力，势必会造成学生进取精神下降，对自身的要求也会下降，学习动力不足，甚至沉迷于网络游戏，严重影响正常的学业，甚至出现无法取得学位证等恶劣的情形。以刑司2011级国防生为例，国防生取得奖学金的比例和平均成绩要大大低于普通学生。

（四）诚信意识缺失

国防生作为军队依托高等教育培养干部的一项制度的表现，在培养过程中，各方面都投入了大量的资源，目的就是能够为军队提供合格的人才。但是部分毕业生在毕业之前，没有献身国防的意识，更不能认识到自己行为的性质，缺乏诚信意识，随意违约，这给军队与高校都带来了很大的资源浪费与不良后果。这种现象近几年在我校国防生培养中也开始显现并日益突出。

四、国防生思想政治素养出现问题的原因分析

（一）政治素养的弱化造成了献身国防信念的不坚定

增强国防生的政治凝聚力，有助于提高国防生对国家基本政治制度和军事制度的

高度认同，有助于他们坚定献身国防、实现矢志从军的理想。① 相反，如果国防生的政治信念不坚定，甚至丧失则会导致他们对政治的冷漠与猜疑，因此，在国防生的思想政治教育工作过程中，务必保证政治素养教育的不缺失不弱化。同时，由于教育的滞后性与社会环境中的不良影响，让国防生对军队工作产生错误的认识，他们会不同程度地对自己的职业身份缺乏认同感，甚至产生疑惑，从而动摇政治信念，进而造成献身国防事业信念的不坚定。

（二）毕业分配的迷茫

国防生虽然是定向生，毕业之后直接分配到军队工作，但是由于部队工作的特殊性，每一届学生的分配方案几乎要到毕业才能准确知道，在这之前，学生对工作地点、工作内容、工作环境以及服役年限都处于一知半解的状态，具有很大的不确定性。这就会给学生造成一种担忧，对自己的期望值与现实环境落差的担忧。这就会造成学生在校期间得过且过，对自身要求不高，学习动力不足。

（三）教育的开放性

军队依托高等教育培养干部制度中一个难以控制的因素就是高等教育办学的开放性。国防生在培养过程中，绝大部分的学习和生活都是在高校，高校所处的环境相对于军队来说，更加地开放。这样的环境有利于国防生开拓眼界，接触到更多的新鲜事物，培养他们创新的理念，但是也带来了消极的影响。一方面，社会上的不良风气与不良言论或多或少都会影响国防生的自身思想，进而使自控能力下降；另一方面，国防生在开放的环境中，受老师、同学的影响，会产生留在大城市工作或者出国、考研等想法，去部队工作的信念会弱化，在报效国家与个人前途之间，会有部分国防生只看重个人前途，而忽视国防大业和国家利益。

（四）培养机制的影响

目前，依托高校培养军队干部这项制度还处于起步阶段，培养机制正在一步步地完善，在这个过程中，难免会存在一些不足。例如在国防生违约的处理上，只需缴纳一定的违约金即可，几乎没有任何约束力。因此，在国防生思想政治教育工作开展的过程中所遇到的问题，有部分是由于培养机制的不完善所带来的。

五、加强和改进国防生思想政治教育工作的对策

思想政治教育工作必须坚持晓之以理、动之以情、导之以行的原则，国防生的思

---

① 季广智：《论高素质新型军事人才建设》，军事科学出版社 2002 年版，第 8 页。

想政治教育工作也不例外，当然，由于国防生思想政治教育工作对象的特殊性，在国防生思想政治教育的过程中，还必须要坚持政策性原则。政策性是指在国防生的思想政治教育过程中，必须贯彻落实国家和军委的相关政策，例如：国务院、中央军委颁布的《关于建立依托普通高等教育培养军队干部制度的决定》，总参谋部、总政治部宣传部《招收普通高等学校毕业生培养军官的基本标准与要求》等。在国防生日常教育中要牢牢把握和贯彻这些指导性文件和政策，坚持政策性原则，不得逾越。

结合党、国家和部队的要求，以及国防生培养的实际，国防生思想政治教育工作的内容应包括以下几个方面：

（一）要以理想信念为核心，深入开展人生观世界观和价值观的教育

在当前社会、经济环境下，部分国防生存在理想信念模糊、政治进取心不强、对自身要求不够严格等问题，所以必须加强马克思列宁主义、毛泽东思想、邓小平理论和"三个代表"重要思想的教育学习，深入开展基本理论与基本路线的教育，深入开展国情与社情教育。

（二）要以爱国主义教育为重点，深入开展奉献精神教育

爱国主义教育是国防生思想政治教育的重点内容，通过开展各种形式的爱国主义教育活动，能够充分增强国防生的国防观念。爱国主义教育，是要教育他们对党忠诚，自觉贯彻党的基本理论、基本路线与基本纲领，教育他们全心全意为人民服务的精神，教育他们要忠实履行自己的职责，维护民族团结和国家统一，捍卫国家主权领土的完整。要通过爱国主义教育，使国防生树立起国家利益高于一切的信念，自觉履行国防义务。

（三）要以思想道德建设为基础，深入进行军人职业道德教育

国防生是军队的预备军官，他们的思想素质不仅影响到个人的发展、学校的发展，更影响到军队的发展。当前的环境之下，受种种不良因素影响，国防生的思想道德素质不容乐观。道德素质的不高所带来的国防生贪图安逸、不思进取甚至就业违约等恶劣情形时有发生，因此有必要以思想品德建设为基础，深入进行军人职业道德教育。要进行革命军人的价值教育，要把个人的职业理想与生活融入社会主义现代化建设的共同理想中。

（四）要以全面发展为目标，深入进行军人素质教育

国防生在素质上与普通大学生的明显区别就在于国防生还必须具备扎实的军事素质，这也是国防生之所以为国防生的一个具体体现。军人的素质包括政治素质、军事

素质、科学素质、技术素质以及身心素质五个方面。[①] 作为一名国防生，必须要有坚强的思想政治素质、优良的军事素质、丰富的科学文化素质、过硬的技术素质和良好的身心素质。[②] 因此，要结合国防生在校的每日出操、每周训练、每个假期深入部队锻炼的机会，增强国防生的集体观念，提高他们的身心素质，突出他们的军人意识。

---

① 张福宪：《我国国防生思想政治教育研究》，哈尔滨工程大学 2008 年硕士论文。
② 臧树华：《军队政治工作学原理》，国防大学出版社 1995 年版，第 59 页。

就业指导篇

JIU YE ZHI DAO PIAN

法学毕业生就业质量问题研究

——以中国政法大学为例

学生处　王　峰　解廷民

摘　要　当前国内对毕业生就业问题的研究仍集中于"量"的方面，即毕业生总数增长的情况下如何保证毕业生"有业可就"的问题。然而，从毕业生就业的结果导向来看，就业质量的重要性毋庸置疑，就业率与就业质量是有机统一的。作为人才培养主体的高校，既要追求就业率的稳定，也要致力于就业质量的提升。

在当前毕业生就业难的大环境下，法学毕业生的就业问题更加突出。法学毕业生的就业质量不仅关乎学生个人和家庭，更关系到国家法治建设的人才储备和长足发展，因而具有重要意义。法学毕业生能否充分就业，其就业的质量如何，不仅是学生和家长关心的问题，也是国家和社会需要重点关注的问题。

本文从法学毕业生就业的实际出发，选取中国政法大学进行个案研究，综合运用劳动力市场分割理论和人力资本理论等理论工具对毕业生就业质量进行实证分析。通过研究，本文重点分析了就业质量的衡量指标，并在此基础上得出了提高法学毕业生就业质量的有效策略。

关键词　法学　毕业生　就业　质量

中国高等教育自 1999 年以来迅猛发展，大学招生人数成倍增加，毕业生人数也屡创新高，以普通本科毕业生为例，1999 年时这一数字为 62.3 万人，到 2012 年时毕业生人数已达到 303.85 万人。大量的高校毕业生，持续转化为受到过良好教育的人力资源，某种程度上促进了产业结构的升级和国民经济的高速发展。然而，正如经济的持续繁荣与过度扩张不免会带来结构性风险，人力资源的培养之于教育行业也是如此。中国高校不断扩大的招生规模，带来了毕业生人数的持续上升，毕业生就业问题也愈发突出，并且有持续加剧的趋势。昔日的天之骄子走出校门后发现，针对大学生的市场需求并没有与毕业生人数的增长保持同步，毕业生的求职之路似乎变得越来越艰辛。

另一方面，相关研究报告显示，不同专业的高校毕业生在就业上面临的状况完全不同。在就业相对困难的文科类毕业生中，法学专业毕业生面临的就业问题似乎更为突出，已经引起了教育部门和社会舆论的高度关注。根据第三方调研机构麦可思的调查数据，法学专业已经连续 4 年成为大学生就业的"红牌专业"，属于"就业率较低、月平均收入水平较低，失业风险较大"的专业。回溯到三十年前的 20 世纪 80 年代初期，法学毕业生不仅没有就业难题，其社会地位和职业认同度也非常之高。当然，今昔不同，其间最大的差异在于毕业生就业政策的变化。改革开放后，国家的经济体制由主要依靠行政指令进行资源配置的计划经济转变为承认市场在资源配置中起决定作用的市场经济体制，政府对高校毕业生就业的管理方式也逐步改变，逐渐从国家主导的"毕业分配"转变为以毕业生和用人单位自主选择为主导的"双向选择、自主择业"机制。

然而，除去制度变迁因素，以法学毕业生为代表的高校毕业生就业缘何如此艰难？在预期就业压力持续存在的情况下，如何确保毕业生就业质量？理清这些问题，需要对当前高校法学毕业生的就业状况进行系统分析。

一、法学毕业生就业情况

（一）法学毕业生就业环境概述

在过去的十五年间，我国的大学毕业生人数迅速增加，根据理论界的测算，当毛入学率低于 15% 时，为高等教育精英化阶段，"当高等教育毛入学率在 15% 到 50% 时，步入大众化阶段；当毛入学率超过 50% 以后，就迎来了高等教育的普及化阶段"。教育部统计数据显示，我国高等教育的毛入学率在 2002 年达到 15%，截止到 2009 年，这一数据已经达到 24.2%。数据表明，中国的高等教育已经不再属于精英教育，高校毕业生总量持续增加将成为常态。

高等教育的去精英化，使得市场上高层次人力资源的供给迅速增加。而同时期经济增长所带来的岗位需求增量，尤其是体力劳动以外的知识密集型和技术密集型产业并未获得同等速度的发展，由此势必带来毕业生就业方面的总体压力，造成毕业生"结构性失业"。而造成毕业生结构性失业或者就业困难的原因，与高校的专业设置和特定的行业特征密不可分。具体到法学专业，一方面传统上主要的就业领域公检法司等国家机关"逢进必考"，进入门槛提高；律师事务所、公司企业法律部门等需求较为稳定，并没有随着毕业生总量增加而持续上升。另一方面，法律职业的行业特征也决定了毕业生求职具有一定难度，一般要求通过国家司法考试，获得法律职业资格证书。这种行业准入特征也使得法学毕业生求职之路更加艰辛。

回到法学毕业生"量"的问题，教育部统计数据显示（见表1），自1999年以来，许多高校在本科阶段新开设法学专业，法学毕业生总量持续走高。近年来虽然法学专业本科生在全国本科毕业生总数中所占比例逐步下降，已经由最高时的5.68%下降至4%，然而毕业生规模却在逐年上升，在过去的十三年间法学本科毕业生总数由1.64万人增加到了12.16万人，增长了7倍之多。此外，每年已毕业但尚未落实工作的毕业生会加入来年的就业大军，使得市场上法学毕业生就业竞争更加激烈。

表1　中国法学本科生毕业人数（1999—2012）

年份	本科生总数（万人）	法学专业（万人）	比例
1999	62.3	1.64	2.63%
2003	92.96	5.28	5.68%
2006	172.67	9.16	5.30%
2009	245.54	11.72	4.77%
2012	303.85	12.16	4.00%

总体而言，无论是法学专业毕业的本科生还是研究生，其所面临的整体就业环境都会受到来自高校毕业生就业政策，以及来自市场方面供需形势的客观影响。这种影响不因毕业生个人能力禀赋或者学历层次而异，广泛存在于毕业生的求职过程之中，塑造了整体紧张的就业环境。

（二）法学毕业生初次就业率——来自中国政法大学的数据

就业质量得到保障的前提是充分就业，因此毕业生初次就业率的重要性不言而喻。当前国内高校统计就业率主要采用教育部划定的统计口径，这与社会媒体和一些研究机构的统计口径并不完全一致。为准确把握法学毕业生真实就业情况，本文采用教育部统计口径作为衡量就业率的具体指标。在研究对象上，本文选取了中国政法大学2011年至2013年法学毕业生的就业情况作为考察对象。此外，为区别不同学历层次法学毕业生的真实就业情况，本论文分别整理分析中国政法大学法学本科生和硕士

研究生的就业率。（见表2）

表2 中国政法大学法学毕业生初次就业率（2011—2013）

学历层次	毕业年份	法学毕业生总数	已升学	已出国	已就业	就业率
本科	2011年	1524	297	76	915	84.51%
	2012年	1411	407	115	762	91.00%
	2013年	1304	347	127	616	83.59%
硕士	2011年	1213	26	44	1099	96.37%
	2012年	1023	27	37	935	97.65%
	2013年	1141	27	37	990	92.38%

数据表明，中国政法大学法学毕业生总体就业情况处于较好水平，连续三年法学本科生平均就业率为86.37%，法学硕士研究生平均就业率为95.47%。作为法学占据传统优势地位的院校，中国政法大学法学本科和硕士研究生就业率均高于全国法科院校84%的平均水平；另一方面，法学硕士研究生就业率高于法学本科毕业生，而法学本科毕业生升学人数和比例明显高于法学硕士研究生。

二、法学毕业生就业质量分析

从教育服务于学生、服务于社会的角度看，就业质量的问题比就业率更加重要。因为长远来看，不光要使毕业生尽可能的有业可就，还要使其能够用所学专业知识服务于社会。因此，如何提高毕业生的就业质量已经成为毕业生就业问题新的关注点，引起了国家和社会的重视，也对高等院校的人才培养和就业工作提出了新的挑战。

毕业就业质量如何衡量是研究这一问题的基础命题。事实上，就业质量是一个内涵非常丰富的概念，在就业率之外，包括薪酬福利、工作地点、工作环境、专业对口程度、职业发展前景等都与就业质量相关。从理论角度出发，就业质量研究指标的确定离不开对劳动力市场和人力资本价值的研究。而从现实来看，当前我国的劳动力市场受到体制因素、所有制结构和经济发展政策的影响，人力资本价值的提升与学历和职业经历的关联度更大。

（一）劳动力市场和人力资本价值理论

关于当前中国劳动力市场的研究中，最具解释力的当属市场分割理论，该理论始于20世纪70年代的经济学研究领域，是以当时西方社会经济状况为研究对象，在与新古典经济学的争论中产生和发展起来的新的理论假设，其与新古典经济学理论的分歧在于对收入差距的解释方面。

传统的人力资本理论认为收入差距的根源在于劳动者的人力资本差异。因此，提升教育水平、进行职业培训、积累工作经验是提升人力资本，提高收入的主要途径。该理论将劳动者收入差距完全归因于劳动者个体特征的差异，也被称为"工资竞争模型"。该理论在解释职业流动方面的重要推论认为，职业流动会导致原有职业带来的特定人力资本积累发生中断，因而会阻碍劳动者收入水平的提高。反之，特定职业经验的积累会提高个体人力资本，劳动者在一个职业中工作时间越长，其经验积累越丰富，人力资本的价值就会提高，相应的工资收入也会越高，越不倾向于"跳槽"。

人力资本理论"过于强调个体特征差异，忽视了市场上结构性因素"，因而受到了学术界的质疑。在诸多质疑中，来自美国经济学家皮奥罗和多林格的二元劳动力市场理论最具代表性。该理论反对人力资本理论对劳动力市场"同质性"的假定，认为劳动力市场在属性上存在"结构性"和"非竞争性"因素，因而对劳动者在市场上职业地位的获得和收入差距的研究要考虑制度和社会因素对劳动报酬和就业的影响。

二元劳动力市场理论从个体特征以外的"制度性和社会性因素"对劳动力市场的影响出发，假定存在首要劳动力市场和次要劳动力市场这两个不同层级的市场部门。在首要劳动力市场上，劳动者具备较高的职业能力和专业技术水平，或者具备发达的社会关系网络和政治精英身份，劳资双方实力对比较为均衡，职业收入较高，工作较为稳定，晋升机会较多；而在次要劳动力市场上，劳动者自身职业能力较弱，专业技术水平较低，社会活动能力和政治精英身份缺失，劳资双方实力差距较大，因而职业收入较低，工作缺乏晋升机会且流动性较大。

二元劳动力市场理论和人力资本理论从收入差距分析的视角出发，研究劳动者就业与劳动报酬的关系，并涉及了职业地位的获得和职业发展等方面。这为我们研究就业质量提供了理论视角。从上述理论出发，可以发现在首要劳动力市场上的就业质量无疑会更高。而从当前我国劳动力市场的现实情形来看，地区经济发展水平、公共政策、所有制等方面的因素都会影响到劳动力市场的发展层次和饱和程度。

此外，由于区域间发展水平和市场竞争因素的差异性，人才集聚效应在我国当前劳动力市场上表现较为明显，反映在高校毕业生就业方面，出现了明显的地域分流现象。在不同的择业地区，毕业生进入首要劳动力市场的可能性差异巨大，其发挥专业所长的空间也因人而异。从宏观角度出发，毕业生就业地域选择和专业对口程度成为了其能否进入首要劳动力市场的重要影响因素。因此，本论文选取毕业生就业地域和专业对口度作为切入点，以此作为就业质量分析的主要指标。

（二）法学毕业生就业地域流向分析

毕业生的就业地域分布受到不同地区经济发展水平、公共服务水平、公共基础设施水平和落户政策的影响。事实上，由于我国地区间经济发展水平的不平衡，导致全国劳动力市场呈现分割态势，人才和经济资源仍主要集中于东部地区，因而某种程度上毕业生向经济发达地区集中，也是就业能力的综合体现。

根据中国政法大学法学毕业生连续三年主要就业地域分布情况（见表3），本科生和研究生首要就业地域为北京地区，其次为广东、天津、山东、江浙地区等沿海发达地区；本科生留京就业人数呈现逐年下降趋势，且总量明显少于研究生，这反映了北京地区落户政策的趋紧态势；相对于研究生，本科生到四川、新疆、西藏等西部省区就业人数较多，一方面反映了国家鼓励毕业生到西部和基层就业政策导向的作用，另一方面也反映了西部地区近年来开发开放力度加大，人才引进力度加强的趋势。

表3　中国政法大学法学毕业生主要就业地域和人数分布情况（2011—2013）

本科生主要就业地域前十名（2011—2013）									
2011 年	北京	广东	四川	陕西	新疆	江苏	天津	浙江	河南	贵州
	225	56	32	31	26	25	25	24	23	22
2012 年	北京	山西	河北	天津	广东	江苏	山东	西藏	内蒙古	四川
	206	44	35	32	32	29	21	20	20	18
2013 年	北京	天津	新疆	江苏	广东	四川	福建	西藏	上海	山东
	122	32	31	27	27	21	20	16	13	11
研究生主要就业地域前十名（2011—2013）									
2011 年	北京	广东	天津	山东	江苏	浙江	河北	湖南	广西	云南
	633	100	75	48	42	42	33	39	25	23
2012 年	北京	河北	广东	天津	山东	江苏	上海	内蒙古	浙江	辽宁
	442	95	74	71	68	54	35	34	31	30
2013 年	北京	天津	山东	广东	江苏	上海	浙江	四川	广西	辽宁
	555	76	62	56	39	31	25	22	16	14

需要说明的是，毕业生就业地域选择是由综合因素决定的，既受到其主观意愿和

就业能力的影响，又受到外部政策环境影响。表格中毕业生择业地域仍主要集中于东部发达地区，尤其是研究生层次集中度要高于本科生，这一方面反映了大城市对人才提出更高标准，生活成本和落户难度加大；另一方面反映出人力资源的集聚效应，由欠发达地区向发达地区流动的大趋势仍未改变。

（三）毕业生就业的专业对口程度

在知识经济时代，许多工作需要的专业知识和技术是决定其岗位价值的重要组成部分。毕业生从事的职业与所学专业匹配程度越高，其职业稳定性和发展空间就越大；反之，毕业生所从事的职业与所学专业相关度越低，在具体工作中使用专业知识的机会就越少，其职业稳定性和职业发展的预期空间就会越小。另一方面，毕业生职业与专业相关度与其人力资本投资预期密切相关，专业技术性越强的工作岗位，需要的投入越大，预期回报也越高；缺乏专业技术性的工作岗位，需要的投入小，因而其可替代率高，预期回报也相应较低。

为准确把握毕业生就业的专业对口程度，本论文采用麦可思数据研究院与中国政法大学学生就业创业指导服务中心合作进行的 2011 届毕业生追踪调查数据进行专业匹配度研究。本研究采用了问卷调查的形式，问卷中是由毕业生回答自己所从事职业是否与所学专业相关。

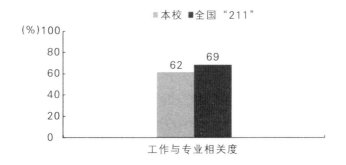

图1　毕业生工作与专业相关的人数比例（％）

从图 1 数据可以发现，中国政法大学法学专业毕业生职业与工作相关度较低，为 62％，低于全国"211"高校的平均水平 69％。而关于专业相关度较低的原因，从图 2 的调查结果可知，主要在于毕业生的就业期望与实际情况的不符，以及法学专业相关的工作市场需求不足。

需要注意的是，以上原因反映的都是毕业生对工作的主观认识方面。从中可以发现毕业生的职业期待和现实情况之间存在较大差距，根源可能存在于毕业生职业规划

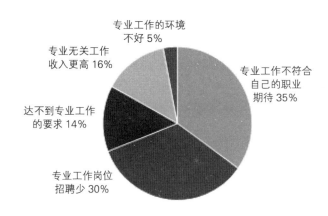

图 2　专业匹配度低的原因

不足，或者专业知识已经不能适应具体工作要求（认为自己达不到专业工作要求的占14%）；另一方面，认为"专业工作岗位招聘少"的人数近三分之一，反映了法学专业市场需求不足。

综上所述，毕业生就业质量以充分就业为前提，主要体现在就业地区和专业对口程度方面。数据表明，中国政法大学法学毕业生就业率处于较好水平，而毕业生专业对口程度则相对较低。这说明在就业率保持稳定的前提下，追求就业质量的有效提升是需要努力解决的问题。

三、法学毕业生就业质量提升策略

前文对法学毕业生就业状况的分析，尤其是毕业生就业地域选择和专业匹配度方面的研究告诉我们，在法学专业毕业生初次就业率提升之后，如何根据不同学历层次毕业生就业地域流向的特点，采取对应措施提升其就业质量，以及研究提高毕业生职业与专业匹配度的对策，是提升法学毕业生总体就业质量的关键。

另一方面，毕业生就业质量受到国家政策、区域经济发展、学校教育和其自身就业能力与实习实践等多方面因素的影响。而政策变迁和经济结构的调整不是一蹴而就的，因而研究现行制度背景下如何提升毕业生就业质量更具现实意义。

从提升就业质量的主体来看，高校作为人才培养的摇篮，毕业生就业质量首先取决于高校的人才培养质量。因此，在牢牢把握以人才培养为中心的前提下，对现有的教育教学管理系统和就业工作机制进行适当调整，是有效回应社会需求、促进毕业生就业质量提升的可行之策。结合国内外高校的经验，我国高校提高就业质量的可行策略主要有以下几个方面。

（一）专业教育中渗透职业生涯教育

专业教育在毕业生知识和能力的培养中占据核心位置，而在目前高校专业设置相对稳定的情况下，提升毕业生的职业能力可能的方向就在职业教育方面。事实上，国内重点大学专业教育方面比较扎实，毕业生基本具备了良好的专业功底，而造成专业学习与就业质量脱节的中间因素就在于职业教育的不足。

对比国外高校的情况来看，职业教育的理念已经在普通高校中得到普及，并且有一整套成熟的方法可供借鉴。如在英国高校中，普遍将提高学生的就业竞争力作为生涯教育的核心，通过完善学生的职业技能结构、提高其自我推销能力、对就业信息的获取能力和进行甄别的能力，构建起了职业生涯管理技能体系，进行系统化的职业教育。在美国高校中，广泛建立了 STC（Student to Career）的职业教育理念，其核心要义包括：突出学生主体地位，注重其终身发展；加大学校与用人单位的合作力度，突出学校工作的"服务性"；关注经济发展和市场需求，培养学生个人职业生涯发展意识。在这样的职业教育理念引导下，各高校普遍将学生的就业能力和职业发展问题视为学校教育的重要方面。

目前在国内高校，职业教育的理念正在逐步渗透，也探索出了行之有效的方法。如很多高校在大学一、二年级中开设"大学生职业能力发展规划与就业指导"选修课，定期开展择业技巧指导、职业规划讲座、成功人士交流等活动，在毕业生就业与求职方面取得了初步成效。有的学校注重课程联系实际，如中国政法大学通过开展"庭审实况转播"等形式的实践教学，使法律实践走进课堂，培养了学生的职业意识，取得了较好的实际效果。

然而，目前国内高校的职业教育中仍然存在问题，主要表现有：职业生涯规划的理念普及度不高，系统性不足；职业指导课程与专业教育关联程度低，职业生涯教育活动较为分散等。事实上，专业教育与职业教育并非此消彼长的关系，二者可以融合并共同促进毕业生职业意识和能力培养。从教育实践来看，在学校教育中，尤其是在本科阶段探索专业教育与职业教育的有效融合手段，在教学内容和方式上适度调整是提高毕业生职业能力的可行之策。

（二）就业管理模式改革

目前，国内高等院校在内部管理方面，学校和学院的二级管理模式普遍存在。具体到毕业生就业与求职方面，学校层面的就业指导中心承担了大部分的管理和服务职能，而学院的积极性没有得到充分发挥。从具体工作的开展来看，工作重点仍然放在学校内部，对于校外的职业场所涉及较少。在毕业生的就业指导方面，仍然以"工作本位"为主，强调学生对于工作的适应性，而忽略了毕业生的个性需求和职业潜力。在社会需求不断变化的形势下，目前高校就业方面的二级管理体制已经不能适应毕业生就业指导和职业发展的需求，需要进行必要的改革。

在二级管理体制短期内难以突破的情况下，高校应着力提高二级学院在毕业生就业管理方面的积极性。从就业流程和就业手续办理等方面全面放权，将目前广泛设置在校级就业指导机构的毕业生就业管理职能放在学院一级，由学院负责毕业生就业具体管理工作。校级就业工作部门逐渐淡化就业管理职能，转而增强其信息服务和咨询职能，对内主要承担咨询和服务职能，为学院和毕业生提供就业政策和职业生涯规划等方面的支持。

在毕业生职业生涯辅导和就业指导方面，校院两级都要改变"工作本位"的误区，而要树立起"职业本位"的意识，注重学生的个性化需求和职业潜力，进行有针对性的职业辅导，帮助毕业生找到合适的职业定位和发展预期，而不仅仅是停留在找工作的层面，由"重指导"工作模式向"咨询式"的模式转变。

在高校和外部单位的联络上，除了必要的就业信息收集外，还应该建立更为广泛的联系，加强就业实习实践基地建设，提供职业培训。学校就业部门可与用人单位建立长期合作机制，共同商讨制定毕业生就业培训方案，邀请用人单位负责人到学校举办讲座，为毕业生讲解最新的行业动态和社会需求信息，指导毕业生进行职业能力培养。

（三）工作方式的创新

在信息化、网络化迅速发展的时代背景下，移动互联网已经成为人们工作生活的重要部分。平板电脑、手机上网等工具和信息联络方式日益普及，方便了人们之间的信息沟通，也让信息更具时效性和传播效率。信息的获取和使用在毕业生就业过程中有着极其重要的地位，及早地了解市场需求信息，预先按照相应要求做好准备是毕业生求职成功的关键。传统的高校信息化工作主要集中于网站建设和论坛维护方面，在互联网时代这样的方式极大地促进了信息传播的效率，降低了毕业生获取信息的成本。然而，在移动互联网和自媒体大行其道的今天，仅专注于传统的网站建设和对应的工作方式已经不能适应时代的需求。

在高校就业管理和服务系统建设方面，应该引进移动互联网发展的经验，变革传统的工作方式。高校应加大在官方微博、微信平台、APP 客户端等方面的建设力度，以更加低廉的价格获取更高的信息传输效率，适应毕业生群体年轻化、网络化的时代特征。在网站平台建设方面，努力推广集成度高的就业服务系统，使得毕业生在网络上就可以完成个人职业测评、就业信息查询、预约参加招聘活动等。

高校的就业工作方式也要随着硬件环境的变化及时变革。如传统上通过讲座进行的就业政策宣讲，可借鉴网络公开课的模式，通过录制视频节目，放在就业网上供毕业生随时随地在线学习。在就业管理方面，推广毕业生网上签约系统，由毕业生个人将本人签约信息实时提交到系统，学校就业部门做最后审核后向上级主管部门提交。在就业信息方面，变革传统的仅维护网站服务器的方式，通过手机 APP 客户端及时推送招聘信息和单位宣讲会通知。

综上所述，高等院校在提升毕业生就业质量方面需要从教育理念到教学模式、从管理体制到工作方式、从硬件到软件等方面进行全方位变革，以适应不断变化的社会需求和信息化、网络化的时代背景，及时把握市场需求，为毕业生提供有针对性的职业生涯辅导和就业指导，引导毕业生在校期间就树立起职业能力培养意识和职业发展意识。

高校毕业生能否充分就业，是关系到亿万家庭的大事，也对国家经济发展和社会稳定具有重要战略意义。法学专业毕业生作为国家法治建设的中坚力量，其就业问题反映着社会对法律人才的吸纳程度，这不仅关系到毕业生个人和家庭的利益，某种程度上，也反映了社会的法治水平。因此，法学专业毕业生的就业问题妥善解决，对于推动国家法治进步，提高我国司法文明程度具有重要意义。

从更加广阔的视角来看，法学毕业生就业应当追求质与量的统一，既要保证就业率，也要注意就业质量的提升。从当前我国劳动力市场的现实状况和毕业生就业实践来看，高校在促进毕业生就业质量的提升方面仍然大有可为，从学科建设、教学模式改革和就业指导工作的开展等方面通盘考虑，以提高毕业生专业素养和人文精神为基础，在职业生涯教育、就业管理模式和工作方式等方面进行创新，是提高毕业生就业质量的有效途径。

高校毕业生就业质量报告制度初探

法学院　　陈维厚

摘　要　2013 年 11 月教育部发出通知，要求高校逐步、按批次公布各校毕业生就业质量年度报告，2014 年 2～3 月份，教育部直属 75 所高校首次公布就业质量年度报告，取得较好的社会效果。教育主管部门督促高校公开毕业生就业相关信息，是推进高等教育改革的积极尝试，是促进高校健全就业状况反馈机制、引导高校改进人才培养模式、提高教育质量的一个重要举措。但因为高校毕业生就业质量内涵不清楚、就业质量报告内容的模糊性、各高校对就业质量报告认识和重视程度不同，又是国内第一次公布质量报告，就业质量报告制度需要进一步研究和完善。如果不能科学设计制度和指标体系而继用传统的就业统计方式，就业质量报告可能因"造假"、"形式主义"、"无益于质量提升"等问题而失去质量报告制度对高校办学的反馈、监督、推进价值。高校毕业生就业质量的信息不仅要向社会公开，更应该有效地反馈到高校发展决策和教育教学改革之中，这是高校毕业生就业质量报告制度的核心目标。

关键词　高校学生就业　质量报告制度　制度完善

一、就业质量报告制度的背景及目标

高校毕业生就业是当前社会关注的热点，关注的重点也逐步由就业率转向就业质量。各级政府把做好高校毕业生就业工作作为就业工作的首要任务，教育部等有关部门积极推动和促进高校毕业生就业工作。当前，提高高等教育质量是国家战略部署，提高毕业生就业质量和就业率是政府核心工作之一，提高毕业生就业质量与高等教育质量具有同向性，二者互相促进。不论是国家层面还是高校层面，对高等教育质量和高校毕业生就业工作都高度重视。出台高校毕业生就业质量报告制度既是推进高校毕业生就业工作的重要举措，也是提高高等教育质量的重要举措。

（一）就业质量报告制度的背景

1. 高等教育从规模到内涵发展的需要

我国高等教育经过六十多年，尤其是近二十多年的快速发展，取得举世瞩目的成就，在校学生规模世界第一。社会对高等教育的关注重点开始从数量转移到质量上。我国高等教育质量与发达国家还有一定距离。《国家中长期教育改革和发展规划纲要（2010—2020年）》提出，要提高高等教育质量，高等教育要走内涵发展道路。《教育部关于全面提高高等教育质量的若干意见》对提高高等教育质量作出具体部署，对提高高等教育质量提出明确要求。我国高等教育应树立数量与质量并重的理念，实现工作重心由规模、数量向内涵和质量的转移。在教育国际化趋势下和在市场经济条件下，高等教育市场优胜劣汰的关键是教育质量。政府、社会、家长和学生等利益相关者对高等教育的质量寄予了更高的期望。提高我国高等教育的影响力和竞争力，提高高等教育质量应该放在更加重要、突出的位置。建立、健全高校毕业生就业质量报告制度能够促进高校加快改革，是高校通过毕业生就业信息反馈教育教学，对人才培养进行系统检讨与反思的途径；是高校走内涵发展道路、提高教育质量的一个重要契机。

2. 高校毕业生就业市场化的需要

第一，计划经济下的"统招统分"。

1949年新中国成立后，我国实行计划经济，在很长一段时期内，高校采用的是统招统分的制度，学生无条件服从分配，用人单位无条件接受毕业生，学生没有就业自主权。1993年2月13日，国务院颁发了《中国教育改革和发展纲要》，自此，高校毕业生就业从"包分配"逐步过渡到"市场导向、政府调控、学校推荐、学生和用人单位双向选择"的就业工作模式，这种市场配置模式为高校毕业生提供了广阔的就业天地和择业自主性。同时，随着高校招生规模扩大，就业难紧跟着出现了，高校毕业生的就业率引起重视。

第二，市场经济下的"就业率"。

教育主管部门要求高校公布毕业生就业率始于1999年，把高校毕业生"就业率"作为评价高校就业状况的指标，促使高校关注毕业生就业数量的情况。2003年，教育部出台《促进高校毕业生就业工作的若干意见》，将高校招生规模与毕业生就业率挂钩，对就业率明显偏低的地方和高校，原则上要减少招生，对就业率偏低的专业也要控制、减少招生规模。① 高校招生与就业率挂钩的目的是将市场机制引入高校的招生与人才培养，督促高校提升教育教学质量。

目前，我国高校就业统计的依据是教育部 2004 年 6 月修订的《毕业生就业状况统计办法》，指标主要是各个高校截至 8 月 31 日的初次就业率。毕业生就业统计以充分就业为理论依据和目标，高校对就业率的简单追求，导致就业率 GDP 主义，往往忽略就业工作的系统性、全面性，忽略毕业生就业的收入水平、发展空间、社会保障、满意度等就业质量因素，仅仅关注就业数量。现行的"就业率"单一指标以及"就业—失业"二分法只能简单反映就业工作某一阶段"量"的成果，无法对就业状况进行"质"的评价。② 这种统计和评价方法的弊端显而易见，重视高校毕业生就业的质量成为趋势。

第三，内涵式发展下的"就业质量"。

重视高校毕业生就业质量是巨大的进步。社会对高校毕业生的关注从是否能找到工作转移到就业质量上来，更关心是否是"好工作"。高等教育不能狭隘地把毕业生就业工作的目标仅仅局限在数量的扩展上，必须树立就业数量与质量并重的理念，实现工作重心由规模、数量向内涵和质量的转移。③ 高校毕业生就业质量概念的提出，是对高校毕业生就业衡量指标的修正，不仅要关注毕业生的就业率，更要关注毕业生的就业质量，关注毕业生就业的满意度、用人单位的满意度和毕业生的人力资源配置的效率。毕业生就业质量理念的传播和深入，能推动高校人才培养与经济社会发展的良性互动，推动"高能高酬"良性经济发展方式的运行。④ 从质量角度对就业状况进行统计是促进经济社会与高等教育良性发展的需要，是高校毕业生就业市场化的必然要求。

3. 政府调控教育职能的转变

十八届三中全会《中共中央关于全面深化改革若干重大问题的决定》提出，要建立现代治理体系。对于政府与高校关系及提高高等教育质量来说，现代治理体系就是政府不能介入高校办学的具体事务。教育主管部门逐步转变了对高校的监管方式，

---

① 《教育部关于进一步深化教育改革，促进高校毕业生就业工作的若干意见》，http://www. eol. cn/20031119/3094580. shtml。

② 李金林：《构建高校就业质量科学评价体系的探索》，载《现代教育科学》，2005 年第 2 期。

③ 《教育发展研究》评论员：《关注中职毕业生高就业率背后的就业质量问题》，载《教育发展研究》，2010 年第 11 期。

④ 国福丽：《国外就业质量评价指标研究概述》，载《中国劳动》，2009 年第 10 期。

一方面逐步扩大高校办学自主权，另一方面，政府转变履行职能的方式。教育主管部门发布高校的招生、教育教学、就业等信息，不是教育主管部门根据信息决定高校如何办学，而是高校根据信息自主调整，让受教育者根据信息选择高校，最终以受教育者的选择推进办学质量提高。教育主管部门的责任是督促信息及时公开，强化信息的准确性、客观性。教育主管部门在提高高等教育质量和就业质量过程中的角色有了变化，从主导者转向监管者和服务者，高校拥有更多的自主权，高校对自己的教育教学质量、毕业生就业质量和发展承担责任。高校毕业生就业质量报告制度是在政府职能转变的这个背景下产生的，是促进我国高校深化改革，提高高等教育质量的重要举措。

（二）毕业生就业质量报告制度的目标

1. 国家层面——促进高等教育质量提高

提高高等教育质量是时代要求。党的十八大报告中提出了"推动实现更高质量的就业"。《国家中长期教育改革和发展规划纲要（2010—2020年）》明确提出："提高质量是高等教育发展的核心任务。"提高高等教育的质量提上了议事日程。1998年世界高等教育大会宣言指出："21世纪是一个更加重视质量的世纪，由数量向质量的转换标志着一个时代的结束和一个新时代的开始。"① 在此背景下，如何提高高校的教育教学质量，如何评价高校就业工作等成为重要的问题，人才培养是高校的根本任务，人才培养质量决定着毕业生的就业质量。高校毕业生的就业质量将成为评价高校、高校毕业生就业工作及高校声誉的重要指标。高校毕业生就业质量报告制度有利于促进高等教育质量提高。高校毕业生就业质量报告制度通过高校自主权与政府问责权相平衡的原则，督促高校明确毕业生就业质量改进目标，完善毕业生就业质量提升体系，依据外部指标对高校的教育教学和就业质量的绩效作出评价，以此作为高校问责的依据。就业质量报告制度强调高校在质量提升中的主体性，通过形成自我保障机制促进教育教学质量和就业质量的提升。

2. 高校层面——促进学生培养和就业质量提高

第一，引导高校转变人才培养质量观念。

毕业生就业质量是衡量高校人才培养质量的重要标准，是高校教育教学改革的重要参考标准。高校人才培养质量是否过硬，是否得到了社会认可是衡量高校教育教学的重要标准。高校毕业生就是高校的"产品"，学生的培养质量如何，不能仅由高校

---

① 霍丽芳：《转型时期我国就业质量研究》，山西财经大学2012年硕士论文。

自己说了算，要接受用人单位和社会的检验。

我国传统的人才培养的质量观就是知识质量观，以学生掌握知识的丰富、深浅程度为评价教育教学质量的主要标准，不注重学生的能力培养，不重视人才培养与社会需求的衔接。随着社会的发展和认识的深化，尤其随着市场经济的推进，社会逐步认识到能力及其他非智力因素的培养在职业发展中的作用。传统的教育教学质量观逐步转变为以知识、能力等智力因素和道德品质、文化修养、心理品质等非智力因素为核心的全面的质量观。高校人才培养质量距离社会需求较远，对用人单位的需求感知比较迟钝、滞后。高校毕业生就业质量年度报告的相关信息，可作为高校招生计划安排、学科专业调整、教育教学改革等方面的重要参考，以加大应用型、复合型人才培养力度，增强高校毕业生职业转换能力。① 高校毕业生就业质量报告制度有利于促进高校进行就业质量提升为目标的人才培养模式改革，促进高校探索毕业生就业与人才培养互动的长效机制，促进高校改进人才培养质量观。

第二，促进高校提高就业工作质量。

提高毕业生就业质量是具有根本性、全局性的系统工程，需要政府、高校和学生从不同层面共同努力，形成合力。高校毕业生就业质量报告制度以高校毕业生的就业为抓手，促进高校教育教学、人才培养与市场对接，调动高校合理配置资源的积极性、主动性和专业性。高校毕业生就业质量的信息不仅要公开，更要有效地反馈到高校发展战略决策、资源配置和教育教学改革的过程中，这是高校毕业生就业质量报告制度的核心目标。

高校应从社会需求出发，转变人才培养理念、目标，调整专业设置，提高培养质量。提高就业质量的根本途径是提高教育教学质量，而教育教学质量的提高须赖于微观教学因素方面的系统性加强，必须从教师课程体系、教学方式、评价学生方式等方面进行改进，从而提高教学质量和就业质量。完善就业质量评估方法与标准，构建持续性的就业质量提升模式和机制。建立就业质量的奖惩制度，将毕业生就业质量作为学院、学科和教师绩效考核标准之一，考核学院工作、课堂教学和管理工作等。

促进高校加强职业规划教育和就业指导。提高毕业生就业质量并非单靠一个"就业办"，高校应有"大就业观"，将学生就业的思想贯穿到学生培养的各个环节。高校应改革计划经济体制下传统的毕业生就业工作的理念、体制、机制、模式及方

---

① 《教育部办公厅关于编制发布高校毕业生就业质量年度报告的通知》，教学厅函〔2013〕25号。http：//www. moe. gov. cn/business/htmlfiles/moe/s3265/201311/xxgk_ 159491. html。

法，建立起与市场机制、与高等教育大众化相适应的新的就业工作体系。就业质量报告制度可以促进高校更好地做好"就业"这篇文章。

3. 学生层面——引导学生学业、职业生涯发展

高校毕业生就业质量直接影响着学生的生存境遇，更关系到人力资本发挥和人力资源配置的效率。高校学生学业、职业规划与发展需要相关信息作为决策的依据，就业质量报告恰好能提供有效的数据信息。高校毕业生是国家宝贵的人力资本，毕业生高质量就业有利于促进人力资源优化配置，加速经济社会的发展，提高我国综合国力和国际竞争力。高校毕业生就业质量报告反映就业现状、特点，为高校、学生、社会大众、政府提供决策参考信息，为学生的学业、职业规划提供参考信息，对在校学生制定和修正职业规划、高中毕业生报考学校和专业有积极参考意义。高校学生毕业后，大部分毕业生从事本专业领域相关的职业工作，职业发展的情况很大程度上受到专业对口的影响，一般来说，专业对口率高则其职业发展表现相对较好。就业质量高、学生满意度高、幸福感强可以促使学生将更多精力投入学习，努力提高自身的素质和就业能力，主动适应岗位要求，有利于他们的职业发展。毕业生就业质量报告有利于促进学生学业、职业生涯发展，提高其工作、生活质量，对学生的职业发展具有推动作用。

二、就业质量报告制度的内涵

（一）就业质量

高校毕业生就业质量内涵不清晰，就业质量的统计口径不明确，就业质量评价就没有科学的标准。完善高校毕业生就业质量报告制度，首先要厘清就业质量内涵和就业质量的评价指标。

1. 就业质量内涵

第一，就业。

就业，是劳动者与生产资料的结合。国际劳工统计协会规定，在劳动年龄范围内，凡满足下列条件之一，均算是就业：①在规定的时间内从事有报酬的劳动；②有工作但由于疾病、事故、度假、劳动争议、旷工、设备损坏临时停工等原因暂时没有工作；③自己当雇主或自主营业，包括协助家庭经营工厂或企业，工作时间相当于正常工作时间 1/3 以上，未拿报酬者也算就业。① 就业一般包括全职工作和兼职工作。以上述定义为标准，就业是指人和组织或者人和岗位的匹配，从这个意义上讲，升

---

① 孙国伟：《就业与创业指导》，中国商业出版社 2004 年版，第 2 页。

学、出国等不能纳入高校毕业生就业率的统计范畴，而只能称为毕业去向落实率。

第二，就业质量。

国际标准化组织（ISO）的质量定义中指出，"质量"是产品或工作的优劣程度，是一组固有特性满足要求的程度。[①] 就业质量指的是劳动者与生产资料结合所产生的报酬多少和条件好坏，是反映就业过程中劳动者与生产资料结合获得收入与发展的优化程度以及工作固有特征满足人们要求的程度的综合性范畴。[②] 就业质量是一个主客观相结合的范畴，主观上指劳动者对就业状况的满意程度，客观上指劳动者工作本身、特征、报酬及其与劳动者的匹配程度。

第三，毕业生就业质量。

从"质量"的定义拓展应用到毕业生就业质量方面，将其定义为毕业生从事的工作与其接受的教育程度、所学专业和就读高校的培养目标以及毕业生就业意愿的符合程度。[③] 高校毕业生的就业质量是指在符合高等教育基本规律的前提下，毕业生满足社会需要的特征要求的总和。[④] 高校毕业生就业质量评价指标与一般劳动者的评价指标有区别，就业质量评价要与毕业生的毕业院校、专业、教育层次和培养目标等结合，这是由毕业生就业的特殊性决定的。

2. 毕业生就业质量的几个维度

毕业生就业质量是一个综合性的社会问题，毕业生就业质量是一个涵盖宏、中、微观层次的范畴，微观层面上它指客观的就业环境、条件及就业者的满意度等方面，中观层面上是指高校毕业生整体的就业质量和用人单位对高校毕业生的满意度，宏观层面上则指劳动力市场的运行情况和资源配置效率。就毕业生自身而言，除了由社会、高校、用人单位等外在因素对就业质量的影响，毕业生自身的就业能力才是影响就业质量的关键因素。

第一，毕业生个体。

从微观角度看，毕业生个体的就业质量包括一切与个人工作状况有关的要素。评

---

① 参见：http://baike.baidu.com/link？url＝JPjIMfBk1DRdUlGEHO0AYfmc4 FmtpjDrJddLL_TyP-pBZRaLy92w3－WvzgpjqCnkXd1ac0LJ1x0TOiy5ezVrj8_。

② 刘素华、董凯静：《再论就业质量》，载《河北师范大学学报（哲学社会科学版）》，2011年第34期。

③ 曾向昌：《构建大学生就业质量系统的探讨》，载《广东工业大学学报（社会科学版）》，2009年第3期。

④ 柯羽：《高校毕业生就业质量评价指标体系的构建》，载《中国高教研究》，2007年第7期。

价高校毕业生个人就业质量的指标和因素主要有：工作单位、工作环境、工作岗位、发展空间、薪酬福利和就业满意度等。

表1　高校毕业生初次就业质量评价指标

目标层	一级指标	二级指标	
		指　　标	备　　注
就业质量水平	工作环境	物理环境	工作所在区域、场所、地点的交通便利性、安全性、舒适性等
		人文环境	单位文化、人际关系、工作氛围等
	工作单位	单位的性质	单位的类型、规模等
		单位的知名度	单位的知名度、声望等
		单位的社会认可度	单位社会认可的程度
	工作岗位	岗位的社会地位	职业声望、职业期望满足程度
		专业的对口度	与其所学专业或相近专业的工作
		岗位的稳定性	是否经常更换工作
		晋升的机会	未来发展的晋升渠道
	发展空间	培养学习的机会	单位是否提供培训学习的机会
		签约的合约期限	与单位签订的合约期限
		行业的发展前景	单位所在行业的发展前景如何
	薪酬福利	工资水平	试用期结束之后的正常月工资水平
		五险一金	单位提供"五险一金"的情况
		劳动关系	劳动合同、民主管理等方面的保障
		工作地点	工作地点的满意度
	就业满意度	单位本身	单位本身的满意度
		工作岗位	工作岗位的满意度
		发展空间	发展空间的满意度
		薪酬福利	薪酬福利的满意度

指标参考：柯羽《高校毕业生就业质量评价指标体系的构建》；秦建国《大学生就业质量评价体系探析》。

第二，用人单位。

从人职匹配的角度考察，就业质量不仅关系到求职者，也关系到用人单位。要从国家、社会，特别应从用人单位的角度对就业质量进行评价。就业质量评价指标是多维的，核心指标应该是满意度，包括学生和用人单位双向的满意度。高质量的就业一定是高质量的就业匹配，考察个体就业质量，可从毕业生和用人单位两个方面结合起来考虑，双方都满意，则就业质量就高。从人职匹配的角度考察，毕业生与就业单位、职位匹配度越高，一般其就业质量越高，人职匹配度是衡量就业质量的重要标准。从用人单位来看，就业质量高能增强企业的凝聚力，提高企业经济效益；反之，就业质量低会降低就业的相对稳定性和企业的凝聚力，员工的工作效率降低，会影响企业的经营。

第三，高校整体。

从宏观角度看，高校毕业生整体的就业质量与毕业生个人就业质量既有联系，也有区别，但高校就业质量不是毕业生个体就业质量的简单相加。从宏观上看，就业质量是对一定范围内劳动者整体的工作状况优劣程度的集中反映，很大程度上受到社会和经济发展水平的制约。① 高校毕业生整体就业质量评价指标一般包括个人就业质量（包括专业对口率、就业满意度等）、毕业生创业的比例、培养目标与就业去向契合度、政策性就业比例、出国深造率等。

影响高校毕业生整体就业质量的因素是复杂的，主要包括高校人才培养质量、政策因素、全球化等。研究表明，我国高校 1999 年以来的扩招政策及毕业生数量对高校毕业生就业质量具有负面效应，经济发展水平、高等教育投资水平和第三产业发展程度引起的经济结构变迁等对就业质量有显著的正面效应。经济全球化对我国高校毕业生就业质量有较大影响，全球化通过强化资本、弱化劳动，打破传统的劳资力量的平衡格局，影响劳动者的就业质量。中国经济社会发展不平衡，引导高校毕业生下基层和到中西部经济欠发达地区就业，对经济社会的均衡发展具有积极意义。高校毕业生去基层就业和中西部就业具有政策导向意义，是政策性就业。高校对政策性就业的评价与引导也影响高校的就业质量。从高校发展的角度看，高校毕业生就业质量不仅要考察毕业时的就业质量（初次就业质量），也要看毕业生发展的质量，各高校毕业生在社会各行各业领军人物的比例和对经济社会发展的贡献程度，即毕业三年后、十年后、二十年后等就业质量及对社会的贡献程度。

（二）就业质量报告制度

高校毕业生就业统计是教育发达国家非常重视的问题，政府、高校和第三方机构都投入大量人力、财力加以统计和研究，形成比较成熟的就业统计与公布制度。我国高校就业统计与报告相关制度起步较晚，相关配套制度和指标体系还不健全。根据

---

① 秦建国：《大学生就业质量评价体系探析》，载《中国青年研究》，2007 年第 3 期。

《国务院办公厅关于做好 2013 年全国普通高等学校毕业生就业工作的通知》（国办发〔2013〕35 号）要求，教育主管部门要求各高校从 2013 年开始编制发布高校毕业生就业质量年度报告。教育部直属高校应在 2014 年 2 月底前、其他部门所属高校和地方所属本科高校应在 2014 年底前、高职院校应在 2015 年底前完成本校首次毕业生就业质量年度报告编制发布工作，此后高校应在每年年底前发布当年就业质量年度报告。① 自此，我国初步建立了高校毕业生就业质量报告制度。

高校毕业生就业质量年度报告要求公布的内容包括：客观反映本校毕业生就业的基本情况、主要特点、相关分析、发展趋势以及对教育教学的反馈等。② 就业质量年度报告希望发挥的作用是，促进高校要进一步完善毕业生就业状况反馈机制，切实把高校毕业生就业质量年度报告的相关信息作为招生计划安排、学科专业调整、教育教学改革等方面的重要参考，不断加大应用型、复合型、创新型人才培养力度，增强高校毕业生就业创业和职业转换能力。③ 我国初步建立的高校毕业生就业质量报告制度的效果和发展趋势要在实践中检验和不断完善。

三、首次就业质量报告的观察

（一）首次就业质量报告的概况

1. 报告公布时间

教育部通知要求直属高校应在 2014 年 2 月底前完成首次毕业生就业质量报告编制发布工作，通过调研，大概 60% 的高校于 2 月底前进行了公布。其中，在 2 月 28 日前公布的高校仅 3 所，最早为南京大学，该校 2 月 13 日公布，且南京大学提前若干年就已经开始编制、发布本校就业质量报告，2 月 28 日公布的高校有 42 所，40% 的教育部直属高校未按照通知要求按时发布就业质量报告，公布最晚的高校的公布时间是 3 月 13 日。

2. 报告的形式

就业质量报告的形式也反映了高校重视程度和报告质量。有的高校的质量报告形

---

① 《教育部办公厅关于编制发布高校毕业生就业质量年度报告的通知》，教学厅函〔2013〕25 号。http：//www. moe. gov. cn/business/htmlfiles/moe/s3265/201311/xxgk_ 159491. html。

② 《教育部办公厅关于编制发布高校毕业生就业质量年度报告的通知》，教学厅函〔2013〕25 号。

③ 《教育部办公厅关于编制发布高校毕业生就业质量年度报告的通知》，教学厅函〔2013〕25 号。

式好、设计精良，如兰州大学、中央美术学院等。有一些高校的质量报告格式简陋，只有纯文字，不够直观，让人容易视觉疲劳，不便于阅读。有的高校质量报告在网站直接贴出内容，无法下载。有的高校的质量报告是全文字的截图，既没有图片带来的易读性，也没有文本带来的可下载的便利。

3. 报告的公布

75 所教育部直属高校均在校园网或就业网上发布就业质量报告，全国大学生就业公共服务立体化平台对所有高校的就业质量报告进行了汇总。有 28 所高校通过报纸、微博、微信等其他媒体对本校就业质量报告进行了宣传报道，如西南交通大学在就业质量报告发布后便通过微信进行了推送，华中科技大学、华东理工大学、北京大学、中央财经大学等高校将就业质量报告同时在微博上发布，以多种形式扩大就业质量报告的影响范围。

4. 报告的内容

75 所教育部直属高校就业质量报告的内容基本涵盖了通知要求的大部分内容，但整体上看，各高校就业质量报告内容质量参差不齐，就业质量报告的核心内容没有突显出来。

表 2　教育部直属 75 所"就业质量报告"内容概况[①]

项　目	一、就业基本情况				二、主要特点		三、相关分析		四、发展趋势	五、对教育教学的反馈		
	毕业生的规模	毕业生结构	就业率	就业流向	促进毕业生就业的政策措施	就业指导服务	就业质量	用人单位评价	就业的趋势性研判	对招生的影响	对专业设置的影响	对人才培养的影响
得分高校数	75	75	75	75	74	75	48	36	48	47	36	58
各项得分率	100%	100%	100%	100%	98.7%	100%	64.0%	48.0%	64.0%	62.7%	48.0%	77.3%

图表信息参考：21 世纪教育研究院发布《高校就业质量年度报告》。[②] 所评高校就业质量年度报告均来自各高校网站。

---

① 《教育部办公厅关于编制发布高校毕业生就业质量年度报告的通知》，教学厅函〔2013〕25 号。

② 相关数据参见：http://www.21cedu.org/index.php? m = content&c = index&a = show&catid = 8&id = 3343。

（二）首次质量报告存在的问题

教育主管部门要求高校发布毕业生就业质量年度报告，督促高校公开毕业生就业相关信息，是提高高等教育质量的一个重要举措，对引导高校改革人才培养模式、回应社会关切和接受社会监督具有重要意义。但不可否认，作为高校首次发布的就业质量年度报告，由于没有统一的指标体系和完善的评价机制，就业质量报告的内容及标准不明确，高校没有编制就业质量报告的经验，编制时间比较紧，高校负责就业工作的人员和资金有限，对就业质量报告编制的前期调研及投入不够，部分高校对质量报告认识不充分，重视不够等原因，导致就业质量报告质量参差不齐，就业质量报告内容、形式等方面的"质量"有待提高。

1. 就业"质量"的内容没有突出

从75所教育部直属高校的毕业生就业质量报告内容来看，有的高校对就业质量报告内容避重就轻，对本校有宣传效果的部分浓墨重彩，对本校毕业生就业"质量"的数据及分析则一笔带过。各高校"就业基本情况"方面的内容比较全面，但各高校毕业生就业质量报告中，就业"质量"方面的数据较少，对就业"质量"分析非常不足。75所高校的就业质量报告中，内容涉及用人单位评价毕业生的有36所高校，涉及毕业生月收入、就业满意度、专业对口度等任何一个就业质量指标的有48所高校。高校就业质量报告中，关于本校毕业生就业情况对专业设置和招生的影响，以及就业趋势研判等涉及就业对高校办学反馈方面的内容较为欠缺。①

2. 就业数据的科学性不够

高校毕业生就业质量报告的内容和指标缺乏科学论证。就业质量报告的数据指标、统计方式、第三方数据和公布方式没有明确规定。据对教育部直属75所高校首次毕业生就业质量报告的内容统计，仅有11所高校使用了第三方数据，大部分高校未注明毕业生就业数据来源。各校发布的2013年度就业质量报告中的就业率数据，存在就业率统计方式和截止时间不一致的问题。比如西安交通大学的毕业生就业率统计方式为"（国内升学＋出国＋签约就业＋灵活就业）/毕业生总人数×100%"，其中灵活就业包括"签劳动合同＋单位用工证明＋自由职业＋自主创业"；华东师范大学则为"（毕业生总数－登记未就业数）/毕业生总数"。② 从发展的角度看，高校毕

_____

① 《21世纪教育研究院发布高校就业质量年度报告》。http://www.21cedu.org/index.php? m = content&c = index&a = show&catid = 8&id = 3343。

② 具体见各高校发布的2013年度毕业生就业质量年度报告。

业生就业质量不仅要考察毕业时的初次就业质量，也要看毕业生发展的质量，即高校学生毕业三年、十年甚至二十年后的就业质量及对社会的贡献，这方面的数据就业质量报告暂没有涉及。目前，对于高校就业数据的统计、分析，高校既是运动员也是裁判员，没有引入第三方评价数据，高校自己统计、分析、公布毕业生就业质量报告，这种"自说自话"式质量报告的公信力受到合理怀疑。与高等教育发达国家相比，我国高校毕业生就业质量报告中的第三方评价制度亟待加强。

3. 部分高校重视不够

从首次毕业生就业质量报告的实质内容、发布形式、发布时间等方面看，部分高校对毕业生就业质量报告的重要性认识不足，对质量报告的编制和发布重视不够，有的高校搞形式主义，应付了事，更不用说通过就业质量报告反馈教育教学改革来提高高等教育质量了。部分高校对就业工作、就业质量报告重视不够，除了认识不到位之外，核心的问题是相关制度设计不完善，没有健全有效的毕业生就业质量报告的编制、发布、监督和责任追究等方面的系统制度，高校毕业生就业质量与政府对高校的投资没有适当挂钩，高校毕业生就业质量对高校领导的前途和利益影响不够。如果高校毕业生就业质量报告制度继续沿用各高校这种传统的统计、发布制度，很难保证报告的公信力，可能失去质量报告制度对高校办学的反馈、监督、推进价值。

四、就业质量报告制度的完善

首次高校毕业生就业质量报告初步取得较好效果，达到了预期目的。但首次实施后也发现一些问题，需要深入研究，进一步完善相关制度，需要配套的措施跟进。教育主管部门需要完善就业质量报告的具体规范和标准，监督高校按照标准执行，保证就业质量报告的数据、信息的真实、准确。

（一）主体与程序制度的构建

1. 数据收集与统计主体

不同主体进行高校毕业生就业统计体现不同的价值取向，采用多主体、多渠道的信息收集可以提升就业统计的客观性和公信力。美国政府负责高校毕业生就业统计的专门机构是劳工部下属的劳动统计局和教育部下属的国家教育统计中心，统计主体一般由政府机构、非政府组织和高校三方进行，以劳工部门为主，教育部门参与高校毕业生的就业监测、统计和数据发布。[①] 英国高校毕业生就业统计由国家高等教育统计

---

① 张剑：《试论美国高校毕业生就业率的统计评估体系》，载《比较教育研究》，2004 年第 6 期。

署和各高校共同完成，由高等教育统计署主导，以《教育法案》、《北爱尔兰法案》和《数据保护法案》等法律来保证就业信息统计的真实性是英国高校毕业生就业统计工作中最显著的特点。[1] 我国高校毕业生就业质量报告制度可以借鉴国外比较成熟的做法，在毕业就业质量信息统计主体的构建上，形成政府监督、专门的非政府组织实施、相关高校积极参与的多主体、多渠道的毕业生就业信息统计形式。

2. 报告质量的监督主体

建立政府、社会和高校内部等多元主体的质量报告监督体系，促进高校及相关机构提高就业质量报告的质量，真正以此为契机推动高校教育教学改革和就业工作。政府教育主管部门、高校与社会组织应形成分工明确，协调一致的就业信息收集、公布、监督制度。政府主要承担公布与监督职责，第三方机构以收集、公布为主要任务，高校的职责是收集、公布相关信息。英国政府主管部门指派机构对高校毕业生就业统计调查实施监督和评估，并由英国高等教育基金委员会在毕业生离校后的第六个月向社会公布。[2] 我国应健全对毕业生就业质量统计工作的评估和抽查制度，确保毕业生就业质量统计工作的严肃性和真实性。教育主管部门应该对各高校的就业质量报告进行评估，提高就业质量报告的质量，促进毕业生就业质量报告制度发挥其应有的作用。

3. 报告编制与公布程序

高校毕业生就业质量报告的编制和发布应建立程序制度，科学的程序制度是实体制度效果的基本保证。缺乏程序制约，毕业生就业质量报告的编制与发布行为的随意性就大。完善就业质量报告编制与发布的程序制度，通过程序控制相关机构权力的行使，可以进一步规范信息收集、报告的编制和发布，限制编制行为的恣意，保障社会、高校及受教育者的合法权益。高校毕业生就业质量相关信息收集与统计需要设计程序，保证信息的真实性和科学性。在各高校自己编制、发布就业质量报告阶段，建议就业质量报告要经学校教授委员会或教学指导委员会等机构讨论通过，并经过校内公示，最后毕业生就业质量报告应该以学校名义而不是校内一机构——就业主管部门发布，这样既树立就业质量报告的权威性，也可以扩大就业质量报告的影响。同时，就业质量报告公布的程序上，应建立由国家、省级教育行政部门或专门机构统一向社会公布的规范程序，增强就业数据的权威性和公正性。

---

① 杨河清、谭永生：《国外高校毕业生就业统计比较及对我们的启示》，载《人口与经济》，2011 年第 6 期。

② 杨河清、谭永生：《国外高校毕业生就业统计比较及对我们的启示》，载《人口与经济》，2011 年第 6 期。

（二）就业统计的第三方制度

1. 现行制度的不足

传统的高校毕业生就业统计是高校自己统计、上报，这种高校自己既当运动员又当裁判员的的做法有天然的缺陷，就业数据的严肃性和公信力受到合理的质疑。由于高校毕业生就业率与招生计划、规模、经费投入、评估等直接挂钩的评价机制，这种挂钩涉及高校的利益，高校毕业生就业率相关的招生数量与教育经费划拨、教师福利待遇等方面密切相关。在"就业率 GDP 主义"影响下，各高校在毕业生就业率上搞"政绩工程"，就业率"注水"在所难免。为了预防毕业生就业数据"失真"，我国高校毕业生就业质量报告制度应建立以第三方机构为主、多元主体参与的统计制度，形成政府监督、专门的非政府机构实施、高校配合的多主体形式。①

2. 第三方制度

在高校毕业生就业质量报告制度设计上，政府、高校和第三方机构可以有更多的合作。所谓"第三方"，是指两个相关主体之外的某个客体，应该与第一方、第二方没有行政隶属关系，也无利益关系。第三方可以是行业协会、民间机构、其他政府部门等。② 我国教育规划纲要明确提到，要对高等教育实行专业评价和社会评价，由第三方统计高校办学情况并进行发布。但由于高校长期依附于政府，"第三方机构"的土壤很贫瘠，独立的"第三方机构"在社会上的公信力还没有确立起来。虽然教育部要求，对于高校毕业生就业"有条件的地方可委托第三方评价"，但是大多数高校没有经"第三方"机构对其进行高校毕业生就业质量评估，也就没有"第三方数据"。

在提高毕业生就业质量报告的公信力方面，可以借鉴上市公司的信息披露制度，在第三方机构还没有成熟的条件下，引入就业质量报告审核制度，先让第三方作为就业质量报告的审核人对就业质量报告的科学性、真实性发表专业和独立的意见。同时，政府可以通过委托、转让、购买等方式推进第三方的参与，使之参与就业质量报告监控的多个环节。政府还应积极加大信息透明度，创建保障第三方参与制度，提高第三方参与和决策的合法性。③ 第三方制度是来自社会的监督，但这能否对高校改善

---

① 杨河清、谭永生：《国外高校毕业生就业统计比较及对我们的启示》，载《人口与经济》，2011 年第 6 期。

② 参见：http：//www. edu. cn/gao_ xiao_ zi_ xun_ 1091/20140414/t20140414_ 1098612_ 1. shtml。

③ 李奇：《教育质量监测，如何变"负担"为动力？》，参见 http：//news. gmw. cn/2013－12/23/content_ 9889864_ 2. htm。

就业质量报告编制起到促进作用，取决于教育主管部门、高校的实际行动。从提高就业质量报告的公信力出发，应该采取第三方统计、发布就业质量报告的新机制。

3. 境外经验的借鉴

高校毕业生就业质量报告制度可以借鉴境外中介机构和行业协会所做的高校毕业生就业统计的工作，推动我国成立类似美国大学和雇主协会性质的中介机构或行业协会。美国高校毕业生就业统计以多个统计主体、多维度指标体系为显著特点，非政府组织和行业协会在高校毕业生就业中发挥了重要作用，如美国大学和雇主协会每年进行很多全国范围的高校毕业生就业相关的各类调查。美国高校有的进行自我调查，有的与第三方合作进行调查，也有的委托第三方进行调查。我国高校可以借鉴境外高校的"外包"做法，"外包"的三个层次：一是政府或相关机构聘用部分专家、机构参与高校的就业统计过程；二是高校主动寻求境内、外机构的就业质量调研或认证；三是政府或相关机构直接委托境内、外就业质量调研机构，对高校实施系统的就业质量调研、统计。国外就业质量调研、统计的"外包"经验具有一定的普适性，可以为其他国家和地区所借鉴。

表3 2012、2013年美国法学院毕业生就业数据（毕业后9个月）①

毕业总人数	2012 级		2013 级		变化
	46,364		46,776		+412（+0.01%）
已知的就业数据	2012 级		2013 级		比例的变化
	总数	在所有毕业生中所占比例	总数	在所有毕业生中所占比例	
	45,160	97.4%	45,695	97.7%	+0.3
	2012 级		2013 级		比例的变化
	总数	在所有毕业生中所占比例	总数	在所有毕业生中所占比例	
需要通过律师资格考试的职位	28,873	62.3%	29,109	62.2%	−0.1
长期/全职	26,066	56.2%	26,653	57.0%	+0.8
长期/兼职	831	1.8%	732	1.6%	−0.2

---

① 2013 LAW GRADUATE EMPLOYMENT DATA，参见：http：//www.americanbar.org/aba.html。

	2012 级		2013 级		比例的变化
	总数	在所有毕业生中所占比例	总数	在所有毕业生中所占比例	
短期/全职	1,127	2.4%	1,082	2.3%	− 0.1
短期/兼职	849	1.8%	642	1.4%	− 0.4
JD 优先岗位	5,979	12.9%	6,348	13.6%	+ 0.7
长期/全职	4,387	9.5%	4,715	10.1%	+ 0.6
长期/兼职	515	1.1%	544	1.2%	+ 0.1
短期/全职	474	1.0%	554	1.2%	+ 0.2
短期/兼职	600	1.3%	535	1.1%	− 0.2
未就业的/正在求职	4,929	10.6%	5,229	11.2%	+ 0.6
法学院资助的职位	1,799	3.9%	1,884	4.0%	+ 0.1
个体律师	1,050	2.3%	1,068	2.3%	没有变化
律师事务所职位（2 到 500 以上律师）	18,214	39.3%	18,545	39.6%	+ 0.3
工商业	6,881	14.9%	7,130	15.2%	+ 0.3
政府部门	4,654	10.0%	4,953	10.6%	+ 0.6
公益组织	2,715	5.9%	2,227	4.8%	− 1.1
见习职位（联邦、州及其他）	3,389	7.3%	3,447	7.4%	+ 0.1
教育行业	1,031	2.2%	973	2.1%	− 0.1

（三）数据指标的科学性

1. 科学设计指标体系

发布高校毕业生就业质量报告，首先要理清就业的概念和就业质量的评价指标。就业的概念不清晰，就业率的统计口径不明确，就业质量的评价就没有科学的尺度和评价标准。在就业质量报告制度完善的过程中，应提出编制报告统一的要求。目前，我国毕业生就业统计的指标相对单一，教育部公布的高校毕业生就业评估中仅有就业率一项指标，尽管有些高校又增加了签约率、灵活就业率等指标，但还没有形成系统化的指标，尤其缺乏工作满意度、稳定性和薪酬等能体现就业质量的指标。

可以参考美国高校的就业调查指标，美国国家教育统计中心统计体系一级指标包括专业领域、性别、种族、年龄和婚姻状况等，二级指标包括毕业生的薪金福利、全兼职率、工作安全性、晋升机会、同事及工作条件、工作变更次数、失业比例、工作的平均时间、工作地点、工作与所学专业一致性与否以及工作原因等。[①] 通过借鉴国外成熟的做法，我国就业质量统计在指标体系上树立就业数量与就业质量并重的理念，按专业、性别、年龄等与就业层次、专业相关性、工资薪酬和工作满意度等相关指标形成一个多维度统计指标体系，这样才能真正反映高校的人才培养质量和毕业生就业质量。

2. 指标与培养目标的契合

就业质量统计要根据高校办学定位、学生培养目标、学生层次等特点分类进行，将高校人才培养目标与就业的契合度纳入统计范围。就业质量报告指标要体现出高校特色，不同高校、不同专业、不同学历层次的学生培养目标与就业方向是不同的，用同一种指标体系，不分层次、类型和专业，容易以偏概全。要按照学历层次、高校类型、专业特点对毕业生就业质量进行分类统计。高校必须合理定位，细化和阐明培养目标，避免"千校一面"。在此过程中，高校应趋向于更理性地定位、确定办学目标，因此，将就业质量评估指标分类及与培养目标的契合度纳入考核，促进高校自主定位和明确办学目标。

3. 统计方式与时间节点

毕业生就业的统计方式与就业统计节点，是值得深入研究的问题。毕业生就业调查统计方法方面，为确保高信息反馈率，减少统计误差，美国的高校就业统计大多采取按照一定的时间间隔通过多次书信、发放问卷，辅以座谈或者电话访谈进行毕业生就业调查。同时，美国高校还通过网上在线调查系统广泛搜集毕业生的就业信息，大部分美国高校都拥有毕业生就业状况在线调查系统，毕业生可以方便地把个人就业相关信息反馈给母校。加拿大高校毕业生就业统计因其永久社会保障号码等劳动就业保障体系拥有科学的管理机制而既简便又真实。

近年来的就业率数据统计中，教育部门和高校很重视初次就业率，即截至当年6月30日毕业生离校时的就业率，这导致高校为提高就业率不惜压缩教育时间，有的高校把毕业这一年都作为就业年。国外高校毕业生就业统计时间节点普遍采用毕业后6个月甚至更长时间。美国各机构在统计就业率时都注重克服就业统计的"时间局限性"，一般将调查对象确定为毕业即时就业状况，毕业后3个月、6个月、9个月、1

---

① 杨河清、谭永生：《国外高校毕业生就业统计比较及对我们的启示》，载《人口与经济》，2011年第6期。

年乃至 4 年等不同时间节点的就业情况，注重毕业生离校后的跟踪调查与信息反馈。① 我国高校毕业生就业调查也显示，毕业生毕业 1 年之后的就业情况有很大变化。参照国外高校毕业生就业统计的做法，我国就业统计调整为多次，并区分为毕业初次、毕业 6 个月后、1 年后等，这样得出的就业数据就比较客观。

表 4　高校毕业生就业统计的国际比较②

国别	调查主体	调查方法	调查时点	调查指标	计算特点
美国	政府、社会组织和高校	问卷调查和网络调查等	毕业时、毕业后 3、6、9 个月、1～4 年	一级指标、二级指标及附加指标	不包括升学和出国等
英国	高等教育统计署和高校	调查问卷、统计报表	通常为毕业后 6 个月	指标体系	升学、出国等分别分类计算
加拿大	国家统计局人力资源发展局和高校	调查问卷	通常为毕业后 6 个月和 1 年	指标体系	不包括升学和出国等
印度	劳工部国家样本调查组织和高校	纳入全社会就业统计调查	通常为毕业后 6 个月和 1 年	主要按年龄、学历等分组指标体系	不包括升学和出国等
日本	文部与厚生省、高校和媒体等	问卷调查、电话以及面谈	毕业后 3、6、9 个月至 1 年	学科、区域等分组指标体系	就业率、就业希望率、非就业者率等分别计算
中国	教育部和高校	主要是统计报表	每年 9 月和 12 月	基本为单一就业率	包括升学、出国出境留学工作

从国际比较来看，国外高校就业统计一般采用多元统计主体、多时间点、多调查方式、多指标体系等方法，这些经验对完善我国高校毕业生就业质量报告具有重要的参考价值。

（四）就业质量报告的反馈

1. 反馈机制与机构的建立

《国务院办公厅关于进一步做好 2004 年普通高等学校毕业生就业工作的通知》

---

① Altbach. Philip G. etc. America Higher Education in the Twenty – first Century, Prometheus Books Press, 1981：19～50.

② 杨河清、谭永生：《国外高校毕业生就业统计比较及对我们的启示》，载《人口与经济》，2011 年第 6 期。

（国办发〔2004〕35 号）要求，建立完善的高校毕业生就业情况报告、公布、督查和评估制度，建立高校布局结构、发展规划、专业设置、招生规模、办学评估、经费投入、领导班子考核等工作与毕业生就业状况挂钩的管理制度和工作机制。[①] 从近十年的实践来看，教育主管部门和高校落实相关制度的效果不太好，一些配套的制度还没有建立起来，或者有了制度但落实不到位。真正落实国家提出的提高高等教育质量和毕业生就业质量的战略要求，建立科学、精细、操作性强的制度非常必要。

第一，建立反馈与决策机构。

高校毕业生就业质量的数据信息不仅要向社会公开，更应该有效地反馈到高校发展决策和教育教学改革，这是高校毕业生就业质量报告制度的核心目标。高校建立深化毕业生就业质量反馈与人才培养质量提升领导小组，统筹、协调、推动教育教学改革与提高毕业生就业质量工作。我国建立高校毕业生就业质量报告制度，目的是促进高校建立健全就业状况反馈机制、引导高校优化招生和专业结构，引导高校改进人才培养模式，引导高校积极回应社会关切、接受社会监督。[②] 就业质量报告制度想要达到预期目标，高校必须真正建立就业质量报告反馈、引导、推进教育教学改革的机制，搭建一座从毕业生就业质量情况到高校人才培养改革的桥梁，二者之间可以顺畅互动。建议高校建立深化毕业生就业质量反馈与人才培养质量提升领导小组或类似机构，统筹协调高校教育教学改革工作，以高校毕业生就业质量作为重要标准和参考，深化高校人才培养，提高高等教育质量。

第二，高校内部反馈机制。

在尊重高等教育规律、毕业生就业工作规律和我国高等教育现状的基础上，高校和各学院建立就业质量信息通报制度、就业质量责任追究制度和就业质量奖励制度，构建科学的就业反馈与质量提升机制，通过有效、规范的制度来促进教育教学质量提高，促进毕业生就业质量提高。高校内部建立相应的就业质量反馈机制，将毕业生就业质量信息反馈到高校教育教学、管理和服务的每个方面。高校各部门、各教职员工将就业质量报告反馈的内容作为提高教育教学、管理和服务质量的核心参考内容，将毕业生就业质量作为相关部门、导师和任课教师的奖惩和责任追究的重要标准。高校逐步改革单一的根据学生人数拨款制度，建立健全校内机构拨款与教育教学质量和毕

---

① 《国务院办公厅关于进一步做好 2004 年普通高等学校毕业生就业工作的通知》（国办发〔2004〕35 号）。

② 《教育部办公厅关于编制发布高校毕业生就业质量年度报告的通知》（教学厅〔2013〕年25 号）。

业生就业质量挂钩的制度。完善的毕业生就业质量评估和反馈机制将质量意识渗透于日常教育教学和管理行为中，引导高校各教育教学、管理和服务部门在检讨、反思的过程中明确质量目标、行动指南。

第三，外部反馈——财政拨款的改革。

高校毕业生就业质量报告制度是在教育行政部门的推动下施行的，大部分高校处于某种被动与服从状态。如何调动高校促进毕业生就业质量提高的积极性和主动性，是高校毕业生就业质量报告制度取得预期目标的关键。加拿大政府人力资源部在高校毕业生毕业6个月之后，通过电话、在线调查、雇主反馈等方式调查各高校毕业生的就业质量，把各高校毕业生就业质量按好、中、差各三分之一的比例划分，把政府对高校拨款总数的十分之一用于奖励就业质量高的高校，其中被评为"好"的高校获得奖励总额的三分之二，被评为"差"的高校得不到奖励。[①] 从我国实际情况看，政府可以考虑对高校的财政拨款进行绩效改革，高校教育教学质量和毕业生就业质量与政府拨款相结合，高校的毕业生就业质量被评为"高质量"，则会得到政府更多的拨款，激励高校重视人才培养和毕业生就业质量。

2. 就业反馈与高校改革

（1）招生与专业设置

从提高毕业生就业质量的角度看，高校招生制度改革应从招生考试内容和名额分配上进行优化。高校毕业生就业质量是综合因素的结果，生源质量是影响毕业生就业质量的因素之一，而生源质量最重要的是要招到适合本学校专业学习的学生，从人职匹配理论的角度看，高校招生考试内容需要进行调整，招生需要进行人格、职业测试和职业适应性测试，这有利于招到适合本专业的优秀生源，有利于提高毕业生就业质量。将高校毕业生就业率和就业质量作为招生指标调配和高校专业设置的重要依据。通过毕业就业质量反馈的信息，健全专业预警、退出和动态调整机制，使高校学科专业设置与社会需求相匹配。通过就业质量情况的反馈，合理调整各专业招生人数，实现专业招生数量的合理配置，将社会需要、招生人数和人才培养质量协调起来，促进高校学科结构的优化，提高高校教育教学质量和毕业生就业质量。

（2）高校人才培养改革

将学生培养质量和就业质量纳入高校教育教学考核的核心指标，将高校毕业生就

---

① 杨河清、谭永生：《国外高校毕业生就业统计比较及对我们的启示》，载《人口与经济》，2011年第6期。

业质量的信息作为高校发展改革与教育教学改革核心参考依据，深化高校以学生个人发展为本，学生就业质量提升为目标和标准的人才培养改革，促进高校人才培养、社会人才需求和就业质量提高的良性互动。高校深化教育教学改革，第二课堂教育、学生实践能力、毕业生就业质量情况、用人单位和毕业生对教育教学的反馈的内容作为教育教学和人才培养质量的重要考核指标。作为提高毕业生就业质量和教育教学质量的措施，高校应发布本校的教育教学质量、学生培养质量报告，引导高校更理性地定位、确定办学目标，评价教育教学质量和评估毕业生就业质量。通过毕业生就业质量引导高校教育教学改革，细化和阐明办学目标，促进高校人才培养改革，实现以毕业生就业质量为重要标准的高等教育质量的提高。

（3）高校资源配置改革

高校毕业生就业质量制度的关键是促进高校的态度、行动要从被动服从转为主动积极，能否真正通过就业质量报告制度推进高等教育质量提高，很大程度上取决于高校的真正重视，通过制度改革，高校从组织、人事和财力等方面将有限资源配置到提高教育教学质量和毕业生就业质量的部门和过程中。高校毕业生就业质量提升的动力主要来自高校内部，高校就业质量报告制度是为了改进高校教育教学和人才培养质量，高校需要从加大资金投入、组织机构调整、资源配置改革等方面采取切实行动，通过使用就业率与就业质量这一杠杆推动高校内部资源配置改革，从而真正落实国家提高高等教育质量的战略部署，真正落实提高毕业生就业质量的制度安排。

中国政法大学 2014 届
法学硕士就业状况调研简析

法学院　陈维厚　卢　迪

摘　要　学生的就业与发展是高校人才培养的出发点和落脚点，学生就业质量的高低是检验高校培养人才质量的重要标准。为了深入了解我校法学硕士研究生的就业状况，提高就业工作的针对性和实效性，提升我校法学硕士毕业生的就业质量，毕业生就业调研项目组于 2014 年 4 月份在全校范围内开展了中国政法大学法学硕士毕业生就业状况调研。本调研报告从法学硕士毕业生就业概况、求职准备、就业指导、求职行为分析和就业对教育教学的反馈与建议等方面进行分析，希望为我校今后在法学硕士的培养、专业设置、教育教学改革等方面提供参考与依据。

关键词　法学硕士　就业

一、法学硕士毕业生就业情况

（一）毕业生基本情况

2014 年中国政法大学法学硕士毕业生共计 800 人左右，参加本次问卷调查的法学硕士毕业生有 366 人，其中包括法学院 88 人，民商经济法学院 115 人，刑事司法法学院 97 人，国际法学院 29 人，其他学院 37 人。参与调研毕业生的户籍、政治面貌等个人情况详见表 1。

表1　法学硕士毕业生个人情况

户　　籍	城镇	240 人
	农村	126 人
政治面貌	中共党员	290 人
	共青团员	65 人
	民主党派	3 人
	群众	8 人
宗教信仰	有	60 人
	无	306 人

（二）毕业生就业去向

参与本次问卷调查的毕业生中，直接就业的有308人，占毕业生中的大部分。国内读博的占8%，出国（境）留学的占5%，自主创业的占2%，其他情况1%。①（见图1）其中男生与女生在就业去向上则大体相同，直接就业的都占到毕业生总人数的80%以上，但二者也存在一些差异：男生升学（包括国内读博和留学）的比例比女生高，而直接就业的比例略低于女生（见图2）。

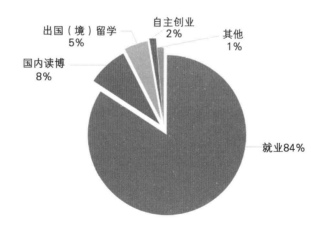

图1　法学硕士毕业生毕业去向

①　本报告所使用的所有数据均为2014年4月28日之前统计的，所以不包括在此之后的情形。

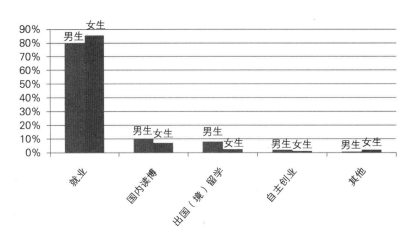

图 2　男生、女生就业去向对比

（三）入职单位性质

表 2　2014 届法学硕士研究生入职单位的性质和规模

入职单位性质		入职单位规模	
党政机关	51	全球性（如国际组织、跨国企业）	28
公检法系统	95	国家级（如中央国家机关、央企）	66
金融企业	43	省部级（如省部级机关单位、国企、大型民企）	54
律所	45	地级（如市属国企、厅级单位、地方有影响力企业和律所）	102
高校等科研机构	21	区县级（如基层公务员）	62
其他事业单位	19	乡镇（街道）级	8
国有企业	28	村（社区）级（如村干部）	9
民营或外资企业	19		
其他	21		

从表 2 中可以看出，2014 届我校法学硕士入职单位的性质半数以上集中在公检法系统、党政机关、律师事务所、金融企业，入职单位的规模多集中在国家级、省部级、地级、区县级。

（四）就业单位地区

法学硕士毕业生就业单位的分布多集中在一线城市及其他东部沿海地区，其中留在北京地区工作的占毕业生总数的一半以上（见图 3）。

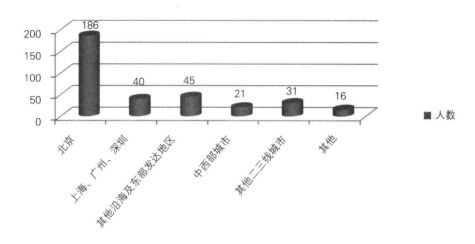

图3　毕业生就业单位地区分布

（五）法学硕士毕业生薪酬情况

由于我校2014届法学硕士毕业生的就业单位多集中在基层党政机关和公检法系统，他们的起薪（每月）有近半数集中在2000～4999元这个区间，还有近三成的毕业生起薪（每月）在5000～7999元区间，2000元以下和8000元以上这两个区间的人数相对较少，均未达到应届毕业生总人数的10%；而往届毕业生目前的月薪则有近半数集中在5000～7999元这个区间，而在2000～4999元这个区间的人数则比应届毕业生大约低10个百分点，在8000元以上的区间的人数比应届生高近8个百分点。从图4可以看出，虽然应届毕业生的起薪相对较低，但工作几年后，薪酬的上升空间很大。同时，也不能排除近两年由于就业相对比以前困难而使应届毕业生的起薪降低的可能性。

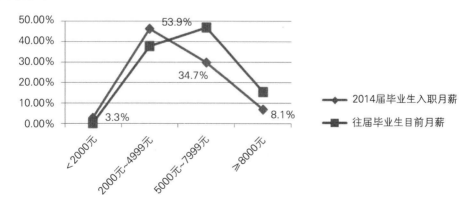

图4　应往届毕业生薪酬对比

（六）就业岗位与专业对口程度

我校法学硕士毕业生中，目前的就业岗位与自己所学专业的对口程度中比较对口和完全对口的占到毕业总人数的75％以上（见图5）。

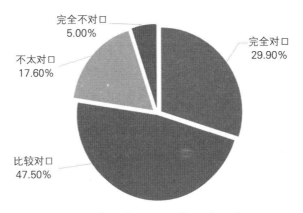

图5　毕业生就业的专业对口度

二、法学硕士毕业生求职准备

（一）毕业生求职心理认知

为了全面了解我校法学硕士毕业情况，在本次调查中，我们也对毕业生求职前的心理情况作了专门调查。超过3/4的毕业生在校期间对就业形势予以关注（见图6）；有一半以上的学生对自己的就业前景持乐观态度（见图7）；毕业生普遍认为专业知识与能力、毕业院校和专业、实践能力和工作经验这三个因素是对未来求职具有较大的影响，而家庭背景和社会关系这一因素同其他因素相比对未来求职的影响力则较低（见图8）。从以上调查结果来看，我校毕业生对就业问题的态度大多为积极向上的。

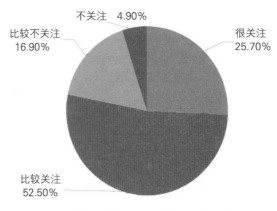

图6　毕业前对就业形势的关注度

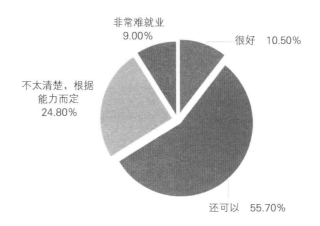

图 7 毕业生对自己就业的预期

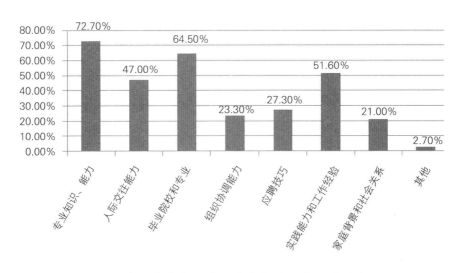

图 8 毕业生在求职前认为决定就业成败的因素

（二）毕业生求职的能力提升

参与本次调查问卷的毕业生认为，提高求职竞争力的有效途径排名前三位的依次为：社会实践、求职培训与经验交流、读书与科研（见图 9）。所以在校期间，只有 5.0% 的毕业生没有参加过社会实践（见图 10），而考取法律职业资格证书、外语证书、计算机等级证书的毕业生众多（见图 11），这说明我校毕业生在求职前对相关专业能力的提升相对重视。

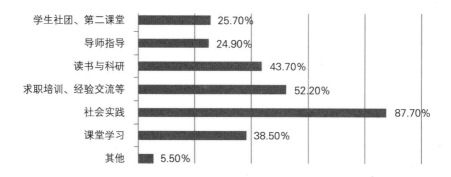

图 9　毕业生认为提高求职竞争力的途径

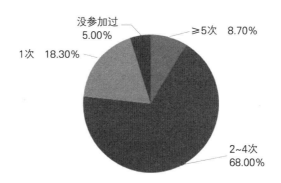

图 10　毕业生参加社会实践的情况

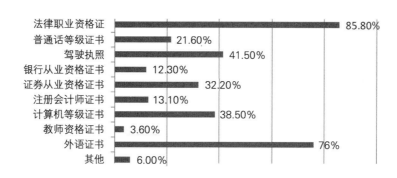

图 11　毕业生具备职业证书的情况

（三）求职简历准备

从图 12 中可以看出，我校法学硕士毕业生大多数在毕业前至少半年就已经准备好简历，说明绝大多数毕业生对求职的重视。

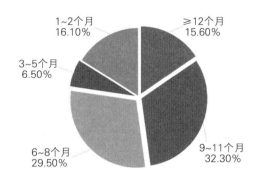

图12　毕业生简历准备情况

三、学校就业指导工作情况

（一）就业指导工作

就业指导是高校人才培养的主要内容之一，学生就业质量高低是衡量学校人才培养成功与否的重要标尺。中国政法大学始终重视学生的就业工作，为每一名学生努力营造个人发展的良好条件，创造实现服务国家、社会的各种机会。学校根据国家和社会的需求，积极引导毕业生到西部、基层、国家重点单位就业；与全国各级法院、检察院、政府机关、律师事务所建立硕士生挂职、实习基地，每年有众多硕士生到合作基地挂职、实习，从而提高法学硕士实践能力；举办丰富多彩的就业指导活动，为毕业生求职技巧的提升提供平台。以我校法学院为例，自2013年9月至今，法学院积极为2014届毕业生举办系列求职指导活动，主要包括：求职动员大会、优秀毕业生经验交流会、简历设计指导、求职面试指导、公务员模拟面试、出国（境）求学经验交流会等，这些活动的成功举办促进了毕业生求职从心态调整到就业能力、技巧的提升。

（二）职业规划与求职指导课程

为了提升我校研究生就业能力，我校开设了《职业规划与求职指导》课程，但

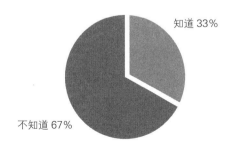

图13　毕业生对求职类课程的了解情况

又超过半数以上的毕业生不知道我校开设的这门课程，说明我校对职业规划与求职指导课程的宣传力度不够。虽然我校学生对求职的准备相对积极，但是对学校、学院组织的就业指导活动参加的积极性却不高，有近半数的学生没有参加过学校的就业指导培训。有超过半数的毕业生认为已经毕业的师兄师姐、辅导员老师、就业指导教师、培训机构的专业人士最适合为学生上《职业规划与求职指导》课程，所以今后学校在关于职业规划课程的设置等方面应该予以改进。

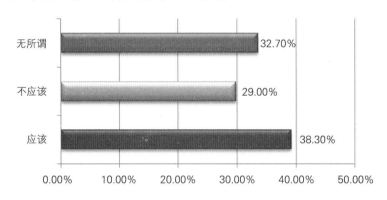

图 14　毕业生对求职类课程的态度

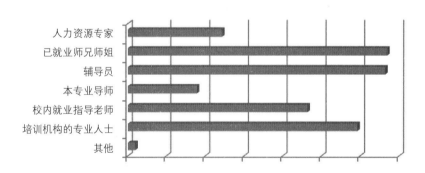

图 15　毕业生认为最适合上职业规划与求职类课程的人

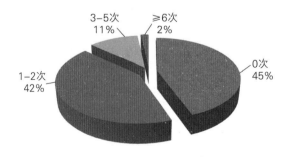

图 16　毕业生参加就业指导培训次数

（三）毕业生对就业指导工作的反馈

从图 17、图 18、图 19 中可以看出，有超过一半以上的毕业生认为学校提供的就业指导服务对促进就业的作用一般，还有 16.4% 的人认为没有作用，其中就业信息

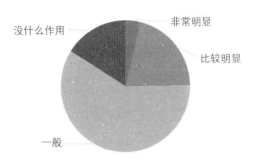

图 17　毕业生认为学校就业指导对自己求职的作用

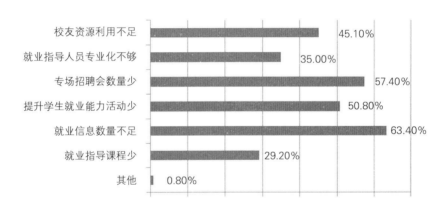

图 18　毕业生认为学校就业指导工作的不足

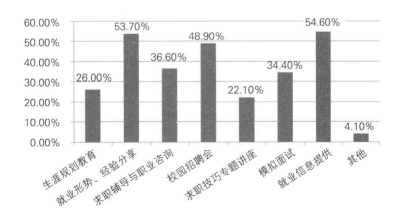

图 19　学校哪种就业指导对自己求职帮助最大

数量不足、专场招聘会数量少、提升学生就业能力的活动少、校友资源利用不足是造成我校毕业生对就业指导服务满意度低的主要原因。通过调查发现，就业形势、经验分享、就业信息提供和校园招聘会受到毕业生的普遍欢迎。

四、法学硕士毕业生求职行为分析

（一）求职心理与预期

1. 求职考虑因素

我校法学硕士毕业生在求职的过程中，选择就业去向时考虑的第一要素、第二要素、第三要素分别为薪酬福利、工作环境及发展前景、单位的性质和规模，而就业地的人文环境和专业对口度则对毕业生选择就业去向的影响较小。

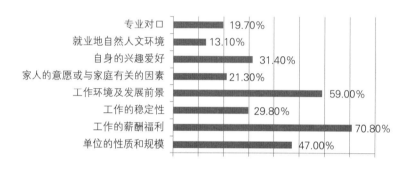

图 20　毕业生求职考虑因素对比

2. 求职意向

由于受到所学专业的影响，我校法学的主要求职意向主要集中在公检法系统、国有企业、党政机关这三类，只有大约 1/10 的毕业生选择民营和外资企业。

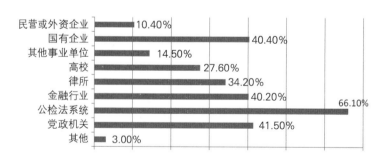

图 21　毕业生求职意愿对比

（二）求职行动力

1. 参加招聘活动的次数

从图22可以看出，随着招聘会次数的递增，人数分布逐渐减少，招聘会次数与人数呈现负相关的关系。从图23可以看出，在参加招聘会10次以内的毕业生中，女生所占的比例高于男生，而参加超过10次以上招聘会的学生中，则男生比女生多。

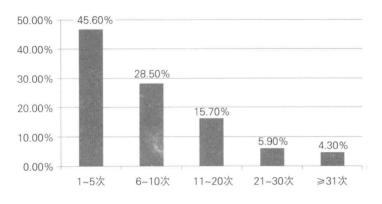

图22　参加招聘会的次数

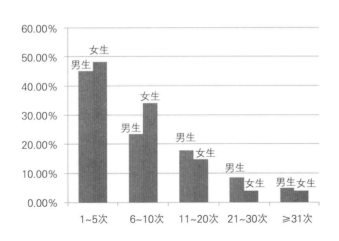

图23　男生、女生参加招聘会的次数对比

2. 投递简历的数量

在图24和图25中，随着简历数量的增多，毕业生的人数分布也大致随之增多，简历数量和毕业生人数呈现正相关的关系。其中投递21份以上简历的毕业生中，女生比男生多了仅10个百分点，投递20份以下简历的毕业生中，男生比女生多，从中可以看出，女生在求职过程中比男生相对积极。

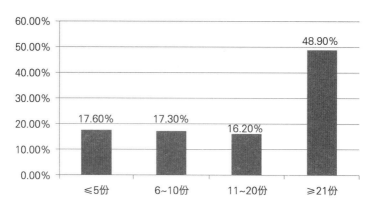

图 24　投递简历数量分布

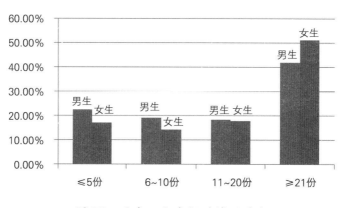

图 25　男生、女生投递简历对比

3. 获得的面试机会

在图 26 和图 27 中，有大约 1/3 的毕业生获得了 4～6 次面试，而获得过多、过

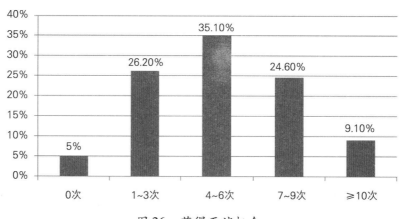

图 26　获得面试机会

少的面试次数的学生比例相对较低；获得 4 次以上面试机会的毕业生中，女生较多。从图 28 反映的投递简历次数与获得面试次数的关系中，可以看出投递简历越多，获得面试机会的几率就越大。

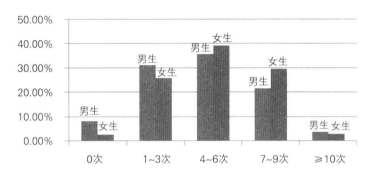

图 27　男生、女生获得面试机会对比

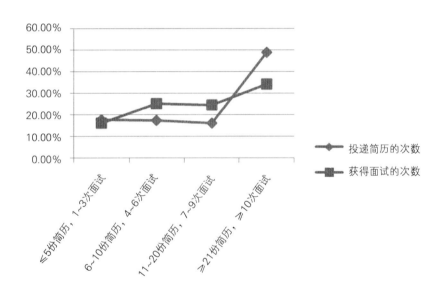

图 28　投递简历与获得面试的关系

4. 面试后收到拒信的情况

从图 29 中可以看出，大多数毕业生都收到过拒信，这说明在求职过程中，收到拒信是比较常见和正常的。

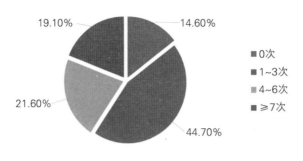

图 29　收到拒信的情况

5. 获得录用通知（offer）的数量

从图 30 和图 31 中发现，获得两份 offer 的毕业生最多，获得两份以上（不包括

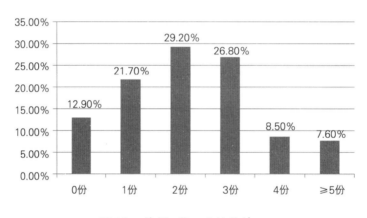

图 30　获得 offer 的数量情况

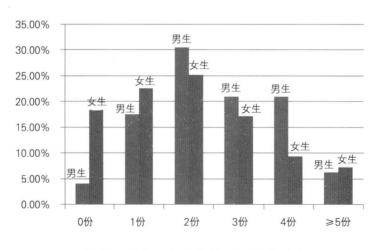

图 31　男生、女生获得 offer 数量对比

两份）offer 的毕业生分布随着 offer 数量的递增减少，获得两份以下（不包括两份）offer 的毕业生分布随着 offer 数量的递增而增多。其中，获得两份以上 offer（包括两份）的男生比女生多，获得两份以下（不包括两份）的男生比女生少，这说明我校法学硕士毕业生中，女生就业相对男生较为困难。

从图 32 中可以看出，面试机会从少到多的走势与获得 offer 数量从少到多的走势大体相同，说明获得面试机会越多，获得 offer 的数量越多。

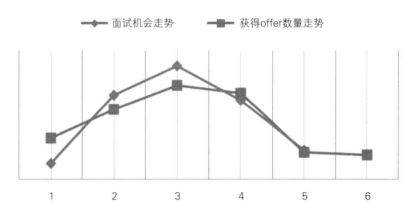

图 32　获得面试与获得 offer 的关系

（三）求职障碍

1. 求职过程顺利程度

我校法学硕士毕业生中，有超过半数以上认为求职过程较为顺利（见图 33），但从图 34 中可以看出女生的求职顺利程度比男生低。

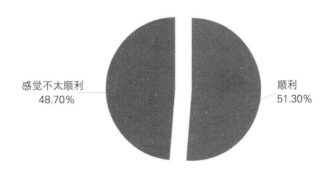

图 33　求职顺利程度

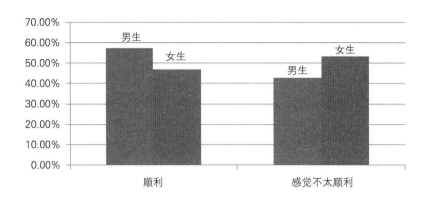

图 34　男生、女生求职顺利程度对比

2. 造成求职不利的因素

毕业生认为个人综合能力不足、个人能力与社会需求不匹配、个人实习经历不够是造成求职不顺利的主要原因（见图 35）。有 1/5 以上的毕业生在求职过程中遇到过就业歧视（见图 36），其中性别歧视最为严重（见图 37）。

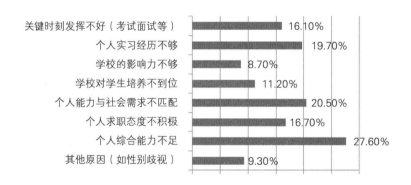

图 35　求职不顺利的主要原因

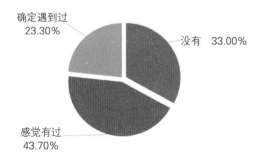

图 36　遇到就业歧视的情况

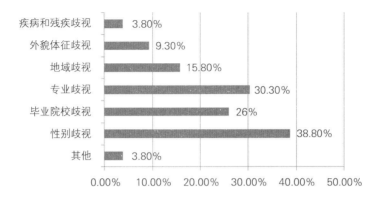

图 37 遇到就业歧视的类别

（四）签约情况

1. 求职信息

从图 38 中可以看出，我校法学硕士毕业生的求职信息来源途径主要集中在社会网络平台（如招聘网站）、招聘会等。图 39 和图 40 则反映出毕业生对用人单位的了

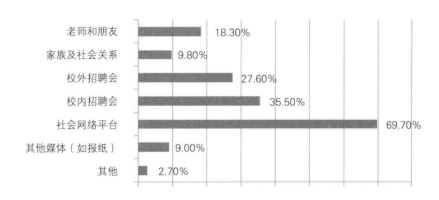

图 38 求职信息的来源

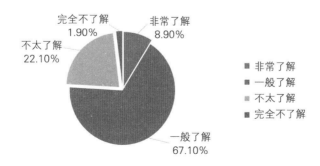

图 39 对用人单位的了解程度

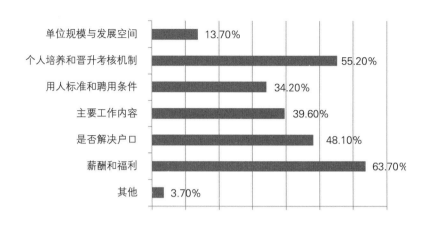

图40　毕业生最想了解就业单位的信息

解程度较为一般，其最想了解用人单位的信息内容主要有薪酬福利、个人培养和晋升考核制度、户籍政策和工作内容等。

2. 最终入职单位的因素

（1）入职时实际考虑因素

2014届毕业生选择就业单位时，实际考虑因素主要为：单位性质、工作轻松稳定、专业对口、薪酬福利（见图41）。

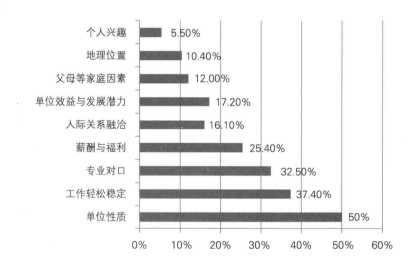

图41　应届毕业生就业选择实际考虑的因素

（2）成功求职的决定因素

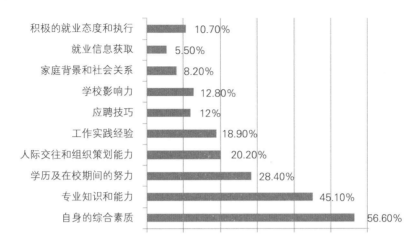

图42　毕业生认为决定自己成功就业的因素分布情况

3. 毕业去向满意程度

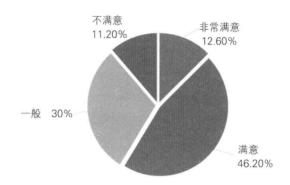

图43　毕业生对自己的毕业去向满意程度分布情况

五、就业对教育教学的反馈与建议

通过三年的在校学习，经过近一年的求职，2014届法学硕士毕业生应该对我校的相关工作有很多宝贵的意见和建议，所以在本次调查中，我们特别针对学校在学生培养、专业设置、教育教学改革等方面进行了相关的调查。

（一）存在的问题

从图44中可以看出，我校法学硕士毕业生认为在促进就业方面学校存在的主要不足为：课堂教学效果不好，课程设置不科学，理论性偏强，实务课程太少，教育教学对学生就业反映与改革不够。这些不足导致学生个人综合能力不足、个人能力与社会需求不匹配，从而使得毕业生在求职中的竞争力降低。

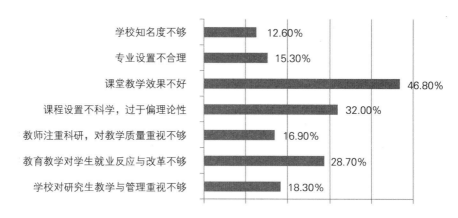

图 44　毕业生认为学校促进学生就业的不足情况

（二）改进措施

从图 45、图 46，图 47 看，毕业生认为学校应该注重对学生的法律职业能力、沟

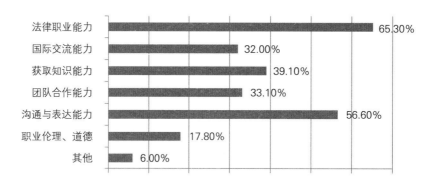

图 45　毕业生认为学校应该培养学生的能力

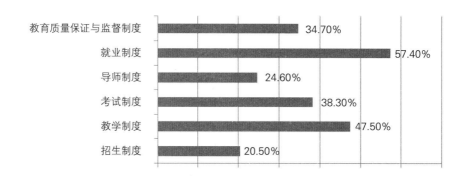

图 46　毕业生认为学校应该改进的制度

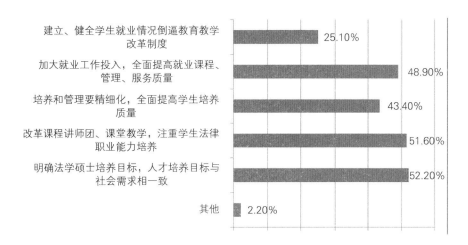

图 47 毕业生认为学校应该加强的工作

通与表达能力、获取知识能力等方面的培养，这些能力对毕业生在今后的求职及职业发展具有重要的影响。在制度改革方面，就业制度、教学制度、考试制度是最需要改革的，具体为：

1. 明确法学硕士的培养目标

从以上调查结果来看，目前我校法学硕士直接就业人数占到总人数的 80% 以上，即大多数法学硕士在毕业后都走向了实务部门。所以法学硕士的培养目标应该与实际社会需求及现实情况相一致，从学术型转为实务型。

2. 改革课程设置

法学硕士的培养目标从学术型转为实务型，其课程设置也应该随之改革。我校毕业生普遍反映目前学校的课程大多为理论性课程，实务课程很少，而法学是一门实践性学科，所以应该提升实务课程的比例，调整课堂教学的内容及侧重点，从而提升学生的法律职业能力。

3. 加大就业工作的投入

我校应更加重视就业工作，加大就业工作的投入，全面提升学校就业服务水平，如就业信息的发布、更新，提高就业课程的针对性等。

新媒体环境下我校就业
工作信息化建设的探索

学生处　王　彤

摘　要　近年来，高校毕业生人数持续增长，就业形势依旧严峻。一方面，学生面对海量的就业信息需要筛选和甄别；另一方面，高校就业工作内容不断丰富，工作量日渐繁重，亟需提高工作效率，毕业生及高校对就业工作的信息化要求不断提高。同时，随着互联网科技的不断发展，以微博、微信等为代表的新媒体正深刻地影响着我们的工作和生活方式，就业指导和服务的对象——90后毕业生也对毕业生就业工作提出了新的更高的要求，基于此，本文主要从我校的实际出发，探讨我校就业工作的信息化建设面临的困境，以期找到解决的对策。

关键词　新媒体　就业　信息化

一、新媒体环境下高校就业工作信息化建设的必要性

近年来，高校毕业生人数持续增长，就业形势依旧严峻。一方面，学生面对海量的就业信息需要筛选和甄别；另一方面，高校就业工作内容不断丰富，工作量日渐繁重，亟需提高工作效率，基于此，毕业生及高校对就业工作的信息化要求不断提高。《2006—2020年国家信息化发展战略》指出，要"建设多层次、多功能的就业信息服务体系，加强就业信息统计、分析和发布工作，改善技能培训、就业指导和政策咨询服务"[①]。《国家中长期教育改革和发展规划纲要（2010—2020）》（以下简称《教育

[①]　中共中央办公厅、国务院办公厅：《2006—2020年国家信息化发展战略》，2006年5月8日。

规划纲要》）中也明确指出："信息技术对教育发展具有革命性影响，必须给予高度重视"，要"加快教育信息化进程"，要"加强就业创业教育和就业指导服务"。2013年11月，教育部办公厅发文要求各高校可在本校校园网、就业网、全国大学生就业公共服务立体化平台或其他媒体上发布本校毕业生就业质量年度报告，完善就业状况反馈机制，及时回应社会关切，接受社会监督。[①] 这些都对高校就业工作的信息化建设提出了新的要求。

随着互联网科技的不断发展，以微博、微信等为代表的新媒体正深刻地影响着我们的工作和生活方式。新媒体是指借助计算机（或具有计算机本质特征的数字设备）传播信息的载体。主要包括互联网和手机媒体。与传统媒体相比，新媒体具有如下特征：即时性、开放性、个性化、分众性、信息的海量性、低成本全球传播、检索便捷、融合性等，其新媒体的本质特征是技术上的数字化、传播上的互动性。[②] 基于这样的特征，新媒体给我们带来了更多样化的就业信息传播方式，提高了就业信息发布的及时性；同时，新媒体呈现出的传播形式也更为生动、形象，为就业工作信息化建设搭建了新的平台。

从2012年起，"90后"作为一个新的热门词汇进入了高校就业工作者的视野，90后毕业生将会呈现出什么样的特点，如何做好90后毕业生的就业工作是摆在我们面前的一个新的课题。一方面，90后毕业生职业兴趣多元、求职就业更趋个性化。90后大学生个性张扬、自我中心意识强、思想开放独立等鲜明特点，使其不满足于传统的获取就业指导和服务的方式，对就业指导和服务的需求更多地要求"私人定制"。另一方面，90后毕业生就业意识主动，就业渠道更加广泛。自出生就带着网络时代的标签，他们不仅能熟练使用互联网和智能手机，而且更易于接受新鲜事物，这使得他们对新媒体的认同度和接受度很高，网络和各类新媒体成为他们生活中不可或缺的一部分。借助新媒体平台开展大学生就业指导和服务更能适应其行为方式和需求。

二、目前我校在就业信息化建设方面存在的困境

从2001年起至今，高校就业信息化建设经历了初始阶段、快速发展阶段、强制

---

① 《教育部办公厅关于编制发布高校毕业生就业质量年度报告的通知》（教学厅函〔2013〕25号），2013年11月2日。

② 匡文波：《到底什么是新媒体?》，载《新闻与写作》，2012年第7期。

建设阶段、主动建设阶段，到目前进入了统筹建设阶段，就业指导和服务的信息化已经成为整个就业工作的主要方式，信息化在高校的就业工作中起到了基础支撑作用，其理念和手段已经渗透到就业工作的方方面面①。我校的就业信息化建设也在不断摸索、改进中前进，基本上满足了就业工作的需要，但随着新媒体的不断涌现和深入使用，目前也面临着一些困境，主要表现在以下几个方面。

（一）门户网站内容简单，功能单一

目前我校的就业信息网内容相对简单，仅仅局限于新闻热点、通知公告、就业信息、就业政策以及就业技巧辅导等，功能也仅限于最基本的信息发布、浏览与检索，相对单一。与毕业生密切相关的就业管理、网络招聘、网上咨询、协同办公、分析监测、测评培训等内容基本没有涵盖。

（二）信息化平台受众群体仅限于毕业生，且学生、老师、用人单位之间缺乏互动

目前我校的就业信息化平台，主要指就业信息网（http：//www. cupljob. net/cn/），手机短信平台、就业中心新浪微博、法大就业微信公众平台、法大就业手机终端（法大就业 APP）等，其面向的受众群体主要都是应届毕业生，因缺乏对低年级同学的吸引，故不能适应全程就业信息化的需求。

无论是门户网站、手机短信平台、微信公众平台还是手机终端（法大就业 APP），其功能都主要集中在信息发布上，缺少学生与老师、学生与用人单位、老师与用人单位及校级就业部门与学院辅导员之间的沟通与交流。因此出现的现象主要有：一是毕业生包括低年级同学遇到就业的个性化问题时很难在第一时间内得到回复，老师发布的就业指导活动及招聘信息也不能及时、有针对性地推送给最需要的同学；二是因为缺乏学生与用人单位线上沟通的平台，往往是用人单位发布了信息，学生没有及时关注到，造成一方面学生面对海量招聘信息时难以甄别和筛选，另一方面用人单位却发愁找不到合适的人选；三是负责校园招聘的老师与用人单位的沟通仅限于电子邮件和电话，信息审核和发布的工作量大，资质审核困难，往往为了安排现场招聘活动耗费很多口舌，工作效率低下；四是校级就业部门与学院辅导员之间缺乏线上沟通的平台，协同办公困难。目前我们是通过建立飞信群、QQ群来实现校院两级的信息沟通，这样往往会出现不在电脑前的老师不能及时获取信

---

① 薛童：《新时期高校毕业生就业工作信息化建设的问题及对策研究》，载《知识经济》，2012 年第 22 期。

息，造成信息交流的不对称。

（三）现有的各种信息化平台各自为政，没有形成良性互动的体系

为了推进就业信息化建设，学生就业创业指导服务中心也做了很多新的尝试，除门户网站外，还建立了手机短信平台、就业中心新浪微博、法大就业微信公众平台、法大就业手机终端（法大就业 APP）。但现状是，由于缺乏统一的支撑系统，各种平台"各自为政"，没有形成良性互动的体系。门户网站是大而全的信息库，手机短信平台、就业微博、微信公众账号等是"小水池"，仅负责将重点信息重复推送和发布，没用充分发挥新媒体个性化和互动性的优势，彼此间良性互动的体系也尚未完全建立。

三、充分运用新媒体推进我校就业信息化建设

（一）树立建立贯穿就业工作全过程的信息化系统的理念

就业信息化建设是指使用先进的信息技术和成熟的系统开发方法，为高校毕业生就业工作提供帮助和服务。应树立结合学校实际工作的情况，充分运用新媒体技术，建立贯穿就业工作全过程的信息化系统的理念。

高校毕业生就业工作信息化建设中，应注意三个结合：一是避免学校信息孤岛现象出现，充分整合和利用国家及各省市高校毕业生就业主管部门的资源，将自身的系统与其深度整合；二是与我校已经上线运行的数字媒体大结合，充分利用校内资源，实现校内数据的共享，为毕业生提供更加便利、更加高质量的就业信息化服务；三是从使用的主体（学生、老师和用人单位）出发，充分了解学生对就业信息化的要求，不断改进信息系统的功能和性能。

（二）改进门户网站，建立支持学生、老师、用人单位三类角色的全方位支撑平台

从内容和功能上讲，应当建立包含就业信息发布、网上招聘、就业管理、统计分析、协同办公、动态监测、职业辅导等内容。功能也不仅仅局限在信息发布、浏览与检索，还应当包含如下：

1. 资质审查功能

应当建立认证平台，与相关管理部门的数据对接，自动实现对用人单位进行资质与基本信息的核查，确保招聘单位的真实性；同时，学校应对毕业生数据进行资格审查。

2. 网上招聘功能

用人单位可以自行进行在线注册，学校审核通过后即可自行发布招聘信息，接收学生简历，实现毕业生与用人单位需求的有效对接，方便开展网上双选活动。

3. 就业管理功能

建立毕业生就业管理系统，实现网络远程进行毕业生资格审查、推荐、就业协议录入及办理就业手续。

4. 协同办公功能

建立毕业生就业工作内部办公平台，运用现代信息技术对日常办公事务进行处理，实现校院两级就业部门协同办公，增强信息传达能力，提高工作效率。

5. 分析监测功能

实现毕业生就业进展情况的实时动态采集、汇总和分析、定期发布和反馈功能；完善就业市场需求信息的监测手段，及时准确地掌握我校毕业生就业状况和市场供求变化趋势。

6. 毕业生跟踪调查

通过统计、调查等手段，对已毕业学生就业信息数据进行分析和利用，为学校的招生、专业设置和人才培养的决策提供科学依据。

7. 职业测评和网上培训

引入权威第三方测评工具，帮助大学生认识自我，认知职业。构建自助式网上学习、培训平台，在传统平台的基础上，引入网络课件、实训模拟等手段，开展远程自助培训。

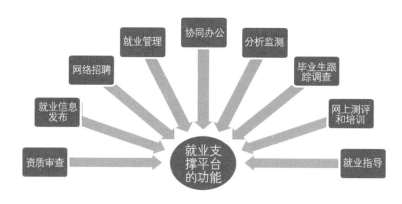

图 1　就业支撑平台功能展示图

从角色上讲，应当包含学生、老师、用人单位三种角色。学生可以通过支撑平台进行个人信息维护、个人简历投递、招聘信息获取、就业手续办理、在线就业咨询、在线问卷填写。教师拥有自己的工作平台，可以发布就业信息、进行就业管理、开展就业指导活动、进行招聘会管理、进行就业动态监测统计及毕业生跟踪调查，同时，可以校院两级工作人员协同办公。用人单位可以通过平台浏览生源信息、在线注册、发布招聘信息、预约校园招聘会、收取和浏览学生简历。

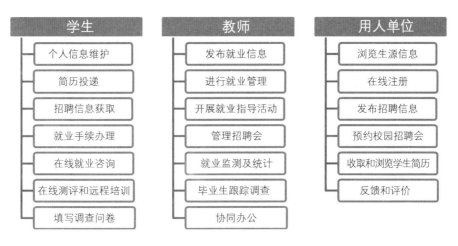

图 2　就业支撑平台不同角色所用功能展示图

从效果上讲，应当实现就业信息的及时和高效传递，提高工作效率，满足学生与老师、学生与用人单位、老师与用人单位及校级就业部门与学院辅导员之间的互动交流。

（三）充分利用新媒体技术打造立体化互补的就业信息平台

充分利用新媒体技术，构建以门户网站为中心，微博、微信、短信平台和手机客户端为辅助的立体化信息服务体系。在建立相对完善的门户网站的基础上，充分发挥微博、微信、短信平台和手机客户端等新媒体技术的优势，几者相互补充，共同发挥作用。

1. 微博

充分利用微博信息的实时推送和受众的参与式传播的特点，将时效性强的就业信息和就业政策及时推送给学生并得以广泛传播。

2. 手机短信平台

利用手机短信的特点，实现重点信息的点对点推送。手机短信平台主要针对就业困难学生、女大学生、少数民族毕业生等特殊群体的重点人群进行点对点的信息推送。

3. 微信公众平台

充分利用微信的信息群发、实时交流和关键字定制收取等特点，有针对性的开展就业信息发布、求职技巧推送、就业咨询交流等。

4. 智能手机终端（手机 APP）

利用手机客户端查阅和浏览信息不受时空限制的特点，同步更新门户网就业信息和通知公告，实现同学随时随地查阅收取求职信息和通知的功能。

图 3　立体化就业信息服务体系构成

大学毕业生就业质量评价体系构建与影响因素的探讨

法学院 王 琦

摘 要 在高等院校教育同构化的今天，如果坚持将学生就业情况作为衡量高校教育质量的重要指标，那么需要在重视就业数量的同时，更加重视就业质量。当前理论界对高等院校毕业生就业质量都有所研究，但是并未深入涉及大学毕业生就业质量评价体系的构建。笔者在借鉴现有成果的基础上，尝试对该体系进行构建，以期使大学生就业工作能够回归到本质，更好地为高校主管部门及社会各界提供真实的大学生就业相关信息。

关键词 就业质量 指标 影响因素

一、研究背景与研究意义

就业是民生之本，就业同样也是个世界性的难题。高校扩招之后，中国的大学教育已经从"精英教育"逐步的转变为"大众教育"。2014 年全国高校毕业生预计将达到 727 万，比 2013 年又增加 28 万，是 2004 年的 2.6 倍。十年间，毕业面临找工作的学生人数呈现出激进增长的态势，几乎每年的增幅都超过二十万人次。

毕业生总数年年刷新纪录，所带来的最明显的问题就是涌入到劳动力市场的人数急剧增加，在社会供给总量矛盾与结构化矛盾并存的社会背景之下，大学生的就业问题更加的突出。因此 2013 年度被人称为"史上最难就业季"，而 2014 年度更被人称为"史上更难就业季"。

就业不仅是一个经济问题，更是一个社会问题。在传统观念里，国家和社会对就业的关注只限于就业率与失业率，即能否实现充分就业。在这种情况下，无论社会还是高校，就业率都成了第一要务。1999 年，教育部首次公布了 44 所直属高校本专科

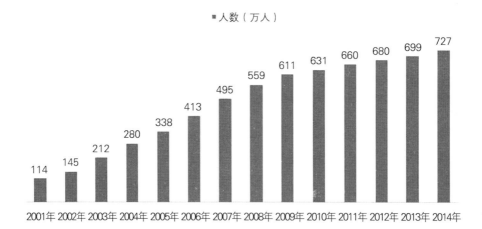

图1　近年高校毕业生人数

毕业生一次就业率情况，之后，"就业率"就成为了高校学生就业工作的重要指标。2003年教育部又出台《关于进一步深化教育改革，促进高校毕业生就业工作的若干意见》，规定将毕业生就业状况纳入高校评估体系，在普通高等学校本科教学工作水平评估和高职高专院校人才培养工作水平评估中，毕业生就业率是一项重要的考核指标。由于"就业率"能够直观反映高校办学工作的大致情况，因此"就业率"在一定程度上也就成为了学校学生就业工作甚至是学生工作的主要命脉，这就使得高校将更多的精力投向了提高学生就业率上。因此，即使是毕业生人数年年新高，就业季一年更比一年难，但是纵观多年的就业率，似乎并未出现太大的震荡，教育部每年向社会公布的各高校毕业生就业率中，重点院校、一般本科及高职院校的就业率不相上下，同类院校之间的就业率相差不多，那么"就业难"为何成为经久不衰的热门话题？

　　"就业"是一个过程性的事实，而不是某一个时间节点上的概念，因此"就业率"只是高校就业工作过程中，某一个阶段上的量化结果。在大学生就业形势日趋严峻的背景下，可能并不一定会影响高校"就业率"的大幅下滑，但是就业人口的剧增与岗位需求之间的结构性矛盾带来的根本问题不仅仅是毕业生找不到工作，更关键的是大学毕业生就业质量的急剧下滑。大学毕业生本来作为国家高素质知识人才，在就业群体中理应占据优势地位。但是从现状来看，大学毕业生的就业待遇也与社会期望值落差越来越大。据廉思（2008年）《潜在危机：中国"大学毕业生群居群体"与社会稳定问题的研究》的调查研究显示北京地区就有10万以上的低收入的大学生群体，他们大多数从事着简单的技术类、销售类和客服类工作。另外根据麦可思的《2013 中国大学生就业报告》显示，2012 届大学毕业生月收入为 3048 元，已就业的大学毕业生中，55% 对自己的就业现状表示满意，较之去年（2011 届）毕业生来看，两个数据都已经有所提高，但总体仍不容乐观。大学生起薪低、频繁的跳槽以及劳动合同短期化等常见的就业问题都属于就业质量的范围。因此，"就业难"不仅仅指的是大学生找工作难，更重要的是"找好工作难"。在高等教育同构化日益严重的大背景之下，如果仍然坚持以毕业生就业情况来衡量大学教育质量，就不得不重视"就业质量"。2010 年，中国青年政治学院副院长李家华提出："不应过多的强调就业率，而应花更大力气重视就业质量。"① 要解决就业质量的问题，就必须构建一个能相对科学合理并且准确的衡量大学生就业的质量评价体系。

大学毕业生的就业状况从广义上说，应当同时包括就业数量与就业质量，就业数量即通常所说的就业率，就业率能够从数量上直观地反映毕业生就业状况，但是并不能完全体现毕业生的就业状况。大学毕业生的就业状况分析必须同时结合就业率与就业质量来进行分析，甚至在各种学生就业的研究过程中，更应该关注大学毕业生的就业质量。"高校毕业生的就业质量不仅是反映高校人才培养质量的重要标志，也是直接关系到高校的社会声誉和生源质量，同时也关系到高校的持续、健康和协调、快速发展，甚至于其生死存亡。"② 将就业质量这个概念植入到大学毕业生就业状况分析中，就必须构建一个大学生就业质量评价体系。与就业数量不同，就业质量无法简单地通过一些数据就能够表现出来，就业质量评价体系的建立必须通过对一些因素做一个科学、合理的量化，而这些因素正是影响大学毕业生就业质量的必需分子，只有这样才能够有针对性地提出改善提高大学毕业生就业质量的建议。

通过构建就业质量评价体系来衡量大学毕业生就业状况，不是简单地抛弃就业数量这一因素，在对大学毕业生就业状况的评价中，就业数量与就业质量需要并重，而就业质量评价体系的构建，是要打破"保证就业率为第一要务"的学生就业工作理念，要摒弃在学生就业工作中以就业率为上的标准。只有同时关注就业数量与就业质量，才能从根本上改善就业状况。

---

① 李家华：《专家建言：大学毕业生就业率统计应有统一标准》，http：//news. xinhuanet. com/politics/2009－11/15/content_ 12458152. htm。访问时间：2014 年 4 月 8 日。
② 杨春：《高校毕业生就业质量标准的思考》，载《思想政治教育研究》，2004 年第 2 期。

二、相关概念的界定

（一）就业质量的概念

就业质量是个新兴的概念，对其进行定义与衡量都比较困难，就业质量涵盖的范围包括教育学、心理学、社会学、劳动保障学等多方面学科的研究领域，不同学科对其关注的重点不同，因此对其内涵的认定也未达成一致的结论。

早在 20 世纪 70 年代，美国职业培训和开发委员会就提出了"工作生活质量"这个概念。"工作生活质量"也称为"劳动生活质量"，它的理论基础是英国的"社会技术系统"这一概念，基本思想是强调提高工人的工作效率，不能简单地只考虑技术因素，还应当考虑人的因素。

国际劳工组织在 1999 年的第 87 届国际劳工大会上，首次提出了"体面劳动"，将其定义为"促进男女在自由、公平、安全和具备人格尊严的条件下获得的体面的、生产性的、可持续的就业机会"，强调"体面工作应该是生产性工作，工人权利受保护、有足够的工资、享受社会保险，可实现劳工、雇主与政府之间的有效对话等"。[①]

2000 年，法国尼斯欧盟委员会提出了"工作质量"的概念，所谓"工作质量"是一个相对的多维的概念，既包括单个工作的特点，也包括广泛的工作环境的特点，测量劳动力市场如何发挥其整体效用，从而更好地协调劳动力在劳动力市场上的流动。[②]

以上三个组织所提出的类似于"就业质量"的概念都具有褒义性，但是"就业质量"作为一个综合性、多元化的概念，其本身性质是中性的，因此有的学者就提出了就业质量应当包含两个层次，即高就业质量与低就业质量。有学者对"高就业质量"作了如下定义："个人在通过其认为具有挑战性和感到满意的工作环境中工作获得谋生所需的报酬，虽然收入的重要性不言而喻，但这并非是衡量就业质量的唯一标准。"[③]

2004 年，在国际劳工组织与中国劳动和社会保障部共同举办的"2004 年中外就

---

① 张国庆：《国际劳工局关于体面工作的概念及其量化指标》，载《中国劳动保障报》，2003 年 9 月 20 日。

② 国福丽：《国外劳动领域质量的探讨：就业质量的相关范畴》，载《北京行政学院学报》，2009 年第 59 期。

③ Fredric K：*workplace issues and placement：what is high quality employment*，In *Work*，2007 (9)。

业论坛"上，我国政府首次明确提出将提升就业质量作为政府的一项重要工作，这次论坛的召开标志着就业质量的问题开始逐步引起政府和社会的关注。在这之后，国内的专家学者也开始对就业质量进行了研究。

要对就业质量进行深入的探讨，必须对就业质量的概念做出清晰的界定。目前国内对就业质量概念的研究有着不同的学说看法。湖南化工职业技术学院彭世武认为："就业质量是衡量劳动者在整个就业过程中就业状况的综合性概念，包括九个方面：工作性质、工作条件、安全、个人尊严、健康和福利、社会保障、职业生涯、劳资关系以及机会平等。"①

嘉兴学院柯羽认为："高校毕业生就业质量就是指在符合高等教育基本规律的前提下，教育产品（高校毕业生）满足社会潜在需要的特征和特性要求的总和。"②

河北师范大学刘素华提出："就业质量是反应整个就业过程中劳动者与生产资料结合并取得报酬或收入的具体状况之优劣程度的综合性范畴。"③ 她认为，就业质量包含宏观与微观两个层次。微观方面指的是劳动者个人方面，就业质量包括一切与劳动者个人工作状况的相关要素，包括工作环境、薪酬、社会保障等，宏观方面指的是某个地区或者行业范围内劳动者整体的工作状况。刘素华的观点是目前理论界关于就业质量概念的通说。

（二）大学生就业质量的概念

本文研究的角度是高校毕业生的就业质量，因此从微观上来看就业质量应当是立足大学毕业生在就业过程中作为一名劳动者个人与其工作状况相关的所有因素。

曾向昌认为，大学生就业质量是指毕业生即将从事的工作与其接受的教育程度、专业和所就读院校的培养目标相适应，且符合其就业意愿。④ 该观点明确了就业质量与高校的办学定位、培养目标、教学质量的关系。但是该理论从高校角度出发，探讨了毕业生就业与高校之间的关系，不能完全反映大学生就业状况的优劣。

秦建国提出，大学生就业质量是一个衡量大学生在整个就业过程中就业状况的综

---

① 彭世武：《构建适应高职院校毕业生就业质量评价体系的理论探索》，载《当代教育论坛》，2008 年第 8 期。

② 柯羽：《高校毕业生就业质量评价指标体系的构建》，载《中国高教研究》，2007 年第 7 期。

③ 刘素华：《就业质量：概念、内容及其对就业数量的影响》，载《人口与计划生育》，2005 年第 7 期。

④ 曾向昌：《构建大学生就业质量系统的探讨》，载《广东工业大学学报（社会科学版）》，2009 年第 3 期。

合性概念，一切影响大学生就业的因素都会制约大学生就业质量的提升。[①] 这个观点从毕业生的角度全面地反映了就业质量的优劣，能够契合本文研究的角度，因此本文采取本概念作为研究切入点。

三、毕业生就业质量评价体系的构建

（一）就业率与就业质量两者的关系

就业率与就业质量作为毕业生就业状况评价中的两个端点，必须要正确地定义两者的内涵，对两者的关系进行深入的分析才是构建就业质量评价体系的前提。

就业率作为体现就业状况中"量"的这一端，其定义及计算公式都较为明确，被广泛地认可，操作简单且结果直观，是对高校毕业生就业状况的数量反映。一直以来，就业率作为评价高校就业工作的重要指标，也承担着反映高校办学质量优劣的重要表征。长期以来，就业率被政府、高校及社会赋予了衡量高校就业工作、测评高校人才培养质量的重要使命。过度地重视就业率，而对就业质量不闻不问，部分高校单纯地追求高就业率，往往就忽视了对学生就业质量的关注，从而出现了就业率等同于就业质量、就业率等同于高校人才培养质量等畸形现象。

就业率被提出至今的十多年间，社会变革十分明显，办学改革也进一步深化，就业率在目前的大学生就业状况中已经不能完全且真实地反映高校的实际办学情况。就业率反应的是就业人数的比例，是数量上的概念，大学毕业生就业率的推算公式是就业率＝（已就业人数／全体毕业生人数）×100%，在这个公式中，已就业人数包含了升学人数、出国人数、应征入伍人数、签约人数以及各式各样的灵活就业人数，这显然已经超出了单纯的大学生就业工作应该统计的范围，不能够真实地反映大学毕业生就业状况。

但是，我们还必须肯定，在高等教育大众化、高校扩招严重的形势之下，就业率在对高校毕业生就业工作的开展中能够起到积极作用，没有就业率就没有就业质量可供研究，就业率是就业质量的基础，只有在这个基础之上才能对大学毕业生的就业质量作出分析。

从内涵上来看，就业率与就业质量作为就业状况的两个端点，是两个相对独立的概念，从外延上也绝对不可以混淆。就业质量仅仅指的是就业状况中的"质"这一方面，不应当包含属于就业率的"量"`的一端。就业率与就业质量在对高校毕业生

---

① 秦建国：《大学生就业质量评价体系探析》，载《改革与战略》，2007 年第 1 期。

就业状况的评价上，二者应当为互相补充的关系，缺失任何一者都不能正确全面地评价高校毕业生就业状况。

就业率与就业质量两者的关系，几乎类似于全民普遍就业即充分就业与个人体面劳动两者的关系。在高校毕业生就业工作中，首先应当保证高就业率，保障高校毕业生充分就业，这是社会稳定与经济发展的必然要求。在保证就业率的前提之下，要努力提高就业质量，即保障高校毕业生体面劳动。高等教育培养出来的人才必须保障高就业质量，这是社会对高等教育的必然诉求。要努力提高就业质量，就必须要充分构建出一套合理、科学、实用的就业质量评价体系，摆脱就业质量评价的虚无化，将其通过各项指标进行客观的评价。

（二）毕业生就业质量评价体系构建的原则

本文在对就业质量概念进行界定的时候就已经强调，本文中所讨论的"就业质量"仅指微观层面的就业质量，因此就业质量评价体系的构建也仅仅限于对大学生个人群体中各项指标的选择。因此本人在就业质量评价体系指标的选择中就不再考虑区域经济发展水平与就业政策两个层面，仅从工作条件方面进行构建。

1. 整体性原则

大学毕业生就业质量评价体系的建立是一个宏观性的工程，它包含了关于大学毕业生就业质量的各个方面，构建就业质量评价体系必须从全局来考虑各个指标对就业质量的影响及相互之间的作用，合理搭建评价体系内部的层次结构。在对各项指标进行甄选的过程中，只有全方位的指标才能够科学完整地评价毕业生就业质量内容。

2. 主客观相结合原则

就业质量的概念与内涵本身就是一个主客观相结合的产物，主观上是求职者自身的感受、满意度，客观上是就业质量外化出来的各种表现方式。构建毕业生就业质量评价体系，仅仅使用客观指标或者主观指标都不能全面完整地对毕业生就业质量进行客观的评价，只有坚持主客观相结合的原则，才能合理地反映毕业生的就业质量。

3. 可操作性原则

就业质量评价体系的构建目的就在于能够使社会、政府、高校对毕业生的就业状况有全面科学的认识，那么在对评价体系进行构建的时候，必须要具有一定的操作性。因此在选择评价指标的过程中，必须要选择操作性较强的指标，各项指标必须具有现实可行性及实用性，可以通过一定的测量实现对就业质量的充分反映。

（三）毕业生就业质量评价指标

根据前文对大学生就业质量概念的分析可知，就业质量分为主观就业状况与客观就业状况，大学生就业质量包括主观就业质量与客观就业质量两个方面。就业质量评价体系的主观指标一般可以概括为工作的有意义性。根据马斯洛的需求理论，人在满足了基本需求之后会进一步提升自己的需求内容。一份工作在满足大学毕业生的基本物质生活需求之后，还需要能够在很大程度上满足心理层面的需求。大学毕业生只有找到自己适合的岗位，才能保持良好的工作心态，在以后的工作中保持持久的工作动力，才能够真正发挥自己的能力，实现个人价值和社会价值。客观就业质量包括工作地点、行业前景、工资的绝对水平与相对水平、单位知名度、福利相对水平等方面。毕业生的客观就业状况是就业质量的核心内容。

因此，结合国内外的研究，并结合我国毕业生求职就业的实际情况，可以对就业质量评价体系选择以下几个指标进行构建。

1. 工作稳定性

对于刚毕业的大学生来说，稳定的工作是事业起步的基础，稳定的工作有助于毕业生建立初步完整的人脉关系，并且能够得到更多的锻炼机会，同时稳定的工作能够保障大学生在刚步入社会的时候拥有稳定的生活状态，对以后个人发展也有很大的作用。因此，稳定的工作是大学生就业质量高低的一个重要表征。一般来说，三年的时间是初入职场的毕业生熟悉工作性质与工作环境的最佳时间，如果大学生能在一个单位工作三年或者以上，通过各项学习与培训，才能充分了解自身与工作岗位的匹配性，因此，在就业质量评价体系指标的选择中，我们可以以三年的劳动合同期限作为评价就业质量高低的标准。

2. 工作时间

保证合理的工作时间是劳动者的法定权益，虽然我国法律对劳动者在劳动时间上进行了保障，规定劳动者的工作时间为每天 8 小时，但是随着社会竞争的日益激烈，同时劳动市场中的劳资双方不平衡，劳动者加班或者超时工作的情况已经不再罕见。工作时间是劳动者的合法权益，也是就业质量的重要指标。

3. 社会保障

就业中的社会保障是国家通过立法，积极动员社会各方面资源，保障劳动者在年老、失业、患病、工伤、生育时的基本生活不受影响。我国的社会保障包括社会保险、社会救助和社会福利等一系列内容，它的核心部分是社会保险，因此一般说的对劳动者的社会保障就指的是社会保险。根据我国社会保险的分类，包含有养老保险、工伤保险、医疗保险、失业保险、生育保险等五种。社会保障的主要功能就是保证劳动者在特殊情况下有正常生活，给劳动者提供安全感。社会保障也是就业质量高低的重要指标。

4. 收入水平

收入水平是劳动者对社会贡献的反映，也是社会对劳动者能力的认可，对大学毕业生来说，也是大学生价值的表现。收入水平理应包括工资、福利和各项社会保障，但是社会保障单列为就业质量评价体系的一项指标，因此此处的收入水平仅包含工资和福利。毕业生的收入水平作为就业质量评价指标的一项，测算内容应当包括收入获得的具体情况即绝对数额，以及收入的差异水平即相对数额，这些都应当作为就业质量评价的标准。根据人力资本投资理论，上大学是一种非常重要的人力资本投资行为，受到了投资预期收益率的影响，因此收入水平的高低是就业质量高低的最明显的客观表现。

5. 工作安全

在劳动过程中不可避免地会出现一些影响劳动者健康的因素，这会带来职业病甚至影响身体健康。根据马斯诺需求理论，安全需求是人的基本需求，只有在保证安全需求的基础上，人才能追求更高的需求。面对工作环境中可能会产生的危险，劳动者追求的安全的工作环境是就业质量高低的重要指标。大学毕业生在步入职场之后，面对的工作环境可能较之其他群体较好，但是也存在着不安全，这种不安全不仅仅指生理上的，也包含心理上的，或者精神压力方面的，这些都可能会带来安全隐患。

6. 就业公平

不同的求职者会因为自身条件的不同而受到不同的对待，有些时候会出现在劳动生产率相同的两者之间，会因人的某些因素在收入、职业选择等方面存在着不公平待遇，这就是就业歧视。一般来说，就业歧视主要包括性别歧视、户籍歧视以及疾病歧视。对大学毕业生来说，最常见的就业歧视是性别歧视，尤其是女大学生在就业过程中作为弱势群体，毕业之后马上进入生育年龄，部分企业出于经济成本的考虑，不愿招收女性大学毕业生。就业公平必须作为就业质量评价的一个重要指标，没有就业公平就没有就业质量。

7. 就业结构

大学生的就业结构主要包括就业地域、单位性质两个方面。毕业生就业地域指的不是某一个单一的省市，而是相应的经济发展区域。一般来说，分为东部、中部和西部。就业地域的区别很大程度上受到就业过程中经济因素的影响，在就业过程中，我们不能过分鼓励或者强调经济因素的重要性，但是经济因素的确是毕业生在就业过程中重点关注的指标。对经济因素的看重，使得经济发达地区的就业竞争远高于欠发达地区。在竞争过程中获胜与否，能够直观地反映出毕业生就业竞争力的强弱、就业质量的高低。毕业生就业单位性质的差异，也能够直接体现大学生就业能力的高低。当然，在国家宏观政策调整之下，有些大学毕业生响应国家号召，去西部基层等欠发达地区就业，这些志愿者在思想政治素养和专业能力方面都十分的优秀，对社会贡献率较高，也属于高质量的就业。

8. 专业对口性

专业对口性指的是大学生毕业之后所从事的的职业能否与所学专业领域相吻合。就业质量评价体系中的专业对口，并不是指毕业生从事的职业与所学专业完全一致，一般来说，只要是毕业生在自身职业岗位中能够运用自己所学专业内容，就可以称之为就业专业对口。

四、影响毕业生就业质量高低的因素

大学生就业质量是衡量大学生在就业全过程中就业状况的综合型概念，大学生就业质量在很大程度上受到政府、社会、经济发展的制约，一切影响大学生就业质量高低的因素都应当纳入到研究范围。宏观上，国家政策及经济发展的全球化；中观上，劳动关系与学校的特性；微观上，毕业生本人的就业能力、性别差异、情商水平等都是影响大学毕业生就业质量高低的因素。从本人的研究主旨出发，同时限于本文篇幅，仅从毕业生个人的因素中挑选几个进行研究。

（一）就业能力

1. 就业能力的概念

就业能力有广义与狭义之分，本文仅从大学生的就业能力来论述两者的内涵。广义的就业能力指与外界因素有关的影响毕业生获得和保持工作的能力，从人力资本理论出发，可以把就业能力理解为把高等教育的服务转化为人力资本存量，并最终在存量的基础上实现人力资本价值的大学生的综合能力。[1]

狭义的就业能力即一般所说的大学生就业"软实力"，一般包括人际沟通能力、组织协调能力、团队合作能力与解决问题能力等方面。有学者认为狭义的就业能力指的是求职能力，即在校期间通过学习或者实践而获得的工作能力。[2] 也有的学者认

---

① 刘敏榕：《基于人力资本视角的大学生就业能力分析》，载《高等教育》，2011 年第 1 期。
② 谢志远：《关于培养大学生就业能力的思考》，载《教育发展研究》，2005 年第 1 期。

为，关于狭义的就业能力，不仅仅指的是应聘能力，而是与职业相关的能力。[1]

综合各类研究文献，本文认为，大学生的就业能力应当定义为狭义的就业能力，在当前的社会环境中，就业能力指的是大学毕业生在职场中获得和保持工作所需要的综合能力。

2. 就业能力与就业质量的关系

相关实证调查研究分析后指出，大学生的就业能力与就业质量有着密切关系，直接表现在大学生的就业能力与工资福利存在明显相关关系；低就业能力学生较少获得良好的工作环境，而高就业能力的学生更易获得自己感兴趣的工作岗位。[2] 尽管目前的研究都还尚未表明，大学生的就业能力对就业质量具有决定作用，但是两者的确存在着很大的相关性。

1987 年政府引入"供需见面"的就业新方式，直到 1999 年，取消绝大部分大学毕业生就业分配制度之后，就业市场已经不存在"终身就业"的情况，市场与毕业生均需要通过双向选择来决定就业结果，这就意味着大学毕业生就业已经不再指望政府分配或者家庭关系，必须通过个人的竞争力来决定，就业能力在一定程度上对就业质量起着基础性的作用。

同时，对于大学生本人来说，自主择业的意识已经愈发地增强，职业已经成为大学生实现理想、提升个人兴趣的方式，而不再是单纯的谋生手段。这就表明，就业能力越强的学生，职业选择的机会越多，工作满意度也就越高，也从一定程度上提升了就业质量。

（二）性别差异

大学生就业过程中，女大学生就业歧视问题一直是热门的研究重点，但是很少有研究涉及性别差异对大学生就业质量的影响分析。有学者单纯地对男女毕业生在就业时候的具体性差异提出了观点，认为男毕业生在就业率方面高于女毕业生，[3] 但是真正针对男女大学生在就业质量方面的实质差异，鲜有研究。

大学生性别差异对就业质量的影响表现在很多方面，本文仅从就业机会获得过程中的男女差异、工作稳定性两个角度分析。

1. 就业机会获得的差异性

---

① 孙长缨：《提升大学生就业能力的思考》，载《中国高教研究》，2007 年第 11 期。
② 李颖等：《大学生就业能力对就业质量的影响》，载《高教探索》，2005 年第 2 期。
③ 佟新、梁萌：《女大学生就业过程中的性别歧视研究》，载《妇女研究论丛》，2006 年 12 月增刊。

就业机会获得的性别差异可以理解为就业率的男女差别，根据以往的一些调查来看，有的研究显示就业率是存在男女差异的，例如佟新在 2006 年对南京三所高校的调查显示，同等条件下男生的签约率明显高于女生。[①] 但是也有的调查却显示在就业机会获得上，男女差异并不明显。根据《中国政法大学毕业生就业状况年度报告（2013）》显示，2013 届毕业本科生中，男生就业率为 84.03%，女生为 89.42%，研究生中，男生就业率为 94.73%，女生为 92.73%，本科女生就业比例略高于男生，研究生男生就业比例略高于女生，但是差异并不大。虽然性别差异在就业率方面差异不明显，但是在就业质量方面的确存在着不均衡。

2. 工作稳定性的差异性

工作的稳定性是一个主观因素，但是也有其独特的客观表现形式就是转换工作的频率或者次数，但是变动工作的频率或者次数需要结合一个时间段方可进行统计，因此另一个客观表现形式就是签订劳动合同的时间长短，时间越长，工作越稳定。根据浙江理工大学 2012 年的调查研究显示，男大学毕业生在工作之后与用人单位签订三年及以上劳动合同的占 11.6%。[②] 由此可见，相对于女毕业生，单位更相对倾向与男毕业生签订长期的劳动合同。

（三）情商水平

情商指的是一个人的内在情绪、情感能力，它与智商一样，都是衡量一个人是否为合格人才的重要的心理标准，都是内在的心理现象。一般来说，情商水平对大学毕业生就业质量的影响表现在隐性方面，对于单位来说，大学毕业生在智商水平方面相差无几。因此，情商水平在大学生求职过程中，一般都表现为要求具有良好的组织能力、协调能力以及团队协作能力。

对于毕业生来说，要想在求职过程中找到合适、甚至满意的工作，必须要发挥情商的作用。情商高的毕业生，能够主动去关心就业政策，了解就业形势，并且善于主动运用社会资源与个人资源寻求就业机会。同时，情商高的毕业生，能够在求职之前充分地对自己做全面的了解与定位，积极地将自己的专业、性格、能力、知识、特长与社会需求进行主动结合，将自己的求职观运用到求职过程中，寻求与自身情况相匹配的工作，这样才能算是高质量的就业。

---

① 佟新、梁萌：《女大学生就业过程中的性别歧视研究》，载《妇女研究论丛》，2006 年 12 月增刊。

② 朱茹花等：《高校毕业生就业质量性别差异的分析——以浙江省为例》，载《黑龙江教育（高教研究与评估）》，2012 年第 6 期。

五、提高毕业生就业质量的对策

大学生就业是一个社会问题，确保毕业生能够充分并且高质量的就业是高等教育健康发展的刚需，也是社会和谐发展的要求。虽然本文的分析视角仅从大学生本人来研究，但是大学生高质量就业是需要社会、政府、高校及大学生本人来共同实现的。

（一）政府应当将大学生就业质量纳入就业评价体系

多年以来，就业率一直是高校就业工作的核心工作，就业率唯上是学生就业工作的指导思想。高校对就业率的重视，源自于 2013 年国家出台的《关于进一步深化教育改革，促进高校毕业生就业工作的若干意见》中对就业率偏高的专业及院校减少或控制招生规模，所以就业率出现水分已经不再是新鲜事。

当然，前文也分析到，就业率完全可以作为就业评价的一个指标，但是不能作为唯一指标。2013 年教育部部属高校首次公开高校就业状况，这就意味着，就业率唯上的理念正在逐步地调整。但是各个高校对就业质量的评价指标并不一致，不能同步或者完全反映各高校之间的就业质量的差距。因此，构建同一个就业质量评价体系，将其纳入到就业评价体系之中，才能够促进毕业生就业质量的提高。

（二）高校务必落实大学生就业指导工作

毕业生就业质量的高低与就业能力密不可分，就业能力的高低在某些程度上决定着就业质量的高低。就业能力的提升，需要通过各种就业指导工作来实现。高校是教育实施者，有责任也有能力为大学生提供充分的就业指导与职业规划工作。

首先，应当建立就业指导工作长效机制，对不同阶段的学生提供不同的教育，低年级的学生重点做好职业规划工作，高年级的学生重点提供就业指导，坚决摒弃"临阵磨枪"的工作理念。

其次，要提高就业指导教师的工作水平，就业指导教师除了必备的专业知识、职业道德之外，还应当具备一定的社会经验，对职业发展、单位需求有清晰的认识。高校应当对就业指导教师做好相关培训，从工作内容、工作范围和胜任资格等方面做好管理。

再次，要多方面多渠道提升毕业生求职能力，要深刻地认识到情商对毕业生求职的重要性，要根据单位反馈的毕业生理论与实践结合不够、动手能力不足等问题及时对大学生进行进一步指导与培训。

（三）大学生应当树立正确的求职观，提升就业能力

正确的求职观是毕业生能否在求职过程中顺利找到理想工作的前提，因此大学生

在求职过程中应当调整自身的求职观，尤其要克服盲从的心理。根据笔者的观察，每年都有部分毕业生在就业过程中，毫无方向，被动择业，跟着其他同学的就业方向来决定自身的求职方向。因此，在就业过程中，大学生应当根据自身情况，提前规划好职业生涯，在充分了解自身与职场之后，变被动为主动，找到适合自己的工作。

大学生在校期间在学习专业知识的同时，还应当抓住各种机会提升自身的就业能力，通过社会实践、社团活动、专业实习、模拟比赛等活动，提高自身的创新能力、人际交往能力及实际操作能力。

大学生就业质量的研究是一个长远的课题，就业质量评价体系的建立更是一个复杂的系统工程，涉及太多因素，限于研究能力及研究条件，本文主要从毕业生角度来分析就业质量的评价指标与影响因素，但是就业质量的提高必须是政府、高校及大学生三方的共同责任，希望能够在这三者的共同重视、共同努力之下提升大学毕业生的就业质量。

中国政法大学国际法学院
2014 届毕业生就业求职意向
的调查分析报告

国际法学院　顾永强　刘　凯　张　宇

刘　瑾　查凡杰

摘　要　近年来大学生就业形势日趋严峻，适当的就业求职意向对毕业生就业求职的影响不容小觑。本文从大的环境方面介绍了目前国家对毕业生就业的相关政策，结合中国政法大学的具体情况，对毕业生就业求职意向相关问题进行了归纳，尝试着分析出现这些问题的原因，并探讨了相关问题的解决思路

关键词　就业求职意向调查问卷　问题归纳　原因分析　应对措施

中央经济工作会议提出，把做好就业工作摆到突出位置，重点抓好高校毕业生就业。2014 年，高校毕业生将达 727 万人，再创新高。就业是人生的必经阶段，大学毕业生作为就业的主要群体，如何选择自己的就业方向，是需要理性思考的问题。因此，如何全员、全程、全方位地做好大学生就业指导工作，已成为高校的重要课题和任务。为切实为每一位同学做好就业服务工作，不断提升我院开展就业相关工作的针对性和有效性，我院特针对 2014 届毕业生的就业求职意向做了较为详尽的调查。

一、调查样本描述

为了保证调查的客观性、准确性和全面性，本次调查针对国际法学院 2014 届全体学生，且采用实名制调查。共发放问卷 240 份，共收回问卷 237 份，回收率达到98.75%。调查数据的统计是运用计算机 Microsoft Excel 中的数据透析表格功能进行的。由于是实名制调查，且只针对本院 2014 届学生，问卷质量较高，有效率达到100%，因此选择所有回收问卷作为样本进行分析。

二、调查问卷设计及数据统计分析

调查问卷分为两个部分：第一部分旨在调查学生对国家及我校相关就2业政策的了解情况；第二部分则是对其自身的就业求职意向进行调查，分为考研、出国深造、自主创业、求职工作四个板块，以全面而深入地得出结论。[①]

对统计数据进行分析如下：

（一）学生就业和对国家及我校相关就业政策的了解情况与态度

1. 毕业后的发展方向

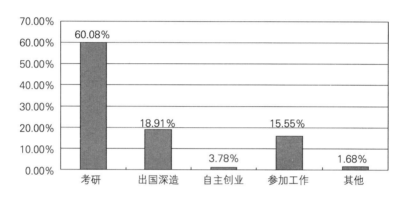

图 1   本科毕业后的发展方向

我们对大家的第一选择进行了统计：60.08%的人选择考研，18.91%的人选择出国深造，15.55%的人选择参加工作，3.78%的人选择自主创业。以上数据说明毕业生发展方向虽然多元化，但大部分学生更倾向于考研和出国深造，而选择就业人数相对较少。选择出国的同学人数较以前有所提高，且有进一步发展的空间，出国相对也不失为一种保险的选择。而考研是就业方式中最具有风险的，毕业生应当充分考虑自身情况、社会需要和就业形势等多重因素进行选择，切勿盲目跟风随大流。

2. 确定本科后发展方向的时间

39.74%的同学在大三确定了发展方向，28.63%在大四确定，11.54%在大二确定，只有8.97%大一就已确定，而有10.26%的同学现在还很模糊。以上数据说明大部分人在大三和大四根据长时间的学习积累和社会经验确定了发展方向，但仍有小部分人至今仍模糊，缺乏长远思考和制定人生目标的观念。我院每学期都会举办就业求

[①]《中国政法大学国际法学院 2014 届本科毕业生就业求职意向调查问卷》，见附件。

职相关讲座让学生了解就业情况，并在学生会成立了职业拓展部，为同学们的就业提供全方位的服务，有助于学生尽早确立自己毕业后的发展方向。

3. 选择职业的影响因素

62.34% 主要依据自己的意愿进行选择,32.64% 的同学的选择主要受家庭和国内就业形势影响,5.02% 的人主要受到法学名家的影响。可见毕业生自主选择观念较强。

4. 了解就业相关信息的途径

这是一道多选题，我们将大家的所有选择相加进行统计。32.23% 选择通过学校就业指导中心、学院就业工作办公室获取就业相关信息,28.95% 选择通过互联网,20.72% 一般通过亲友推荐，通过人才市场和毕业生供需见面会和为毕业生服务的机构、网站了解就业相关信息的学生较少。由此可见，学校指导和互联网是学生了解就业信息的主要渠道。我们应当进一步完善就业指导工作，多收集就业相关信息，为同学们提供更加全面的服务。

5. 对毕业生有关的就业政策和项目了解程度

53.65% 的同学看过一点儿信息，只是听过或没有关注的达到 42.49%，只有仅 3.86% 的同学非常了解。以上数据说明，绝大部分同学缺乏对就业政策和项目的全面深入了解。信息是成功的源泉，同学们应通过多种渠道了解就业信息，学校应加大宣传力度，通过多种方式如官网、BBS、人人网、微信公众平台等多种途径宣传相关就业信息，主动与被动相结合，以帮助学生全面掌握信息。我们为每个寝室都发放了《北京地区高校毕业生就业实用手册》，其中对与毕业生有关的就业政策和项目有详细介绍，相信同学们对此也有了进一步的了解。

6. 大学生入伍服义务兵役

从第 6 题可以看出 17.78% 的同学认为可以在部队有所作为，有所发展;27.11% 的同学认为当兵也是一种就业形式，而且待遇不错;28.44% 的同学认为这属于曲线就业，到部队锻炼几年，以享受就业优惠政策;8% 的同学认为训练太苦，不自由;认为发展前景不明朗，不会选择的占 18.67%。

第 7 题说明 13.00% 愿意将其作为就业首选;14.80% 在服兵役和其他选择中徘徊;33.63% 如果其他选择发展不理想，可以考虑;有 38.57% 的人不愿意参加。

在第 6 题中，有 26.67% 的同学对大学生入伍服义务兵役持否定态度。而第 7 题中，有 38.57% 的同学表示不愿意参加。这就明显看出，有 10% 左右的同学客观认知和主观倾向是有出入的。我院于 12 月 13 日下午邀请到退伍复学的 2011 级学生和我校选培办的老师为同学们进行了专题讲座，他们将自身经历和感受告诉学生，打消其疑虑，也让更多人了解该政策。

7. 关于大学生志愿服务西部计划

大多数人将其作为在其他选择不理想时的选择或不予考虑，其比例分别占到了38.60%和32.02%；选择将其作为首选和作为备选方案的只有13.60%和15.79%。大部分同学在有其他选择的情况下并不愿意去西部服务。

8. 关于到农村基层工作

22.03%的人认为基层条件艰苦不愿意去；19.82%的人认为可以避免就业压力，享受优惠政策；将基层工作当做自己跳板的占34.36%；23.79%的人愿意选择扎根基层，服务社会来实现自身价值。可见有超过70%的人对大学生到基层工作持肯定看法。今年国家公务员考试中，县级及以下基层单位占到80%以上，大学生毕业后在基层进行初步锻炼已是大势所趋。同学们应注重培养脚踏实地、不怕吃苦的精神，并重视基层工作经验的积累。其实大部分学生可以接受去基层工作，但缺乏服务社会的奉献精神。

9. 就业择业方面的主要困难

21.77%的人选择就业形势严峻，害怕失败，不敢尝试；42.44%的人选择自身缺乏竞争力，未做好准备。有很大一部分同学在就业形势严峻的情况下对自身竞争力抱有很大的疑问和忧虑。选择心理压力大的占19.56%，14.39%的人选择与家庭期望不一致。以上数据说明大部分毕业生缺乏就业信心，我院每年毕业季均会举办心理辅导讲座等活动，帮助缓解毕业生就业心理压力，鼓励毕业生做好准备勇敢尝试。学生应培养自信心，相信自己的专业能力，做好准备。

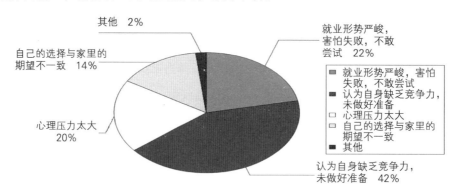

图2　在就业选择方面面临的主要困难

10. 毕业生就业指导方面亟待解决的问题

在毕业生就业指导方面亟待解决的问题中，"收集和整理社会上有关人才需求的

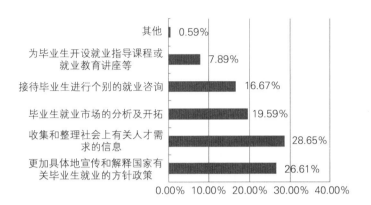

图 3　在毕业生就业指导方面亟待解决的问题

信息"需求最大，占 28.65%；26.61% 的人选择"更加具体地宣传和解释国家有关毕业生就业的方针政策"；其次分别是"毕业生就业市场的分析及开拓"、"接待毕业生进行个别的就业咨询"和"为毕业生开设就业指导课程或就业教育讲座"，分别为 19.59%、16.67% 和 7.89%。在这个问题上，我们将在保持以前各项工作质量的基础上，针对不同同学的不同情况，个别进行深度指导，以尽量确保解决所有同学在这方面的问题。

（二）学生就业求职意向调查

1. 考研学生的调查

第一，考研的具体打算。

考研目标为本校的占 88.75%；11.25% 的人选择考外校的研究生。

第二，考研的初衷。

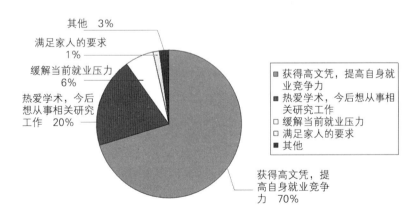

图 4　考研的初衷

考研第一初衷为"获得高文凭，提高自身就业竞争力"的占绝大多数，为70.42%；19.72%的人选择了"热爱学术，今后想从事相关研究工作"；6.34%的人是为了缓解当前就业压力；为了满足家人要求的只有1.41%。可见绝大多数毕业生认为考研是为将来的工作做准备，学术兴趣并不浓厚。

第三，毕业时能够得到一份较满意的工作，是否还会选择读研？

22.22%的人选择"是"；16.37%的人选择"否"；59.65%的人选择"不一定，到时再权衡"。结合13题的结果可以猜测，大多数同学考研并非仅仅为得到一份满意的工作，可能以后事业的发展、自身学识的提高等都在其考虑范围之内。

第四，准备考研的过程中，哪些因素的影响较大及最大的困难是什么？

在影响因素这个问题上，42.94%的人认为通过其他方式就业的同学让自己考研的决心动摇；33.73%的人认为竞争过于激烈；23.53%的人选择"考研与求职时间、精力上的冲突"；还有15.88%的人过度担心考不上理想的专业，又找不到合适的工作。27.22%的人认为自己最大的困难在于意志力不强、不能坚持。约16%的人认为心理压力大、情绪不稳定等心理因素是其最大的困难。

第五，考研失利后的选择认为

43.13%的人选择"服从调剂，退而求其次读其他专业"；23.75%的人选择"直接找工作"；20.63%的人选择"专心再考一年"；6.88%的人有自主创业的打算；将要出国留学的占3.75%；1.88%的人选择修读双学位，作为考研就业的缓冲。可见大部分同学都希望继续进行学习深造。

第六，对于修读双学位的看法。

有45.83%的同学认为其可以作为考研不成功的情况下继续求学的方式，有23.61%的同学认为可以作为求职的垫脚石。以上数据说明大多数同学都是将双学位作为备用方案，既可以继续学习深造，又可以提高就业的竞争力。只有13.89%的人修读双学位是出于对第二专业的兴趣，而另有16.67%的人认为双学位没有太大意义，不会考虑。

2. 对有出国意向者的调查

第一，目标国家及地区的选择。

根据问卷反馈结果，学生选择留学的目标国家及地区集中在美国（40.48%）、英国（33.33%）、德国（7.14%）、中国香港（7.14%）、加拿大（4.76%）、荷兰、瑞典、韩国等。

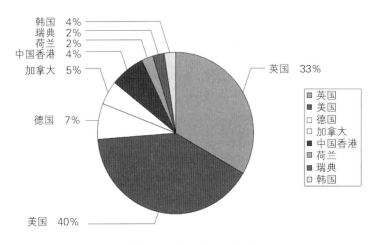

图 5　目标国家及地区

第二，出国留学的主要原因。

43.85%的人是为未来的职业发展考虑；26.03%的人希望丰富自己的人生经历；20.55%的人希望继续深入学习自己感兴趣的研究领域；8%左右的同学是将其与考研相互作为备选方案；只有1%是为了满足家人要求。

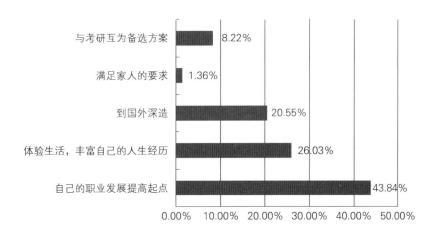

图 6　出国留学的主要原因

第三，出国留学的条件。

在关于除语言资格认证和入学资格考试外，学生认为出国留学必不可少的条件的问题中，有8.25%的人认为需要家庭背景、国外关系，有43.30%的人认为需要良好的经济基础。而另有18.56%的人认为本科期间优秀的成绩，有10.31%的人认为本科期间丰富的社会实践经历，以及有19.59%的人认为个人优秀的综合素质及能力是出国的必备条件。

第四，留学规划情况。

有13.33%的同学还在犹豫，有18.33%的同学计划尚未成型，有15.00%的同学已有计划但没有开始行动，有53.33%的同学正在着手实施计划。学校可以组织有经验的老师为同学们提供咨询意见。

第五，出国留学面临的问题。

关于出国留学时面临的问题主要是语言成绩（29.51%）、经济障碍（29.51%）、文化与教育体制的差异（19.67%），对于学校来讲，在教育教学中加入更多国际化的元素是顺应发展趋势、适应社会需求的。

第六，Offer不理想的应对措施。

在"若未申请到最理想的学校"的问题中，有40.68%的人选择直接工作，有5.08%的人自己创业，18.64%在国内读研。只有18.64%的人选择继续申请，而其他16.95%的人退而求其次，去其他的国外学校。我们在鼓励同学走出去开阔视野、继续深造的同时，也应该帮助同学们全面、客观、理性地看待出国，合理规划求学和入职，避免盲目跟风造成不必要的浪费。

第七，在准备出国的过程中希望得到学院的哪些帮助。

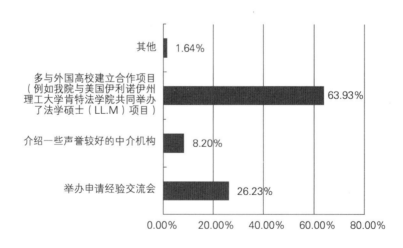

图7　在申请出国留学的过程中，最希望学校和学院提供的帮助

63.93%的人选择多与外国高校建立合作项目，这说明了希望出国的毕业生在此方面的资源不足，或渠道不够通畅。如果这方面的工作能够有所突破，必将大大提高法大同学的资源享有量乃至法大招生的吸引力，对将来毕业之后的竞争力也是大有裨益。

而 26.3% 的人希望学院举办一些申请经验交流会,8% 的人希望学校能介绍一些声誉较好的中介机构,说明学生在出国留学信息上的缺乏,而社会上的信息质量参差不齐,浪费了同学们的很多精力和金钱成本。

3. 对创业者的调查

第一,对创业概念的理解。

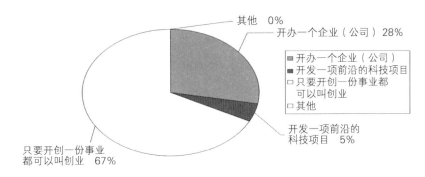

图 8　对创业概念的理解

关于创业概念的理解,有 27.91% 的人人认为它是办一个企业(公司),有 67.44% 的人认为只要开创一份事业都可以叫创业,而有 4.65% 的人认为开发一项前沿的科技项目。对创业概念的理解不仅是同学开启创业之路的起点,也是学校、学院引导学生自主创业工作的起点。如何在二者之间找到契合点,是影响将来工作能否顺利开展的重要因素。

第二,对待创业的态度。

在对待创业的态度方面,一半人认为虽然创业想法很好但不适合自己,47.73% 的人认为创业是实现自身价值的一种方式。以上数据说明大部分毕业生对创业都是不排斥的,但毕竟限于传统。同学的潜能需要学校、学院做出更加细致的工作,才能慢慢发掘。

第三,创业动机。

关于进行自主创业的动机,有 39.53% 的人认为自主创业可能带来良好的经济效益,而有 34.88% 的人是由于向往自由与追求潮流的驱使,有 23.26% 的人认为是严峻就业形势之下的无奈之举,2.33% 的人则有其他想法。

第四,创业意向。

在创业经历及创业想法实施方面,大部分人(84%)没有创业经历,而且很多人(86.04%)还没有形成完善的计划或者还在犹豫中。创业的环境,或者说创业的文化，本就是当今社会上较薄弱但是正在孕育发展的。法大的专业自有其特点，如何针对法大特点鼓励、引导、支持同学创业是未来研究的重点之一。

第五，创业中的主要困难。

关于创业过程中遇到的困难，有37.50%的同学认为是经验不足，缺乏人脉；有20.83%的同学认为缺一个好的想法；有8.33%的同学则认为是社会关注度、环境等问题；还有33.33%的同学认为是资金不足。给同学提供资源、渠道，甚至包括启动资金上的支持，都是就业工作可以开拓的领域。

4. 对求职就业者的调查

第一，选择就业单位的考虑因素。

该题是按意愿强弱排序的题目。在选择工作单位的考虑因素上，32.32%的人首选了个人发展空间，其次是薪酬待遇（21.21%）。兴趣爱好（16.16%）和专业对口程度（14.14%）也有相当一部分同学作为首选。

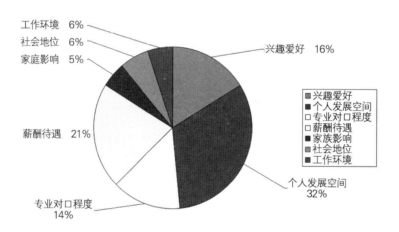

图9　选择工作单位时主要考虑的因素

第二，对就业地点的意向。

在就业地点的选择上，较多的人（51.46%）选择不回家乡，其中44.26%的人首选地区是北京，但78.18%的人认为找到适合自己的职业比工作地点更重要。以上数据说明北京对毕业生的吸引力还是非常大，但是大部分同学还是能够正确地看待就业地点的问题，对就业的质量和未来发展前景更加看重，而不是执着于地点本身。

第三，预期合理月收入。

在综合考量自身能力、社会现实和生活必要支出后，学生对预期合理的月收入有很少的一部分（6.25%）选择1000～3000元或10000元以上，而有42.71%的人选择 3000 元~5000 元，44.79% 的人选择 5000 元~10000 元。总体来说同学们的预期还在一个合理的范围内，说明大家有个比较健康、踏实的心态。

第四，预期的就业单位。

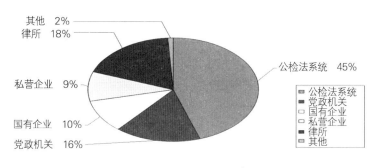

图 10　理想的就业单位

在预期的就业单位方面，44.90% 的人将公检法系统作为第一选择，其次是律所（18.37%）。这充分体现了我校作为政法大学的法学特色，另一方面也表明工作的稳定性和薪酬是毕业生择业的重要考虑因素。44.90% 的人选择公检法系统和 16.33% 的人选择党政机关则说明超过 60% 的人更愿意成为公务员，10.20% 的人选择国企，而仅有 9.18% 的人选择私企。

第五，选择公务员的原因。

从数据结果可以看出，有 55.56% 的同学选择公务员主要是由于公务员工作稳定福利好，说明同学们在选择职业时，还是以生活为主，追求稳定。由于个人志向、公务员社会地位高、专业对口等等原因而选择公务员的同学比例分别为 11.11%、13.58%、11.11%，基本上没有太大差距。而家庭多年的熏陶对 7.41% 的同学有影响。从总数来看，有 60% 的同学愿意选择公务员。结合现在公务员的录取和发展现状，我们应该引导同学树立更多样、全面、健康的就业观念。

第六，选择国企的原因 。

在选择国企时，国企的收入是吸引同学们的一大特点，占 45.76%。能够解决户口问题以及社会保障好也是同学们选择国企的原因之一，所占比例都约为 20% 左右。国企可以使社会地位提高或者其他原因都很少能够吸引同学们的眼球，但也有一小部分同学选择。对于同学们来说，国有企业可能像是公务员和私营企业职员的一个中和，似乎结合了稳定性、福利性和高收入的特点。

第七，选择私企、律所的原因。

收入是影响同学们选择的一个重要因素，有 32.05% 的同学选择私企是由于收入的原因。私企能够为同学们提供的工作前景（28.21%）和发展前景（17.95%）也是同学们选择私企的原因。同学们选择私企是由于专业对口或迫不得已的选择以及其他原因所占的比例比较小。说明同学们在选择职业时还是大概能够按自己的意愿进行选择。总的来说，选择"体制外"就业的人数较少，也许是一个值得深思的现象。

第八，就业单位招聘职员时的考虑因素。

该题是按重要程度排序的题目。通过比较，有 37.65% 的同学认为自己就读的学校是自己在被单位录用时的首要影响因素，证明了法大在业内的较高认同度和同学们作为法大学子的优势。有 18.82% 的同学认为学习成绩是单位录用的首要因素，21.82% 的同学则认为交流沟通能力更为重要，另有 10.59% 的同学认为实习经验的影响较大。还有较少数同学认为英语水平、家庭背景、个人特长是影响自己被录取的原因，但没有同学认为学校老师的推荐会影响自己是否被录取。学校、学院也应该加强与就业单位人事部门的联系，了解哪类人才哪些素质在就业时受重视，引导同学们的发展方向。

第九，找工作过程中的主要困难。

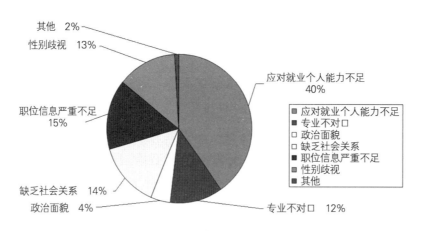

图 11　找工作过程中遇到的最主要的困难

回答这个题目的同学有两种，一种是已经在尝试找工作，一种是还没有着手找工作，但是根据自己的情况预想出答案。从调查结果来看，40.18% 的同学认为最大的困难是自己应对就业个人能力不足。对此，一方面说明在平时的学习过程中应该更加注重对实践能力、职场适应能力的培养，这也和法学专业的性质相符；另一方面，同学们也应该对自己有足够的信心，在调整好就业预期的前提下努力去争取职位。另外，职业信息严重不足（15.18%）、缺乏社会关系（14.29%）、性别歧视（13.39%）以及专业不对口（11.61%）也是同学们在面临就业时遇到的主要困难。有很少的同学因为政治面貌（4.46%）或其他原因而造成就业困难。就学院、学校而言，提供充分、高质量的就业信息，是促进就业工作的重点。

三、主要问题归纳及原因分析

通过以上数据统计与分析，我院 2014 届毕业生对就业求职意向的确定以及校方、院方的就业工作主要存在以下问题：

（一）就业意向为考研的毕业生占据比例过大

考研是就业方式中最具有风险的，一般录取比例为 30% 左右。尽管如此，大多数学生仍把考研作为重要的职业发展途径，在时间段上与找工作产生冲突，但也是当前就业工作无法回避的问题。原因主要是：（1）多数学生未来的职业理想是成为公务员或进入事业单位，但当前就业形势是多数机关事业单位一般要求研究生以上学历；（2）学生没有做好进入社会的准备，希望继续在学校这座象牙塔里学习生活。摆脱这种困局还是要依靠社会大环境的改善，同时需要优化和强化学生的职业发展观念，找到适合自身发展的方式。

（二）部分毕业生职业发展规划不合理、不及时

有相当一部分同学于大四时才确定其本科后的发展方向，而有 10.26% 的同学对于求职意向现在还很模糊。原因主要在于：（1）部分学生对于自身的发展持放任态度；（2）部分学生在低年级时对就业问题并不具有足够的重视；（3）学校学院所举办的职业规划相关活动未引起部分同学的关注，缺乏有效的督促机制来保证同学们对自身发展的思考。

（三）毕业生自主观念较强，缺乏全面考量

学生较强的自主观念可以使自己的选择更贴近自身特点，但是也可能会导致盲目选择，脱离现实环境，而不考虑其他客观因素的影响和阻碍，以致于在实际就业过程中产生非预见性的困难，导致就业困难。

（四）毕业生缺乏收集有效就业信息的能力和途径

调查显示，毕业生主要依赖学校就业指导中心、学院就业工作办公室获取就业相关信息，或通过互联网了解就业信息。由于互联网信息存在许多虚假或无效信息，导致学生过度依赖学校就业指导中心、学院就业工作办公室提供的信息，但信息又非常

有限。

再加上毕业生对信息的认可度存在认识偏差，看重用人单位的招聘直接信息等，从而忽略国家就业政策和项目的信息，从而不能及早有针对性地收集就业有效信息。

同时在一些领域里服务和宣传不到位。例如准备出国深造的同学，由于学校对外交流项目的相对缺乏和宣传的局限性，有意愿的学生只能寻找社会中良莠不齐的中介，费时费力且成功率不高。

（五）主观意愿和客观认知不一致

调查显示，大部分毕业生认为大学生入伍服义务兵役客观上是值得肯定的，不论是从就业现状还是发展前景来看。而当这些同学被问到自己是否愿意时，有10%左右当即表示不愿意。在服务西部、到农村基层就业等问题上也都存在相似的情况。这可能是因为同学们虽然对相关政策有了些许了解，但并不清楚选择后的实际情况，出于一种对未知的恐惧，所以不愿意亲身去尝试。

（六）理想与现实断裂，个体与社会脱节，错失机遇

大学生富有理想，勇于创新，但因为眼高手低而扼杀了许多实现理想的机会。这个问题主要体现在：（1）好高骛远，错失机遇；（2）不注重细节，不能踏踏实实地奋斗，小事做不好，大事做不了；（3）缺乏实践，仅仅靠大家对理论知识的掌握远不能满足工作实践的需要；（4）缺乏诚信，签约工作后又毁约，处于徘徊中，对学校的就业工作进一步拓展产生负面影响。

（七）缺乏自信，心理压力过大

在被问到就业择业方面的主要困难时，很大一部分同学对自身的就业竞争力抱有很大的忧虑。主要是因为当就业问题已摆在面前时，毕业生却还没有做好准备。另外，日益严峻的就业形势，毕业生的就业现状以及来自家庭、学校、社会等多重的压力可能都是导致这一问题的因素。

四、应对措施探讨

（一）加强学风建设，营造学习氛围

无论是从对此次调研的反馈情况来看，还是从宏观的就业问题本身去分析，苦练内功、扎实技能、提升自身核心竞争力，都是解决就业问题最主要、最根本的手段。而且考研学生占据很大的比例，所以在此要把它作为第一项应对措施来总结，也就是要把学风建设作为学院长期重点落实的工作。

1. 要加强入学教育，上好新生入学第一课

我们不能把就业工作当做是"毕业班"的工作，而是要把它与学生的成长和未来发展的每一步都结合起来。因此要从大一入学开始，就帮助新生快速适应大学的学习方式，并引导同学养成良好的学习习惯，尽早确立大学的学习规划。

2. 完善奖励体系，及时表彰先进

除了积极落实学校的奖助学金政策，学院也要根据自身特点逐步完善自己的奖助学金及其他表彰制度，做到公正、公开，要使热心学术并有所成就的学生及时得到鼓励，并以此发挥其带头作用。

3. 帮助后进同学，对学生要"不抛弃、不放弃"

做学生工作，应当有主动性，有使命感，有耐心。对疏于学业的同学，应当分情况及时予以帮助。

4. 多种形式完善学术评价体系

举办学术讲座、论文竞赛，创办学术报刊，完善学生学术水平的评价体系。

（二）加强出国项目的宣传力度

在我校国际合作与交流处港澳台事务办公室的网站上，对各海外交流的项目都有详细的介绍，且相当一部分项目都由我院建立。如美国肯特法学院项目、美国杜兰大学项目、加拿大达尔豪斯大学项目、新加坡国立大学项目、英国皇家仲裁员协会仲裁员资格培训项目等等。但是这就要求同学们主动去关注去了解，并需要通过一种有效的方式使学生早了解早准备。

这个可以通过微信平台来实现。可以定期将新增的项目名称群发给同学们，再利用自动回复功能进行详细介绍。例如，学生发送某项目名称至该平台，该平台将自动回复这个项目的详细信息或链接至学生客户端，及时地有针对性地进行宣传。

（三）大学生职业发展规划相关活动的完善

"凡事预则立，不预则废。"做任何事情都应当有提前规划的意识和自觉，这能够让人少走弯路，朝着目标有条不紊地前行。大学生职业发展规划是指大学生根据主客观因素对自我进行评估、设定，继而确定适合自己的最佳职业奋斗目标，并为此做出行之有效的设想、规划与准备。

1. 提高职业发展规划辅导员队伍的专业素质

职业发展规划辅导工作是一项系统工程，对学生辅导员进行培训必不可少，以此提高其职业发展规划的辅导能力。

2. 建立学生职业规划电子档案

从学生入学起，就引导其对自己未来的职业生涯有所规划，包括长期目标、阶段目标和短期目标三个要素，并整理存档。以后每年定期进行职业规划书的撰写，为每个学生建立电子档案，职业规划是其中一项。临近毕业时，将电子档案反馈给每位同学，使其对自己的职业发展规划有一个清晰的认识，并能促使其早思考、多思考有关就业问题。

3. 开展毕业大学生职业发展追踪

对已经毕业离校的大学生就业情况进行跟踪服务，并从中搜集信息、积累经验。这样不仅可以更加全面地实施大学生职业发展规划辅导工作，并可以更好地反馈信息，积累社会资源，以更好地改进现有的体系，为今后的学生职业发展规划提供帮助与借鉴。

4. 组织新老生交流会，积极倡导已就业者指导待业者

学生在面对老师在就业问题上的指导时，往往带着敬畏的心态，不能很放开地交流、任意地提问。而一些已经就业的师兄师姐，他们可能有更切身的体会、更实际的感悟、最务实的建议。

（四）加大宏观上政治思想教育的引导作用

作为中国政法大学的法科生，政治素养对我们的重要性不言而喻。我们应当继续定期组织主题讲座，使热点问题流入本科生的日常话题中。此外，我们将请一些擅长将理论和社会热点问题相结合的老师为学生就业做指导，以使同学们在耳濡目染中，对国事天下事都有了解、有思考、有感悟。鼓励同学们畅谈对某事件或某个历史时期的看法和评价，以此提升同学们的口头表达能力和材料组织能力。这对同学们的心智发展、日后就业的面试和材料撰写等，都有不可小觑的作用。

同时，向学生灌输职业平等观、先苦后甜观，转变固有就业思维。做好工作初期"以学习为主，以收益为后"的理念，为今后的发展打下坚实的人脉基础和经验基础，这样才能有条不紊地发展。而选择职业时的低姿态和低期待，使毕业生能够把握住机会，避免心理的落差感，从探索到熟悉，以取得进一步的发展。

（五）在信息搜集方面"授之以鱼并授之以渔"

大学生就业信息资源种类繁多，数量巨大，根据来源渠道划分，主要包括网络信息资源、数据库应用系统、高校毕业生统计数据、图书馆馆藏文献等。因此，深受毕业生信赖的就业服务中心和院就业指导办公室首先应积极研究大学生就业信息资源的发布与获取渠道、载体形态、组织形式、冗余度等，以整合高效用的就业信息资源，为学生构造一个开放集成的就业信息获取环境。

更重要的是，要注重学生信息素质的培养，极大地增强其信息意识和信息获取能力。在面对各种良莠不齐的信息时，由于社会经验的缺乏，学生往往难以辨别其真伪，即使能够辨别，也相当费时费力。因此，学校可以通过向学生推荐相关官方网站、数据库培训、在线信息素质教育等方式帮助学生区分就业信息，培养大学生良好的求职技能，帮助大学生成功就业。

（六）避免纸上谈兵，对学生就业竞争力进行"地毯式训练"

法学作为一门来源于实践并与实践密不可分的人文学科，其教育应更多地与实务相结合。在许多论文和材料中，往往可以看到用人单位对法科毕业生实务经验的欠缺表示不满。他们甚至责难各大高校的法学教育脱离实际，而各大高校则责难各单位的法律适用"不够规范"。在这种相互责难中，毕业生成了牺牲品。因此，本科法学的教学重点应当转移至实务教学，而理论深化可以放在研究生阶段。另外，我院一直坚持对学生就业竞争力的培养，但仍有不少同学认为自己的就业竞争力不够。这说明受益者只是部分学生。因此，我们应对学生就业竞争力进行"地毯式训练"，全面系统，一个不少，各个击破。

这可以通过建立竞赛活动平台来实现。举办职业生涯规划大赛、模拟面试大赛等，以班为活动阵地，以个人名义参赛，每位学生每年至少参加一次类似活动，并与考核评优挂钩，以全面提升学生的基础技能和创新、科研能力。另外可组织班级辩论赛，在学院形成浓厚的辩论氛围和思辨精神，同时锻炼学生的随机应变能力和口头表达能力。

（七）打造第三课堂，增强学生实践能力

第一课堂无疑是专业教师平台，是培养学生的主阵地，充分发挥专业教师的指引作用来提高学生的理论水平。第二课堂则是上面所提到的校内竞赛活动平台，以此来调动学生的积极性和主动性，并使其基础技能有所提升。第三课堂的打造则包括以下几点：

1. 建立社会资源平台

通过成立诸如国际法学院家长委员会、国际法学院校友会等社会友人组织，来积极整合和扩展各种社会资源。家长、毕业校友和学院共同关心在校学生的成长，为在校学生实习就业提供机会，形成一个学院与家长、校友良性互动的创新、科研实践教育系统。

2. 建立实践实战平台

学院进一步与各地司法机关建立教学实习基地关系，让在校学生参与简单案件的处理，再由特定指导老师对其培训办案技巧，增强学生的法律实践能力。在寒暑假利用这一平台，更系统地训练学生实践能力，培养关注社会的宽阔视野。

（八）设置就业咨询固定热线，建立健全信息咨询渠道

面向毕业生开展个性化服务是提高信息服务质量和就业信息资源使用效益的重要手段。设置就业咨询固定热线，根据毕业生提出的明确要求或通过对毕业生个性、习惯的分析，主动向毕业生提供其可能需要的信息和服务。

同时，充分利用毕业生辅导员的微信公众平台。除了常规群发相关信息之外，及时设置和丰富自动回复的相关内容。例如，学生在发来"律师助理"这个关键词后，希望检索结果在显示平台提供的招聘信息的同时，也出现于此职位相关的其他服务网站的资源链接，以便进一步扩大该职位的检索范围。"以毕业生为中心"的服务，不仅有针对性地为其排忧解难，而且可以不断填补我们工作的漏洞不足，更加全面地为学生服务。

论校园品牌活动
对大学生就业核心竞争力的培养
——以"北京高校联合电影节"为例

光明新闻传播学院　　尚　　武

摘　要　随着校园文化的发展，校园活动已经成为我国当代大学生学习、生活中不可或缺的重要内容，这些活动的品牌化和繁荣不仅能够促进学生的文化内涵和知识的提升，而且更能够在层次上提高我国大学整体教育水平和就业核心竞争力。本文以我校新闻学院举办的"北京高校联合电影节"这一品牌活动为例，论述校园品牌活动对大学生就业竞争力的影响以及如何更好地实现这一促进作用。

关键字　校园品牌活动　就业核心竞争力　培养

大学校园活动已经是大学生活中一道丰富而亮丽的风景。校园活动以其独特的魅力拨动着大学生的心弦，吸引着他们的目光，并且逐步渗透到大学校园文化中，成为校园文化建设不可或缺的一部分，在丰富大学生生活、营造文化氛围、加强大学生思想政治教育方面发挥着不可替代的作用。[①] 校园活动给大学生搭建了一个与社会、实践沟通的桥梁，在社会能力培养方面也同样有着不可替代的作用，使大学生能够更为适应现代社会激烈的竞争。

而就校园品牌活动而言，因其有一定社会轰动效应、长期性、连续性，更能充分发挥校园的文化特色，更为丰富地体现校园文化内涵，也更能增强学生的校园归属感和自信感，更充分地展现出对学生就业核心竞争力的培养。本文以对"北京高校联合电影节"的实证研究为起点，以理论研究和个案研究为主要研究方法，论述校园品牌活动对我校

---

① 张觅觅：《社团为何只"赚吆喝"》，载《教育旬刊》，2008 年第 12 期。

就业核心竞争力的培养以及完善。

一、校园品牌活动之内涵及其指导原则

（一）校园品牌活动的发展历史及其内涵

校园活动源于 18 世纪后半期的美国耶鲁大学学生社团，而在经过 200 多年的发展之后，品牌活动也在美国校园兴起。其中最为著名的莫过于美国大学橄榄球社团，这不仅仅将美国大学橄榄球比赛建设成一个国民运动，更体现了美国大学的独特文化。

而我国大学校园活动发展起步较晚，京师大学堂丁开山创立的"抗俄铁血会"是学界较为公认的我国现代首个校园社团。[①] 它所开展的抗俄、抗日活动也被认为是我国现代校园活动的开山。1919 年的五四运动，更是为我国大学校园活动发展和繁荣提供了契机。

随着 20 世纪 90 年代我国高校招生规模扩大之后，社团与校园活动的数量也在不断地激增，却鲜有成绩，甚至有些校园活动和社团在成立半年后就销声匿迹，校园活动并没有发挥好理论与实践相结合的作用。2010 年，随着《国家中长期教育改革和发展规划纲要（2010—2020 年)》的颁布，对高校克服同质化倾向、合理定位并办出特色提出了更高的要求。品牌意识在高校建设中不断深化和完善，作为高校建设重要一环的校园活动，品牌的树立也迫在眉睫。

品牌，Brand，来源于古挪威文 Brandr，取"烧灼"之意，是人们最初将私有财产与其他人相区别的标记。从词源上，品牌就秉承着一定的独特性和辨识度。而1997 年，戴维斯提出"品牌的冰山"理论，用以强调品牌的文化底蕴，其强调了支撑品牌的文化基础，离开了坚实的文化根基和稳固的文化底蕴，品牌是无法成长起来的。[②]而大学校园品牌活动更是应以校园文化为基础，成为大学的名片和实力的体现。校园品牌活动不专指"一流"、"顶尖"、"垄断"、"巨无霸"，而是在社会的某一领域、某一层次与众不同的价值信誉。[③]因此，校园品牌活动可以认为是，根基于校园文化，在社会上一定范围内有着知名度的，且具有代表性的，通过学校组织和学生积

---

① 凤凰资讯—历史—中国现代史：《"学生自治"的迥异》，http：//news. ifeng. com/history/zhongguoxiandaishi/special/xueshenghui/detail_ 2011_ 10/05/9647087_ 0. shtml。访问时间：2014年 5 月 7 日。

② 薛可：《品牌扩张：路径与传播》，复旦大学出版社，2008 年版第 48 页。

③ 沈威、姜国玉：《当前高校校园文化品牌培育的现状分析与对策》，载《思想政治教育研究》，2011 年第 1 期。

极参与的活动形式。

从以上定义可以看出，校园品牌活动应该具有以下特点：独特性、质量高端、传播的广泛性和文化的深厚性。只有具备了以上四个特性，才能称之为真正意义上的"校园品牌活动"。

（二）校园品牌活动的指导原则

1. 以学生为根本立足点

校园活动参加的主体是学生，而其目的也是为了学生能力发展，立足点和根本目的始终是学生，不能因为品牌活动的精品而忽视了广大学生的参与。只有学生广泛参与的品牌活动，才能真正地提升学生的综合能力，得到广大学生的支持，也才有延续下去的群众基础。

2. 学校扶持为保障

品牌活动的建设和发展需要学校的扶持，校园活动应该是学校管理上的重要环节，需要在资金上、管理上和人员配备上提供必要的支持和帮助，这样才能更好地推动校园品牌活动向前发展。

3. 坚持自主原则

品牌活动不能完全依赖学校，学生才是活动的主体。朝气、碰撞出的火花才是校园品牌特色活动的意义所在。学生应该紧跟时代潮流，自主开展活动，这样才能更好地锻炼自己的自主能力。

4. 坚持特色和创新

特色是品牌活动赖以生存的要素，坚持特色是造就校园品牌活动的最重要因素。而校园品牌活动建设也不是一蹴而就的，是一个积淀的过程，需要文化底蕴，更需要的是不断创新和充实，创新能够让品牌活动具有更强大的生命力。

（三）北京高校联合电影节活动介绍

北京高校联合电影节是于 2010 年由中国政法大学新闻学院主办，北京大学、清华大学、中国人民大学、中央戏剧学院、北京电影学院、中国传媒大学、中央民族大学、北京体育大学、北京邮电大学、北京工商大学、北京化工大学等多所高校共同参与合作的一项展示交流当代大学生原创电影的赛事活动。以"原创公益"为特色，电影为契机为公益出力。用大学生原生态的想法拍出大学生自己的原创电影。原创的年轻激情，生活的影像记录，盼望原创电影传播公益的力量在大学生中淋漓挥洒。

北京高校联合电影节自开办以来已有三年，而每次的举办都有相当大的社会影响力。如表 1 所示，北京高校联合电影节是各大媒体争相报道的事件，而表 2、表 3 更是显示了我们学校所举办的电影节已经得到了业界的认可，是在高校电影制作尤其是公益电影制作上有一定的价值信誉的，是名副其实的校园品牌活动。

表1　北京高校联合电影节报道总汇

媒体	标题	链　　接
东星娱乐（东星视频）	第三届北京高校联合电影节闭幕 陈浩民隔空向妻子表爱意	http：//www. letv. com/ptv/pplay/89233/460. html（乐视网） http：//www. 56. com/u50/v_ OTE5Mjg3OTk. html（56 网） http：//video. sina. com. cn/v/b/104760457 – 1290055681. html（新浪网） http：//v. qq. com/cover/d/dbjkj3chmy4gvcu. html？ vid＝p00126sfamo（腾讯网） http：//www. boosj. com/3937663. html（播视网） http：//diary. 51. com/item/yuanweiqi105/diary/10086071. html（51 游戏社区） http：//www. youtube. com/watch？ v＝6Gufbs62h_ A（YouTube 网）
CCTV6《中国电影报道》	陈浩民打太极应对"美丽"话题	http：//tv. cntv. cn/video/C14323/0e4bf7549b494d36be3e3bf332d0f0e6
迅雷看看	群星助阵第三届北京高校联合电影节闭幕式	http：//yule. kankan. com/vod/183/183531. shtml
千龙网	北京高校联合电影节闭幕《rift》最受欢迎	http：//report. qianlong. com/33378/2013/05/22/6904@ 8699689. htm（千龙网） http：//news. xinhuanet. com/yzyd/health/20130522/c_ 115870661. htm（新华网）
网易娱乐	张恒助阵高校联合电影节感慨故地重游	http：//ent. 163. com/13/0523/13/8VIJFJ0P000300B1. html
雅虎娱乐	陈丽娜助阵高校联合电影节支持大学生原创作品	http：//ent. cn. yahoo. com/ypen/20130523/1751597. html
	张恒助阵高校联合电影节鼎力支持《致青春》	http：//ent. cn. yahoo. com/ypen/20130523/1751501. html
东方网	陈丽娜助阵高校联合电影节　红毯大气亮相	http：//enjoy. eastday. com/c8/2013/0523/3184454086. html
	郑晓东、张恒助力高校电影节　用电影传播公益	http：//enjoy. eastday. com/c8/2013/0523/3726564604. html

续表

媒体	标题	链　接
新华娱乐	亦勋亮相北京大学生电影节　坦言自己很幸运	http：//news. xinhuanet. com/ent/2013 － 05/24/c _ 124759310. htm
中国农大新闻网	人发学院申明英获北京高校联合电影节"最佳剪辑奖"	news. cau. edu. cn/show. php？ id ＝0000048389
法大新闻网	【传递公益火炬 成就电影梦想】——首届北京高校联合电影节闭幕式暨颁奖典礼圆满落幕	http：//www. cupl. edu. cn/html/news/col177/2011 －07/14/20110714144019421713663_ 1. html

表2　合作明星列表

第二届颁奖嘉宾	焦恩俊、李斯羽、《甄嬛传》剧组、练束梅、王磊、厉娜、DL组合、陈厉娜、刘冠城、李岷成、李承峰
第三届颁奖嘉宾	李易峰、齐溪、张纪中、陈浩民、温兆伦、郑佩佩、张恒、程思寒、巫迪文、郑晓东、白庆琳、麦田、戴睿、陈丽娜、晏天际、孙心娅、亦勋、杨了
VCR祝贺	杨幂、冯绍峰、杨紫、张一山、贾樟柯、安意如、夏雨、经纬、饶雪漫、陈翔、韩栋、戴玉强、倪妮、任泉

表3　合作导演列表

导演	简　介
麦田	影视导演、编剧、北京麦田映画工作室CEO，曾获"亚洲广告节"三项大奖，执导电影《与大学有关的日子》、《四年》等作品，并获"土豆网"长片播放点击量冠军、"土豆网"首映栏目全国首映礼、"优酷网"热度排行蝉联月冠军。
郭帆	80后新锐电影导演，曾就职于中国旅游卫视《亚洲音乐中心》节目组，担任节目包装监制职务；现任共和文化传媒（北京）有限公司执行董事，从事电影的策划、编剧与导演工作。2010年担任电影《李献计历险记》导演，并获韩国富川国际电影节最佳亚洲电影大奖等奖项。
戴睿	华谊兄弟签约导演。毕业于美国纽约电影学院，获得导演硕士学位。曾任先锋影像杂志《DV@时代》副主编，并先后自编自导了数部电影短片，均在国际电影节收获过奖项。同时，戴睿也拍摄了很多知名国际广告厂商的广告及知名歌手的MV，获得了业内的好评。2008年，导演的四川地震纪录片《从心开始》获得联合国科教文组织的嘉奖。2009年，获邀参与迪斯尼电影《歌舞青春》的编剧工作。

二、校园品牌活动对大学生就业核心竞争力的培养

核心竞争力来源于企业，是企业所拥有的有价值的、独特的、不易被竞争对手模仿和替代的竞争能力，是相对于竞争对手的竞争优势。[①] 之后被广泛运用到其他领域，而大学生就业核心竞争力，也可以说是综合素质，是大学生在就业人才市场中具有的独特的、不能被对手取代的竞争能力，能使高校毕业生战胜竞争对手，找到合适才能发挥和实现自身价值的适当工作岗位的核心能力。[②] 核心能力具体体现在《国家中长期教育改革和发展纲要》（2010—2020）中，主要包括学习能力、实践能力和创新能力，要着力培养信念执着、品德优良、知识丰富、本领过硬的高素质专门人才和拔尖创新人才。[③]

而校园活动与学生就业是息息相关的，这也是得到过学界认可的。Richard C. Nemanic 的研究表明，参与课外活动和社团数量的规模，担任学生干部，参加活动和应聘职位的相关性，均对简历评价产生影响[④]。本文以此为主要理论基础，以北京市高校联合电影节为例，具体阐述校园品牌活动对大学生就业核心竞争力的培养。

（一）突出公益为主题，增强政治思想优势培养

政治思想优势具体是指要有坚定的理想信念和高尚的品德。信念是一个人的精神支柱，高尚的品德则是作为一个新时代大学生必备的职场条件，要有良好的修养，诚信做人、负责做事、关爱他人都是现代大学生所必备的品德。历届北京高校联合电影节都是以公益为主题，公益事业是培养大学生关爱他人，培养大学生社会责任的主要手段，这有利于将学生培养成为一个诚信、正直、富有责任感、关爱他人的人。

（二）以专业性护航，夯实新闻实务基础

新闻传播专业仅仅学习理论课堂知识是完全不够的，需要更多的实践经验。而高校联合电影节就是一个积累实践经验的最佳舞台。一个活动的举办需要从策划到执行再到后续的传播公关，都可以让学生进行专业知识的学习和实践。全面提高学生的策

① 沈金峰：《略论大学生就业核心竞争力的培育》，载《教育与职业》，2011 年第 33 期。

② 沈金峰：《略论大学生就业核心竞争力的培育》，载《教育与职业》，2011 年第 33 期。

③ 《国家中长期教育改革和发展纲要》（2010—2020），http：//news. xinhuanet. com/edu/2010－07/29/c_ 12389320_ 2. htm. 访问时间：2014 年 5 月 7 日。

④ 李尚蒲、罗必良、杨嘉勤：《研究生参与课外活动与就业的实证研究》，载《中国高教研究》，2011 年第 2 期。参见：Richard C Nemanic，Jr. and Eddie M Clark. The differential effects of extracurricular activities on attributions in resume evaluation ［J］. International Journal of Selection and Assessment，2002（10）：206～217.

划能力、新闻通告能力、活动执行能力和公关能力。而这些都是为了能够更好地提高学生专业素养，促使学生在课堂上学到的东西进一步深化，将知识内化，同时也能提高新闻的教学质量，让学生学有所用。

（三）文化底蕴增强校园文化，独特性培育创新能力

品牌的独特性和延续性，需要学生和学校不断地创新和学习。坚持创新是一个品牌活动得以延续的关键。如今的社会发展需要创新能力，以新闻专业为例，新媒体的繁荣对传统媒体挑战已经愈演愈烈，创新地进行策划、新闻写作已经成为新闻学生必不可少的素质之一。而品牌活动每年需要不同的亮点，这也就给学生创新能力的发挥留有大量空间。

同时，品牌活动也需要扎根于校园的文化中，独特的校园文化与品牌活动亦是相辅相成的。品牌活动的成功可以在社会上对校园文化进行宣传，从而提升高校的"软实力"，并以此方式来促进学生就业的发展，提高学生在就业市场上的竞争力。

（四）活动的精致性，提升学生的自我认知

自我认知是一个复杂而又长期的过程，也是职业中必不可少的素质之一。理性的认知对人际交往、工作岗位的认知和职业目标的确定都有密不可分的关系。学生可以通过积极参加一系列校园文化活动来全面了解自己，增强对自己的能力及运用该能力将得到何种结果所持的信心或把握程度，即自我效能感。[①] 电影节是一个非常精细而又烦琐的活动，参与其中的学生都有很明确的分工和工作，这就跟社会岗位有异曲同工之妙，每个学生在自己的岗位上不断认知自己，从而制定符合自己实际情况的职业发展规划。

（五）活动的社会性，锻炼职业精神

职业精神主要包括五个要素，就业动机及良好的个人素质、人际关系技巧，掌握丰富的科学知识，有效的工作方法，敏锐、广阔的视野。[②] 而这些大都需要通过实践教学来完成。以电影节为例，活动的策划到执行，需要学生之间良好的团结协作；在与媒体打交道时，无时无刻不在锻炼着学生的沟通能力；活动策划的执行和危机处理，也给学生的组织计划能力以及危机应对能力上了生动的一课；与明星、导演的接触，也锻炼了学生的胆识和面对不同新事物的适应能力。职业精神是就业竞争力最为

---

① 钟谷兰、杨开：《大学生职业生涯发展与规划》，华东师范大学出版社 2010 年版，第 41～43 页。

② 穆林：《后金融危机时代高校大学生职业教育新模式》，载《出国与就业》，2009 年第 12 期。

核心的要素，一定要将其作为就业指导的重点来进行培养。

三、完善校园品牌活动对就业核心竞争力的促进作用

北京高校联合电影节自创办以来已有三年之久，对我们高校大学生就业核心竞争力也有实际促进作用，但是就实际情况而言，这种类似的品牌高校活动可以在就业核心竞争力的促进上发挥更为完善的作用，其管理方式、组织形式、人员配备上都亟待完善。

（一）充分尊重学生意愿，扩大学生基础

校园品牌活动价值的提升，需要学生的参与和学生的自主能力。只有在充分尊重学生意愿的基础上，才能更为广泛和深入地提高学生的综合素质，促进学生的全面发展。而就我们学校而言，电影节的参与广度仍然需要进一步提高，比如在宣传口号、标语、Logo 设计、海报设计上可以广泛征求全校学生的意见。同时我们还可以将群众基础扩展到其他联合合作的高校，也让他们对整个活动进行参与，能够促进学校与学校之间的交流，学生与学生之间的碰撞，形成一个帮助与竞争共存的小社会，让同学们在这里锻炼职场所需要的职业技能。

（二）将品牌活动与就业教学更为紧密地结合

如今品牌活动对就业核心竞争力的促进作用并未发挥充分，最主要的是学校和学生都未意识到将这两者结合进行管理和教学。各学院应该将校园开展的品牌活动中遇到的相关困难和经验，与教学进行结合，让就业指导教学能够与校园品牌活动相互呼应，形成一套规范化、制度化、品牌化的就业指导教育体系，将二者更好地结合，更好地进行良性互动。

（三）进一步宣传校园品牌活动，提高校园文化和高校软实力

在社会上需要更进一步加强品牌活动的宣传，无论是在媒体还是战略合作伙伴上都要不断进行拓展和深化合作，不断扩大品牌活动在社会上的影响力。同时还要寓本校特色文化于其中，文化的底蕴不仅仅能让品牌具有可持续发展的永久生命力，也能够弘扬校园文化，增强学校的软实力，从而增强社会对学校的认可度，间接地增强本校学生在就业市场上核心竞争力，让我们学校的毕业生能够更快、更持续地得到社会的认可。不仅如此，还能增进学生对学校的归属感和荣誉感，也能够提升大学生就业时的自信心。

四、结束语

实践的磨炼和体验在学生成长成才中发挥着课堂教学无法替代的重要作用，应该

充分认识到实践育人环节是培养学生成长成才中不可或缺的重要组成部分。[①] 根据学生的职业规划和实际情况对学生进行个性化培育，将丰富多彩而又精良细致的品牌校园活动与就业指导相融合，对提高大学生核心竞争力和活动的开展都有非常重大的意义。同时品牌活动的开展和推广，能促进大学生提高自身的综合素质和就业核心竞争力，有效地提高大学生就业质量。

[①] 花长友、韩宝平：《应用型本科院校强化实践育人的思考》，载《中国高等教育》，2012 年第 9 期。

浅议大学生职业辅导工作中
九种关系的处理

学生处　徐　庆

摘　要　"战略上藐视敌人，战术上重视敌人"，是毛泽东战略战术思想的重要组成部分，这一思想对大学生职业辅导工作开展具有积极的指导意义。当前，高校大学生职业辅导工作开展得卓有成效，可以说，"战术"层面已经很完备。但是，纵观大学生职业辅导工作，具体工作有声有色，但少有高校能提出针对这一工作的"战略"思考。本文从部分高校就业工作开展情况出发，力图超越大学生职业辅导工作的"战术"层面，谈谈对大学生职业辅导工作中九种战略关系的处理，以期促进工作开展。

关键词　大学生职业辅导　战略思考　九种关系

职业辅导（Career counseling），也称生涯辅导，是协助个人建立并发展一个整合而适当的自我概念（包括职业自我），然后将此概念转化为实际的选择与生活方式，达到个人的生涯发展目标，同时满足社会的需要。[①] 大学生职业辅导内容丰富，形式多样。目前，各高校开展的职业辅导活动主要涉及升学、出国、就业、创业等多方面，包括课程、讲座（沙龙）、竞赛、实习、生涯访谈、参观、教练计划、活动月、工作坊、素质拓展、情景模拟等多种形式。

以北京地区高校就业工作为例，北京地区高校就业工作的开展一直走在全国高校前列。成绩的取得一方面源于不断创新工作，紧跟新形势的需要；另一方面也得益于教育部和北京市教委的积极引导和推动。比如，2006 年以来，组织"北京地区高校就业工作先进集体"、"北京地区高校示范性就业中心"、"北京地区高校就业特色工

---

① 冯观富：《教育心理辅导精解》，心理出版社 1993 年版。

作"、"全国毕业生就业典型经验高校"以及"全国就业工作先进集体"等评选,通过规范化和标准化的"以评促建"工作,大大促进了北京地区高校就业工作的开展,同时也引发了对高校职业辅导工作战略层面的思考。

然而,即便工作开展已经相当有声色、非常有成效,北京地区高校中仍然少有高校能真正将大学生就业工作提升到战略层面,从战略高度审视就业工作。从目前来看,仅有北京大学和清华大学提出了较为明确的战略思考。

北京大学提出"家国战略",着力引导毕业生"我回家乡作贡献"、"到祖国最需要的地方去"[①];清华大学面向毕业生宣传"祖国至上,人民为先,事业为重"、"立大志,入主流,上大舞台,成大事业",主张毕业生就业应立足于国家社会建设发展需要[②],等等。这种对毕业生就业地域、就业行业的战略布局反映了高校毕业生就业工作对战略思考的需要。今天,我们将这种战略思维推而广之,引申到大学生职业辅导工作中来,以期更好地服务于就业工作的大局。

一、六类问题

伴随国家经济体制改革和人事制度改革的推进,本世纪初以来,大学生就业制度逐渐从"统包统配"转变为"自主择业"。这一制度符合市场经济条件下人力资源合理配置的需要,大学生择业自由度增加,但同时也带来较大的就业竞争压力。为指导学生就业,高校专门的就业指导服务机构应运而生。经过十余年的努力,大学生职业辅导工作稳步推进,基本满足了高校毕业生的需要。

但是,随着时间的推移,人们对现有大学生职业辅导体系提出了更高的要求:《国家中长期教育改革和发展规划纲要(2010—2020 年)》提出"加强就业创业教育和就业指导服务";《教育部关于做好 2013 年全国普通高等学校毕业生就业工作的通知》要求"大力推进创新创业教育和大学生自主创业","加快建立和完善高校毕业生就业服务体系";党的十八大提出了"推动实现更高质量的就业",并特别强调"做好以高校毕业生为重点的青年就业工作";《国务院办公厅关于做好 2014 年全国普通高等学校毕业生就业创业工作的通知》明确提出"继续把高校毕业生就业创业摆在就业工作的首要位置和整个经济社会发展的重要位置"。这些目标的实现都离不

---

① 北京大学:《服务国家发展战略需要 提高人才培养贡献水平》,载《中国大学生就业》,2012 年第 21 期。

② 清华大学:《牢记大学育人使命 服务国家战略需要》,见《2009 年全国毕业生就业 50 所典型高校经验汇编》,中国财政经济出版社 2010 年版。

开大学生职业辅导体系的逐步建立和进一步完善。

我们认为，当前大学生职业辅导工作存在以下六类问题：一是职业辅导工作定位不准。职业辅导工作应该是积极引导学生主动参与就业并付诸实践的工作，而现在不少高校仍在采用被动灌输的老方法。二是职业辅导机构不健全，难以兼顾管理、指导、服务、研究等多种职能。目前，高校就业部门在就业管理上投入精力最多，就业服务次之，就业指导就少多了，就业研究几乎没有。① 三是职业辅导内容单一、对象众多且不成系统。目前高校普遍的职业辅导内容多集中在形势政策、求职技巧等方面，内容单一，且不成系统；辅导对象众多，表现为"大呼隆""蜻蜓点水"，缺乏深入的、个性化的分类指导。② 四是职业辅导师资队伍亟待充实。现有师资队伍专业结构单一，缺乏实践经验，且不能很好地与专业教学相结合。五是职业辅导工作支撑系统亟待建立和完善。职业辅导工作迫切需要其他方面工作加以配合，尤其是信息化建设、生涯案例库建设和绩效考核指标建立等方面的支持。目前来看，各高校在信息化建设方面工作成效显著，而在生涯案例库建设和职业辅导工作绩效考核指标建设方面稍显薄弱。六是职业辅导工作同质化严重，缺乏各高校特色。各高校职业辅导工作从内容到形式大同小异，缺乏针对学校专业设置、就业特点并结合社会需求的有特色的职业辅导活动。

二、九种关系

做任何工作，只有思路清楚了，具体执行才能更有成效。因此，我们认为，做好当前大学生职业辅导工作，要处理好如下九种关系：

（一）在工作理念上处理好点与面的关系

所谓"点"就是指单个学生，所谓"面"就是指学生群体。不论是从"点"切入展开个性化辅导，还是从"面"切入展开团体辅导，根本目标是一致的，都是为了帮助个体成长、发展与适应。但是，个性化辅导与团体辅导又是有区别的，两者各有其特征及有效范围。个性化辅导优势在于结合每个个体的具体情况，辅导更加深入、细致，不足是耗时较长；团体辅导优势在于有助于发展良好的群体归属感，产生一种"和别人一样"的体验，不足是无法兼顾到个体差异。

---

① 杜嘉、金蕾莅：《新时期高校就业指导部门的职能转型》，载《中国大学生就业》，2005 年第 12 期。

② 李芝山：《大学生职业指导的问题及策略》，载《人才开发》，2007 年第 2 期；莫飞平：《职业指导与大学生就业》，载《中国大学生就业》，2007 年第 13 期。

个性化辅导和团体辅导好比"点"和"面"的关系，相辅相成，不可偏废。在大学生职业辅导活动中如何处理点和面的关系？我们认为，应坚持"以点带面，点面结合"的原则。

首先，从人的认知规律来看，大规模的讲座、报告会的认知效果不如小范围"一对一"、面对面交流来得直接、生动，令人印象深刻。因此，我们现在很少采用大礼堂式的形势政策报告会来做政策宣讲，而更多采用小范围沙龙、工作坊的形式。现在的就业指导课程教学多采用小班教学，小班教学的优势是明显的，方便互动、游戏、案例分享、学习成果展示和结课考核。

第二，从增加受众面的角度看，我们可以遵循"先个体后群体"、"先易后难"的原则，充分发挥个体的"榜样示范"作用。看起来似乎采用"以点带面"的方法受众面小了，实际上，一旦"点"的代表性足够好，完全能有更好的"点面结合"的效果。不少高校、院系在工作中非常注重发挥党员、学生骨干在就业中的模范带头作用，这就是典型的"以点带面"方法的应用。另外，一种好的辅导方法，一旦操作成熟，马上就进行试点推广，产生的效果也会是出乎意料的。不少学校学生自发组织"模拟面试小组"并逐步推广的方法就是很好的例证。

第三，从职业发展规律看，每个人的兴趣、性格、能力和价值观都是有差异的，职业兴趣、职业选择和职业发展一定是个性化的。因此，在对其进行辅导时，关注每个人的差异性显得尤为重要，应优先考虑。

第四，从提升职业辅导质量角度看，人们对服务质量的感受更多来源于细节方面的个性化和人性化的做法和体验。因此，个性化咨询更有助于职业咨询服务质量的提升。

（二）在工作风格上处理好做事与作秀的关系

有位知名职业经理人关于"做人、做事和作秀"的论述非常精彩。他说，做人要简单，做事要勤奋，当你具备了做人、做事的条件，在适当的时候作作秀，就能够起到事半功倍的效果。反之，则会弄巧成拙。

当然，我们这里说的作秀更多的是指活动宣传、造势，为更好地做事营造有利的外部环境。在职业辅导工作中，我们也要处理好做事与作秀的关系。

只知埋头做事，不懂宣传，是不可取的。作为学校的就业职能部门，宣传工作其实是很好的信息沟通和信息传达。以就业部门开展职业辅导工作宣传为例，对上级来说，适度宣传一方面让上级意识到这个工作重要，有助于争取资源并获得领导支持；另一方面也让领导看到本部门工作的成绩，增加对就业部门的认可度。对其他部门而言，适度宣传有助于加强部门之间的沟通和了解，便于争取其他部门在活动场地、新闻报道、后勤支援等方面的支持与配合。对职业辅导对象，即大学生来讲，宣传意味着一次有益的培训、一次精彩的活动或一次丰富的实践锻炼。因此，适度宣传，职业辅导活动的开展就会获得各方理解与支持，活动受众面就会扩大，活动效果也将事半功倍。

反之，如果不扎实做事而一味靠作秀来开展工作是不现实的，尤其对职业辅导工作来说，面对严峻的就业形势，职业辅导工作是否有成效，关系到每个大学生的就业去向和就业质量。也许学校对他的辅导仅体现为一句话、一个建议，但只要这句话、这个建议对他有帮助，让他有收获，他就会感念学校；但如果职业辅导工作缺乏针对性、不接地气、不扎实，只知耍花架子，则失去了工作的意义，是本末倒置的。

（三）在教师角色定位上处理好保姆与教练的关系

职业辅导工作者的根本任务就是帮助学生认清自我，了解职场，进而作出合适的职业选择。这里有一个问题：职业辅导工作者既然是充当一个建议者、帮助者、协助者的角色，那么他们到底应以什么样的身份、以何种程度介入到学生的求职过程中呢？是做一个事事包办代替的保姆，还是做一个从旁协助、启发学生通过自己的努力达成求职目标的教练？

面对激烈的就业竞争，大学生在找工作过程中容易因自身定位不清而感到迷茫，也容易因成绩平平、缺乏特长、少有实践经验而不自信。遇到这种情况，学校、老师、家长都很着急，想方设法帮助学生就业。这时，学生反而容易产生依赖思想，使得原本应由学生自己独立完成的求职任务（比如收集就业信息、联系用人单位）却被旁人包办代替了，进而对找工作采取被动等待、逃避现实甚至放弃努力等消极态度，助长了部分毕业生等待天上掉馅饼的侥幸心理。

针对这种情况，我们认为，职业辅导教师应该做一个不断启发学生通过自身努力完成求职任务的教练，而不是一个事事包办代替的保姆，这是由职业辅导师"助人自助"的工作性质决定的。针对如今多方关注就业、全员参与就业工作的现状，作为职业辅导工作者要站稳立场，牢记大学生就业求职的第一责任人始终是学生本人。就业过程中，该由学生做的由学生自己完成，学校、教师和家长绝不包办代替，这是一种对学生负责的态度。要千方百计启发学生对自己就业的责任意识、主动意识和参与意识。

（四）师资力量整合上处理好自力更生与借力使力的关系

当前，高校就业工作面临的共同问题，首先就是专职就业工作人员不足，尤其在增加了创业教育职能后，教育部规定的专职就业工作人员与毕业生人数之比不低于1：500已不适应形势需要，人手不足的问题更加凸显；第二个问题，当前高校职业辅导师资队伍力量薄弱，专业化程度不高，素质参差不齐。

因此，建设一支数量充足、多学科背景、校内外聘请、专兼职结合的高素质师资队伍显得尤为重要。那么，面对高校职业辅导队伍人手不足、素质不齐的现状，师资力量从哪里来？我们认为，要坚持自力更生，也要懂得借力使力。

所谓"自力更生"，是立足于就业职能部门选拔有意愿、有能力、有经验的专职就业工作人员充实到职业辅导师资队伍。这首先源于职业辅导是就业职能部门不可推卸的职责；其次，聘请本部门专职就业工作人员的好处在于他们熟悉大学生就业工作；再次，开设就业指导课程等职业辅导活动是建设一支高素质就业队伍的客观需要，也为专职就业工作人员增加了一条职业发展通路。

所谓"借力使力"，是指从校内其他部门、院系聘请符合条件的辅导员或专业课教师以及校外实务人员担任兼职职业辅导师。聘请院系辅导员及专业课教师好处在于对学生很了解，有助于将专业学习与未来职业发展相结合；聘请校外实务人员担任兼职职业辅导师有助于弥补校内职业辅导师职场实战经验不足的局限，能为在校大学生带来第一手的职业信息和资料。

（五）师资能力定位上处理好专家与杂家的关系

一方面，职业辅导内容具有综合性的特点，涉及认识自我、探索职场、职业选择等三大方面的内容，涵盖了心理学、社会学、经济学、管理学等多学科的知识，还包括社会行业的知识。这对职业辅导教师提出了很高的要求，要求职业辅导教师具有多元学科背景、丰富广博的社会行业知识，因此，职业辅导教师首先应该是个杂家。

另一方面，职业辅导教师还必须走专业化的路子。职业辅导教师的工作宗旨与能力体现为"助人自助"，帮助学生求职者认清自身兴趣、性格、能力、价值观，了解社会职场机会，并做出适当的职业选择。总体来讲，这个专业是偏心理学的，专门的职业名称叫职业咨询师或职业规划师，需要的技能包括职业咨询的理论、方法、技术、流程、职业道德等。

因此，从能力定位看，职业辅导教师要有多学科背景，知识面要宽，了解社会行业发展的趋势，首先是个杂家，但最终，职业辅导教师要走专业化的道路，职业咨询师或职业规划师才是对他们的专业称谓。对职业辅导教师来讲，专业化意味着一个明确的职业发展方向，未来，职业规划说不定也会成为大学的一个专业，更重要的是专业化还能带来职业发展的成就感和满足感。

（六）辅导对象上处理好分类指导与同等看待的关系

过去，我们职业辅导只针对毕业班开展，但随着形势的变化，职业辅导工作开始变得长期化、常规化，逐步面向全校学生开展，从大一到大四全覆盖，这被称作高校就业工作的"全程化"。

全程化不仅意味着职业辅导工作要贯穿大学生从入学到毕业的整个过程，而且意味着对大学四个年级学生进行分类指导。大一阶段，是从高中到大学的适应期，这一时期应注重引导学生认识自我，了解自身兴趣、性格、能力和价值观；大二阶段，侧重进行社会实践教育，通过实习实践了解职场情况；大三阶段，重在鼓励和引导学生逐步确定未来就业去向是考研、出国还是就业；大四阶段，注重简历撰写、面试技巧和职场礼仪等方面的辅导。

这是从大学四年的阶段性特点来区分职业辅导工作。如果从学生自身特点来看，假如我们将一个学生群体按照学习成绩、学生干部经历、社团活动、实践经验等职场看重的方面将学生按综合素质进行区分，那么，学生的综合素质从优秀到一般到有待提高三个等次大致会呈现一种正态分布，即两头人数少，中间人数多。这里就会面临一个选择，对待优、中、差三类学生群体，我们该如何分配职业辅导工作的时间和精力，是同等看待，还是分类指导？

我们认为，职业辅导工作应坚持"全程化"，同时应该进行分类指导。分类指导的第一重意思是按照不同特点群体的需要进行不同方式方法的辅导。比如，学生中的"中间层"，俗称中游生，就是一个非常关键、非常重要的群体。[①] 一方面，这类群体人数众多，大致占到学生总数的70%，做好这部分学生的职业辅导工作将对整体工作意义重大；另一方面，这部分学生基础较好，稍加点拨能起到较好效果，属于努把力就能取得较好就业岗位的群体。而针对优秀生，应发挥他们的"榜样示范"效应，带动其他同学积极就业；针对就业困难群体，应从物质上、心理上和技能上进行"一对一"的深入辅导。

分类指导的第二重意思是根据不同需要的学生进行不同内容的辅导。比如有的同学找工作不积极、缺乏自信，那就应从心理上帮其树立信心；又比如有的同学可能对行业基本知识不太熟悉，那就要引导其用可行的方法进行职业探索；再比如有的同学刚通过笔试，马上要进行面试，这个时候，为了提高其面试成功率，可以组织一次模

---

① 丁晓妮：《浅议大学生职业指导的若干难点与对策》，载《四川教育学院学报》，2012年第1期。

拟面试，帮助其实战演练，等等。

总之，每一名学生都是我们职业辅导的对象，但依据学生的特点和需求，我们又要对其进行分类指导。

（七）辅导方法上处理好理论取向与实践导向的关系

目前的职业辅导多采用课程、讲座、工作坊、论坛等坐而论道的形式，忽略了职业辅导的实践性特点。然而，"理论是灰色的"，对职业辅导来说更是如此。职业辅导是一门实践性很强的学问。这不仅体现在职业辅导内容贴近职场、贴近社会上，还体现在职业辅导的方法要立足于体验式拓展训练，更体现在职业辅导的效果只能由实践来检验。其实，我们认为，职业辅导的实践导向还应该体现在职业辅导传授者自身要具有丰富的职场实战经验上。

因此，时下较多见的具实践导向的职业辅导主要有生涯人物访谈、实习、情景模拟、拓展训练、职业沙龙、校友经验交流，等等。

职业辅导的效果好坏，不只是看学生的观念层面的变化，应该看学生的实际行动和产生的客观效果。[1] 比如说，我们开展面试技巧辅导，不仅讲面试的方法和技巧，还应将这种方法和技巧操练起来。检验面试技巧辅导工作成效的唯一方法是学生在就业或实习面试中的通过率。好比一个学生准备公务员结构化面试，光看书不操练很难有好的效果。只有将书本知识和实际操练结合起来效果才更好，这是被实践检验过的。说白了，面试是个熟能生巧的事情，不断操练，不断总结，一定会有提高。这就是为什么在学生中间会自发组织"模拟面试小组"的原因，因为他们体会到了面试实际操作的重要性。

因此，我们在进行课程教学和讲座的时候，也应该加入更多实践因素。比如，我们在讲职场礼仪的时候，不仅要讲解，还要有体验，要亲身感受。这不仅使课程、讲座更生动、更吸引人，还使得教学效果更好。因此，我们迫切需要建立一套以实践导向为基础的方法体系。不仅要对学生进行就业技能的理论培训，而且更应该注重进行各种就业技能和就业技巧的实际拓展训练。[2]

---

① 祁金利、欧阳沁：《关于高校职业辅导师资队伍建设的思考》，载《中国大学生就业》，2007 年第 15 期。

② 韩嫣：《大学生就业指导服务体系构建》，载《人民论坛》，2011 年第 5 期。

（八）辅导内容上处理好碎片化与系统化的关系

职业辅导涉及面很广，具有综合性的特点。[①] 因此，国内研究者在提到职业辅导的时候，经常会将辅导内容、辅导方法、师资建设、网络平台、就业信息等不同逻辑层次的、不同属性的方面全归类到职业辅导的内容上来，我们认为这是不妥的。这种归类方法的特点很全面，但无法让人对职业辅导的内容有个更清晰、更明确的认识，直接导致了实际操作中职业辅导内容的碎片化，不成系统。因此，尽快明确职业辅导内容将有助于促进职业辅导工作的规范化和系统化，将内容的归内容，方法的归方法，师资的归师资，体系的归体系。

综合以往的理论研究，我们认为，当前高校职业辅导系统至少包括三个体系，即组织体系、内容体系和方法体系。[②] 所谓组织体系，就是指开展职业辅导活动所需要的人、财、物、制度等组织资源，这里面最为重要的当然是师资队伍建设；所谓内容体系，主要是指就业形势与政策、职业生涯规划、就业求职以及自主创业相关内容；所谓方法体系，是指用什么方式方法来传递这些理论知识和实践技巧，如课程、讲座、工作坊、大赛、情景模拟、实习实践、生涯案例库、网络测评等。

因此，我们不难概括出大学生职业辅导的"ODLFE 模式"[③]。这一模式有五大要素：一个目标（objective），即通过生涯教育促进学生的全面发展；两个着力点（dimension），即广度和深度，广度是指有多少学生受益于职业辅导，深度是指职业辅导中个性化辅导的程度；三个层次（level），即普及教育、系统提升和重点解决，这三个层次使得职业辅导循序渐进，重点突出；四个特性（feature），即针对性（职业辅导要针对对象的需要）、系统性（以系统观为解决问题的取向）、实践性（注重职业技能实际操练）和专业性（需要心理学、社会学、管理学和教育学等多学科知识）；五个支持系统（enabler），即科学研究、师资队伍、社会资源、学生力量和信息技术。

（九）工作特色上处理好同质化与特色化的关系

当前，各高校职业辅导工作大同小异，辅导内容、辅导方式并无太大差异，缺乏

① 祁金利、欧阳沁：《关于高校职业辅导师资队伍建设的思考》，载《中国大学生就业》，2007 年第 15 期。

② 龚根法、朱建民：《试论学校职业指导工作新体系》，载《中国大学生就业》，2004 年第 2 期。

③ 韩威、祁金利、魏搏：《多层次、综合式大学生职业辅导模式探索》，载《教育与职业》，2008 年第 15 期。

特色。我们认为，各高校专业设置、人才培养目标、就业主渠道等都有较大差异，职业辅导工作完全可以各具特色。职业辅导工作只有具有特色才会形成品牌，形成品牌才会有不竭的创新发展动力。

从职业辅导的内容看，各高校、各学院、各专业可以结合专业设置，以就业主渠道为依托开展辅导工作。职业辅导教育与专业教育的结合将不仅具有特色，还会使职业辅导工作贴近学生的需要，更具活力；从职业辅导的形式看，各高校、各学院、各专业可以结合多年实际工作的传统出发，找到自身特色。比如，有的高校可能在就业精品课程建设方面有特色，有的高校在毕业生就业引导方面有特色，有的高校指导毕业生基层就业方面有特色，有的高校面向外资企业就业方面有特色，有的高校在毕业生就业权益保护指导方面有特色，等等。我们认为，一方面人才培养的特色决定了职业辅导的特色，另一方面培养的人才有特色、有质量，职业辅导工作也会更有针对性，反过来又促进就业质量和人才培养质量，二者相辅相成。因此，各高校的教学培养单位（学院、系、研究院等）在实践中凝练出各专业毕业生的人才培养特色和就业状况特色至关重要。

三、四点启示

通过对当前大学生职业辅导工作中存在的六类问题和九种关系的梳理，基于当前高校就业工作实际，我们认为，做好新时期大学生职业辅导工作可以从以下四个方面挖掘潜力：

（一）成立专门负责大学生职业辅导的教研机构是大势所趋

基于大学生职业辅导工作的现实需要，我们认为首先应成立大学生职业辅导教研机构，为提升大学生职业辅导工作水平创造组织基础。一来有助于缓解当前高校就业专职工作人员人手不足的问题；二来有助于提升大学生职业辅导工作的专业化水准和工作质量。目前，国内不少高校走在了前列。吉林大学率先于2002年成立了就业指导教研室，2003年开设就业指导课程。据不完全统计，清华大学、长春理工大学、华中农业大学、河南理工大学、汕头大学医学院也成立了相应机构。然而，大部分高校尚未成立相应的正式教研机构。

（二）建设一支专业化、专兼职结合、多学科背景的职业辅导师资队伍是迫切需要

做好大学生职业辅导工作的关键在于师资。高素质师资队伍的建立是提升大学生职业辅导工作水平的组织核心。在目前高校专职就业指导工作者人手不足的条件下，

师资建设在于对内选拔、培养和对外引进、聘请。对内选拔有意愿、有能力的就业专兼职教师，对外引进、聘请具有多学科背景的职业规划专家、具有多种职业经历的社会职业（创业）导师（教练）共同参与职业辅导工作。师资建设是将大学生职业辅导工作推向深入的必然要求。

（三）建立毕业生及校友升学、出国、实习、就业、创业等多种去向的生涯案例库是当务之急

生涯案例库是一种汇集毕业生就业选择等全方位信息的经验集合。未来，生涯案例积累的数量和质量是衡量一所学校职业辅导工作水平和质量的重要指标。生涯案例库的建立将大大提高职业辅导工作的效率和质量。其实，我们在网络上看到不少高校也在做一项工作，就是采写并刊登职场经验交流和分享的文章供在校生参考学习。这实际上就是生涯案例的雏形。目前，国内还没有比较统一、明确的生涯辅导案例标准，而生涯案例在国外高校职业辅导工作中经常用到。因此，这是未来提升大学生职业辅导工作水平的一个重要努力方向。

（四）建立科学合理的职业辅导工作绩效考核指标体系是客观要求

职业辅导工作如此重要，那么，如何评价一个高校职业辅导工作开展的成效呢？正如我们前面讲到的，职业辅导工作具有综合、实践、专业的特点，我们的考核评价体系也应该具有综合性特点，应该囊括主观指标和客观指标。主观指标主要参照毕业生就业满意度及用人单位用人满意度调查结果，而客观指标应该以就业率和就业质量来体现。目前，国内已经有研究者基于平衡计分卡技术来探讨建立大学就业工作绩效考核体系，这是一种有益的尝试，并将会成为促进大学生职业辅导工作开展的又一重要支持系统。

探索职业规划教育规律
提高学生就业质量水平

法学院　岳红池

摘　要　良好的职业规划可以提高学生综合素质，健全学生人格；可以使学生明确目标，为其提供动力；可以避免不必要的精力浪费，提高学生成功的几率。但目前，我国职业规划教育尚处在探索、试探阶段，对学生的指导缺乏系统性、科学性，影响了学生的培养质量和就业质量。高校应该以学生为根本，探索职业规划教育规律，发挥学生主体作用，引导学生认知自我，把握学生发展阶段，适时开展职业规划教育，掌握学生实际需求，恰当选择职业规划教育内容、形式。同时，应以就业为抓手，分类别、分阶段开展职业规划教育。

关键词　职业规划教育　学生发展　就业质量

一、职业规划的意义

"职业规划是指个体在对影响自己职业生涯的主客观因素进行分析和评估的基础上，进行职业定位，确定奋斗目标，进而选择实现这一目标的职业，编制相应的工作、教育和培训的行动计划，并对每一步骤的时间、顺序和方向做出合理的安排。"[①]对高等学校的大学生而言，良好的职业规划必须建立在对自我的深刻认知和对相关职业的充分了解的基础之上，根据自身的条件、素质选择符合自己长远发展和进步的职业目标，并需要为之付出阶段性的、有目的的努力。

[①]　王淑桢、杨宏菲、高美华主编：《职业规划与指导》，北京师范大学出版社2007版，第13页。

良好的职业规划对大学生的发展意义重大。首先，良好的职业规划可以提高学生综合素质，健全学生人格。学生综合素质中的重要一项就是人格健全，对自身的充分的认知以及正向的价值评价，而良好的职业规划可以促使学生不断的探索自己的独特特质，形成对自身的认知和感受，承认并接纳自己，并为自己树立切实可行的职业目标，有助于学生形成独立的人格。其次，良好的职业规划可以明确目标，提供动力。良好的职业规划为学生树立了行动的目标，避免学生出现学习和生活上的怠惰，学生为了自己的目标一步步地努力，进步和接近成功的感受成为学生前进的动力。再次，良好的职业规划可以帮助学生高效地开展学习、工作。良好的职业规划为学生的学习、生活提供了重心，学生的各项活动朝着职业目标而开展，节省了学生由于目标不明确造成的精力的分散和浪费，有助于学生高效地开展日常活动。

调查显示，目前很多学生在学习和生活中缺乏明确的目标，没有进行过职业规划，对自己短期内的职业发展计划不太清楚，导致学生出现学习生活上的怠惰，有的甚至出现厌学情绪，严重的会导致心理疾病。因此，在高等学校大学生中开展职业规划教育，通过多种手段促进学生自我认识，加强对各类职业的了解，制订适合自己的职业规划，具有重要的意义。

二、职业规划教育的现状

目前，针对高等学校学生的职业规划教育大致可以分为学校内职业规划教育和社会培训机构开展的职业规划教育。

学校内职业规划教育一般通过两种方式开展，一种是由学校、学院组织主办的职业规划教育相关活动，包括学校开设的职业规划课程、组织的职业生涯规划活动等；另一种是由学生组织、自发开展的职业规划教育相关活动，如一些与职业生涯规划相关的讲座、体验活动等。两种形式都从某种程度上满足了学生的部分需求，对有些学生的职业规划形成起到了指引作用，但从国内高校看，很少有学校能够为学生提供系统的、长时间的有跟踪、有反馈的职业规划教育，导致有很多学生在学习、生活中缺乏目标，在就业过程中抱着碰运气的心态，就业成功率低，影响了学生的近期和长期发展。

社会培训机构的职业规划教育良莠不齐，没有统一的执业标准。虽然有部分培训机构也在努力探索职业规划教育的内容、规律和形式，对学生形成较好的职业规划起到一定的积极作用，但一些社会培训机构缺乏应有的专业性，为学生提供的服务缺乏实效，甚至造成误导，造成学生的损失；一些培训机构仅凭制造噱头，对学生进行高额收费。这都在一定程度上增加了学生接受职业规划教育的复杂性和难度。

总之，目前国内针对高等学校学生的职业规划教育尚处在探索、试探阶段，对学生的指导缺乏系统性、科学性，学生因得不到良好的职业规划教育，不能得到更好的发展，影响了高校培养人才的质量水平。因此，无论从高等学校角度还是从学生自身发展角度，高等学校有必要探索职业规划教育规律，改变职业规划教育现状。

三、以学生为根本，探索职业规划教育规律

职业规划教育的根本目的是促进学生的全面、综合发展。因此，一切职业规划教育活动都要紧紧围绕着学生本身展开，包括充分发挥学生主体作用，引导学生认知自我，掌握学生实际需求，把握学生发展阶段等，只有真正做到以学生为中心，才能真正地促进学生的发展。

（一）发挥学生主体作用，激发学生的自主规划意识

职业规划没有标准答案，每一个职业规划都有其特殊性。而这一特殊性的决定性因素在于学生个体本身，因为每一个职业规划都是学生根据其自身的情况，如身体素质、兴趣爱好、能力水平等，是结合其对外部世界的认识和评价而产生的。好的职业规划教育也一定要从学生本身出发，充分调动学生的积极性，让学生自主地分析其自身情况并积极地关注可能的职业发展路径，进而积极地投身到对职业规划的践行和努力中去。

（二）引导学生认知自我，为职业规划提供基础

认知自我是良好职业规划的基础。而在做好职业规划这一出发点来说，认知自我可以具体化为认识自己的价值观、兴趣爱好、性格特质、能力水平等等。"价值观是人们用于区别好坏标准并指导行为的心理倾向因素。"[1] "职业价值观是价值观在职业上的体现，是个人对待职业的一种价值取向。"[2] 职业价值观是大学生在职业选择时的最重要依据和因素，应该成为学生自我认知的重要部分。同时，调查显示：兴趣爱好也是一些学生职业规划的最关键的依据。[3] 事实上，如果学生能够选择一份与自己兴趣爱好相符的工作，那么学生自然能够在工作中找到乐趣，促进其发展进步；由于不同的职业的工作内容、形式不同，从而对学生的性格特质也提出不同的要求，因

---

① 黄希庭：《心理学导论》，人民教育出版社 2011 年版，第 209 页。

② 文厚润、张斌主编：《大学生就业实用教程 大学生职业发展与就业指导》，高等教育出版社 2011 年版，第 23 页。

③ 调查数据显示，有 30.77% 的同学认为兴趣爱好是职业规划的最关键的依据。

此，性格特质也是学生职业规划中认知自我的重要部分，认清自己的性格特质，进而选择适合的职业，是学生能够开展好工作的重要保障。相比较而言，能力水平是学生职业选择中最核心的竞争力，也是学生最容易自我感知的部分，学生可以从自身取得的成绩等各方面进行判断，但应引导学生对自身做出客观的评价，防止出现过度自卑或过度自信。

（三）把握学生发展阶段，适时开展职业规划教育

通观目前比较受认可的几种职业生涯发展理论，包括金斯伯格的职业意识发展阶段理论、舒伯的职业生涯发展理论和施恩的职业生涯发展理论。大学时期是一个人形成职业规划的关键时期[①]，个体在这个阶段内对认识自身和职业都具有比以往更强烈的欲望。同时，个体在这个阶段内对自己和职业的认识和评价往往对其职业发展起到决定性的作用。从当前大学生自身情况和发展的现状来看，大学时期又大致可以分为前后两个阶段，大学前期，学生的注意力基本集中在学习和校内生活上，在较大程度上他们是不断丰富对自己的认识；而在大学后期，学生更多的关注职业选择和发展方向等，他们对职业的认识进一步深化。因此，在对高等学校学生进行职业规划教育时，要区分学生所处的不同阶段，开展有重点、有目的的职业规划教育。

（四）掌握学生实际需求，恰当选择职业规划教育内容、形式

掌握学生在职业规划过程中的具体需求，是做好职业规划教育的前提。恰当选择职业规划教育的内容和形式，有助于学生更好地认识自己，认识职业，做出更有利于个人发展的职业规划。

在实际的工作中，多数入学新生对自己的认知不足，而且缺乏认知自我的意识和有效的方法。在大学前期，辅导员和就业服务中心的老师们更多的应该在引导学生认知自我方面着手开展工作。工作中，经常有同学在临近毕业，需要做职业选择时表现很茫然，不知道自己到底喜欢什么样的工作、适合什么样的工作，究其原因，就是在大学的前期没有做好自我认知相关工作，而这种状态不仅影响学生的选择、判断，有的甚至影响学生的一生。因此，学校要切实通过各种方式和努力，如学前教育、课堂教育、专题讲座、团体辅导、一对一辅导等多种方式，激发学生认知自我的意识。学校在课程设置上应尽可能地使每位同学都能接受自我认知方面的教育，辅导员应尽量掌握班级每一位同学的情况，有针对性地开展自我认知辅导。在大学后期，学生更多

---

① 文厚润、张斌主编：《大学生就业实用教程 大学生职业发展与就业指导》，高等教育出版社 2011 年版，第 49 ~ 53 页。

的是希望能够全面地了解不同职业的具体情况，对实习和实践等具实际操作性的活动更感兴趣，通过体验式的经历，为自己的职业选择奠定基础。在此阶段，多数同学表现出了对各种职业的茫然与陌生，不知道各种职业的工作性质、工作特点及对应聘者的要求等等。因此，学校教育的任务重点在于为学生提供更多的接触实务的机会，通过组织职业生涯访谈、座谈、讲座、鼓励实习实践等多种方式让学生尽可能多地对职业进行了解。此外，还可以通过与商业培训机构合作的方式，吸取商业培训机构的长处，充分利用他们的信息和资源，为学生提供更多的机会和途径。

在此需要强调的是，在具体的职业规划教育中要在普遍教育的基础上强化个性化辅导。如前所述，职业规划对学生来说具有重要的意义，因此每个学生都应该有权利且有机会接受职业规划教育，但并不是说我们只要为每个人提供机会就足够了，我们应该在这一基础上关注不同学生的个性化的方面。有的同学可能规划意识强烈，较快地进入状态；有的同学则相反。而且每个同学有不同的基础条件，导致他们的选择也具有多样性。高校在职业规划教育中要充分考虑学生的复杂性，有针对性地开展个性化辅导。

四、以就业为抓手，有针对性地开展职业规划教育

可以说，职业规划教育应该贯穿人的一生，而大学时期的职业规划教育处于学生第一份职业的前一阶段，对学生整个职业发展意义重大。如果学生能够通过大学期间的教育和自身的努力，找到一份适合自己的职业，那么将为其以后的发展打下良好的基础。从这一意义上说，毕业就业不仅是让学生找到一份工作，更应该把毕业就业放到学生整个职业规划中的一部分来看。但就业是学校、学生乃至社会更为关注的问题，是现在高校学生工作中的重要方面，因此，就业工作又不失为我们开展职业规划教育的有力抓手，将职业规划教育与就业工作紧密地、系统地联系在一起，可以使工作开展得更有实效。

（一）以就业方向为标准，分类别开展职业规划教育活动

对于不同的就业方向而言，职业规划教育工作中的自我认知教育都比较类似，方法和内容都有一定的共同性，而不同的就业方向可能需要学生对不同的职业进行认知。进一步说，每一个专业都有相对固定的就业方向，其中又包含了相对确定的几种职业选择，可以根据这些就业方向、职业选择对学生开展分类别的职业规划教育。例如，目前法学本科毕业生的就业方向和职业选择基本可以做出如下分类：按性质可大致分为国家机关（公务员）、国有企业、私有企业等；按工作内容可大致分为法官、

检察官、公安等国家机关工作人员及律师、公司职员等；高校中的辅导员和就业服务机构可以从就业方向的基础上，对学生展开分类别的指导，可以组织具有类似职业倾向的学生形成一定的群体，为他们提供交流的平台，针对某一就业方向或职业选择做深入的分析。通过组织学生分类开展工作，激发学生的积极性，既可以让学生深入其中，切实体会，又可以在老师的组织下形成合力，前后相继。

（二）以就业进程为依据，分阶段开展职业规划教育活动

目前，基本各高校都认为，对学生的就业教育应该贯穿大学教育工作的始终。职业规划教育恰好可以以就业教育为依托，分阶段地开展进行。在学生入学初期，通过对学生进行调查，掌握学生对职业规划的认识和他们目前所处的状态，以就业方向为引导，激发学生职业规划的积极性；在大学前期，结合学生对就业方向的模糊选择，有针对、有侧重地开展一些与职业选择有关的活动，促进学生自我认知，自我剖析，逐步确立自己的职业目标，并引导学生以职业目标为中心，开展自己的学习、生活等活动；在大学中期，多组织一些实践实习等体验式活动，让学生对不同职业有更深入的、更具体的认知，同时组织一些交流、竞赛等活动，帮助学生进一步更正并树立明确的职业目标；在大学后期，通过一些针对性的活动，如笔试、面试辅导、简历制作等，提高学生达成职业目标的实务能力，帮助学生成功实现自己职业目标的第一步。需要注意的是，在整个职业规划教育的进程中，学生自身素质、能力的积累非常重要，要注意引导学生在树立职业目标的基础上，以职业目标为中心，集中精力提高自身的能力素质，向职业目标无限接近。

总之，职业规划教育是对学生而言意义重大，是高校教育面临的重大课题，需要学校各方力量充分做到以学生为中心，以学生的综合发展为目的，探索职业规划教育规律，在促进学生全面发展的基础上，真正提高高校就业质量，为学生搭建成功就业的良好桥梁。

试论高校辅导员
在大学生职业生涯规划中的作用

政治与公共管理学院　　刘　慧

摘　要　随着大学生就业形势越来越严峻，大学生职业生涯规划越来越受重视。因为职业生涯规划教育能够促进大学生全面认识和完善自我，并在此基础上树立并逐步实现职业生涯发展的目标，对大学生全面成长成才以及进入社会都具有非常重要的意义。大学生作为将要进入职场的一员，应该对自己的职业生涯有所规划。本文在分析大学生职业生涯规划存在的问题的基础上，重点论述了辅导员在大学生职业生涯规划指导中所起的作用。

关键词　辅导员　职业生涯规划　大学生

一、大学生职业生涯规划的意义

（一）大学生就业困难的现实要求

随着高校扩招后入学的大学生陆续毕业，大学生就业形势变得越来越严峻。根据教育部的最新统计，2014 年全国高等学校即将毕业的大学生人数高达 727 万人次，大学生就业也成为关系国计民生的头等大事。

虽然在西方发达国家一直都比较重视职业生涯规划，但是在我国，职业生涯教育在过去很长一段时间内都不受重视，由于缺乏系统的教育和培训，很多大学生对自身条件、对将来所能从事的职业缺乏清醒的认识，以至于对自己将来能干什么感到迷茫，对未来找工作信心不足，甚至是大四面临找工作的同学也有类似想法，这些都影响了他们的长远发展。因此，加强对学生的职业生涯规划指导成为高校管理者和教育者急需解决的问题。①

（二）提高大学生整体素质的要求

由于我国传统教育的制约，学生从小接受的都是应试教育。② 在"书中自有黄金屋，书中自有颜如玉"的精神指导下，学生在老师和家长的期待下，都"一心只读圣贤书，两耳不闻窗外事"，根本就不会主动考虑、规划自己的职业发展和未来，即便有，也是非常片面的。

现代社会对人才有了新的定义，素质教育被提上日程。现代社会对大学生的评判标准更加多元和丰富，光有理论知识是不够的，沟通能力、创造能力、适应能力等已经成为现代人才的主要特征。通过对大学生进行职业生涯规划教育，会让他们更加有针对性地培养自己在某方面的能力，在以后的工作生活中扬长避短，使得素质教育的目标更加明确，效果更加理想。

二、大学生职业生涯规划现状及其原因

（一）从学校的角度看，学校没有完善的职业生涯教育的课程设置及配套活动，处于探索期

由于历史的原因，造成了高校在指导大学生职业生涯规划方面基础薄弱，意识不强，③ 学校尚未建立深层次的职业生涯教育的辅导机构，不论是课程设置、人员配备和培训及相应的活动等，都无法对学生的需求做更有效的指导。虽然开设了职业生涯规划课程，但是尚未形成本土化的固定课程体系，还是属于借鉴外国经验的阶段，具体形式也只是停留在纯讲授的模式上。④ 各大高校对大学生的职业规划教育指导都处于探索期，这也就导致了目前的教育体制无法对大学生的职业生涯规划有行之有效的帮助。

（二）从学生的角度看，学生缺乏主动性，自我意识淡漠

前面提到，由于我国传统教育体制的制约，学生从幼儿园开始直到大学，很少有

---

① 李智慧、龙跃：《辅导员在大学生职业生涯规划中的作用》，载《中国大学生就业》，2009年第13期。

② 李智慧、龙跃：《辅导员在大学生职业生涯规划中的作用》，载《中国大学生就业》，2009年第13期。

③ 李智慧、龙跃：《辅导员在大学生职业生涯规划中的作用》，载《中国大学生就业》，2009年第13期。

④ 游红伟：《谈大学生职业生涯规划中辅导员的引导作用》，载《河南职业技术师范学院学报（职业教育版）》，2009年第3期。

足够的时间探索自己的兴趣爱好，很少同社会接触，更不用说去主动思考了。进入大学之后，大学生大部分时间还是待在校园，对社会的就业需求很少主动了解，同时没有有针对性地培养自己某方面的能力，导致在毕业求职时，根本不知道从何下手，相对较多的依赖学校和家长等，求职准备不及时、不充分，缺乏求职技巧，不懂就业政策等。此外，从创业的角度看，大学生自主创业的意识还很淡漠，同时由于专业的限制，有些学生想创业但欠缺相关的技术支持和能力。

三、辅导员在大学生职业生涯规划指导中的优势和不足

在目前中国的教育体制下，辅导员由于身兼教育和管理的双重身份，在大学生职业生涯规划指导中发挥着重要作用，但优势、劣势同时存在。

（一）辅导员在大学生职业生涯规划指导中的优势

辅导员在职业生涯规划中的优势可以用"天时、地利和人和"来概括。辅导员作为学生工作者，是大学中跟学生接触最多、最了解学生的群体，在同学生的沟通交流中，不仅能够了解到每一个学生的性格，还能够跟学生建立良好的信任关系。学生在遇到问题的时候，非常乐意向辅导员老师寻求帮助。同时，辅导员还能够掌握很多与学生有关的材料，特别是往届毕业生的去向。综合上述情况，辅导员可以在给学生提供真实、可信的就业信息的同时，帮助学生根据自己的个性特点，利用师生间良好的信任关系，帮助大学生建立适合自己发展和符合社会需求的职业生涯规划。在目前中国的教育体制下，辅导员在大学生职业生涯规划中发挥着不可或缺的且不可替代的作用。

（二）辅导员在大学生职业生涯规划指导中的不足

大学生职业生涯规划指导工作是一项专业性很强的工作，但是就目前而言，高校辅导员现在正在逐步地接受一些正式的职业生涯规划的教育和培训，但都不是专业的职业指导师。辅导员对学生职业生涯规划的指导更多的是依靠工作中的经验，同时，辅导员参加就业指导培训的机会相对较少，这也制约了辅导员在职业生涯规划方面整体素质的提高。

四、辅导员在大学生职业生涯规划中的引导作用

（一）引导学生树立职业生涯规划的观念和职业理想

利用 SWOT 法引导学生来认识自我，分析自我，帮助学生寻找个人核心价值观，了解自己的职业性格、兴趣和才能；帮助他们运用科学的发展观树立正确的职业生涯

规划观念和职业理想。职业生涯规划观念和职业理想应该与实际现实切合，要符合社会发展的需要，此外还应该制订实现职业理想的具体步骤和行动计划。①

（二）结合不同年龄阶段不同年级的心理特点，在不同年级开展不同的活动，让大学生职业生涯规划系统化和规范化

大学一年级，由于刚入大学，大学生学业任务较轻，建议同学们多参加社团实践活动，锻炼并提高自己的人际交往和沟通能力、团队协作能力。在充分挖掘自己的兴趣爱好的时候，试着去好好了解甚至爱上自己的专业。大学一年级是学生大学生活的适应期，辅导员可以在这一时期利用《形势与政策教育课程》和《大学生思想道德修养》这两门课程，在学生刚进校园的时候就有意识地培养学生的职业生涯意识，为以后的各项活动打下基础。

大学二年级，经过一年的磨砺，学生已经逐渐对自己的学业和周边环境有了一定的认识，就应该鼓励他们对未来有一个初步的计算，组织学生积极参加学校内外一系列的活动，并让他们通过这一系列的活动来检验自己，着重培养自己的责任感、主动性和受挫能力，有选择地辅修其他专业的知识填充自己。在寒暑假的时候，让学生尽可能多地参加社会实践活动，比如志愿服务、勤工俭学、假期兼职等。这些活动的参加会有助于学生更好地认识自己的长处和缺点，及时调整战略目标。

大学三年级，明确告诉学生，他们应该正走在目标的路上，即使那个目标尚未明晰。让学生多向老师和朋友们咨询，通过自己的理性分析，选定目标，坚持不懈。让学生有目的地培训求职技能、了解公司信息、掌握校友网络和留意留学信息等，这也是为最后进入职场做最后的准备。鼓励学生参加各种类型的职业生涯规划大赛，在学生当中形成激励向上的氛围。

大学四年级，经过三年的准备，学生将各奔东西。告诉准备就业的同学们，要对自己的目标做一个最后定论：已确立的目标是否明确、前三年的准备是否充分，需要做哪些改动之类，随后是毕业后的工作申请、各类招聘活动、预习和模拟面试、强化求职技巧等。

（三）全程指导与个性化咨询相结合

职业生涯辅导的全程指导就是指从学生一入校开始直到他们大学毕业，在共性指导的基础上，还得结合学生个体差异有针对性地进行个性化咨询，针对同一年级不同

---

① 游红伟：《谈大学生职业生涯规划中辅导员的引导作用》，载《河南职业技术师范学院学报（职业教育版）》，2009 年第 3 期。

的学生采用不同的方式和方法，特别是在指导的过程中，应及时发现在职业选择方面存在问题的某些类型的学生，比如抗拒就业或者准备不足而不愿意就业、想就业但因自信心不足而求职屡受挫折以及家庭贫困等类型的学生。针对这些学生，辅导员应该根据情况进行一对一互动的指导。辅导员在进行个别辅导的时候，应该要充分了解学生心理状况，在这个基础上，通过心理咨询方法的运用，增强学生的自信心，使得每个学生的职业生涯规划和求职择业能够体现主动性、理智性和应变性。[①]

五、结束语

综上所述，大学生职业生涯规划指导是一项系统性和专业性很强的工作。[②]

大学生在大学阶段做好相应的职业规划，树立目标，然后努力去实现自己的目标，可以使自己具有更强的就业竞争力，[③] 不仅能够使自己在当前金融危机和就业形势严峻的情况下找到自己的一席之地，更重要的是集中自己的时间和精力更容易在某个领域获得成功。在进行大学生职业生涯规划方面，辅导员的优势和作用是显而易见的。因此，辅导员不但需要在大学阶段提升大学生对职业生涯规划的意识，根据大学生在不同年级的特点给予相应的教育和帮助，推动大学生就业的同时，还要不断地加强相关理论知识的学习，积极参加就业方面的各种培训，不断提升自身素质，为今后更好地进行大学生职业生涯规划指导打下基础。[④]

[①] 李智慧、龙跃：《辅导员在大学生职业生涯规划中的作用》，载《中国大学生就业》，2009年第13期。

[②] 李智慧、龙跃：《辅导员在大学生职业生涯规划中的作用》，载《中国大学生就业》，2009年第13期。

[③] 阳洪霞：《论高校辅导员在大学生职业生涯规划中的作用》，载《企业家天地》，2009年第8期。

[④] 李智慧、龙跃：《辅导员在大学生职业生涯规划中的作用》，载《中国大学生就业》，2009年第13期。

中国政法大学本科生
创业教育调查研究

商学院　何　欣

摘　要　无论是从高等教育人才培养目标还是当前高等教育现实的考虑，加强创业教育都是当前高校人才培养的一个重要课题。通过对我校本科生关于创业认识、意愿、创业准备以及对学校与政府支持措施的要求的调研数据分析可见，为提高创业教育水平，学校应注重创业指导类课程和创业教育师资队伍建设，支持创业实践和创业体验活动，并加强与社会的联系，以优化创业教育环境。

关键词　本科生　创业教育

近年来，国家推出了一系列大学生创业扶持政策，对大学生的创业起到了积极的促进作用。2014 年，国务院办公厅又出台了《关于做好 2014 年全国普通高等学校毕业生就业创业工作的通知》（以下简称《通知》），提出 2014 年至 2017 年在全国范围内实施大学生创业引领计划。"通过提供创业服务，落实创业扶持政策，提升创业能力，帮助和扶持更多高校毕业生自主创业，逐步提高高校毕业生创业比例。"在这一背景下，对我校本科生创业教育现状进行实证调研并提出相应的完善建议，无疑具有重要意义。

一、调查对象和调查方法

此次调研对象为我校大一至大四的在校生。从性别看，男生 141 人，女生 239 人；从年级看，大一 92 人，大二 154 人，大三 74 人，大四 60 人；从专业分布看，法学专业 54 人，经济管理专业 207 人，其他专业 119 人；从成长地区分布看，农村生源 87 人，县级（县级市）及以下城镇生源 114 人，地级市生源 179 人；从学习成绩分布看，优秀的 57 人，良好的 150 人，一般的 151 人，不好的 22 人；从家庭经济状况看，非常好的 6 人，很好的 45 人，一般的 270 人，困难的 59 人。

调研采取无记名问卷调研的方法，共发出问卷 410 份，回收 397 份，回收率为 96.8%。其中有效问卷为 380 份。

二、调查数据分析

（一）对创业的认识

1. 对创业的认同度

对创业表示"认同，认为创业是实现个人理想、价值和社会价值的一个途径"的占 65.53%；认为"是一种成长方式，可以尝试"的占 56.32%；认为"大学生创业大多数会失败，大学生创业不太可行"的仅占 8.16%。（见图 1）可见，目前大多数大学生对自主创业持认同态度，认为自主创业是实现自我价值和社会价值的一种途径，只有极少部分学生认为不太可行。

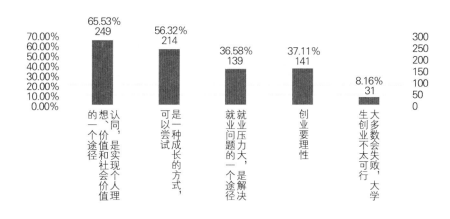

图 1　对大学生创业看法分析

2. 对创业所需素质的认识

认为创业所需素质排在第一位的是"出色的沟通及人际交往能力"，占比 81.84%；排在第二位的是"强烈的挑战精神"，占比 80.53%。而"良好的组织能力"和"良好的心理素质和环境适应能力"则分别占 68.16% 和 67.89%。（见图 2）。看来大学生能够理性认识到创业不光需要有意愿，同时还要有精神、心理、能力等各方面的准备，才能顺利开展创业活动。

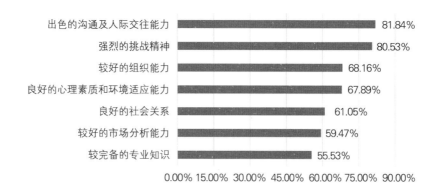

图 2　大学生对创业需求素质的分析

（二）创业意愿

在问到是否有创业的打算时，有 42％ 的调查对象有创业意愿，58％ 的人没有创业意愿。有创业意愿同学的比例比预想的要高。为深入分析大学生创业意愿的产生，我们分别从性别、年级、专业、成长环境、学习成绩和家庭经济状况等方面进行相关性分析，希望了解创业意愿产生的相关影响因素。

1. 不同性别学生的创业意愿

通过图 3 可以看出，男生的创业意愿高于女生大概将近 6％。目前社会上，进行自主创业的一般以男生居多，这种趋势也在大学生中得到体现。笔者认为，出现上述现象的原因主要包括：自主创业存在一定的风险，一般男生比女生更具冒险精神；男生更在乎事业成就感，创业成功可以极大地满足男生的事业成就感；在中国国情下，男生认为自己是家中的顶梁柱，应该承担起家庭经济主要来源的责任，女

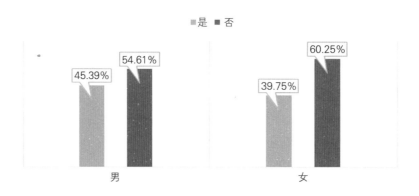

图 3　性别与创业意愿

生则更倾向于稳定的工作，以便投入更多的精力在家庭事务，一般家长也不太支持女性去冒险。

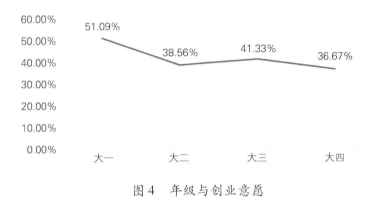

图 4　年级与创业意愿

2. 不同年级学生的创业意愿

从图 4 可以看出，大一学生想创业的比例最高，达到 51.09%；大四学生则比例最低，只有 36.67%。究其原因，大多数大一学生刚开始真正接触社会，其对创业的难度还没有真正认识，而大四学生，经历过三年的大学学习和社会接触，对创业了解逐步加深，有些人的创业激情会减退，所以想创业的人数比例相对减少。而大二、大三处于两者的过渡期，其创业激情不太确定。

3. 不同专业学生的创业意愿

通过图 5，对不同专业学生想创业的比例进行排序，可以看出经济管理专业学生的创业热情最低。这到底是什么原因？可能虽然经济管理专业学生对公司运营情况比较了解，但经济管理专业的学生并没有很强的专业技能，相比其他专业的学生没有很强的专业性，如计算机学生，其可以开发软件，而经济管理专业的学生更多的是经营

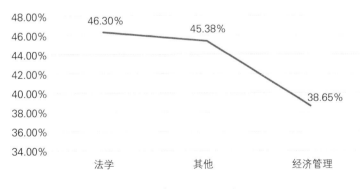

图 5　专业与创业意愿

性的知识，所以创业的热情才比较低。

4. 不同成长环境学生的创业意愿

通过图6的比较可以看出，在农村成长的学生想创业的比例达到50.57%；明显高于在县级及以下城镇和地级市成长的学生的比例36.84%和40.78%。

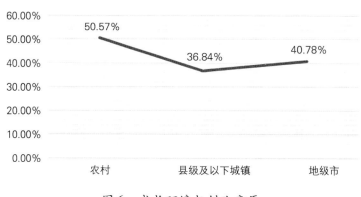

图6　成长环境与创业意愿

5. 不同学习成绩学生的创业意愿

从图7我们可以看出，学习成绩不好的学生想创业的比例最高，达到52.63%；而学习成绩优秀的同学想创业的比例最低，只有38%。

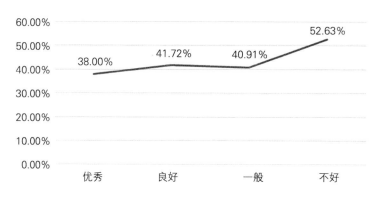

图7　学习成绩与创业意愿

6. 不同家庭经济状况学生的创业意愿

通过图8可以看出，家庭经济状况贫困的学生想创业的比例最高，达到52.54%；而经济状况非常好的学生想创业的比例却最低，只有16.67%。其实这就引发了一个值得深思的问题，即资源条件最好的学生为什么不想利用资源创业？那些家庭经济条件非常好的同学家庭很多都有属于自己的公司，所以这些学生以后更大的可能性是去打理家族企业，所以其创业热情比较小。家庭贫困的大学生，更需要自己努力改变命运，更有吃苦精神，而创业也正是一条快速致富的途径，所以贫困的学生创业激情会比较高。

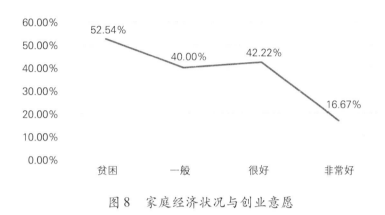

图 8　家庭经济状况与创业意愿

（三）创业教育情况

1. 创业知识的获取来源

通过图 9 可以看到，以"创业体验活动和创业训练"的比例最高，占到55.53%；其次是"创业课堂"，占 51.32%；"亲身实践"和"媒体宣传"两项都占到大约 41%；同学、朋友和家庭环境所占的比例最低。

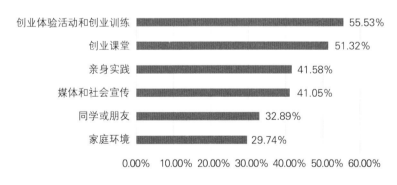

图 9　大学生创业知识来源分析

2. 对大学开展创业教育必要性的认识

数据显示，对于大学开展创业教育是否有必要的问题，有 264 人认为有必要，占比 70%；只有 8% 的人认为没有必要。可见当代大学生具有接受创业教育的积极性和主动性。

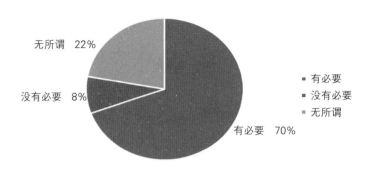

图10　大学开展创业教育必要性分析

3. 接受高校创业教育或服务方式的倾向

如图11所示，"设立大学生创业实践项目"、"定期邀请创业者或企业家开设讲座"、"举办创业设计大赛"、"建立校企联合的创业基地"及"开设创业必修课或选修课"位列前五位，学生更倾向于学校通过这些方式来开展创业教育或服务。

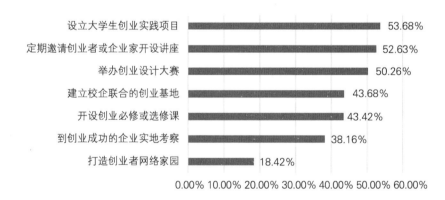

图11　大学生接受创业教育和服务的倾向性分析

4. 对创业指导类课程内容的选择

调查数据显示，学生最为看重"创业机会与环境分析"，比例占到57.37%；创业案例分析、人际交流与沟通技巧和市场营销也是学生所注重的学习内容。法律没有成为希望的重点可能跟我校是政法类院校有关，学生通过辅修、修4＋1双专业双学位的机会就可以系统学习到法律知识，所以在创业指导课程的内容中没有这方面的强烈需求。

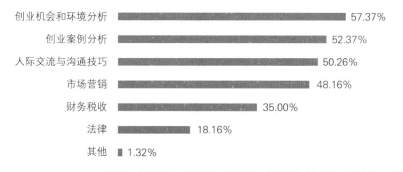

图12 大学生对创业指导课程内容期望

（四）创业准备情况

1. 对国家和学校扶持、支持大学生自主创业的政策及项目的了解程度

在对国家创业扶持政策和学校支持项目的了解程度方面，两个调查结果基本相似。如图13所示，非常了解的仅占5%和6%；一般了解的占28%和26%；了解很少和完全不了解共占到67%和68%。从以上数据可见，目前大部分学生对国家扶持大学生自主创业的政策和学校支持大学生自主创业的相关项目了解不足，同时也反映出政府和学校对相关政策的宣传力度不够。

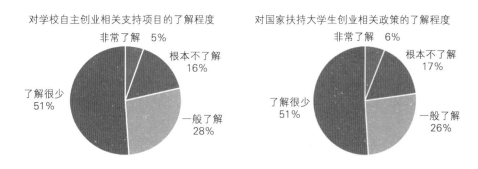

图13 对国家和学校的相关扶持政策和项目了解程度分析

2. 创业领域的选择

66.05%的同学选择"自己感兴趣的领域"，排在首位。透过调查数据我们看到，当今大学生创业时不再局限于自身专业，大多数人在选择创业领域时以兴趣为导向。一方面大学生选择自身感兴趣的创业项目，可以更充分地调动自身的创业热情，全身心投入；另一方面感兴趣的项目不一定是最适合的项目。另外40%的同学选择"投

入少、风险相对较低的行业"。主要是因为这些项目实施起来困难较少，易于开展。对于在读或者刚毕业的大学生，无论是资金还是经验都相对欠缺，在开始创业的时候选择风险较低的行业增加了创业成功的可能性。

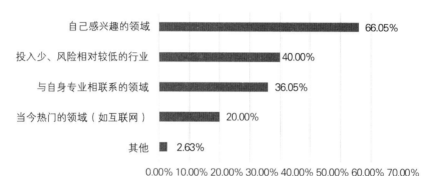

图 14　大学生创业领域选择情况分析

3. 参加创业培训和创业大赛，关注相关电视节目和活动情况

对相关创业准备活动的调查中，16% 的调查对象参加过创业培训；27% 的调查对象在校期间从事过赢利性活动；有 25% 的调查对象参加过创业比赛。对于是否关注过《赢在中国》或者《大学生创业大赛》等有关的电视节目或者活动的调查中，"关注过，特别感兴趣"的占 16%；"关注过，偶尔看"的占 38%；而"没有关注过"和"完全不感兴趣"的调查对象分别占 44% 和 9.2%。

（五）自主创业的制约性因素

通过分析 221 名调查对象不想创业的原因（如图 15 所示），"有考研或工作计

图 15　大学生不打算自主创业原因分析

划"的比例达到了 79.64% ；其次是"资金不足"，比例为 67.87% ；"缺乏经验"的比例为 64.71% 。以上三个方面是不打算自主创业的主要原因。

在大学生自主创业的最大障碍的调查中，认为"资金短缺"的占 62.89% ；认为"经验不够"的占 60% 。调查结果显示，资金不足和经验不够是目前大学生自主创业的最大障碍，与不打算自主创业的原因调查结果相一致。

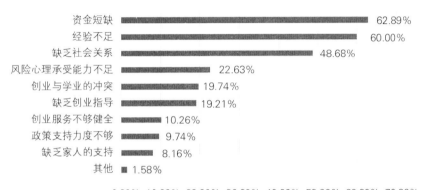

图 16　大学生创业障碍分析

面对政府在大学生创业方面应该提供哪些政策扶持的问题时，有大部分同学认为"政府不应再出台过多的这类扶持政策，使一些大学生盲目选择创业"，有这一想法的同学占到了 73.95% 。可见，大学生对创业问题持认可态度，但对于创业问题也越来越理性，积极支持创业，但不希望盲目创业。有 55.26% 的学生希望政府提供"专业化的创业服务"；56.32% 的同学希望政府加强"宣传鼓励"。

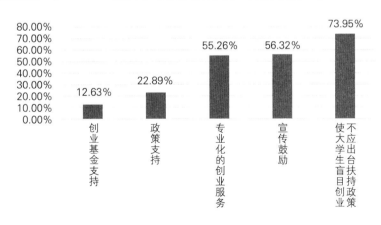

图 17　大学生对政府的相关扶持创业政策期望

在学校应该采取何种鼓励措施支持大学生自主创业的问题中，68.16%的同学希望"学校提供适当的资金支持"；66.05%的同学希望将自主创业"纳入大学科技园区，提供场地、实验设备等环境和服务"。

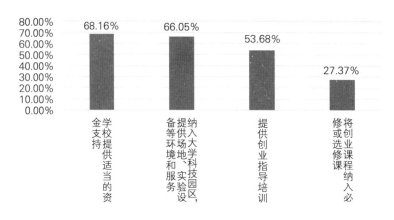

图18　大学生希望学校采取的鼓励措施分析

（六）创业意愿与创业准备的相关性

从图19可以看出，有创业想法的人对国家创业扶持政策"非常了解"的比例为10.69%，高于没有创业想法的人将近8%；有创业想法的人"一般了解"的比例为28.93%，高于没有创业想法的人将近6%。这说明是否有创业想法与对国家创业扶持政策的了解程度有着相关关系，即有创业想法的人，对国家创业扶持政策了解的程度明显高于没有创业想法的人。

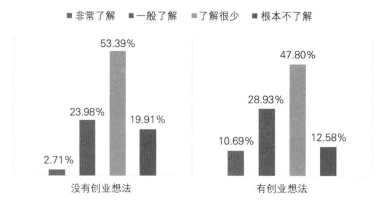

图19　大学生创业想法与对国家政策的了解程度相关性分析

从图20可以看出，有创业想法的人对学校创业相关支持项目"非常了解"的比例为8.81%，高于没有创业想法的人的比例将近6%；有创业想法的人的"一般了解"的比例为33.33%，高于没有创业想法的人的比例近10%。这说明是否有创业想法与对学校相关创业支持项目的了解程度有着相关关系，即有创业想法的人，对学校创业支持项目了解的程度明显高于没有创业想法的人。

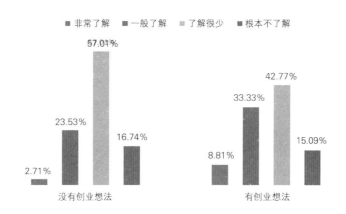

图20　大学生创业想法与对学校项目的了解程度的相关性分析

从图21可以看出，有创业想法的人参加培训的比例达到了22.01%，高于没有创业想法的人将近10%。这说明是否有创业想法与是否参加培训有着一定程度的相关关系，即有创业想法的人，参加培训的概率比较大。

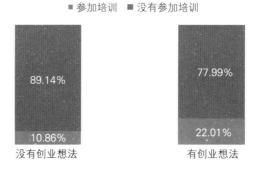

图21　大学生创业想法与参加创业培训的相关性分析

从图22可以看出，有创业想法的人从事过营利性活动的比例达到了35.22%，高于没有创业想法的人从事营利性活动的比例近14%。说明是否有创业想法与是否从事过工营利性活动有着一定程度的相关关系，即有创业想法的人，参与过营利性活动的几率比较大。

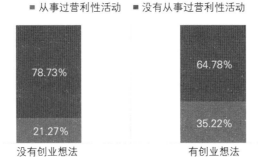

■ 从事过营利性活动   ■ 没有从事过营利性活动

图22　大学生创业想法与参加过营利性活动的相关性分析

从图23可以看出，有创业想法的人参与过创业比赛的比例达到了33.33%，高于没有创业想法的人参加过创业比赛的比例近15%。说明是否有创业想法与是否参加过创业比赛活动有着一定程度的相关关系，即有创业想法的人，参与过创业比赛的几率比较大。

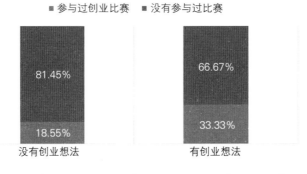

■ 参与过创业比赛   ■ 没有参与过比赛

图23　大学生创业想法与参与创业比赛的相关性分析

三、加强大学生创业教育的对策建议

大学生的创业知识和创业能力水平很大程度上取决于高校的创业教育状况。基于上述关于创业教育的调查现状，并结合国务院办公厅要求，"各高校要广泛开展创新创业教育，将创业教育课程纳入学分管理，有关部门要研发适合高校毕业生特点的创业培训课程，根据需求开展创业培训，提升高校毕业生创业意识和创业能力"。为提升我校创业教育水平和学生的创业能力，本文提出如下建议：

（一）注重创业指导类课程建设，完善创业教育师资队伍

上文调查显示，创业指导类课程是大学生获取创业知识和能力的重要来源，因此

高校应开设创业必修课或选修课，将创业课程纳入学分管理。创业类课程的内容应该从学生的需要出发，形式要根据创业教育课程特点设计。美国百森商学院在20世纪90年代初就设计了比较成功的创业教育课程体系，他们从整体创业的角度，把创业需要的知识课程纳入到创业机会识别、企业成长、成功收获等完整的创业过程教授给学生，以此取代传统的职能管理授课内容，也就是改变了互相割裂的营销管理、财务管理、人力资源管理、作业管理等分散的课程教学。[①] 我们可以根据自身实际情况，积极借鉴国外先进做法。

师资水平直接决定着创业教育的效果，我国的创业教育起步时间不长，在师资建设方面还存在着很大的差距。目前我国很多高校缺乏创业教育的双师型教师，很多老师都缺乏实践经验。"根据国内外创业教育的成功经验和我们的实践探索，教授创业教育的专家应来自经济管理、工程技术、政府经济部门、企业、创业园、投资公司等领域，他们构成了创业教育专家体系的六个基本要素。"[②] 构成一支专兼职动态发展的创业教育专家体系，我校教师仍是从事创业教育的最主体力量。2012年《教育部关于全面提高高等教育质量的若干意见》中指出要"大力开展创新创业师资培养培训，聘请企业家、专业技术人才和能工巧匠等担任兼职教师"。因此，我校要加强创业教育师资的培养，在人才引进方面要注重将具有企业背景的高级人才引进教师队伍，以完善教师队伍的知识结构。也可以通过定期选派专业教师到企业挂职锻炼，来提高教师的实践能力，使专业教师更加胜任创业教育教学工作。同时支持教师去创业教育做得好的国家或高校去考察交流学习。为提高教师的积极性，学校应把教师承担创业指导的工作纳入工作量和年度考核的内容，并与职称评定、评优挂钩。还可以聘请社会各方面专家、企业家来学校做兼职教师、开设讲座，充分发挥他们实践经验强的优势，把他们吸收到高校创业教育的队伍中来，提高学校创业教育教学水平。同时要注重培养教师的创业教育意识，强调创业教育课程与专业课程的有机结合，在专业教育的过程中渗透创业教育，着重培养学生的创新精神、实践能力。

（二）重视第二课堂建设，支持创业实践和创业体验活动

调查显示，大多数学生认识到创业经验的重要性，希望在校期间能够参加更多的

---

① 胡宝华、唐绍祥：《高校创业教育课程设计探讨——来自美国百森商学院创业教育课程设计的启示》，载《中国高教研究》，2010年第7期。

② 王永友：《创业教育实践体系的基本框架构建》，载《黑龙江高教研究》，2004年第11期。

创业体验和实践活动，学校创业教育应该顺应这样的需求。创业教育是一项开放性的教育，高校不仅要加强课堂教学，更应该与各种创业实践活动相联系，加强实践环节，把课堂内教学和课堂外教学有机结合起来，积极开展以创新创业教育为主要内容的第二课堂活动，进行有组织的创业实践活动。

引导大学生主动参加各种创业培训或创业实践活动，以培养人际沟通与交往能力、组织管理能力、抵抗风险能力、市场分析能力等。如上文所述，70%的调查对象认为创业大赛对参赛者有很大影响，对创业大赛持肯定态度。因此学校应积极支持组织"挑战杯"等创业计划比赛；支持学生开展创新创业训练，完善国家、地方、高校三级项目资助体系；开展各种模拟企业管理、模拟股市大赛活动，学生可以利用实验室在网络上模拟和体验商业运营环境和商业行为，降低了大学生创业风险，同时提高创业的实践能力；还可以借鉴美国百森商学院设立的"创立人之日"活动，把有影响力的创业家邀请到学校同学生进行座谈和交流，分享他们的创业经历和经验，举办创业沙龙。通过这些创业实践活动引起学生对创业的关注，培养学生的创业意识，增强学生的创业体验。

（三）加强社会联系，优化创业教育环境

调查显示，政府和社会的支持以及创业环境对大学生创业产生重要影响。国际劳工组织 KAB 项目全球协调人克劳斯·哈弗腾顿在 2007 年 "KAB 创业教育（中国）项目年会"上指出："全球任何一个地方都不像中国那样有这么多的创业机会。但是，这些机会却被很多人忽视了。这主要有两个原因，一是中国还缺少创业的基础设施，即与创业相关的法律、金融、风险投资等设施；二是缺少系统化的创业教育。"可见创业社会环境的重要性，创业教育不能仅仅依靠学校的几门课程，要借助社会的力量，整合各种资源，创造良好的创业外部环境。

学校应该致力于联系政府、企业和社会力量，形成支持创业教育的联合体，能够给予大学生场地、资金、技术、政策等方面的扶持，共同促进创业教育的开展。国外创业教育的发展得益于政府部门的政策引导和支持，得益于各项创业教育支持项目和机构的设置。我校也要积极争取教育行政部门在资金、项目经费方面的支持。行政部门能够整合资源，统筹协调，形成全面推进创新创业教育和促进大学生自主创业的工作合力。我校也要加强与企业的合作，形成企业和高校共建合作创新平台，高度重视创业实习和孵化基地在人才培养中的作用，积极建立创业基地。

此外，还要努力形成全社会鼓励、支持创业教育的氛围，政府和学校要加强对创业典型、创业政策的宣传，使学生充分了解国家的创业扶持政策和学校的创业支持项目，促使人们转变观念，让学生和家长都愿意把创业作为一种职业选择。

附：

大学生创业调查问卷

亲爱的同学：

你好！为了了解在校大学生对创业的认识、态度和创业教育现状，我们开展了此项调研，调研的结果仅用于课题研究。你的回答对我们非常重要，因此烦请你认真如实填写。衷心地感谢你对我们工作的大力支持！

个人基本信息：

性　　别：（　　）A. 男　　　　　　　　　B. 女

年　　级：（　　）A. 大一　　　　　　　　B. 大二

　　　　　　　　　C. 大三　　　　　　　　D. 大四

专　　业：（　　）A. 法学　　　　　　　　B. 经济管理

　　　　　　　　　C. 其他

来　　自：（　　）A. 农村　　　　　　　　B. 县级（县级市）及以下城镇

　　　　　　　　　C. 地级市

学习成绩：（　　）A. 优秀　　　　　　　　B. 良好

　　　　　　　　　C. 一般 D. 不好

家庭经济状况：（　　）A. 贫困　　　　　　　B. 一般

　　　　　　　　　　　C. 很好　　　　　　　D. 非常好

1. （可多选）您对大学生创业的看法是什么？（　　）

　　A. 认同，是实现个人理想、价值和社会价值的一个途径

　　B. 是一种成长的方式，可以尝试

　　C. 就业压力大，是解决就业问题的一个途径

　　D. 创业要理性

　　E. 大多数会失败，大学生创业不太可行

2. （单选）你是否有过创业的打算？（　　）

A. 是   B. 否

3. （可多选）你认为创业需要具备哪些素质？（   ）

    A. 强烈的挑战精神   B. 较完备的专业知识

    C. 出色的沟通及人际交往能力   D. 较好的组织能力

    E. 良好的心理素质和环境适应能力   F. 良好的社会关系

    G. 较好的市场分析能力

4. （可多选）你获取创业知识的来源是什么？（   ）

    A. 课堂（学校开设的创业相关课程、专业课程）

    B. 创业体验活动和创业训练

    C. 亲身实践

    D. 家庭环境

    E. 同学或朋友

    F. 媒体和社会宣传

5. （单选）你是否参加过相关的创业培训？（   ）

    A. 是   B. 否

6. （单选）你觉得大学开展创业教育是否必要？（   ）

    A. 有必要   B. 没有必要

    C. 无所谓

7. （可多选）如果高校通过以下几种方式开展创业教育或服务，你更倾向于哪些方式？（   ）

    A. 开设创业必修课或选修课

    B. 定期邀请创业者或企业家开设讲座

    C. 举办创业设计大赛

    D. 设立大学生创业实践项目

    E. 到创业成功的企业实地考察

    F. 建立校企联合的创业基地

    G. 打造创业者网络家园

8. （可多选）如果学校开设创业指导课程，你希望课程内容更注重哪些方面？（   ）

    A. 市场营销   B. 财务税收

    C. 人际交流与沟通技巧   D. 创业案例分析

    E. 创业机会和环境分析   F. 法律

G. 其他，请填写_____

9. （单选）在校期间，你是否从事过营利性活动（如做小买卖等）？（　　）

　　A. 是　　　　　　　　　　　　B. 否

10. （单选）你关注过《赢在中国》或者《大学生创业大赛》等与创业有关的电视节目或者活动吗？（　　）

　　A. 关注过，特别感兴趣　　　　B. 关注过，偶尔看

　　C. 没有关注过　　　　　　　　D. 看到过，完全不感兴趣

11. （单选）你是否参加过创业大赛？（　　）

　　A. 是　　　　　　　　　　　　B. 否

12. （可多选）如果创业，你会选择哪个领域？（　　）

　　A. 与自身专业相联系的领域

　　B. 自己感兴趣的领域

　　C. 当今热门的领域（如软件、网络等高科技行业）

　　D. 启动资金少、容易开业且风险相对较低的行业

　　E. 其他

13. （可多选）你不打算自主创业的原因是什么？（不打算创业的同学填写）（　　）

　　A. 个人偏好，有考研或其他工作计划　　B. 资金不足

　　C. 没有项目　　　　　　　　　　D. 失败带来的后果难以承担

　　E. 缺乏经验　　　　　　　　　　F. 家庭不支持

　　G. 其他，请填写_____

14. （可选两项）你认为大学生创业最大的障碍会是什么？（　　）

　　A. 资金短缺　　　　　　　　　　B. 经验不够

　　C. 缺乏社会关系　　　　　　　　D. 缺乏家人的支持

　　E. 面对风险心理承受能力不足　　F. 创业与学业的冲突

　　G. 创业服务不够健全　　　　　　H. 政策支持力度不够

　　I. 缺乏创业指导　　　　　　　　J. 其他

15. （单选）你了解学校对于大学生自主创业的相关支持项目吗？（　　）

　　A. 非常了解　　　　　　　　　　B. 一般了解

　　C. 了解很少　　　　　　　　　　D. 根本不了解

16. （单选）你了解国家出台的扶持大学生自主创业的相关政策、法规吗？（　　）

A. 非常了解   B. 一般了解

C. 了解很少   D. 根本不了解

17. （可多选）你认为政府在大学生创业方面应该提供哪些扶持？（   ）

A. 大学生创业基金支持

B. 社会化、专业化的创业服务

C. 政策支持

D. 宣传鼓励

E. 政府不应再出台过多的这类扶持政策，使一些大学生盲目选择创业

18. （可多选）你认为学校应该采取以下何种鼓励措施支持大学生自主创业？（   ）

A. 学校提供适当的资金支持

B. 纳入大学科技园区，提供场地、实验设备等环境和服务

C. 将创业课程纳入必修或选修课

D. 提供创业指导培训

19. （单选）你认为现在学校举办的创业大赛对参加者有何影响？（   ）

A. 有很大影响，大大提升了自主创业在同学中的影响

B. 有影响，提高了同学的创业知识和能力

C. 没有太大的影响，和一般学生活动一样

D. 根本没影响

20. （单选）如果创业和学业冲突了，你会怎么办？（   ）

A. 放弃创业，专心学习   B. 边学习边创业

C. 休学创业，推迟毕业   D. 找人帮忙代理创业事务

教学培养篇

JIAO XUE PEI YANG PIAN

大学生村干部成长成才五阶段动态衔接与动力机制研究[①]

马克思主义学院　赵卯生

摘　要　以动态衔接为研究视角，大学生村干部成长成才的发展过程可依次划分为任职准备阶段、调整适应阶段、能力提升阶段、成熟创业阶段、期满分流阶段五个时段。基于"内外融合"的成才理念，各级党委、组织应于以上五个阶段分别重在信念培养、思想疏导、培训指导、方法引导、职业转型上下功夫，提供诸阶段的相应动力支持，以帮助大学生村干部成长成才，建功立业。当然，在大学生村干部成长成才的整个动态过程中，严格的管理督导是不可或缺的必要机制。

关键词　大学生村干部　成长成才　动态衔接　动力机制

选聘优秀高校毕业生到农村去，是时代的呼唤，是农民的期盼，更是党的殷切期望。大学生村干部如何在农村广阔的天地有所作为，迅速成长成才，得到社会各界的广泛关注和深入研究。从矛盾动力原理来看，任何事物的发展都是内因和外因共同作用的结果，其中，内因是第一位因素，对事物的发展起决定性作用；外因是第二位因素，是事物发展过程中必不可少的外部条件；当然，外因只有通过内因才能最终起作用。基于此，课题组认为：大学生村干部成长成才，应坚持"内外融合"的成才理念，"内"指的是大学生村干部主体及其自身需求；"外"指的是各级党组织的培养和社会的磨炼。"内外融合"的成才理念，是一种自主式、生成式的成长成才模式，它尊重大学生村干部的主体人格，突出人性化特点，强调在双向互动实践中实现

---

　　①　基金项目：本文系教育部重大课题攻关项目"大学生村官成长成才机制研究"（12JZD043）阶段性成果。

"两个期待视野"的融合，即各级组织选聘优秀大学生到农村任职，更好地为新农村建设培养骨干力量，为加强基层干部队伍建设提供优秀人才的社会政治"期待视野"，与大学生村干部把农村作为创业的沃土，抓住机遇，汲取力量，磨炼意志，健康成长的自我实现"期待视野"的融合。

以动态衔接为研究视角，大学生村干部成长成才的发展过程可依次划分为任职准备阶段、调整适应阶段、能力提升阶段、成熟创业阶段、期满分流阶段五个时段。本文结合"内外融合"的成才理念，探究大学生村干部各发展阶段的规律性特征，以及各相应阶段促使其成长成才的动力机制。

一、任职准备阶段，重在信念培养上下功夫

对于通过层层选拔考试最终被录用为村干部的大学毕业生来说，对自身的前途和人生可谓喜忧参半。喜的是通过自身的努力，冲破了毕业即失业的困境，为自己将来的人生幸福和职业规划找寻到了一个相对稳定的依托平台；忧的是自己能否适应农村的生活和工作环境。

在这一阶段，高校各部门，尤其是学工部门及时组织学生座谈会、大学生村干部先进事迹报告等活动非常重要，通过一系列活动达到让大学生村干部"珍惜一个机会"的目的。对青年大学生而言，基层一线是了解国情、增长本领的最好课堂，是磨炼意志、汲取力量的火热熔炉，是施展才华、开拓创业的广阔天地。不言而喻，经过改革开放三十多年春风沐浴而快速发展的乡村已与改革前的面貌大相径庭，广阔的农村天地，为满怀抱负和理想、充满青春激情的大学生村干部发挥才干、经受锻炼、建功立业提供了千载难逢的机会。"珍惜一个机会"的系列活动帮助即将赴任的青年学子树立起对未来美好生活的向往和追求，进而在将来的村干部生涯中以自信乐观、自强不息的精神状态解决工作、生活中遇到的困难和问题。这是大学生村干部成长成才的重要前提和内在动力。

从本课题组在全国31个省市自治区范围进行的调研数据（图1）来看，[①] 大学生村干部到农村任职的动机，首先是积累基层工作经验，其次是培养个人能力，第三是缓冲就业压力，本人兴趣及户口、加分等优惠政策对在校学生选择担任大学生村干部

---

① 本课题组与各地党委相关部门密切协作，通过互联网在全国31个省市自治区进行了问卷调查。调查共回收问卷4528份，删除无效问卷276份，问卷有效回收率93.9%。本文中使用的图表和调查数据，如果没有特别说明，皆来自本次调查活动。

影响较小。这充分说明大学生选任村干部过程中，学校及时有效地开展"珍惜一个机会"的系列活动具有非常大的意义和价值。

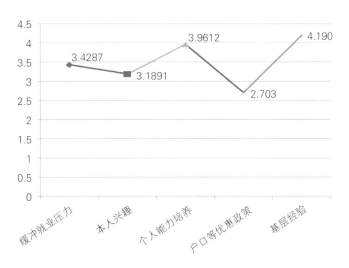

图1　大学生村干部工作的动机

在即将离校赴任之际，大学生也许会为自己将来能否在农村待得下去，村干部是否热情欢迎自己，他们能否对自己的工作高度重视和积极支持而担心。以下调研数据可使同学们完全打消担心和忧虑，广阔的农村正在张开臂膀欢迎大学生村干部的到来。

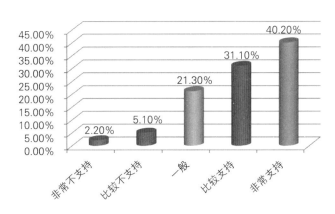

图2　村领导对大学生村干部工作的重视和支持程度

二、调整适应阶段，重在思想疏导上下功夫

对于刚刚任职的大学生村干部来说，离"校门"入"农门"，既有工作、生活

上的适应期，又有心理、生理上的调整期，思想上容易产生波动。这一阶段，各级组织、部门应重点突出思想疏导，本着"天予不取，反受其咎；时至不迎，反遭其殃"的理念，帮助大学生村干部实现角色上由"同学"向"同志"的转变，思想上由"城市"向"农村"的转变。尤其是帮助大学生村干部树立"艰难困苦，玉汝于成"的信念，相信农村非常需要自己，农村能够锻造自己，农村能够成就自己；进而实现在观念上由"短期服务"向"长期扎根"转变，把农村当平台，沉下心来，俯下身去，而不是把村干部实践当跳板，"身在曹营心在汉"，时刻想着跳槽或升迁。

在这一过程中，注重抓好"三心"工作尤为重要。一是在思想上"贴心"。把大学生村干部当作亲人来对待，采取设立心理咨询室、座谈交流、定期走访等形式，深入了解大学生村干部的思想动态，认真听取他们的意见和建议，帮助他们树立扎根农村、干事创业的理想信念。二是在生活上"关心"。及时将一次性安置费、工作和生活补贴及"三险"全额落实到位，为大学生村干部配备办公用品，改善办公环境，认真解决外地大学生村干部的食宿问题，免除大学生村干部的后顾之忧。三是在工作上"交心"。建立科学合理的帮扶机制，传经验、教方法、带作风，使大学生村干部树立起干事创业的信心，尽快融入农村，进入角色。[1]

令人欣喜的是，从调研数据看（见图3），超过92%的大学生村干部对农村

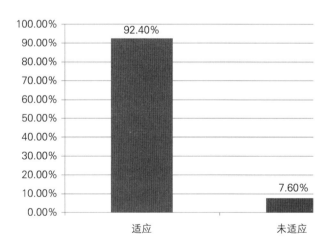

图3　是否已适应村干部工作

---

① 刘思远、董刘平：《大学生村官成长规律研究》，载《党支部书记》，2012 年第 5 期。

生活和工作的适应与否持积极肯定态度，只有7.6％的大学生反映自己尚未适应村干部工作。另外，图4的数据表明，大学生村干部之中近30％的人一开始就适应了农村的生活和工作，还有近一半的人在任期两到三个月后也很快度过调整适应期，迅速适应了村民生活和工作环境。这是因为相当数量的大学生村干部本身就来自于农村，他们的生长环境和对农村的深厚情感，以及对农村生活和工作的快速适应，为他们腾出更多宝贵时间和精力在农村发挥才干、建功立业奠定了坚实基础。

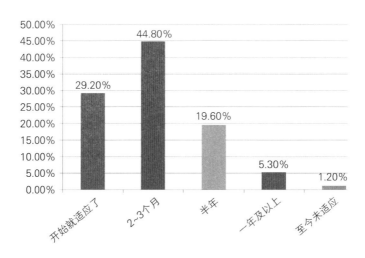

图4　适应期

三、能力提升阶段，重在培训指导上下功夫

度过调整适应阶段的大学生村干部已基本了解了村里情况，适应了到村任职的工作状态，较全面地参与了村里的各项工作，迫切需要提升农村工作的能力。在这一阶段，应以切实提升大学生村干部的能力素质为目标，开展形式多样的培训教育与学习交流活动，从理论与现实两个层面使大学生村干部明白：改革开放三十多年来，农村的面貌发生了巨大的变化，如今的农村不再是原来的农村，村民也不再是原来的村民，要当好新型村干部，引导、率领农民奔小康，大学生村干部必须紧跟时代脉搏，掌握农村法律法规、农业科技、经营管理、市场营销、村务管理和基层组织建设等方面的知识，更好地满足群众需求。

在有效开展培训教育的同时，还应高度重视"给任务，压担子"的实践锻炼对大学生村干部提升才能的作用与价值。"玉不琢不成器。"大学生村干部只有经过实践的摔打才能有效增强实际工作本领。实践证明，早压担子早成才，晚压担子晚成才，不压担子难成才。要破除求全责备的观念，消除对大学生村干部"太年轻"、"不放心"的顾虑，对看准了、潜力大的优秀大学生村干部，要敢于打破常规，早一点将其放到有利于促其成长和发挥作用的岗位进行培养锻炼，帮助他们在实际工作中砥砺思想，磨炼意志，增长才干。

从图5的数据可以看出，69.9%的大学生村干部每年能接受到的培训次数不到两次，这既反映了各地不同程度地未将教育培训政策落到实处，也挫伤了村干部的工作积极性及工作认同感；3.1%的村干部每年能接受6次或6次以上的培训，这说明当地每次的培训名额都集中在相同的村干部身上，造成资源配置不均衡。

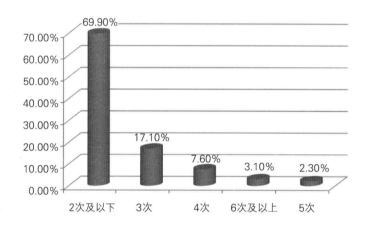

图5　全国大学生村干部参加培训次数统计图

四、成熟创业阶段，重在方法引导上下功夫

在这一阶段，大学生村干部已积累了一定的农村工作经验，干事创业的积极性、主动性较高，各级组织应加强引导，积极为大学生村干部干事创业搭建平台。引导大学生村干部积极主动地结合自身特长，切实当好"村里的带头人"、"致富的领路人"、"群众的贴心人"，努力把自身所学的知识运用到改善农村生活和提高农民收入上来，站在科学发展的高度，促进农村经济社会全面、协调和可持续发展。创业阶段的方法引导工作应在以下两个方面大力加强：一是有效开展"学、谈、帮"活动。学习先进地区好的创业思路和优秀大学生村干部的经验做法，进行创业工作思路研讨，邀请专家学者对大学生创业计划进行论证，帮助大学生村干部实现创业。二是开

展"双带双促"活动。优秀村干部带动、促进大学生村干部工作能力提升，致富能手带动、促进大学生村干部创业能力提升，为大学生村干部找师傅、传本领、促发展。

事实也充分证明了大学生村干部已经成为基层组织的新鲜血液，成为基层干部队伍的源头活水。他们的点滴努力已清晰地烙在了新农村建设的宏伟蓝图上。截至 2011 年底，全国在岗的大学生村干部共有 21.2 万人，其中，有 8.2 万人进入村"两委"班子，而"两委"班子成员中，又有 3221 人担任村党支部书记，1839 人担任村委会主任，3151 人走上乡镇领导干部岗位，531 人被列为县级后备干部。①

五、期满分流阶段，重在职业转型上下功夫

显而易见，不拘一格使用是促进大学生村干部成长成才的动力源泉。对三年服务期满的大学生村干部，国家的政策是："公务员定向招考一批，村干部岗位续签一批，引导创业转型一批，支持继续学习深造一批，考核不称职淘汰一批。"各级组织部门要积极创造有利环境，在帮助大学生村干部的职业转型上狠下功夫，既要在进口处保证他们"待得住，干得好"，更要在出口处保障他们"流得动，转得好"，由此激发大学生村干部自我奋进的内在动力，早日将其培养成祖国建设的各行业尤其是能够适应县级机关干部岗位、乡镇领导班子成员要求的优秀人才。

在期满分流问题上，各级组织应自觉处理好"流得动"与"留得下"的关系。大学生村干部既要流得动，为中国特色社会主义事业培养各行各业的优秀人才，又要具有一定的稳定性，让一部分人能够留得下，为社会主义新农村建设充实持续的推动力量。农村，既是大学生村干部见习、实习、成长的课堂，更是施展才能、克服贫困落后的主战场。因此，建立完善长效机制，建立扎根生长机制，加强落后地区农村的软硬件建设，为大学生村干部继续留在农村建功立业搭建平台，避免流入到农村和基层的人才又很快地流失。

从调研数据看（见图 6），大学生村干部期满后渴望考取公务员岗位的比例最高。所以，国家在制定公务员考录政策时，适当向大学生村干部倾斜，更有利于激发大学生村干部自我奋进的内在动力，帮助其早日成才。

---

① 盛若蔚：《30 万大学生村官，赴约希望的田野》，载《人民日报》，2012 年 9 月 13 日。

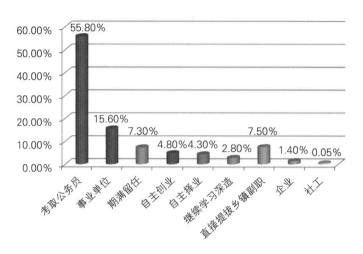

图 6　大学生村干部期满后规划

截至 2011 年年底，全国共有 20 万名大学生村干部服务期满，其中留村任职 11.3 万人，进入公务员队伍 3.1 万人，自主创业 0.6 万人，另行择业 3.6 万人（其中 2.3 万人进入事业单位），继续学习深造 0.1 万人。事实胜于雄辩，中央提出的"五条出路"条条畅通，基本形成了有序流动、多元发展的良好局面。①（见图 7）

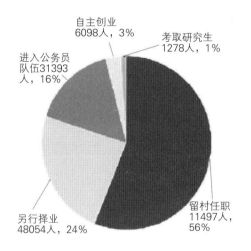

图 7　服务期满大学生村干部流动情况

----

① 李可、龚亮：《唱响新时代的青春之歌——全国大学生村官工作综述》，载《光明日报》，2012 年 9 月 13 日。

六、在大学生村干部成长成才的整个动态过程中，都应在管理督导上下功夫

《孟子》云："不以规矩，不能成方圆。"科学合理的规章制度和严格实施的管理监督在有效化解大学生村干部的懒散、疲沓的心理和行为的同时，又能切实帮助他们磨炼意志，提升素养，成长成才。组织部门应加大创新考核监督机制，严格规范大学生村干部的日常管理。建立健全大学生村干部个人成长档案，把工作、学习、考勤和奖惩等情况一并记入档案，定期分析他们在思想、工作、能力、作风等方面存在的问题，及时予以解决，形成对大学生村干部科学完善的评价体系。实行大学生村干部岗位目标承诺制，要求大学生村干部每年提出工作目标，明确工作重点，接受党员群众监督。把大学生村干部考核纳入农村干部考核体系，由各镇党委根据实际，制定具体的考核细则，根据其工作完成情况、平时表现、民主测评等情况，研究提出考核等次，并将考核结果存入个人档案，作为对大学生村干部表彰奖励、选拔任用的重要依据。

大学生村干部的管理考核是大学生村干部的关键环节，做得好就能发挥"指挥棒"和"风向标"的作用；做得不好，就会挫伤一部分村干部的积极性。在对大学生村干部的考核中，要坚持大学生村干部对上级负责和对群众负责结合起来，既要接受乡镇和村里的领导、指导和管理，完成镇村领导交给的事务；又要考虑群众的需求，对群众负责，搞好群众需要的服务。要处理好为村干部服务和为村民服务的关系，以群众的需要为基础，为农民做实事、干好事。在考核上也应指向基层，让村民、村干部、党员全程参与，测评打分。

总之，各级组织部门积极完善大学生村干部考核评价机制，把考核结果和培养选拔以及未来的出路挂钩，完善有序流动机制，定能帮助大学生村干部在人生道路上越走越宽。

关于外语法律复合型人才
思辨能力培养的实践探索

——以中国政法大学外国语学院
外语法律复合型人才培养为例

外国语学院　李　立　许慧芳

摘　要　思辨能力的培养是外语法律复合型人才培养中的重要内容。本文通过对中国政法大学外国语学院在外语法律复合型人才思辨能力培养方面的实证研究，运用个案分析的研究方法，探讨外语法律复合型人才思辨能力的基本内涵，复合型人才思辨能力培养的可能性途径，以及学校、学院、教师等在学生思辨能力培养中的地位和意义。文章指出培养外语法律复合型人才需构建以学生为主体的课堂教学模式，这种课堂教学摸式主要包括多模态信息认知教学、案例教学和体验式教学等教学模式，以及构建多元化、立体化的实践教学体系，该体系涵盖专业能力素质拓展、个体参与性自我教育、群体互助帮扶教育以及职业规划与之能力实践教育等机制。

关键词　外语法律复合型人才　思辨能力　实践

随着我国经济建设的逐步推进和深化，加强并拓展涉外法律服务成为提升我国国际化服务能力的重要内容，涉外法律人才的培养成为国家建设发展中的重要支撑①，涉外法律人才的培养受到了以高校为主体的教育机构的广泛关注和重视。在北京地区，以北京外国语大学、中国政法大学等为代表的高校，依托本校外语、法学资源平台，先后建立了各具特色的法律、外语复合型或外语、法律复合型人才培养模式，在人才培养实践中进行了积极有益的探索。然而，外语法律复合型人才的培养仍然处于起步阶段，不仅在教学目标、教学方法以及评估体系等方面尚待进一步发展和完善，而且在学生思辨能力的培养方面欠缺相应的研究。

本文将以北京地区唯一一所先后接受司法部和教育部管理②并被列入 211 工程重点建设的以法科为主的文科类大学——中国政法大学外国语学院外语法律双学位学生思辨能力培养的具体实践为例，运用个案研究的研究方法，探讨外语法律复合型人才思辨能力培养的可能性方式，以期为高校外语专业教学学生思辨能力的培养提供建设性的实践参考素材。

一、外语法律复合型人才思辨能力的基本内涵

（一）思辨能力

随着外语教学研究者对于外语专业学生"思辨缺席"③问题的关注，外语专业学生的思辨能力培养成为众所关注的问题。④ 这一问题不仅仅源自对外语专业学生在语言学习方面的担忧，同时也是对外语教学中外语学习日益低龄化、普及化，高校学生英语水平逐年提高这一教学现实的回应。

根据学者们较为一致的观点，我们在本文中所讨论的思辨能力（critical thinking），是涵盖高等教育目标所涉及的抽象思维能力、逻辑思维能力、有效推理能力及

---

① 根据高校外语专业教学指导委员会 1996 年至 1998 年对外语人才培养的实践调研，教育部在《关于外语专业面向 21 世纪本科教育改革的若干意见》中指出："由于社会对外语人才的需求已呈多元化的趋势，过去那种单一外语专业和基础技能型的人才已不能适应市场经济的需要，市场对单纯语言文字专业毕业生的需求量正逐渐减小。因此，外语专业必须从单科的'经院式'人才培养模式转向宽口径、应用性、复合型人才的培养模式。"

② 北京政法学院 1952 年建校后，曾先后接受公安部和高教部、最高人民法院的领导。在北京政法学院的基础上，1982 年成立了中国政法大学。在 2000 年 1 月中国高等教育改革中，中国政法大学以整建制划归教育部管理。参见刘长敏：《中国政法大学校史》，中国政法大学出版社 2012 年版。

③ 黄源深：《思辨缺席》，载《外语与外语教学》，1998 年第 7 期。

④ 阮全友：《构建英语专业学生思辨能力培养的理论框架》，载《外语界》，2012 年第 1 期。

论据评价能力等在内的主体的独立判断和创新能力。①

（二）外语法律复合型人才思辨能力

和专业外语学生的思辨能力培养②相比较，外语法律复合型人才的思辨能力的培养更为复杂，主要包含三个层次的内容：法学思辨能力、外语思辨能力以及跨文化法律问题的思辨能力。法学思辨能力是法学专业课程培养的重要内容之一，法学专业教学的重要主题之一即培养学生的问题意识及分析和解决问题的能力。外语思辨能力是外语专业教学的要求之一，通识英语教学向学术英语教学的转型即是对外语思辨能力培养的积极尝试，它不仅是课程内容的改革，而且对学生及教师的外语水平提出了更高的要求。跨文化法律问题的思辨能力，则是对上述两种能力的复合和升华，只有深刻理解语言所表征的社会法律文化内涵及具有清晰的法律问题意识，才能更为准确地把握跨文化法律问题之间的同异，并基于此进行较为合理的分析和评估。

二、外语法律复合型人才思辨能力培养的实践探索——以中国政法大学外国语学院为例

自 2001 年至今，中国政法大学外国语学院依托学校法学教育资源，通过"4 + 1"双专业本科教育和法学第二学士学历教育两种教育模式，在外语法律复合型人才思辨能力培养方面进行了积极的探索。

（一）法律外语教学现状与反思

外语法律复合型人才培养是政法学院校外语专业教学中的重要内容，然而从目前的人才培养现状来看，政法院校的外语专业教学仍然沿用了传统英语教学中阅读教学模式，能力培养仍然关注的是从外文资料中获取信息的能力，而忽视了对学生法律外语思辨能力的培养。③ 这不仅体现在对法律外语教材的选择、课堂教学的组织、教学效果的评估上，而且也体现在实践教学环节中。

根据中国政法大学外国语学院教师 2011 年对法律英语授课情所进行的调研④，

---

① 张子宏：《论思辨能力的特征及其与语言知识间的关系》，载《语言与文化》，2010 年第 6 期。

② 阮全友：《构建英语专业学生思辨能力培养的理论框架》，载《外语界》，2012 年第 1 期。

③ 王芳：《试论国际化法律人才的培养模式——以培养国际化法律人才为目标的政法院校英语专业教学改革》，见李立主编：《高等教育外语能力培养模式研究》，光明日报出版社 2012 年版，第 85 页。

④ 张清、张佳宁：《法律双语教学问卷调查的研究报告》，见李立主编《高等教育外语能力培养模式研究》，光明日报出版社 2012 年版，第 374～381 页。

在 76 份有效问卷中，其中 81.58% 的同学认为法律英语的教学提高了自己的外语水平，35.53% 的同学认为双语教学让他们提高了学习兴趣，仅有 26.32% 的同学掌握了前沿学科知识。[①] 当问及课堂教学中学生所扮演的角色时，"52.68% 的同学认为自己是认真听讲者，33.04% 的同学认为自己只是被动地接受知识，22.32% 的同学认为自己是被检查、被修正者，只有 14.29% 的同学认为自己是课堂活动的主动参与者"[②]。这一研究一方面反映了学生对法律外语教学存在着片面认识[③]，另一方面也让我们不得不进行反思：学生对法律外语教学的片面认识恰恰源自目前的法律外语的教学方式。单一的课程体系、缺乏层次过渡的课程设置、实践教学的欠缺以及片面的考核手段[④]，直接导致法律外语教学仍然是英美法律知识的"灌输式"教育，学生在学习之后，也只是了解、知道涉外法律知识，仍然不能用外语对法律问题进行有效的交流，更不用说运用外语来进行法律思考，开展法学研究了。[⑤]

也正是基于对于法律外语教学现状的忧虑和反思，在学院的统一组织和推动下，学院从教学思路、课堂教学和实践教学等角度，鼓励和支持教学管理一线的教师们进行了一系列积极的探索，并逐步形成了在教师引导下，以学生为主体，发掘课堂教学和实践教学资源，因材施教，培养学生法律外语思辨能力的培养模式。

（二）总体教学思路

从学院人才培养目标[⑥]出发，中国政法大学外国语学院在教学调研的基础上，在课堂教学和实践教学两个方面对法律外语教学思路进行了调整，以学生为中心组织课堂教学，鼓励学生在学术研究和社会实践中全面发展，因材施教，培养和发展学生的

---

① 张清、张佳宁：《法律双语教学问卷调查的研究报告》，见李立主编：《高等教育外语能力培养模式研究》，光明日报出版社 2012 年版，第 376 页。

② 张清、张佳宁：《法律双语教学问卷调查的研究报告》，见李立主编：《高等教育外语能力培养模式研究》，光明日报出版社 2012 年版，第 376 页。

③ 调研的组织者认为：调查表明，学生对法学外语教学的认识度仍有欠缺。调查显示，81.58% 的同学将法学双语教学仅仅看作是提高外语水平的手段，所以要更正学生对法学双语教学比较片面的认识，要让学生认识到，双语课程不仅仅是提高学生的外语水平，更重要的是提高法学专业知识。参见同上，第 379 页。

④ 赵洪芳：《建设立体化法律英语课程体系》，见李立主编：《高等教育外语能力培养模式研究》，光明日报出版社 2012 年版，第 360~361 页。

⑤ 赵洪芳：《建设立体化法律英语课程体系》，见李立主编：《高等教育外语能力培养模式研究》，光明日报出版社 2012 年版，第 360~361 页。

⑥ 中国政法大学外国语学院以培养传承中西文化，语言基础扎实、知识结构完善、具有跨文化交流能力的"外语＋法律"的复合型人才为育才目标。参见中国政法大学外国语学院"学院简介"，网络资源 http：//www.cupl.edu.cn/，最后访问时间：2013 年 12 月 1 日 22：15。

法律外语思辨能力。

（三）课程设置安排

自 2003 年至今，中国政法大学外国语学院在历时近十年的教学实践经验的基础上，形成了较为合理的外语法律专业学习模式。

基于外语专业学习和法学专业学习特点，本科生一年级和二年级学生主要仍是语言学习，二年级学生可以自主选择辅修法学课程，三年级学生在前两个学年外语专业成绩符合学校审核标准的基础上可以自主选择双修法学课程，而双修不以辅修为前提。没有选择双修法学的外语专业本科学生，在完成四年制外语专业本科学习之后，仍可有机会选择法学第二学士的学习。①

在课程内容设计上，学院针对不同年级的学生，在低年级侧重于听说读写基础能力训练以及对英美文化的了解和理解；在高年级则积极推进法律英语、学术英语写作等跨文化法律问题研究类的课程，在课堂教学方式中通过问题研讨、小组分享等多种形式，鼓励学生立足于文化语境讨论、分析问题，独立做出判断和评估，全面提供跨文化法律问题的思辨能力。②

（四）以探究式学习为起点，构建学生为主体的课堂教学模式

立足学校、学院优势教学资源，学院以"学术英语"改革为方向，构建以探究式学习为起点、学生为主体的课堂教学模式。课堂教学不再是以"教师为中心"的"教师传授知识"，而是以"学生为中心"的"学生自主学习"，从被动接受到自主学习，学生成为学习中的积极参与者，而教师则从"课堂主导者和单纯的知识传授者"的角色转变为集"信息服务者、信息咨询者、信息引导者、课堂授业者和朋友等多重角色为一体的"的课程教学的组织者和指导者的角色。③

课堂中的探究式学习，坚持问题导向，注重个性教育④，旨在通过教师的启发和

---

① 许慧芳：《外语法律复合型人才素质教育模式研究——以中国政法大学外国语学院外语法律复合型人才培养为例》，见李立主编：《高等教育外语能力培养模式研究》，光明日报出版社 2012 年版，第 42 页。

② 许慧芳：《外语法律复合型人才素质教育模式研究——以中国政法大学外国语学院外语法律复合型人才培养为例》，见李立主编：《高等教育外语能力培养模式研究》，光明日报出版社 2012 年版，第 42 页。

③ 李立：《国际化背景下创新型外语人才培养体系的构建》，见李立主编：《高等教育外语能力培养模式研究》，光明日报出版社 2012 年版，第 8 页。

④ 李立：《国际化背景下创新型外语人才培养体系的构建》，见李立主编：《高等教育外语能力培养模式研究》，光明日报出版社 2012 年版，第 8 页。

引导，发掘学生的智力和非智力潜能，鼓励和支持学生从多重角度发现问题，解决问题，从而完成学生思辨能力的培养和训练。这种课堂教学方式主要包括多模态信息认知教学、案例教学和体验式教学等教学模式。

1. 多模态信息认知教学模式①

信息化时代，教师不再是唯一的知识来源和信息来源，多元化的信息渠道为教学提供了更加丰富的知识来源的同时，也为教师的教学方式提出了新的挑战。课堂学习的内容更多的是学会"如何学习"，而不仅仅是"学习什么"，方法论逐渐成为教师课堂教授的重要内容。信息化同时也为教师教学组织提供了更加多样化的媒体环境和模态手段，为体验式教学的开展创造了更多的可能。根据学生学习和认知风格的个体差异和发展情况，包括对语篇信息、非语篇信息的多元感知和识读能力，教师通过借助多媒体环境和多模态手段能够实现针对性的引导和指导，从而发展和提高学生的学术思辨能力。在法律英语口译的授课中，授课教师以任务为主线，以多媒体为辅助手段，以小组活动为方式，把课堂教学与学生课外自主学习活动紧密结合起来，使学生在任务完成过程中最大限度地体验语言情境化、意义化、交际化特点及个性化、人性化的学习方式，获得了良好的效果。②

2. 案例教学模式

和"照本宣科"的传统教学法相比，案例教学法③更加强调学生在学习中的主动

① 多模态信息认知教学模式（Multi－modal, Informative, Cognitive Teaching Model，即 MIC 模式），是指突出多模态、信息在教学当中的应用，为学生认知能力的提高创造平台。参见张鲁平：《多模态信息认知教学模式初探——法律口译教学改革视角》，见李立主编：《高等教育外语能力培养模式研究》，光明日报出版社 2012 年版，第 61～62 页。

② 法律口译教学中的一个个案：在法律英语的授课中，课前（上课的前一至二周）教师结合所学的单元给第 1 组学生一定数量的话题作参考，为学生开设第二课堂。教师在周五下午两点至五点到短剧表演工作坊"现场办公"，实地考察剧组人员的参与情况，并将个人建议提供给学生参考。学生也可用头脑风暴法通过小组活动集思广益，围绕 Criminal Procedure 自查资料，选择自己喜欢的其他话题进行准备，然后将自己准备的口译材料从第二课堂移入课堂。短剧表演结束后师生进行"三评"活动，即学生自评、小组互评和教师点评。发放"法律口译课课效果评价表"，由学生课后完成并在下次课前交教师存入教学档案袋，以备期末考评。参见张鲁平：《多模态信息认知教学模式初探——法律口译教学改革视角》，见李立主编：《高等教育外语能力培养模式研究》，光明日报出版社 2012 年版，第 63～64 页。

③ 案例教学法是指学生在掌握了一定的基础知识和基本技能操作理论的基础上，根据教师的案例线索，运用所学知识就具体问题进行思考分析，最终解决实际问题的教学方法。参见曲欣：《网络环境下北京国际化大都市专业人才法律英语写作能力培养模式探讨》，见李立主编：《高等教育外语能力培养模式研究》，光明日报出版社 2012 年版，第 189 页。

性和积极性，鼓励学生自主发现问题，寻找材料，独立做出判断并得出结论。教师的角色则是提出预设，引导学生完成逻辑推演，倾听、评议和总结。在法律英语思辨能力培养中，来源于司法实践的案例材料，让学生更为直接地感受法律情境，体验法律逻辑推演过程，强化法律外语的思辨能力。在法律英语写作课程的教学中，教师运用案例教学，引导学生探讨案例中的法律问题，分析案例中所涉及的法律文书，组织学生展开案例分析及自主讨论，撰写案例总结及报告文书，进行案例点评及文书修改互评等，鼓励学生以案例为核心，发现问题，搜集资料，拓展思维，做出判断，撰写报告，从而拓展法律外语的思辨空间。

3. 体验式教学模式

知识的学习不仅仅依赖于教师对知识的讲授，同时也决定学生对于所接受的知识信息的认知与重构。体验式教学旨在通过创设文化情境，再现问题背景，鼓励学生充分运用自主学习、合作学习、互动学习以及研究性学习等多种方式来发现和解决问题，从而实现自身的知识重构和再造。英美文学、文学与法律等课程教学中主要采用了体验式教学模式。教师通过创设活泼有趣的文化情境，然后组织讨论、角色扮演、模仿表演等课堂活动，让学生亲身体验目的语情境，体验可能遭遇的文化尴尬，培养学生应对文化冲击的能力，使他们在复杂多变的跨文化境遇中习得具体的交际技能。① 体验式教学，不仅有助于提高学生的自主学习能力，而且强化了学生的信息获取能力及对信息的概括、归纳、总结的研究能力。在小组讨论中，学生在获得信息共享的同时，也学习了互助与协作研究的能力。

（五）依托教学资源，构建多元化、立体化的实践教学体系

实践教学是学生思辨能力培养的重要教学内容。实践中，实践教学不仅仅限于教学安排中的社会实践和社会实习，而是涵盖专业能力素质拓展、个体参与性自我教育、群体互助帮扶教育以及职业规划与能力实践教育等机制在内的多元化、立体化教学体系。② 专业能力素质拓展机制，包括社会实践、社会实习，尤其是涉外法律实务训练；个体参与性自我教育机制，鼓励、支持学生参与院内外、校内外以及国内外外

---

① 杜洁敏：《大学英语分科教学与培养学生社会文化能力的研究——以北京国际化大都市建设为背景》，见李立主编：《高等教育外语能力培养模式研究》，光明日报出版社 2012 年版，第 160 ~162 页。

② 许慧芳：《外语法律复合型人才素质教育模式研究——以中国政法大学外国语学院外语法律复合型人才培养为例》，见李立主编：《高等教育外语能力培养模式研究》，光明日报出版社 2012 年版，第 47 页。

语专业知识、技能竞赛，职业规划比赛，国际各类模拟法庭，专业四级、八级以及司法考试等外语类、法律类专业能力资格考试；群体互助型帮扶教育机制，通过指导学生组织和社团以及学生学习小组等学生群体，引导学生在集体活动的策划、组织和参与中，实现群体互助帮扶，共同成长；职业规划与职业能力实践教育机制包括入学教育、年级深度访谈、社会实践调研、职业规划设计与实践讲座以及职业能力训练等在内的多种形式，引导学生立足自身能力发展，为自我实现做好充分的准备。[①]

（六）人才培养成效

自 2003 年实行法学外语双专业本科教学培养模式以来，依据中国政法大学就业指导中心数据库对 2005 届毕业生至 2013 届毕业生就业情况统计信息，中国政法大学外国语学院共培养了 493 名外语专业本科毕业生（其中包括 2005 届至 2013 届英语专业本科毕业生 467 人，2008 届至 2013 届德语专业本科毕业生 26 人），通过继续在外国语学院学习或法学院学习完成外语法律双专业学习的学生共 372 人（其中包括 2006 届至 2013 届英语和法律双专业学生 268 人，2009 届至 2013 届德语和法律双专业学生 104 人）。

表1　2005 届至 2013 届外语专业及外语、法学双专业学生基本数据

专 业	外语专业毕业生 （2006 届至 2013 届）			外语 + 法学专业毕业生 （2009 届至 2013 届）		
	总人数	就业人数	就业率	总人数	就业人数	就业率
英语 （2005 届至 2013 届）	467	461	98.72%	268	257	95.90%
德语 （2008 届至 2013 届）	26	26	100%	104	101	97.12%

在 2005 届至 2013 届英语专业本科毕业生中，其中 236 人顺利实现升学（包括考研 191 人，修读第二双学士学位 26 人，出国 19 人），225 人顺利就业（其中 43 人被国家、地方机关录用，60 人就职于企事业单位，122 人灵活就业），6 人在毕业时为待分配；相应年级选择修读外语加法学双专业学习的学生，即 2006 届至 2013 届英语和法律双专业毕业生中，86 人顺利升学（包括考研 67 人，出国 19 人），171 人顺利

---

① 许慧芳：《外语法律复合型人才素质教育模式研究——以中国政法大学外国语学院外语法律复合型人才培养为例》，见李立主编：《高等教育外语能力培养模式研究》，光明日报出版社 2012 年版，第 47～48 页。

就业（其中36人被国家、地方机关公务员录用，51人进入企事业单位工作，84人灵活就业），11人在毕业时为待分配状态。

在2008届至2013届德语专业毕业生中，16人顺利实现升学（其中14人考研，1人修读第二学士学位，1人出国），10人实现就业（其中2人被国家、地方公务员机关录取，3人进入企事业单位工作，5人灵活就业）。在2009届至2013届德语、法学双专业毕业生中，77人顺利实现升学（其中75人考研，2人出国），24人顺利实现就业（其中9人进入国家、地方公务员机关，7人进入企事业单位，8人灵活就业），3人在毕业时处于待分配状态。

表2 外语专业及外语、法律双专业就业情况一览表

项目	升 学			就 业			
	考研	修读第二学士学位	出国	国家、地方机关	企事业单 位	二分（灵活就业）	待分
英语专业	191	26	19	43	60	122	6
英语＋法学双专业	67	0	19	36	51	84	11
德语专业	14	1	1	2	3	5	0
德语＋法学双专	75	0	2	9	7	8	3

根据中国政法大学就业指导中心2005届－2013届毕业生情况数据统计。

三、外语法律复合型人才思辨能力培养的主要途径

外语法律复合型人才思辨能力的培养是外语法律复合型人才培养的关键。教育的意义不在于教给学生多少知识，而在于教给学生如何自主学习，如何去思考和解决问题，而思辨能力的培养恰恰是为了解决这个问题。基于中国政法大学外国语学院近十年外语法律复合型人才培养的教育实践，我们认为，学生为主体的探究式课堂教学和多元化、立体化的实践教学体系是外语法律复合型人才思辨能力培养的主要途径。

（一）学生为主体的探究式课堂教学是外语法律复合型人才思辨能力培养的基础性环节

学生为主体的探究式课堂教学，包括法律外语课程群体系的建设、注重个性教育的教学方法体系的改革、学生自主学习模式的完善以及多层次、多维度教学质量评估体系的建设。

法律外语课程群体系的建设，在内容上，不仅仅局限于单一的制度介绍，而是包

括部门法学习、案例分析以及涉外法律实务研习等研究主题；在课程性质上，不再仅仅是单纯的外语课，而是涵盖了专业外语课、双语课以及专业课等课程，并且融入听、说、读、写、译等法律外语学习的各个方面；在课时的安排上，根据外语和法律的学科特点及学习规律，结合学生的学习发展阶段，以夯实语言能力为基础，逐步增加法学课程和学术研讨型课程，形成层级式课程体系。[①]

注重个性教育的教学方法体系的改革，重在实现教师和学生在课堂教学中的角色转变，教师与学生之间的知识传授过程不再是单向性的由教师到学生，而是师生之间的双向互动。课堂上，教师的角色主要是创设文化情境、再现问题背景，而学生需要自己发现和解决问题并实现自身的知识的重构和再造。可以自主完成的知识性内容的阅读和学习，要求学生通过自学完成。实践中多模态信息认知教学、案例教学以及体验式教学等教学方法的探索为推进教学方法体系的改革做出了积极有益的尝试。

学生自主学习模式的完善，主要强调学生在自主与互动学习过程中的主体地位，鼓励学生运用图书馆、网络等教学资源，通过师生互动、生生互动、人机互动等方式[②]，完成自主学习。自主学习将推动学生发掘适于自己学习发展的学习策略及自我评价体系，实现自我知识拓展、能力提升及个体发展。

多层次、多维度的教学质量评估体系的建设，旨在改革传统的课程考核评价模式，从而改变侧重于知识记忆和考试技巧训练的教学导向，通过采用包括平时作业、课堂表现、课程论文、专题报告和笔试等测评方式在内的多层次、多维度的评价体系，综合考量学生的学习水平，从而建立对学生思辨能力培养的综合评估标准。

（二）多元化、立体化的实践教学体系是外语法律复合型人才思辨能力培养的重要环节

多元化、立体化的实践教学体系的建设，包括专业能力素质拓展机制、群体互助型帮扶教育机制、职业规划与职业能力实践教育机制。

专业能力素质拓展机制。根据专业学习安排，建立相对独立于单一专业社会实践、专业实习的专业能力素质拓展机制。在大学一年级、二年级进行外语社会实践和专业实习，在大学三年级、四年级进行法律社会实践和涉外法律实务训练。

个体参与型自我教育机制。鼓励、支持学生利用校内外学习资源、竞赛资源以及

---

① 刘艳萍：《法律英语听说课程探究》，见李立主编：《高等教育外语能力培养模式研究》，光明日报出版社 2012 年版，第 365 页。

② 孙平华：《大学英语'四位一体'能力培养模式研究》，见李立主编：《高等教育外语能力培养模式研究》，光明日报出版社 2012 年版，第 134 ~ 135 页。

考试资源等，积极参与外语文化节系列活动，模拟联合国、模拟法庭，以及各类外语专业水平测试、法律类专业能力资格考试以及职业规划设计等活动，构建多层次、立体化的个体参与型自我教育机制。

群体互助型帮扶教育机制。利用学生党、团、班等基层学生组织，学生会、团总支等学生自治组织以及英语协会、德语社、准律师协会等学生社团，通过集体活动的策划组织、学生骨干梯队培养、学生经验交流等多种形式，营造积极向上、和谐团结的优良学风，从而辐射集体生活中的每一个人，实现群体互相帮扶，共同成长。

职业规划与职业能力实践教育机制。通过新生入学教育、年级深度访谈、社会实践调研、职业规划设计与实践讲座以及职业能力训练等多种形式推动学生主动了解国家、社会发展对于人才的需求情况，并引导学生立足自身能力发展，确立外语、法律双专业学习重点，确立实践、实习方向，为自我实现做好充分的准备。①

四、结语

外语法律复合型人才思辨能力的培养需要多元化的空间。基于外语和法学的学科差异及其思维模式的不同，学生为主体的探究式课堂教学将取代教师为主体的知识传授式教学方法，成为复合型思辨能力培养的基础教学方式，而多元化、立体化的实践教学体系在思辨能力的培养中也将凸显出更为重要的作用，包括学生社团活动，实习、实践以及职业能力实践教育，专业能力素质拓展等多层次多元化学习平台，鼓励并支持学生不仅在课堂，而且在生活、娱乐、工作等不同的情境中训练对问题的识别、分析、判断及解决能力。

同时，外语法律复合型人才思辨能力的培养对高校的教学资源甚至管理体制提出了更高的要求，它客观上需要实际上也在推动各个院系在学校的统一指导和组织下，实现教学资源的互动和重组，开放专业壁垒，服务于学校人才培养，更好地回应国家和社会对于复合型人才培养的需求。没有学校的整体策划和协调，仅凭单一学院的力量，很难协调学生的学制设计、跨专业选课、跨专业实习和实践等内容，无法完成复合型人才思辨能力培养的目标。

---

① 许慧芳：《外语法律复合型人才素质教育模式研究——以中国政法大学外国语学院外语法律复合型人才培养为例》，见李立主编：《高等教育外语能力培养模式研究》，光明日报出版社 2012年版，第 47~48 页。

合作学习理论视阈下
的高校学习圈建设
——以中国政法大学"友思(Youth)"学习圈为例

校团委　黄瑞宇　朱　林

摘　要　中国政法大学"友思（Youth）"学习圈有效地借鉴了经典学习圈"自主交互式学习"的教学实践模式，综合应用建构主义学习理论、社会互赖理论、社会凝聚力理论等合作学习的基础理论框架，以探索启发式、探究式、研讨式、参与式教学方法为方向，以兴趣性、自主性、平等性、稳定性四个基本属性为特征，更加侧重引导学习者自主学习、互助学习、个性学习、兴趣学习，是对现阶段高等教育"三个课堂"结合教学模式的有效创新和有益补充。

关键词　学习圈　合作学习　友思　教学模式

人类社会的学习活动与知识革新、教育创新从未停止过。《国家中长期教育改革和发展规划纲要（2010—2020 年）》指出："创新人才培养模式。适应国家和社会发展需要，遵循教育规律和人才成长规律，深化教育教学改革，创新教育教学方法，探索多种培养方式……注重学思结合。倡导启发式、探究式、讨论式、参与式教学，帮助学生学会学习。激发学生的好奇心，培养学生的兴趣爱好，营造独立思考、自由探索、勇于创新的良好环境。"

在高等教育教学改革过程中，教学模式的改革是关键。教学模式是基于特定的教学思想或理念构建的具有结构性、稳定性、可操作性的教学方式和活动程序，直接影响学生的学习成效和积极性。为促进高等教育内涵式发展，各高校一方面高度重视教学模式的改革与完善，另一方面更加注意在实践层面探索已有教学模式基础上"教"与"学"关系模式的创新。

一、"友思"学习圈概述

中国政法大学"友思（Youth）"学习圈（以下简称"友思"学习圈）的构建是源于经典学习圈的特点与功能的启发，在合作学习基础理论的指导下，对现阶段高等教育教学模式的有效创新和有益补充，它是一种由具有共同兴趣的老师、同学，通过面对面的对话交流、互动，以互助式、分享式学习形式组成的共同学习团队。团队成员围绕选定的主题进行自由、开放的思想与观点的碰撞、经验与知识的分享、兴趣与爱好的交流等活动，旨在营造一种良好的自主学习、合作学习的氛围。

"友思"学习圈在强调"无领导"式平等交流的基础上强化学习者个体的"自主学习"意识，在设计构建和具体实施中，以培养学习者的交互能力、实践能力、学习能力和创新能力为中心，指导参与的师生群体探索启发式、探究式、研讨式、参与式教学方法为突破口，目的在于搭建增益学习者学习与发展能力的平台。

二、经典模型：瑞典学习圈的现实启示

（一）瑞典学习圈简介

瑞典学习圈产生于 1902 年。奥斯卡·奥尔森（Oscar Olsson）阐述并发展了学习圈的观点和理论。他认为，每个人都应该自己教育自己。这一观点与我国著名教育家陶行知的生活教育理论——"生活即教育"的观点异曲同工。奥斯卡·奥尔森描述的学习圈，"参加者在学习聚会期间都应该选择自己的阅读文献，自己做准备，积极地与其他参与者一起交流他们的知识。同时，学习圈也是一个民主的论坛，参加者自行决定学习的内容和方法"。

奥斯卡·奥尔森认为，学习圈的目的不是进行知识性的积累，而是培养和创造一种持续探索、质疑的精神和学习的气氛。他的四个基本观点是：学习费用应是廉价的，不应有人仅因经济原因而放弃学习；学习方法应是简单的，每个人都能参与，无论其曾受教育程度的高低；参与者都有相同的机会来表达自我，在规划学习方面都有发言权；书本和图书馆在学习圈中起着举足轻重的作用。此外，他还着重强调了学习应该具有娱乐性。[①]

---

① 高淑婷、托瑞·波尔森：《"学习圈"：瑞典社会民主的土壤》，载《中国改革》，2007 年第 4 期。

（二）理想状态学习圈的主要特征

第一，学习者自愿参与。不强迫他人参加，也不会强制排斥有意愿的参与者。

第二，团队人数主要取决于"能否确保每个成员都能够积极地参与到学习活动中"，一般由5至10人构成。

第三，大多数的学习圈应该每周开展一次活动，每次两到三小时，并持续两到三个月，甚至更长时间。

第四，活动一般在晚上开展，以确保大多数人能够参加，即协调全体成员空闲的时间开展学习圈活动。

第五，大多数学习圈的组织者都是某一领域的专家，即便不具备专业素养，也要求他们能够尽责地使整个团队保持专注于学习目标。

第六，学习圈一般以研讨会的形式开展，注重对话交流，而非单一的说教讲课。

第七，强调参与者主体地位的平等性，即便组织者也不能例外。活动开展的时候，大家要坐成一个圈，这也是学习圈名字的由来。

第八，参与者个体的知识、阅历是学习圈本身的重要资源，在讨论中要尽量将阅读内容和讨论的话题与参与者的个人体会相结合。

第九，在每次学习圈活动确定某个议题时，就需要阅读的书目、分工与协作等方面都做出明确的安排。

第十，学习圈没有考评机制，可以作为参加正规教育的学前教育尝试。

第十一，学习圈活动议题的选择应当是没有任何限制的，但应是每个团队成员都能够力所能及的方向。

（三）"友思"学习圈的借鉴与启示

根据对瑞典学习圈的特点研究，并结合现代高等教育教学管理模式以及大学生学习和思维活动等实际情况，"友思"学习圈有两个方面的重要启示。

一方面，现代多数大学生习惯于以教师为主导的传统教学模式，思维习惯倾向于知识记忆型，深度学习能力[①]不足。学习圈强调成员的平等性，学习过程中"重交流，轻说教"，倡导每一个学习者自由讨论、共同思考，有利于培养多角度思考问

---

① 深度学习是指在理解学习的基础上，学习者能够批判性地学习新的思想和事实，并将它们融入原有的认知结构中，能够在众多思想间进行联系，并能够将已有的知识迁移到新的情境中。与机械地、被动地接受知识，孤立地存储信息的浅层学习和建构相比，深度学习更加强调学习者的积极学习、主动学习和批判性学习，因而更有助于学习者理解、保持和应用所学的教学设计知识。

题，提高学员的理解、质疑与批判能力。

另一方面，现代大学教学管理中普遍使用"学分制"，学生根据培养方案、个人兴趣开展自由选课、自主学习活动，但分散式的选课制度和学生管理模式，造成了学习者与学习者、学习者与教授者之间学习交流机会较少，甚至以"凑学分、刷绩点"为目的的学习也普遍存在。学习圈灵活而自主的组织形式便于有共同兴趣的学习者在"无压力"的环境下，不局限于课程设置，自主开展学习交流活动。

三、理论基础：基于合作学习基本理论的思考

合作学习理论[①]（Cooperative learning）在 20 世纪八九十年代，被我国教育界广泛地认可，并引入到各层次、各类型的教学理论和教学模式的创新之中，采用这种学习理论的主要目的是为了提升学生的学习成绩、合作能力以及探索建立新型的师生关系，而经过一段时间的实践，这一理论并没有在我国的教育系统内，外化成为特定的学习模式。

依据学习理论的基本观点，在教学活动中应鼓励全体参与者共同开展学习活动，加强学生之间的相互交流，从而达到共同发展、师生教学相长的目的。在这种教学模式中，教师虽然是课堂教学的设计者和指导者，但课堂教学是以学生为中心，以小组活动为主要的教学形式。学生在合作完成学习任务的过程中，提高人际沟通能力、互助合作能力、协商解决问题的能力，增强学习者的研究兴趣和表达信心，最终使其体验到参与互动教学全过程的乐趣。

基于不同实践与应用的情况，合作学习的基本概念始终没能够形成统一的定论，诸多学者从不同视角都有不同的见解，如合作学习理论的代表人物之一罗伯特·斯莱文定义的合作学习为"学生以小组形式相互帮助进行学习的各种教学方法"[②]；我国学者庞国斌等将合作学习概括为："在教学过程中，以学习小组为教学基本组织形式，教师与学生之间、学生与学生之间，彼此通过协调的活动，共同完成学习任务，

---

① 1700 年，兰凯斯特和贝尔两人在英国创立了合作学习理论，并付诸于实践。20 世纪 70 年代初，合作学习理论受到美国教育家帕克、杜威等人的推崇而被广泛地实验性应用，掀起了研究合作学习的热潮，直到 20 世纪 80 年代，该理论成为一种较为成熟的教学理论体系，并广泛地应用于实际教学过程之中。

② Slavin, R. E. "Cooperative learning and student achievement：Six theoretical perspectives." Advances in motivation and achievement：Motivation enhancing environments. Eds. M. L. Maehr and C. Ames. New York：JAI Press, 1989. Page 4.

并以小组总体表现为主要奖励依据的一种学习方式和教学策略。"① 但大多数研究者分析其运用的理论基础大致相同，主要是从社会学和心理学的角度研究教学及学习活动中各种因素的作用。通过将合作学习的基础理论与学习圈模式的理念比较研究，二者有较大的相似性，基础理论主要有以下三个：

（一）建构主义学习理论

建构主义学习理论认为，不能对学习主体作共同起点、共同背景通过共同过程达到共同目标的假设，学习者是以原有的知识经验为背景接受学习的，不仅是知识基础层次不同，更为关键的是思维角度和方式不同，因此不能设想所有人都一样，而应以各自背景作为产生新知识的增长点。知识不是统一的结论，而是一种意义的建构，即："学习过程不是学习者被动地接受知识和由外向内的传递过程，而是积极地、主动地建构知识和经验的过程，也就是说学习的结果不是学生接受了知识，而是学生个体知识经验得到了改组。"② 据此，"友思"学习圈的设计价值，就在于其对现有高等教育教学模式的有益补充和对学生的启发，其目的在于增进参与者之间的合作，使每一个参与者阐释个人的观点、思想，分享自己的阅历、经验，并形成与他人的互动。最终，在参与者一起讨论和交流过程中，完成整个学习圈对预设目标的团体学习任务。

（二）社会互赖理论

社会互赖理论主要研究个体间在合作性和竞争性社会情境中相互影响时的行动效率、内在心理过程、互动方式及结果。它通过积极互赖、消极互赖和无互赖等三种形式，分别产生促进性互动、反向互动和无互动，从而导致相应的结果。要使学习圈合作学习卓有成效，就要在活动开展的整个过程中努力使参与者之间产生积极互赖，并尽可能地减少其至避免消极互赖和无互赖。同时，积极互赖的发生、运作是通过加强个体责任感来实现的，而促进性互动强调的是参与者的社交技能和小组的反思过程。③ 因此，社会互赖理论研究在互赖形态设计、个人责任设计、互动方式设计、社交技能设计和小组反思设计等五个方面，"友思"学习圈与之相对应的是研讨主题兴趣化、发起人召集模式、启发式交流活动、组织交互能力培训、总结分享活动五个方面的设计。

---

① 庞国斌、王冬凌：《合作学习的理论与实践》，开明出版社 2003 年版，第 13 页。
② 汪航：《合作学习认知研究综述》，载《心理科学》，2000 年第 2 期。
③ 郑淑贞、盛群力：《社会互赖理论对合作学习设计的启示》，载《教育学报》，2010 年第 6 期。

（三）社会凝聚力理论

从社会学的角度来看，社会凝聚力主要是指社会成员之间结合上的协调性和整合性。较高的社会凝聚力表现为人们共同一致的合作行为。社会凝聚力表现为社会成员共同一致的合作行为，这种行为要求社会成员必须在目标、利益和相互关系上具有一定程度的协调性和整合性。共同的目标、一致的利益和协调的社会关系是维持社会凝聚力的三个重要方面，它们是相互联系、互为前提的，没有共同的目标和一致的利益，任何社会群体都不可能达到真正的内部协调与整合；而没有协调的社会关系作为合作的基础，共同一致的目标和利益也不可能表现为高度协调的合作行为。[①] "友思"学习圈为保证参与者长期保持较好的积极性，以发起人提出的团队研究的主要方向为成员共同的学习目标，每次具体活动的议题都围绕该方向展开，并根据成员共同协商的任务内容进行分工与协作，最终使得每位参与者都能从中获益。

四、实践探索："友思"学习圈的构建与意义

"友思"学习圈的构建设想是在对现阶段高等教育教学模式以及学生培养方式进行反思的基础上提出的。传统的大学教育是由以教师课堂讲授为主导的第一课堂、辅以学生课外活动为内容的第二课堂及以社会实践教学活动为主的第三课堂构成的基本教育模式。这种模式的发端基于我国中学阶段教学"模块化"，应试教育仍是主流，学生素质能力趋同性强以及学生基数过大，师生比例不协调等原因，为保证学校教学培养的普遍性、均等性、高效性，这种传统的大学培养模式在一段时期内发挥了显著的"计划性"作用，但随着国家对高等教育投入的加大，招生人数逐年增加，学校师资力量均有不同程度的提升，学生素质能力也有明显的差异变化，特别是个体学习能力伴随社会文化生产力的发展而进步，社会学习方式多样化程度显著提高，对于突破、改善传统高等教育中学生教师"灌输式授课"、"机械接受学习"、教学管理和课程设计"模块化"的局限性要求随之提高。

在合作学习基础理论的指导下，"友思"学习圈有效地借鉴了经典学习圈"自主交互式"的教学实践模式，以兴趣性、自主性、平等性、稳定性四个基本属性为特征，更加侧重引导学习者自主学习、互助学习、个性学习、兴趣学习。其中，"兴趣性"凸显的是学习圈的参与者以共同的研究兴趣为聚合点，实现主题与成员的"双向选择"；"自主性"要求学习者能够积极地参与到小组活动中，通过主动学习、预

---

① 李金：《社会凝聚力问题探讨》，载《社会科学》，1992 年第 6 期。

留任务等激发自主学习活力；"平等"是指学习圈内所有参与者的地位平等，特别是在发言、讨论等活动环节，发起人和其他成员要始终保持这一属性；"稳定性"有两个方面的含义，一是指团队成员经过遴选后，学习圈对其保持较长时间的约束力；二是学习圈有固定的研究方向，由发起人提出并经过团队成员的共同探讨后确定，为之后的活动提供方向性参考。

与经典学习圈的比较而言，"友思"学习圈在研究现阶段教学模式和在校大学生特点的基础上，无论是从研究方向还是成员"双向选择"等方面，都更加注重参与者的主体性，同时，还以阶段性成果分享平台等形式给予团队成员更多的激励措施和学习圈对外展示的机会，而固定的研究方向也更有利于提升在校大学生的自主研发能力，形成对现阶段教学模式的补充。结合"友思"学习圈的构建理念和实践情况，其主要特征有以下方面：

第一，每个学习圈有一名发起人，也是未来开展活动的召集人，其他团队成员采取自愿报名的方式，团队内部进行"双向选择"，通过一至二次活动，确定团队成员。

第二，由8至12名固定成员组成，师生均可，项目申报人即为学习圈的发起人。

第三，活动时间以学期为阶段，每周至少开展一次活动，具体时间由成员自行协商。

第四，活动不局限于研讨会、沙龙、读书会等形式，但更应注意多向交流、成员分享、团队总结等环节设计，不采用"说教授课"模式。

第五，强调参与者主体地位的平等性，即便发起人也不能例外。

第六，当团队研究的主要方向确定后，具体活动的议题选择均应围绕该方向开展，并就预习的内容、分工与协作等方面都做出明确的安排。

第七，有明确的外在监督考评机制，以学期为周期进行展示性的分享活动。

第八，鼓励开展与兴趣主题相关的主题实践与操作活动。

我校思想政治理论课
"教学现状与实效性提升"实证研究
——基于本科生调查和师生系列座谈

马克思主义学院　赵卯生

摘　要　基于调研数据与系列座谈论点的分析研究，我校思想和政治理论教学现状呈现如下特点：青年学子对思想政治理论课的教学满意度和开课必要性持肯定态度，同时希望通过提升教学内容、改进授课方法、转变考核方式进一步增强课程吸引力；思想政治理论实践教学环节基本处于非规范性的随机状态。研究总结师生系列座谈论点，进一步提升我校思想政治理论课教学实效性应在以下几个方面达成共识："合力育人"的领导体制和教学观念；尊重大学生主体人格的"内外融合"教育理念；凸显大学生主体地位的"案例与参与式学习"教学模式；关注大学生基础与兴趣差异的分类教学措施；第一、二、三课堂有机结合的"植入式"实践教学模式。

关键词　思想政治理论课　现状调查　实效性提升

高校思想政治理论课作为大学生的必修课，是大学生思想政治教育的主渠道，是帮助大学生树立正确世界观、人生观、价值观的重要途径，体现了社会主义大学的本质要求。[①] 继党的十八大要求"坚持不懈用中国特色社会主义理论体系武装全党，教育人民……推动中国特色社会主义理论体系进教材、进课堂、进头脑，广泛开展理想信念教育，把广大人民团结凝聚在中国特色社会主义伟大旗帜之下"，习近平同志在

---

① 《中共中央、国务院关于进一步加强和改进大学生思想政治教育的意见》（中发〔2004〕16号），见《普通高校思想政治理论课文献选编》，中国人民大学出版社2008年版，第204页。

2013 年全国宣传思想工作会议上再次强调"党校、干部学院、社会科学院、高校、理论学习中心组等都要把马克思主义作为必修课，成为马克思主义学习、研究、宣传的重要阵地"。近年来，全国各高校都积极创新思想政治教育的方式方法，努力提高思想政治理论课的教学质量。在这一过程中，我们学校也积极行动，在学校思想政治理论课教学指导委员会的领导下，对思想政治理论课的课程设置、教学组织形式、考核方式等方面进行了针对性极强的锐意改革，以此推动我校思想政治理论课教学效果的持续提升。那么，当前我校的思想政治理论课教学现状如何？它们在培养和提升青年学子坚定马克思主义信仰，深刻领悟和自觉践行中国特色社会主义共同理想等方面取得哪些实效，存有哪些不足？我校思想政治理论课教学实效性进一步提升应在哪些方面着力？

基于对上述问题的深入思考，在学校思想政治理论课教学指导委员会的部署和指导下，我校教务处在全校范围内开展了中国政法大学思想政治理论课教学效果调查活动，并给出详尽的调研报告。马克思主义学院结合教务处的调研数据及其分析报告，本着"摸清现状，找准不足，提升效果"的原则，在学校师生之间开展了中国政法大学思想政治理论课教学现状与实效性提升系列座谈活动。

一、调查与座谈的基本情况

（一）中国政法大学思想政治理论课教学情况调查

我校教务处设计并组织实施的中国政法大学思想政治理论课教学情况调查活动，主要目的是在全面掌握我校思想政治理论课教学工作基础数据的基础上，通过运用统计分析方法进行对比、分析与判断，准确把握教学运行的真实状态，总结我校近年来思想政治理论课教学工作的主要经验和不足，以此推动我校思想政治理论课教学效果的持续提升，并不断增强我校思想政治理论课教育教学的针对性、实效性和说服力、感染力。

本次调查活动的问卷内容主要包括我校思想政治理论课的课程设置与教学组织形式、教学方法、实践教学环节、课程考核、教学效果五个部分内容。调查采取随机抽样方法，以无记名调查问卷方式进行，调查对象均为已经上过思想政治理论课的大三学生，其中男女生比例大体相当。调查活动共发放"中国政法大学思想政治理论课教学效果调查问卷"662 份，回收有效问卷 620 份，有效率为 93.6%。调研组在问卷统计分析的基础上，结合我校以往的调研结果和相关文献资料，针对其中突出的问题还进行了个案访谈，以进一步了解师生对我校思想政治理论课教育教学情况的看法，提高本次调研的信度和效度。

调查活动的调研报告主要包括两部分内容：一是以数据分析为主要形式，对我校思想政治理论课教学状况的调研分析；二是结合调研数据分析，比照国家对于思想政治理论课课程建设的要求与标准以及我校在课程建设方面的指标，对当前我校思想政治理论课课程教学工作所取得的成绩与存在的问题进行总结，提出我校思想政治理论课教育教学工作进一步发展的意见和建议。调研报告还附录了我校本科教学督导组专家常绍舜教授撰写的《目前我校思政课堂教学的主要问题及几点建议》。

（二）中国政法大学思想政治理论课教学现状与实效性提升系列座谈活动

为进一步提升我校思想政治理论课的教学实效性，更有效地发挥其主渠道作用，马克思主义学院本着"摸清现状，找准不足，提升效果"的原则，结合我校教务处做出的中国政法大学思想政治理论课教学效果调查数据，围绕我校思想政治理论课的教学内容、授课形式、教学效果、同学们的满意度、班容量、实践教学环节、考试方式等方面，在学校师生之间开展了中国政法大学思想政治理论课教学现状与实效性提升系列座谈活动。

本次系列座谈活动分四场次进行，以研究生（本科就读于我校）座谈会为始，马克思主义学院教师座谈会为终，中间以校学工系统座谈会和本科生座谈会为连接桥梁，以期通过授课教师、新老学生及学工系统的领导和辅导员等的相互沟通和交流，了解老师和学生对我校思想政治理论课教学诸多方面的看法、想法、意见和建议，为我校思想政治理论课实效性提升奠定坚实基础。

第一，研究生座谈活动。参与座谈的学生，本科和硕士都就读于我校，都曾在我校教室里听过老师们的思想政治课，且学科背景各异。这样的座谈既便于意见的表达，又利于提出切实可行的中肯建议。

第二，学工系统座谈活动。此次座谈以校团委、各院分党委领导及资深辅导员为主体。学工系统的领导和老师们从学生思想政治教育和日常管理的角度对我校思想政治理论课的教学目标、教学内容、授课方法、考试方式，第一、二、三课堂结合路径、课堂成绩和试卷成绩在百分制中的分配、思想政治理论课实践教学与院系日常学生活动有机融合等方面提出的意见和建议，对如何看待我校思想政治理论课教学现状和实效性提升具有重大的意义和价值。

第三，本科生座谈活动。座谈的学生代表以我校在读的大二、大三学生为主体，他们正在研修或刚刚研修完思想政治理论课程，其认识和看法颇具现实直观性。他们谈及的主要问题和核心观点也是我们本次活动的关键所在。

第四，马克思主义学院教师座谈会。马克思主义学院教师的教学工作和科研方向是提升我校思想政治理论课实效性的最终落脚点。老师们坚信，思想政治理论课教学面临的困难不少，但其中所蕴含的契机也相当大，随着学校各部门的密切配合和共同努力，我校思想政治理论课的教学实效性一定能够不断提升。之后，校党委书记石亚军教授在与马克思主义学院教师的座谈活动中，就大学生思想政治理论课的教学内容、实践教学环节等方面提出了极具前瞻性而又易于操作的建设性意见。

二、思想政治理论课教学现状

（一）我校学子对思想政治理论课的教学满意度和开课必要性持肯定态度

不可否认，思想政治理论课不是显学，也不是实学，学生的学习热情比不上一些专业课尤其是热门专业课，但从我校整体教学情况来看，相当数量的大学生对思想政治理论课有着浓厚学习兴趣，同学们对思想政治理论课的教学满意度保持着较高水平。当被问及"你对思想政治理论课的教学满意度"问题时，只有21.2%的同学选择了"很小"和"比较小"选项；与此相对比，高达45.0%的青年学子选择了"比较大"和"很大"；另有32.2%的同学选择了"一般"，三项合计高达97.4%。统计数据清晰地告诉我们，个别教师持有的思想政治理论课教学不解渴，效果一般，甚至根本就不受大学生欢迎，更多属于空穴来风，并没有事实依据。

表1 学生对我校思想政治理论课类课程教学的满意度调查

	频率	百分比	有效百分比
未填	10	1.6	1.6
很小	71	11.5	11.5
比较小	60	9.7	9.7
一般	200	32.2	32.2
比较大	221	35.6	35.6
很大	58	9.4	9.4

当被问及"在高校中开设思想政治理论课程必要性"问题时，有46%的同学选择了"比较大"和"很大"选项；与此相对比，选择"很小"和"比较小"的学生分别为18.2%和16.6%，二项合计为34.8%，前者比后者大出约11个百分点。另外

还有17.4%的同学保持中立，选择了"一般"。这说明我校大部分学生存有科学使用马克思主义理论和方法分析和解决社会和生活问题的渴望和需求，他们愿意接受马克思主义理论教育。在当代知识来源多渠道，思想价值多元化的背景下，高校加强思想政治理论课教学，强化中国特色社会主义意识形态教育具有巨大的意义和极强的迫切性，因为"学校在指导人民的政治思想方面发挥重要作用。学校的任务是维持社会制度，保证后代人像前代人那样思考政治。这实际意味着，社会对学校的期望主要是为社会训练出好公民，训练出有责任心、尊重不断发展的社会政治制度的、因而有助于维护和延续国家的公民"①。

表2　关于在高校中开设思想政治理论课类课程必要性的调查

	频率	百分比	有效百分比
未填	11	1.8	1.8
很小	113	18.2	18.2
比较小	103	16.6	16.6
一般	108	17.4	17.4
比较大	211	34.0	34.0
很大	74	12.0	12.0

我校青年学子对思想政治理论课教学效果的肯定是建立在一定的事实基础上的。首先，我校马克思主义理论学科建设跨越式发展，成为我校当下三个一级学科博士点中的一员，科研教学相辅相成，相得益彰，马克思主义理论学科平台为我校思想政治理论课教学的思想深度和学术前沿夯实了基础。其次，经过多方努力，近年我校的思想政治理论课程教学取得了一系列显著成效：《思想道德修养与法律基础》、《马克思主义基本原理概论》先后获评校级精品课程；思想政治理论课程教师先后有1人次获得北京市思想政治理论课教学基本功大赛一等奖，2人次获得二等奖，4人次获得三等奖；多名教师先后荣获我校教学基本功大赛一等奖、二等奖，并在此基础上，代表学校参赛数次获得北京市青年教师教学基本功大赛二等奖；5人次入选我校"本科生最喜爱的十位教师"。本科生的课堂评教成绩的环比数据显示，我校学子对思想政治理论课的课堂评教成绩近年来呈逐年上升的趋

---

① ［美］奥勒姆：《政治社会学——对政治实体的社会剖析》，董云虎译，浙江人民出版社1989年版，第365～366页。

势。

（二）青年大学生希望思想政治理论课教师提升教学内容，改进授课方法

由于不能高效解决从教材体系向教学体系、从教材语言向教学语言的恰当转换，多年来高校思想政治理论课教学中的虚、远、空问题始终困扰着相当多的学校、教师和学生，这一难题直到现在仍未得到彻底解决。当被问及"你觉得影响我校思想政治理论课教学效果的主要原因是什么"时，高达62.8%的学生选择了"教材问题，教材内容很旧、繁杂，脱离实际"和"课程问题，课程内容无趣、老套等"选项。也正是与这两个选项密切相关，另有21.8%的学生选择了"自身问题，自己不喜欢、不重视、认识偏差等"。与此形成鲜明对比的是，只有12.7%的同学选择了"老师问题，老师的水平不够，教学方法单一，照本宣科等"选项。分析统计数据，我们不难看出，大学生对思想政治理论课教师还是比较满意的，对其教学本身也持肯定态度，但是对于教师讲授的内容则不是非常满意，认为其没能做到"贴近实际、贴近生活、贴近学生"，难以有效回答学生普遍关心的热点、难点问题，不能对学生的生活和学习提供非常切近的实用性帮助。

表3　关于得影响我校思想政治理论课教学效果的主要原因的调查

	频率	百分比	有效百分比
未填	6	1.0	1.0
教材问题，教材内容很旧、繁杂，脱离实际等	195	31.4	31.4
老师问题，老师的水平不够，教学方法单一，照本宣科等	79	12.7	12.7
自身问题，自己不喜欢、不重视、认识偏差等	135	21.8	21.8
课程问题，课程内容无趣、老套等	194	31.3	31.3
其他	11	1.8	1.8

除了教材和课程内容的问题，本科生和研究生在座谈中不约而同地指出思想政治理论教师的教学方法存有欠缺：老师在授课时基本采用"灌输式"的授课方式，即单一的利用电脑幻灯片或讲义进行讲解，授课过程中缺乏与同学们的交流互动，缺乏集体讨论或小组发言等学生参与形式，缺乏视频、音频等多媒体的恰如其分的应用。

关注到以上两个影响思想政治理论教学效果的根本原因，我们也就容易理解我校大学生在回答"如果你有喜欢的课程，那么喜欢该门课程的最主要原因是什么"问题时所给出的答案了：60.7%的青年大学生选择了"内容有吸引力"和"多样

化的教学方法"选项；显而易见的是，另外23.1%的学生选择的"自己有兴趣"选项，也与"内容有吸引力"和"多样化的教学方法"密不可分，三者合计高达83.8%。与此形成鲜明对比的是，只有4.5%的学生选择了"考试给高分"。调研数据清楚明了地告诉我们，个别老师认为的影响学生选课动机最关键的就是给分高低的观点，并不符合实情。当然，我校建构的教学内容和教学方法符合"学术视野开阔，注重知识更新，讲授富有启发性、说服力和感染力"、"关注学生学习状况，与学生沟通良好"的课程评价指标应成为思想政治理论课下一步教学改革的重点。

表4　关于学生喜欢课程及喜欢原因的调查

	频率	百分比	有效百分比
未填	7	1.1	1.1
自己有兴趣	143	23.1	23.1
内容有吸引力	179	28.9	28.9
内容比较熟悉，难度较小	48	7.7	7.7
多样化的教学方法	197	31.8	31.8
考试给分高	28	4.5	4.5
其他	18	2.9	2.9

（三）我校思想政治理论课堂的教学吸引力还有较大提升空间

由于思想政治理论课教学中的虚、远、空问题时至今日依然一直存在，加之教学内容与中学课程高度重合，我校大学生对思想政治理论课课堂教学内容的重视程度明显不够，教学课堂上学生"爱听不听"现象比较严重。当被问及"你在思想政治理论课堂上主要做什么"时，只有32.9%的学生选择了"认真听老师讲解，积极参与互动"选项，即便加上选择"自己看本课程的书，喜欢自学"的28.3%的学生，二项合计也才刚刚超过60%。另外，近40%的学生在课堂上所做的事情与思想政治理论课教学毫无关系，其中选择"玩手机，上网"的同学高达23.2%，"看与课程无关的读物"的同学达12.3%。

表5　关于在思想政治理论课课堂上主要做什么的调查

	频率	百分比	有效百分比
未填	2	0.3	0.3
认真听老师讲解，积极参与互动	204	32.9	32.9
自己看本课程的书，喜欢自学	175	28.3	28.3
玩手机、上网	144	23.2	23.2
与同学聊天、讨论与课程无关的话题	12	1.9	1.9
看与课程无关的读物	76	12.3	12.3
睡觉	5	8.0	8.0
做其他事	2	3.0	3.0

　　年轻大学生永远是可爱的。调研数据显示，我校思想政治理论课的学生出勤率保持在中等偏上水平，50.5%的同学出全勤或课堂出勤率大于80%。但是，在对学生"思想政治理论课的出勤动因"调查中，我们惊奇地发现，高达30.6%的学生仅仅是出于"受学校课堂纪律要求"的原因才选择去教室上课，还有19.1%的学生走进教室上课仅仅是"为了获得较好的成绩"，二项合计近50%。换言之，课堂中听课的一半学生并不是发自内心渴望接受马克思主义理论，掌握马克思主义的世界观和方法论，用以指导自己的人生和培养自身的信仰。这不能不引起我们的高度重视。

表6　关于思想政治理论课出勤的动因调查

	频率	百分比	有效百分比
未填	6	1.0	1.0
获得知识上的启迪	118	19.0	19.0
获得观念上的帮助	104	16.8	16.8
受课堂氛围的吸引	67	10.8	10.8
受学校课堂纪律约束	190	30.6	30.6
为了获得较好的成绩	118	19.1	19.1
其他	17	2.7	2.7

　　青年大学生对思想政治理论课的教学内容不感兴趣，上课的注意力不集中，不积极参与互动，相应的结果也就可想而知：思想政治理论课对提高大学生综合素质的作

用不是很大。在回答"你觉得思想政治理论课对提高学生综合素质的作用大吗"的问题时，近60%的学生选择了"很小"、"比较小"和"一般"选项，而选择"很大"的学生仅为5.6%，不仅远低于选择"比较大"（32.7%）的学生数，而且比选择"很小"（13.1%）的学生数也低了不少。

表7　关于思想政治理论课对提高学生综合素质作用的调查

	频率	百分比	有效百分比
未填	12	1.9	1.9
很小	81	13.1	13.1
比较小	115	18.6	18.6
一般	174	28.1	28.1
比较大	203	32.7	32.7
很大	35	5.6	5.6

尽管这一问题在全国各高校普遍存在，但我校思想政治理论课堂教学的吸引力明显不够，学生的兴趣不高、课堂纪律性不强，大学生从思想政治理论课中获得的收益不高的问题必须为我们学校尤其是马克思主义学院高度关注，并下大力气认真解决。

（四）思想政治理论课考核方式与大学生愿望存有差异

高校思想政治理论课是大学生的必修课，加之其所占学分比重高达我校培养方案平均总学分的9.1%，对学生的评定奖学金、免试保研、未来就业等都具有直接影响，所以，马克思主义学院在关于思想政治理论课的考核方式上持非常谨慎的态度，多年来始终坚持闭卷考试方式，且基本以期末考试成绩为课程总成绩。在这次调查中，同学们给出的调查选项给我们敲响了警钟，同时也坚定了我们在考核方式上的改革决心。

在回答"你认为目前我校思想政治理论课的考核方式存在的最主要问题是什么"时，高达65.5%的学生选择了"期末考试比重过大"选项。换言之，三分之二的学生认为我校在思想政治理论课考核方式上应加大平时成绩的比重。

表8　关于我校思想政治理论课考核方式存在最主要问题的调查

	频率	百分比	有效百分比
未填	8	1.3	1.3
期末考试比重过大	406	65.5	65.5
课堂测验比重过大	57	9.2	9.2
作业太多	25	4.0	4.0
课堂点名太频繁	86	13.9	13.9
其他	38	6.1	6.1

当被问及"对于思想政治理论课的考核方式你认为最好的是什么"时，高达48.7%的学生选择了"开卷考试"选项，另外还有40.5的学生选择"口试或答辩"、"期末论文"选项。与此形成鲜明对比的是，只有8.5%的学生选择"闭卷考试"。

表9　关于思想政治理论课最好考核方式的调查

	频率	百分比	有效百分比
未填	6	1.0	1.0
闭卷考试	53	8.5	8.5
开卷考试	302	48.7	48.7
口试或答辩	106	17.1	17.1
期末论文	145	23.4	23.4
其他	8	1.3	1.3

另外，我校本科教学督导组专家常绍舜教授在《目前我校思政课堂教学的主要问题及几点建议》中也明确指出，思想政治理论课目前存在的不足之一就是课程考核方式单一。课程全部采用闭卷考试的方式，期末考试权重过大，缺乏形成性评价。学生们"上课记笔记，考前背笔记，考完全忘记"的问题依然存在。

（五）思想政治理论课实践教学环节基本处于非规范性的随机状态

实践教学是思想政治理论课教学过程中的重要环节，高质、高效、形式多样的实践教学可以有效地提高学生的思想政治素质以及观察分析社会现象的能力，从而深化教育教学的效果。毋庸置疑，尽管各个高校都在积极努力地探索思想政治理论课实践教学环节的有效落实途径，但时至今日，依然没有找到理想的方式方法。

当前我校政治理论课程的实践教学环节仍较为薄弱。目前学校在《马克思主义基本原理》、《中国近现代史纲要》、《思想道德修养与法律基础》三门课程的教学大纲中，均没有明确的实践教学环节的学时分配与教学内容安排；《毛泽东思想和中国特色社会主义理论体系概论》课程虽规定用一半的课时（54 学时）进行实践教学，但实践中教师对该环节亦没有明确的教学内容安排。因此可以说，我校政治理论课的实践教学环节整体上并没有正式进入教学大纲，没有组织起规范的教学活动，基本处于非规范性的随机状态。

正是因为我校思想政治理论课实践教学基本处于一种非规范性的随机状态，学生基本上没有实践教学方面的感受，相应也就没有这方面的深入思考。所以，当问及"你觉得在思想政治理论课中增加实践教学环节有必要吗"时，高达 59.5% 的学生没有给出肯定性回答，而是选择了"很小"、"比较小"、"一般"选项，或者干脆不填，不置可否。而选择"很大"的同学仅为 18.2%。

表10　关于思想政治理论课中增加实践教学环节必要性的调查

	频率	百分比	有效百分比
未填	14	2.3	2.3
很小	121	19.5	19.5
比较小	75	12.1	12.1
一般	159	25.6	25.6
比较大	138	22.3	22.3
很大	113	18.2	18.2

三、关于思想政治理论课实效性提升的思考和建议

毋庸置疑，高校思想政治理论课在培养中国特色社会主义合格建设者和可靠接班人过程中具有不可替代的作用，只有让每一堂课都精彩，都吸引学生的视线，都引起学生的共鸣，才能把思想政治理论课的教学目标真正落到实处。研究总结本次调研活动的数据分析、系列座谈活动的讨论观点，以及校党委书记石亚军教授的论述，我校思想政治理论课的教学实效性进一步提升应在以下几个方面达成共识：

（一）"合力育人"的思想政治教育领导体制和教学观念

提高大学生的思想政治素质，促进大学生的全面发展，是一项全社会各个部门、各个领域都要积极有效参与方可实现的系统工程。落实到高校的思想政治理论课教学

及其实效性提升，学校首先要高度重视大学生思想政治教育工作机制的建设问题，确立"合力育人"的领导体制。具体来说，应该建立健全由学校党委统一领导，教务处与马克思主义学院牵头，学生工作部、团委、各院分党委等部门直接参与的领导体制和工作机制；在学校层面制订大学生思想政治理论课教育计划，实施教育活动，体现教育成效，从而确保思想政治理论课教育教学在各方皆落到实处。

全校所有专业课教师要彻底清除思想政治教育似乎只是思想政治理论课教师的职责和任务的模糊认识，确立"合力育人"的教学观念。列宁同志早在 1909 年就明确指出："在任何学校里，最重要的是课程的思想政治方向。这个方向由什么来决定呢？完全而且只能由教学人员来决定。"① 这就是说，教育者的首要责任是保证教育的正确方向与国家教育目标的实现。《中共中央、国务院关于进一步加强和改进大学生思想政治教育的意见》亦明确提出："高等学校各门课程都具有育人功能，所有教师都负有育人职责……要把思想政治教育融入到大学生专业学习的各个环节，渗透到教学、科研和社会服务各个方面，使学生在学习科学文化知识过程中，自觉加强思想道德修养，提高政治觉悟。要坚持学术研究无禁区，课堂讲课有纪律。"② 不言而喻，潜移默化的思想政治教育效果要好于专门性的思想政治教育效果；同样的道理，专业课教师漫不经心的几句话可能对思想政治理论课教师精心构建起来的理论框架提出巨大挑战的同时，亦产生了相当大的负面影响甚至损毁作用。由此，"合力育人"应该成为高校各个部门和全体教师的工作理念和教学诉求。在目前的教育实践中，部分教师只将自己看作是知识的传授者，而不是思想的引导者。一些教师以担心走极端为名，不愿意提及教育的意识形态性和思想政治教育的功能，选择了所谓的"中立"立场和"中性化"教育标准。学校要从制度建设和教育观念引导等方面逐渐转变这种不正确的想法和做法。

（二）"内外融合"的思想政治理论课教育理念

马克思主义哲学的矛盾动力原理告诉我们，任何事物的发展都是内因和外因共同起作用的结果，其中，内因是第一位因素，对事物的发展起决定性作用；外因是第二位因素，是事物发展过程中必不可少的外部条件。当然，外因只有通过内因才能最终起作用。基于此，高校思想政治理论课应坚持"内外融合"的教育理念，"内"指的

---

① 《列宁论教育》，人民教育出版社 1999 年版，第 305 页。
② 《中共中央、国务院关于进一步加强和改进大学生思想政治教育的意见》（中发〔2004〕16 号），见《普通高校思想政治理论课文献选编》，中国人民大学出版社 2008 年版，第 205 页。

是大学生主体及其自身需求；"外"指的是高校思想政治理论课教育活动及其目标。"内外融合"的思想政治理论课教育理念是指高校的思想政治理论课教学应在充分了解、掌握当代大学生特点的基础上，通过与大学生成长成才的自我需要有机结合，最终实现推动中国特色社会主义理论体系进教材、进课堂、进头脑教育目标的外在张力与大学生对马克思主义理论的认知、认同和践行的自觉需求的内在动力融为一体。"内外融合"的思想政治理论课教育理念是一种自主式、生成式的成长成才模式，它首先要做的就是尊重学生的主体地位，坚持以学生为本位，激发当代大学生政治理论学习的积极性和主动性，使他们真正有所思考，有所领悟，在互动教学中实现青年学子的自我教育和自我提升，最终实现"两个期待视野"的融合，即高校教师在教书育人过程中希冀培养起青年学子马克思主义信仰与素养的"期待视野"与当代大学生成长成才过程中找寻和树立科学世界观、人生观和价值观，实现自我完善自我发展的"期待视野"的融合。

从比较学视角来看，传统的思想政治理论课教学模式，大多强调对学生的制约与控制，试图通过系统的思想道德理论与相关知识体系的讲解与灌输，来引导或强迫学生形成社会所要求的思想政治素质。这是典型的外塑式、改造式的"客体性思想政治教育"，这种模式由于知行脱节和学生主体性受到压抑而实效性较差，易导致学生主体性发展的片面化、抽象化；它违背了学生的身心健康成长规律，对学生独立人格的发展形成制约和束缚，属于典型的客体化思想政治教育。而"内外融合"的思想政治理论课教学模式力求尊重大学生的主体人格，突出人性化特点，是典型的"主体性思想政治教育"。这种教学模式贯彻"以人为本"即以学生为本的原则，强调尊重学生的主体个性，注重倾听学生发自心灵深处的呼唤，在思维方式上体现了理论理性与实践理性的统一，贴近学生、贴近实际、贴近生活，有利于克服依附性、片面化，有利于学生发挥主体性，从而形成积极性、主动性和创造性，是一种促进人的全面发展的教育形态。①

（三）凸显大学生主体地位的思想政治理论课"案例与参与式学习"教学模式

与以往相比，今天的大学生自主、自立意识更强，越来越具有独立思考的意识，更加关注自身个性发展和个性展示，更加希望在社会生活中具有平等、通畅的表达自己观点和思想的途径。与此相联系，他们也就更少了对思想灌输、理论脱离实际的纯

---

① 王忠桥、张国启：《从学科建设的视野看主体性思想政治教育的价值》，载人大复印资料《思想政治教育》，2006 年第 12 期，第 6～7 页。

粹书斋式的学习方式的妥协与容忍。面对时代的挑战和学生的渴望，思想政治理论课教学应围绕"凸显学生的主体地位"来改进教育理念和创新教学方法，充分发挥学生学习的主体作用，激发学生学习的积极性和主动性。在这一过程中，建立启发式、研究型的"案例与参与式学习"教学模式就成为必需。

当下在欧美大学尤其是哈佛大学商学院正在广为使用的"案例和参与式学习"（case - method and participant - centered learning，简称CMPCL）教学法贯彻的是双主体互动型教学理念，强调学生是教学活动的主体，教师是教学活动的策划者和组织者，起着主导的作用。其知识交流的方向不再是老师对学生单向地输出，而是老师与学生、学生与学生、学生与社会的多向互动。与传统教学法里老师像一位专业的演员相比，在CMPCL教学法中，老师更像一位导演，积累的是一种对教学动态的敏感度、一种引导讨论的能力，通过引导，让参加演出的每一位学生都能通过最棒的演出展示自己的实力。如果将CMPCL教学过程比作戏剧演出的话，这部戏的精彩程度，不仅取决于老师的功力，也取决于学生的投入，还取决于舞台的背景和设备。与传统教学法注重个人成绩的评价相比，CMPCL教学法更重视团队的成绩。

以CMPCL教学法为研究视角，大学生思想政治理论课教学必将实现教学理念和操作模式的全新转变才能切实取得实效，即从管、灌、压的传统模式向提升大学生自主学习、自我教育、自求发展的"三自"素养的转变。通过走"案例与参与式学习"教学模式之路，最终使作为世界观和方法论的马克思主义理论在当代大学生的头脑中从自发状态进入到自觉阶段，从理论认知层面进入到价值认同层面，从学习理论层面进入到指导实践层面。

高校思想政治理论课如何更有效地开展"案例与参与式学习"教学模式，我校党委书记石亚军教授提出的思想政治理论课课堂教学应体现"四个维度"颇具启发意义：（1）思想政治理论课的大学维度，区别于中学维度；（2）思想政治理论课的学术底蕴，区别于照本宣科；（3）思想政治理论课的时代特征，区别于脱离现实的抽象概念演绎；（4）对大学生人生价值的培养和启迪，变学生的学习态度从"让我学"为"我要学"。

（四）关注大学生基础与兴趣差异的思想政治理论课分类教学措施

尽管我校是一所典型的综合性文科大学，但是随着招生政策的变化，目前我校文、理科学生所占比例基本相当。由于高中阶段学习科目和学习注意力的不同，文科学生和理科学生的马克思主义理论、历史等人文知识和素养有较大差距。思想政治理论课教学一定要关注同学们知识结构上的这种差异背景，例如，期末考试同样的题目对文科生来说很简单，但是对理科生来讲也许有不小的难度；发散性教学模式为文科学生所喜欢，但对理科生来说听起来可能就比较费劲。

综合讨论观点，文理分科教学可能还不是最佳选择，分类教学效果可能会更好，因为并非所有的理科生的政治、人文知识欠缺，相应地，并不是所有的文科学生都喜欢发散式教学。在立足于教师本人擅长的基础上，从学生主体需求出发，针对学生每一个体的基础差异、兴趣差异、学习习惯差异，思想政治理论课教师进行分类教学，使教学内容和形式更具多样化，更具吸引力，以尽量满足所有学生的个体需求和个体成长，以此提升思想政治理论课的吸引力和实效性。在这个方面，我校教改的一个当下任务，就是选课系统对不同思想和政治理论教师的教学方式、教学内容、教学深浅、教学侧重点等进行一定的说明，供学生选课时参考。

（五）平时成绩与期末成绩有机统一、试题内容灵活开放的思想政治理论课考核方式

首先是考核成绩应体现平时成绩与期末成绩的有机统一。大学生思想政治理论课的考试总成绩应分为几个板块：平时出勤成绩、课堂表现成绩（小组讨论，PPT演讲）、期末试卷成绩等。换言之，思想政治理论课的考核成绩应体现大学生的平时表现，并逐步提高形成性评价在总成绩中的比重，将期末考试的学习压力分散到平时的学习中。这样的考核模式，既可防止学生期末考试的突击现象，又有利于学生通过平时的自助式、参与式学习而有效提升马克思主义素养和运用马克思主义解决实际问题的能力。其次，试卷的题目要灵活开放。在确保平时成绩与期末成绩内在契合的基础上，思想政治理论课期末考试的试卷题目要更加开放和灵活，答案亦不再死板。考试的目标重在测试学生运用马克思主义理论和方法解决实际问题的能力。这样的考核不仅受到学生的欢迎，而且也是思想政治理论课教学目标落到实处的最终体现。

（六）第一、二、三课堂有机结合的思想政治理论课"植入式"实践教学模式

我校学工系统的领导和老师，结合自身工作经验和感受，大胆创新，提出第一、二、三课堂有机结合的思想政治理论课实践教学模式。这种实践教学模式立足于校园内部的学生活动，开创一个学工系统、思想政治理论课教师、全校学生一体化内在融合的思想政治理论课实践教学创新平台。校党委书记石亚军教授对前期成果进行了凝练和提升，提出第一、二、三课堂有机结合的大学生思想政治理论课"植入式"实践教学模式，并将其作为今后一段时间学校思想政治理论课教改工作的重点之一。石亚军指出：以前的思想政治理论课实践教学是命题式的，现在应该把实践教学与现代教育理念相结合，发挥学生的主体性，增强学生的参与性，让实践教学"润物细无

声"。

    "大学生思想政治理论课'植入式'实践教学"研究的核心内容和最终目标，就是研究如何让大学生在日常校园活动中自觉自愿地、主动地与思想政治理论课实践教学环节内在契合，最终将在以下三个层面的学生活动中有效"植入"马克思主义基本原理、方法论和价值观：（1）校团委、学工部和学生社团组织的学生活动；（2）学院教学部门和分党委组织的专业学术活动；（3）各类社会第三方机构组织的学生活动。不言而喻，大学生思想政治理论课"植入式"实践教学的过程是师生解放思想，更新观念，合作教育的过程。它使我们认识到：各类学生活动中必须注重摆正师生的位置，强调学生是活动的主体，主动参与、积极思维、大胆创造，表现自我，为成为具有"三自"（自主学习、自我教育、自求发展）精神的高素质人才而努力；教师是活动的指导者和协助者，其作用重点放在提高学生的创新思维能力、认识能力、分析能力和批判性能力，注重提高学生的综合素质能力上。

大学生学风建设初探

民商经济法学院　　姚国强

摘　要　提高质量是高等教育的生命线，是国家中长期教育改革和发展规划纲要确定的重要方针。学风建设对于提高教育质量具有重要的意义，学风建设是一个大学永恒的追求。本人拟结合辅导员的实际工作，在实践调查的基础上，分析大学生存在的学风问题，剖析原因，就如何加强学风建设、创建优良学风作理论探索。

关键词　大学生　学风　教育质量

提高人才培养的质量是新世纪教育改革的主旋律，也是高校赖以生存和发展的根本要求。《国家中长期教育改革和发展规划纲要（2010—2020 年)》明确指出："提高质量是高等教育发展的核心任务，是建设高等教育强国的基本要求。"《教育部关于全面提高高等教育质量的若干意见》（教高〔2012〕4 号）指出，高等院校要"秉承办学传统，凝练办学理念，确定校训、校歌，形成优良校风、教风和学风，培育大学精神"。为了顺应高等教育深化改革的趋势和内涵式发展的时代要求，切实提高教育质量，中国政法大学将 2014 年定为教育质量年。加强大学生学风建设对于高等教育质量的提升具有重要的意义，学风建设是一所大学永恒的追求，良好的学风是衡量教育质量的重要指标，而学风建设一直是高等教育工作者尤其是这其中政治教育工作者关注与研究的重要课题。作为一名大学生辅导员，作者拟结合所带班级的实际情况，对学风建设进行粗浅的探索。

一、学风建设的概念

在《辞海》中，学风是指学校、学术界或一般学习方面的风气。《中庸》中的治学名句"博学之，审问之，慎思之，明辨之，笃行之"是学风的经典概括。毛泽东在《整顿党的作风》中说："所谓学风，不但是学校的学风，而且是全党的学风。"

在教育部颁布的《普通高等学校本科教学工作随机性水平评价方案》（2004）评估指标体系中，学风作为一项重要的一级指标，其下包含教师风范、学习风气、学术文化氛围三个二级指标，其中学习风气为重中之重。[①] 教育部副部长赵沁平在全国高校学风建设研讨会上指出，学风有广义的学风和狭义的学风之分。从狭义上讲，学风特指学生的学习风气；从广义上讲，学风包括学习风气、治学风气和学术风气。我们一般意义上所讲的学风则是指"狭义的学风"，即学生在长期的学习过程中形成的一种相对稳定的学习风气与学习氛围，是学生总体学习质量和学习面貌的主要标志，是全体学生群体心理和行为在治学上的综合表现。[②]

对此笔者的理解是：建立良好学风的重要意义在于通过学生的群体心理，营造一种积极向上、相互团结的学习环境。通过这样的氛围，学生们可以相互影响，相互激励，全方面提高学生的人生观及价值观及为人处世方式，从而形成健全完整的人格指引未来的人生道路。

二、学风建设的重要意义

21世纪是人才的竞争，人才的培养主要靠教育，国家和社会也对教育问题越来越重视，学风建设无论对于国家发展战略的实现还是建设一流大学，包括学生自身的全面发展，都具有重要的意义。

（一）切中我国发展战略的要义

当今世界，世界多极化及经济全球化之主题逐步加深，我国在世界市场的竞争中不断面临新的对手，接受新的挑战和政治、经济、文化、科技等方面的竞争压力。在国际环境中，我们需要不断发展强大而求生存。党在十三大报告中明确指出："科技的发展，经济的整形，乃至整个社会的进步，都取决于劳动者的素质的提高和大量合格人才的培养。""青年是祖国的未来、事业的希望。青年人才队伍建设决定着整个人才队伍的前景。要下大气力抓好青年人才队伍建设，建立和完善各类青年人才工作制度，支持优秀青年脱颖而出。"

青年是国家的基础，而青年中的学风建设则是保证青年健康积极发展的指明灯，这符合我国战略发展之要求。大学生教育工作者应当教育和引导广大青年，帮他们树立正确的人生观、价值观和世界观，将个人的追求与祖国的梦想紧密联系，共同实现

---

① 赵沁平：《在全国高校学风建设研讨会上的讲话》，2004年5月。
② 赵沁平：《在全国高校学风建设研讨会上的讲话》，2004年5月。

祖国发展、民族振兴的崇高理想。充分培养、挖掘、调动各类人才的积极性、主动性和创造性，为全面建成小康社会和实现中华民族的伟大复兴提供重要智力保证。

（二）构建一流大学的要求

在大学阶段，大学生所处的生活、学习环境发生巨大的变化，这些变化体现在大学生强调个性和独立性，教育方式由应试教育转变为开放性教育，家庭的影响作用逐渐弱化。国家和社会对教育发展的期望寄托在学校教育之上。因此，加强学风建设，提高教育质量，对于构建一流大学就显得非常重要。

对于一流大学的标准问题，丁学良教授在他撰写的《什么是世界一流大学》里总结了一流大学的九个方面的标准：教育整体的素质、学生的素质、常规课程的丰富程度、通过公开竞争获得的研究基金、师生比例、大学各项硬件设备的量与质、大学的财源、历届毕业生的成就和声誉、学校的综合声誉。[①]

重要的是，这九个方面都离不开学风的建设。学风是评价、衡量一所学校的重要标准。良好的学风不仅体现学校学生的精神风貌，更标志着学校重要的社会价值；良好的学风能形成学校内部完善的管理制度，保证学校按秩序发展，督促学校自身的体制建设；良好的学风能为学生树立良好的典范，从学习生活各方面培养大学生。在国际上，一所学风优良的学校是一个国家荣誉的象征。可见，学风建设的意义不仅仅在于个人，社会会影响到民族、国家的集体荣誉感。因此，为了促进高校向一流大学转型，题中之义就要求加强学风建设。

（三）实现青年全面发展的思想基础

青年阶段，是一个人思维最活跃、创造力最丰富的年纪，这一阶段的年轻人充满理想，对世界充满好奇，乐于迎接各种未知的挑战；他们思维敏捷，精力旺盛，并且学习能力强，对知识的掌握速度快，有条件实现各种各样的人生目标。对他们的关注就是对祖国未来建设的关注，因而需要从学习阶段起，灌输、培养良好的学风观念，潜移默化帮他们树立正确的思想，实现青年的全面发展，这对于我国的社会主义建设来说意义重大。加强大学生的学风建设，可为每个学生的发展搭建一个好的平台。

三、学风建设中存在的问题与分析

我们通过学风现状问卷调查和座谈会两个途径了解大学生学风的真实情况。

---

① 丁学良：《什么是世界一流大学》，北京大学出版社 2004 年版。

（一）学风现状问卷调查

学风所包含的内容可形象地概括为四个'W'：即 why，为什么而学习——学习的目的；will，是否愿意学习——学习的态度；what，学习的方法；whether，是否具有积极进取的学习精神——学习的作风。[①] 为了更加真实地了解学生学风现状，我们对民商经济法学院 2012 级本科生进行了问卷调查，问题设计包括学习动机、学习方法、学习态度、学习行为等方面。实际回收问卷 266 份，其中，对自我学习状态的评价中，有 53% 的同学总体评价为"满意"，40% 的同学总体评价为"基本满意"。大学生学风发展虽然在总体上趋于良好的态势，但是客观存在的问题也比较突出，应该引起我们的重视。

1. 学习动机过于现实且具有投机心理

学习动机过于现实体现在有些同学的学习目标仅仅在于奖学金等学校荣誉的获得，他们缺乏远大的理想和长远的目标。这样简单浅显的动机长久下来会影响学生的价值观，使他们缺乏对学习的热情和社会责任感。对好工作的追求、物质水平的要求或多或少会促使一个学生不断努力学习，但是社会乃至国家的责任感、荣誉感更是应当培养、树立的，只有这样，学生才会在进入社会后更大地实现自己的社会意义，促进祖国的发展。从这点来看，学风建设的意义应该更多侧重于个人对于社会价值的实现，对于社会和国家的责任感。

据调查，有一半以上的学生学习的最大动力是对好工作的追求。而关于对"是否只是考前突击一下"攻克考试的问题中，有 30% 多的学生赞同"临时抱佛脚"。其他动力包括奖学金、体面且高收入的工作或者为了顺利通过期末考试，这些目的都表明学生的学习动机过于肤浅，注重眼前利益，体现了我国现阶段大学教育中功利化的现象。

2. 学习方法缺乏体系化和创新性

尽管学习方法在大学阶段丰富多彩，例如创新性科研项目，各法学领域的模拟法庭、社会实践活动，但是学生在实际选择上却局限于单纯地依靠课堂和教材。这样脱离实际的理论学习，会造成学生在迈入社会时感到不适应。据调查了解，尽管大部分的大学生会选择课外活动、参加社会实践等强化课堂上所学的知识，但仍有 22% 的学生仅仅局限于书本和课堂的学习，没有认识到社会实践的重要作用，也不参加社会实践，如在对待大学生创新项目的申报上，近 20% 的同学认为无所谓和没意思。

---

① 黄婷：《当代大学生学风建设研究》，湖南师范大学 2012 年硕士论文。

3. 独立学习偏重，相互之间交流不足

大学期间的选课制度，优点在于可以让学生们选择自己喜欢的课程，做到对症下药，培养学生兴趣，激发学生学习热情，但问题在于学生之间的相互交流减少。

其一，教与学交流不够。

大学往往采取大课式教学，有时甚至是 100 人以上的教室授课。这样的课堂里，同学与老师之间无法及时交流，很多同学觉得跟老师之间很生疏，不好意思下课时主动找老师进行讨论。这就导致师生间交流有限，老师得不到足够的教学反馈。

其二，学习的连贯性不够。

在对同学们进行"除了学习，你的课余时间一般用来干什么"调查时，选择课外知识充实自己的不到 50%，而选择"在寝室上网娱乐"和"逛街"的也有近 30% 的同学。

4. 缺乏主动性

缺乏学习主动性，是现在大学教育的一个主要问题。大学课堂里，学生旷课、上课睡觉、玩电脑等情况屡见不鲜。学生们没有主动学习的意识，仅仅将学习局限在课堂和书本里，这是我国应试教育体制下的弊端，这样的问题直接导致我国大学教育缺乏创新性。

5. 目标不清晰

"我们一定要经常教育我们的人民，尤其是我们的青年，要有理想。"这是邓小平同志对青年学生的希望。理想的重要性在于它可以为一个人指引奋斗方向，提供奋斗动力。而学习进入到了大学阶段后，学生们的问题在于突出了学习目标的盲目性，其原因在于父母的学习目标的盲目灌输和学生的盲从心理。

大多数学生从小在家长的理念灌输下，认为学习的目标就是考上一所好的大学。但是，事实上，大学并不是一个人学习的终点，更不是奋斗的终点。大学里，常常见到一些对自己的职业规划、人生目标感到茫然、困惑的学生，他们没有明确的理想，缺乏学习和为了理想而拼搏的动力。他们学习的理由往往是家长的要求或者是看到别人在学习。

这样盲目从众的心理，导致学生在进入大学这样一个自由开放的学习环境后，茫然无措，没有了家长和班主任的叮嘱，他们不知道如何坚持自己的学习，更不知道为什么要坚持学习。因此，很多学生在进入大学校园后，出现了沉溺于网络游戏等问题。在有关学生对学风主要问题的分析中，认为学风问题主要出在学生缺乏学习目标上的占到20%左右。① 这不得不让我们反思：究竟应该由谁培养学习目标？如何培养学习目标？学习目标是一个人个人理想的体现，只有从小树立了清晰的个人理想后，他才会自觉主动地学习，这是需要从小培养的人生观和价值观。这有这样，学生们才能在大学里人尽其才，各展其能。

（二）年级召开座谈会

通过座谈会，我们了解到，在学生中还存在以下学风问题：

（1）学习动力不足，缺乏远大理想，学习懒惰，如沉迷于游戏等；

（2）得过且过，能毕业就行的混日子心态；

（3）专业兴趣不大，学习困难，学业预警严重；

（4）忙于社团，缺乏统筹协调或是对学习不够重视，耽误学业；

（5）投机取巧，期末突击应付考试；

（6）家庭条件优越，无忧无虑型；

（7）交友不慎，与不思进取的人为伍；

（8）抗挫折能力较弱，大学早期，尤其是大一挂科，导致后面的学习自暴自弃；

（9）职业生涯规划迷茫，不知道学习这些知识的用途；

（10）迷失自我，失去学生本位，时间都花在学习之外了；

（11）高年级学长们的负面影响；

（12）课堂听课状态不佳，如打瞌睡、玩手机等；

（13）教课老师与学生沟通太少，两地办学，师生沟通偏少。

四、关于学风建设的探索

针对上述问题，关于如何加强和改善学风建设，作为一名大学生辅导员可从以下几个方面展开工作：

（一）召开以学风建设为主题的班会

主题班会时针对班级学生的实际情况，对某一主题进行讨论、分析和评价，是一种重要的教育教学方式和学生自我教育的途径，有利于学生健康成长，营造良好学风，有利于了解学生实际思想状况和实际问题，有利于采取灵活方式和手段，进行正确有效的引导和教育。主题班会召开之前，辅导员和班委团支部同学先召开座谈会，了解班级学风现状，有针对性地制定班会议程，保证班会的实效性。

---

① 黄婷：《当代大学生学风建设研究》，湖南师范大学2012年硕士论文。

（二）密切联系学术导师兼职班主任，开展学习指导

我院为每个行政班级都聘任了一名专业课教师，担任学术导师兼班主任，在学风建设中发挥了重要的作用。相对于辅导员来说，学术导师兼班主任具有独特的优势：专业知识丰富，可以解答学生提出的专业课学习的方法、难点等问题；学术导师兼班主任，面对的只有一个班级的学生，与学生面对面交流的机会较多，容易将学术前沿和专业知识热点及时传授给学生，有利于开阔学生学习的视野；学术导师熟悉专业内的社会情况，可以为学生的升学、就业提供更有价值的参考意见，比如我院的学术导师兼班主任，经常为班级同学召开班会，主题包括大学生如何学习、论文写作指导、邀请自己的研究生给师弟师妹们解读大学如何规划、组织读书小组、介绍学生参加社会实践或实习、推荐就业职位……这些活动都有利于营造良好的学风。

（三）树立学风标兵

加强学风建设是我年级 2014 年工作的重点内容，在刚刚举行的"学风质量提高月"中，年级进行了"学风标兵"评选工作，由各班推选出学习态度端正、学习成绩良好，能起到先锋模范作用的学生，由年级进行民主评议后择优选录一定数量的同学为"学风标兵"，并通过微信平台、人人网进行宣传。学风标兵，是优良学风的标杆，是学生学习的表率。在这一氛围的影响之下，课堂出勤率明显提高，迟到早退的现象也得到了改观，学习风气整体上都得到了改善，也使得一部分对学习不够重视的学生的学习态度发生了转变，他们一改往日对学习的消极态度，转而钻研书本知识。树立"学风标兵"这一举措，强化了学生向周围榜样学习的意识，是促进学风建设的正能量。

（四）加强发挥党支部的作用，发挥党员的学业领航 1 + 1 作用

我院开展的学业领航行动计划是以发挥学生党员在日常学习生活中的先锋模范作用为目标，通过举办学生党员"助学零距离"等活动，推动学风建设。通过定期组织读书会、研讨会，建立网上学习交流平台等活动，创建相对固定的"学习圈"，组成学习小组，实现学业共同进步。要充分发挥学生党员的学习积极性，使学生党员与学习困难同学形成"1 + 1"学习模式。优秀学生党员在日常学习生活中要督促学业困难同学的学习，保证他们上课的出勤率和课下自习的频率，经常性地开展学习交流，传播学习方法，分享学习资料。在优秀学生党员的带动下，增强学习困难同学的学习主动性，提高他们的学习成绩，争取实现学业困难学生的"零挂科"。

（五）加强纪律教育，规范考风考纪，倡议学术诚信

诚信是人最为重要的品德之一，学术诚信是学术人格的重要组成部分。目前学术诚信缺失的状况令人担忧。年级平时大力宣传学术诚信，多次强调考试纪律，更在每

学期期末考试之前组织年级同学签署考试诚信承诺书，意在提醒学生遵守考试规则；在日常学习中，多次提醒同学们禁止学术剽窃，论文、作业独立完成，符合学术规范，培养诚信自觉。

（六）开展深度辅导，解决重点突出问题

《中共中央国务院关于进一步加强和改进大学生思想政治教育的意见》中明确指出："要结合大学生实际，广泛深入开展谈心活动，有针对性地帮助大学生处理好学习成才、择业交友、健康生活等方面的具体问题，提高思想认识和精神境界。"[①] 北京市委教育工委明确提出，要把"确保每名学生每年都得到至少一次有针对性的深度辅导"作为辅导员工作的一项具体要求。北京市教育工委副书记王民忠指出，深度辅导就是在深入、动态了解学生情况的基础上，依据学生成长发展的需求，运用科学的知识和技能，对学生进行有针对性的辅导，帮助学生解决思想、学习及生活等方面问题的过程。关于学风建设的深度辅导，就是要在深入了解所带学生中存在的学风问题，接触具体的学生，实行一对一的深度辅导，通过沟通发现症结，制订解决方案。

总之，学风建设是一项长期的、系统的工程。我们要牢固树立以学生为本的理念，切实转变工作作风，提高育人质量，全心全意为学生的学习、生活、成才提供优质服务，共同促进学风建设迈上新台阶，不断提高我校的人才培养质量。

附件：

学风问卷数据

每天学习时间	
时间	比例
4 小时以上	15.79%
3～4 小时	21.05%
2～3 小时	18.42%
1～2 小时	26.32%
1 小时以内	13.16%

---

① 《中共中央国务院关于进一步加强和改进大学生思想政治教育的意见》。

自我学习状态总体评价	
评价	比例
满意，目标明确	52.63%
基本满意，无明确目标	39.47%
不满意，不知从何改变	2.63%
内疚，想改变混沌度日	2.63%
认可现有状态	2.63%
其他	0.00%
旷课情况	
旷课调查	比例
经常	0
偶尔一两次	55.26%
基本不旷课	44.74%
如何对待考试	
对待考试的态度	比例
平时认真学习，考前复习总结	55.26%
一般，主要靠考前突击，成绩中上即可	34.21%
得过且过，只求不挂科	10.53%
学习动力	
选项	比例
自主求知	39.47%
父母要求	2.63%
迫于就业压力	55.26%
无动力地应付	2.64%
一学期阅读课外读物的数量	
本数	比例
10 以上	2.63%
6～10	15.79%
3～5	42.10%
0～3	34.21%

续表

课后与任课老师讨论问题	
频率	比例
经常	15.79%
有时	26.32%
偶尔	47.37%
从不	10.53%
班里举办学习活动的形式	
形式	比例
班主任学习指导	100%
师兄师姐经验交流	94.74%
班级学霸经验交流	84.21%
觉得学习活动作用如何	
选项	比例
意义重大，帮助养成好习惯	13.16%
能够吸取好经验	39.47%
当时醍醐灌顶，之后我行我素	42.11%
基本没有意义，占用休息时间	5.26%
关于我校学风评价	
选项	比例
很好	78.95%
一般	5.26%
不好	13.16%
没感觉	2.63%
寝室学习氛围评价	
选项	比例
浓厚	63.16%
一般	34%
除考期外无人学习	2.63%

续表

关于申报大学生创新项目的态度	
选项	比例
很好，有利于创新能力的提高	63%
比较好，对自己有实质性帮助	18.42%
一般，没怎么关注	15.79%
没意思，虚有其表	2.63%
在严峻就业形势下的心态	
选项	比例
努力充实自己	88.72%
自暴自弃，失去信心	10.53%
无所谓	0.75%
如何改善学风	
选项	比例
加强师资队伍建设	52.63%
加强学生管理	65.79%
加强学生素质	63.16%
加强学术交流，多开选修课	76.32%
对教学教程和教师教法等的看法	
选项	比例
课程有用，需要为以后打好基础	78.95%
学习的是皮毛，工作也不一定用得上，不必认真	2.63%
教材选得好，有针对性	5.26%
教材太多太难	23.68%
老师教法得当，从只学到很多	13.16%
老师上课就念PPT，缺乏趣味	0.00%

国际法学院法学本科生
国际化视野和国际竞争力
培养模式探析

国际法学院　刘　凯

摘　要　近年来，随着我国国际化水平的不断提升，如何培养本科生的国际化视野及国际竞争力成为我国法律教育工作者共同关注的问题。本文通过分析国际化背景下对法学教育的要求，结合我国法学教育的现状，对我院本科生法学教育培养模式的探究提出合理性建议，以期促进我国法学教育的发展。

关键词　国际化　教育　现状　培养模式

一、国际化背景下的法学教育现状研究

（一）法学教育国际化是高校教育发展的必然趋势

随着世界一体化的迅猛发展，国家的经济、科技、教育将更广泛地汇入全球化的浪潮，国际经贸往来和人员交往不断加强，随之而来的是国际法律纠纷和法律需求不断增加，法律服务国际化的趋势明显加快。这要求高等法学教育要适应法律服务国际化发展的需求，培养具有国际竞争力的高素质人才，而教育国际化的发展为这种人才的培养创造了条件。

如今，国内外许多高校均高度重视国际化人才的培养。早在 1966 年美国就制定了《国际教育法》，之后的《美国 2000 年教育目标法》再次强调了教育国际化的重要性；日本在 1987 年提出了培养国际化人才的目标，德国、法国、韩国等国家也纷纷开展了各式各样的国际化教育。近年来，我国对人才队伍建设的国际化也越来越重

视，在《2002—2005 年全国人才队伍建设规划纲要》中，特别提到要培养造就一批职业化、现代化、国际化的优秀人才，一批具有世界前沿水平的学科带头人。①

（二）我国法学教育模式现状

首先，扩招导致了法学教育质量的整体性下降。据有关资料统计，20 世纪 80 年代初，全国只有两所大学设有法学院（系），而如今，全国已有 600 多所普通高等院校设置了法学院（系）或法学专业。量的增多并不能说明法学教育的发展是科学的，问题也随之而来，主要体现为：一是相当多的不具备培养法律人才的教育机构甚至非教育行业都纷纷搞起了法学院（系）。二是生源参差不齐，导致了法学文凭持有者实际水平的参差不齐和教育质量的整体性下降。

其次，课程设置过分偏重史论课和法学理论，强调注释法律条文，孤立进行逻辑分析，缺乏职业技能、实际操作能力的培养。

第三，对复合型涉外法律人才的培养缺位。中国急需能在新兴领域提供法律服务的专才和在国际范围进行沟通和谈判的涉外法律人才，而法学院在培养这些人才方面力不从心②。

第四，起点低，学制短，学时少，学生国际竞争力较差。我国法学本科教育的对象几乎全部都是高中毕业生。我国的法学本科教育学制是四年，学时总数大致在 2300 至 2500 学时，其中法学专业大约占 1500 学时，非法学专业多达 1000 多学时。而发达国家如美国法学院入学资格为该生已获得了某学士学位。因为他们认为，法学并非是自给自足的学科，它需要其他学科的支撑。同时法学教育培养的是与法律打交道的人，仅仅懂得法律知识是远远不够的。因此，这些国家学制长，课时多。如德国四年法学课时为 2600 学时，法国为 2800 个学时，这还不包括大量的课外实践课。

二、国际化背景下对法学教育的要求

（一）国际化对法学教育观念的要求

国际化要求法律人才应当具有以下几种观念：开放的观念，能够以世界的眼光审视世界发展趋势，并以开放的姿态融入世界发展中；竞争的观念，敢于在市场中竞争，以优质和高效求生存，优胜劣汰；职业观念，法学教育就是培养职业人，为从事

---

① 王生卫：《法律服务国际化对法学教育的挑战》，载《长春工程学院学报（社会科学版）》，2003 年第 3 期。

② 申嘉：《市场经济和国际化背景下中国法学教育的现状及对策》，载《中国司法》，2007 年第 2 期。

法律职业做准备。而中国的法学教育长期以来缺乏开放的、竞争的观念，没有面向国际市场，没有向法律职业化方向发展，而且在中国的法学教育中"所开设的课程偏向于法学理论，在教员的观念中，也大多认为实务问题只是个法律技能的操作问题，很容易掌握，无须在课堂上教授，由此导致的结果是学生对司法实务知之甚少"[1]。这样，中国法学教育缺乏职业观念、开放观念和竞争观念，不能适应国际化的市场竞争要求。

（二）国际化对法学教育内容的要求

从事国际性的法律工作，所面对的是国际性的市场，它要求法律人员必须具有扎实的法律知识，而且具有综合性、国际化的经济、文化、科技等知识，不仅如此，还应当具有严密的思维能力、敏捷的反应能力和正确的判断、沟通和思维能力，这就要求法学教育内容除了传授全面的法律基础知识之外，还应该进行有关政治、经济、文化和科技贸易等方面的知识教育，培养学生的外语能力、思维能力和法律实践能力。

在我国，"法学教育在内容上有诸多忽视，比如忽视如何发现证明重构事实，忽视法律和其他社会规范和现象的相互关系，忽视法律思维的训练，忽视宏观正义或个案正义的关系"[2]。而且，中国的法学教育长期以来很少注重培养学生国际性的法律内容，特别缺少对涉外经济、科技、贸易等方面内容的教育，缺少国际性的法律实践锻炼的机会，没有把法律理论的学习和跨国法律实践统一起来，缺少对学生思维能力、创新能力和跨国交流与合作能力的培养。

（三）国际化对法学教育模式的要求

国际化发展要求法学教育不仅是一种法律知识的传授和法律能力的培养，更是一种能够解决跨国法律问题的思维模式和提供法律服务的训练。它是一种知识与能力、民族观念与跨国交流及合作的教育，它要求法学教育模式应有全球开放观念。而"我国的近代法学是作为一种人文知识而非一种职业的科学知识引入的，因此，并不是市场经济的产物"[3]。我国"法学教育与法律职业教育脱节，管理模式粗放，陈旧，缺乏培养世界法律人才的远见"[4]。长期以来，我国法学教育中"概念化、教条化和

---

① 潘剑锋：《论司法考试与大学本科法学教育的关系》，载《法学评论》，2003 年第 2 期。

② 胡学军：《论信息化环境下法学案例教学法的创新》，载《教育探索》，2007 年第 12 期。

③ 高德胜：《略论中国法学教育所面临的困境》，载《长春师范学院学院（人文社会科学版）》。

④ 高德胜：《略论中国法学教育所面临的困境》，载《长春师范学院学院（人文社会科学版）》。

形式化的色彩太浓厚，即我国法学教育主要是解释概念、注释条文、阐释理论和抽象议论"①。

在这种情况下，我国的法学教育是粗放式经营，培养的人才都是所谓的"通识型"法律人才，在西方国家被认为是"精英教育"和职业教育的法学教育在我国却被当作大众教育、普法教育，缺乏系统职业技能的培训和国际化职业思维的训练。在法律服务国际化的同场竞争中，中国的法律人才将处于劣势，很难适应国际化发展的要求。中国的法学教育必须转变观念，从各方面进行变革，培养出符合国际化发展的法律人才。

三、国际化背景下法学本科生的培养模式探究

（一）世界名校法学本科生的国际化培养经验

近年来国际法学院非常重视法学本科生国际竞争力的培养，在对哈佛大学、牛津大学、耶鲁大学、剑桥大学、悉尼大学等十二所世界名校的国际化人才培养成果进行研究时，得出以下经验：

1. 理论与务实相结合的教学内容和以学生为中心的教学方式

经研究，这些高校的法学教育方式有一个共有特点，即广泛运用讨论式教学及案例法教学，这使得其法学教育理论性与实务性结合得较好。同时，英美当代法学教育方式的一个重要方面是从以教师为中心转向以学生为中心，传统的以教师为中心的教育方法，教师是传授者，而学生是被动的接受者；而以学生为中心的教学方法，教学的中心是学生自主地学习，学生从自己的学习活动中而不是教师的传授中习得知识和能力。② 这种教学方式推进和指导了学生发展自身的理念和能力，开发了学生的理解能力以及运用概念和技巧的能力，在国际化的浪潮下，这些能力比单纯的知识更使学生具有竞争力。

2. 教学的国际化特征

这些名校依托自身师资力量和学校资源，在教学方面走在国际发展的前沿。在课程设置方面，除开设常规的本科生专业课程外，还同时开设本专业的国际化课程以及世界大部分国家的语言、历史、政治和文化方面的课程。教学的国际化同时也有利于

---

① 高德胜：《略论中国法学教育所面临的困境》，载《长春师范学院学院（人文社会科学版）》。
② 左海聪、刘军：《澳大利亚法学教育的特色及其启示》，载《天津法学》，2013 年第 4 期。

校园国际化水平的提升。

3. 国际化生源与师资力量

研究发现，上述高校都拥有一个庞大的国际化学生群体。国际留学生来自不同的国家和地区，为学校注入了新的活力。同时，国内外学生还能通过交流促进不同文化之间的理解和认识，创造一个多元化的文化学习氛围，开阔学生的国际视野，为学生提供高质量、多形式的教育。这些大学所拥有的国际化师资力量，包括来自全球不同地区的优秀教师以及短期教学的专家学者。高质量的师资队伍无疑也是学校国际化教育培养成功的一个重要基础。

4. 丰富的交流项目

以上大学均与世界不同地区的数百所著名大学建立了校际交流关系。学生们通过数量众多的交流项目，获得了在其他国家和地区交流学习的机会，其中既包括海外暑期班等短期项目，也包括校园国际文化活动。这些项目和活动对学生的国际化教育培养有着至关重要的作用。

（二）我院法学本科生的国际化培养模式探析

1. 树立法学教育的国际意识和全球意识

在经济全球化的大背景下，各国经济都具有开放性，相应地，法学教育的发展在市场经济如此开放的情况下也必然要顺应时代的潮流，开放性是必不可少的。因此，法学教育要摒弃以前那种封闭的、静态的、局部的和区域的教育观念，树立开放的、全球的教育观念；"树立国际意识和全球意识，以具有国际性和国际竞争力的法学教育来应对经济全球化和法律国际化的相应要求。法学教育工作者要了解世界，研究世界，吸收人类文明的一切积极成果，包括世界各种先进的法学教育思想、教学观念和教学方法，加强法学教育的国际交流与合作"①。因此，我院在学生的教育培养中，要树立国际市场观念，以市场为导向，教导学生以厚实的法律知识直面市场，培养适应国际市场发展需要的人才；树立竞争观念，培养学生不仅能在国内市场上保持竞争优势，而且在国际市场上也具有核心竞争力，敢于竞争，主动适应国际化的发展。

2. 课程设置本身的国际化

课程是教育的载体，是学生知识的重要来源。对于大多数没有出国学习机会的学生而言，国际化的课程对于增强他们的国际意识、开拓他们的国际视野、增加国际知识和技能、培养国际化的意识与价值观至关重要。然而目前大多高校的国际化课程都

---

① 张文显：《入世与法学教育改革》，载《中国高等教育》，2001 年第 22 期。

存在形式单一、理解肤浅等问题。世界经济合作与发展组织曾通过对多个国家教育国际化的研究，归纳出九种国际化课程的类型，包括：（1）具有国际学科特点的课程（如欧洲法律）。（2）传统学科的课程通过国际比较与借鉴得以延伸或扩大（如国际比较教育）。（3）培养学生从事国际职业的课程。（4）外语教学中的跨文化交流与外事技能课程。（5）外国某一或某几个区域的研究课程。（6）旨在培养学生获得国际专业资格的课程。（7）跨国授予的学位或双学位。（8）由海外教师讲授的课程。（9）专门为海外学生设置的课程。[①] 我院在本科生教育中，虽然已开设了一些具有国际教育意义的课程，但是师生对于国际化课程的理解还有待深入，实施方式也比较单一。课程国际化强调的是将国际化的意识和跨文化的观点整合在整个课程中，而不是只进行分散不均的课程设置，使学生只能粗略而分散地学到一些有关国际性的知识，没有深入地了解本专业的国际性知识，使国际化课程学习流于形式。

建立国际化的课程体系，我院可以从以下几个方面着手：

第一，必修课程中要增加国际化内容。当今知识瞬息万变，大学课程如果仅维持原有内容不变，培养出来的人才将远远不能达到国家和社会的要求。高端人才除了具有复合型知识结构外，还必须拥有足够的国际视野。我们应增加那些直接调整或影响国际组织和经贸活动的国际法类课程的比例，如国际组织法、国际贸易法、国际投资融资法、国际争议解决法等。

第二，应加快教材的国际化建设，积极引进国外的原版教材。可以根据学科和专业的需要，由专人负责引进外国原版教材，帮助学生在获取最前沿的专业知识的同时，提升用外语思考并表述学科内容的综合素质。

第三，开设多个语种的外语课程。外语课程是国际化课程中的一个重要组成部分，其中英语作为国际通用语言，其重要性已被人们充分认识到，而一些非英语语种却易被忽视。世界上一些非英语国家的科技与经济也十分发达，教育水平也相对较高，要与其进行沟通交流，首先应具备语言沟通能力。所以在设置本科外语课程时，应提供多样化的语言课程，并制定相应的培养目标，使学生能够掌握一到两门外语。

第四，应对选修课程进行一定要求。美国西密执安大学要求所有学生必须修完一门非西方的基础课程才能毕业，克利夫兰大学则要求学生至少修完两门美籍非洲人文化以及一门欧洲以外地区文化课程。借鉴国外高校的做法，我们也可以对本科生的选

---

① 张大良：《研究型大学实施课程国际化的特点与策略》，载《高等理科教育》，2006 年第 2 期。

修课程做出一些国际化取向的要求，在安排课程计划时，可规定每位学生必须选修一门与国际性内容相关的课程，尤其是学院近年来发展起来的国际空间法模拟法庭比赛，可以把这些年来的比赛剪辑成集作为学生的选修课。

3. 增加学生出国交流学习机会

国际交流可以提供给学生一种真正融入全球化意识环境中的教育体验，使学生有机会置身于国外特殊的语言、文化、生活和学习环境中，直接接触国外的文化、政治、经济、学术和科技，亲身感受有别于本国老师的教育方式、思维方式，从而有助于学生的国际化素质培养。国际交流合作有多种形式，如师生交换、学术交流、国际教育资源互补等。出国交流学习对培养本土学生的国际视野具有非常重要的意义。学院可以通过加强与国外高校或者是国际组织的合作，积极拓展国际合作与交流的平台，在提高自己的国际影响力的同时扩大跨国交流的发展空间，以互派留学生、交换生及参加跨国竞赛、跨国论坛、跨国暑期培训班及夏令营等形式为本科生创造更多海外交流学习的机会。

4. 增强国际化师资队伍建设

教师是教育活动的主要执行者。教育国际化的发展需要大批具有世界眼光的教师，只有具备开放和前瞻性思想的法律师资力量才能培养出适应国际化发展要求的法律人才。因此，在师资建设方面我院要紧跟时代和世界发展趋势，建设一支具有法律前沿的理论知识和跨国家实践经验的法学教师，从各方面加强国际化法律师资力量建设。

5. 充分利用校内国际化资源

利用校内的国际化资源首先可以通过留学生。提高本科生的国际交流能力和外语水平，留学生是不可忽视的力量。学院应充分利用国际教育学院留学生这一优势资源来扩大本院学生的国际交流机会，帮助他们提高自身的国际化素质。据调查，由于语言障碍和文化差异等因素，高校中大多留学生并没有融入学校的主流文化活动中，与中国学生接触与交流的机会普遍较少，而中国学生也没有主动与之交往，所以留学生资源的利用还有很大的提升空间。学院可以通过以下途径促进中外学生的交流与接触：第一，可以组织本院学生和留学生进行课外语言练习，使双方都实现提高外语水平的目的。第二，在留学生的课程中安排一些本科生的文化课程，使之与本科生一起上课，在学习中华文化的同时，加强双方的交流。第三，学院应经常组织中外学生共同参加活动和比赛，为双方的交流、沟通提供机会。第四，鼓励留学生参加本院学生的社团组织。

6. 培育国际化教育环境

法学教育要面向国际，必须加强国际化的教育合作，培育国际化教育环境，从各个方面促进法律人才培养向着国际化的方向发展。学院培育法学教育国际化环境的主要途径有：加强与国外高校间学术交流，把握最前沿的学术动态；加强同国际组织、跨国大公司或国外大型律师事务所的合作；实施海外实地培训和实习；加强同世界一流高校合作办学，利用其设施和人才优势，强化资源共享；引进原版教材；加大与国外高校互派留学生的力度；加强与国外高校的网络教育合作，通过网络培养高层次法律人才。所有这些必将对培养国际化的复合型人才产生重大作用。[①]

四、法学本科生国际化教育过程中所需注意的问题

教育国际化始终面临如何处理好国际化与本土化关系挑战的问题。教育国际化不是要照搬国际教育中的某些做法与课程，把学校或学院办成留学预备机构，而是要关注引入国际教育中的先进元素，注重适合国情、校情、系情的改造，以我们的自主管理为主导。形成自身特色与亮点，既能与国际教育衔接，又有与国际教育对话的空间，从而推进我国法学教育的国际影响与水平。东西方文化差异的存在影响到各自的思维方式，思维方式的差异影响到各自的教育教学、管理方式。因此，在法学教育的国际化进程中应当避免教育的全盘西化，我们要注重将中国教育的优势和国际教育精华相结合，教育国际化不能忘记中华优秀文化传统教育。全球化、国际化越是深入，本土化、民族性越是突显。要使学生认识到，中华文明存续了五千年，优秀传统文化博大精深。中华优秀传统文化是培养学生良好行为规范、深邃哲学思想、质朴道德操守和高雅审美情趣的沃土，我们在学生的国际化教育中要时刻倡导这样的理念[②]，而这与提升我国法学教育的国际化水平并不矛盾。

---

① 王生卫：《法律服务国际化对法学教育的挑战》，载《长春工程学院学报（社会科学版）》，2003 年第 3 期。

② 周满生：《基础教育如何国际化》，载《光明日报》，2014 年 2 月 11 日。

论大学生社会实践的内涵与完善

比较法学研究院　杨明荃

摘　要　对大学生社会实践内涵的解读应当结合国家政策、社会需求、高校特点等诸多因素进行理解和运用，即一方面充分考虑时代特色、社会需求，另一方面要设身处地为学生考虑，认真、切实了解学生需求，满足学生发展要求。结合对大学生社会实践的现实考察，完善大学生社会实践制度建设，至少应当在四方面进行努力：建立特色实习实践基地；强化高校在大学生实践活动中的引导作用；提升大学生在社会实践中的自主性；界定大学生社会实践在学生培养中的地位。

关键词　大学生社会实践　思想政治教育　实习实践基地

党的十八大报告中强调，要培养德智体美全面发展的社会主义建设者和接班人，培养学生的社会责任感、创新精神、实践能力。对于高校而言，社会实践是教育培养学生的重要环节，而对于大学生来说，参与社会实践是促进其全面发展、提升就业竞争力的关键一步。大学生社会实践自 20 世纪 80 年代最初的大学生暑期"三下乡"活动发展至今，其理论研究和制度设计都取得了许多发展。对于当下思想政治教育中，强调对中国梦、社会主义核心价值观等理想信念的学习和践行，大学生社会实践必将被赋予社会责任感及服务基层、报效祖国等重要内涵。这要求我们在制订大学生社会实践方案和制度、引导大学生社会实践等工作中，应当准确结合时代要求把握内涵，培养合格的社会主义建设者和接班人，为学生的成长成才奠定基础。

一、对当代大学生社会实践内涵的思考

大学生社会实践通常被定义为按照学校的培养目标，有目的、有计划、有组织地

使在校大学生参与社会政治、经济和文化活动的一系列教育活动的总称。① 显而易见，大学生社会实践的性质是教育活动，是学校育人环节中的重要一项；其设计者是学校，意味着学校是大学生社会实践活动的组织者、计划者、制度设计者；其参与者是大学生，说明学校在策划和引导社会实践时，必须充分考虑学生自身的需求和发展。

这样的定义具有普遍适用性，而当各个高校进行大学生社会实践的具体操作时，则是一个具体化、个别化的过程，应当结合国家政策、社会需求、高校特点等诸多因素进行理解和运用。这个过程至少应当遵循如下两项原则。

（一）应当充分考虑时代特色、社会需求，合理定位，科学设计

习近平总书记在 2013 年五四青年节座谈会上，深情勉励各界优秀青年代表："学习是成长进步的阶梯，实践是提高本领的途径。要坚持学以致用，深入基层，深入群众，在改革开放和社会主义现代化建设的大熔炉中，在社会的大学校里，掌握真才实学，增益其所不能，努力成为可堪大用、能担重任的栋梁之材。"② 他在 2014 年五四青年节北京大学师生座谈会上，生动鲜明地阐述并激励当代青年肩负起实现中国梦的责任和使命，积极践行社会主义核心价值观。此外，他对于中国梦的论述为我们展开了实现中华民族伟大复兴的蓝图和前景。

可见，当下的大学生社会实践应当偏重于爱国主义教育、提升社会责任感，适当重视志愿公益、基层服务、支边、创新创业等类型的实践活动，真正让学生最大限度地发挥所长、挖掘潜力实现个人价值和梦想，同时也契合国家社会的需要，实现中国梦的伟大理想。

（二）设身处地为学生考虑，认真、切实了解学生需求，满足学生发展要求

《国家中长期教育改革和发展规划纲要（2010—2020）》中提到，把育人为本作为教育工作的根本要求。要以学生为主体，以教师为主导，充分发挥学生的主动性，把促进学生健康成长作为学校一切工作的出发点和落脚点。教育作为一种特殊的服务行业，应当考虑被服务者的需求。

因此，本着促进学生健康成长的原则，应当高度重视学生对于社会实践类型、内容等方面的需求和态度，这样既能高效率、高质量地实现社会实践的育人目标，又可以提升学生在教育活动中的主动性。

遵循这两项原则，是将大学生社会实践活动内涵进行个别化、具体化的阐释。在

---

① 杨继瑞：《关于加强大学生社会实践活动的思考》，载《高校理论战线》，2010 年第 2 期。
② 《习近平同各界优秀青年代表座谈时的讲话》，载《人民日报》，2013 年 5 月 5 日。

此，大学生实践活动从根本上是为学生健康成长成才服务的教育活动，学校的培养目标中应当融入中国梦、社会主义核心价值观等重要思想，偏重于爱国主义教育和提升社会责任感，契合国家和社会需求，并随着时代发展不断更新、充实其内涵。

二、对当代大学生社会实践的现实考察

我校对于大学生社会实践活动的要求和做法主要体现在：本科生与研究生皆有对社会实践或实习学分（必修）的要求，在研究生奖学金的评选中社会实践是一项重要的考评计分项，学校设立了志愿服务奖学金，成立了青年志愿者协会等诸多学生实践类社团，设立了创新创业项目、计划、论坛等，实施大学生志愿服务西部计划，开设管理助理岗位、教师助手岗位，与法院进行合作开启远程观摩庭审的实践教学等等。

学校在大学生社会实践中扮演的角色主要集中在计划和要求领域，相对较少涉及具体组织领域，主要表现为学校可提供的社会实践机会有限，不能充分为有需求的学生提供实践机会，例如我校本科生阶段，常规性的勤工助学岗位只针对贫困生，因此，对于大部分学生而言，自主寻找社会实践机会是常态。为了了解这部分学生的社会实践情况，笔者随机选取了比较法学研究院12名不同年级、不同专业、不同性别的学生，就社会实践中最主要的实习一类，以问答采访形式进行了调研，现将采访结果进行分类总结如下：

接受访的12名学生皆具有法学教育背景，其中7人有外语教育背景，所实习过的单位数目范围在1~4个。

（一）社会实践单位性质多与专业相关

关于"曾在什么单位实习"问题，6人回答曾于法院实习，2人曾于检察院实习，6人曾于律师事务所实习，还有4名于其他与法律相关的单位实习，3名于外企或语言相关企业实习。并且，据接受调研的同学称，周围同学的实习单位也基本集中在律师事务所、法检系统、外企、企业法务等。

这个问题主要考察学生所需求的实习单位类别。结果显示，12名学生都在法学相关的单位进行了实习，其中7名外语教育背景的学生中也有3名曾于外企或语言相关企业进行了实习。可见大学生对于社会实践基本都有运用专业知识、发挥所长的愿望。

（二）进入实习单位的渠道主要是投递简历

在回答"你主要通过哪个或哪些渠道寻找实习单位"这个问题时，接受调研的人主要通过1~3种渠道，该12名学生中通过朋友或老师介绍的有4人次，通过BBS

的有 2 人次，通过投简历的有 7 人，通过学院的实习实践基地的有 1 人。

这个问题是考察学生在寻找实习单位时的难易程度，也为考证学校和个人的影响程度。结果显示，学生寻找社会实践岗位的主要渠道集中在自己投递简历，他人推荐和介绍的也占据一定比例，通过院校建立的实习实践基地的较少。

（三）选择该实习岗位的原因集中在积累工作经验

笔者进一步询问了他们选择该实习单位主要考量因素是什么，接受调研的 12 名同学中有 7 人表明是为积累工作经验，为就业做准备，所选取的实习单位和岗位是与就业愿景相关的；2 人是为充实时间；2 人是为学习更多知识；1 人是为赚取生活费。

这个问题主要考察了社会实践对于大学生的作用，通过了解学生的想法更为直接地展现出社会实践的现实功能。结果显示，大学生对于社会实践的目的主要是积累工作经验，为就业做准备。

虽然笔者所选取的样本有限，但所得调研结果有一定的参考性。首先，大部分学生对于社会实践的作用局限于就业的前期准备环节，在选取就业单位和岗位时一般会与未来就业方向相关，并且带有一定的试探性，想要借此机会了解各个单位和岗位的情况，以便未来就业方向上的选择，却在一定程度上忽略了社会实践对于提升专业知识素养、创新能力、研究能力的重要作用，这也说明，学生偏向于将社会实践功利性地作为准备就业的工具，这种态度是对学生树立正确价值观的冲击和考验。其次，学生在寻找社会实践单位过程中多为自主寻找，这虽然对增强学生自立、增强就业竞争力有好处，但这无疑增加了其社会实践的成本和难度，使得社会实践的功能受到削弱，尤其在处理学业和实践两者的矛盾时表现得更为明显。最后，在以法学专业为主的我校，学校整体实践实习氛围都凸显在法学专业方面，在如今法学专业毕业生就业难的大背景下，略显单调、局限的选择不利于学生的全面发展和就业竞争力的提升，应当建议学生拓宽选择面，多选择不同性质的单位进行尝试。

三、完善大学生社会实践制度建设的做法和思路

（一）建立特色实习实践基地

高等教育与科研、生产（社会实践）相结合，是当今和未来高科技时代大学生社会实践开展模式的集中发展趋势，对提升高等教育发展水平，促进和协调高等教育

与经济社会的双向发展具有重要的意义。[①] 为保障学生社会实践资源的足够丰富，节省学生寻找社会实践单位的成本，有目的、有计划地引导学生社会实践的方向，学校、学院应当积极筹措建立特色实习实践基地。

以比较法学研究院为例，比较法学研究院以培养国际化、复合型人才为目标，学生以硕士、博士研究生构成，专业为比较法学，分为中德和中美方向，其下还有民商法学等更为细致的划分。学生大多具有德语或英语专业学习背景，且在教学培养方面德语或英语以及法学都有一定程度的要求。因此，比较法学研究院在建立实践基地时结合其学生专业背景和特色进行考量，就中德和中美两个方向的学生建立具有法学和外语特色的实践基地。由此在学院领导牵头并发动学院教职工之下，建立了两个正式的教学实践基地：2010 年与德国工商大会北京代表处，2013 年与德国纬泽咨询（北京）有限公司。另外，已与中国国际经济贸易仲裁委员会达成协议，优先接受该院实习生。同时，还与荷兰昊博律师事务所积极协商建立实践基地的事宜。迄今，学院累计派出近 50 名同学前往基地实习，其中有 3 名同学因表现优异被留用。下一步，学院还在积极筹措建立覆盖面更为广泛的实践基地，并且鼓励学生党支部与校外单位基层党支部进行红色"1 + 1"共建，开展基层普法等志愿服务活动，响应党中央对于践行社会主义核心价值观的号召，也借此引导学生进行基层志愿活动等方面的社会实践。

由此可见，建立实习实践基地可以有效地、较为广泛地覆盖有需求进行社会实践的学生，还能够为解决学生就业提供便利，同时是引导学生进行社会实践的极为有效的办法。

（二）强化高校在大学生实践活动中的引导作用

大学生社会实践的内涵是随着时代发展而不断革新的，因此为达到其育人目标，高校需要在准确把握内涵的基础上进行引导。高校在积极响应上级教育部门等部署的实践活动之外，应更为灵活地根据内涵要求进行相应活动设计、制度安排，并发动院系、学生组织社团等进行创新性突破。

当然，强化高校的引导作用并不代表削弱学生的自主性，这种引导并非涉及社会实践的各方各面，主要体现在思想政治教育方面，帮助大学生塑造正确、积极、向上的价值观。例如我校正在策划实施的学生党员先锋工程系列活动，号召学生党员在学习、服务等各方面争当先进，并开展红色"1 + 1"共建、基层志愿服务等活动，将

---

① 李长松：《大学生社会实践创新研究》，西南大学 2006 优秀硕士学位论文，第 34 页。

德育教育与学生的集体活动、实践活动相结合，使得社会主义核心价值观等理论教育更好地为学生所理解和吸收。

（三）提升大学生在社会实践中的自主性

高校应当发动学生的自主性和积极性，让其参与到大学生社会实践制度设计中来，在培养和发挥学生主人翁精神的过程中，进一步完善大学生社会实践制度建设，也使得学生在"第一现场"认识、理解大学生社会实践的内涵。

此外，自主性还体现在能够正确认识自己、判断自己，独立准确地为自己选择合适的社会实践，而不人云亦云，随波逐流。尤其在法学学科强势的我校，社会实践多集中在法学专业相关的单位和岗位，可以尝试从不同性质的社会实践入手，寻求自己的合理定位和价值实现。

（四）界定大学生社会实践在学生培养中的地位

在传统应试教育中，社会实践是教育培养中的异类。大学生经历了高中阶段密集化的学习教育后，在大学教育过程中容易对社会实践产生误区，而在研究生培养过程中，对于学术性、研究性人才的培养目标，也使得社会实践被一些老师和同学所排斥，这对于大学生制度的实施和完善有所阻碍。

因此，高校应当为大学生社会实践"正位"，体现在社会实践写入培养方案等进行制度化落实，建立社会实践评价和奖励机制，以奖优惩劣，杜绝虚假实践证明的出现，等等。此外，尤为重要的是正确处理学业和社会实践的矛盾，督导学生合理安排时间，利用课余和节假日进行社会实践，注重发挥社会实践对于提升学业、就业竞争力等方面的作用，同时过犹不及，过多的社会实践必然会分散学生学业上的注意力，应当关注学生社会实践动态，尽到提醒、指导的责任。

商学院考研调查报告

商学院　郭　虹　吴　颖

摘　要　近年来，随着高校毕业生人数的逐年递增，就业形势越来越严峻，考研大军也越来越庞大。每年考研学子前赴后继，针对这一现象，我们特以在校大学生对考研的选择为题展开调查，调查对象为我院大三、大四学生。本次调查意在了解我院在校高年级学生对考研的认识、考研选择的考虑因素等情况，为下一届考研学生提供一些参考。

关键词　考研　选择　调查　数据分析

一、调研基本信息

（一）调研目的

随着社会就业压力的逐渐加大，大学生选择读研深造以增加就业能力成为主要潮流。然而近年来考研形势越发严峻，同学们在考研上耗费了大量精力，但只有少部分同学能够如愿以偿拿到心仪大学的录取通知书。商学院对于考研和就业相关问题一直很关注，为协助考研同学合理制订考研计划，提高复习效率，提供备战经验，我院进行了此次调查。我们组建团队对中国政法大学商学院的大三及大四学生进行了一次封闭式书面问卷调查，调查问卷主要涉及我院大四学生考研的基本情况以及我院大三学生对考研的态度和疑问。

（二）调研对象

中国政法大学商学院有考研意向的 2011 级（大三）学生；

中国政法大学商学院参与考研的 2010 级（大四）学生。

（三）调研方法

抽样填写调查问卷。

（四）调研人群

其一，2011 级发放问卷 80 份，收回问卷 78 份。

表 1　2011 级回收问卷各专业人数分布

专业	工商管理	国际商务	成班	经济学
人数	32	22	15	9

表 2　2011 级回收问卷性别分布

性别	男	女
人数	26	52

其二，2010 级发放问卷 70 份，收回问卷 58 份。

表 3　2010 级回收问卷各专业人数分布

专业	工商管理	国际商务	经济学
人数	26	16	17

表 4　2010 级回收问卷性别分布

性别	男	女
人数	19	39

二、调查结果

（一）2010 级参与考研同学情况分析

1. 决定考研的时间

通过数据可以看出，被调查考研学生中 60.34% 在大三决定考研，22.41% 在大四决定考研，绝大多数被调查考研学生都是提前一年到两年时间决定考研并开始为考研做准备。具体见图 1。

2. 考研的专业选择方向

通过数据可以看出，被调查考研学生中选择考本校研究生和外校研究生的比例约为 3:4，考本专业和考外专业的比例接近 1:3。而在选择考外专业的学生中，专业选

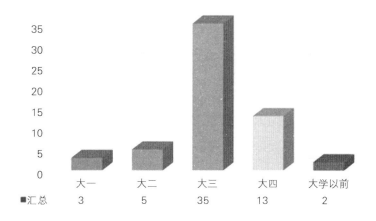

图 1　决定考研的时间

择考法学的占50%。具体见图2。

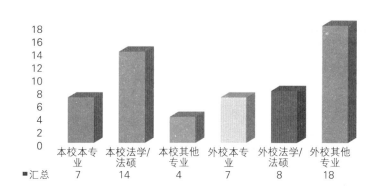

图 2　考研专业方向选择

3. 考研的原因

通过数据可以看出，考研最重要的原因是"进一步完善和提高自己的专业知识"以及"为了有更高的就业平台，为以后找工作做准备"，"对自己目前的学校或专业不满意，想通过考研选择自己满意的学校或专业"以及"想继续过校园生活，不想过早进入社会"也是主要考虑因素。具体见图3。

4. 了解考研信息的途径

通过数据可以看出，了解考研信息最主要的途径是网络和同学，其他途径较少。具体见图4。

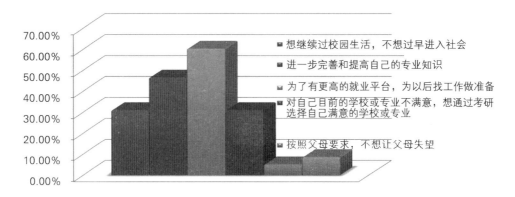

图 3　考研的原因

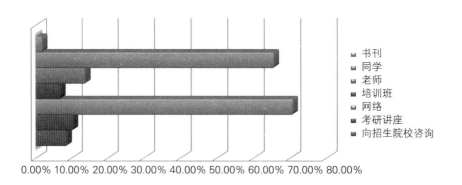

图 4　了解考研信息的途径

5. 最应该具备哪些条件

通过数据可以看出，心理素质和学习基础是被调查考研学生认为最应该具备的条件。具体见图 5。

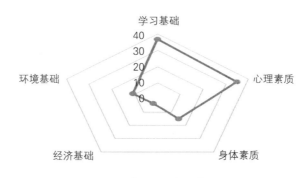

图 5　考研需要的条件

6. 对考研学校和专业的选择的考虑因素

通过数据可以看出，对考研学校和专业的选择的重要考虑因素是"根据自己的能力和复习状况而定"以及"考虑个人自身今后的发展"，"考取的难易程度"和"学校所在的地区或城市"也是主要考虑因素。具体见图6。

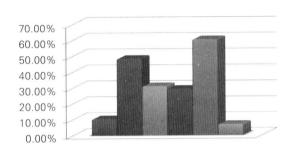

图6　选择考研学校和专业时的考虑因素

7. 报考研辅导班的必要性

通过数据可以看出，仅有5%的被调查考研学生认为考研辅导班是必要的，考研辅导班的选择因人而异。具体见图7。

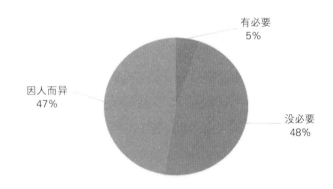

图7　对考研辅导班的选择

8. 考研时选择出去租房子的比例

通过数据可以看出，三分之二的被调查考研学生没有选择出去租房子。具体见图8。

9. 考研时学习方式的选择

通过数据可以看出，几乎小组复习和自己复习的比例各占一半，复习方式的选择因人而异。具体见图9。

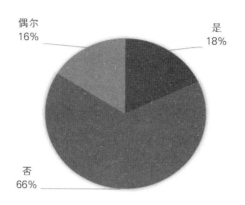

图 8　考研时是否选择出去租房子

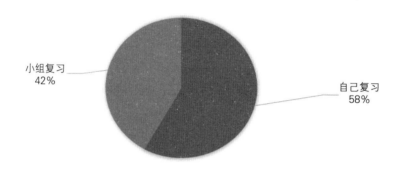

图 9　考研时学习方式的选择

10. 考研时面临的挑战

通过数据可以看出，考研时最大的挑战来自于自己的意志力，与工作机会的冲突和学业水平也是很大的挑战。具体见图 10。

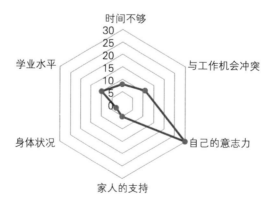

图 10　考研面临的挑战

11. 考研中复习最多的科目

通过数据可以看出，选择商学专业的被调查考研学生，在考研中复习最多的科目依次是数学、专业课、英语；选择非商学专业的被调查考研学生，在考研中复习最多的科目依次是专业课、数学、英语、政治。具体见图11。

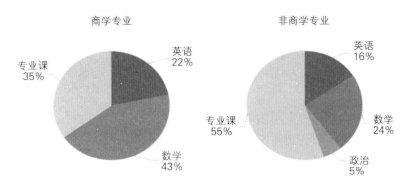

图 11　考研中复习最多的科目

12. 考研结果中最不理想的科目

通过数据可以看出，选择商学专业的被调查考研学生，在考研结果中最不理想的科目依次是专业课、数学、英语、政治；选择非商学专业的被调查考研学生，在考研结果中最不理想的科目依次是专业课、英语、政治、数学。具体见图12。

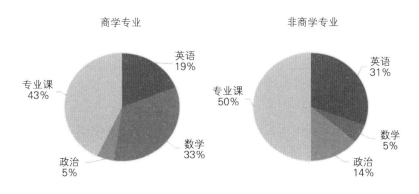

图 12　考研结果中最不理想的科目

13. 在考研的同时，是否还会出去找工作或实习

通过数据可以看出，绝大多数被调查考研学生都是专心备战考研，只有14%的学生在考研复习的同时，还会出去找工作或实习。具体见图13。

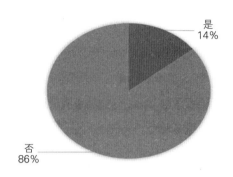

图 13　考研复习的同时是否还会去找工作或实习

14. 如果今年考研不理想会做的选择

通过数据可以看出，如果今年考研不理想，会做的选择因人而异，没有明显倾向。具体见图 14。

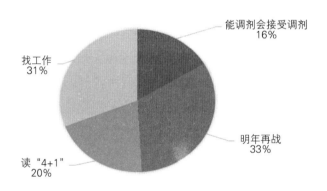

图 14　考研不理想时所做的选择

（二）2009、2010 级成功考研同学情况分析

1. 专业相关度

通过数据可以看出，考上本校研究生和外校研究生的比例相差不大，考上本专业的研究生占大多数，考上法学专业的学生占到半数以上。具体见图 15。

2. 录取学校及专业分布

关于 2009、2010 级成功考研同学的录取学校及专业分布情况具体参见表 5、图 16、图 17。

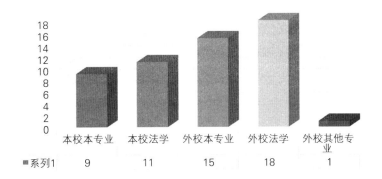

	本校本专业	本校法学	外校本专业	外校法学	外校其他专业
系列1	9	11	15	18	1

图 15　2009 级和 2010 级被录取的考研学生专业相关度

表 5　考研学生被录取的学校及专业去向

学　校	专　业	人　数
中国政法大学	企业管理	4
	国际贸易学	1
	政治经济学	1
	产业经济学	2
	世界经济	1
	法与经济	1
	法律（非法学）	6
	法律（司法文明）	2
	部门行政法	1
	刑法	1
中国人民大学	经济学	1
	国际商务	1
	西方经济学	1
	统计学	1
	法律（非法学）	2
中央财经大学	保险学	1
	投资学	1
	企业管理	1
	会计硕士	1

续表

学　　校	专　　业	人　　数
清华大学	法律（非法学）	3
	金融	1
北京师范大学	法律（非法学）	4
北京大学	法律（非法学）	4
对外经济贸易大学	会计学	1
	金融学	1
财政部财政科学研究所	会计	1
	财政学	1
中央党校研究生院	世界经济	1
中国传媒大学	广播电视艺术	1
上海社科院	国际法	1
上海财经大学	金融	1
兰州大学法学院	法律（非法学）	1
吉林大学法学院	法律（非法学）	1
东北财经大学	会计	1
大连海事大学	法律（非法学）	1

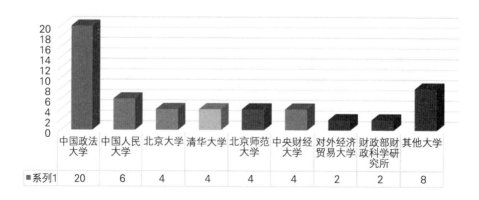

	中国政法大学	中国人民大学	北京大学	清华大学	北京师范大学	中央财经大学	对外经济贸易大学	财政部财政科学研究所	其他大学
■系列1	20	6	4	4	4	4	2	2	8

图 16　2009 级、2010 级被录取的考研学生学校分布情况

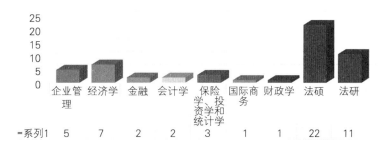

图 17　2009 级、2010 级被录取的考研学生专业分布情况

（三）2011 级计划考研同学情况

1. 打算出国读研的比例

通过数据可以看出，2011 级被调查同学中，超过五分之一打算出国读研。具体参见图 18。

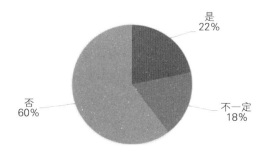

图 18　2011 级学生打算出国读研的比例

2. 打算报考国内研究生的比例

通过数据可以看出，2011 级被调查同学中，打算报考国内研究生的同学占到被调查同学的一半。具体参见图 19。

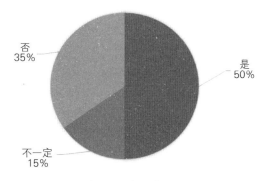

图 19　2011 级学生打算报考国内研究生的比例

3. 打算报考本校研究生

通过数据可以看出，2011 级被调查同学中，打算报考本校研究生的比例没有明显优势。具体参见图 20。

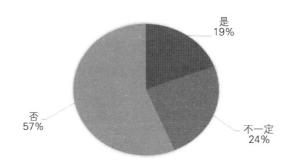

图 20　2011 级学生打算报考本校研究生的比例

4. 对考研及其流程了解的程度

通过数据可以看出，2011 级被调查同学中，半数被调查群体对考研信息只了解一点点，完全了解的为零，基本了解的不足 1/3。这反映出学生对考研信息不了解的现状。具体参见图 21。

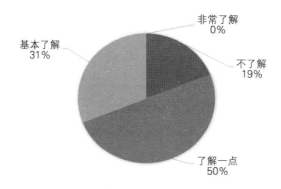

图 21　2011 级学生对考研信息的了解程度

5. 了解考研信息的途径

通过数据可以看出，2011 级被调查同学中，了解考研信息最主要的途径是网络和同学，其他途径较少。具体参见图 22。

6. 考研面临最大的挑战

通过数据可以看出，被调查学生认为考研时最大的挑战是自己的意志力，学业水平和时间问题也是很大的挑战。具体参见图 23。

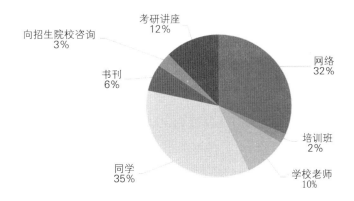

图 22　2011 级学生了解考研信息的途径

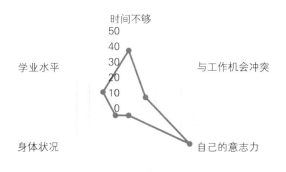

图 23　2011 级学生认为考研面临的最大挑战

7. 如果毕业时可以得到一份不错的工作，是否还会考研

通过数据可以看出，2011 级被调查同学中，如果毕业时可以得到一份不错的工作，60% 的同学选择不考研。具体参见图 24。

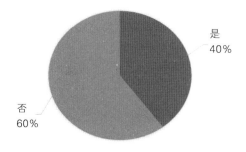

图 24　毕业时若能得到好工作是否还会考研

三、调研小结

通过对调查数据的统计，结合调研结果分析等内容，进行质性分析判断，得出以下结论供 2015 届考研学生参考。

首先，在对学校、专业等的选择方向上，被调查考研学生考虑的主要因素为"自己的能力"和"复习状况"；"考取的难易程度"以及"个人自身今后的发展"也是参考因素。可以看出，理性的能力分析是正确挑选专业和学校的前提。

其次，被调查考研学生考研的主要原因是"进一步完善和提高自己的专业知识"以及"为了有更高的就业平台，为以后找工作做准备"，正确的考研动机同样是理性选择的前提。此外，在考研与平时学习成绩的关系上，"学习基础"和"心理素质"是被调查考研学生认为考研最应该具备的条件，"学习能力"和"复习状况"也是选择专业和学校的重要影响因素。

关于考研的难度问题，"自己的意志力"是被调查考研学生认为考研时最大的挑战，"学业水平"和"与工作机会的冲突"也被认为很具挑战性。由此可见，学习状况是决定是否考研的重要考虑因素。

再次，在考研准备时长方面，六成被调查考研学生在大三决定考研，四分之一在大四决定考研，除此之外，被调查考研学生认为应适当将复习时间提前。

在考研的详细复习流程方面，可以分为两部分解决：

一方面，在学科复习上，选择商学专业的被调查考研学生在考研中复习最多的科目依次是：数学、专业课、英语；选择非商学专业的被调查考研学生，在考研中复习最多的科目依次是：专业课、数学、英语。对比考研结果：选择商学专业的被调查考研学生，在考研结果中最不理想的科目依次是专业课、数学、英语、政治；选择非商学专业的被调查考研学生，在考研结果中最不理想的科目依次是专业课、英语、政治、数学。由此可以看出，专业课和数学应该是复习的重点科目。

各学科的具体复习方法如下：英语学科要日积月累，多背单词，多做真题，保持感觉；政治学科要做真题，背大题，找思路；数学学科要打实基础，多做真题。另一方面，在学习方法上，仅极少数人认为考研辅导班是必要的，多于半数被调查考研学生考研期间没有出去租房，而对于独自复习和小组学习的选择较为中立，表明具体复习方式可以根据自身因素自主选择。

最后，在考研与就业的抉择上，86% 的被调查考研学生在考研期间没有选择出去实习或工作，说明专心准备考研是大多数人的选择。如果出现考研结果不理想的情况，"明年再战"和"找工作"的比例各占被调查考研学生三成，"接受调剂"和"读'4+1'"的同学各占两成，选择分布比较均匀，因人而异。

同时，被调查考研学生也对我校提出了有关建议：第一，建议多开放教学楼或增设固定的考研教室；第二，提议将毕业论文工作延后，以便考研学生有更多时间准备考研；第三，建议提供就近昌平或学院路校区的考点，同时提供考研问题咨询处。

附件1：

商学院2014年考研情况调查问卷（2010级）

亲爱的同学：

为了更好地了解本院同学的考研意向和情况，为接下来准备考研的同学提供参考意见，希望你能协助填写此调查问卷，我们会保证调查结果的保密性，不会泄露你的个人隐私，请如实填写。

年级：_____级　　专业：_____　　　性别：_____

你打算报考的研究生学校_____

专业_____

你实际考取的研究生学校_____

专业_____

1. 你是什么时候决定考研的？

　　A. 大一　　　　　　　　　　B. 大二

　　C. 大三　　　　　　　　　　D. 大四

　　E. 大学以前

2. 你考研的专业选择是什么？

　　A. 本校本专业　　　　　　　B. 本校法学、法硕

　　C. 本校其他专业　　　　　　D. 外校本专业

　　E. 外校法学、法硕　　　　　F. 外校其他专业

3. 你考研的原因是什么？（最多选3项）

　　A. 想继续过校园生活，不想过早进入社会

B. 进一步完善和提高自己的专业知识

C. 为了有更高的就业平台，为以后找工作做准备

D. 对自己目前的学校或专业不满意，想通过考研选择自己满意的学校或专业

E. 按照父母要求，不想让父母失望

F. 受周围同学、恋人或环境的影响等

G. 其他＿＿＿＿＿＿＿＿＿

4. 你主要通过哪些途径了解考研信息？（最多选 3 项）

A. 网络   B. 培训班

C. 老师   D. 同学

E. 书刊   F. 向招生院校咨询

G. 考研讲座

5. 你认为考研最应该具备哪些条件？

A. 学习基础   B. 心理素质

C. 身体素质   D. 经济基础

E. 环境基础

6. 对于考研学校和专业的选择，你主要从哪些方面考虑？（最多选 3 项）

A. 名校情结或自己喜欢的学校，不考上不放弃

B. 根据自己的能力和复习状况而定

C. 考取的难易程度

D. 学校所在的地区或城市

E. 考虑个人今后的发展

F. 受父母或朋友恋人的影响

G. 倾向于本校的研究生

H. 其他＿＿＿＿＿＿＿＿＿

7. 你认为报考研辅导班有必要吗？

A. 有必要   B. 没必要

C. 因人而异

8. 你考研的时候会选择出去租房子么？

A. 是   B. 否

C. 偶尔

9. 你考研时的会选择怎样的学习方式？

A. 自己复习   B. 小组复习

10. 你觉得考研对你来说最大的挑战是什么？

    A. 时间不够   B. 与工作机会冲突 –

    C. 自己的意志力   D. 家人的支持

    E. 身体状况   F. 学业水平

11. 你在考研复习中准备最多的科目是什么？

    A. 英语   B. 数学

    C. 政治   D. 专业课

12. 你在考研结果中最不理想的科目是什么？

    A. 英语   B. 数学

    C. 政治   D. 专业课

13. 你在考研的同时，是否还会出去找工作或实习？

    A. 是   B. 否

14. 如果今年考研不理想，你会选择_____

    A. 能调剂会接受调剂   B. 明年再战

    C. 读"4+1"   D. 找工作

    E. 其他_____

15. 在考研过程中，你对本校或本院考研安排有什么意见或建议？

16. 请分享一下你考得最满意的科目的一些经验（时间安排，学习方法等）。

    成绩最满意的科目：

    经验分享：

    占用你几分钟宝贵时间，万分感谢！

附件2：

商学院2015年考研意向调查问卷（2011级）

亲爱的同学：

    为了更好地了解本院同学的考研意向和情况，希望你能协助填写此调查问卷，我们会保证调查结果的保密性，不会泄露你的个人隐私，请如实填写。

年级：_____级　　　专业：_____　　　性别：_____

1. 你是否打算出国读研？

　　A. 是　　　　　　B. 不一定　　　　　C. 否

2. 你是否打算报考国内研究生？

　　A. 是　　　　　　B. 不一定　　　　　C. 否

3. 你是否打算报考本校研究生？

　　A. 是　　　　　　B. 不一定　　　　　C. 否

4. 你现在对考研及其流程了解多少？

　　A. 不了解　　　　　　　　　B. 了解一点

　　C. 基本了解　　　　　　　　D. 非常了解

5. 你主要通过哪些途径了解考研信息？（最多选 3 项）

　　A. 网络　　　　　　　　　　B. 培训班

　　C. 学校老师　　　　　　　　D. 同学

　　E. 书刊　　　　　　　　　　F. 向招生院校咨询

　　G. 考研讲座

6. 你觉得考研对你来说最大的挑战是什么？（最多选 3 项）

　　A. 时间不够　　　　　　　　B. 与工作机会冲突

　　C. 自己的意志力　　　　　　D. 家人的支持力

　　E. 身体状况　　　　　　　　F. 学业水平

　　G. 其他_____

7. 如果毕业时可以得到一份不错的工作，你是否还会考研？

　　A. 是　　　　　　　　　　　B. 否

8. 你对考研存在什么疑问？

　　占用你的宝贵时间，万分感谢！

我校推荐免试攻读硕士研究生办法的解读分析及实践论证

——以科研创新项目和竞赛获奖加分为例

法学院　曾　蓉　刘大炜

摘　要　我校推荐免试攻读硕士研究生办法自实施以来，一直备受广大师生、家长的关注，并成为指引学生学习、升学的风向标。以科研创新项目和竞赛获奖加分为例，2009 年旧办法施行后，申请大学生创新项目和参加各种竞赛出现前所未有的盛况，当然也引发了一些问题。2013 年，我校再一次对该办法进行修订，主要针对科研和实践成果加分细则进行了改进。本文以科研创新项目和竞赛获奖加分为例，对推荐免试办法的内容及实施进行解读分析，论证了该办法在提升学生科研创新和实践动手能力方面的重要作用及积极效果。

关键词　研究生　推荐免试　实践论证

一、科研创新项目加分和竞赛获奖加分的内容解读

（一）2009 年及 2013 年推荐免试学生综合测评标准对比

2009 年《中国政法大学推荐优秀应届本科毕业生免试攻读硕士学位研究生办法》中，推荐免试生综合测评包括学习成绩、科研和实践成果两部分。综合测评满分为 100 分，其中学习成绩占 80%，科研和实践成果占 20%。

2013 年《中国政法大学推荐优秀应届本科毕业生免试攻读硕士学位研究生办法》中，推免生综合测评包括学习成绩、科研和实践成果两部分。综合测评满分为 100 分，其中学习成绩占 85%，科研和实践成果占 15%。

（二）2009 年及 2013 年推荐免试学生科研创新项目加分情况对比

2009 年《中国政法大学推荐优秀应届本科毕业生免试攻读硕士学位研究生办法》中，已结项的"国家大学生创新实验计划"项目和"北京市大学生科学研究与创业行动计划"项目，项目负责人计 3 分，其他成员计 1 分；上述项目未结项的，项目负责人计 1 分。

2013 年《中国政法大学推荐优秀应届本科毕业生免试攻读硕士学位研究生办法》中，已结项的"国家大学生创新实验计划"项目和"北京市大学生科学研究与创业行动计划"项目，项目负责人计 2 分，其他成员计 1 分；上述项目未结项的，项目负责人计 1 分。

（三）2009 年及 2013 年推荐免试学生竞赛获奖加分情况对比

2009 年《中国政法大学推荐优秀应届本科毕业生免试攻读硕士学位研究生办法》中，获得"挑战杯"全国大学生系列科技学术竞赛特等奖，计 10 分/项·人；获得国家级竞赛一等奖（第一名），计 8 分/项·人；获得国家级竞赛二等奖（第二名）、省部级竞赛一等奖（第一名），或在国家级、省部级竞赛决赛阶段获得最佳单项奖，计 6 分/项·人；获得国家级竞赛三等奖（第三名）、省部级竞赛二等奖（第二名），或获得中国政法大学学生奖学金科研创新一等奖，计 3 分/项·人；获得国际性比赛（包括邀请赛）前三名或最佳单项奖，计 6 分/项·人，获得国际性比赛（包括邀请赛）优胜奖（第四、五、六名）计 3 分/项·人（国际性比赛的国内选拔赛视为省部级竞赛）。

2013 年《中国政法大学推荐优秀应届本科毕业生免试攻读硕士学位研究生办法》中，获得国家级竞赛一等奖（第一名），计 5 分/项·人；获得国家级竞赛二等奖（第二名）、省部级竞赛一等奖（第一名），或在国家级、省部级竞赛决赛阶段获得最佳单项奖，计 3.5 分/项·人；获得国家级竞赛三等奖（第三名）、省部级竞赛二等奖（第二名），计 2 分/项·人；获得国际性比赛（包括邀请赛）前三名或最佳单项奖计 5 分/项·人，获得国际性比赛（包括邀请赛）优胜奖（第四、五、六名）计 3 分/项·人（国际性比赛的国内选拔赛视为省部级竞赛）。

上述竞赛获奖名次均以竞赛奖项实际排名为准，例如竞赛设特等奖，则一等奖适用本办法二等奖加分规定，依次类推；如竞赛设金奖、银奖、铜奖，则分别适用本办法一、二、三等奖加分规定。

二、科研创新项目分析

（一）科研创新项目对提升学生科研创新能力和实践能力的重要作用

根据《中国政法大学国家级大学生创新创业训练计划实施管理办法》（2007 年 11 月 8 日发布，2012 年 4 月修订），进行大学生创新性项目管理目的在于培养学生的创新精神，增强学生的创新能力和在创新基础上的创业能力，保证学校国家级大学生创新创业训练计划（以下简称"计划"）的顺利开展，推广研究性学习和个性化培养的教学方式，强化创新创业教育氛围，提高人才培养质量。创新训练项目是指本科生个人或团队，在导师指导下，自主完成创新性研究项目设计、研究条件准备和项目实施、研究报告撰写、成果（学术）交流等工作。项目一般持续一至两年，国家级创新项目将获得 1 万 ~ 2 万元的经费，北京市级项目将获得 5000 到 1 万元的经费支持。

从科研创新项目的执行情况来看，完成一个项目并非易事。教务处的实践教科办对国家级和市级项目进行较为严格的监督和管理，对项目的检查分为初期立项审查、中期审查和终期审查。立项一般在每年 9 月中下旬，面向全校师生接受立项申报，组织老师作为评委分别评选出国家级和市级的项目，此时会根据项目的创新性、可行性等分别安排在国家级、北京市级或者校级，换言之，一批项目会在立项之初面临"被刷"。就 2011 年的立项而言，国家级一共立 20 项，北京市级一共立 25 项，而这两级申报立项的加起来共 90 个项目。而中期检查一般在来年 3 月份，着重检查项目是否按照计划进行，并检查中期调查得到的一些成果。最后一阶段是同年的 9 月份，即项目执行一年（延期的项目除外）后，将全部研究所得进行汇总，以调查报告或结项论文等方式总结本项目的研究成果，并接受评委老师的审查和评分。纵观项目的整个流程，不难发现，项目具有持续时间长、监督力度强等特点，每年立项成功但后期没有按计划很好执行而被责令延期结项或撤销的项目也有一部分，因此对学生而言，想获得大学生创新性项目的结项所得加分并非易事。

从科研创新项目执行者的角度来看，完成一个项目也对学生提出了较高的要求。首先，在项目申报阶段，小组要关注学术研究动向或把握时代热点，力图得到具有创新性及研究价值的题目，小组要撰写有一定篇幅的项目申报书，自主联系指导老师，制订项目研究计划等。立项阶段很多同学会尝试申报经费较多同时有推荐免试加分优惠的国家级和北京市级项目，但由于项目数量有限，很多项目会在立项阶段被淘汰或者被调剂到校级项目。因此，立项对于项目的启动非常关键，决定着你后期运作的资金是否充足。而立项成功之后，小组就需要按申报书所设定的计划开展调研了，这个过程持续一年甚至两年之久，包括到实地考察、发放调查问卷、对个别对象进行访谈、汇总分析所得数据、随时与指导老师联系以改进研究计划、参加与课题相关的讲座、旁听相关课程、阅读相关书籍（包括社会学研究方法等）……总之，整个调研过程既是对学生学术研究能力的考察，又考验学生的数据分析能力、人际交往能力以及团队合作能力。因为大学生创新性项目不同于课堂探究的纯理论的题目，它本质上属于实践范畴，能全面锻炼参与项目学生的社会实践能力。同时，大学生创新性项目本身也对学生的综合素质有较为明显的提高，在进行项目过程中，学生学会请教老师，学会与来自社会各行各业的访谈对象进行交流，发放调查问卷也需要学会如何确保问卷信息的真实性，到各地机关、图书馆等查阅资料时要学会如何确保资料的真实性等等，这些实践技能都是学生在课堂中难以学到的。而在项目的最后环节，即结项阶段，更是对学生研究与实践能力的综合考察。学生需要汇总在调研过程中得到的所有数据，在指导老师的指导下，完成项目结题报告或撰写学术论文，这一从实践回归理论的过程，更是对学生学术水平的一次提升。

从上述分析我们可以看出，完成一个大学生科研创新性项目，无论是从学术研究能力方面还是社会实践能力方面，对学生的综合能力及整体素质的提升是大有裨益的，因此，大学生科研创新项目在进入推荐免试加分政策之前，也是一直广受学生欢迎的实践活动。

（二）对科研创新项目加分内容的分析

正如前所述，大学生科研创新性项目是对学生综合能力的锻炼与提升的一项实践活动，项目加分进入推荐免试有其合理性。首先，总体而言，项目持续时间长，消耗精力较多，要把整个项目坚持下来难免会影响学习和生活休息的时间，因此给予一定的加分应该说是合理的。其次，对项目负责人而言，其承担的任务与小组成员相比要重不少，作为小组长得调动组员对项目的积极性，因为项目持续时间较长，在此期间难免会出现组员对项目兴趣下降的情况，而在不能调动组织积极性的情况下，小组长得承担更多研究任务。因此，对小组长和其他成员的加分区别对待也是合理的。而项目加分相比于论文、竞赛加分而言并不多，因为项目虽然消耗精力，但大多数情况只占用学生寒暑假时间，因此对学习影响没有论文和竞赛多。加之项目对于学校提升整体学术气息或学校荣誉而言，不如发表核心期刊论文和竞赛获奖的效果明显。

因此，从科研创新项目加分的总值、项目加分的区别对待角度看，2013年新办法对项目的推荐免试加分政策总体来说还是比较科学、合理的。

（三）科研创新项目加分进入推荐免试办法后的影响

科研项目的加分，在其运行中也产生了一些消极影响。从 2009 年学校修改推荐免试政策，为科研创新和实践留出加分空间之后，希望推荐免试的学生就把更多的时间投向项目。特别对于一些处于推荐免试边缘的同学来说，一分或二分的加分将使得平时成绩本来就不错的他们"锦上添花"，即使他们更有把握获得推荐免试资格。因此，在法大加分政策实施的第三年，即 2013 届学生处于大三的那一年，申请大学生创新项目遇到了以往都未曾出现的"项目申报热"。从教务处公布的数据来看，申报 2011 年度大学生创新项目大概有 280 个，其中申报国家级的约 200 个，申报市级的约 80 个，只有两个项目首次申报即是校级，而该年批准的项目，国家级和市级分别为 30 个。由此可见，淘汰率是相当高的。2011 年申报的同学中，大概有 3/5 是来自 2013 届的学生，2/5 是 2010 级学生。在 2013 届申报项目的学生中，不少是平时成绩一直位于年级奖学金范围内的同学，而且我们从这些同学了解到，不少同学确实就是为了推荐免试加分而申请立项的。而从最后立项结果来看，申报国家级和市级成功的 2009 级学生项目不到 1/3，也就是说，很多 2009 级的项目在经历了前期申报立项的艰辛后依然得不到立项。所幸，教务处为了配合推荐免试政策加分的评估（在每年 9 月中下旬）而把立项和结项审查的时间提前到 9 月初，因此，教务处还是做出了一些较为人性化的调整。

上面举的是 2011 年的项目申报例子，而与之形成鲜明对比的是，在 2010 年项目申报中，也就是 2013 届学生大二的那年，学校加分推荐免试政策实施的第二年，申报国家级项目的 28 项最后立项 25 项，北京市级申报约 40 项立项 33 项，也就是遇到了"申报冷"。同是申报项目，两个临近的年份，对课题研究感兴趣的学生数目应该处于相对稳定的状态，为什么申请人数会有如此大的差别呢？一个可能的解释是，在项目加分政策实施的第二年，很多同学还没料到加分对于推荐免试的权重，特别是 2013 届学生刚刚进入大二，没有完全确定是否要推荐免试，而且还没有目睹 2008 级学生推荐免试结果公示（公示在 2011 年 9 月）。因此，在看到 2008 级推荐免试结果公示，发现即便学习成绩年级前二十名的同学也可能因为完全靠"裸分"而被刷的现象之后，在 2011 年 10 月，正处于大三的学生就掀起了申请项目的热潮。

热潮背后，值得我们冷静下来思考的是：在申报项目的 280 个小组中，有多少小组是真正处于对项目课题的兴趣而去申报立的项？有多少是出于对项目加分的考虑，是为了做项目而做的呢？对于同学们申请项目的动机，我们无从考量，但有一点可以确定的是，同学们已经意识到了加分对于推荐免试的至关重要性。

科研创新项目的推荐免试加分，也有利于鼓励学生参与项目研究，进一步提升法大的科研水平，培养良好的科研氛围。更多学生受到鼓励而申报国家级、市级项目，客观上也有利于学校把项目资金分配给真正有科研价值、具有可操作性的项目，从长远来看，这对学生素质的提升以及学校学术水平的提升，都是大有裨益的。

对于运行中不可避免产生的为了加分而申报的现象，可以通过项目评审、老师加强审查，对纯粹为加分而其课题没有研究价值的项目不予立项或立项后予以撤销，从而净化科研创新项目研究，真正发挥项目对学生和学校的正面作用。

三、竞赛加分分析

（一）历年我校竞赛获奖加分情况分析

我们学校所组织参加的比赛，整体上分为中文和英文比赛两类，其中比赛语言为英文的比中文的要多一些。

中文类型的比赛有："理律杯"模拟法庭比赛，国家级，我校前几年成绩一直不十分理想，但在 2010 年我校取得了冠军的好成绩，参加当年比赛的同学均获 10 分加分而均推荐免试了，但 2013 年之后参加该比赛获奖的同学仅能获得 5 分的加分；全国大专辩论赛，国家级，我校进入决赛的不多，而且主要面向辩论队成员；"挑战杯"全国大学生课外学术科技作品竞赛，国家级，每年有一些学生因获得此项殊荣而加分的。今年开始新增了国际刑事模拟法庭，国际性，在海牙比赛，去年获得了第一名的好成绩；首都高校人文知识竞赛，今年我校取得了二等奖的好成绩。

英文类型的比赛有："CCTV 杯"全国英语演讲大赛和"外研社杯"全国大学生英语演讲比赛两个国家级演讲类比赛，但由于我校学生英语水平与北京外国语学校等外语特色院校有一些差距，这两个比赛我校历年来能打进决赛的机会并不多。空间法模拟法庭国内赛、人道法模拟法庭国内赛这两个都是省部级比赛，首先在国内比赛，比赛的优胜队伍将获得组委会资金支持参加国际比赛，我校在这两个比赛上历年成绩突出，经常获得国内赛前两名，也获得众多想走竞赛加分路的同学的青睐。Jessup 国际法模拟法庭大赛以及维斯国际商事模拟仲裁辩论赛这两个国际性赛事在国内也有举办比赛（国内选拔赛为省部级），但由于这两个比赛参赛院校较多，竞争较为激烈，我校在这两个比赛中的成绩会不时取得比较优秀的成绩，但对于推荐免试加分而言或许不是同学们的最佳选择。除此以外，还有我校每年成绩都不差的全国大学生英语能力竞赛，省部级，每年我校大概有 1～2 名特等奖的获得者，4～6 名一等奖获得者，2013 年之前能获得 6 分的加分，2013 年之后能获得 3.5 分加分。

由此观之，对于想通过竞赛获得加分的同学而言，中文类型的比赛往往难以保证加分，而英文比赛，特别是我校作为政法院校优势突出的模拟法庭类比赛，则是比较有保证的。从每年竞赛我校获奖情况分析来看，英文模拟法庭类竞赛由于参赛学校并不多，而我校参赛历史比较久，积累了不少经验，因此也更有优势。英语类模拟法庭竞赛也成为推荐免试加分的"大户"——每年不少同学能通过加分获得了推荐免试资格。

（二）竞赛获奖加分之合理性分析及对学生综合能力的显著提升

从我校竞赛获奖加分的细则可以看出，2013年之前竞赛加分一般分值比较大，3分、6分或8分的获得很可能使得一个不能推荐免试的同学进入推荐免试的行列了。2013年之后分值有了一定的控制，但仍然占有比较大的比重。表面上看是参加比赛的人占便宜了，但其实稍加分析这些竞赛的选人、培训以及比赛过程，就不难发现，这些加分确实是合理的。下面，以英文模拟法庭为例，分析竞赛加分的合理性所在：

1. 准入门槛高

英文模拟法庭我校一般派一支代表队参赛，组成人员一般3~8人，组员包括场上辩手和不上场的研究员。为了取得更好的比赛成绩，模拟法庭的指导老师一般对成员的要求比较高，如需要一定的英语阅读和表达能力，法学学习成绩要比较优秀，且团队合作能力较强，责任心较强。只有挑选具有这些能力和素质的队员，比赛成绩才有保障。因此，能进入模拟法庭队伍的学生一般其本身的综合能力也比较强。

2. 训练强度大

进入模拟法庭队伍之后，学生就要面临非常大的挑战了。准备比赛需要占用大量的学习生活时间，特别是在比赛前夕，所有参赛队员都要放弃不少上课和期末复习时间来备战。而且，模拟法庭一般在期末前一个月举行，不可避免地与同学们复习时间相冲突，对其成绩也或多或少会有一些影响。

3. 获奖风险大

如此高强度的模拟法庭训练，不一定必然带来比赛成绩，因为但凡比赛，其影响因素是非常多的，即便是我校历年成绩比较好的人道法和空间法模拟法庭，比赛成绩也是每年变动的。因此，如果从推荐免试的角度来说，不一定参加这个比赛就一定能如愿获得加分，即使学生确实为比赛牺牲了大量学习时间。

4. 能力提升快

抛去比赛成绩，比赛准备过程对学生能力的提升是非常显著的。一方面，准备比赛过程中大大提升了阅读英语材料的能力以及信息搜集、加工能力，这对于其他学科的学习也是大有帮助的；另一方面，在与同学讨论赛题的过程中，也学会如何表达与聆听，这对于团队合作能力的提高也是明显的。

综上，模拟法庭挑选时对学生原有的综合素质要求就比较高，而其过程又进一步提高了学生的综合素质，而且占用大量学习时间，也给学生施加了一定压力，如果比赛取得令人满意的成绩，还会为学校争得荣誉。因此，无论从学校荣誉的角度还是从学生个人素质提升的角度，竞赛加分政策有其合理性，它确实是对为比赛投入大量精力的学生的一种奖励，而且是提高学校竞赛成绩的制度保障。

（三）竞赛获奖加分的影响

从教务处公布的 2013 届推荐免试名单公示中可以看出，2013 届大多数获得竞赛加分的同学其本身学习成绩也是比较优秀的，就法学而言，一般位于每院前 30 名，而且挑选进入竞赛队伍的一般在面试环节对其学习成绩也有要求。因此，推荐免试的竞赛加分一般并不使得一些本身绝对不可能被推荐免试的同学进入推荐免试队伍，相反，能使本身有一定实力的同学在获得加分后更加稳妥地进入推荐免试队伍。

同时，竞赛获奖加分能较好地鼓励同学参加课外竞赛活动，正如前所述，竞赛是对学生知识贮备、信息搜集能力、研究问题能力、表达能力的综合考察与锻炼，确实是大学生一个较好的第二课堂，因此这一政策的正面作用非常突出。而且，正是由于这一政策，也鼓励了一些本来只想好好学习只在乎提高学习成绩的同学参与到竞赛中来，进一步提高了他们的综合素质。从学校角度来看，除了培养出全面发展的学生之外，更多学生愿意参与到竞赛中，也有利于选拔更优秀的人代表学校参加比赛，从而取得更好的比赛成绩，为学校赢得荣誉。

当然，正如项目加分细则，每个细则在运行过程或多或少会带来一些负面影响，推荐免试竞赛加分政策也不例外。2013 年之前，6 分到 8 分的加分与投入的精力相比有些过高，因为把同样精力投入到学习上能在推荐免试成绩的基础上提高 6 到 8 分几乎是不可能的，因此，一旦有一项比赛取得 8 分加分，即便对一位成绩很差的同学，也能够顺利推荐免试。可喜的是，在发现竞赛加分总体偏高后，2013 年修改的加分办法降低了竞赛加分的水平，在一定程度上改变了竞赛加分付出与收获不对等的情况。但 2013 年修改后的办法仍然存在竞赛类型中英语类居多（这对英语水平较好甚至口语表达较好的同学而言比较占优势）而英语水平不佳的同学想要获得竞赛加分就会相对比较困难的问题。

总体来看，推荐免试竞赛加分办法正面作用是较为突出的。它对于提升学生综合素质、鼓励学生参加课外竞赛具有比较明显的积极作用；同时，也为我校在各项比赛取得更好成绩提供良好的制度环境，进一步鼓励同学参与比赛为学校赢得荣誉。结合竞赛加分的具体实施，如果能增加可获得加分的竞赛类型，特别是增加非英语类型竞赛，这对于合理引导同学参加适合自己的比赛，从而全面提高不同能力组成的同学的素质，能发挥该政策所带来的积极作用。

四、结论

无论是科研创新项目推荐免试加分还是竞赛获奖推荐免试加分，表面看来其分值大，客观上确实为一些平时成绩不理想的学生提供了推荐免试的捷径，但是，如果稍加分析，就不难发现，这其实是一条投入产出比相对均衡的"捷径"。一方面，学生要获得最终加分，需要投入大量的精力，占用了不少学习时间；另一方面，最终能高质量完成国家级或市级项目以及在比赛中获奖的学生，一般也是本身综合素质较高且在此过程中努力学习进一步提升其能力的人。因此，这两项加分推荐免试的内容确有其合理性所在，它对学生综合能力的提升以及日后进一步学习研究都发挥积极作用。然而，对于此办法运行过程中所产生的负面影响，如因为该政策而在同学中产生的不公平现象，是可以通过完善该项制度而不是取消该制度来进行完善的。因为，推荐免试办法作为为学校挑选适合攻读研究生的遴选制度，其选出来的学生除了具备一定的学习成绩之外，还需要具有一定学术研究能力、科研创新能力、英语水平或者辩论能力等不同方面的能力，唯有通过这样的加分推荐免试制度，才能真正挑选出综合素质较高、日后确实能为学术界、实务界作出贡献的人才进入研究生队伍。因此，我校推荐免试虽然有其需要完善之处，但总体而言，还是发挥着积极作用的。我们要做的，正是结合历年运行过程中出现的问题，加以改善，以更好地发挥这一制度对于人才的遴选作用。

我校现行推荐免试
攻读硕士研究生办法的调查报告

——以法学院 2013 届和 2014 届毕业生为调查样本

法学院　杨婷婷　曾　蓉

摘　要　2014 年我校推荐免试政策大修订并颁布施行。推荐免试政策关乎每个学生的切身利益，也是同学们密切关注的领域。本文通过调查问卷的形式了解了法学院 2013、2014 届毕业生对我校推荐免试政策修改前后的意见和建议，以求为制度建设的进步奠基。

关键词　推荐免试　问卷反馈　改进意见

一、序言

我校 2014 年推荐免试硕士研究生工作已顺利结束。推荐免试工作自启动以来，在各项工作顺利展开的同时，也有一些同学对我校现行保研政策提出了异议，或对保研政策提出了一些改进建议。新的保研政策已经出台但并未适用于 2010 级本科生。对此，法学院专门针对参与 2013、2014 年推荐免试硕士研究生的 2009、2010 级本科学生展开关于对我校现行保研政策意见的调查活动，以形成相关数据、结论或实际建议供学校参考。

在 2013 年推荐免试工作中，法学院 2009 级共有 35 名学生获得 2013 年推荐免试硕士研究生资格。35 名同学中共 26 人有加分，其中在核心期刊发表论文加分 9 人，参加国家级或北京市级大学生创新项目加分 17 人，参加全国大学生英语竞赛、模拟法庭、空间法模拟法庭加分 5 人，学术十星加分 1 人，纯靠成绩获得推荐免试资格 9 人。在以上 35 名同学外，我院今年还有 1 名学生获得行政保研资格，3 名学生获得支教保研资格。在刚刚结束的 2014 年推荐免试工作中，我院 2010 级学生共有 39 人推荐免试研究生，其中有 37 人有加分，10 人在核心期刊发表论文，参加国家级或北京市级大学生创新项目加分 8 人，参加全国大学生英语竞赛、模拟法庭、空间法模拟法庭加分 7 人，学术十星加分 2 人，无加分 2 人，行政保研 1 人，支教保研 4 人。

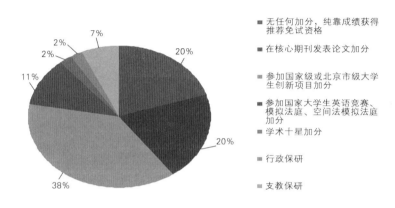

图 1　法学院 2013、2014 年推荐免试资格加分途径汇总分布

二、对现行保研政策的意见

目前，我院在 2009 级、2010 级学生范围内（包括已获保研资格和未获得保研资格学生）开展了问卷调查活动。问卷涉及对目前我校保研政策的满意程度、希望改进的加分途径、目前保研政策的优缺点及改进建议等内容，共 60 人参与到问卷调查之中。通过问卷调查，我们就数据进行了统计分析并对学生反映的意见和建议进行了总结。

调查结果反映，学生能够客观、公正地看待我校现行保研政策，绝大多数同学都从正反两方面对我校现行保研政策进行了细致思考和分析，既充分肯定了我校现行保研政策对学生带来的积极作用，同时也对政策中一些细节问题提出了自己的看法和改进意见，希望帮助母校不断改进和完善保研政策，使政策更趋于科学、合理、客观、公正，从制度上引导我校后届学生走向全面发展的能力培养方向。在调查中，学生对我校现行保研政策主要提出了以下意见：

首先，学生非常支持我校保研政策坚持以学习成绩为主的价值导向。学生认为大学生在校期间的根本任务还是知识的学习，而非其他活动，考试成绩是衡量学生学习效果、对知识掌握程度的最好标杆，也是选拔优秀学生最为公正、公平、客观的手段。学习成绩占保研分数中主要比重的导向一方面能够促使学生将更多的时间用在知识学习中，以打牢自己的知识基础，提高自己的专业水平，为以后走向工作岗位储备知识和智慧；另一方面，学生认为以学习成绩来衡量学生是最为公正的方式，以优异成绩获得保研资格也是最为学生信服的。我校推荐免试办法第二次修订稿将学习成绩占综合测评的80%提高到85%，并增加"专业必修课平均分达80分"条款，进一步提高了对学生成绩的要求，受到了大家的一致好评。

其次，学生一致认为我校现行保研政策不再仅以学生的学习成绩作为保研条件，而是采取以学习成绩为主兼顾学生的学术能力、科研创新能力、社会实践能力的方式，注重特长型人才的培养，通过创新项目加分、论文写作加分、各类竞赛加分等方式和行政保研、支教保研的制度，既引导学生在大学期间扎实学习专业知识，又促进了学生在大学期间实现全面、均衡、多元化的发展，提高了学生的综合素质。不以成绩绝对论的制度，使得学习成绩虽不突出但有一技之长的专长学生可以获得保研资格，这样不仅保护了同学的自身发展，同时也为学校、为社会发现人才、保护人才提供了渠道。还有同学认为，我校今年推荐免试名额有所增加，推荐免试范围也延伸至其他学校甚至京外地区，这为更多的同学提供了更多的选择空间。结合我校新的推荐免试办法，学生认为各项加分细则的调整具有非常积极的意义，削减各项加分比重进一步突出了学习成绩的重要性，大大减少了部分学生对"以不公平方式"在核心期刊发表论文和国家级、北京市级大学生创新项目冗、烂、差的质疑。具体来看，学生对各项加分制度发表了以下意见：

第一，绝大多数同学认为国家级、北京市级创新项目加分制度有利于全面提高学生综合素质。立项陈述、结项汇报能够增强同学的学术研究能力，小组成员在调研过程中的帮助与合作能够增强大家的团队协作能力，科研经费的合理计划使用能够提高学生的理财意识，参与实地调研活动能够切实增强学生的社会实践能力。大学生科研创新活动不失为一项将书本知识与实践相结合的锻炼，有利于同学全面发展和提高学生对社会的适应能力。该加分制度起到了非常积极的引导作用。

第二，学生认为，虽然在期刊发表论文制度一度受到部分同学的质疑，但该制度的初衷无可厚非。重视学术、培养学生的学术精神和学术能力应是每所大学尤其是法大所应倡导和推动的。在核心期刊发表论文与学术十星加分制度的引导下，有很多同学在大一时就开始尝试论文写作，经过长期训练，学生的语言文字功底越来越扎实，思考问题的方式不断进步，思想不断深化，到大三时学生都能具备较高的学术研究水平和论文写作能力，甚至超越一些研究生的水平。另外，本科阶段学术能力的培养也为学生在研究生阶段进行学术研究打下了坚实的基础，这也正是每一位硕士生导师所期待的。在我校新推荐免试办法中，将在核心期刊发表论文加分由 10 分降低到 5 分，且采用评委老师视答辩情况裁量给分的制度。学生对该修改意见的回应非常积极，认为这样设计可大大减少同学对核心期刊发表论文的质疑，大家对新规定一致给予了高度好评。同时，"学术十星"是我校本科生论文写作的最高荣誉，该活动在我校运作 11 年，已经形成了自己的风格、品牌，在学生心目中具有很高的认可度和公信力。学生对学术十星加分制度普遍表示非常欢迎。

第三，学生认为国家级、省部级竞赛加分制度是注重特长型人才培养的一种体现。通过参与大学生英语能力竞赛、模拟法庭、空间模拟法庭等活动，能使学生在校学习期间放手发展自己的兴趣爱好，培养自己的专长，使自己的强项更强。另一方面，国家级、省部级竞赛活动也促进了学生在大学期间全面、均衡、多元发展，通过参与国际、国内模拟法庭等活动，学生的思维得到了碰撞，视野得到了开阔，在与国内外高校其他同学的竞争中提高了自身的综合素质。

总之，在调查活动中学生积极发表意见，大家能够客观、公正地看待我校现行保研政策。学生都对我校现行保研政策和我校推荐免试办法第二次修订稿进行了细致思考和分析，大家都对我校现行保研政策的导向作用和此次修订稿所带来的变化给予了充分肯定。

三、对各项具体制度的改进建议

在此次调查中，学生对我校现行保研政策也提出了一些具体看法和切实可行的改进意见，希望母校的保研政策能够不断发展完善，实现科学、合理、公正，切实保障同学权益。

此次调查通过在问卷中涉及选项和开放性问答的形式，获得了同学对我校现行保研政策的宝贵意见，通过数据统计和意见整理，我们将调查所反映的内容汇总如下：

（一）学生对我校现行的保研政策的满意度

对于我校现行的保研政策，在 60 名同学中有 32 名同学表示满意，占 53%；剩余 28 人，即 47% 的同学对现行保研政策并不满意。此外，没有一位同学表示不关注保研问题。（如图 2 所示）该数据说明我校现行的保研政策总体上科学、合理、公正，能够获得多数同学的认可。另外，在被随机调查的 60 位同学中，未有一人表示对我校保研政策不关注，说明学生都对自己通过保研途径继续深造学习持有希望，非常关心，并对我校保研政策及保研情况高度关注。最后，表示不满意的同学占到

47％的比例，这表明我校现行保研政策还有不完善之处和改进空间，在保研政策的制度制定或实施过程中需要对一些环节进行重新思考或修正完善。

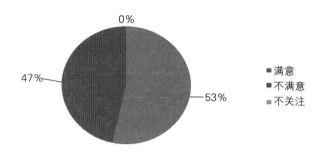

图2　对我校现行保研政策的总体满意度

（二）学生认为需要改进的加分方式或途径

具体来看，我校现行的保研政策共有成绩保研（即除英语、体育课外的必修课成绩平均分乘以85％的制度），国家级、北京市级创新项目加分制度，省部级竞赛项目加分制度（包括大学生英语能力竞赛、模拟法庭、空间模拟法庭等），在权威或核心期刊发表论文加分制度，获得学术十星加分制度，行政保研制度和支教保研制度。调查显示，在以上保研加分方式和途径中，认为成绩保研制度需要改进的有6人，认为国家级、北京市级创新项目加分制度需要改进的有12人，认为省部级竞赛项目加分制度需要改进的有2人，认为在权威或核心期刊发表论文加分制度需要改进的有52人，认为获得学术十星加分制度需要改进的有4人，认为行政保研制度需要改进的有12人，认为支教保研制度需要改进的有2人。（如图3所示）学生认为这些制度需要改进，说明大家对相应的制度存在意见，说明这些制度可能

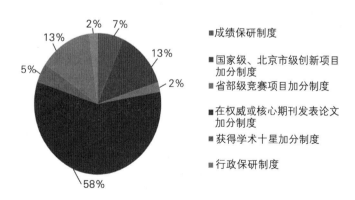

图3　同学们认为需要改进的加分方式或途径

确实存在相应的问题。数据显示，对在权威或核心期刊发表论文加分制度有意见的同学高达56%，我们需要高度重视学生对该项加分制度持有意见的原因，反思该加分政策有何不完善之处，如何改进。其次，对国家级、北京市级创新项目加分方式和行政保研制度持异议的同学也非常多，占到了13%的比例，同样需引起学校重视。

（三）学生对我校现行保研政策从宏观方面提出的改进建议

学生从整体上对我校现行保研政策提出了以下改进建议：首先，教务处、各学院应加强对各项加分项目的审核力度、严格审核程序，杜绝以不合格成果虚假加分现象。其次，要增强审核过程、选拔人员过程的透明度，每一环节都应做到公正、公开，以杜绝"靠关系通过"等现象。最后，学生还提出了一些其他创新性的建议，比如在某些环节增加学生参审、旁听、听证制度；对加分同学设置学习成绩最低要求；将成绩保研和加分保研分开分配名额；明确公布本校研究生院各专业拟招录名额，形成一个正式、统一的调剂制度等等。

（四）学生对我校换算成绩保研制度的改进建议

对于我校换算成绩保研制度（即除英语、体育课外的必修课成绩平均分乘以80%的制度），学生提出了一些建议和疑问，我们将这些建议和疑问总结为以下几个方面。首先，很多同学不明白学校排除英语和体育成绩的记分方式的用意，对此也提出了很多疑问。比如，既然英语、体育课都除外了，为什么要保留计算机这门课？因此，我们建议学校在正式规章制度中明确说明排除这两门课程的用意。第二，学生建议学校采取相应措施杜绝同学向老师要分的现象，做到改卷公正。第三，对于有平时分的科目，学生同样建议学校采取措施杜绝同学向老师要分的现象，比如可以要求老师公示平时分，以减少平时分的"人为操作因素"。

（五）学生对我校国家级、北京市级创新项目加分制度的改进建议

对于我校国家级、北京市级创新项目加分制度，学生也提出了很多建议。首先，一些同学认为很多身边同学所做项目质量不高，建议学校对项目的立项、实施、结项等环节加强审核，控制通过项目数量。最为重要的是要把好结项关，同学们都知道我校目前的现状是所有项目一旦立项成功，将一劳永逸，结项"必然"通过，因此学校一定要把好结项关，以督促同学认真、尽责地开展项目。其次，需要加强立项、结项答辩环节的透明度，以落实立项、结项的公正、公平，比如可以采取学生旁听答辩制度。最后，由于国家级和北京市级项目级别不同，同学所付出的辛苦和精力也不同，因此有同学建议区分国家级和北京市级的加分分数。

（六）学生对我校省部级竞赛项目加分制度的改进建议

对于我校省部级竞赛项目加分制度（包括大学生英语能力竞赛、模拟法庭、空间模拟法庭等），绝大多数同学都非常支持。但调查显示，在我院 39 位（2009 级）获得保送资格的同学中，通过此类竞赛获得加分的同学仅有 5 人，与国家级、北京市级创新项目加分相比，同样都是加 3 分，但参与这类活动的却少了很多。学生普遍反映对这些竞赛的信息、报名方式、比赛情况不够了解，因此，在鼓励学生广泛参与、提高综合素质、培养全面人才、发现专长人才的目的下，学校如果能够加大对竞赛类加分的宣传，能取得更为理想的效果。

（七）学生对我校论文加分制度的改进建议

对于我校在权威或核心期刊发表论文加分的制度，是学生反映最为强烈、异议最大的一个制度。在被调查的 60 位同学中，有 52 人认为该制度需要修改完善。其中，绝大多数同学认为，在权威或核心期刊发表论文加分制度的宗旨无可厚非，重视学术、培养学生的学术精神和学术能力应是每所大学尤其是法大所倡导和推动的，但从目前我们的社会现状来看，该加分制度却导致了很多不公平、不公正的现象发生，有些同学也因该制度产生了落差、抱怨，甚至激愤的情绪。学生对我校现行保研政策的异议大多集中于此项加分制度，因此我们需要高度重视学生对该项加分制度的异议和持有意见的原因，并及时反思该加分政策有何不完善之处，思考如何进行改进。有同学认为该加分制度导致了很多不公平的现象发生，本科生的学术能力不足以在权威和核心期刊发表论文，买版面、找关系等因素普遍存在，甚至在部分同学之中有"有论文，睡三年"的说法。对于改进该制度的具体方案，我院学生也提出了一些宝贵的建议，可供学校参考，比如直接降低加分分值；根据答辩表现在 1 至 10 分中裁量加分；限制加分同学的学习成绩最低要求（如平均分必须在 80 分以上）；及时公布论文答辩结果；严格期刊范围，对境外刊物和报纸类的文章审慎加分，文章必须独著；对论文形式审查和实质审查更加透明化（如设置学生旁听、监察制度）。

（八）学生对我校学术十星加分制度的改进建议

对于我校学术十星加分制度，大多数学生都非常认可，也有少数同学提出了应降低加分分值，加强审查、答辩过程的监督等建议。

（九）学生对我校行政保研制度和支教保研制度的改进建议

对于我校行政保研制度和支教保研制度，学生的建议主要集中在增加透明度方面，反映出了以下问题。首先，有很多同学对这两制度的选拔资格条件并不了解。其次，学生建议对这两制度的选拔过程进行公开（可设置学生监督审查申请材料、学生旁听面试、公开候选学生相关信息等制度）。再次，学生建议在已有行政保研的制度下，取消支教保研中"学生干部优先"条款，让更多成绩优异、具有支教热情的同学参与。

调查中，我们广泛征求同学意见，对调查数据进行了相应统计分析，对学生的意见进行整理归纳，形成上述报告。希望此次调查能够为我校在今后修正保研政策时提供参考，使我校保研政策不断完善，实现科学、合理、公正，引导学生全面发展，切实保障学生权益，促进推荐免试保研工作的持续、稳定、健康地开展。

浅议素质教育与
大学生的全面发展

刑事司法学院　吴　静

摘　要　推行素质教育是时代发展的需要，也是人的全面发展的需要。其目标是提高人的全面素质，促进人的发展。教育活动过程是教育者与受教育者双向互动的过程，在大学生思想政治教育活动的过程中，都具有主体性。发挥教育者和受教育者的主体性作用是全面推进素质教育的有效途径。

关键词　素质教育　教育主体

有着几乎和人类历史同样久远历史的教育活动，是人类的智慧得以传承的重要途径，它推动着人类社会前进，并随着人类社会的发展显现出日益紧迫的重要性。当今世界科学技术成为第一生产力，知识经济已现端倪，日益激烈的综合国力的竞争越来越体现在人才的竞争上，经济的发展越来越依赖科技和人才。教育则成为连接现代科技与经济的主要纽带和桥梁，科学技术需要由人发明创造，也要由人来推广和普及，更要由人来掌握和使用。这些都需要教育，需要通过教育把科学技术转化为劳动者的知识和能力。在这种时代背景下，素质教育越来越受到人们的关注。素质教育以提高人的全面素质、促进人的发展为目标，着重培养学生的个性和创新精神，使学生更好地适应社会的发展需要。

一、素质教育是促进学生全面发展的教育

从一般意义来讲，素质泛指一切事物的本来的性质。"素"是指构成的基本成分，如要素、元素等；"质"是指事物的根本特点，如性质、本质等。《现代汉语词典》对素质有三种解释：一是指事物本来的性质。二是指素养。三是心理学上指人

的神经系统和感觉器官上的先天的特点。① 按照《辞海》的解释，素质指人的先天的解剖生理特点，主要是感觉器官和神经系统方面的特点。素质只是人的心理发展的生理条件，不能决定人的心理的内容和发展水平。人的心理来源于社会实践，素质也是在社会实践中逐渐发展和成熟起来的，某些素质上的缺陷可以通过实践和学习获得不同程度的补偿。② 因为大多数人的解剖生理上的差异不大，但不同的个体在成长和发展的过程中各方面会出现许多差异。而心理学上所讲的素质，主要是指遗传素质或先天素质，不能完全说明人的发展差异的原因。

素质教育所讲的素质则是广义的素质概念，既包括先天的遗传素质，还包括后天的心理素质和社会素质。先天素质包括生理解剖特征，如性别、身高、体重、神经系统、感觉器官等，和生理机能特征如体质、反应速度、适应能力等，这些虽然是先天遗传的，但可以采用有效的方式，加以发展或矫正。心理素质包括：（1）认知素质与才能品质，包括智商水平、认知能力（注意力、感知力、记忆力、观察力、思维力、想象力）和才能品质（知识、技能、熟练、创造能力）等内容。（2）需要层次与动机品质，包括本能、欲望、意愿、兴趣、爱好、动机、志向、理想、信念等内容。（3）气质与性格品质，包括气质、情绪、情感品质等内容。（4）自我意识与个性心理品质。心理素质具有先天和后天因素相结合的特点。社会素质包括科学素质、政治素质、道德素质、审美素质、劳动素质等内容。③ 它的形成和发展与环境和教育有密切的关系，教育可以开发、完善人的素质，一旦形成后，将成为人在从事活动前所具有的较为稳定的、内在的、基本的品质。

当今世界，科学技术突飞猛进，知识经济已见端倪，国力竞争日趋激烈、世界经济和科学技术的迅猛发展，正日益深刻地改变着人们的生产方式和生活方式。这使得知识和人才、民族素质和创新能力成为一个国家综合国力的重要标志，成为推动或制约经济增长和社会发展的关键因素。教育是知识传播、创新和应用的主要基地，也是培养民族创新精神和创新人才的摇篮。谁能抓住历史机遇，加快培养高素质的劳动者和创新人才，提高全体国民的素质和创新能力，谁就能在未来激烈的国际竞争中赢得主动权。《中共中央国务院关于深化教育改革全面推进素质教育的决定》中对素质教育的基本内涵进行了概括：实施素质教育就是全面贯彻党的教育方针，以提高国民素

---

① 吕叔湘、丁声树主编：《现代汉语词典》，商务印书馆 1998 年版，第 1024 页。
② 《辞海》，上海辞书出版社 1987 年版，第 1222 页。
③ 刘家丰：《素质教育概论》，中国档案出版社 2001 年版，第 34 页。

质为根本宗旨，以培养学生的创新精神和实践能力为重点，造就有理想、有道德、有文化、有纪律的德智体美等全面发展的社会主义事业建设者和接班人。

相对于传统应试教育来说，素质教育在教育目的、教育对象、教育内容、教育方法、教育评价等方面都体现了其旨在促进人的全面发展的价值追求。在教育目的上，素质教育追求人的先天素质与后天素质的协调发展。在教育对象上，素质教育强调面向全体学生，并注重教师素质的发展。在教育内容上，素质教育重视德智体美等教育的有机结合。在教育方法上，素质教育注重在一定的共同要求的基础上，对学生的因材施教，方法灵活多样。在教育评价上，素质教育要求从德智体美等各个方面来评价学生的素质水平。综合来看，素质教育以提高人的全面素质、促进人的发展为目标。提倡素质教育既是应对未来世界的挑战，也是人类自身发展的需要。

二、教育者和受教育者在教育活动中的主体性

教育是在教育者和受教育者之间发生的，离开了教育者，作为有意识的实践活动的教育无从进行；受教育者不存在，教育就会因为缺少对象而中止。因而必须承认教育者、受教育者在教育活动中的独特地位。素质教育的实现离不开教育活动的实施，教育活动是教育者和受教育者合作进行的实践活动，是教师和学生教与学的互动过程的统一。对于教育活动中的教师和学生的地位和关系可以概括为两种：单一主体论和双主体论。

"单一主体论"只承认一个主体。单一主体论又分为两种具体的情况：一是指教师单一主体性，即教育者是教育活动中的主体，学生是被动接受的客体，无主体性可言。传统教育一直把教育看作是作为主体的教育者对客体的受教育者的塑造，或者说是教育者改造受教育者的活动。在教育活动中，教师面临着向学生传授知识、培养他们的习惯等教育任务，学生自然就成为教师施加教育影响的对象，或者说成为教师主体活动的客体。教师和学生以知识的授受为中介而联系起来，教师是知识的权威，学生是知识的需要者和接受者，教师控制和操纵学生的学习活动。二是指学生单一主体性，最典型的就是"学生中心论"。但是，它的实质是由教师的单一主体性转化为学生的单一主体性，否定教师在教育活动中的作用。

"双主体论"同时强调教师和学生在教育活动中的主体性。教育过程中的关系不能简单地用"主体—客体"模式来解释，内含的是"主体—客体—主体"的关系，教育者和受教育者都以共同的客体为中介，而结成主体间的关系，同时也以改造客体而达到为我的不同目的。这个共同的客体就是教育的内容，它既是学生需要认识的对

象，也是老师需要认识的对象。同时在教与学的互动过程中，形成教师与学生间的主体交往关系。在这个过程中，教师和学生都体现了各自的主体性。主体性，即主体所具有的属性，"主要指人作为活动主体在对客体的作用过程中表现出来的能动性、自主性和自为性"①。能动性包括自觉性、选择性和创造性，主要表现的是主体的能力；自主性指主体对外在的条件和主体自身的条件所拥有的权利；自为性指一切为了主体，客体为主体而存在，把内在尺度运用到对象上去，主要表现为主体的出发点和目的。在教育过程中，教师和学生都体现了各自的能动性、自主性和自为性。

首先，体现在教育活动中是一种以变革受教育者的身心为目标的实践活动，是一种有目的的而不是盲目的活动。其目的性就在于教师要以学生为变革对象。所以，教育实践活动在总体上表现为一种"主体—客体—主体"关系结构。包含两层意思：一是主观上的目的性。教师作为专门的教育者，他和学生的交往是有目的的，这就是试图改变学生的身心结构，朝其预期的方面发展。教师以其目的来选择交往行为和实施交往影响。二是认识上的"主体—主体"关系。不过，这种认识是双向的，教育活动的双方，教师和学生都要有一个相互的了解，这构成了教育活动中的认识环节。教育过程中师生间的认识关系，是一种双向的、直接的关系。所谓双向的，是指教师不仅要了解和认识学生，学生也要了解和认识教师；所谓直接的，就是教师和学生间的认识关系，不需要经过中介，是一种对象化的认识活动。作为教师，为使教育切合实际，有的放矢，必须全面了解和他交往、对话的学生，以便在实践过程中，能依据学生的特点塑造出易于和学生沟通、理解的文本。同时学生也必须了解和认识教师的教学风格、知识背景，对教师提供的各种教育内容进行认识、占有、转化。②

其次，学生是有着自己特定的学习与发展方式的自己成长的主体。任何知识经验、行为习惯等都必须经过学生自己的思考、体验和练习，才能成为学生自己的东西。学生在天资、个性、生活环境等方面存在着广泛的差异，因此每个学生都有最适合自己的学习与发展方式。在教育活动过程中，学生并不因为教师把他们当成施加教育影响的对象就成了完全被动的客体，相反，学生始终是自身意识与活动的主体。学生面对外在的各种教育影响会产生不同的情绪反应，并进一步采取不同的应对行为，如感到有趣而积极参与，感到无聊而漠然视之，感到厌倦或不满而加以抵触等等。在教育活动中，学生到底在想什么，他是否接受了教师的教育影响，他在多大程度上接

---

① 袁贵仁：《马克思的人学思想》，北京师范大学出版社 1995 年版，第 103 页。
② 冯建军：《当代主体教育论》，江苏教育出版社 2001 年版，第 264 页。

受了教师的教育影响，他所接受的教育的性质与教育的主观愿望是否一致等，这要取决于学生自身的特点和状态。所以说学生素质的发展在很大程度上取决于学生主体性的发挥及发挥的程度如何。

三、发挥教育者和受教育者的主体性推进素质教育，促进大学生的全面发展

作为教育活动直接参与者的教师和学生，本身就是有着自主意识的个体，在素质教育中体现着鲜明的主体性。教育活动是教师和学生这两个主体间的互动活动，正如亚斯贝尔斯所说："教育是人与人精神相契合，文化得以传递的活动。而人与人的交往是双方（我与你）的对话……所谓教育，不过是人对人的主体间灵肉交流活动。"[①]他进一步指出："教育是人的灵魂的教育，而非理智知识和认识的堆积。谁要是把自己单纯地局限于学习和认知上，即使他的学习能力非常强，那他的灵魂也是匮乏而不健全的。"[②] 现代教育需要教给学生的不仅仅是知识和实用的技能，更需要培养学生作为现代人的基本品质。现代社会，学校已经不可能把学生生活所需要的一切都交给他们，教育的目的是提供给学生以后所需要的观念、能力、精神、品德、习惯等品质。要实现这个目标，就需要发挥教育者和受教育者的主体性，全面推动素质教育。

首先，推进素质教育的实施，必须发挥教师的主体性作用。只有高素质的教师才能培养出高素质的学生，有效地完成素质教育的任务。苏联教育家苏霍姆林斯基说过：人只能由人来建树……我们工作的对象是正在形成中的个性的最细腻的精神生活领域，即智慧、感情、意志、信念、自我意识。这些领域也只能用同样的东西即智慧、感情、意志、信念、自我意识去施加影响。[③] 教师只有在教育活动中充分发挥其能动性、自主性和自为性，才能有效地对学生施加影响，达到最好的教育效果。

作为教师，实施素质教育首先必须转变教育观念。实施素质教育要求全体教师必须树立起以全面提高学生整体素质为目标的育人观，在教育目标的导向上，以提高学生的整体素质为核心，实施知识教育、智能教育、情感教育、意志教育相融合的教育，立足于学生身心的全面发展。对教师有以下要求：首先，教师的正确指导、因材施教是培养学生主体性的前提条件。教师应当充分了解每个学生，并为每个学生创造

① 卡尔·雅斯贝尔斯：《什么是教育》，邹进译，三联书店1991年版，第2页。
② 卡尔·雅斯贝尔斯：《什么是教育》，邹进译，三联书店1991年版，第4页。
③ 苏霍姆林斯基：《给教师的一百条建议》，天津人民出版社1981年版，第4页。

尽可能适合的环境，让学生按照自己的方式去主动学习和发展。其次，教师的指导作用只有在尊重学生的主体地位、发挥学生的主体作用、调动学生主体积极性的前提下，才能发挥出来。因为教师的作用只有当学生这一教育主体愿意接受时，才能得以发挥；反之，没有学生主体的积极性、主动性和创造性，教师的指导作用也就无从谈起。第三，避免单纯强调教学活动中"学生主体，教师主导"作用。这种观点有其内在的逻辑矛盾。其一，这种观点把教学过程分为"教授"和"学习"两个过程，以此来解释"教授"过程中"教师为主体，学生为客体"，"学习"过程中"学生为主体，教师为客体"，然后想象"教"和"学"是耦合在一起的。教和学只能从思维上加以解析，实际上是不可能分离的。任何教学活动一开始，就不会有教和学的先后更替，而是同时发生的，教伴随着学，学伴随着教。如果用分离教和学来解释双主体的话，就会造成这样一个局面：在教育过程中出现"教师中心"，在学习的过程中出现"学生中心"，整个教育过程作为教和学的叠合，就有"两个中心"，导致"两极相反"的不协调现象。① 其二，"主导主体"说看似公正地对待学生在教育过程中的主体地位，其实学生的主体是"被老师规定了的主体"，是被老师的教案规定了的主体，是教师教案表演的配角。

其次，教育活动要成功地进行，实现一定目的，必须承认受教育者的主体地位，发挥受教育者的主体性，即能动性、自主性和自为性。"不是把教育看作教育者把知识等内容灌进等待装载的心理的和道德的洞穴中去填补这个缺陷的过程，而是作为主体的受教育者对作为客体的教育内容发生作用，使之满足自己的需要和目的为自己服务的过程。"②

学生是自身生活、学习和发展的主体，他们作为教师教育活动的对象是相对的、暂时的，而作为自身生活、学习和发展的主体却是绝对的、长期的。学生在教育活动的过程中有着更加鲜明的主体性特征，这与时代精神也是契合的。"我国现代化从农业文明向现代工业文明的转换，必然要求提高个人独立意识，发展个人的主体性。所以，当代中国，人的发展趋势主要由群体本位中依附性的人走向以物的依赖性为基础的个人的独立性形态，即成为具有主体性的个人。"③ 学生是有着主观意志的自己生命的主体，有一定的自主选择和自我发展的权利。自主地选择生活，按照自己的意愿

---

① 冯建军：《当代主体教育论》，江苏教育出版社 2001 年版，第 260 页。

② 邢永富、吕秋芳：《素质教育观念变革与创新》，山西教育出版社 2002 年版，第 192 页。

③ 冯建军：《当代主体教育论》，江苏教育出版社 2001 年版，第 15 页。

去发展自己，这是人的特权，也是人的天性。学生在学校中首先是在过一种生活，学习是其生活的一个有机组成部分。每个人的生活都只能自己活，别人无法代替。特别是随着社会的发展，人们学习的时间越来越长，学习的方式越来越多，社会正在成为一个终生学习社会，学习的意义与过去相比有了很大的区别。学习不再只是未来生活的准备，而是成为一种特殊的生活，评价学习活动的成效或价值，不能只看其对未来生活的作用，还必须要看其对主体的意义。学生以怎样的状态学习，实际上就意味着他们以怎样的状态生活。因此发挥学生自身的主体性，才能使学生在后天的教育活动中不断弥补其先天素质的缺陷，并完善其心理的和社会的素质，推动素质教育的发展。

大学生产生专业迷茫
和自卑现象的反思

法律硕士学院　　邸维蛟

摘　要　针对学生思想政治教育工作中常见的"学生专业迷茫和自卑"现象，笔者借助更加贴近学生生活的恋爱情感问题的应对和处理，力求帮助学生实现触类旁通、举一反三的教育效果。笔者以一种幽默、犀利的叙述方式，将生活中人人可感知的真情实感"嫁接"于思想政治教育工作中的心理辅导体验，有助于更有效、更深刻地解决学生心理问题，也为开展心理辅导活动开辟了一条崭新的路径。

关键词　专业　迷茫　自卑　恋爱

日前，在浏览新闻时发现了《中国科学报》刊登的一篇《让学生与专业"自由恋爱"》的文章，感受颇深，文中对中国科技大学促进本科生百分百自主选择专业的举措进行了介绍，通过一系列的制度设计和配套改革措施，帮助学生选择到心仪的专业。能够做到百分百满足学生需求绝非易事，在专业复杂或者优势学科凸显的高校，学生对所学专业迷茫甚至自卑的现象更是屡见不鲜。在学校顶层设计和宏观调整的过程中，学生心理和发展辅导工作也将潜移默化地发挥重要作用。

正如笔者所在的中国政法大学，法学专业毫无疑问是优势重点学科，师资队伍实力雄厚，教学资源同样占据学校半壁江山，人们也戏把学校的专业划分为两类，即"法学专业"和"非法专业"，"非法"的一类学生会有较多的"羡慕嫉妒恨"，甚至个别人由此产生了专业自卑感和厌学情绪。正所谓"心病还须心药医"，如果仅停留在心理辅导层面，难免会令学生有所介怀；如果能够独辟蹊径地以一种趣味性、生活化的理解方式，帮助学生理清、理顺专业学习的态度，定将实现事半功倍的效果。

一位已经毕业多年的学生谈到所学专业时回味道："仔细想想，学一门专业而以后又没有靠它讨生活，其实挺浪漫的，就好像谈了一场漫长的恋爱，最后却未能修成正果。爱也好，恨也罢，有点惆怅，却无眷恋，简直像辜负了整场青春一样令人难忘。"笔者希望通过恋爱中的情感问题解读专业学习中的迷茫困惑，以更加贴近大学生生活的方式，使其在感同身受的同时，化解专业学习的郁闷和无助，懂得了人际交往的情感，也便懂得了如何与"专业"相处；懂得了宽容与时务，也便懂得了如何消融理想与现实的鸿沟。

一、学生产生专业迷茫和困惑的类型

纵观学生产生专业迷茫和困惑的类型，大致可转换为恋爱中的以下六个维度：

（一）相思暗恋型

这就是说学生在步入大学校门之前，早已树立起自己的专业目标，但往往专业的选择是由职业理想倒逼的结果。恰如小学阶段常常写的作文题目"我的理想是做一名……"，有的同学会选择科学家、工程师、医生、教师或者警察、法官、律师等等，而这几乎奠定了学生在高考前填报志愿时的信念基础。心仪已久的职业，要求自己迫不及待地追求对口专业，一旦进入了相应专业学习，大多数同学都能够全身心投入，唤醒奋发向上的精神动力。当然，这一批学生是高考大军的幸运儿，他们如愿以偿地找到了专业的归属。

（二）一见钟情型

顾名思义，这一类学生往往缺乏对某一专业的深入了解，对专业培养方式和目标更是知之甚少，当初次看到专业名录或听人介绍时，便心潮澎湃，一见倾心。这类学生在文科院系中尤为突出，特别来自"权本位、钱本位"思想浓郁的家庭或地区，都希望能够选择行政管理学、金融经济学等专业。看到此类专业名称时，往往看到了若干年后的仕途升迁和财源滚滚。当然，其中也不乏理想型学生，为了内心恪守的道德准则和远大理想，一旦见到相应的专业名称，便义无反顾地进行选择。但此类学生往往会为自己的知性选择付出代价，日子长了，会觉得远没有想象中喜爱，枯燥感油然而生。

（三）日久生情型

在盲目地进行专业选择或者被动调剂到其他专业时，学生内心会存在不适感，表现为挫败感与失落感相互交织，茫然与新奇相互渗透，对未来出现了阶段性迷失。但随着对专业学习的不断深入和对职业出路的探寻，他们逐渐发现这才是自己的真爱，由衷地感慨"众里寻他千百度，蓦然回首，那人却在灯火阑珊处"。这类学生首先靠的是坚守，如果中途选择放弃，就无法发现专业的魅力，也就丧失了获取适合自己专业的良机。人们常讲"缘来惜缘，缘去随缘"，无论结局如何，毕竟与专业"相识一场"，应当尽一名学生的本分，先把专业知识和基本技能掌握好，再去寻求改变，在这个过程中，你许会发现该专业的闪光之处，从而感叹"相见恨晚"，驻足欣赏而流连忘返。

（四）移情别恋型

在对故有专业学习的过程中，逐渐引发对其他专业的兴趣，直到"迷陷深潭，无法自拔"。从该类型的主流群体考量，这是一种学习正能量转移和输送的过程，学生极有可能提出转专业申请，或选择双专业、双学位或者跨学科升学等途径实现自己的专业理想。这个过程，呈现出学生对某一学科或领域的理性认知，知道在不同专业之间该如何抉择，明确哪个专业更加适合自己的专业。"移情别恋"绝非"喜新厌旧"的贬义内涵，而是"破茧成蝶"的一种知识觉醒，学生在知道"什么是自己想要的，什么是适合自己的"后，便会激发进取的强劲动力。这里也容易体现交叉学科的优势和特色，即学生通过学习多个专业的知识实现知识体系和框架的交叉融合，也是复合型人才的题中之义。

（五）因爱生恨型

一些同学对专业知识的渴求和对职业的追求往往来自现实生活中的偶像崇拜或者家庭影响。一个从小印刻在孩童内心中的职业形象，尤其是父母家人的熏陶，会让一个孩子从小萌发对某一职业的喜爱。还有一些生活或者影视剧中的场景，如法庭上据理力争的律师、刚正不阿的法官、治病救人的医生、传道授业的教师等等，都会让学生内心产生对某一职业的热爱和崇拜。但爱与恨只在一念之间，看似背道而驰，实则一墙之隔，而基于崇拜的情感往往不堪一击，有一部分同学在专业学习的过程中，因为老师的言行、家庭变故、社会阴暗面、违背职业道德、亲友受到不公正待遇等等突发情况，都会触动学生内心对原有职业目标的看法，部分学生会感慨"我不会再爱了"，更有甚者会表示失望透顶，甚至抨击专业和对应职业的冷漠无情。

（六）逆来顺受型

主要是指学生无奈进入某一专业学习，常常因为枯燥乏味的学习而郁郁寡欢，也会因为试图转专业无从下手而惴惴不安。面对"逆来"能否做到"顺受"是应对专业迷茫和自卑的关键环节，现实生活中大部分学生是能够做到的，但都要经历一个或长或短的自我斗争过程。在这个过程中，需要学生对客观情况和主体能力有整体把握，在"一厢情愿"地表达主观愿望的同时，也要有自知之明，要确认转换专业的条件是否完备，不能在做无用功上浪费大量的时间和精力。能够做到逆来顺受的人，时常会发出"多情自古空余恨，好梦由来最易醒"之感慨，学会知足常乐，珍惜眼前人和事，未必是一件坏事。

综上，学生对于专业的复杂情感无外乎来自以上六个方面，其中的酸甜苦辣关乎着学生的生涯发展，甚至终身幸福，如何用贴近学生的浅显方式使其明白个中道理一直是笔者思考的课题。

二、处理和应对好专业迷茫问题必须认清六个关系

要想处理和应对好专业迷茫和自卑的问题，应该帮助学生处理好以下几个方面的关系，当然，处理专业选择问题如此，应对情感问题亦如是。

（一）要学会处理坚守与求变的关系

在学生思想政治教育工作中，经常引用一句话"用勇气改变可以改变的事情，用胸怀接受无法改变的事情，用智慧分辨这两类事"，这是一种大丈夫能屈能伸的坚韧，也是"知柔知刚，知弥知彰"的智慧。在面对专业困惑时，学生首先应该知道"我能够做些什么"、"哪些我能改变的"、"哪些是客观无法改变的"……这绝不是头脑中空想，而是要在实践中探索答案。笔者一贯主张学生要不耻下问，不给自己留遗憾，人在有些时候是需要一些刨根问底的精神的。在寻求师长、相关部门的答复后，要认真、理性地对客观形势进行研判，如果通过自身努力，创造和具备一定条件可以转换专业，那么就去大刀阔斧地进行；如果客观条件或者时机决定了无法实现专业的转换，那么做一个"逆来顺受"者也无妨，要知道"塞翁失马，焉知非福"。坚守也是一种选择，同求变一样，都是要有充足条件的，绝不能盲目自暴自弃或怨天尤人，那不是一个强者、智者的应有姿态。

（二）要学会处理理想与现实的关系

在选择专业的时候要有充分的心理准备，正所谓"理想很丰满，现实很骨感"，现实往往比较残酷，除了主客观条件的变化，有时还有运气的成分。是非成败也不尽如人意，生活中我们常说"做最好的准备和最坏的打算"，凡事总是具有两面性，正确地看待和处理理想与现实的差距，不仅仅是"从哪儿跌倒，从哪儿爬起来"的精神支柱，更是"走下去，跑起来"的驱动力。事物的发展变化遵循着一定的规律，整体呈现曲折上升的态势，但是偶尔的停滞不前甚至倒退也是正常的，专业的选择并非"一选定终身"，还是有变化的空间和可能的。最充分的心理准备体现在要"业精于勤，荒于嬉"，面对一时挫折要"不抛弃，不放弃"，理想实现的路径并非唯一，

"曲线达志"也并无不可。要用理智战胜盲从，用勇气战胜胆怯。不要只是用"我欲将心向明月，奈何明月照沟渠"来自我宽慰，应该反省自身是否存在缺陷，"打铁还需自身硬"，缺少理性思考和明智判断，错失择业良机和科学决策也只能自食苦果。

（三）要学会处理专业与职业的关系

由于高等教育学科分类和专业方向的多样性，社会需求和岗位特征的开放性、直接导致了专业与职业的差异性，也就是说某一职业甚至具体到某一职位，对专业素养的要求并不明显，尤其体现在社会科学领域，直接导致了虽然学习某一专业，但未必会从事相应职业，这种情况屡见不鲜。在当下注重素质教育的背景下，综合素质和能力已经超越了"专业"，成为用人的重要参考和元标准，逐渐搭起了由"专业"通向"职业"的陆海空立体交通方式，即不同专业在不同条件下可以指向共同职业，在相互交织的职场领域，立体交通中也不乏出现人生"十字路口"，同样的专业也可能驶向不同的职业领域。所以大可不必让眼前一时的专业现状成为桎梏前进的发动机。既要有"天下何处无芳草"的释然，更要有"条条大路通罗马"的豁达。

（四）要学会处理当下与长远的关系

从时间发展的纵向脉络上看，学生对所学专业迷茫和自卑的现象时有发生；从高等院校横向分布上看，这种现象又普遍存在，既有市场经济、社会需求、教育体制和人才培养机制等宏观的原因，也有缺乏理性深刻认识、难以释然接受等主观因素的制约。但对毕业多年的学生来讲，回想起自己当初对专业的偏见或排斥，反而有种时过境迁后的自嘲和懊悔。的确，事物发展有其自然历史过程，一切都将因为时间的流逝而成为泛黄的照片。这就需要学生处理好当下与长远的关系，既要立足当下，规划未来，创造未来，更要着眼未来，调整姿态，厚积薄发，绝不能因为一时的羁绊影响未来的发展。年轻的大学生潜力无限，前途无量，专业问题的困扰可以有郁闷、无奈的情绪，但绝不可以有放任不管、自暴自弃的荒唐行为。要知道，"山重水复疑无路，柳暗花明又一村"。北京虽有雾霾，但也会有晴天，只有懂得"阳光总在风雨后"，才会兑现"我的未来不是梦"。学生面对专业选择的困惑时，最终都要通过学生的自我心理调适才能发挥作用，也需要一些方法论作为行动的指导。

三、辅导员应该如何帮助学生处理好专业迷茫问题

首先，应当帮助同学用辩证的方法看待问题。凡事利弊并存，是非同在，福祸相依，表面看虽是坏事，但未必全是坏事，避免全盘否定和自我否定。俗话常讲，"强扭的瓜不甜"，但"强扭的瓜"也未必酸，与所学专业也存在"日久生情"的可能

性，更有逆来顺受后的交叉学科的优势，享受"焉知非福"的喜悦。在此基础上，同学应该懂得物极必反、否极泰来的道理，也就是说事物的发展态势在一定条件下可以相互转化，只要积极创造条件，也一定可以化不利为有利，顺势利导，方能所向披靡。

其次，应当引导同学树立普遍联系的观点看待问题。处理与专业选择相关的问题时，正如恋爱的六种类型一样，彼此都是相互联系、相互影响的。虽然"一见钟情"，但未必长久，"移情别恋"也常有。"相思暗恋"虽有一时的满足，但"因爱生恨"也在转瞬之间。"逆来顺受"看似平淡无奇，实则洞察真爱所指。绝对不能把自己与他人孤立起来，更加不能把主观诉求与现实条件割裂开来。此外，正如上文所述，学科之间的联系更是畅通无阻，与职业的关联更是四通八达，绝不能在对某一专业有抵触情绪时，就停滞不前，自怨自艾，无法自拔。

最后，应当培养同学坚持一切从实际出发来解决问题。要做到一切从实际出发，在分析客观环境因素的同时，把握自身特殊性，找出自己适合什么样的职业，学习什么样的专业，凡事要有前瞻性，以免事到临头手忙脚乱，避免在专业选择中的盲目趋同和从众。常言道"当局者迷，旁观者清"，在遇到困惑时转换一种思维和看待问题的视角，"站在自己头顶看自己"，或许会有意想不到的收获，既是一种角色的解脱，更是一种举一反三的茅塞顿开。学会谈恋爱是一门生活的艺术，也是一例"心灵的鸡汤"，学会与"专业"谈恋爱更是一种自我认知的升华，也是一种将生活中真情实感嫁接于思想政治教育工作中的应用体验。如果你能对情感问题应对自如，认同笔者些许观点，那么相信你一定能够坦然面对所学专业，笑对人生。

传统昆曲唱法：
深化音乐教育的民族视野

人文学院 王 莉

摘 要 昆曲艺术深深根植于民族文化的土壤，传统昆曲唱法是中国艺术的精粹，是民族唱法的重要组成部分。传统昆曲唱法在气息运用、声腔运用、演唱规范及歌唱美学上都有较为系统、完备的理论基础，研究、学习、继承昆曲的演唱技巧，对继承传统、发扬传统、走向多元化的民族音乐教育有着重要的意义。

关键词 昆曲唱法 民族唱法 新民族唱法 民族音乐教育

始于明代的昆曲是中国文化与美学在艺术领域的结晶，它融文学、戏剧、表演、音乐、舞蹈、美术于一体，是富有诗情画意的舞台综合艺术。在中国古代的文化艺术体系中，昆曲被称为"戏曲之母"，常在士大夫阶层登堂入室；在没落了多年之后，昆曲再次纳入人们视野。1934年王光祈以《论中国的古典歌剧》一文获波恩大学博士学位，该文将昆曲作为中国歌剧的形式推介到西方音乐世界。六十多年后昆曲终获得了世界性的认可。2001年5月18日，昆曲被联合国教科文组织宣布为首批"人类口头遗产和非物质遗产代表作"，它不仅在19个入选项目中名列榜首，而且也是其中4个获得全票通过的项目之一，[1] 这是世界范围内对昆曲艺术在人类文化传承中的特殊地位、杰出贡献和珍贵价值的高度认定。

"昆曲、昆剧的本体是演唱艺术，这方面的内容最丰富，是作为非物质遗产最需

---

① 罗天全：《他促进昆曲艺术走向世界——王光祈〈论中国古典歌剧〉学习札记》，载《音乐探索》，2010年第2期。

要研究与传承的方面，但也恰恰是研究最薄弱的地方。"① 昆曲艺术深深根植于民族文化的土壤，其传统唱法是民族唱法重要的组成部分，可以对顺应时代发展的新民族唱法予以民族性的传统技术和文化指导。本文旨在揭示作为中华优秀传统文化的昆曲演唱艺术与新民族唱法间的互动发展，以探讨在音乐教育民族视野中的"传统昆曲唱法"这一重要内容。

一、厘清昆曲唱法和民族唱法、新民族唱法的研究范畴

作为中华优秀传统艺术的昆曲唱法是民族唱法的一个重要组成部分，与新民族唱法是同宗同源的艺术形式，对于它们的研究范围，本文是这样界定的：

（一）昆曲唱法

昆曲作为南北曲后期的典型，属于文人词曲之乐。昆曲清唱的源流与其他戏曲种类清唱的源流具有本质上的差别。昆曲清唱产生于昆剧之先，昆腔"水磨腔"一开始并非为舞台上的戏曲演出而创，因此昆曲清唱不是昆剧的附庸，而是在品位上、精神上与文人诗乐吟咏一脉相承。

在昆曲的发展史上，一直存在清唱与剧唱这两种艺术形式。② 第一，从表演上看，昆曲清唱不扮演、不化装，不穿戴行头，没有锣钹喧闹之声，故称为"清唱"③。第二，从风格上看，昆曲清唱更讲究吐字、遵守昆曲格律，具有"清"与"雅"的艺术境界；而昆曲剧唱是为舞台戏剧服务的，要服从戏曲的戏剧性要求。第三，从声腔上来看，并非所有的昆曲演唱者都学到了传统的"水磨腔"。昆腔分为"正昆"和"草昆"：④"正昆"是运用"水磨腔"的曲唱者，草昆是不得"水磨腔"要领而仅传承其某些曲辞的唱腔旋律者，前者为少数，后者为多数。在昆曲演唱中清唱者是"正昆"，而剧唱中既有"正昆"也有"草昆"⑤。

---

① 朱栋霖：《关于中国昆曲学的思考》，载《文艺研究》，2009 年第 6 期。
② 笔者按：清代龚自珍《书金伶》中论述："大凡江左，歌者有二，一曰清曲，一曰剧曲。清曲为雅宴，剧曲为押游，至严不相犯。"
③ 笔者按：任中敏在《散曲概论》卷二余论中论述："所谓清唱，盖唱而不演谓清，不用金锣喧闹之谓清。"明代曲家魏良辅在《曲律》中论述："清唱，俗语谓之冷板凳，不比戏场借锣鼓之势。"
④ 根据洛地在《韵、板、腔、调（一）——"昆"曲唱的本体构成》（载《音乐学习与研究》，1993 年第 3 期）中的阐述，昆曲界一直都有"草昆"之称，与"草昆"相对应的"正昆"是洛地在十年前也即 1983 年首次提出并已被昆曲界广为接受的说法。
⑤ 洛地：《韵、板、腔、调（一）—"昆"曲唱的本体构成》，载《音乐学习与研究》，1993 年第 3 期。

因此，昆曲的"唱"同时存在于"唱曲"与"唱戏"之中。因此，本文探讨的昆曲唱法包含昆曲清唱与昆曲剧唱两方面的演唱艺术。

（二）民族唱法

"民族唱法"中的"民族"是"中华民族"的简称，"民族唱法"则是指"有中华民族特色的歌唱方法"，"凡是采用我国语言进行歌唱的方法，都在不同程度上具有中华民族的特色，都应当称为'民族唱法'"。[①]"民族唱法"应当包括我国传统音乐中各种不同的唱法（又称"民族传统唱法"）、民族化了的"美声唱法"（又称"民族美声唱法"）、"学院派唱法"（又称"学院派民族唱法"）和通俗唱法（又称"民族通俗唱法"）四个大的类别。

"民族传统唱法"包括我国各民族演唱传统民歌、说唱、戏曲和歌舞音乐等传统音乐作品时所采用的各种唱法，如演唱汉族民歌、戏曲、说唱时所用的各种唱法，少数民族的如蒙古族的"脑各拉"唱法、"呼麦"唱法，唱纳西族的"诺罗"唱法、达斡尔族的"颤音"唱法、朝鲜族的"摇声"唱法等。此类别中的许多唱法被媒体通常称为"原生态唱法"，因为它们一般存在于传统音乐的演唱中，所以"原生态唱法"并不准确，应称为"民族传统唱法"。

本文探讨的"昆曲唱法"属于"民族唱法"中的"民族传统唱法"。

（三）新民族唱法

从"民族唱法"这一概念的时间维度来看，既包括"中国传统唱法"，又包括中国传统唱法在 20 世纪初以来的发展。"中国传统唱法"是中国古代声乐艺术的历史积淀，以及中国各民族、各地区民歌唱法、戏曲唱法、曲艺唱法等的总和。"中国传统唱法的发展"是指中国传统唱法在 20 世纪的创新，并以 20 世纪下半叶中国传统唱法受到"美声"影响后所发生的变化为代表。正是中国传统唱法的不断发展，使一种新的民族唱法在近二十年的中国歌坛脱颖而出，将其称为"新民族唱法"，即那种旨在继承中国传统声乐艺术精髓，力图把握声乐艺术共性（或普遍性），又主张吸收西洋"美声"歌唱技巧和风格的中国现代声乐表演艺术。

"新民族唱法"起源于 20 世纪 80 年代末 90 年代初，经过近短短二十年的发展，现已形成完整的唱法体系，并取得了令人瞩目的艺术成就。其主要标志是形成了以"金铁霖民族声乐教学体系"为主体的声乐教学模式，锻造出了以彭丽媛为代表的一大批民族声乐歌唱家，体现出了追求"科学性、民族性、艺术性、时代性"的声乐

---

① 杜亚雄：《"民族声乐"和"民族唱法"界定之我见》，载《人民音乐》，2007 年第 6 期。

表演美学特征，并逐渐形成了其教学曲库。①

因次，本文探讨的"新民族唱法"是与传统民族唱法相对而言的，是指传统民族唱法顺应时代的新发展。

二、传统昆曲唱法的历史内涵

传统昆曲唱法作为传统声乐演唱艺术的集大成者，在长期的实践过程中积累了相当高的演唱水平，对气息、声腔、情感、演唱规范等各个方面都有较为详备的理论体系，是民族唱法的宝贵财富和发展源泉。因此研究、学习、继承昆曲的演唱技巧，对民族唱法继承传统、走向多样化的发展有着重要的意义。

昆曲的唱法有二十字诀：气、字、滑、带、断、轻、重、疾、徐、连、起、收、顿、抗、垫、情、卖、接、撤、扳。其"气"与"字"二字是演唱技巧，其他十八字都属于表现方法。"气"、"字"二者尤以练气为最难。

（一）昆曲唱法中的气息运用

传统的昆曲演唱没有带伴奏的过门，演唱时通常连续演唱一二十分钟曲子不间断；另外，昆曲演员身着繁重的服装、道具边唱边舞，需要配合气息循环不断一唱到底。"昆曲的咬字用气尤为严格细致。因此过去京剧演员都用昆曲剧目或唱段打基础。"② 因此昆曲被公认为难唱，主要在于气息的运用上，必须要求昆曲演员掌握很多的方法，比如：

1. 换气

每一句唱词结束或句中以及由散板上板时，必须换气之处（俗称官中气口）可充分地换一口气，且换气时必须注意词句的意义。

2. 偷气

在歌唱中利用字音情感的变化，使人在不知不觉中偷换了半口气。

3. 提气

适宜于在拔高的腔调中，就着原来的气口，将气再提一下，如果这时换气则音会发浊，情感也会被打断。

4. 歇气

---

① 刘冬：《"新民族唱法"的概念、特征和利弊》，载《黄钟（武汉音乐学院学报）》，2007年第 2 期。

② 傅雪漪：《戏曲传统声乐艺术》，人民音乐出版社 1985 年版，第 68 页。

在唱腔中停顿之处，使气暂停，但不能偷气换气。

5. 缓气

在行腔中由于情感需要，将气一停再缓缓放出，缓气多半结合歇气来用。

6. 收声

唱腔中遇上滑音时，将气往内一收，如不收气则直率无情感，此种唱法多半结合偷气使用。[①]

气息是演唱和表演的基础，昆曲演唱中通过以上气息运用方法，能做到自始至终情感不断，精力不竭，并以气带声，通过气息的变化获得声音的不同效果，是值得新民族唱法借鉴学习的。

（二）昆曲"水磨腔"的演唱技巧

"水磨腔"是魏良辅创制的新腔，又称水磨调、水磨昆腔。俞平伯在《振飞曲谱》序中写道："其以水磨名者，吴下红木，作打磨家具，工序颇繁，最后以木贼草蘸水而磨之，故极其细致滑润，俗曰水磨功夫。"经过水磨功夫"磨"出来的音格外细腻柔润，富有独特的韵味。常用的润腔技巧主要有：

1. 豁腔

又名"豁头"，用于去声字，即在出口第一音之后往上扬一音，以体现转折有力的声音效果。

2. 罕腔

一般用于上声及阳平声浊音字，即在第一音前增加一个三至八度跳进下滑的前倚音，出口时要用力喷吐，体现声音的力度变化。

3. 㸌腔

主要用于上声字，属于"吞字法"，指将此音吞入不唱，吸半口气有意无音，以表现欲断还连的音色。

4. 带腔

为了使旋律线条断而复连，绵绵不断，在换气之后，轻轻带上一音以连缀后面的声腔，所带之音要虚唱，使音色浓中有淡。所带之音既可重复一音，也可级进或跳进。

5. 垫腔

旋律在上行小跳时，为增加圆润顺畅之感，在跳进的两个音之间垫上一两个经过

---

① 傅雪漪：《谈昆曲歌唱的用气》，载《音乐研究》，1958 年第 2 期。

音，成级进上行。

6. 撤腔

撤腔运用面颊和下巴这两个部位，以体现声音的有起有收、圆转飘逸。

7. 吸腔

为了使曲调婉转曲折，当遇到两音顺级上行时，可将此两音重叠而唱，但必须唱得有虚有实，轻重得宜。

8. 滑腔

即将两拍之中的一个音叠唱后顺势滑下，但所加滑腔也要虚唱，轻轻滑过。

9. 橄榄腔

橄榄腔是昆曲演唱的发声技巧，运用于一音拖长四拍以上的时值。即发音由轻而响，再由响而收，形似橄榄，它能使原来平直的长音呈现出轻重洪细的变化之美。[①]

昆曲演唱时大量运用上述这些润腔，使旋律线条柔婉曲折，音乐风格浓淡、虚实变化，给人以一唱三叹、余音绕梁之感。因此，昆曲"水磨腔"的演唱技巧无疑为新民族唱法提供了宝贵的演唱技法素材。

（三）传统昆曲演唱的规范

魏良辅在创立水磨腔之初，曾虚心向曲家过云适、洞箫家张梅谷、笛师谢林泉及同道多人学习，吸收弋阳、海盐等腔长处，并从擅长北曲的张野塘学习，他以南曲为基础，专心研习北曲唱法，使改良后的昆山腔吸纳了多种演唱艺术的精华。魏良辅在对昆山腔改良过程中写出了《曲律》，他所阐释的声腔理论，兼容并蓄，广纳众长，因而能产生普遍的指导意义，这对于以后声腔艺术的规范发展产生了重要影响，具有艺术创新的意义。

1. 择具

选择演唱的人才有三个要求：一要尽可能声色兼备，既要有声音条件又要有形象条件；二要声音响润，如果演唱者"声""色"不能兼备，应优先选择声音响润的人才；三要声音发于丹田。气息是支持声腔演唱的必要条件，魏良辅把有丹田气作为唱曲的基本要求。

2. 习曲

魏良辅强调的"声—字—腔"学曲次序，即学习演唱首先要学发声方法，把声音调理正确是基础；其次要理清文意，弄清字义，在表现曲词时吐字清晰，让闻者也

---

① 刘明澜：《论昆曲唱腔的艺术美》，载《中国音乐学》，1993 年第 3 期。

能辨"字面";第三是"理正其腔调",使之合于旋律节奏。把"腔"排在"字"后面极有道理。中国传统演唱历来主张腔调服从字音,"依字行腔",按字的声韵调设计腔调旋律走向;如果先学腔调后习字音,"以字就腔",所发之音可能违背字的平仄四声,使听者难辨字义。

3. 四声

魏良辅指出:"五音以四声为主,四声不得其宜,则五音废矣。平上去入,逐一考究,务得中正。"所谓"五音",指"宫、商、角、徵、羽";所谓"四声",指汉字的"平上去入"。唱曲时要使"五音"合于四声,为此要先考究"四声",把每个字的字音交代准确。如"四声"不辨、发声不确,不仅引起听者歧义,不知所云所物,且会字音相违,乐辞不合,拗口逆耳,失去汉字声韵调所蕴含的独特美感。

4. 曲腔

魏良辅指出:"长腔要圆活流动,不可太长;短腔要简径找绝,不可太短。至如过腔接字,乃关锁之地,有迟速不同,要稳重严肃,如见大宾之状。"行腔时,如板式较缓,要注重声腔的圆润从容,不可有拖沓之感;如板式较促,要注重声腔的简捷饱满,不可有局促之感。旧时曲家常言:长腔重腔,短腔重字。短腔本来就容易使听者难辨字音,如过分强调腔而忽视字的表现,容易混淆对曲词的理解。过腔接字是演唱中处理好字与腔的一种技巧,历来被视为演唱的关锁之地,应将吐字与行腔结合得极为自然,情绪处理得有张有缓,有条不紊地着意刻画。

5. 曲板

魏良辅指出:"拍,乃曲之余,全在板眼分明。"传统声腔极其讲究节拍,如果没有板眼,或板眼不准,吐字行腔将会拖沓无序,索然无味。魏良辅列举出"迎头板、随字而下;彻板,随腔而下;绝板,腔尽而下"。迎头板,昆曲中又称"正板"、"头板"、"实板",是演唱时字音出口之际的拍板,应字板合一;"彻板"又名"腰板",演唱时须先延长前面之腔,待拍板过后再行换腔;"绝板"又名"底板"、"截板",演唱时要等底板拍后,腔才能唱完。如果把迎头板按彻板演唱,或将绝板连接下句迎头字音,都会使平仄失调,破坏字音的表现。

6. 曲牌

魏良辅指出:"曲须要唱出各样曲名理趣,宋元人自有体式。"要注重宋元人制曲时的体式用意,把握各曲牌独有的音乐表现特征。魏良辅列举了《玉芙蓉》、《针线箱》、《二郎神》、《扑灯蛾》等曲牌并进行分类,注解了每类曲牌演唱时的风格提示,这是一种对作品的总体音乐分析,以便唱曲者能较好掌握曲牌的音乐特征。

7. 叠字

魏良辅指出："双叠字，上两字，接上腔，下两字，稍离下腔……至单叠字，比双叠字不同，全在顿挫轻便。"魏良辅在阐释吐字、行腔、拍板、曲牌后，单独列讲叠字，可见叠字在当时是一种较为常见的演唱现象，有其特殊的表现形式。魏良辅所言双叠字中的上两字与下两字在行腔时的不同之处，实际上是强调特殊的吐字（叠字）如何行腔。在魏良辅看来，声腔中字与腔的关系是极为重要的。

8. 曲唱

魏良辅指出："清唱，俗语谓之'冷板凳'，不比戏场藉锣鼓之势，全要闲雅整肃，清俊温润。"清唱和剧唱有不同的演唱要求，由于清唱常无脚色、宾白、科介、布景、道具等形式相伴，更需功底。清唱的音乐风格也与剧唱不同，通常以清丽雅致温润为主。

9. 剧唱

魏良辅指出："《琵琶记》，乃高则诚所作，虽出于《拜月亭》之后，然自为曲祖，词意高古，音韵精绝，诸词之钢领，不宜取便苟且，须从头至尾，字字句句，须要透彻唱理，方为国工。"《琵琶记》为元代杂剧之尾声、明代南曲之先声，它不同于以往南戏戏文简陋、宫调不叶、腔调缺乏规范等弊端，而是"词意高古，音韵精绝"，并融南北曲调，兼有多种声音表现形式，适宜用来提高曲唱技法。学曲时不能"取便苟且"，应选择优秀范本，将每字、每句、每腔、每板都研磨得透彻纯熟。经魏良辅"点板"，《琵琶记》成为昆山腔习唱者的入门戏本，后来又列为"江湖十八本"之首，花雅各部莫不尊之。明清各种戏曲选本，也以《琵琶记》居多。[①]

10. 曲禁

魏良辅指出，曲有"两不杂"、"五不可"，这些都是唱曲的禁忌。曲有"两不杂"是指"南曲不可杂北腔，北曲不可杂南字"。昆山腔虽并收南北曲牌，但南北曲的腔调、字音不同，如果演唱南曲时夹北腔，腔调就会失律；如果演唱北曲时用南音，字音就会混淆不清。曲有"五不可"是指"不可高，不可低，不可重，不可轻，不可自做主张"，是强调习曲者要控制好声音，随词意曲情确定声音的高下轻重，不可任意而为。昆山腔又称水磨腔，讲求"气无烟火"，更忌将声音推向极限。

11. 五难

魏良辅指出"曲有五难"，均为曲中的难点："开口难"，出声启字难在精巧；

---

① 黄仕忠：《"琵琶记"研究》，广东高等教育出版社1996年版，第40页。

"出字难"，字头、字腹、字尾难以演唱得完整圆润；"过腔难"，过腔时难以接字；"低难"，低音难以传远；"转收入鼻音难"，口腔音转入鼻音，需在腔体转换时保持音量，防止声音骤减，这也是极难的技法。

12. 伴奏

魏良辅指出："丝竹管弦，与人声本自谐合，故其音律自有正调，箫管以尺工俪词曲，犹琴之勾剔以度诗歌也。"南戏初起，以人声为主，不入弦索，这在弋阳腔中较为常见。改良后的昆山腔，极重伴奏，并有粗吹、细吹之分。粗吹以唢呐为主，敲击乐为辅；细吹以笛箫为主，弦乐和敲击乐为辅。伴奏乐器与人声的和谐要建立在正确的宫调基础之上，如果离开"正调"，就如魏良辅所言："不知探讨其中义理，强相应和，以音之高而凑曲之高，以音之低而凑曲之低，反足混淆正声，殊为聒耳。"明代何良俊《曲论》有段论述与此相似，可为佐证："如善吹笛者，听人唱曲，依腔吹出，谓之'唱调'，然不按谱，终不入律。"魏良辅还举出陈琴可所云"箫有九不吹"以证其见解。"九不吹"是"不入调"（曲腔不入宫调）、"非作家"（不是专业制曲）、"唱不定"（唱曲拍板不稳）、"音不正"（声音不准）、"常换调"（随意换调）、"腔不满"（曲腔没有唱足）、"字不正"（平上去入不正）、"成群唱"（以合唱代独唱）、"人不静"（演出场面嘈杂），这些均可不予伴奏。由此看，伴奏者对于唱曲者的宫调、板眼、行腔、吐字及演出场所等因素要有所鉴别，而不是简单地随着演唱而伴奏，以致"混淆正声"。

13. 审曲

魏良辅《曲律》既重唱曲，也重审曲，从一个问题的两个侧面论述，不为偏颇。一是"听曲不可喧哗"，强调了审曲的场所要求。二是"听其吐字、板眼、过腔得宜，方可辨其工拙"，强调了听曲时音乐审美的重点，主要是吐字、板眼、行腔。三是"大抵矩度既正"，强调曲唱要合于"矩度"。魏良辅还提到"曲有两不辨"，也是曲唱的审美要求："不知音者，不可于之辨；不好者，不可与之辨。"只有那些懂曲、知曲、喜好曲的人方可与之交流探讨，否则没有必要与之讨论。[①]

魏良辅《曲律》阐释的声腔理论，既能指导戏曲演唱，也能指导散曲演唱，能够随着昆山腔的流行而产生广泛影响。在魏良辅之前，各种声腔虽有较大发展，但缺乏规范。魏良辅《曲律》归纳总结了声腔的一般性规范，以致逐渐成为其他声腔可

① 白宁：《魏良辅〈曲律〉在声腔艺术发展中的理论意义》，载《乐府新声（沈阳音乐学院学报）》，2008 年第 4 期。

以借鉴的通则。

（四）昆曲演唱的美学思想应用

在昆曲的历史发展过程中，其美妙歌声不仅为文人雅士所醉倒，更赢得了千万民众的青睐。大约在明隆庆、万历年间，昆曲的影响就不囿于吴中一带，而是迅速传遍大江南北，成为明清之际称霸剧坛两百年之久的最大的全国性剧种。[①] 时空跨越了六百多年之后，昆曲的美妙唱腔依然回旋在舞台上，荡漾在业余曲社中。但人们在看戏时，已经淡忘了昆曲的核心是极其美妙的声腔艺术，而不仅仅是其身段表演和戏剧情节。

1. 声韵美

作为声乐艺术的昆曲，是诗歌语言与音乐的完美结合。昆曲唱腔的美，首先在于他的曲调能充分发挥汉语诗歌语言内在的声韵美。中国的汉语是单音节的语言，由声、韵、调三个要素构成。声调不仅具有区别单音字义的作用，而且蕴含丰富的音乐性。

与词乐相比，昆曲曲牌与词调同样同是一种固定的音乐形式，同样讲究歌词的平仄四声，但曲乐的创作方式与词乐不尽相同，可细分三个步骤：一是根据每一支曲牌特定的字格填写歌词；二是按照每一支曲牌特定的曲格填写歌词上的高低音乐；三是再依据歌词的声调、词意，重新订谱。一般来说，歌词写作阶段都由文人完成，他们大多恪守格律，如同填词一般，而曲调写作，特别是后期的订谱阶段，则往往到了民间乐师手里。他们依据戏剧情节、角色性质、人物性格及歌词四声的调值重新谱曲，所谱之曲都能较好地解决词与曲和谐结合的关系，使两者在表现作品内容的前提下构成有机的整体。民间乐师在处理字声关系时很注重昆曲旋律对语言声调的表述，正如魏良辅《曲律》所说："五音以四声为主，四声不得其宜，则五音废矣。平上去入，逐一考究，务使中正，如或苟且讹误，声调自乖，虽具绕梁，终不足取。"但又不让曲调机械地顺从语言四声的变化，成为四声的奴隶。昆曲唱腔在字声结合上主要具有以下三个特点：

首先，字调四声阴阳只需用于腔的开始部分，即俗称的"腔头"部分要交代清楚。腔头体现字调后，便可进入俗称"腔腹"部分的主腔或抢腔。腔腹与字调无关。昆曲在保持腔头字正的前提下，拖腔的运转完全可以根据角色性质、词情需要进行灵活的变化。

---

① 刘明澜：《论昆曲唱腔的艺术美》，载《中国音乐学》，1993 年第 3 期。

其次，集南北曲之大成的昆曲音乐，在字声结合方面采用一种"求同存异"综合南北语音的配音原则。昆曲诞生于苏州，但并不是以吴音为主，魏氏等人在改革昆山腔时，颇有远见卓识地反对采用纯粹的苏州话，又兼容并蓄地揉进了以《中原音韵》为主的北方语音，这种特殊美化的戏曲语音，通过"求同存异"，融南北音于一体，既保留吴语的特色，又采纳元代以来影响全国北方语音的长处。昆曲中的北曲宗《中原音韵》，以现在的北京语言为基础，而昆曲中的南曲则遵照《洪武正韵》，与南方的吴语语音靠近。

第三，昆曲针对汉语声韵结合的特点，将反切之法运用于唱曲，正如王骥德《曲律》所说："欲语曲者，先须识字，识字先须反切。"要发挥汉语特有的声韵美，在字声结合上不仅涉及谱曲，更与二度创作的唱曲密切相关。由于汉语的音节是由声母与韵母拼合而成，声母总是在前，发音轻而短，韵母总是处于声母之后，发音较重，且能配以较多的乐声，哼吟成婉转动听的长腔。于是昆曲抓住汉语语音前声后韵的特点加以发挥，提出反切唱音的原则，将字音分成字头、字腹、字尾三部分。这样，原来一个单音的字在声腔延长度化时，分为三个不同的音唱出，既可使字音的进行和顺舒畅，更可把字音唱得格外准确清晰。

昆曲唱腔既遵循音乐创作自身的规律，又充分挖掘和升华了诗歌语言固有的声韵美，因此它抑扬动听，腔韵悠悠，美不胜收。

2. 线条美

中国古典音乐是一种以旋律为主的线条艺术。中国的书法，通过点、横、竖、撇、捺、挑、钩、折的一定组合排列，不仅形成飞动的线条，而且给人以各种不同的声感。中国古典音乐与中国书法艺术颇为相似，也很注重线条的运用，采取线性思维的方式，即不仅注重旋律中的多样变化，更追求旋律线条，浓淡相宜、虚实相生的丰富变化，而昆曲唱腔则是一种最能体现中国古典音乐线条美的声乐艺术。魏良辅等人改革后的昆曲清柔婉折，特别是南曲，采用特慢的加赠板（8/4），一个字带上悠长的拖腔，使旋律线条极尽婉转起伏的变化。昆曲唱腔以婉转见长，其旋律线条大多呈曲折状，有波浪形、弧形、回返形、环绕形等不同的变化。

融诗歌与音乐为一体的昆曲唱腔正是以它特具的声韵美、线条美，使之成为一种富有诗意的美妙戏曲音乐，使它在中国声乐历史的长河中绵延不绝地流淌了六百多年之久，拥有如此神奇的生命力。

至此，我们已经感受到了传统昆曲唱法在气息运用、声腔运用、演唱规范及歌唱美学上都有较为系统、完备的理论基础，如果能够对其进行深入挖掘、整理、学习、创新，并运用于新民族唱法的创新发展，则对中国传统艺术有着非凡的理论价值和实践意义。

三、新民族唱法对传统昆曲唱法的沿承

昆曲产生于民间音乐之中，昆曲最早的存在形式是基于民间音乐的交汇与融合，在民间音乐的基础之上经过文人们改造而形成的。魏良辅与擅长北曲的张野塘等人综合海盐、余姚以及江南地区的民歌小调发展了昆曲，昆山腔"协声律，转音若丝，字清、腔纯、板正"，"朱唇轻启，收音纯细"。① 民间音乐的母体和雅文化的相互作用与彼此推进是昆曲生成与逐渐强盛的重要文化源泉。② 实际上新民族唱法的产生与发展对昆曲清唱和剧唱在当代的传承发展也意义重大，并且方兴未艾。

（一）新民族唱法的历史进程对昆曲唱法的延展

新民族唱法的产生经历了中国声乐史上"土洋之争"、"土洋结合"、"金氏唱法"、"多元化发展"的不同阶段，在新民族唱法的发展历程中一直在不断地继承传统，顺应时代，并及时自我修正，成为目前深受广大人民喜爱的主流艺术形式。

1. 土洋之争

新中国成立之初，中国的声乐并没有相对统一的演唱方式，西洋唱法、地方的各种唱法和戏剧唱法并存。1950 年，音乐各界人士分别于 5 月 10 日、5 月 17 日在中央音乐学院召开了两次"唱法问题"座谈会，以"建立新中国的唱法"为主题，并就如何结合西洋唱法与中国传统唱法的精华特色形成完善的歌唱体系展开了一系列的讨论。③ 这两次讨论产生了中西方声乐观激烈的碰撞，中国传统唱法和西洋唱法两派各持一方，是中国声乐史上第一次关于唱法观点的大讨论。

2. 土洋结合

1957 年，第一次全国声乐教学研讨会在北京召开。会议提出：新中国唱法应与中国人民的现实生活紧密相连，吸取中国民间传统唱法的精华，有机地接受外来进步的理论和方法，创造出一种表现新中国人民的思想情感、具有十足的民族气派、富有

---

① 程志：《关于清代宫廷的昆、弋并御》，苏州大学出版社 2005 年版，第 56 页。
② 陈学凯：《昆曲与中国的雅文化》，载《西安交通大学学报（社会科学版）》，2007 年第 4 期。
③ 马多思：《"民族唱法"诞生记》，载《中国周刊》，2013 年第 1 期。

地方民族特色的新音乐艺术，为实现社会主义新文化的目标而服务。[①] 此次会议使我国声乐界在两种唱法上基本达成一致，如何推动民族声乐的土洋结合，朝着民族声乐的二元化方向发展，成为声乐界关注的焦点。

3. 金氏唱法

20 世纪 80 年代以后，民族声乐艺术在改革开放的大潮中得以极大发展。80 年代末 90 年代初，伴随着彭丽媛等一大批青年歌唱家的不断成熟，"金铁霖民族声乐教学体系"的不断完善，"新民族唱法"逐渐形成。彭丽媛十分珍视民族声乐传统，注重吐字行腔的韵味，又大胆吸取"美声"的发声方法，故其声音贯通、轻盈、自如、明亮，音域宽，音量大，其演唱曲目丰富，风格多样，具有较强的艺术表现力，成为中国歌坛新一代民族歌手的楷模。在过去的三十年中，这种"新民族唱法"作为"民族唱法"中的一种歌唱风格，在一定意义上已成为中国民族声乐的一种新趋势、新高度、新方向。

4. 多元化发展[②]

新民族唱法的多元化发展趋势是基于对于民族本位的文化多元化的反思，具体表现为民通、民美等多种形式的跨界唱法以及各种对本民族音乐的更多关注。随着后现代主义文化思潮的影响，当前民歌演唱面临着全球经济一体化和全球文化多元化的挑战，人民开始了解构与重构的思考，为了凸显民歌演唱在世界文化体系中的优势，多元文化主义开始强调保护民族文化的生态环境，非物质文化遗产越来越受到人们的关注，新民族唱法作为非物质文化发展的多元化是自身发展的诉求，同时也是时代发展的要求。

（二）新民族唱法演唱内容和形式对昆曲传统唱法的借鉴

目前中国新民族唱法的作品可谓是百花齐放，从风格上主要体现在以下五个方面：融合艺术歌曲范畴的创作性歌曲；融入戏曲韵味与曲艺技巧的民族歌曲；与通俗风格相融合的现代民族声乐作品；传统民歌与加以艺术化的民族声乐作品；与西洋音乐异曲同工的民族声乐作品。[③] 其中融入昆曲曲调风格的新民族唱法的代表作品有

---

① 郭建民：《民族唱法与美声唱法的碰撞与融合——从"土洋之争"到"多元化发展"》，载《音乐生活》，2009 年第 7 期。

② 目前学界关于关于中国声乐的多元化特征已有部分论述，笔者在此创新地提出当前声乐的多元化发展阶段。

③ 刘晶茜：《透过青歌赛看当代民族声乐作品的多元发展》，载《大众文艺》，2012 年第 23 期。

《长相知》、《枫桥夜泊》、《梅花引》等。① 这些作品题材的选取既有对本民族音乐继承的部分，又有运用现代作曲技法和风格特征创新的部分，成为新民族唱法作品的经典之作。

总而言之，作为民族唱法中的昆曲传统唱法，其发展进程必将会对我国新民族唱法、民族声乐的发展起到积极的推动作用。在新民族唱法的发展进程中如何保护传统、继承传统、发扬传统，并形成二者互相借鉴发展的良性循环，是一个值得思考的方向。随着经济社会的不断发展，必然要求相应的精神层次同步发展，而作为源于文人文化，发展于文人阶层的、具有深刻精神内涵的昆曲不仅仅重新成为文人阶层的精神家园，也会成为民族的、世界民众的精神家园。在立足于本民族音乐教育的今天，研究、学习、继承传统昆曲的演唱技巧，对继承传统、发扬传统、走向多元化的民族音乐教育有着重要的意义。

---

① 《长相知》：汉乐府民族，石夫作曲；《枫桥夜泊》：古诗词，黎英海作曲；《梅花引》：韩静霆作词，徐沛东作曲。

如何创新性做好
留学生的辅导工作

国际教育学院　付　昕

摘　要　在过去相当长的时间内，我国为留学生提供的高等教育主要是知识教育，但最近几年，由于留学生国别、人数以及来华目的的多样化发展，再片面地强调知识教育，必然会使我国的高等教育在国际教育领域竞争激烈的环境下失去应有的一席之地。根据我国的现实情况，加强留学生辅导工作势在必行。但同时我们必须注意到，留学生的辅导工作是一项比较复杂的工作，其复杂性源于留学生既是一个特殊群体，组成群体的个体之间的差异又很大。因此，如何创新性做好来华留学生的辅导工作，就成为能否将留学生教育做好的一个关键因素。

关键词　教育　创新性　来华留学生　辅导　留管工作

随着我国改革开放的深入和经济的快速发展，来华留学生的人数迅速增加。教育部已将接受和培养海外学生的质量和数量作为衡量高等学校整体学科水平和国际化程度的重要指标。对国内各高校来说，扩大留学生规模、提高学生层次已经成为一项重要战略任务。与此同时，留学生的学习生活中时有各种各样的突发事件出现，而且此类情况的数量还在呈缓慢上升趋势，这为我们的留学生管理工作敲响了警钟。

事实上，目前我国的来华留学生管理工作中存在许多具体问题。欧美主要留学大国早已建立了有关外国留学生的法制系统和社会服务保障系统，有的国家还专门设有外国留学生管理机构，以加强管理，为留学生提供周到的服务。而我国这方面的工作刚刚起步，全国性的"高等学校外国留学生教育管理协会"及地方省市的"外国留学生教育管理研究会"仅限于在外国留学生教育、管理和服务方面做一些研究和协助工作，而留学生管理办公室的主要工作是办理留学生所需的各种手续，对留学生的很多具体困难，则爱莫能助。①

多年来，我们注重对教学内容、体系、方法的研究，而对留学生的心理状况关注不够，来华留学生辅导教育是实现我国来华留学生教育目的的基本保证。我国政府一向高度重视来华留学教育工作，把接收和培养外国留学生工作看做是我国对外交流工作的一个重要组成部分，是我国国际交流与合作的最重要的组成部分之一。来华留学生教育工作是为国家整体的外交工作服务的，是为整个国家教育发展服务的，是培养健康合格人才的基本环节。教育者按一定的社会要求，有目的、有计划地对受教育者从思想上、心理上进行引导和教育，以培养达到教育者所期望的思想品德。②

因此，怎样做好并且创新性地做好留学生的辅导工作，成为目前外国留学生教育管理工作的一大重点和难点。本文试从几项不同的创新性的辅导工作方式来对留学生辅导工作的重点、难点进行分析。

一、做好来华留学生中的"重点人"工作

来华留学生"重点人"工作，是来华留学生辅导工作的重要组成部分。"重点人"工作做好了，就能及时了解和掌握留学生的思想动态，使留学生的教育管理工作健康有序地发展，把他们"一遇到重大问题，就互相连通，集体行动"的内聚力引向正确的轨道。

（一）来华留学生中的"重点人"的分类

1. 各国领导人、政府高级官员和驻华使馆官员的子女和亲属

我们对他们要尽可能地给予关心、照顾和帮助，这样他们就可以为我们做很多有益的工作，与我们友好合作。

2. 各国来华留学生及其组织的头面人物，如领队、学联的负责人、学生会的负责人等

我们要了解、掌握这些组织的负责人名单，并定期地征求他们的意见和建议，以便不断地改进我们的工作，同时也可以掌握各国留学生的整体情况和动态。

3. 各国来华留学生中资历比较高的留学生

很多国家的留学生注重资历，"论资排辈"的观念比较重，所以这些高资历留学生在学生中的威望、影响力、号召力都很强，我们应该主动与他们接触、沟通，联络

---

① 杨军红：《来华留学生跨文化问题适应研究》，上海社会科学院出版社 2009 年版。
② 金晓达：《外国留学生教育学概论》，华语教学出版社 1998 年版，第 109 页。

感情，争取他们对我们工作的支持，以便于我们处理留学生内部的突发事件。在做这些留学生"重点人"工作的过程中，我们要精心地分析、研究他们的档案材料和有关资料，了解他们的详细情况。其中我国各类政府奖学金获得者是我们工作的重点对象，也是工作中可以使用的力量。

4. 各国来华留学生中品学兼优，对我友好，有培养前途的留学生

这些留学生可以成为其他留学生学习的榜样，对他们的辅导工作也叫"个别人"工作，这项工作难度比较大，也需要十分慎重、细致。"个别人"工作做好了，我们就可以及时了解留学生内部的情况和思想动态，避免、减少留学生中的突发事件，如殴打、游行等。在进行"个别人"工作的过程中，还要善于发现在材料中看不出来的"个别人"。

5. 各国来华留学生中对我友好的老生

事实证明，这些老生起的好作用和反作用都很大，具有两重性，很多国家的新留学生刚来，什么都不了解，老生的话就会变成"经验之谈"，不管对不对，他们都会言听计从，绝对相信。往往我们做了半天工作，还顶不上老生的几句话作用大，所以做好他们的辅导工作，就能起到很好的"正向引导"的作用，对我们做新生工作的帮助是很大的。

6. 各国来华留学生中问题比较多，经常滋事，管理难度较大的留学生

对于这些留学生，我们需要下大功夫，重点做好辅导工作。要摸清他们的心理和背景，与他们加强接触，多与他们聊天、谈心、联络感情、"交朋友"，请"重点人"留学生做他们的工作，及时给他们各种表扬、鼓励，发现问题及时解决等，以使他们逐步转变为正常的学生。其中，聊天是我们与外国留学生进行沟通的一种非常重要的手段，也是我们做外国留学生辅导工作的一种独特的方式。但与外国留学生聊天时需要许多经验和技巧。[①]

（二）来华留学生"重点人"工作的意义

首先，"重点人"为留学生提供榜样和模范，使多数留学生明白自己该做什么、不应该做什么，要努力学习，遵纪守法，与大家友好相处。

其次，"重点人"在留学生突发事件中可以发挥积极作用，使校园不受这些事件的干扰，保持安定团结。

---

① 陆应飞：《浅谈与外国留学生聊天的艺术》，见中国高教学会外国留学生教育管理分会编：《来华留学教育管理研究（2010）》，北京语言大学出版社。

第三，"重点人"学成回国后，会在本国的各个社会领域中发挥重要作用，通过做辅导工作可使他们产生对华友好心理，这样他们回国后会宣传、扩大中国在世界上的影响，成为友谊的种子。

第四，"重点人"回国后有可能成为本国各行各业的领导人，成为从事对华友好工作的桥梁，可为我国外交工作和经济建设服务。

留学生"重点人"队伍建设，选苗是基础，培养是保障。我们通过留学生社团这一载体，给"重点人"压担子，帮助他们在留学生中树立威信，以支持、扶植为主，帮助他们策划、筹备活动，同时监督他们的工作，将他们引入正轨。每学期开学时，都有留学生"重点人"活跃在迎新现场，他们指导新生办理入学手续，健康体检时维持现场秩序，组织迎新晚会等等。这些学生运用自己的语言优势，耐心细致地为同学们服务。在国际文化节、演讲比赛、公寓消防演习、新年联欢会等各项活动中，留学生"重点人"参与筹备，组织发动，起了非常大的作用。而他们在活动的过程中，也培养了工作能力，增强了责任心。更重要的是，他们在工作中与老师密切配合，增进了相互之间的了解，对老师多了信任和理解，减少了猜疑和隔阂。除此之外，"重点人"可以将学校的要求和有关精神传达给广大留学生，而留管老师面对这些骨干，工作量相对较小，能够保证管理任务和精神的有效传达，管理质量也能随之提高；另外，"重点人"与本国的同学沟通相对方便，增强了管理的效果。这样，"重点人"队伍客观上起到了分担留管教师重任的作用，同时他们有一种荣誉感和责任感，一般不会辜负老师的信任和委托，做好自己所负责的那块工作。

二、班主任是留学生辅导工作的主导者

在留学生教育管理的长期实践中，我们认识到，为留学生配备班主任是加强和提高留学生教育管理工作的重要方法之一，要使之成为制度，坚持下来，并不断加以完善。

（一）外国留学生班主任制度的重要性

外国留学生班主任制度的重要性大致有如下几点：

第一，留学生大多对中国的情况不熟悉，在留学生活中常常会遇到大大小小的学习、生活、心理等方面的困难，由于远离亲人和朋友，他们感到非常孤独和无助，为了及时发现并解决这些困难和问题，我们必须设立班主任。

第二，在学习方面，留学生大多不如中国学生刻苦，上课迟到率也较高，自由度大，随意性强。为了保证学院的教学管理工作得到较好的贯彻和执行，需要安排班主

任统计出勤率，对迟到和缺勤的学生做思想工作，及时准确地传达学校的重大活动和反映留学生的意见、建议等等。

第三，随着留学生招生规模的扩大，办公室老师的工作量越来越大，于是宏观上的程序化管理变得越来越多，有针对性的个体管理越来越少。留学生的教育管理中的小事很多，通过班主任把这些基层的小事、细节处理好，整个学院的留学生工作就有了坚实的基础。

（二）外国留学生班主任的工作内容和职责

首先，班主任要适时地、有针对性地对留学生进行法制法规教育和安全教育，注重班级的学风和班风建设等。

其次，来自不同国家的留学生受其本国文化的影响，在语言形式、思维方式、行为模式、文化价值观等方面都留下了较深的文化烙印。由于其本国文化与中国文化的差异较大，会产生不同程度的心理不适应，进入"文化休克期"。留学生在这期间会出现孤独无助、紧张焦虑以及学业进步缓慢，从而引起沮丧、懈怠等。对于这些问题，班主任应充当好"心理医生"的角色，要根据不同情况，采取不同方式，通过各种办法做好留学生的心理教育工作。

第三，班主任要重点宣传我国改革、建设和发展中的成绩，但这个过程中要注重用事实说话，不要强加于人；组织多种促进我国对外文化交流、增进留学生团结友谊的活动。

第四，关心学生是班主任工作的重要内容之一，班主任要做到"以人为本""以留学生为中心"，做到留学生生病时及时探望和关心；了解学生在学习上的困难并提供帮助；在生活上多关心学生，帮助其解决各种实际困难；了解留学生的思想、学习、生活情况，及时反映留学生的建议、意见和要求等。

第五，游览观光活动、文体活动、中国文化学习与欣赏活动等对学生有益的第二课堂活动，对于丰富学生的课余生活，了解中国的文化和风土人情，进一步学好汉语等都很有帮助。班主任除了要配合学校组织好这些活动外，还要结合自己班级的特点，组织召开班会和班内各种有意义的活动。

第六，随着留学生人数的增多和社会化管理的加大，留学生中暴力冲突、意外伤亡、各种刑事案件等突发事件有所增多，班主任应该做到尽量减少此类事件的发生，防患于未然；一旦事件发生，及时、有效、正确地处理，要了解突发事件的原因、性质、过程；保持信息畅通，及时汇报，及时到场；针对不同的事件采取不同的处理方法。

在班主任的工作当中，除了对留学生有规定性的硬性要求外，对留学生进行"柔性管理"是很有用也十分重要的。柔性管理是"在研究人们心理和行为规律的基础上，采用非强制的方式，在人们心目中产生一种潜在说服力，从而把组织的意志变为人们的自觉的行动的管理"，与刚性管理的强制性和不可抗拒性相比，柔性管理以人为本，有弹性，灵活度高，而且高效持久。针对留学生这一特殊群体特点，留学生班主任应该采用刚柔相济、以柔为主的工作方式，这样能取得更好效果。柔性管理当然不是对学生"放任自流"，而是要在管理中采取更为灵活多变的方式。留学生管理中的柔性管理指的是管理者能够较快地了解、熟悉留学生的个体情况以及文化、心理特征，并且在管理中能够根据实际情况及时调整管理的方式和手段，尊重和顾及留学生的感受。[①]

三、留学生联系人制度对预防突发事件的意义

留学生工作是以服务为基础，以引导为主要内容。具体而言，是指一些与留学生有关的大小事务都必须告诉他们该怎么办。而留学生办公室的人员编制有限，联系人制度就起到了很好的补充作用。就笔者的个人留学经历而言，日本的大学在这方面有很多的经验可以借鉴。联系人用于与留学生接触交流的时间和精力比留学生办公室的工作人员多，可以对留学生进行更充分的了解和更广泛深入的指导。留学生办公室也可以通过联系人的定期汇报更加清楚地掌握留学生的学习和生活状况，并可以适时地、有针对性地开展指导和帮助。从学校层面讲，各个职能部门在找不到留学生的情况下，也可以通过联系人与留学生联系，办理相关事务。[②]

（一）联系人制度的作用

联系人制度可以使留学生与当地同龄人的交流与沟通更直接和便捷，无论对留学生还是本国学生都是有益的。尤其是初到海外留学的留学生，可以从与当地学生的交流中获得自己所需要的学习和生活信息，更快地适应新生活。当地学生除了给留学生学习上的帮助外，还有许多符合当地生活习惯的生活小窍门和生活常识。特别是当面临困难和挫折时，留学生第一个想到的往往就是值得信赖的联系人。联系人制度对培养当地学生工作能力和异文化交流能力也是一种十分有效的方式。

---

① 乔琪、苏守波、牛书田：《论留学生管理中柔性管理和趋同化管理的重要性》，中国高教学会外国留学生教育管理分会 2012 学术年会征文汇编，大连医科大学编印。

② 刘冷馨：《双"导"结合引导学生自我管理》，载《中国教育报》，2007 年 7 月 4 日第 3 版。

（二）借鉴国外经验，建立适合我国情况的"联系人"制度

毫无疑问，在国外已经很成熟、效果很好的留学生联系人制度值得我国高校借鉴，但需要根据我们的实际情况进行改良和完善。

首先，关于联系人的外语水平的要求。由于我们对选联系人有两个最基本的条件，即一定的外语水平和强烈的责任心。目前，我国高校中韩国和俄语系的留学生较多，而他们的英语水平相当有限。中国学生中英语强的不在少数，但掌握小语种的不多。选择联系人的时候必须要兼顾中国学生和外国留学生双方的语言水平，否则就无法进行充分有效的交流。因此，我们在为留学生选择联系人时，除了尽可能吸收有小语种优势的学生外，可以考虑在中国留学时间较长、对学校情况比较了解的高年级留学生，让他们做本国学生的联系人。

第二，关于联系人与外国留学生的配对问题。对于留学生人数较少的学校，一般有条件做到"一对一"配对，而留学生规模较大的院校就会有一定的困难。大部分学院留学生的分布不均匀，应该考虑在院系间进行协调，整合全校资源，为留学生新生配备联系人。可以灵活地将配对比例进行调整，可以是"一对一"，也可以是"一对多""多对多"的形式。

第三，关于联系人责任制的落实问题。应建立一套包括联系人招聘、工作职责、工作量标准、考核评定等内容的制度。可以参照国外的"学分制"，将联系人的工作作为大学生实习学分的一个组成部分；也可以将联系人的工作设定为半志愿者半勤工助学的性质，给予一定的报酬；还可以将担任联系人作为校际交流的中国学生必须承担的义务，用活这部分力量。

留学生联系人制度在我校作为一种全新的设想，尽管仍有许多值得探讨的地方，但相信经过不断的尝试和努力，一定会成为留学生管理工作的一种有益的方法。

四、结语

外国留学生是一个特殊的群体，来自于不同的国家和地区，有着不同的社会背景，短时间内会不适应中国文化、社会环境、风俗习惯、教育体制等，心理负担较大，情绪容易波动。几乎每个留学生都会不同程度地出现学习和生活上的问题和困难，势必影响学习，所以开展好留学生的辅导工作，是留学生工作科学发展的重要内容。

对于留学生的辅导教育，特别注意不能采取简单说教的方式，而是要采用一种多数国家和社会普遍遵守和接受的法制和社会道德，通过我们的辅导工作，使留学生勤

奋好学，遵纪守法，顺利成为本国所需要，对中国认同、理解、友好的人才。我们要因势利导，以诚相待，与他们经常保持接触，建立信任关系，关心他们的学习，缓解他们心中的苦闷，切实帮助他们解决和克服困难，树立信心，顺利完成学业，成为有用人才。

留学生教育在我国方兴未艾，这为我国高校国际化水平的提高带来了难得的发展机遇。但同时，也要对留学生辅导工作的长期性、复杂性保持清醒的认识，这就要求我们要有与时俱进的思想，不断发现问题，积极探索行之有效的解决办法，只有这样才能实现教育部提出的"扩大规模，提高层次，保证质量，规范管理"的工作要求，实现我国留学生教育健康、持续的发展目标。

基于主体性生成的
高校学生组织管理行为研究

商学院　汪　澜

摘　要　高校学生组织承担着促进大学生主体性生成发展的重要职能。高等教育大众化进程中，高校学生组织面临着学分制、数字化校园、传统教育氛围和学生组织自身不成熟等诸多挑战。应对挑战，作为学生组织的管理者和指导者应当更新管理理念，变革管理行为。本文认为，扩大组织开放性、更新组织结构、注重组织平衡、提升组织文化是高校学生组织管理变革的主要趋向。

关键词　主体性　学生组织　管理行为

高校学生组织是高校的重要组成部分，主要包括由学生选举产生的学生自治组织（校院学生委员会、学生会、研究生会以及基层班团组织）和学生根据自身兴趣与需要自发成立的按照其章程开展活动的各类学生社团。高校各级各类学生组织是大学生校园生活的重要载体，在塑造、形成大学生自我服务、自我教育、自我管理、自我监督的主体意识，促进大学生主体性的成长成熟等方面承担着重要职能。当前社会信息化、经济全球化背景下，在高等教育大众化、高校后勤社会化等挑战面前，伴随着我国建设公民社会的时代需要，作为高等教育的重要阵地，高校学生组织承担着不可替代的重要育人功能。如何调整对学生组织的管理行为，更好地发挥其促进大学生主体性生成的价值，值得深入探讨。

一、高校学生组织与大学生主体性的生成

主体是一个相对性概念，指相对于"客体"而言。人的主体性不是天生的先验存在，而是后天获得的人的本质力量，是在人的实践和认识活动中生成的本质，是人

类自我意识觉醒的产物。自我意识尚未觉醒之前的人，以动物的生存方式作为统一物质世界的一个部分而存在，人以个体生命的形式存在于人与自然、人与社会、人与人之间的对象性实践关系之中，天地混沌，物我无分。主体意识的萌生则意味着人开始将自身与身处其中的对象性关系世界做出区分，将"自我"之外的一切当作客体，人的相对于客体的"自我"意识诞生，人因此而成为真正意义上的人："人能够具有'自我'的观念，这使人无限地提升到地球上一切其他有生命的存在物之上，因此，他是一个人。"①

人的主体性生成、发展于主体所处的对象性关系实践之中，是人与自然、人与社会、人与人之间的对象性关系的本质规定性。对象性关系实践是主体性生成的载体，自觉性、自主性、能动性和创造性正是主体性的深刻内涵，也是获得并实现主体性的必由之路。主体性形成和成熟最明显的标志就是越来越强的自主性和能动性，衡量社会文明的一个重要尺度就是社会为个体的自主发展所能够提供的可能和高度。苏联心理学家卡普捷列夫指出："自主性之所以重要，首先不是因为它在生活中有用，而是因为它符合创造性的自我发展。离开自主性，人就不可能获得发展。"② 同时，自主性所蕴涵的独立性和自由度还是主体创造性的源泉。主体在创造出一个新的客体世界的同时也创造出了一个与其所创造的世界相适应的新的自我，即超越了自身。创造性是主体自主性和能动性的最高体现，是主体性的核心。

培养受教育者，使其成为主体的人，确立其在社会生活中的主体地位与权利义务关系是教育的重要目的。"个性是人的主体性的个体表现。"③ 教育的目的正在于塑造人性、涵养个性，我国学者张应强教授在《高等教育现代化的反思与建构》中明确提出，高等教育的目的在于实践主体的生成。④ 他认为，教育作为人之自我建构的实践活动，是实践主体在改造主观精神世界的过程中不断自我建构、自我实现、自我超越的过程，其最终目的是使人全面地占有人之为人的本质，成为自由自觉活动的实践主体。而受教育者主体性的形成与成熟，正是这一教育目的的直观体现。青年初期的大学生正处于主体性生成的人生阶段，培养受教育者有思想、有激情、有追求的自由人格，使其成为具有自主性、能动性和创造性的主体的人，是高等教育的重要使命。

人是社会关系的总和，必须在社会关系中存在，"不同他人发生关系的个人不是

---

① ［德］康德：《实用人类学》，邓小芒译，重庆出版社1987年版，第1页。
② 谷建春：《教育主体论刍议》，载《求索》，2001年第3期。
③ 袁贵仁：《马克思的人学思想》，北京师范大学出版社1999年版，130~131页。
④ 张应强：《高等教育现代化的反思与建构》，黑龙江教育出版社2000年版，第231页。

一个现实的人"①，主体间性是个人自我主体性与他人自我主体性之间的相互认可、相互尊重和有机统一，是主体之间的一致性和开放性，是一种建设性张力。主体间性正是学生组织中大学生主体性存在的理想应然状态，学生组织中大学生之间的交往为大学生主体间性提供获得实现与成长发展的实践关系模式。

高校学生组织承担着促进大学生主体性成长发展的重要职责。首先，学生组织是大学生组成的群体性组织，是大学生主体间性生发、成长的重要载体和途径。作为大学生校园生活的重要载体，各级各类学生组织为青年初期的大学生提供了一个五彩缤纷的课外科技文化活动舞台，提供了一个大学生主体性赖以生成发展的对象性关系实践场所，青年学生通过学生组织的各类文化活动实现共同的兴趣、爱好和理想，个性、能力和素质均在其中获得全面、充分而自由的发展，大学生的主体性在其中获得成长、发展与成熟。同时，学生组织的章程和各项制度也约束、规范着青年大学生的思想和行为，促使其成长为自我教育、自我管理、自我约束、自我监督的主体。其次，学生组织成员之间平等、民主的交往和交流促进着大学生主体性及其主体间性的形成。大学生之间主体间性的实践展开，在实现其交往、归属和自我成就等各种需要的同时，促使着大学生成长为自觉的、自主的、能动的并富有创造精神的个性化主体。这些正是学生组织对大学生主体性塑造的重要意义和价值所在。

当前，经济全球化和信息时代背景下，促进大学生主体性生成，激发、培养其创新精神，正日益成为高校育人的核心目标；同时，伴随着我国社会转型与建设公民社会，高校学生组织在塑造大学生主体性方面的重要作用也得到日益广泛的关注和深入探讨。与社会发展相对应，近年来高校学生组织规模与功能日益复杂多样，活动内容和范围不断拓展深化，高校学生组织在塑造、促进大学生主体性形成与成熟方面正承担着越来越重要的不可替代的教育功能。

首先，在汹涌而来的经济全球化和社会信息化浪潮中，掌握最先进科学技术知识、获取最前沿信息的富有创新精神的人力资源，正成为世界各国综合国力竞争的关键点。知识的积累与更新成为促进社会发展的第一推动力，新兴产业也越来越依赖于思想的创新和组织的管理创新，公民的整体创新精神和创新素质成为高等教育的重要内容。学生组织内部注重民主和谐的氛围，思想言论自由，同学关系平等，加之青年学生思维活跃，非常有利于创新精神的激发和培育，可以说，高校学生组织对大学生主体性、创新精神的生成发展正日益发挥着基础性功能。其次，市场经济的完善与公

---

① ［德］黑格尔：《法哲学原理》，范扬、张企泰译，商务印书馆1961年版，第347页。

民社会的建设对人的主体性提出新要求。具有主体性的、享有平等和自由权利的独立公民，及其对法律权利义务、社会责任感、公共精神和公德意识、民主习惯与自治能力等的认可和维护，是公民社会建立的前提。高校学生组织对于形成公民社会的成员关系模式发挥着模拟性质的先导作用。高校学生组织内成员之间以及成员与组织之间的主体间关系模式正是公民在国家与市民社会的双重组织生活中的个性与共性、自由与责任、权利与义务和谐统一关系的雏形；组织成员之间虽然不具有正式契约关系，但作为一个"准社会组织"，学生组织的内部建构、分工与协作，人力资源的配置及议事决策机制等作为一种价值准则和公共精神约束规范着组织成员的行为，要求其成员必须遵守组织章程，养成独立人格，承担组织赋予的责任，并根据组织权利义务关系准则进行理性自律，培养自治能力。可见，高校学生组织不仅在大学生主体性生成方面具有重要价值，也是我国公民社会形成的重要雏形，具有深远意义。

二、当前高校学生组织面临的挑战

（一）学分制

随着高等教育逐渐完成从精英化向大众化的转轨，为适应受教育者多元化的教育需求和社会对复合型人才的多样化需要，学分制以其弹性学制及自由灵活的选课方式迅速在大学教育中得到全面推广。学分制的实行打破了传统教育教学体制下的学院和班级建制，在一定程度上增强了大学生校园生活的自由度和个性化，给传统的学生组织管理模式带来冲击：在学分制条件下，学生可以跨学院跨年级灵活选课，而且上课时间和地点安排也相对分散；学生根据自己的兴趣、爱好和未来发展方向自由选课。个性化和多样化的学习方案直接影响大学生思想、行为和交往方式，进而形成多样性和多元化的学生群体和学生组织。因此，在学分制模式下，相对于传统班级学生组织而言，学生对班集体的归属感和认同感降低，班级、年级的观念淡化，学生组织形成和开展活动的随机性大大增加，使传统学生组织的集体凝聚力和组织目标的统一性受到影响和发生改变，从而也使对学生组织管理指导的复杂性增大，难度增加。

（二）数字化校园

教育现代化的一个重要标志是校园数字化、信息化。随着校园网络的不断升级，形式丰富、内容新颖的网络文化大量覆盖大学生的校园生活，网络聊天、网络游戏、网络文艺作品等富有极强冲击力的网络文化深深吸引着青年大学生的注意力。猎奇、冒险、高自由度和高成就感的网上极限体验，在网络中获得的各种不同心理需求与情感的满足，使网络生活正在成为大学生课外生活的重要内容。相对虚拟的网络世界，现实的学生组织处于被管控和约束之中，体制陈旧僵硬，活动形式和内容单调僵化，明显缺乏创新力、影响力和吸引力。数字化校园在学生的参与热情和吸引力等方面强烈地冲击着传统学生组织的固有体制和活动方式，必然要求学生组织管理者更新管理理念，转变管理行为。

（三）传统教育氛围

传统教育观念更多注重将高校学生组织看做是在党团组织的领导和指导下对大学生进行思想政治教育的主阵地，管理指导学生组织的主要目标就是将一定的政治意识、道德规范、价值观念内化为组织的行为规范以及使组织成员形成教育者所期望的思想政治素质和道德行为素养。这种教育氛围和管理方法忽视了受教育者的主体地位，具有强制性和灌输性，组织活动形式主义严重，内容缺乏创意；忽视了学生组织自身的积极性、主动性和创造性，难以满足学生多方面的兴趣需求、交往需要和情感需要；忽略了学生组织对促进大学生主体性成长发展和个性成熟等方面的重要价值，不利于学生组织为大学生提供实践平台，促进其主体性成长的功能发挥。

（四）学生组织自身不成熟

由于学生组织成员都是处于青年初期的大学生，其阅历、能力、个性心理及社会化程度并不十分成熟，因此学生组织自身在组织形态、组织文化和学生干部素质等方面也容易出现诸多问题。就组织形态而言，一些学生组织尤其是学生根据自身兴趣与需要自发成立学生社团，对组织目标和组织愿景没有明确规划，组织结构不完整，制度不健全，活动开展没有创意，自我教育、自我约束和自我管理能力较弱，直接影响了组织成员的积极性和参与动力，致使组织本身不能科学发展和有效传承；从组织文化和学生干部素质来看，许多学生组织特别是由学生选举产生的学生自治组织，其内部管理的官僚化和学生干部的功利化、贵族化倾向非常明显。传统的学生自治组织其结构模式多以典型的科层制为主，组织的层级分明，组织成员的岗位明确，组织的权力范围从高到低实行金字塔似的层层节制。这种层级节制的官僚体制虽然具有分工明确、程序规范和系统完整等优势，但是由于决策权过分集中在少数人手中，缺乏有效的横向沟通，缺乏组织成员的民主参与和有效监督，在一定程度上削弱了学生组织活力，抑制了其他组织成员的积极性和创造性，容易导致学生组织凝聚力不强，团队精神缺乏，也极易滋生学生干部的官僚化和贵族化心态，难以形成积极健康的组织文化。因此，学生组织自身的不成熟也是阻碍学生组织发挥促进大学生主体性生成的障碍性因素。

三、高校学生组织管理行为对策分析

高校学生组织活跃于第二课堂，与大学专业教育共同承载着促进学生全面发展的育人使命。高等教育大众化进程中，学生组织对大学生主体性成长发展的重要价值在大学教育目标实现过程中日益凸显，要求学生组织管理者不断适应时代发展，深入探析学生组织运行机理，更新管理理念，改进管理行为模式，促进学生组织功能与价值的充分实现。

（一）扩大组织开放性，增强学生主体参与意识

任何一个组织，只有保持开放性，不断与外部环境进行物质、能量和信息的交换，才能不断地获取组织发展动力，获得组织自身的生存、进步和发展。高校学生组织不仅是大学组织的重要组成部分，也是隶属于社会大系统的一个子系统，只有对内面向全体大学生，对外面向各相关社会组织和机构，保持开放性，以满足受教育者全面发展的需要为组织发展动力，才能使学生组织充满活力，实现学生组织的可持续发展。

在学生组织管理行为中，有意识、有目的地扩大学生组织的开放性，才能增强学生组织的吸引力，增强大学生的主体参与意识，保证学生组织对大学生主体性生成的重要价值得以充分实现。中共中央国务院《关于进一步加强和改进大学生思想政治教育的意见》明确提出，要紧密结合全面建设小康社会的实际，以理想信念教育为核心，以爱国主义教育为重点，以思想道德建设为基础，以大学生全面发展为目标，坚持以人为本，贴近实际、贴近生活、贴近学生，努力提高思想政治教育的针对性、实效性和吸引力、感染力。[①] 针对性、实效性和吸引力、感染力来自于大学生的学习生活实际，扩大学生组织开放性，增强大学生主体参与意识，首先要求学生组织回归生活，回归社会，以满足大学生求知、求美、交往、归属、爱以及自我发展、自我完善、自我实现等需要为组织目标，把学生组织的思想政治教育功能和主体性养成功能建立在满足大学生需要的基础之上。

首先，要注重满足大学生情感归属与社会交往的个体性需要。个体的独立与自主意味着他人的对象化，因此主体自我意识的形成伴随着孤独感而诞生。青年初期的大学生人生观和世界观还不够成熟、坚定，情感的迷茫与对世界的未知相伴相随，孤独

[①] 中共中央、国务院：《关于进一步加强和改进大学生思想政治教育工作的意见》，载《人民日报》，2004 年 10 月 15 日。

感是主体性初步形成时期的大学生在情感方面的主要体验，而日益激烈的学业竞争和择业竞争往往使孤独感演化为紧张、焦虑、挫折等严重心理危机。学生组织的出现与存在，为学分制下缺乏情感归属的大学生提供了可以满足社会交往的学习生活环境。学生组织成员虽然来自不同专业和年级、班级，但都属于同龄人，在同一文化环境下，很容易沟通交流，弥补彼此之间心灵和情感上的空缺，获得情感归属和心理满足；同时，学生组织中的社会交往体现着大学生主体间关系模式，组织成员经常处于联系紧密的群体之中，共同经历着学习和生活，在现实的交往关系中个性获得充分全面的发展；成员们在追求实现共同理想的组织活动中锻炼能力，提高素质，成员间的社会认同作为无形监督帮助着个体形成健康良好的自我认同，积极地促进着大学生在人格品质、社会性等各方面的自觉提升和主体性的形成与发展。因此，对学生组织的管理要着重体现其情感与社会交往功能，如加大对大学生心理互助和素质拓展类学生组织的支持力度，发挥大学生自身主体作用，应对学业压力和就业竞争，凸显学生组织的心理支持功能和团队归属感；在学生组织内部建设方面要采取措施，加大学生组织内和谐氛围建设力度，营造积极、健康、和谐的组织环境，唤醒学生的主体意识，激发学生的参与热情，从而增强组织的吸引力和生命力，吸引更多学生参与。

其次，要注重满足大学生权益维护与提高适应能力等社会性需要。对权利义务关系的认知和确立是主体性意识形成的重要标志。伴随着市场经济不断完善，社会成员的公民意识和权利意识也不断觉醒，大学生作为拥有合法权益的高校主体，维权意识和行动日益增强，学生组织在依法治校、促进和谐校园方面的功能和作用近年来也得到重视。学生组织的维权行为在大学生与学校之间能够有效沟通，发挥着桥梁和纽带作用，同时也为大学生的自我教育和自我管理提供着规范和途径。学生组织的管理应当改变传统教育观念，支持学生组织充分发挥维权功能，吸纳学生组织进入学校议事决策系统，并鼓励大学生成立与自己学习生活等切身利益密切相关的自治性组织，如学生治安保卫工作委员会、学生自律委员会、学生公寓自我管理委员会、学生就业创业服务中心、勤工助学服务中心等，在自我服务与自我管理中促进大学生主体性发展。另外，为提高学生的社会适应能力，要充分发挥学生组织的准社会属性，在学生组织管理中加强组织与社会机构的沟通交流，在走出校园的社区服务和志愿服务等社会实践活动与引进校园文化交流活动中帮助大学生深入了解社会，了解国情，了解世界，使学生的主体性日趋成熟。

（二）更新组织结构，加强制度建设

随着信息技术在行政管理中的运用，传统金字塔式的组织结构向扁平化网络型组织结构转变已成为组织发展的新趋向。更新组织结构，加强组织制度建设，是提升组织管理行为、提高学生组织运行效率的有效对策。

传统金字塔式组织结构层级严格，体制功能具有官僚化倾向，组织运行程式化且缺乏灵活性，难以满足个性化需求。扁平化网络型组织结构应行政管理信息化而产生，组织系统与其组成部分的子系统以及各子系统之间形成网状联结，管理中心直接将信息指令传达到组织各子系统终端并由回路获取反馈，管理过程中出现的问题通过对各子系统负责人举行不定期会谈获得沟通解决。相对金字塔组织结构，扁平化网络状结构的组织管理模式的运用减少了管理的中间层级，管理中心与各学生组织终端之间能直接沟通，信息通畅，有利于工作程序简化和提高效率；终端学生组织之间的交互式联络与信息的共享可以促进组织运行过程中的自我管理和自我监督，有利于组织之间的资源共享和优势互补。对于学生组织内部结构而言，这种新型学生组织规模缩小，组织结构层级减少，决策的权威性在一定程度上被削弱，组织内成员民主化与成员观念多样化倾向增强，有利于形成平等、信任、合作的组织氛围，从而激发组织成员内在潜力和创新能力，增强组织成员的参与感和责任感，促进学生组织绩效提高；另外，组织功能细化和组织目标个性化，有利于增强组织行动的针对性，对外界反应更为敏捷，能更好地适应大学生多元化和个性化的需求，增强组织的回应性和吸引力，更好地发挥学生组织对大学生主体性发展的促进作用。

加强组织的制度建设与更新组织结构同等重要。"最佳的管理是一门实在的科学，其基础建立在明确规定的法律、条例和原则上。"[①] 制度是规约组织与外部环境及组织内部各构成要素之间相互关系的条例和规则。制度约束和引导着组织成员的行为标准与行为范围，规范着组织成员的价值观，联系着组织结构，维系着组织运行。适应外界环境变化进行制度变革和制度创新以调整组织内部结构与运行方式，是组织生存与发展的必然要求。针对当前大学学生组织存在的问题，首先，应当坚持必要的审批制度，在充分尊重各类学生组织自发性、自主性的基础上，在学生组织成立时，对组织发起人、组织章程和组织成员管理等组织成立条件进行把关和积极引导，加强对学生组织的宏观管理，使其自主性、自发性与规范性有机统一；其次，要积极通过项目化的制度杠杆，即通过项目分析、项目选择和项目实施对学生组织的活动进行有效引导，使学生组织开展的活动及由此形成的组织文化朝着高层次、高品位的方向发展；再次，要重视对学生组织骨干的培训培养制度，建立一整套对组织负责人的考

---

① 彭新武等：《管理哲学导论》，中国人民大学出版社 2006 年版，第 46 页。

察、培养、考核和评价制度，加强学生组织骨干队伍的建设；最后，还要注重建立对学生组织的调研和专题研讨制度，通过召开学生组织建设发展专题工作会，及时总结学生组织建设中的成功做法，关注和研究学生组织发展中出现的新情况、新问题，把握高校学生组织发展的规律，为学生组织的健康发展不断提供理论支持。

（三）注重组织平衡，实行目标管理

当一个组织建立起来以后，组织的生存和发展就成为组织的最终目的，怎样达到这一目的呢？关键在于要使组织成员获得一种贡献与满足的平衡，这就是美国著名管理学家巴纳德所提出的"组织平衡理论"，亦称"组织存续理论"。这里所说的贡献，就是指组织成员为实现组织目标所做的工作或所付出的代价，与此相对应的是，组织应当提供必要的诱因，以满足组织成员的个人动机和需要。所谓诱因，就是指组织所提供的吸引组织成员的因素。如果组织提供的诱因与组织成员的个人贡献达到平衡或超过其个人贡献，组织就可以实现平衡，就可以生存和发展；否则组织就会出现衰弱乃至消亡。[①] 对于高校学生组织而言，管理者应当通过动用多种多样的诱因来实现组织平衡，既包括组织文化建设和氛围的营造，使组织成员实现理想的满足、参与感、成就感以及团队精神，也包括物质奖励，如建立健全对组织成员的激励奖励机制，对表现突出的学生组织负责人及其成员，通过授予荣誉称号、设立奖学金等方式进行表彰和奖励。同时，管理者应善于运用多种诱因相互配合并使之有效地分配给各个组织成员，以此来发挥组织对其成员的吸引力，使组织成员愿意并确实能够进行正式协作，为实现组织的共同目标作出贡献。

在对学生组织的管理上可以实行参与式的目标管理，即依据各类学生组织的职能职责以及任务要求，通过组织成员的参与、建议和讨论，确定组织的整体目标；鼓励和支持组织成员根据组织目标制定部门目标和自己的个人目标；管理者只是按照一般监督和例外原则对重大问题过问和指导；通过组织成员自己进行目标结果检查和总结。对学生组织采取这种参与式的目标管理，有利于促进成员自治和自我进步，鼓励组织成员充分发挥自己的积极性、创造性和主动性，激发其事业心，通过这种过程管理，也有利于促进组织成员主体性的生成和发展。

（四）提升组织文化，建设学习型组织

组织文化是组织内成员个人和组织群体所具有的在语言、思维方式、信仰和态度、价值观、道德与偏好、行为规范和人际关系等方面相类似的内在精神品质和行为

---

① 丁煌：《西方公共行政管理理论精要》，中国人民大学出版社 2005 年版，第 126 页。

方式。组织文化以组织核心价值观的方式规范着组织成员的基本思维模式和行为模式，鲜明积极的组织文化有助于组织成员对组织的认同，促进着组织凝聚力的提高，激励组织成员提高效率。组织文化具有多元性、独特性和延续性，任何一个组织都可以形成独特的、不同于其他组织的文化价值观，并且在相当时期内传承延续。

通过建设学习型组织提升学生组织文化，对当前高校学生组织的建设发展，培育健康积极的组织文化价值观和大学生主体性的养成，有着非同凡响的作用和意义。学习型组织理论是 20 世纪 80 年代以来随着信息革命、知识经济时代进程的加快，传统的组织模式和管理理念已越来越不适应现实环境，为增强组织的竞争能力，延长组织寿命，以美国麻省理工学院教授彼得·圣吉为代表的西方学者，吸收东西方管理文化的精髓，提出的以"五项修炼"为基础的组织管理理论。学习型组织建设包括五个组成部分：系统思考、自我超越、心智模式、共同愿景和团队学习。对于高校学生组织而言，系统思考，要求培养学生组织的大学生成员熟悉组织的各个要素，通过整合这些要素参与组织设计，提高他们对组织系统的了解，在处理问题时扩大思考的空间，建立系统的处理模式，促进每个人的学习；自我超越，要求帮助组织成员在认识客观世界的基础上，创造出最理想的工作环境，不是用降低理想来适应环境，而是通过不断的学习和超越来达到理想；改善心智模式，要求检查和修正组织成员以局部或静态思考方式为主的心智模式，克服原有习惯所形成的障碍，向注重互动关系与动态变化的思考方式为主的共同心智模式转变，促进组织成员之间开放互动，为全体组织成员凝聚组织目标创设心理环境；建立共同愿景，要求组织成员在共同的理想、共同的文化、共同的使命作用下，凝聚在一起，为了一个共同的未来目标努力工作；团队学习的修炼，要求通过深度会谈和讨论，使组织成员均养成终身学习、全过程学习和全员学习的习惯，形成组织良好的学习氛围。

通过建设学习型组织，不断提升学生组织文化，其最终目的在于改革传统学生组织官僚化倾向，促进大学生之间相互学习，实现组织成员在工作中学习、在学习中工作，达到二者的真正融合，同时发挥组织的自主性和团队效应，促进组织成员主体间性生成和大学生主体性养成。

队伍建设篇

DUI WU JIAN SHE PIAN

教师在高校育人工作中
的角色探讨

比较法学研究院　薄燕娜

摘　要　依据职能内容进行"学生工作"概念的界定是与其工作模式密切相关的。传统的学生工作模式受到冲击，主张构建新型学生工作模式取决于市场经济这一外在动因、高等教育改革的内在驱动、法制化作为催化剂的影响等因素。多种新型学生工作模式的主张都将学生工作着眼于学生的全面发展和高素质创新型人才的培养，同时并没有否定其中教育、管理、服务三方面作用的发挥。基于既有的职能主张使得学生工作在高校整体工作中被弱化，高校教育以实现学生全面发展的"育人"为目标，"育人"是教育、管理、服务、发展等概念的合成词等，高校学生工作"育人模式"的概念被提出。在高校育人工作中，教师发挥的主导性作用和其教书育人的角色回归将通过发展专业化的辅导员队伍、推行教师兼任班主任、尝试建立个人导师制而实现。

关键词　学生工作　育人模式　教师　育人角色

一、高校学生工作模式的变革

（一）"学生工作"概念的评说

在目前有关学生工作的理论研究文献中，少有对"学生工作"概念辞源的考证，更多的是结合学生工作的职能而进行的概念界定。有主张认为："学生工作是指那些直接作用于学生，由专门机构和人员从事的有目的、有计划、有组织地发展、养成、提高学生政治、思想、品德、心理、性格素质和指导学生正确地行为的教育、管理和服务工作。"① 因为"学生工作"的概念界定既无法律也无政策文件作为依据，从学生工作职能的内容出发去界定这一概念是无可厚非的。但依据职能内容界定概念必然决定了"学生工作"的概念是发展的，是与学生工作的模式密切相关的。

新中国成立后，学生工作等同于"学生思想政治工作"，毛泽东1957年《关于正确处理人民内部矛盾的问题》中强调指出，"没有正确的政治观点，就等于没有灵魂"，"我们的教育方针，应该使受教育者在德育、智育、体育几方面都得到发展，成为有社会主义觉悟的有文化的劳动者"。这一时期，学生工作中的教育职能凸显；进入拨乱反正时期后，1978年教育部发布的《全国重点高等学校暂行工作条例（实行草案）》恢复了1961年《中华人民共和国教育部直属高等学校暂行工作条例（草案）》中"掌握本专业所需要的基础理论、专业知识和实际技能，尽可能了解本专业范围内科学的新发展"的高校基本任务，高等教育由思想政治教育转向专业教育为主，学生工作中的"管理"职能逐渐呈现；1990年国家教委《普通高等学校学生管理规定》定义了"学生管理"，"是指对学生入学到毕业在校阶段的管理，是对高等学校学生学习、生活、行为的规范"②，"学生管理工作"成为学生工作的正式术语，这一时期教育和管理工作并重；中国高等教育的体制改革在1992年邓小平同志南方讲话和中国共产党第十四次代表大会召开的时代背景下走向深化，学生工作开始承担服务的功能。有关学生工作的理论研究中，英美的"学生事务管理"的概念得到了应有的关注。"'学生事务'是指学生课外活动和非学术性事务，'学生事务管理'是指高校对学生事务的计划、组织和领导。"学生事务管理的宗旨为通过服务促进学生的全面发展。③ 这一概念坚持以学生为中心，坚持"管理就是服务"、"以服务促发展"的理念④，能够更加客观全面地涵盖学生工作中教育、管理、服务、发展等多方面的内容。

（二）高校学生工作模式的既有学说

1. 变革传统的学生工作模式

传统的学生工作模式区别于新型的学生工作模式，两者的界分源于高等教育改革和素质教育的全面推进，并无明晰的界分时点。"传统的学生工作模式是在计划经济

---

① 吕晨飞：《我国高校学生工作职能的变迁与启示》，载《北京教育·高教》，2008年第7~8期。

② 《普通高等学校学生管理规定》（中华人民共和国国家教育委员会令第7号）第4条。

③ 徐豪：《英国高校的学生事务管理及启示》，载《航海教育研究》，2007年第3期。

④ 马燕慧：《浅谈高校服务主导型学生工作模式》，载《学理论》，2010年第14期。

条件下，高等学校的学生工作是通过对学生的教育和管理使学生不断强化成才目标，而这个成才目标主要是管理者根据国家的需要而设立的；新型的学生工作模式是在市场经济条件下，高等学校的学生工作是通过对学生的教育、管理和为学生发展服务，使高等学校的培养目标和学生的自我发展的目标逐步达到认同和统一的过程。"①

传统的学生工作模式受到冲击，主张构建新型学生工作模式取决于以下方面的因素：

其一，市场经济是构建新型学生工作模式的外在动因。基于市场经济需求的多样性，高等教育中国家的培养目标必然要迎合市场的需求，学生的学习内容、生活方式和就业形式等因此而发生变化。市场经济的多样性需求又依赖于市场经济的竞争性，高等教育的培养目标不可计划，不具有统一性，学生培养中缺失"度"的量衡就难以将学生作为均衡化管理的对象。构建新型学生工作模式是市场经济作用的必然。

其二，高等教育改革是构建新型学生工作模式的内在驱动。1985 年 5 月《中共中央关于教育体制改革的决定》明确指出："当前高等教育体制改革的关键，就是改变政府对高等学校管得过多的管理体制。在国家统一的教育方针和计划的指导下，扩大高等学校的办学自主权，加强高等学校同生产、科研和社会其他各方面的联系，使高等学校具有主动适应经济和社会发展需要的积极性和能力。"高等教育的体制改革蕴含了学生工作方式的变革，享有自主权的高校以"治理"替代"管理"，成为治校的有效手段。1999 年《关于深化教育改革全面推进素质教育的决定》指出："实施素质教育，就是全面贯彻党的教育方针，以提高国民素质为根本宗旨，以培养学生的创新精神和实践能力为重点，造就'有理想、有道德、有文化、有纪律'的、德智体美等全面发展的社会主义事业建设者和接班人。"素质教育的结果必将发挥学生的主观能动性，实现学生的全面发展，素质教育也成为构建新型学生工作模式的内在要求。

其三，法制化是构建新型学生工作模式的催化剂。《中华人民共和国高等教育法》第六条第二款规定："国家鼓励企业事业组织、社会团体及其他社会组织和公民等社会力量依法举办高等学校，参与和支持高等教育事业的改革和发展。"为了满足人民群众对高等教育不断增长的需求，以国家投资为主，社会、个人共同参与，公办学校和民办学校共同发展的多元投资高等教育的格局已经形成。从计划经济体制下的

---

① 陈发瑶、姜群瑛：《高校学生工作"管理 - 服务 - 发展"模式研究》，载《黑龙江高教研究》，2001 年第 6 期。

精英高等教育模式向中国特色的市场经济体制下的大众高等教育模式转型也成为高等教育改革的主要发展方向。伴随着我国高等教育市场化、大众化的逐步深入，学校和学生的关系发生了深刻变化，学生不仅是教育的接受者，还是教育的投资者和教育的消费者。由于高校学生法制意识与维权意识不断增强，高等教育的成本分担①也使得他们对其应有的权利更加关注，学生在学校教育中的地位由被动接受者渐变为主动的参与者，高校与学生之间的关系不再是传统的管理与被管理的关系，传统的学生工作模式在依法治校的过程中越来越不合时宜。因此，学生工作必须树立"以人为本"的理念，着眼于学生的全面发展和育人目标的实现。

2. 构建新型学生工作模式的主张

在变革传统的学生工作模式、构建新型的学生工作模式的主张中，有以下观点：

其一，教育、管理、服务协调发展的学生工作模式。有主张认为，高校学生工作的核心职能应当包括教育、管理、服务三个部分。教育、管理、服务三项职能在具体工作中往往交互渗透，努力保持教育、管理、服务的交互促进、协调发展是确保育人实效的必然选择。②

其二，以服务为主导的学生工作模式。有主张指出，服务主导型学生工作模式是教育、管理、服务三位一体，服务为主导，旨在于学生的全面发展。③ 与之类似的主张提出，将教育、管理功能融入为学生服务的功能之中，培养造就高素质创新型人才。④

其三，发展为终极目标的学生工作模式。在这一主张中明确了教育、服务、管理三者是手段，发展才是是终极目标。但是，有观点在教育、服务、管理三者关系的认识上主张教育与管理并重，但教育高于管理；管理与服务并重，但服务高于管理，将教育、管理和服务最终落实到促进学生的全面发展的目标上来。⑤ 另有认识虽然认为学生工作应当建立教育—管理—服务—发展"四位一体"的系统整体，学生发展是学生工作追求的目标，但在主张中提出教育、管理、服务是实现这一目标所必须依托

---

① 《高等教育法》第 54 条第 1 款规定："高等学校的学生应当按照国家规定缴纳学费。"

② 吕晨飞：《我国高校学生工作职能的变迁与启示》，载《北京教育·高教》，2008 年 7～8 期。

③ 马燕慧：《浅谈高校服务主导型学生工作模式》，载《学理论》，2010 年第 14 期。

④ 高少宇、芦会影：《新建本科院校服务型学生工作体系的构建与实施》，载《石家庄学院学报》，2012 年第 14 卷第 2 期。

⑤ 冀学锋：《新时期高校学生工作的模式探讨》，载《湖南师范大学教育科学学报》，2005 年第 4 卷第 3 期。

的路径和载体，教育是基础，管理是保证，服务是拓展，三者理应相辅相成，有机结合。[①]

尽管这些主张中也有将教育、管理、服务三项职能从历史的视角做出阶段性划分，如我国高校学生工作职能界定经历了"教育为核心—教育与管理并重—教育、管理、服务协调发展"的渐进变迁路径[②]；我国传统的学生工作模式有"教育型"模式、"管理型"模式、"教育—管理型"模式等[③]；或者提出我国高校学生工作依次经历了灌输型、管束型、服务型和发展型四种模式[④]。但在上述主张中可以找寻到的共性是它们都将学生工作着眼于学生的全面发展和高素质创新型人才的培养上；另一方面也都没有否定在学生工作模式中教育、管理、服务三方面的作用发挥。

二、确立高校学生工作的育人模式

提出高校学生工作育人模式的新主张基于以下方面：

（一）既有的职能主张使得学生工作在高校整体工作中被弱化

关于学生工作在高校整体工作中的定位，也有不同的论说。一种被视为普遍共识的观点是：学生工作应当服从和服务于学校的中心工作，而学校的中心工作通常被认为是"教学和科研"，如此，学生工作成为"教学和科研"的附庸。此外，学生工作与教学科研的分立导致除了课堂授课和理论研究之外的所有一切都是学生工作所应承担的责任，无形之中赋予了学生工作不可承受之重。[⑤] 而这一观点的确在高校整体工作的实践中得到了印证。由此，与其主张应当科学界定学生工作的边界，在实践中需要不断探索和梳理学生工作在学校整体工作中的科学定位，倒不如重新思考学生工作的既有职能。将高校学生工作定位于育人模式，既使得学生工作职能的定位更具有包容性，又解决了当下学生工作被弱化的困境，还有利于发挥高校中学校、教师、学生的合力。由此，学生工作的重要性必然得到凸显。

---

① 张建宝：《教育—管理—服务—发展视阈下高校学生工作定位探析》，载《扬州大学学报（高教研究版）》，2013 年第 17 卷第 4 期。

② 吕晨飞：《我国高校学生工作职能的变迁与启示》，载《北京教育·高教》，2008 年第 7 ~ 8 期。

③ 马燕慧：《浅谈高校服务主导型学生工作模式》，载《学理论》，2010 年第 14 期。

④ 刘化波、李燕妮：《以应用型人才培养为核心的学生工作模式探索与实践》，载《高校辅导员》，2012 年第 2 期。

⑤ 张建宝：《教育—管理—服务—发展视阈下高校学生工作定位探析》，载《扬州大学学报（高教研究版）》，2013 年第 17 卷第 4 期。

（二）高校教育以实现学生全面发展的"育人"为目标

上述构建新型学生工作模式的观点都将学生的全面发展作为学生工作的目标。事实上，学生的全面发展不仅是学生工作的目的所在，更是学校教育的主旨所求。高校中的学生工作和专业授课在高校学生的培养中殊途同归。苏联著名教育实践家和教育理论家苏霍姆林斯基在《帕夫雷什中学》中阐述："学校教育的理想是培养全面和谐发展的人，社会进步的积极参与者。"而"人的全面发展——就是造就个体的人的丰富性，把高尚的道德信念、道德品质、审美价值、物质需要和精神需要的文明有机地结合起来"①。高校育人涵盖了高校工作的全方位，而高校工作旨在达到学生全面发展的"育人"的最高理想。当然，学校教育的终极理想是培养学生自我教育、自我管理、自我服务的能力，正如苏霍姆林斯基所言："培养全面发展的人，也不意味着每个人只是受别人的教育，一个人对于理想的积极追求，是实现个人全面发展思想的社会方面和教育学方面一个必不可少的条件。"②"只有能够激发学生去进行自我教育的教育，才是真正的教育。"③

（三）育人是教育、管理、服务、发展等概念的替代用语

《关于深化教育改革全面推进素质教育的决定》指出，实施素质教育，就是全面贯彻党的教育方针，以提高国民素质为根本宗旨，以培养学生的创新精神和实践能力为重点，造就"有理想、有道德、有文化、有纪律"的、德智体美等全面发展的社会主义事业建设者和接班人。党的十七大报告重申"要全面贯彻党的教育方针，坚持育人为本、德育为先，实施素质教育，提高教育现代化水平，培养德智体美全面发展的社会主义建设者和接班人"。素质教育既是对创新性人才培养的要求，也是学生全面发展的基础。同时，《普通高等学校学生管理》（教育部令第 21 号）虽然取消了对"学生管理"的界定，但是仍然保留了"将管理与加强教育相结合"进行高校人才培养的要求。在当前的学生工作中，教育、管理、服务、发展的职能不可偏废，如何将高校学生工作职能中的教育、管理、服务、发展职能相融合，育人概念相较更具有可替代性。

---

① ［苏］B．A．苏霍姆林斯基：《帕夫雷什中学》，见《苏霍姆林斯基选集》第 4 卷，教育科学出版社 2001 年版。

② ［苏］B．A．苏霍姆林斯基：《全面发展的人的培养问题》，见《苏霍姆林斯基选集》第 1 卷，教育科学出版社 2001 年版。

③ ［苏］B．A．苏霍姆林斯基：《给教师的建议》，教育科学出版社 1984 年版。

三、审视教师在高校育人工作中的角色

（一）高校育人工作中教师的主导性作用

1. 教师的主导性与学生的主动性相结合是学生全面发展的必然要求

国家中长期教育改革和发展规划纲要（2010—2020 年）中明确"以学生为主体，以教师为主导，充分发挥学生的主动性，把促进学生成长成才作为学校一切工作的出发点和落脚点；关心每个学生，促进每个学生主动地、生动活泼地发展，尊重教育规律和学生身心发展规律，为每个学生提供适合的教育"。有主张就此提出了"发展型学生工作模式"的概念，意在寻求一种紧扣学生发展的主题，追求一种积极主动、全面系统的方式来教育、指导、管理、服务和研究学生。① 确立以教师为主导、学生为主体的治校办学模式，一方面有利于强化学生的主体意识，另一方面也能够充分调动和保护教师参与学校各级各项学生事务管理的积极性，营造有利于学术发展和管理创新的制度环境。

2. 学分制的选课模式对教师提出了更高的要求

学年制下学生工作特点是重过程轻目标、重管理轻服务、重整体轻个体、重他律轻自律；学分制下学生工作的新理念则表现为：素质教育和个性发展相结合，学生为主体与教师指导相结合，教育管理与服务保障相结合，思想政治工作向社会化、网络化、社团化的方向发展。② 在学分制下，学生变被动为主动，教师则成为被选择的对象，在学校、教师和学生之间形成了新的权利义务关系：学校应当为学生提供多样化的可供选择的课程设置；教师不仅是知识的传播者，更应当在发挥指导性作用中实现教书育人，将教学效果和育人实效有机地统一起来；学生在学分制下逐渐养成自我教育、自我管理、自我服务的能力。

（二）高校育人工作中教师教书育人的角色回归

国家中长期教育改革和发展规划纲要（2010—2020 年）把"育人为本"作为教育工作的根本要求。谁又是育人重任的担当者？《礼记·文王世子》云："师也者，教之以事而喻诸德也。"韩愈的《师说》也有"道之所存，师之所存""古之学者必有师。师者，所以传道受业解惑也"，而且"授之书而习其句读者，非吾所谓传其道

---

① 刘化波、李燕妮：《以应用型人才培养为核心的学生工作模式探索与实践》，载《高校辅导员》，2012 年第 2 期。

② 陈继红、陈克勤：《学分制下学生工作的嬗变与对策》，载《扬州大学学报（高教研究版）》，2002 年第 6 卷第 2 期。

解其惑者也"。我国的教育家陶行知也说过："先生不应该专教书，他的责任是教人做人；学生不应该专读书，他的责任是学习人生之道。"苏联教育家苏霍姆林斯基则留下了"每一位教师不仅是教书者，而且是教育者。由于教师和学生集体在精神上的一致性，教学过程不是单单归结为传授知识，而是表现为多方面的关系。共同的智力的、道德的、审美的、社会和政治的兴趣把我们教师中的每一个人都跟学生结合在一起""请你记住，你不仅是自己学科的教员，而且是学生的教育者、生活的导师和道德的引路人"的名句。① 从古代的圣者贤达到今日的教育家，从他们对教师角色的描述中可见"教书育人"是教师应有的职责。

然而，当前高校教师的角色不过是任课而已，被称之为"一维教师角色"。而这一角色限制了高校任课教师育人作用的发挥。② 在高校学生工作育人模式中，教师应当实现既教书又育人的角色的回归，在知识的传播中保持"以生为本"的理念，进行知识和信息的课堂灌输时关注教学方法的革新，秉承教师"教育"而非单纯"教学"的神圣职责，不能只是简单地重复过去的东西，而是着眼于学生创造性的培养，注重学生个性化的培养。此外，教师不仅负责"教室中的所有事情"，还应当承担部分的非学术性事务，从而实现高校教师多维角色的回归。

四、教师在高校育人工作中的角色实现

（一）发展专业化的辅导员队伍

在我国高校中，辅导员"是大学生思想政治教育的管理者和组织者，是高校正常教学秩序的直接维护者，是大学精神的直接营造者和传播者，是大学生的人生导师和知心朋友"③。辅导员的工作内容主要有：思想政治教育、心理咨询与就业指导、生活服务、补助金（奖学金）的管理与发放、协调学生社团管理及其组织活动等。通常，辅导员的配备是以专职为主，专兼结合，每个院（系）的每个年级设有专职辅导员。

在我国，辅导员也是教师队伍的重要组成：《普通高等学校辅导员队伍建设规定》第三条规定："辅导员是高等学校教师队伍和管理队伍的重要组成部分，具有教师和干部的双重身份。辅导员是开展大学生思想政治教育的骨干力量，是高校学生日

---

① ［苏］B. A. 苏霍姆林斯基：《给教师的建议》，教育科学出版社1984年版。
② 金正连：《论高校任课教师的角色回归》，载《教书育人·高教论坛》，2010年第2期。
③ 杨振斌、冯刚：《高等学校辅导员培训教程》，高等教育出版社2006年版。

常思想政治教育和管理工作的组织者、实施者和指导者。辅导员应当努力成为学生的人生导师和健康成长的知心朋友。"《关于加强北京高校辅导员队伍建设的实施意见》中也明确辅导员是指在一线直接从事大学生日常思想政治教育工作的人员，包括院系等学校基层单位副处级以下（含副处级）专门从事学生工作的人员。

辅导员的专业化、职业化发展将是辅导员教师队伍发展的未来趋势。在英美国家，就有专门的学生事务管理者，学生事务管理切实以维护学生利益、给学生全面帮助和支持为基本目标，坚持专业化、职业化、高质量、多样化的事务服务。[①] 加强辅导员队伍的建设，通过提供学生事务管理者的职业培训，提高他们在学生事务服务、指导、支持、帮助中的专业水准，是辅导员队伍健康发展的新路径。

（二）推行教师兼职班主任

《普通高等学校辅导员队伍建设规定》第六条要求"每个班级都配备一名兼职班主任"。教师担当班主任，在某种意义上赋予了教师一个新的角色和责任。作为班主任，他的职业义务和对人的发展的义务更为紧密地结合，承担了教学、培养、引导、管理、人格、能力等的全面职责。[②] 目前，在教师兼职班主任制的推行中存在的问题是，兼职班主任多由无阅历、经验少的青年教师担任，在处理学生事务时不具有应急能力，也缺乏学生工作的积极性，更不易得到学生广泛的认可。

因此，应强化大学教师的职业责任意识，使教师充分地意识到，在高校育人工作中他不仅是知识的传授者，更是学生生活的导师和道德的引路人，教之以道，行为人师，努力成为学生的良师益友。

（三）尝试建立个人导师制

学生育人工作包含学生教育、指导、管理、服务、研究等全方位的工作内容，因此，学生育人工作需要一个强大的团队，除了专职的辅导员和已有要求的教师兼职班主任外，学校各专业、各领域的教师也应该成为育人工作的主体。

学生个人导师制是英国高等教育的一个传统做法。通过推行"个人导师制"加强了专业教师（班导师）在学生培养中的作用，形成全员育人、全过程育人、全方位育人的合力。在学部（学院），学生事务的主要内容是个人导师制，即每个学生在

---

① 王宇航：《美国高校学生事务管理对我国学生工作科学化的启示》，载《高等教育研究》，2012 年第 29 卷第 1 期；徐豪：《英国高校的学生事务管理及启示》，载《航海教育研究》，2007 年第 3 期。

② 周爱平、曾德生：《影响大学生发展的教师角色因素》，载《广西青年干部学院学报》，2003 年第 13 卷第 6 期。

入学后都会安排一位专业教师作为个人导师，负责其专业学习和个人生活等方面的指导。[①] 当然，英国的学生事务管理工作仍坚持专业化、职业化的方向，学院以个人导师制为学生工作的必要补充。

借鉴英国的学生工作经验，尝试建立个人导师制，在实践中强化教师的"育人"意识，践行"师者，行之以范，教人以道"的教师职责，在学校育人工作中彰显教书育人的教师本色。

---

① 徐豪：《英国高校的学生事务管理及启示》，载《航海教育研究》，2007 年第 3 期。

浅议青年教师在
学生思想政治教育中的作用

比较法学研究院　王　芳

摘　要　大学生是当今社会拥有较多知识储备的群体，其思想政治水平决定了他们步入社会后能否为个人、国家和民族的未来作出贡献。为减少高分无德现象的出现，在校期间进行思想政治教育是常抓不懈的一项工作。青年教师是教育创新的中坚力量，推动青年教师积极开展大学生思想政治教育需要充分利用青年教师的沟通优势、思维优势和工具利用优势，积极发挥模范作用、桥梁作用和引导作用。

关键词　大学生思想政治教育　青年教师的作用

青年教师是高校师资力量的重要组成部分，他们与学生沟通交流顺畅，一言一行对学生影响最大，是大学生学习、生活和就业的引路人，是高校思想政治教育工作中一股不可忽视的力量。

一、青年教师在思想政治教育中的优势

青年教师缘于其自身发展特点，在大学生思想政治教育中具有天然不可比拟的优势，主要表现在沟通优势、思维优势和工具利用优势三个方面。

（一）年龄接近，沟通顺畅

要想把学生思想政治教育做到实处，就要善于倾听学生内心的真实想法，读懂学生的真实表达，针对问题对症下药，合理引导。青年教师与大学生年纪相对来说更为接近，更容易与学生进行深入有效的沟通，不会在沟通的起始点就被拒之门外。青年教师大多刚刚步入社会，学生时代的困惑、苦恼、不满以及诉求他们也都刚刚遇到过，更能与大学生们产生共鸣。

（二）思维活跃，创造力强

不同于过往时期大学生简单面临学业上修学分与工作分配的考验，当代大学生在校期间会面临更多的选择和随之的困惑。以比较法学研究院为例，从学业上看，是否辅修其他学科、司法考试通过与否、是否需要考其他专业各种证书、是否考研考博、是否出国，从毕业后出路上看，到底选择公检法系统、国企或私企、法律专业单位还是其他主营方向单位的法律业务，这些都困扰着学生，并且每一个问题和选择都需要大学生根据自身情况和客观条件做出选择。而针对这些选择，大学生极易面临因主观判断失误而导致的失落。青年教师思维活跃，能够根据自己的经验结合当前社会形势当好学生的引路人，工作中又能够审时度势，不断激发出创造力，能够贴近学生所需、结合学生兴趣举办内容丰富、形式多样的党团活动。

（三）意识超前，善用新媒体工具

当代学生身处社会日新月异、发展迅猛的新时期，各种新媒体新技术的应用层出不穷，网络、手机等正逐渐成为大学生思想政治教育的新阵地，若故步自封，一味拉拢甚至强迫学生接受传统教育方式，工作效率不高、教育效果差倒为其次，甚至轻易就在教育方与学生之间筑起隔阂的屏障。青年教师对新鲜事物的接受程度高、学习速度快，意识紧跟时代并具有一定前瞻性，善于发现并学习接受各种工具，能够与大学生站在同一平台进行对话。对新媒体工具的充分利用更能获得学生的认可，能够在沟通之前先建立起好感，有利于教育工作的进一步展开。

二、青年教师在思想政治教育中的作用

基于以上三方面的优势，青年教师能够在包括爱国主义教育、公民教育、国民精神教育、价值观教育、法制教育等内容[1]在内的思想政治教育中发挥模范作用、桥梁作用和引领作用。

（一）模范作用

青年教师与大学生年纪相仿，又有可参考借鉴的求学和就业经验，只要目标明确、方法得当，就能够较为容易地在学生中建立威信，形成模范榜样。充分发挥青年教师的模范作用，有利于在本专业范围内形成正确的价值观导向，将不良思想遏制在摇篮中，防止扭曲的价值观伴随学生进入社会，带到其职业生涯中，造成更为严重的后果。

---

① 刘顺厚：《绩效与评价：研究生德育探究》，甘肃人民出版社 2006 年版，第 161 页。

面对各种考验和选择，大学生需要榜样的力量伴其前行。青年教师兼具为人师长和年轻人两个角色，这种距离感与亲近感并存的状态正适合被树立为榜样，其在思想政治教育中的模范作用可以体现在求学态度、人格完善、职业价值观导向和法制教育等几个方面。青年教师经过刻苦努力实现了对本专业知识的熟练掌握、经过磨炼考验步入了职业生涯、经过专业及学校的教育指引形成了健全的法制观念，这些都是学生需要看到的身边真实的榜样。这些身边的榜样更容易使学生产生亲近感，更具有示范效应，能够在潜移默化中帮助学生坚定理想信念，增强党性修养，提升大学生党员思想政治素质。

（二）桥梁作用

很多人儿时都将自己的老师视作最有智慧、最具包容、高举启明灯的引路人，说明教师这个职业天然就赋予了神圣的光芒，被寄托了无尽的希望。然而另一方面，当孩童逐渐长成青年，同时面对纷繁多彩的生活和学校的各种规制管教，又自然生出了对学校、对老师的本能抵触情绪。高校青年教师可以依靠其同为年轻人的身份优势在二者之间架起沟通的桥梁。

青年教师发挥学生与学校之间桥梁作用表现在二者之间的"下达—缓冲—上传"这一流程。学校有关爱国主义、国民精神等思想政治教育极易引起学生反感，在此相关精神下达的过程中，青年教师利用合理的方法、合适的工具、合宜的平台，在中间环节进行缓冲，去掉下达过程所面对的反感和抵触，并将学生的接受情况和意见建议反馈上传至学校管理方，以此形成良性互动。

（三）引导作用

青年教师除了在思想政治教育中可以被树立为模范外，在实际工作中还能够积极发挥大学生思想引领和行动指导两方面作用。可以说，模范榜样是一种静态的力量，而要想真正实际有效、有的放矢地使青年教师做好大学生的思想政治教育工作，则更需要在实际行动中发挥其动态的引导作用。

引领学生思考问题——大学生思想政治问题与心理健康问题息息相关，其心理症结一般可以分为两种类型，一种是不知道自己"该"想什么，另一种是不知道自己"不该"想什么。青年教师在实际工作中要根据不同类型的学生引领其思考不同的问题，要引领贫困学生、富裕家庭学生、憧憬外来文化学生等思考不同的问题，该排解的排解，该正视的正视。

指导学生解决问题——青年教师更能理解当代大学生在学业、就业上面临的实际问题，可以通过邮箱、微信、BBS 等建立定期、不定期的沟通机制，将问题及时解决在萌芽状态。青年教师在此过程中要注意鼓励和引导学生自己得出结论，避免学生失去自我思考的能力。

三、多举措并行，推动青年教师积极开展大学生思想政治教育

（一）积极做好青年教师本身的思想政治教育

习近平同志在第二十次全国高校党建工作会议中指出："教师是人类灵魂的工程师，是青年学生成长的引路人和指导者。他们的思想政治素质和道德情操，对青年学生具有很强的影响力和感染力，在思想传播方面起着十分重要的作用。"[①] 2013 年 5 月，中共下发《关于加强和改进高校青年教师思想政治工作的若干意见》，也将青年教师自身的思想政治教育工作提高到重要高度。工欲善其事，必先利其器。做好大学生思想政治教育的基础是首先加强青年教师自身的教育。在当前形势下，结合我校青年教师实际，做好青年教师思想政治教育工作可以从以下三方面入手。

1. 拓宽教育渠道，打造青年教师和大学生共用的思想政治教育平台

积极开展下乡支教等形式多样的青年教师思想政治教育实践活动；开展常态化的"思想政治读物推荐"活动，定期为广大师生精心推荐一本言之有物、贴近生活、能够指导青年师生思想健康发展的经典读本；利用法大 BBS 的影响力，在此平台上设置青年教师和大学生通用的思想政治教育板块，将本校各个学院及其他高校的相关先进做法广为宣传，也可以根据时事热点设置专题，让青年教师和大学生展开共同讨论，引导二者发挥主体作用，自己为自己的思想政治教育设定内容和方式。

2. 将思想政治水平纳入到考评体系，创造争优氛围

改变传统观念中教师只要教好专业课程就算好老师的固定思维，将青年教师的思想政治水平引入到教师考评体系中来。不论是学校层面还是教师层面，都要重视起来，鼓励青年教师争当先进，开展思想政治先锋人物评选活动，设立专项奖励制度，营造思想政治方面创先争优的良好氛围。

3. 将工作做到细处，为青年教师提供良好的成长环境

认真听取青年教师的困难和意见，创造条件支持和帮助青年教师成长。工作上加大青年教师培养力度，畅通青年教师发展渠道；生活中关心青年教师子女教育问题、

---

① 新华网：《第二十次全国高校党建工作会议在京召开，习近平会见会议代表并讲话》，http：//news. xinhuanet. com/politics/2012 - 01/04/c_ 111370170. htm，访问时间：2014 年 5 月 15 日。

住房问题，尽力减少其工作和生活中的后顾之忧。

（二）鼓励优秀青年教师兼任大学生思想政治教育辅导员

大学生思想政治教育工作大多由学校党政干部和共青团干部、思想政治理论课教师和辅导员三个层级的力量承担。因此，鼓励青年教师兼任大学生思想政治教育辅导员，协助学校和理论课教师开展思想教育和管理等工作，是加强基层管理的可行之举。此举一方面增加了一线承担大学生思想政治教育工作的力量，另一方面青年教师的专业素质能够促进专业课程学习与思想政治教育的对接。青年教师兼任思想政治教育辅导员，要坚持以下原则：

1. 以学生实际问题为导向

思想政治教育的本质是以学生利益为出发点，培养其健康的人生观、世界观和价值观，为更好地适应社会生活奠定基础。思想政治教育要想真正被学生接受并取得实效，就要突出强调以学生为本，以大学生实际问题和困难为导向，有的放矢地将其落在实处。青年教师要充分利用自己的沟通优势，让大学生明白思想政治教育不是毫无意义的政治任务，思想取向正确与否、价值观健康与否都和专业知识学习一样是生活的必需之能。

2. 与专业课教学有效对接

大学生在校期间最为关心的重点问题就是专业学习。与专业课有效对接的思想政治教育，对中国政法大学来说尤为如此。因为法制教育本就是思想政治教育中重要的一环，对法大而言，法制教育既是专业课教育又是思想政治教育，我校思想政治教育应充分利用这一条件，鼓励青年教师将二者进行有效对接。青年教师要发挥自己的思维创新优势和工具利用优势，积极寻找二者之间的契合点。

3. 坚持青年教师与学生之间的平等对话

青年教师兼任思想政治辅导员，不仅仅是为了增加基础思想政治教育力量，其更核心的目的是为了让青年教师发挥自己的优势，将思想政治教育工作做到实处、干出实效。发挥青年教师教育优势的基础就是坚持青年教师与学生之间的平等对话，要将青年教师的位置和角色设为大学生的知心人，而不是多出来的新的一级管理监督者。学校要创造各种机会增加青年教师与大学生之间的沟通，建立二者之间的交流平台，在思想政治教育环节要竭力将二者放在同一层级上。前面提到的在学校 BBS 上设置青年教师与大学生通用的教育板块也正是基于此目的。

（三）激发青年教师对大学生思想政治教育的热情

1. 明确工作重点，确保在青年教师中发展党员工作有成效青年教师刚刚经历过求学阶段的政治教育，走上工作岗位后，大多将工作重点放在了业务发展上，甚至有些青年教师"不关心政治，只搞学术"。如果要学生建立起道路自信、理论自信和制度自信，那么，首先必须让老师建立起"三个自信"。因此，学校党政应高度重视青年教师的党员发展工作，要像重视学术队伍建设一样重视青年教师的思想政治教育，充分发挥青年教师在学生思想传播方面的影响力和感染力。

2. 创新工作方法，引领青年教师主动参与学生思想政治教育

青年教师踏上工作岗位后，面临工作、生活、个人发展等诸多情况，承受着前所未有的压力，而政治理论学习、各种会议等需要占据相当的时间，很多青年教师对此处于应接不暇、力不从心的状态，因此部分青年教师产生了对学习、开会等活动的反感情绪，而这种情绪会潜移默化地影响到对学生的思想政治教育。鉴于这种情况，我们更应创新工作方法，积极做好青年教师的思想工作，适时引导青年教师参与到学生的思想教育中来。几年来，我院抓住机会，积极鼓励青年教师参与"学生工作理论研讨"，自 2010 年至今已有六位青年教师撰写了 8 篇学生工作理论文章，一位青年教师申请了党建课题，在青年教师中产生了良好的示范效果，促进了学生思想政治工作的开展。

3. 建立激励机制，鼓励青年教师做好学生思想政治教育

鼓励青年教师做好学生思想政治教育，我们需要努力完善工作机制，形成一整套有利于促进这项工作顺利开展的规范和机制。在职称评定、干部选拔任用、子女入学等环节中充分考虑教师在学生思想政治教育中的作用和贡献，并将其制度化，积极表彰在学生思想政治工作中作出贡献的优秀青年教师。

辅导员：大学生职业生涯
规划教育的积极力量

政治与公共管理学院　　施春梅

摘　要　尽早开展职业生涯规划教育有利于让大学生明晰职业目标，有利于调动他们学习、实践的内驱力，围绕目标进行积累；有利于学生的就业与发展；有利于学校就业质量的提升；有利于社会的稳定和发展。然而在就业形势严峻的当下，很多高校就业指导中心因为编制少、任务重等多种原因不能很好地给予学生针对性教育和辅导，一些大学生出现"盲目就业"、"无业可就"等现象，而辅导员的配备比例、对学生的深度了解等优势可以在学生职业生涯规划教育方面发挥积极力量，进行大学全程的持续引导和助推。当然，辅导员要开展好职业生涯规划教育，需要学校加大培训和支持力度。

关键词　大学生职业生涯规划教育　辅导员作用发挥　现状及对策

根据美国生涯理论专家舒伯（Super）的观点，职业生涯规划是指个人发展与组织发展相结合，对决定一个人职业生涯的主客观因素进行分析、总结和测定，确定一个人的事业奋斗目标，并选择实现这一事业目标的职业，编制相应的工作、教育和培训的行动计划，对每一步骤的事件、顺序和方向做出合理的安排。[①] 职业生涯规划起源于 20 世纪初的美国，特别是 20 世纪 60 年代末 70 年代初，随着帕森斯、威廉姆斯的特性因素理论、霍兰德的人格类型理论、施恩的职业锚理论、金兹伯格与萨帕的职业发展理论、杜拉的社会学习决策理论等的提出和发展，生涯规划教育在美

---

① 　向欣：《当前大学生职业生涯规划教育的现状与对策思考》，载《现代教育科学》，2008 年第 5 期。

国得到推广和实施，并逐渐成为现代学校教育与心理辅导的一个重要部分。[①] 20 世纪末 21 世纪初，随着社会主义市场经济体制的建立和我国高等教育从精英化教育向大众化教育的转变，以及高校毕业生就业制度的深化改革以及空前的毕业生就业压力，我国各高校普遍开始重视大学生的职业生涯规划教育。但是由于重视不够、要求不明、经费不足、师资薄弱等多方面的原因，致使我国普通高校开展的大学生职业生涯规划教育存在很大的困境和问题。那么，面对困境和问题，作为与学生联系密切并成为学生良师益友的辅导员，能不能在职业生涯规划教育方面发挥积极作用？笔者认为，辅导员是开展大学生职业生涯规划教育的关键力量。本文拟从以下几方面进行阐述：

一、辅导员进行大学生职业生涯教育的必要性和可行性分析

（一）严峻的就业形势需要辅导员尽早唤醒大学生的职业生涯规划意识

受经济增长缓速导致需求岗位减少、高校扩招导致毕业生人数众多等多种因素的影响，高校毕业生近三年的就业备受挑战。2012 年，全国高校毕业生人数为 680 万，被毕业生称为"难就业年"；2013 年，全国高校毕业生人数为 699 万，被毕业生称为"最难就业年"；2014 年，全国高校毕业生人数为 727 万，被毕业生称为"史上最难就业季"。

一方面是需求岗位的减少，一方面是毕业人数的增加，还有一方面是一些毕业生缺乏核心竞争力，导致高校毕业生就业困难重重。面对严峻的就业形势，刚入学的大学生生活在美丽宁静的象牙塔里，要么不自知，要么回避困难，要么不甚明了具体的压力；只有少部分学生会主动去了解就业形势、就业去向、就业素养要求、专业与职业的关系，分析自身兴趣、特长、能力等，然后通过读书、实践有针对性地锻炼提升自己。

在发达国家（如美国），由学校承担的职业生涯辅导和职业教育从幼儿园开始，在进入高校之前，学生已经经历了职业生涯认识、探索、准备和安置阶段，大多数青年学生已经明确了社会需要什么样的人，自己要成为怎样的人，为实现自己的人生目标需要怎样安排自己的学习、实践、实习，并已经具备了基本的职业发展

---

① 王宇：《比较研究视野下对大学生职业生涯规划教育问题的探讨》，载《社会科学》，2009年第 7 期。

能力。[1]

综上来看，需要辅导员从大学生入学时，就开始进行职业生涯教育，唤醒大学生的职业生涯规划意识。

（二）就业质量的提升离不开辅导员的职业生涯规划辅导

党中央国务院颁布《国家中长期人才发展规划纲要（2010—2020 年）》规定："到 2020 年，建成世界人才强国。"

胡锦涛在全国人才会议上发表重要讲话，强调切实做好人才工作，加快建设人才强国，是推动经济社会又好又快发展、实现全面建设小康社会奋斗目标的重要保证，是确立我国人才竞争比较优势、增强国家核心竞争力的战略选择，是坚持以人为本、促进人的全面发展的重要途径，是提高党的执政能力、保持和发展党的先进性的重要支撑。全党全国要统一思想，真抓实干，全面落实加快建设人才强国各项战略任务，努力培养造就数以亿计的高素质劳动者、数以千万计的专门人才和一大批拔尖创新人才，进一步开创我国人才事业新局面，为全面建设小康社会、加快推进社会主义现代化、实现中华民族伟大复兴提供有力人才保证。

十八大报告明确提出要"推动实现更高质量的就业"，认为"就业是民生之本"。

教育部《关于做好 2014 年全国普通高等学校毕业生就业工作的通知》中要求："建立高校毕业生就业质量年度报告制度。从 2014 年起，各高校要逐步发布本校的毕业生就业质量年度报告，并在校园网、就业网、全国大学生就业公共服务立体化平台或其他媒体上公布。加强就业状况反馈和引导，将就业状况作为有关经费安排、招生计划安排、学科专业调整、教育教学改革等方面的重要参考，健全专业预警、退出和动态调整机制，及时调减就业率持续偏低专业的招生计划。"

从以上可看出，党和国家在就业、就业质量及人才培养方面的高度重视和推动！高校毕业生的就业质量不仅关系到学生本人"人尽其才"的幸福感和满足感，关系到学校的声誉和发展，而且更关系到社会的稳定和发展问题。

基于此，学校会非常重视就业质量的提升，而大学生职业生涯规划教育是提升就业质量的原动力。只有大学生了解职业情况，能够认知兴趣、性格、特长，能够做到人职匹配，才能积极地在将来的职业中发挥热情和智慧，才能很好地发展，实

---

[1] 刘献文、李少芬：《大学生职业生涯规划教育本土化研究》，载《大学生就业研究》，2007 年第 5 期。

现自身价值，并为社会主义现代化建设贡献自己的力量。而辅导员因为与学生朝夕相伴，能成为他们的良师益友，可以将自己通过专研、培训、实习而获得的职业生涯规划的理念和方法有针对性地传授给学生，并为他们答疑解惑，从而促进学生的发展和就业质量的提升。

（三）就业中出现的大学生"无业可就"、"盲目就业"等现象需要辅导员加强职业生涯教育

中国的现行教育机制在"因材施教"方面存在一定的缺失，尽管"素质教育"早在 20 世纪 80 年代中期提出，并于 80 年代末 90 年代初在社会及教育界得到确立，但在实践中，由于受"读书做官，光宗耀祖"传统思想、看重学历的用人导向以及将升学率作为学校质量高低的重要参量等影响，素质教育仍举步维艰，应试教育依旧作祟，以致高中学生的唯一目标是努力考上好大学，他们在课堂学习和课外作业的高压下满负荷运行，无暇考虑自身特质以及社会职业情况。一些高中生往往读什么大学、什么专业都是家长做主，而到了大学后，才发现不喜欢这个专业，或者半推半就，或者消极度日，严重影响了自身发展。还有的大学生即使喜欢自己的专业，也不能主动积极地去探索适合自己的职业方向。种种原因导致了很多大学生就业时随波逐流，盲目就业或无业可就的现象。这些情况既不利于个人的良性发展，也不利于社会的进步，需要辅导员针对性地加强职业生涯规划的教育和指导。

同时，根据北森测评网、新浪网和《中国大学生就业》杂志共同实施的一项"大学生职业生涯规划"调查问卷显示，当前大学生缺乏职业生涯规划的情况相当普遍，有 62% 的大学生对自己将来的发展和工作没有规划，33% 的大学生规划不够明确，而只有 5% 的大学生有明确的规划计划。①

从以上可看出，严峻的就业形势、就业质量的提升以及大学生就业时存在的"盲目就业"现象，需要辅导员尽早加强大学生职业生涯规划教育。那么，辅导员能否担当此任？笔者认为在学校的大力支持和自身努力下，辅导员可以担当此任。理由如下：

首先，大学辅导员与学生联系最密切，最了解学生，能够针对性地开展职业生涯辅导。辅导员的重要职责是引导和服务好学生。他们往往陪伴学生大学四年，从

---

① 向欣：《当前大学生职业生涯规划教育的现状与对策思考》，载《现代教育科学》，2008年第 5 期。

入学教育、组织读书会、开展各种实践活动、日常管理、深度辅导等工作中与学生建立了深厚的感情，能了解每个人的特质，赢得他们的信任，这为其针对性地开展职业生涯辅导打下了坚实的基础。

其次，辅导员在学校的配备比例以及知识能力素养，可以很好地弥补学校就业指导中心在职业生涯辅导教育方面的不足。教育部在颁布的《普通高等学校辅导员队伍建设规定》中明确指出："辅导员是高等学校教师队伍和管理队伍的重要组成部分，具有教师和干部的双重身份。辅导员是开展大学生思想政治教育的骨干力量，是高校学生日常思想政治教育和管理工作的组织者、实施者和指导者。辅导员应当努力成为学生的人生导师和健康成长的知心朋友。辅导员的主要工作职责包括积极开展就业指导和服务工作，为学生提供高效优质的就业指导和信息服务，帮助学生树立正确的就业观念。高等学校总体上要按师生比不低于1：200的比例设置本、专科生一线专职辅导员岗位。辅导员的配备应专职为主，专兼结合，每个院（系）的每个年级应当设专职辅导员。"

根据文件精神，高校辅导员和学生数的配备比例基本上能达到1：200，一个年级一个辅导员，这样就很大程度上弥补了学校就业指导中心人员编制少却要面对全校开展职业生涯规划教育的不足。以北京地区的二十多所高校的情况为例，大多数高校的就业指导工作人员在4~5人，师生比例远未达到教育部提出的1：500。[①] 而这样几个人需要每年对全校上万且陌生的学生进行任务繁杂的就业指导与服务，是不可能有足够精力来开展全程化、专业化的职业生涯规划教育和辅导的。同时，辅导员队伍中，很多辅导员的专业涉及心理学、教育学、人力资源管理、社会学等专业，而且高校一般会为他们提供心理咨询、发展辅导、就业指导、挂职锻炼等方面的学习和培训机会，这样，辅导员不仅通过实践摸索出一定的工作经验，而且通过培训学习更深入了解了职业生涯规划教育的理论与方法，可以在此方面发挥积极力量促进学生的成长。

二、辅导员在大学生职业生涯规划全程化教育中的作用发挥

职业生涯规划对大学生的发展起着事半功倍的重要作用，那么，应该怎样唤醒大学生的规划意识？怎样调动大学生的积极性去探索职业方向？如何制定确实可行

---

① 刘献文、李少芬：《大学生职业生涯规划教育本土化研究》，载《大学生就业研究》，2007年第5期。

的职业生涯规划？笔者拟以大学生的四年大学生活为时间维度，认为辅导员进行大学生职业生涯规划教育可发挥以下作用：

（一）大一时期，以开设职业生涯规划课程为主，以"读书会"、社团工作等活动指导为辅，唤醒大学生的职业规划意识

大一时，学生刚脱离高中紧张的课业和高考压力，一方面对大学生活充满了向往和期望，跃跃欲试，想了解和体验大学博大精深的文化和丰富多彩的大学活动；另一方面又因大学的学习需要自主、自觉和自律等与高中不同的方式和特性，导致自身突然感到很迷茫、很失落。为此，及时地唤醒他们对自己、对家庭、对社会负责任的态度，促进他们对自己未来职业的思考，会强有力地调动他们学习和探索的内驱力，达到事半功倍的功效。

为此，大一时期，辅导员除了开展一系列的入学教育活动，鼓励他们有选择地参加学校的各种社团活动，以引导他们尽快了解学校、适应新环境外，更重要的是为他们开设职业生涯规划课程，系统地为学生介绍职业生涯规划的理论、方法、实例，引导学生深入了解怎样进行自我评估、环境评估、职业选择、路线选择、目标选择、策略选择、生涯评估等，帮助学生运用 SWOT 方法分析自己的优势、弱势，评估职业的机会和威胁，从而做到能很好地把握机会。[①] 目前，仅有几所大学将其设置为必修课，大部分学校将其设定为选修课。笔者认为，鉴于职业生涯规划对学生成长成才的重要意义，建议高校将其设定为必修课，成立职业生涯规划教研室，加强师资队伍建设，除了聘请职业导师讲座、专家授课外，可以由每位辅导员给自己所带的学生进行跟进辅导。曾有一高校做过一个对比试验：选取两个自然平行班，一个班进行职业生涯规划教育和辅导，一个班暂不进行职业生涯规划的教育和辅导，仅作为参照班。经过三个月的辅导后，发现班级生涯辅导促使团体在实际生活中发生了较大的改变，主要表现在：学生开始对人生意义和生涯角色进行思考；对自己有了更全面的了解并开始利用各种有益资源进一步探索自我，完善自我，增强了自主选择的意识。[②]

除了系统生动地给学生开设职业生涯规划课程外，辅导员在大一时期还可以通过其他方式给予学生职业生涯规划指导，比如，向学生推荐知名职业人传记、人生

---

① 罗德明：《SWOT 分析法在大学生职业生涯规划中的应用》，载《教育探索》，2008 年第 12 期。

② 林晓萍等：《班级生涯心理辅导促进大学生职业生涯规划的对照研究》，载《心理健康促进》，2010 年第 1 期。

哲学、纪实小说、职业生涯规划等书籍，让他们通过读书来间接感受职业内容、职业人的素养以及职业世界等；开展职业生涯读书会，引导学生参加社团活动中遇到的困难，督促他们在实践中摸索经验；组织学生设计自己的职业生涯规划书，并给予个性化指导。

（二）大二时期，辅导员通过"走出去，请进来"活动引导学生深入探索职业兴趣

"走出去"即鼓励大学生利用课余时间和寒暑假积极参加社会实践。辅导员要努力为学生提供有益的职业训练机会，像国外高校一样，开展多种形式的职业生涯规划实践活动，鼓励学生参加校内外社团，从事兼职工作，参加公司企业的实习等。大家知道，德国企业一般愿意接受大学生实习，通过实习，达到相互了解，使得最终签订就业合同的比例很高。北美就业市场也非常重视毕业生的实际经验和履历，毕业生在实习期满后凭借实习记录，找到工作的概率很高。[①] 中国的用人单位也特别希望招聘到有相应实习经历和深刻感悟的人，以利于工作很快上手。所以，大学生越早投入职业生涯实践，对于将来的顺利就业、对于建立自己的职业生涯就越有益。

目前，除了一些学校比如医科院校会紧密与实习单位联合培养外，大多数的高校尤其文科院校在实践教学方面不足，存在"专业课的讲授与实际情况脱离，安排的专业实践时间太短，实践指导不够，学生实习走形式"等现象，致使实践这个助力职业生涯探索的有力武器被搁浅。所以，特别建议学生在大学里要恶补实践课，以此了解社会、了解职业，学会理论与实践结合的能力，在实践中学会为人处世。为此，辅导员可以通过学校倡导的"红色1＋1"活动平台，创建的"双百计划"平台、实习基地平台，鼓励学生大胆走出校门去积极实践。

另外，"请进来"，即辅导员可以通过校友会或学生家长资源，在得到学院批准的情况下，邀请知名校友或有影响力的学生家长作讲座或做客年级的"成长沙龙"，让职业人与学生近距离沟通，促进学生的自我职业生涯思考与设定。

年级根据学生的实际需要以及学生的具体专业开展的"走出去，请进来"活动，基本能覆盖到每个学生，且针对性强，是对学校进行整体职业生涯教育的有益补充。

---

① 陆小玲：《国外高校职业生涯规划教育对我国的启示》，载《教育探索》，2011年第3期。

（三）大三时期，辅导员通过"职业测评工具"和"深度辅导"，促进和提升学生的自我认知和职业决策能力

"知己知彼，百战不殆"，大学生通过前两年的专业学习、积极探索，已基本了解了社会，了解了相应范围的职业情况，在这些过程中也逐步形成了自己的人生观、价值观。但也有一些学生还存在"自信心不强，不能悦纳自己，更不能在肯定自我的基础上完善自己"或者"职业兴趣广泛，不知如何取舍"等情况。在大三这个关键时期，辅导员需要与学生深入沟通，进行深度辅导，通过运用职业测评工具，通过认真倾听并适当提问等方式，帮助学生认知自己的特性、兴趣、擅长的方面等，促进学生做出人职匹配的决策，为自己的职业生涯奠定良好的基础。

（四）大四时期，辅导员针对学生的考研、出国、求职、创业差异性选择进行针对性指导和服务，助力学生成功实现职业生涯新平台

大四时，学生基本已确定了各自的职业方向，有的选择继续攻读国内外的学位，为将来进一步的职业做积累；有的已经开始搜集信息，积极求职或开始筹划自主创业了。

针对这些不同的意向，辅导员除了向全体同学传达当年的就业政策、形势、毕业手续办理等事项外，更应该根据学生的不同需求进行团体辅导或个性化指导。对于考研的同学，可邀请专业老师为他们答疑解惑；可以组建考研备战小组，增强复习动力。对于求职的同学，辅导员可以成立"简历诊所"，帮助学生提高简历制作技巧；可以开展"面试模拟"，邀请就业指导中心老师或从事人力资源管理的职业人士担当评委并给予指导；可以定期开展"求职沙龙"活动，让求职成功者讲述求职经历和感悟。对于出国的同学，可以鼓励他们了解申报学校的风格和要求，从而有针对性地凸显自己的亮点。对于创业的同学，可以宣传国家、学校关于大学生创业的政策和创业成功人士的事迹。通过这些指导和服务，有力推动学生实现自己的职业理想。

从以上四点可看出，辅导员在大学生职业生涯教育实践中可以发挥非常重要和积极的作用，能够有效提高学校的就业率，有力促进学生就业质量的提升，帮助学生实现成才梦。

三、辅导员在大学生职业生涯规划教育中的不足及对策

笔者认为，实际工作中，辅导员在大学生职业生涯规划教育中的不足主要表现在以下两方面：

　　其一，辅导员对大学生职业生涯规划知识的掌握和实际运用能力不够系统化、专业化和熟练化。虽然辅导员具备相应学生工作特点需要的相关学科背景，接受过心理学、发展辅导的培训，但职业生涯发展规划在中国的发展还不完善，在高校也处于起步阶段，辅导员在这方面的知识储备、研究能力和实战经验不足。

　　其二，辅导员在大学生职业生涯规划辅导方面投入的精力和热情不够。辅导员的工作涉及学生党务、团务、评优、助学、日常管理、思想教育、就业等等，小到解答如何选课，大到维护学生安全稳定，事务性工作繁杂；同时，从《辅导员职业能力标准》可以看出，教育部对辅导员的要求也越来越高，不仅要做好各方面的工作，还规定了教学和科研任务。这些使辅导员没有足够的精力静下心来专攻与学生发展密切相关的职业生涯规划领域。现实中，更多的辅导员属于经验丰富、综合能力强的杂家，而不是某一特定领域的专家。也正由于没有专攻，科研能力薄弱，而职称评审时，科研论文是重要的评审标准，同时由于指标少，所以导致辅导员能评上高级职称的概率很小。这些因素影响了辅导员在生涯规划辅导方面的专攻和付出。

　　针对以上不足，笔者建议从以下两方面来加以改进：

　　第一，从辅导员自身层面来讲，要积极主动地挤出时间加强学习和研究，努力克服困难，立志走职业化、专家化道路。在顾全工作的基础上，有侧重地选择大学生职业生涯规划领域进行深入学习和研究，并将研究成果与指导学生实际相结合，有特色地开展学生工作，使职业生涯规划领域的研究与实践实现良性互动。只有这样，辅导员才会向"职业型、专家型"顺利过渡。同时，辅导员将经验上升为科学，不仅能提升影响力和自身价值感，而且更能推动学生的成长成才。

　　第二，从学校层面来看，学校要进一步采取措施鼓励和保障辅导员走职业化、专业化道路。首先，针对辅导员事务性工作过多的情况，建议学校建立"辅导员助理制度"，从品学兼优的学生中选拔一些助理辅导员，辅助处理一些日常事务。这样既可以让学生有锻炼机会，又可以保证一定的时间让辅导员进行深入研究，开设好相应的课程。广州中山大学实施的"辅导员助理"[①]制度运行良好，让学生和辅导员都很受益。其次，建议学校加大对辅导员相关领域的培训力度。为了应对学生工作的新变化、新情况，辅导员除了自己学习外，学校可以邀请专家为辅导员讲

---

　　① 参见中山大学学生处助学工作网：《关于印发〈中山大学辅导员队伍建设规定〉配套文件的通知》。

授相关课程，也可派辅导员到兄弟院校或相关单位进行学习或挂职锻炼，增强辅导员的职业能力和水平。

鉴于以上论述，笔者认为辅导员在教育行政部门以及学校的大力支持下，能够在大学生职业生涯规划教育领域里发挥重要作用，是一股积极的力量，能为促进学生的"成长梦"、学校的"发展梦"作出自己的贡献。

浅谈高校辅导员的
廉政自律问题

政治与公共管理学院　巩宸宇

摘　要　高校是培养党和国家接班人的重要场所，而辅导员则是直接面向大学生的最基层管理者和服务者。辅导员不仅是大学生思想政治教育的指导者，而且是各类"学工权力"的直接操作者。在多种因素的影响下，辅导员队伍也会滋生职务腐败，严重影响了辅导员队伍的发展与壮大。本文试图通过对辅导员职务腐败现象的产生和影响进行深度分析，在结合相关政策、制度的基础上，提出预防手段，进一步完善辅导员队伍的廉洁自律。

关键词　高校　辅导员　廉政　自律

高等教育是国家科教兴国战略的重要内容，是为党和国家培养高级专门人才的核心环节。大学生作为高等院校培养的党和国家的接班人，是支撑国家经济建设、科技进步和社会发展的关键力量。党的十八大指出："把立德树人作为教育的根本任务，培养德智体美全面发展的社会主义建设者和接班人。"这是对高等教育事业提出的又一重要要求，这要求我们必须把德育工作放在首位，培养出一批能够自觉践行社会主义核心价值观的优秀青年人才。

辅导员作为高等院校直接从事思想政治教育工作的一线教师，在大学生的思想引领和生活管理中有十分关键的地位。中央十六号文件配套文件《教育部关于加强高等学校辅导员班主任队伍建设的意见》指出："辅导员、班主任是高等学校教师队伍的重要组成部分，是高等学校从事德育工作，开展大学生思想政治教育的骨干力量，是大学生健康成长的指导者和引路人。"

然而，随着辅导员队伍的逐渐发展，专业化、职业化水平的不断增强，加之辅导员作为各项"学工权力"的最基层执行者，各种复杂的因素都可能诱发其职务腐败问题的发生，从而严重影响大学生的思想政治教育工作。因此，对于辅导员廉政自律问题的研究具有十分重要的实际需求和现实意义。

一、辅导员廉政自律的重要意义

党的十八大报告将党风廉政建设和反腐工作放在了党的各项工作的重要位置，并在全国推行学习党的群众路线的教育实践活动和反腐倡廉学习活动。高等院校不仅是教育反腐的重要战场，更是进行大学生廉政教育、培养社会主义核心价值体系的重要基地。因此，高等院校的廉政建设对于国家人才培养和学科发展起到了举足轻重的作用。

"辅导员作为高校党政管理干部的重要组成部分，队伍数量较多，承担责任较重，直接面向基层，工作覆盖广泛。"[①] 因此，辅导员队伍的廉政建设既是高校党风廉政工作的重要内容，又是大学生廉政教育的实际典范。

（一）辅导员廉政教育是高校党政队伍建设的重要内容

辅导员是高校党政队伍的关键力量，是高校各项学生工作的具体执行者和实施者。"高校应加强对辅导员的组织纪律教育、党风党性教育和廉洁自律教育，防微杜渐，未雨绸缪，巩固提高辅导员坚定的政治素养，全面提升其综合素质和竞争能力，为高校储备更多的干部人才。"[②]

辅导员往往作为高校党政干部的后备力量进行培养，这就要求辅导员不仅要在工作业务上精益求精，更要在纪律作风上以身作则。辅导员对上是具体任务的实际执行者，对下是学生活动的直接领导者，能否将辅导员培养成廉洁、自律的党政干部，对高校的队伍建设起着重要的影响。

（二）辅导员廉政精神是教师职业道德的基本要求

辅导员一方面是高校的管理干部，另一方面是从事教学、科研的一线教师，其既是管理者又是"传道者"，这种身份要求辅导员必须具备教师的基本职业道德素养。管理方面，辅导员主要负责大学生的日常学习、生活管理，包括和学生切身利益息息相关的评优、入党、推免、奖惩等工作。教学科研方面，辅导员主要面向学生开展思想品德修养、就业指导、形势与政策、心理健康等与学生个人品德养成密

---

① 李磊：《对高校辅导员进行廉政教育的思考》，载《华章》，2011 年第 23 期。
② 张涛：《谈高校辅导员的廉政教育》，载《河南科技学院学报》，第 37 卷第 4 期。

切相关的课程。

从辅导员在管理和教学中的工作内容可以看出，辅导员的个人职业操守对于高校党政工作的开展和学生的日常管理具有重要意义。廉政精神作为教师职业道德规范的一项基本内容，不仅是辅导员日常工作的基本准则，更是辅导员对自己终身的职业要求。

（三）辅导员廉政作风是大学生廉洁教育的实操典范

"辅导员作为与大学生日常联系最为紧密的教师群体，肩负立德树人的重要职责，对大学生的成长、成才起着举足轻重的作用。"[①] 可以说，辅导员的一言一行都在潜移默化地影响着大学生对学校甚至是社会的认知。目前，大学生廉洁教育已经成为大学生思想政治教育的重要内容。辅导员这个特殊角色在大学生廉洁教育中起着不可忽视的重要作用。

辅导员作为大学生的榜样，其积极健康的引导将使大学生能够朝着正确的人生方向前进；而其反面行为将导致大学生诚信与责任意识的缺失，阻碍社会主义核心价值体系的全面构建。特别是廉洁教育方面，辅导员作风清廉，就能引导大学生树立廉洁意识，养成廉洁习惯；若辅导员贪图私利、作风腐败，则会使得大学生受到这些不良习惯的影响，导致人生观、价值观的扭曲。

所以，加强辅导员的廉政教育，预防辅导员的职务腐败行为，既是高校党政队伍建设的重要内容，又是辅导员职业道德的基本规范，更是引导和帮助大学生形成正确人生观、价值观，践行社会主义核心价值观的榜样要求。

二、影响辅导员廉政自律的主要原因

人类的一切实践在其发展过程中既有主观因素，又有客观因素，两者相互影响、相互作用，密切联系。对于影响辅导员廉政自律的原因，同样包含主观和客观两大方面的因素。

（一）影响辅导员廉政自律的主观因素

辅导员职务腐败的产生，与其自身的主观因素存在着巨大的关系，主要体现在辅导员自身的意志品性、职业认同和廉洁意识等方面。

1. 部分辅导员个人意志薄弱

---

① 商量、方鸿志：《高校辅导员职务腐败问题预防策略研究》，载《渤海大学学报》，2014年第 1 期。

同多数职务腐败相同，辅导员的职务腐败一定离不开辅导员自身的个人意志薄弱因素。正因为一些辅导员个人意志薄弱，才为腐败现象的产生提供了温床。虽然我们的辅导员队伍总体上思想过硬，意志坚强，但部分同志在面对学生、家长的利益诱惑和权力寻租时产生了动摇，导致辅导员职务腐败问题的产生。

目前，辅导员队伍往往学历高、年纪轻，且"大多是从家门到校门再到工作单位的'三门'干部，因此普遍缺乏工作经验、技能以及相应的职业道德教育"①。这也使得一些年轻的辅导员干部在面对金钱和利益的诱惑时，容易产生动摇，导致腐败发生。

2. 部分辅导员职业认同感缺失

对于多数辅导员来说，对于自身的职业定位明确，认同感强。但部分辅导员并未将其视为"立德树人"的伟大工作，而仅仅将其看作是简单的谋生手段，至于学生的健康成长与否则毫不关心，甚至将一切工作重心落脚到如何寻求更大利益上来。"在某种意义上，经济利益成了他们工作的主要甚至唯一的驱动力，导致在职期间不择手段搜刮钱财。"②

由于职业认同感的缺失，这一小部分辅导员将不再以职业准则和廉洁意识约束自己，而是完全利用辅导员的特殊权力为满足自身的利益需求服务，从而导致辅导员职务腐败的产生。

3. 部分辅导员廉洁意识淡化

"部分辅导员认为，党风廉政建设惩治和监督为主，如果没有违纪行为就不必太在意党风建设。同时，个别辅导员认为在不影响集体利益的情况下，适当获得个人利益并无大碍，实际上这就潜移默化地走上了腐败的道路。"③

正是由于部分辅导员从思想上放松了警惕，没有将廉洁意识牢记在心，并受到"个人利益至上"的错误思想引导，使得腐败行为有机可乘。

（二）影响辅导员廉政自律的客观因素

客观因素在事物的发展过程中往往起到推波助澜的作用。面对辅导员职务腐败现象的出现，社会上的不良风气影响、监督管理机制欠缺和辅导员自身发展路径过

---

① 李磊：《对高校辅导员进行廉政教育的思考》，载《华章》，2011年第23期。
② 商量、方鸿志：《高校辅导员职务腐败问题预防策略研究》，载《渤海大学学报》，2014年第1期。
③ 高杨、白永雪：《加强高校辅导员党风廉政建设工作研究》，载《中国校外教育》，2012年9月下月刊。

窄等原因都在一定程度上催化了辅导员职务腐败现象的出现。

1. 社会不良风气的影响

当前社会上充斥着许多功利、浮躁的不良风气，并且这些不良风气开始逐渐向大学这座纯洁的象牙塔渗透。"有些学生或家长为了在升学就业、评优评先等方面获取某些特殊利益，就会采取各种方式向学生的直接管理者和教育者——辅导员进行渗透，施加影响。"①

受到这些不良风气的影响，一些辅导员的心理容易产生变化，在利益取舍和职业底线方面出现动摇。这就使得一些有所企图的家长和学生能够有机可乘，造成辅导员职务腐败的发生。

2. 监督机制的缺乏

当前高校腐败问题的监督主要集中在基建、科研和招生等领域，而专门针对辅导员职务腐败的监督机制尚不健全。在部分高校中，"对于基层干部，特别是辅导员队伍的廉政教育还不同程度存在不重视甚至轻视、忽视的问题"②。一方面，直接监督机制尚不成熟，另一方面教育监督重点不明确，这就使得部分思想不坚定的辅导员容易走上腐败道路。

此外，除去校内监督，由于辅导员本身工作具有对象单一、性质特殊、内容专项等特点，使得社会监督的力量大大削弱。因此，一些自觉性差、党性修养薄弱的辅导员容易为一己私利而走上歪路、邪路。

3. 辅导员发展路径狭窄

"部分年轻辅导员走向工作岗位后事业与家庭刚刚起步，生活压力较大；部分辅导员面临职业生涯高原现象（career plateau），进步机会少，职业压力大，对自己的职业规划感到迷茫。"③ 这样的氛围使得部分辅导员逐渐失去了职业发展的期望，转而更加注重获取眼前的既得利益。加之辅导员工作强度大，责任风险高，发展路径相对狭窄，且福利待遇和收入水平相对其他专职教师较低。部分辅导员们不得不为自己的生存和发展谋求资本。"这种不平衡就容易滋生腐败的心里土壤。"④

---

① 李磊：《对高校辅导员进行廉政教育的思考》，载《华章》，2011 年第 23 期。

② 李磊：《对高校辅导员进行廉政教育的思考》，载《华章》，2011 年第 23 期。

③ 郑舒琳：《从前苏联教育腐败看辅导员廉政建设》，载《新余学院学报》，2013 年 2 月第 18 卷第 1 期。

④ 商量、方鸿志：《高校辅导员职务腐败问题预防策略研究》，载《渤海大学学报》，2014 年第 1 期。

因此，在主、客观因素的共同影响下，辅导员的职务腐败开始初现端倪。对于辅导员职务腐败问题的深入研究和思考，已经成为高校干部建设和党风廉政建设的重要课题。

三、辅导员职务腐败的特点

辅导员职务腐败因其发生的地点特殊、内容特殊、对象特殊，使得其具有区别于其他职务腐败行为的特点。

（一）影响深远，危害性大

辅导员职务腐败造成的影响和危害不仅涉及辅导员自身，而且还对在校大学生今后的人生道路造成了无法估量的损害。

1. 对辅导员自身的影响

辅导员职务腐败将对辅导员自身发展造成严重的影响。辅导员作为学校党政力量的后备干部，应当比其他同志更加懂得廉洁自律和以身作则。如果在基层工作中辅导员不能养成廉洁自律的工作作风，那么他们成为党政领导干部后，会对整个部门或单位的风气造成严重的不良影响。"腐败行为具有极强的传染性，这种可怕的'腐败文化'将破坏激励年轻人努力工作的主观能动性，成为懒散甚至自暴自弃的理由。"① 同时，从干部培养和发展的角度来看，辅导员的职务腐败也将严重阻碍其在政治上的成长和进步。

2. 对大学生发展的影响

辅导员职务腐败的另一个重要影响就是对在校大学生造成心理和意识观念上的错误引导。"辅导员在工作中的廉洁自律直接影响学校的健康发展，影响学生的稳定，关系到党组织在学生中的威信。辅导员的廉洁自律形象是学生最直接的榜样。"② 相反，如果一个辅导员不能够以身作则，将自私腐败的工作作风带给学生，将使得正在培养人生观、价值观的大学生们过早地受到社会不良风气的侵蚀，对他们的大学生活甚至整个人生轨迹产生深远影响。

（二）隐蔽性强，不易察觉

辅导员虽然掌握着与学生利益密切相关的各类资源，但他们在整个高校的职级

---

① 商量、方鸿志：《高校辅导员职务腐败问题预防策略研究》，载《渤海大学学报》，2014年第1期。

② 郑舒琳：《从前苏联教育腐败看辅导员廉政建设》，载《新余学院学报》，2013年2月第18卷第1期。

体系中却属于最基层。"在以教学和科研为中心工作的高校中，其受关注程度远不及热门学科的专家、学者，而这种不被关注恰恰成了辅导员利用职务之便捞取个人或小团体好处的最好掩护。"[①] 同时，因为辅导员的职务腐败往往只涉及单独个体的某一具体利益，且这些需求在执行时仅需通过辅导员个人的力量便可以实现。加之利益寻求的相对人也往往不愿对利益寻租的事实加以佐证，所以，当辅导员职务腐败问题发生后，很难通过有效的方法进行调查和取证。

（三）具有连贯性

辅导员职务腐败行为往往具有连贯性，这和辅导员的工作内容和方式以及不同学生在不同阶段的利益诉求有着明显的关系。例如，刚入学的新生往往希望成为一名"学生骨干"；大二、大三时，则开始寻求在评奖评优、推优入党、学生干部等方面的"特殊关注"；进入大四后，他们更渴求在保研、就业推荐等方面获得"关心"。

一名大学生在进入大学后往往将跟随一名辅导员完成四年的学习和生活，因此，很容易建立起一种长期、稳定、连贯的"互利关系"。通过若干次的"礼尚往来"，形成辅导员对个别同学的"特别关注"，使得他们在各种场合都能较容易获得相应的"收获"。

辅导员职务腐败是个别辅导员在工作过程中利用自身特殊的"学工权力"与部分学生、家长形成的相对隐蔽和长期的"利益寻租"关系，其不仅对辅导员自身发展产生了极大的阻碍，且对大学生人生观、价值观的养成和高校和谐稳定氛围的营造，造成了严重的不良影响。

四、加强和促进辅导员的廉政与自律

如何加强和促进辅导员的廉政与自律问题是辅导员队伍建设过程中亟待解决的症结，这不仅关系到辅导员队伍的健康与稳定，更影响着党和国家接班人培养工作的成败。"辅导员腐败现象是有因可查的，也是可以预防和教育的，这需要政府、高校和辅导员共同努力。"[②]

[①] 商量、方鸿志：《高校辅导员职务腐败问题预防策略研究》，载《渤海大学学报》，2014年第1期。

[②] 郑舒琳：《从前苏联教育腐败看辅导员廉政建设》，载《新余学院学报》，2013年2月第18卷第1期。

（一）辅导员要树立崇高的职业理想

马克思主义哲学认为，内因对事物的发展起着决定性的作用。因此，要从根本上实现辅导员的廉政与自律，必须要使辅导员树立崇高的职业理想。

1. 将中国梦精神作为自己的职业追求

"实现中华民族的伟大复兴，是中国近代以来最伟大的梦想。"民族的伟大复兴，其希望在当代青年。一方面，辅导员作为青年的人生导师，肩负着引领青年、指导青年和激励青年的重要使命；另一方面，辅导员本身就是伟大中国梦的"追梦人"，更应当在岗位上树立远大理想抱负，肩负起民族富强的担当。辅导员应当坚定地将中国梦精神作为自己终身的职业追求，在思想上和行动上，将自己的职业梦想与中华民族的伟大复兴紧密地联系在一起。

2. 将"焦裕禄精神"作为自己的职业要求

"焦裕禄精神"，就是要求我们党员干部时时刻刻想着群众，一切为了群众，艰苦朴素，实事求是。辅导员既是人民教师又是党员干部，应当在生活上、工作上加强对自己的职业要求。生活上，辅导员应当勤俭节约，艰苦朴素，充分发扬党员干部的优良作风；工作上，辅导员应当脚踏实地，实事求是，将"立德树人"作为自己毕生的职业信仰。

3. 将廉洁自律作为自己的职业操守

辅导员是学校"学工权力"的基层执行者，其每一项工作的背后都与学生的切身利益息息相关。辅导员的廉洁自律是保障每一位学生都能获得正确评价的基础。根据教育部《普通高等学校辅导员队伍建设规定》的要求，"高等学校总体上要按师生比不低于1：200的比例设置本、专科生一线专职辅导员岗位"。可以说，一名辅导员的廉洁自律至少将对200名大学生的成长、成才有着至关重要的影响。

所以，要想从根本上实现辅导员的廉政与自律，必须帮助辅导员树立崇高的职业理想，必须以"中国梦精神"、"焦裕禄精神"等作为辅导员的职业追求，将求真务实、廉洁自律等优良作风作为辅导员的职业准则。

（二）坚持党委领导下的辅导员队伍建设

辅导员既是一支业务骨干队伍，同时也是一支党员干部队伍。加强党委对辅导员队伍的建设和领导，是解决辅导员职务腐败问题的最基本要求。

1. 营造廉政氛围

良好的廉政氛围和环境是推动廉政教育工作取得实质进展的必备条件。辅导员作为基层的党政干部，更容易受到周边环境的影响与刺激。因此，需要各级党委充分营造良好的廉政氛围，让辅导员无论在工作中还是生活中，都可以感受到党组织的正气与朝气。

2. 加强廉政教育

队伍建设中，教育是关键。特别是对于基层的党政干部，更应当加强教育。辅导员虽然是高校最基层的干部，但是他们手中的"学工权力"却相对集中且影响较大。因此，必须加强辅导员的廉政教育，使他们意识到自己"学工权力"的责任和意义，从思想上加大对自身廉洁自律的要求。

3. 完善监督机制

虽然广大辅导员队伍是政治上可靠、业务上可用的队伍，但是不排除个别动机不纯、思想不坚定的辅导员，在工作中容易走上歪路、邪路。因此，加大党内、外的监督对于辅导员的廉政建设具有十分重要的意义。这种监督既应当包括党内纪律检查机关的监督，也应当包括党外群众的监督，特别是来自学生、家长的监督。辅导员的"学工权力"当然应该在阳光下行使。

（三）促进辅导员队伍的成长与发展

辅导员队伍的廉洁自律离不开自律与他律，但辅导员作为一项个人职业，其成长与发展也在一定程度上影响着职务腐败的发生与消亡。因此，辅导员队伍的廉洁自律也需要来自组织上的培养与发展。

1. 加大辅导员队伍的物质保障

辅导员往往是刚刚走出校门的青年，他们在家庭、事业上刚刚起步。同时，他们也是初出校门的学生，缺乏一定的社会阅历和经验。来自社会、家庭的种种压力，使得他们不得不思考自己的生存和发展。辅导员在高校行政岗位中是基层的管理者，在教学科研岗位中是"边缘学科"的教师，因此无论是工资福利还是科研经费，都无法真正解决他们的生活压力。这就使得部分辅导员迫于生活压力而进行"权力寻租"。

因此，加大辅导员队伍的物质保障力度十分必要，无论是工资福利还是科研经费，都应当加大对辅导员队伍的支持和投入。

2. 拓宽辅导员的发展路径

辅导员往往是初出校园，有理想、有抱负的青年人，相比物质保障，他们可能更看重未来长期发展的机遇。纵观全国各大高校的辅导员发展路径，无非有以下几类：职级发展、职称发展、交流发展、转任教学岗位发展。而每年能够获得发展机会的辅导员少之又少。长期积压的职级、职称发展不均和交流机会的匮乏，使得年轻的辅导员不得不为未来的发展做打算，这就容易产生消极和被动的工作态度，从而为职务腐败的滋生提供温床。

因此，应当拓宽辅导员的发展路径，使得辅导员队伍变成一湾"活水"，毕竟"流水不腐，户枢不蝼"。

辅导员的廉政与自律是辅导员职业发展过程中的一类特殊问题，对于辅导员廉政自律的影响因素既有来自辅导员自身的原因，也有来自制度和环境的影响。要想在根本上实现辅导员的廉政自律，解决辅导员的职务腐败问题，单靠辅导员个人或制度上的规范是难以实现的。这就需要国家、高校和辅导员自身，不断进行探索和磨合，最终形成一条适合辅导员发展的"职业化、专业化"道路。

但是，这条道路的探索是曲折和漫长的，其中还会逐渐暴露出各种新的问题。这就需要辅导员队伍树立职业理想，坚定职业信念，将自身的职业发展与"中国梦"的伟大历史实践相结合，将自身的职业理解与"立德树人"的教育内涵相匹配，在职业发展中发现问题，解决问题，逐步实现辅导员队伍的廉政与自律，最终走上"职业化、专业化"的辅导员发展道路。

浅谈新媒体在
辅导员工作中的运用

人文学院　杨莉莉

摘　要　随着科技的进步，人类社会进入了新媒体时代。新媒体时代的到来对大学生学习生活的方方面面产生了重要的影响。辅导员作为大学生思想政治教育的骨干力量、大学生的人生导师和健康成长的知心朋友，要主动运用新媒体开展学生工作。本文探讨了如何在辅导员工作中运用新媒体，并提出在新媒体运用中应该注意的几个方面。

关键词　新媒体　辅导员工作

一、新媒体及其发展

随着科技进步、互联网的迅猛发展，社会进入了新媒体时代。何为新媒体？百度百科给出的定义是："新媒体是新的技术支撑体系下出现的媒体形态，如数字杂志、数字报纸、数字广播、手机短信、网络、桌面视窗、数字电视、数字电影、触摸媒体等。"[①] 这个概念是相对于四大传统媒体报纸、广播、电视、杂志而言的，所以又被称为"第五媒体"。新媒体因其是一个相对的概念，它的内涵会随着技术的进步而不断变化。

根据媒体表现形式，可以把新媒体分为三类：互联网媒体、电视新媒体、手机媒体。[②] 互联网媒体主要有微博、社交网站（开心网、人人网等）、BBS（论坛）、

---

① 百度百科：http://baike. baidu. com/link？url ＝ _ CQ1FM8sH1mREmhdwjRjClDy － jT8zcuYRMyPAniRj4Paq9Q － 4cGc9yNK3EZPWEaXv3 zBo _wvgM2CGYcuZtIBU16GkAOGRLKjWYMTfk AHUgV1kYNH8diP2Qv4PbhRm09E，访问时间：2014 年 5 月 8 日。

② 黄传武等著：《新媒体概论》，中国传媒大学出版社 2013 年版，第 3 ~ 6 页。

博客、播客等。电视新媒体主要有交互网络电视、移动电视等。手机媒体是网络媒体的延伸，它主要借助手机进行信息传播，主要包括手机报、手机电视、手机游戏、手机彩信、手机图书、微信等等。

新媒体与传统媒体相比，具有很明显的特点：

首先，具有开放性。它打破了时空界限，任何一个国家和地区的人，只要有电脑或手机终端连上网络，就可以随时参与进来。

第二，具有共享性。任何人都能随时发布自己的信息并与网络上的其他人分享，任何人都可以随时从网络获得其他人带来的信息和成果。

第三，具有互动性。通过网络，网民们可以就一个共同的话题进行交流和探讨。

第四，具有即时性。一条网络信息在瞬间就会传播到全球各地，网络信息也会在分分秒秒间不断被新的信息覆盖和更新。

第五，具有多媒体性。信息内容不再只是文字或图片，更多音频、视频的应用使传播的信息更加丰富多彩。

新媒体的特点和优势吸引越来越多的人加入了这支网络大军。1994年，我国开始有互联网，起步虽晚，但发展迅速。据中国互联网络信息中心的统计数据显示："截至2013年12月，中国网民规模达6.18亿，全年共计新增网民5358万人。互联网普及率为45.8%，较2012年底提升3.7个百分点。"[①] 我国政府对网络基础设施建设的加强，各大运营商、厂商对互联网应用的推动，促使更多的人认识并使用互联网，网络社交的应用更加扩大了互联网的受众面。如今又随着智能手机的推出和普及、网络资费的降低、wifi网络的覆盖，手机网民的规模也大幅度地提高。"截至2013年12月，中国手机网民规模达5亿，较2012年底增加8009万人，网民中使用手机上网的人群占比提升至81.0%。"[②]

以前人们常说停电了很不习惯，现在大家都说断网了像是与世隔绝；以前人们学习工作只需书本为伴，现在学习工作很大程度依赖上了电脑、网络甚至手机。"2013年，中国网民的人均每周上网时长达25.0小时。近年来我国网民上网时长

---

① 中国互联网络信息中心（CNNIC）：第33次《中国互联网络发展状况统计报告》（2014年1月），第5页。

② 中国互联网络信息中心（CNNIC）：第33次《中国互联网络发展状况统计报告》（2014年1月），第5页。

不断增加。"① 这些都说明，互联网等新媒体已经完全走进了广大百姓的生活，并渗透到衣食住行方方面面，一个全新的网络信息时代随之而来。

二、新媒体时代下的大学生

当代大学生自我意识强，容易接收新生事物，这些特点使他们必然成为新媒体的积极推崇者和忠实践行人。据有关研究显示，从网民的年龄结构来看，"截至2013 年 12 月，我国 20—29 岁年龄段网民的比例为 31.2%，在整体网民中占比最大。"② 从职业结构来看，"学生依然是中国网民中最大的群体，占比 25.5%，互联网普及率在该群体中已经处于高位"③。

新媒体的应用导致了大学生的学习和生活都发生了翻天覆地的变化。如今，一台电脑（绝大多数是笔记本电脑）和一部手机（绝大多数都是智能手机）已经成为每个大学生的必备工具。几乎所有的大学宿舍、教室、图书馆等都设有网络端口，很多大学还铺设了校园 wifi 网络，笔者所在的学校近期将要对手机 4G 信号进行升级扩容，这些都为大学生上网提供了非常便利的条件。从学习上来看，大学生的选课、成绩查询、学校各类通知的获取、项目的申报、学习资料的查找、实习和工作机会的获取、学术观点的表达和交流等，都离不开网络新媒体；从生活上来看，网上浏览新闻资讯、收发邮件、网络聊天、看电影听音乐、记日志写博客、发微信刷人人、购物买票、玩游戏等，都已经成为大学生的重要生活方式。

在新媒体时代下，学习和生活的网络化对大学生产生了极其重要的影响。一方面，大学生通过网络，开阔了视野，增长了知识，加强了人际交往，满足了自我表达的欲望，获得了自身发展的机会，极大地促进了大学生的成长和成才。另一方面，网络也不可避免地给大学生们带来了消极影响。比如，有的大学生沉溺于网络游戏，无心向学；有的大学生网上交友不慎，被骗财骗色；有的大学生看到社会上一些负面消息，就对社会失去了信心；有的大学生享受网络购物便捷的同时，养成了铺张浪费的不良消费习惯；有的大学生发现网络商机的同时，却从此走上了违法

---

① 中国互联网络信息中心（CNNIC）：第 33 次《中国互联网络发展状况统计报告》（2014 年 1 月），第 27 页。

② 中国互联网络信息中心（CNNIC）：第 33 次《中国互联网络发展状况统计报告》（2014 年 1 月），第 22 页。

③ 中国互联网络信息中心（CNNIC）：第 33 次《中国互联网络发展状况统计报告》（2014 年 1 月），第 23 页。

犯罪的道路……如此种种，怎能不引起我们的关注？

三、新媒体在辅导员工作中的积极作用

"辅导员是开展大学生思想政治教育的骨干力量，是高校学生日常思想政治教育和管理工作的组织者、实施者和指导者。辅导员应当努力成为学生的人生导师和健康成长的知心朋友。"[①] 在大学期间，辅导员是与大学生们平时接触最多的老师，小到宿舍班级、党团组织、学生社团、奖学助学、心理就业的管理和指导，大到学生危机事件处理、思想政治教育和坚持马克思主义等社会主义核心价值观的引领，都是辅导员的职责和任务。可见，辅导员工作对大学生成才有着不可置疑的重要作用。

由于辅导员的工作对象是大学生，因此，辅导员工作的首要前提是对学生有足够充分的了解。如今，在新媒体时代下，大学生学习和生活的网络化对辅导员工作的开展提出了更高的要求。国务院关于进一步加强和改进大学生思想政治教育相关文件中指出："主动占领网络思想政治教育新阵地……不断拓展大学生思想政治教育的渠道和空间……密切关注网上动态，了解大学生思想状况，加强同大学生的沟通与交流，及时回答和解决大学生提出的问题……牢牢把握网络思想政治教育主动权。"[②] 因此，掌握新媒体技术、主动运用新媒体开展工作，是大学辅导员的必修课。

如何运用新媒体有效地开展辅导员工作？据笔者观察，网络媒体和手机媒体在辅导员工作中的运用最为普遍，主要有以下几个方面：

（一）通过 BBS 等校内论坛了解大学生的思想动态

每所大学都有自己的校内论坛，学校工作做得好不好，哪里好，哪里不好？哪里需要改进？学生有什么想法和呼声？这些几乎都能在校内论坛上找到答案。在这里，有的学生遇到了困难，需要大家的帮助；有的学生就某个问题发表了自己的观点；每个人的身份隐蔽而平等，学生更容易说真话，同时也更期待学校和有关部门能够解决实际问题。辅导员要定期登录本校的论坛，在浏览网帖的同时，掌握学生的思想状态和生活状态，对于涉及本院或本职工作的，要及时给予线上回应，并尽

---

① 《普通高等学校辅导员队伍建设规定》第一章总则第三条，2006 年 9 月 1 日起施行。

② 中发〔2004〕16 号文：《中共中央国务院关于进一步加强和改进大学生思想政治教育的意见》第十七条。

力为学生解决实际困难。实践证明，发帖人总是希望有更多的人对其帖子进行回应。学生在论坛中提出的意见或建议，如果总是能够得到有关部门和人员的回应，学生对学校、学院的认同感和归属感就会逐渐增强。

（二）创建各种群，将不同的线下组织分别搬上网络

辅导员工作庞杂、琐碎，头绪繁多。全校各个部门针对学生的通知都依靠辅导员进行传达和上报。新媒体技术的应用能够极大地提高辅导员的工作效率，增强信息传递的准确性，减少了误差。最基本的方法是：将线下的组织搬到线上，建立各种工作群，利用网络通讯的即时性，迅速完成上传下达。除此之外，还可以利用群功能开展网上资料共享、在线答疑、学习讨论等集体活动。尤其是遇到紧急任务而又没有足够的时间安排线下会议时，采用线上会议方式无疑是最好的选择。按照群成员的不同，可以分为班级群、党支部群、团支部群、学生会群等工作组群；按照使用载体的不同，可以分为 QQ 群、微信群、人人群组等。

（三）加强与每个学生的一对一网络联系

通过调查，找出每个学生经常用的至少一种网络联络方式，并加为好友，尽可能保证辅导员网络教育和关注覆盖其所管理的所有学生。很多时候，学生在遇到小麻烦时不会直接来办公室找辅导员或给辅导员打电话、发短信来寻求帮助，但他们真的不需要帮助吗？肯定是需要的。只是由于学生本人的内向、不善言谈或者不愿因"小事"给老师添麻烦的心理导致了他们选择不想大张旗鼓地求助。那么，一条人人状态的更新、一个 QQ 表情的闪动、一张微信图片的呈现，其实都是学生在等待关心他的人去帮助他，安抚他，给他指引。所以，辅导员只有做到时刻关注学生的思想动态，学生才有可能在遇到困难的第一时间通过网络联系到辅导员，或倾诉，或寻求帮助。

（四）撰写博客、微博、微信等，主动传播正能量

辅导员作为"大学生思想政治教育的骨干力量"和"学生的人生导师、健康成长的知心朋友"，"要主动占领网络思想政治教育阵地"。[①] 辅导员要围绕社会主义核心价值观和大学生成长成才所需的必要知识，开博客、写微博、发微信、刷人人。可以利用这些新媒体发布工作通知、提供实习和就业信息、传播党的理论知识，也可以撰写心情日记、抒发人生感悟、发表时事评论，或原创，或转载，坚持

[①] 参见中发〔2004〕16 号文：《中共中央国务院关于进一步加强和改进大学生思想政治教育的意见》第十七条。

传播正能量，从而使大学生受到潜移默化的影响，促进大学生的健康发展。

（五）积极关注和回应学生个人的网络状态

辅导员要付出一定的精力，包括八小时之外的时间来时刻关注学生的网络动态，还要善于观察学生在网络上留下的一切痕迹，善于发现学生的不良情绪和真实想法。对于成绩，要及时肯定；对于疑问，要及时解答；对于困惑，要及时指导；对于悲伤，要及时安抚；对于失望，要及时鼓励。在第一时间回应学生，给学生提供心灵上的支持与帮助，温暖每个学生的心，从而让学生意识到，在遇到困难的时候，他们其实并不孤单，有辅导员在身边陪伴着他们，和他们一起努力，度过那段难熬的岁月。

（六）授课、开会时，多采用网络、音频、视频等多触觉新媒体

心理学的相关研究证明，和单一刺激相比，多触觉的刺激会极大提高人的认知能力。辅导员在给学生授课或开班会、党团等会议时，要改变以往传统的演讲和板书形式，积极利用网络、音频、视频、动画等新媒体技术，使严肃、呆板的授课和会议变得丰富而生动，极大地激发学生的求知欲和想象力，从而提高学生的认知效果。此外，可以在课后开设线上论坛，在师生之间搭建专题学习讨论、交流辅导平台，及时了解学生对课堂教学内容的吸收和掌握程度，进一步深化学生对课堂教学的认识和理解。

四、辅导员在运用新媒体时需要注意的几个方面

（一）绝不能因为新媒体的到来而摒弃传统的辅导员工作手段和途径

新媒体的运用给辅导员工作带来了非常积极的作用，但是，辅导员也要认识到，新媒体的工作手段并不能完全代替传统的工作途径，它只是传统途径的一种补充。比如，一对一深度辅导，辅导员通过和学生面对面地交谈，观察学生的表情、眼神等肢体语言，才能更多、更真实地获取有效的学生信息；再比如，开展班会、文体活动等现实的集体活动，置身其中，学生才能更加感受到集体的活力、感染力和向心力。因此，辅导员只有根据工作的需要，恰当地使用合适的方法和途径开展工作，才能取得实效。

（二）避免眉毛胡子一把抓，工作一竿子插到底

新媒体的使用使得辅导员和每个学生都能即时交流，因此有的辅导员就犯了事必躬亲的毛病，绕开学生干部，大事小事都要自己做，结果往往是自己累不说，还客观上限制了学生自我教育、自我管理能力的提高，学生干部也失去了锻炼的机

会，其作用没有充分地发挥出来。

（三）选择合适的网络用语

在即时可视媒体（主要指手机通信媒体）尚未完全普及的前提下，辅导员在使用新媒体进行即时通信时还主要依靠文字和图片。文字在特定的语境下有特定的含义，尤其在使用中文进行交流时，一不小心就会引起歧义，甚至一个标点符号或感叹词的错误使用就导致了语义的变化。因此，辅导员要特别注意选择合适的网络用语，准确地传达精神，表达自己的想法，尽可能避免学生的误解。

（四）给学生自身留出足够的网络空间

每个人的心灵在某个时刻都需要独处。辅导员在利用新媒体与学生交流的过程中，切忌像警察一样时时监督、警示学生的一切活动，该放手时就放手，不要把原本自由的网络变成学生无处可逃的牢笼，给学生足够的网络空间，引导他们在浩浩网络社会中学会自我教育，实现健康成长。

（五）不断提高对新媒体的驾驭能力

科技的进步、新媒体的不断变化和更新给辅导员工作带来了诸多挑战，辅导员一定要与时俱进，敢于接受挑战，通过不断学习、研究和培训，提高自身对新媒体技术的牢固掌握和恰当应用，使新媒体真正成为促进辅导员工作的法宝，成为加强大学生思想政治教育的重要载体。

五、结语

新媒体信息技术的快速发展，对大学生的学习和生活方式产生了深刻的影响。辅导员要紧跟时代，主动占领新媒体教育的阵地，主动研究大学生感兴趣的任何东西，想其所想，看其所看，只有这样，才能全面了解大学生，真正走进大学生心里，进而获得影响大学生的话语权，促进大学生健康发展，为社会主义事业培养优秀的接班人。

党团建设篇

DANG TUAN JIAN SHE PIAN

高校共青团与
学生组织关系探究

——以中国政法大学为例

校团委　黄瑞宇

摘　要　高校共青团与学生组织是指导与被指导的关系，正确定位高校共青团与学生组织的关系，需立足于高校团学组织的基本架构，按照有利于共青团工作阵地的开拓和巩固、有利于学生组织健康发展的原则，充分调动学生组织自身的积极性和主动性，推动团学工作的繁荣发展。

关键字　高校共青团　学生组织　关系定位

在高校中，团委与学生组织是指导与被指导的关系，共青团组织很大一部分工作需要通过其所指导的学生组织的工作予以呈现。但近年来，高校团委和学生组织之间关系定位日益模糊，工作阵地交叉严重，部分学校团委对所指导的学生组织管理过于具体化，阻碍了学生自治组织职能的发挥和积极性的调动，也在一定程度上弱化了共青团组织本身的工作阵地和影响力。为此，我们有必要对高校团委和学生组织关系进行探究。

一、目前高校团委与学生组织关系的基本结构和定位

（一）高校团委与学生组织关系的一般结构

目前，高校共青团的工作模式一般采取的是"一体两翼"的大团建模式，也就是以共青团组织为主体，以学生会等学生组织和学生社团组织为两翼。众所周知，学生会①是学生自我教育、自我管理、自我服务的学生自治组织，在学校和学

---

① 此处学生会应为广义含义，包含学生委员会等学生组织。

生之间起着桥梁和纽带作用。而学生社团是由学生依据兴趣爱好自愿组成，通过学生社团联合会进行管理，开展活动的时间、地点和形式灵活，高校学生社团活动已经成为新形势下实施素质教育的重要途径，是学生第二课堂的主要阵地。

（二）高校团委职能部门设置的两种方式

除了上述"一体两翼"格局，许多高校团委为了构建共青团组织自身工作阵地，在团委直属部门中充实学生力量，扩大团委本身的人员设置，通常有两种方法：

一是在团委各部门中设置学生副部长，甚至某些部门直接为学生担任部长，部门内吸收学生成员，使团委整体形成一个较大组织且能够独立开展工作。此类设置方式使团委本身拓展工作阵地的能力有所增强，但在同学中容易形成团委和学生组织平等并存的印象。

二是与我校情况类似，将部分团委直属部门发展成在团委领导下的学生组织，通常它们虽然仍然称为团委的某个部门，但部门内部还会有具体的部门设置，与学生组织已无太大差别。此类设置方式能够加强团委对学生组织的管理，但容易造成此类团委直属部门分散发声，难以形成统一的共青团工作阵地，造成团委直属部门的膨胀并各自追求对外工作品牌的拓展。

（三）我校学生组织格局与关系定位

我校校团委共九个直属学生组织。

学生委员会、学生会、研究生会为学生自治组织，授权主体来源为全校学生，通过学生代议程序选出，接受校党委领导与校团委指导。我校学生委员会为内部存在部门设置的少数高校"学生议会"之一。

青年志愿者协会和艺术团尽管在名称上与社团组织类似，但在各高校基本上都属于校团委直接管理，而不在社团之列。两个组织事实上是团委志愿者工作和文艺工作的载体，实质是校团委职能部门的延伸。

团委宣传中心和政策研究中心本身属于团委直属部门，但按照学生组织的方式进行指导管理。

相对特殊的是学生社团联合会和研究生社团联合会，一方面两个组织具备学生自治组织的基本特征，其授权主体为社团；另一方面其承担着团委社团管理和服务职能，是团委职能部门的延伸。基于两方面的性质，故而有些学校直接在团委设置社团部，有些设置学生社团联合会。

基于以上认识，学生委员会、学生会、研究生会、学生社团联合会和研究生社团联合会应按照学生自治组织模式进行管理，即鼓励上述组织对其授权主体负责，给予其更多的自主性独立开辟自身工作阵地。青年志愿者协会、艺术团、宣传中心、政策研究中心应按照团委直属部门进行管理，在校团委统一领导下完成校团委在校园文化建设、志愿服务管理、自身理论研究等方面的职能工作并开辟团委独立工作阵地。

二、正确定位团委和学生组织关系的指导思想和基本原则

（一）准确分析团委与学生组织关系的基本问题

高校团委与学生组织基本性质既有联系又有区别，共青团和学生会等学生组织的目标基本一致，但工作不完全一样，会有不同的切入点。有的工作可以一起来做，有的工作要在团委指导、帮助和支持下自主开展，团委与学生组织在紧密联系的同时拥有不同的工作阵地。

高校团委对学生组织的工作指导，要善于为学生组织提供资源开展服务同学的工作，要把一些任务交给学生干部做，一是着眼于学生干部的培养，有利于锻炼学生干部能力；二是对学生组织要给予必要的资源、时间和空间开展工作，仅靠一次选举，不能保证学生组织在学生中充分的影响力和感召力。

高校团委对学生组织主要学生干部的考察任命一定要经过合理的代议制选举产生，上级组织不要简单任命，要多一些信任，多一些关心、指导和支持。校级学生会主席人选须以公开竞争的方式由学生代表大会或其常设机构选举产生，候选人须政治合格、品学兼优、素质过硬，有较好群众基础，经公开报名、院系推荐、民主酝酿、资格审查和公示等程序确定，坚决禁止未经选举即直接指定等方式；选举过程中要严肃纪律，杜绝各种不正之风。[①]

在充分强调团委要放手发挥学生干部能动性主动开展工作并给予大力支持的同时，学生组织应善于在团委指导下开展工作，"善于"两个字，是问题的关键。学生组织不能认为自己是同学选出的，就什么也不顾，既要注意自己组织格局的设计，还要把组织放在整体政治生活格局之中来看待。团委和学生组织之间，是指导与被指导的关系，实际上也可以说团委是大家背后的有力支撑，学生组织要借助学校党委和团委的力量，形成重点工作项目，积极争取党、团组织在工作指导、资源投入和政策保障方面的大力支持。

---

① 参见《中华全国学生联合会关于加强和改进高校学生会研究生会建设的指导意见》。

团委和学生组织之间如果关系处理得当，将会有效促进资源的充分利用和工作的顺利开展，是工作良性发展的动力而不是阻力，但现实条件下如果团委没有掌握好指导的力度，学生组织没有充分认识团委指导的意义，就可能出现相反的效果，很多看似正确的事情由于方法、策略上的不同，结果完全不同。

（二）充分认识团委相对于学生组织的工作优势

一是性质上，共青团是先进青年的群众组织，是广大青年在实践中学习共产主义的学校，是中国共产党的助手和后备军，而高校学生会等学生组织则是全校学生的群众组织，所有大学生，不分民族、性别、宗教信仰，都可成为本校学生会的成员，缺乏团组织应有的先进性。

二是组织上，共青团有着严密的组织形式、健全的组织制度，配有专职团干部，稳定性强，而学生组织形式相对较松散，缺乏系统性管理，再加上学生干部由于时间、精力及其工作经验等方面的不足，工作很难做到集中，工作的稳定性和连续性就难以保证。

三是资源上，共青团作为学校职能部门的一部分，担负学生活动场地的审批管理等职责，同时能够获取学校资金支持，在资源上能够为学生组织运作提供保障。

只有充分认识共青团相对于学生组织的优势，才能使团干部和学生干部在思想上自觉意识到在共青团指导下开展工作的必要性。党组织委托共青团对学生组织进行指导和帮助，是由学生组织的自身特点决定的，也是学生组织克服自身不足，充分发挥自己的积极作用，不断扩大号召力的需要，学生组织只有自觉地接受共青团的指导和帮助，才能成为学校改革和建设事业中的一支有生力量。

（三）合理把握团委与学生组织关系定位的基本原则

一是要坚持政治把关与业务放手相结合。根据目前的审批制度，学生组织的重要活动都会经过团委相关指导老师的审批程序，团委要从活动的形式内容与邀请嘉宾方面进行有效政治把关。在坚持政治把关的基础上，团委应营造出学生组织工作发展的宽松氛围，坚持"政治上全面把关，工作上全力支持，内部管理一般不干预"的管理原则，在具体业务上对学生组织放手，对于内部管理制度、人员分工、工作流程、凝聚力建设、对外形象塑造方面尽量不参与，支持学生组织负责人形成在组织内部的权威，尊重学生组织负责人在各自业务范围内提出的发展思路。

二是坚持宏观指导与微观自由相结合。团委应重视对学生组织的宏观指导，指导老师应在学期初或者一定时间内与学生组织负责人就学生组织的宏观发展方向和思路进行交流指导，在双方互动的基础上形成发展思路的共识。宏观思路确定后应减少对具体活动、具体工作举措的微观干预，不过于频繁地调整学生组织发展思路，坚持学生组织发展思路的连贯性。以我校为例，校团委提出"围绕建设以法治文化为核心的特色校园文化发展理念，实施'服务化'、'高端化'、'走出去'的发展战略，不断探索、明确'对内整合资源，对外争取资源'的发展路径，实现校内外第一课堂、第二课堂、第三课堂的紧密联系，切实服务于青年学生成长成才"的整体发展思路，在这一思路指导下，放手让学生组织发挥，相继取得了艺术展演成绩历史突破，与央视合作举办感动中国人物进法大，参演纪念五四运动95周年大型晚会《五月的鲜花》等成绩。

三是坚持资源支持和干部培养相结合。团委应从嘉宾邀请、经费支付、场地审批、导师设置方面给予学生组织支持，并将学生组织负责人纳入团干部的培训体系，从学习、生活上关心学生干部成长，改变对学生干部重使用、轻培养的状况，使学生组织负责人在工作和个人发展中从团委感受到更多动力，充分认识到团委作为学生组织强大后盾的力量和价值，形成学生组织与团委的良性互动。

三、理顺团委与学生组织关系的制度安排

（一）及时改进团委与学生组织关系的制度设计

一是支持学生自治组织在沟通学校与学生之间发挥更大作用。必须明确学委会、学生会等学生自治组织的负责主体，不断提高学生组织在同学中的影响力与威望。要重视让学生组织在沟通学校与学生之间发挥更大作用，在维护学生权益方面扮演更为积极角色。学生自治组织的独立性要求设计更为完善的学生自治组织自我监督机制，尤其需要强调学生委员会的监督职能，真正实现学生自治组织对同学负责，受同学监督。

二是不断从体制和机制上发展工作激励制度。必须不断提高学生组织自身的工作主动性和积极性，避免学生组织被动地等待团委的工作任务而难以实现自主创新，削弱团学工作的动力来源。要从体制、机制上对学生组织工作创新、活动拓展、赞助支持、嘉宾邀请等方面建立切实的奖励激励制度，调动各方面的力量扩大和繁荣团学活动资源渠道。

（二）不断开辟共青团组织独立工作阵地

共青团中央书记处第一书记秦宜智曾指出："团委和学生会、社团的功能定位要区分，各级团委一定要负起责任，管理好、服务好学生会以及其他新兴社团，这

个问题如果不认识清楚，不在实际中抓好，将来会出大问题。"① 如何开辟巩固共青团组织独立工作阵地和独立品牌，可以从以下三个方面进行探索。

一是以职能部门为依托，充实团委直属部门学生干部队伍。对于团委的部分职能部门工作，要改变职能部门负责老师指导哪个学生组织就让该学生组织承担哪部分团委职能工作的局面，学生组织工作和团委职能工作交织重叠，既不利于打造团委的独立工作阵地，也给学生组织带来额外的负担。要逐步探索在团委职能部门中充实专职学生干部队伍，职能部门工作与学生组织工作实现分离，扩大和巩固团委工作力量。

二是警惕和防止团委职能部门行政化发展。要防止在充实团委职能部门的过程中导致其朝着学生组织方向发展，日益行政化膨胀，以致为了维持部门的运转，不断发展二级职能部门，导致执行部门本身职能的力量变得薄弱。

三是不断发展和扩大团的基层组织。要将学生组织及各级团组织、基层团支部作为团委工作的主要阵地，将学生社团、学生组织纳入团的组织体系，尝试在学生社团、学生组织中建立团支部，通过不断探索和实践，将共青团的基层组织分层次地建到学生社团、学生组织中。逐步完善学生社团、学生组织团支部的组织生活、日常管理、民主评议制度等，让团的支部建设为学生社团、学生组织的发展起到积极的促进作用。要将团委的工作和团的活动不断推广到基层团支部中去，而不是完全依托学生组织开展工作，形成团委工作的广泛阵地和独立体系。

四、结语

根据以上所述，我校团委在探索合理定位与学生组织关系诸多方面已经实现了良性的制度安排，这正是目前法大团委和学生组织保持紧密联系的重要保障。面对共青团工作的新形势和新问题，我校共青团组织仍然需要以改革创新精神对团委和学生组织关系进行更加理性的制度设计，以实现团委和学生组织关系的和谐发展，建立亦师亦友的和谐兄弟关系。

---

① 参见共青团中央书记处第一书记秦宜智在《全国高校共青团工作研讨班开班式上的讲话》。

基于 AGIL 模型对
大学生党建工作的研究

民商经济法学院　　孟广慧

摘　要　AGIL 模型是美国社会学家帕森斯提出的用于分析社会结构和功能的理论模型，它包含的适应功能、目标功能、整合功能和模式维持功能是任何一个系统发展必不可少的因素。大学生党建工作是社会系统的一个子系统，大学生党建工作主要任务是围绕党的基本路线和教育方针，将党的基本路线和政策内化为大学生的自觉行动，为社会主义建设事业培养合格的人才。本文基于 AGIL 模型，分析大学生党建工作存在的问题以及优化改进的可行性。

关键词　AGIL 模型　大学生党建

陶行知先生说过，先生不应该专教书，他的责任是教人做人；学生也不应该专读书，他的责任是学习人生之道。陶先生此番话直指教育本质，教师不仅是教书还要育人，学生不仅读书，还要学做人。新中国的教育延续了老先生关于教育本质的论述，并加入学生党建工作这个元素，为学生如何学习做人提供了工作的抓手。根据高等教育发展目标，2010 年高等教育各类在校人数达 2500 万人左右，2020 年这一数字将达到 3500 万。按照中组部的要求，要实现在高等学校发展大学生党员占学生比例 12% 的目标。很显然，这是个平均数。就我们学校而言（以 2013 届毕业生为例），到毕业时本科生党员达到 53%，研究生党员达到 80%。这样庞大的学生党员队伍，还有基本上全员为团员的后备力量，如何将这一群体引导好、教育好，在学生成长成才教育中占据非常重要的地位。

一、AGIL 模型

大学生党建工作和其他工作的区分可用下面的图来描述。下面这张图表达了从此岸到彼岸的两种不同路径，很明显，左侧路径简单高效，右侧路径复杂多变。相信很多人都会希望并选择左侧路径解决问题，但实际上大学生党建工作适用于右侧复杂路径。

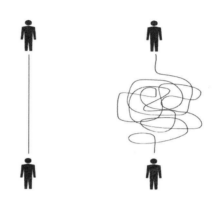

从社会学角度去分析，大学生党建工作可以借用帕森斯 AGIL 模型来分析。①帕森斯在研究人的价值、动机和行为的时候，提出"四功能模型"，该模型由适应功能（Adaption）、实现目标功能（Goal attainment）、整合功能（Integration）、模式维持功能（Latencypatternmaintenance）组成。帕森斯的学生以这四种功能的打头字母组成的缩写"AGIL"命名这一模型，所以该模型也被称为"AGIL"模型。帕森斯认为任何社会都可以被看作是由一个或多个系统组成的，而这些系统又是由各自的子系统组成的，每个社会系统及其子系统都能够执行上述四种功能。"A"即适应功能，系统与环境发生交换关系，从环境摄取资源并在系统内部分配，获取维持自身发展的能量；"G"即目标功能，其表现为一种过程，包括明确目标和实现目标两个方面，要求系统在确立目标的基础上确定系统目标的实现顺序并调动资源实现系统的多个目标；"I"即整合功能，协调系统内部各构成要素的关系，整合资

---

① 帕森斯是美国的社会学家，主要研究领域是社会结构功能理论，与美国本土注重经验和实践的社会学家不同，帕森斯致力于构建一个包罗万象的社会学理论体系，他和学者贝尔斯等人合著的《行动理论理论文稿》提出了 AGIL 模型，发展了系统—结构—功能—行动的理论，并且把这一理论应用于社会结构研究。虽然学者对此提出很多批评，但是学者们也不得不承认帕森斯的模型是社会学研究的参照物。参考罗民炎摘译的《当代社会学主要流派》一书部分节选，载于《现代外国哲学社会科学文摘》，1982 年第 6 期。

源，使各个要素协调一致并开展有效的合作，形成合力；"L"即模式维持功能，确保行动者扮演好他们的角色并保持价值观的稳定性，以保证行动的连续性并按照一定规范和秩序进行。[①]

帕森斯认为，"AGIL"模型的四种功能是任何社会系统发展都必不可少的要素，"任何社会系统过程都服从于四个功能的必要条件。如果要取得均衡和维持这个系统继续存在，它们必须得到充分满足"。社会系统的各个子系统也可以看作是一个独立系统，其内部也会包括相对更低层次的子系统，这些子系统也同样要满足四项功能要求，越是复杂的社会，分化的层次就越细。大学生党建工作作为一个子系统，可运用帕森斯的"AGIL"模型对大学生党建工作的适应功能、实现目标功能、整合功能与潜在模式维持功能的情况进行分析，针对其中存在的问题，提出优化改善建议。

二、基于 AGIL 模型，大学生党建工作中存在的问题

大学生党建作为社会系统的一个子系统，有独特的目标，有完善的科层制组织机构，有发展党员的规范制度，有人员和经费的配套，具有相对稳定的独立性。同时它作为思想政治教育的一个重要部分，其教育对象和教育环境都是不断变化的，因此又需要和外部环境不断进行主动性协调的尝试。基于 AGIL 模型，大学生党建工作在适应功能、整合功能和模式维持功能方面存在一些问题。目标方面没有涉及，是因为大学生党建工作的目标和社会发展对人才的需要是一致的。

（一）适应功能的问题

大学生党建工作是社会系统的一个子系统，大学生党建工作以外的所有环境都属于它的外部环境。大学生党建工作的适应功能表现为它和外部环境的主动性协调，其发展方向是与社会环境形成一个相对稳定的开放系统。大学生党建工作和外部环境的主动协调包括两个方面，一是大学生党建面临的外部环境，另一是大学生党建培养的学生适应社会发展需要。从外部环境看，大学生党建工作面临很不利的局面，马克思主义面临大众化的困境：为什么公众多关注、相信社会负面问题，而不客观对待我们取得的成绩？为什么学术界解释中国模式那么乏力？同样在国外也

---

① ［美］帕森斯：《经济与社会》，刘进等译，华夏出版社 1989 年版，第 16 页。转引自孙健、褚艾晶：《基于 AGIL 模型的研究生教育发展战略分析》，载《中国高等教育研究》，2011 年第 10 期。

受到限制的新闻管制，为何在国内受到诸多质疑？无利益相关者为什么参与群体性事件中去？人们的"仇官心理"为什么大于"仇富心理"？从大学生党建工作培养学生适应社会发展需要看，应对马克思主义大众化困境措施乏力，入党动机复杂，党员意识淡漠，党员的朋辈引导作用不突出。外部环境复杂、内部措施乏力导致大学生党建工作很难适应社会需求。

（二）整合功能的问题

任何资源都是短缺的，学生党建工作也是如此。学生党建工作主要的力量是辅导员，但是高校辅导员和学生的比例越来越大，辅导员已经很难开展一对一的细致学生党建工作。现在倡导全员德育，开展第二课堂教育的理念很多还停留在口号上，教师、班主任还是更加注重对学生学业的指导，思想政治教育和党建教育在某种程度上还是两张皮。大学生党建工作存在着资源浪费、配置重复、与思想政治教育工作脱节等问题，最根本的原因是辅导员掌控能力薄弱。

（三）潜在模式维持功能

潜在模式维持功能体现了意识形态、精神氛围与规范制度等文化因素对系统稳定性的作用。目前大学生党建工作存在着三部曲，即建立组织、发展党员、人员和经费配套，都属于规范制度的范畴。完善的发展党员制度、健全的党组织机构、合理的人员和经费配备，使大学生党建工作在制度规范方面极具有系统稳定性。但是在多元信息时代，如何有效传播主流的声音？在多元表达时代，如何面对大学生对自我个性的越位表达与对底线的突破？在多元传媒时代，如何表现和提炼当代青年大学生的风采和价值追求？解决上述问题仅仅停留在科层制的层面显然是不足的，如何营造有利于意识形态传播的文化氛围是学生党建工作在模式维持功能方面面临的问题。

三、基于 AGIL 模型分析提出的对策

Coombs 在其所著的《世界教育危机——八十年代的观点》中指出："教育体制适应周围的环境过于缓慢，由此而产生的体制与周围环境之间的各种形式的不平衡，正是教育危机的实质所在。"[①] 大学生党建工作作为思想政治教育的核心，为实现教育目标，避免出现与社会环境脱节的矛盾，就要和社会环境协调性发展。上

---

① ［美］菲利普·库姆斯：《世界教育危机——八十年代的观点》，赵宝恒译，人民教育出版社 1993 年版。

述基于 AGIL 模型对大学生党建问题的分析，从适应功能、目标功能、整合功能和潜在模式维持功能四个方面进行分析，存在的问题最终都落实到一个问题上，即实现大学生党建和社会环境协调性出现问题，解决这一问题的关键是促进大学生对政党的认同，将党的方针路线内化为大学生的自觉行动。

（一）辅导员要注重意识形态引导，以抵抗马克思主义大众化的困境

学生对政党的认同说到底是意识形态的问题，意识形态是极其抽象、难以界定的概念，我们从正面解释给学生很难说清楚，不如从反面"意识形态不是什么"入手，告诉学生意识形态不是什么；意识形态不是在比较中甄别，意识形态的核心是让我们生活得更美好。同时告诉大学生如何用意识形态指导自己的行为，并最终形成自觉行动。把党的方针路线讲到能够被认知、能解释当下的社会问题，使大学生接受而不是排斥，进而对大学生的价值观产生影响，使之上升为一种信仰，比如对农民工的包容是基于人人平等的信仰。

（二）辅导员和学生一起沉下去

在中国高校中，辅导员的多角色、多职能定位，客观上要求辅导员有更多担当。辅导员群体对大学生逆反心理的了解、对当下弊端的天然敏感，再加上高水平的知识素养，会下意识地对大学生群体进行批判。但是众多事实告诉我们，说教的方式不靠谱。辅导员应该和学生一起沉下去，以当事人的心态了解学生的学习、感情、就业等问题，反对非客观、非理性的判断和说教。以事实引导学生身体力行，从身边的事情做起；从获得周围同学的认可做起，而非某种标准的认可；理性思考，从调研中获得真相，提出解决"社会负面问题"的思路。

（三）在学生职业生涯规划体系中筑实认同的基础

一个人的成长大体有三种路径：乱世时的英雄模式，对抗政府的革命路径；治世时的顺应模式，主动适应社会发展趋势的路径；人格夹缝生存模式，磕磕碰碰、曲折前进的路径。很明显，目前值得大力提倡的是第二种路径。在治世，帮助大学生职业生涯规划的策略有几个方面值得考虑：关心时事，理性表达；遇到挫折懂得职业妥协的策略，对大多数人而言职业前途是中年以后决定的；自我发展不能妨碍他人的进步。

对高校学生党支部建设的几点思考

——以民商经济法学院 2013 级党支部为例

民商经济法学院　　张　葆

摘　要　学生党支部作为高校中党的基层组织，对于党员同学的教育培养，进而带动其他同学的教育，促进形成良好学风、校风具有重要意义，这就要求学生党支部建设具有实效性，而实效性的取得很大程度上取决于党员同学对组织建设的参与度，本文围绕参与度，结合支部建设的实践，从集思广益的建言制、及时反馈的落实制、合理分工的项目制，以及党员的表率性和党日活动的精品化为角度，提出了思考。

关键词　党支部建设　参与度　项目化　主题党日

党的基层组织既是党的路线方针的积极实践者，又是党同广大人民群众联系的纽带，在高校中，学生党支部就是党的基层组织的有机组成部分，它不仅可以将党组织的精神和指示及时、正确地传达给学生，引领学生朝着正确健康的方向发展，还是党组织了解民情民意的有效途径，能够把学生的情况反馈给党组织，及时发现问题，解决问题，在党和高校学生之间起到了桥梁纽带的作用。因此，加强学生党支部建设，对于将大学生党员培养为合格、优秀的中华民族伟大复兴的主力军具有十分重要的意义。

加强学生党支部建设，重在加强实效性，而实效性的实现基础在于党员同学对支部建设的参与度。围绕参与度与参与的有效性，民商经济法学院 2013 级党支部从以下几个方面进行了探索。

一、鼓励建言制

了解每一位党员同学的思想动态、对支部建设的想法和意见是提高学生参与积极性和有效性的前提，为此，党支部在每一次民主生活会上，都动员、倡议每一位党员同学发出自己真实的声音，尤其是对党员身份的认识和定位，对自己在班级同学中的影响，对党支部建设的开展方式的建议；除此之外，党支部还鼓励党员同学结合自己的所见所想，尽可能多地联系普通同学，听取、汇总他们的意见，整理思路，系统梳理，以给党支部写信的方式，详细具体地向党支部提出如何切实加强支部建设，提高支部在同学中的影响力、凝聚力、引领力。

在党支部贯彻实施你我共建、携手成长的主题下，在内部逐渐形成了广开言路，大家关心组织发展、关注组织发展的氛围，在每次民主生活会中、在每次主题党日活动结束后，党员同学都会主动进行总结，指出不足之处，提出改善建议，全体党员同学都口头发表了对党支部建设的建议、意见，2/3 的党员同学以书面信件的方式系统表达了自己的观点。从各类反馈统计，党员同学关于党支部建设的建议有以下几点：

（一）内部建设

党支部内部成员联系要更加紧密，要有团队意识，彼此的沟通交流不能仅局限在组织活动中，更应注重平时日常的联系，要创造有利条件，形成交流平台，增进感情，培养信任，加强团结。

（二）组织存在感

由于工作内容套路化和工作方法陈旧，在工作开展与活动策划中缺乏创新，工作和活动吸引力不足，无法达到预期效果，党支部在同学们当中的影响力较弱，而且印象刻板，这样不利于党支部的形象建设，应该通过多种平台和渠道，让同学们加深对党支部的认知，从而发挥党支部服务同学、模范带头的作用。

（三）参与班级建设

党员同学主要参与范围相对封闭的支部活动，与班团委的联系不紧密，目前党员同学较少，不利于把党支部的思想传播到班级和同学中去，发挥党支部的思想领导作用。

二、注重落实制

只有声音，没有回应，不仅不能提高党员同学参与支部建设的参与度，反而会打击他们的积极性。如何让每位党员的建议得到尊重，让他们的声音在实践中得到反馈，是激发他们以更加饱满的热情参与支部建设、提高支部活力的催化剂。

针对党员同学的建议，经过党支部讨论研究，形成了几条针对性措施。

（一）建立微信公共平台

通过建立党支部的微信公共平台，可以实现理论学习的推送、支部形象的动态展示，还能够促进支部成员动态、及时地进行交流，对主题党日活动的策划可以从一开始就吸收最广泛的意见，使得党日活动的开展从一开始就具有参与度、实效性的保证。

（二）实行项目负责制

改变纵向层级结构多引起的信息传达效率低，主要事务由支委负责实施，更多党员同学被动参与的状况，努力使组织内部结构趋于扁平化，减弱信息递减的层级效应，充分利用多媒体现代化的通信方式，提高信息共享效率，把支部工作按项目分工，让更多的党员同学以项目负责人的身份组织参与进来，使每个人都有机会参与、策划、组织支部工作，尤其是鼓励同学们提出好的创意、好的策划，组织实施推进该项目，极大鼓励了同学们的参与热情。以 2013 级党支部开展的"我为支部谋发展"系列活动为例，产生了众多好的主题党日项目，项目化的实施使得工作以实效为导向，以创意为基础，以主动参与为目标，更加细致、可行，更加具备吸引力与竞争力。

（三）党团共建促学风

如何发挥党员在学生中的先锋模范带头作用，在加强党员教育、使党员自觉严格要求自身外，还要使党员能够和其他同学有必要的联系与接触，在学院"1＋X"制度（即一名党员联系若干名同学，向他们定期传达党的精神，讨论热点问题，了解思想动态）的基础上，围绕学院本学年"学风建设"的主题，与班团委共同开展班级学风建设，不少党员同学成为班级推选的学风之星，通过在年级分享自己对学习的认知态度、对学习的方法习惯，充分发挥榜样的作用。同时，党员同学按照学院统一制定的"先锋工程"实施方案，开展了班级学习大摸底，以学业领航"1＋1"结对帮扶方式，形成学习困难学生帮扶的全覆盖。

此外，在党员同学与同学们充分沟通与了解下，党支部集体制定了"民商经济法学院 2013 级学生时间管理能力调查问卷"，由各个班党员在班级内部牵头，与班团委共同组织问卷调查与分析，这既是一次调研的过程，也是一次激发同学时间管理意识的过程，更是一次提高同学时间管理能力的过程，能促进同学正确合理分配时间、高效利用时间。在调研中通过宣传，将学生的主要精力引导到学习上来，促进良好学风的形成；通过与班团委的通力配合、对班级工作的有效参与，向"党建带团建，齐员共发展"的目标积极迈进。

三、发扬表率性

党是由全体党员组成的，党的先进性最终要靠党员的先进性来体现。党章中明确了党员具有鲜明的先进性，是群众的表率、群众的榜样、群众的典范。共产党员的表率作用主要体现在每一个党员按照党的先进性要求，发挥先锋模范作用的素质、能力和实际行动上。

党员要勇挑重担，乐于奉献。作为党员，就要有奉献精神，就要勇于抵御功利主义、享乐主义和个人主义等不良思潮，就要在实际工作中吃苦在前，享受在后，勇挑重担，积极奉献。党员的号召力、凝聚力、带动作用就在于在重担面前党员能够挑在前，在困难面前党员能够冲在前，在危险面前党员能够站在前，在利益面前党员能够让在前，在于事事发扬表率性的可贵的奉献精神。[①]

按照学院《学生党员先锋工程实施计划活动方案》，党支部实施了"宿舍文化先锋"行动，开展"宿舍文化秀"活动和"先锋宿舍"、"先锋楼道"创建活动，在学生公寓楼建立学生党员责任制，实行党员身份亮相活动，即"一个楼道一块牌，一个寝室一个挂牌党员，一个党员一面旗帜"。通过"党员示范宿舍"，带动楼层内各个宿舍积极创建文明团结模范宿舍，打造"先锋宿舍"、"先锋楼道"，传播宿舍文化的正能量，树立学习的典型。

在学校第三十九届田径运动会中，在同学们学习紧张、个人事务繁忙的情况下，党支部全体党员主动带头参与学院展示方阵的训练，在他们的倡导下，入党积极分子、各班班团委负责人都加入进来，组成先锋方阵，并以高效严格的练习圆满完成了任务。在此影响下，年级另有56名同学响应号召，配合体育部完成了学校的方阵任务，展示了党员的表率性。

四、党日活动精品化

党日活动是基层党组织加强党建的一个重要载体，也是基层党组织生活的一项重要内容，在当今市场经济理念越发普及、市场经济生活更为深入的背景下，效率

---

① 高晓晶：《共产党员要始终成为群众的表率》，载《集体经济》，2010年第9期。

优先、优胜劣汰、适者生存的市场经济对传统的价值取向产生了巨大的冲击，国内外各种文化思潮、各类影视节目涌现，市场经济奉行的"利益最大化"原则、党内的腐败现象和不正之风也影响着大学生的价值观。此外，学生认为党日活动更加趋向于政治色彩突出、说教意味浓厚、活动内容与形式老套，呆板无味。面对90后的大学生，面对这个有鲜明特质的群体，党日活动的内容与形式必须有所创新，必须以精品意识重视推敲策划，去贴近学生实际，引起学生共鸣，否则很难达到良好效果。

经过党员们的共同学习讨论，参考先进经验，大家一致认为，党日活动在内容上要提供党员切身需要的知识，除了党史知识、党的基本理论之外，还应包括时事政治、热点新闻的解读，礼仪知识与人文素养的训练，写作能力的提高，人际交往能力的培养，人生观、价值观的树立等。同时，活动最好能结合专业特点，增强学生的社会责任感与职业道德感。

在活动形式上，要积极探索学生喜闻乐见的培训方式。首先，努力摆脱枯燥单调的填鸭式形式，可采用观看电影资料、小品剧、故事会、知识竞赛及拓展训练等形式；同时要注意活动时效性，多与时事热点相结合，提高党员的思辨能力；增强团队合作、人际沟通及挑战自我的能力。搭建实践平台，尽可能创造与专业相关的实践机会，让党员们学有所用，促进自身专业的学习与理解。①

在这样的指导思想下，党支部先后组织了"重温经典，追寻红色足迹"电影沙龙活动，播放了以爱国主义教育为主的影片《我的1919》和党史党情教育为主影片《建党伟业》。观影结束后的交流中，同学们都表示很受益，影片长达两个多小时，以故事的形式，对于"为什么选择马克思主义作为指导思想"这一命题作出了解答。值得一提的是，许多普通同学也自发参与到了党日活动中，与党员同学共同学习，鞭策党支部在之后的活动策划中继续注重内容与形式活力、吸引力与凝聚力。

在五月的系列主题党日活动中，党支部还将陆续开展主题为"泛舟学海，博学深思笃行"的知识竞赛活动，以目前收视率较高的热播电视节目《一站到底》为蓝本，以党史校情、专业知识、热点事件、社会主义核心价值观为内容，所有同学都可以自愿报名。此外，还有主题为"党旗飘扬，不负初心梦想"的即兴演讲

---

① 罗友晖等：《以需求为导向确保主题党日活动效果》，载《中国高等医学教育》，2012年第5期。

活动、梦想情景剧、梦想连连看等活动，引导同学们把自己的梦与中国梦、民族梦融合在一起。

经过一年来的主题党日活动，党支部形成了一致认识：党日活动必须要主题明确、贴近同学，要以内容的丰富和形式的新颖吸引人，要以精品化的意识来策划，要把宣传意识贯穿到整个活动的策划和实施全程中，使主题党日活动品牌化、连贯化、实效化。

总之，民商经济法学院 2013 级党支部在支部建设中坚持集体共建、反思改善的方针，以党员的参与度为出发点，营造集思广益，及时反馈，合理分工，鼓励党员同学参与支部建设的积极性，发挥党员同学的表率性，通过精品化的党日活动，使党组织真正具有凝聚力、吸引力，成为战斗堡垒和先锋模范。

浅析高校大学生社团的
思想政治教育功能
——以国际法学院学生社团为例

国际法学院　杨俊丽

摘　要　大学生社团是实施素质教育的重要途径，在青年大学生思想政治教育工作开展中发挥着不容忽视的重要作用。国际法学院，主要是以学委会、学生会、新闻中心为主的三大学生组织，为学院学生提供了丰富的有益活动，发挥着价值导向、凝聚激励、素质拓展等功能，是我院学生参加校园活动、实现思想政治教育功能的重要载体和平台。

关键词　学生社团　思想政治教育功能

"大学生社团是在校大学生自我教育、自我管理、自我服务的一种重要的非正式组织形式"[1]，它是大学生通过开展丰富多彩的校园活动达到思想政治教育功效的重要新载体，在大学生思想政治教育中发挥着不容忽视的重要作用。因此，"要发挥共青团和学生组织作用，推进大学生思想政治教育……发挥大学生自身的积极性和主动性，增强教育效果"[2]。2005 年，教育部、共青团中央在《关于加强和改进大学生社团工作的意见》中指出：高校学生社团活动是"是新形势下有效凝聚学生、开展思想政治教育的重要组织动员方式，是以班级年级为主开展学生思想政治教育的重要补充"[3]。可见，在当今新形势下，高校学生社团已成为高校加强和改进大学生思想政治教育的新阵地。本文将结合国际法学院学生社团的实际情况，

---

① 黄楚文：《高校共青团组织思想政治教育途径探索》，载《肇庆学院学报》，2011 年第 5 期。

② 《中共中央国务院关于进一步加强和改进大学生思想政治教育的意见》，2004 年 8 月。

③ 团中央、教育部：《关于加强和改进大学生社团工作的意见》，2005 年 1 月 13 日。

分析研究大学生社团在大学生健康成长中的思想政治教育功能及如何进一步发挥并实现其功能问题进行粗浅的探讨。

一、发挥学生社团在大学生思想政治教育中的不可替代作用至关重要

大学生社团自身的特点、当前大学生学习成长的校园环境、社会及时代发展的需要等多方面因素决定了大学生社团能在当今时代大学生思想政治教育中发挥重要功能与作用。

（一）学生社团自身的特点决定了其在大学生思想政治教育中的重要性

大学生社团是由年龄相仿、志趣相投的学生自愿组织的团体，其特点主要有：一是成员参与广泛，学生群众基础较好。比如校级学生社团成员包含有共同的兴趣和爱好的不同学院、不同年级、不同民族等学生参与和组织社团活动。"据共青团中央和中国青少年研究中心的一项调查结果显示，有 80% 以上的大学生参加过校内社团、跨校社团和网络社团，平均每个人参加社团数为 1.5 个以上。"[①] 可见学生社团团结了学校绝大部分大学生。二是组织活动具有自主性和自觉性。社团多在老师指导下，通过相对独立自主地开展活动达到锻炼成长之效。由于社团成员具有相同的目的性，因而便于充分调动广大社团成员的积极性、主动性，并且这些"具有相同志趣爱好、追求、目标及特长的青年相互之间往往很容易从同伴那里得到认可，产生心理认同感"[②]。因此，大家都愿意为共同的社团目标而努力。三是自我展示性。学校中各类学生社团在功能一致的前提下活动开展各有侧重和特色。通过开展大量的适应学生心理特点和成长需求的活动，满足学生的多样化需要，并在活动中实现自我价值，以弥补课堂不足，提高学生的素养和能力。

（二）这是当前大学生健康成长成才发展的需要

主要有两个方面。一是社会对人才的需求。当今竞争激烈的新形势、新的社会趋势对大学生的综合能力与素质提出新要求，要求大学生德、智、技、能等方面全面发展，这就为学校教育提出更高的要求。但是要全方位满足学生全面发展与成才的需求，单靠学校的正式组织是无法完全做到的，这就需要发挥学生之间自愿结合

---

① 袁亮：《加强学生社团建设，充分发挥其在大学生思想政治教育中的作用》，载《湖北经济学院学报》（人文社会科学版），2007 年第 9 期；转引自《中国青年报》，2005 年 6 月 12 日。

② 万美容：《当代青年发展研究》，湖北人民出版社 2006 年版，第 128 页。

体的学生社团的作用，以为大学生更好地成长成才提供丰富的平台和载体。二是从当今高校学生学习生活的方式来看，加强社团的思想政治教育新载体具有客观必然性。随着高校学分制和选课制度的改革，使得原来集中上课、以班级为固定学习单位的格局变得相对松散，班级作为思想政治教育载体被淡化和削弱，因而思想政治教育需要新载体来拓宽思想政治工作渠道。在这样的情况下，由不同年级、具有共同兴趣爱好的学生组织而成的社团，通过丰富多彩的社团活动锻炼学生能力，提高学生思想道德修养、健康人格的养成及综合能力的锻炼等，从而成为新形势下推进高校思想政治教育工作的必然选择。

（三）时代发展需要对大学生思想政治教育形式的多样化

当前较复杂的国际国内新形势使得大学生思想政治教育工作面临着许多新情况、新问题和新挑战。在这样的情况下，如何进一步加强对大学生的马克思主义理论和中国特色社会主义理论体系教育？怎样进行社会主义核心价值观教育？如何发挥网络新媒体的有效功能，用正确、积极、健康的文化占领校园文化阵地？怎样准确把握新时代大学生思想新特点、成长新需求及关注新热点等，有针对性地加强大学生思想政治教育？……这些时代课题，需要学校思想理论课堂发挥作用，需要学校的学生管理部门开展相关主题教育活动，同时也需要学生社团组织自身结合学生的需求，来开展形式多样、学生喜闻乐见、具有时效性的主题教育和活动。因此，当今时代，需要课堂、学校官方、学生社团等多方发挥合力，这样真正达到对大学生思想政治教育的良好效果。

二、发挥学生社团在大学生思想政治教育中的功能与作用

学生社团在大学生成长成才中有着明显的价值导向、凝聚激励、素质拓展等功能，是学校对学生进行思想政治教育的中间层次和衔接点。国际法学院学委会、学生会、新闻中心同样是学院学生实现自我管理、自我发展的自治性学生组织，据统计，其中部员层级的人数达到我院新生总人数的80%以上。其中我们设有监察部、维权部、调研部、职业拓展部、学术部、文艺部、志愿服务部、体育部、宣传部、新闻部等，既有理论型的部门，也有专业理论学习型部门；既有专业技能提升的部门，又有技术性强的部门，还有文体型部门。这些社团对于学生思想品行、能力素质、知识积累和情操培养产生潜移默化的影响，它们"在培养社团成员团队精神、倡导社团道德、规范社团成员行为、开展社团活动中，为思想政治工作提供了更为广泛的活动舞台。他们在活动中学会了怎么与人合作，怎样赢得别人的支持，怎样

使自己学到更多"①。具体来讲：

（一）具有价值导向功能，有助于学生科学理想信念观的养成

国际法学院学生组织在院分党委的领导下、在院分团委的直接指导下，开展的活动在学生思想政治教育中发挥着特殊的价值导向作用。一方面通过开展活动进行正面的教育引导。比如通过开展雷锋精神、诚信教育、十八大精神学习、中国梦等主题的学习，在学生中传播先进思想，弘扬先进文化；又可以进行理想信念教育、良好品质和道德情操等的培养，从而引导和促进学院学生正确人生观、价值观的养成和科学理想信念的树立。另一方面通过因势利导，适当地调节社会现实带给学生的不利影响，引导和推进学生思想境界的提高和升华。例如，通过倡导责任、奉献、关爱等精神品质的公益志愿性活动的开展，帮助学生认清并抨击社会上急功近利、自私自利的思想意识，有助于学生良好品质的养成；学院党团组织也可以充分利用学生社团这个渠道，积极帮助引导学生客观认识社会现实，逐步提高学生的思想觉悟，帮助学生科学理想信念意识的养成。

（二）具有凝聚激励功能，有助于培养学生高尚的道德情操

学生社团发挥着凝聚激励功能，"对学生具有向心力、凝聚力"②。国际法学院学生组织的各个部聚集了具有共同兴趣与爱好的学生群体，在这个团队中，通过开展学术、文艺、体育、职业拓展、公益志愿等活动，一方面为学院学生提供了丰富的第二、第三课堂，对学生具有较强的吸引力，为学院学生提供了锻炼成长的平台，激发了学院学生凝聚力和奋发向上的激情。另一方面，各学生组织之间，一个组织各个不同的部，它们在开展活动中，既相对独立，很多时候又需要相互协作，这就很好地将同学们团结在学生组织里，为自己部门活动的顺利开展而团结合作，有助于学生培养强烈的集体观念、团队及合作精神，有助于他们提高道德情操。

（三）具有认识开发和素质拓展功能，促进学院学生综合素质的提升

"学生社团作为校园文化的重要载体，为大学素质教育的开展和创新能力的培养提供了广阔的天地。"③通过学生社团活动的组织与开展，可以"提高大学生的

---

① 张存库、陈英：《影响高效德育功能发挥的因素》，载《高教理论与实践》，2000年第3期。

② 陈璇玲：《浅议学生社团建设与高校思想政治工作的融合》，载《学理论》，2011年第7期。

③ 陈璇玲：《浅议学生社团建设与高校思想政治工作的融合》，载《学理论》，2011年第7期。

思想认识和科学理论水平，从而使人们认识到自己存在的价值，认识到自己对于他人、对社会应尽的义务和职责，从而知道自己的行为，最大限度地调动人的主观能动性和最大限度地发挥人的内在潜能"①。比如，国际法学院学生组织开展的思想理论主题的学习讨论，有助于对学生进行世界观、人生观、价值观教育；开展的国风论坛、读书会等活动，有助于学生专业学习、学术视野的开阔及法学知识的丰厚与拓宽；开展的模拟法庭、职业拓展类活动、文艺类活动等有助于学生社会适应能力与学生综合能力的培养，有助于法律技能的提高，从而提高学生的全面素质；开展的公益志愿服务类、文艺类活动等有助于学生陶冶情操，培养良好品质，促进学生身心协调发展；开展心理健康的讲座，促进学生身心健康的发展，引导学生健康人格的养成；通过体育部、篮球队、足球队等开展各种体育活动，不仅可以帮助学生强健体魄，而且还有助于培养学生的奋进、拼搏精神等。以上学生组织开展的种种活动，促进了学院学生综合素质与能力的培养与提高。

三、加强对学院学生社团的教育引导，促进其思想政治教育功能的更好发挥

为了更好地发挥学生社团的思想政治教育功能与作用，促进大学生健康成长成才，需要总结学院学生社团管理与发展的现状，认识到目前学院学生社团存在的商业化和社会化运作对其思想政治教育功能发挥的冲击，活动定位准确性有待提高，思想性、教育性不够强，从而制约了大学生社团思想政治教育功能的有效渗透；另外经费问题怎样得到有效支持和保障等问题也需多加关注。因此，为了更好地发挥学院学生社团的思想政治教育功能，需要从以下几个方面着手改进和加强：

（一）坚持育人为主，采取全面与重点相结合原则来推进社团的建设与发展

学院始终把培养德才兼备的卓越法律人才作为加强社团建设的出发点和落脚点；坚持正确教育和引导，帮助他们树立正确的世界观、人生观和价值观。在社团管理与建设上继续正确引导理论学习型活动，积极支持职业素质拓展类、学术型活动，大力扶持文体类活动，大力倡导社会公益、志愿服务性活动。在活动中要求突出重点，鼓励特色，强化品牌，以学院学生综合素质和能力提高、法律专业技能提升等为目标，力求开展一些满足学生多样化诉求、思想性强、品位高的文化活动，以吸引更多的学生主动参与社团活动，为学院学生参与社团活动、全面提升自我综

---

① 张耀灿：《思想政治教育学前沿》，人民出版社 2006 年版，第 186 页。

合素质搭建良好平台。

（二）把握学院学生社团的特点，在促进其蓬勃发展的过程中实现思想政治教育功能

学院紧紧抓住学生社团的特点，遵循一定的宗旨和原则，坚持学生社团在学院分党委领导下、分团委直接指导下开展活动，将其打造成学院思想政治教育的重要载体。

第一，在社团建设中，坚持"尊重、服务、引导、支持"的管理理念。[①] 学院应尊重学生社团自身的特点，引导学生社团骨干向健康正确的方向发展，并适时给予社团组织必要的支持。树立正确的社团建设和管理观念，坚持正确发展方向；鼓励社团活动走出校门，走向社会，走向世界，扩大社团发展的开放性；立足国际法的专业特点，不断探索创新，培育学院学生社团发展的自身特色；学院方面则应尽力为学生社团活动的开展争取经费和场地支持等保障；积极支持社团开展切合学生成长需求，有思想、有品位的活动，并尝试活动的广泛参与性与覆盖性，提高活动效果，让学生真正在参与社团活动中发挥社团思想政治教育的独特作用。

第二，加强对大学生社团的管理和指导，提高社团活动的思想性和教育性。学院分团委坚持在分党委的领导下，积极加强对学生社团的宏观管理和指导作用，在引导和服务中保障学生社团发展及活动开展的自主性。在社团内部建设方面，要建立健全学生社团建设制度，从组织机构的设置和主任主席层、部长层选拔产生办法，开展和参加活动的纪律要求，活动资金的筹建及管理办法等方面形成建设机制，并依托考核评价办法和激励惩罚机制，在规范性运作中形成鲜明的导向性。在社团活动开展方面，要努力为学生社团创造良好的外部环境，提供必要的场地、经费和设备支持。同时，一定要把好活动审查关，确保活动内容的思想性和教育性。

第三，积极探索学生社团活动的有效形式，提升社团活动质量。学院应积极探索社团活动的有效形式，确保切实了解并能够抓住学生的诉求，吸引学生参与并使学生从中受益。因而要努力创造符合学院特点的社团活动品牌，坚持"特色活动品牌化，品牌活动长期化"的思路，以高质量的活动来凝聚社团，从而使学生社团的思想政治教育载体功能得到更好的发挥。一方面从质量和效应入手，坚持将现有的军都论道、天元律师大奖赛、模拟招聘大赛、国风论坛等品牌活动做精。另一

---

① 参见翟慧根：《高校学生社团思想政治教育功能的开发研究》，载《考试周刊》，2010 年
9 月。

方面加强开拓，对较弱的公益、志愿服务类活动及需要开展起来的学术论文大赛等活动进行重点扶持，真正将学院学生社团打造成在理想信念、职业发展与技能、学术科研、公益志愿服务、文体等各方面都可以为学院学生提供综合素质提升的良好平台和健全载体。

第四，加强学生社团骨干队伍的培养，为社团发展提供人才保证。学生社团骨干是社团的核心和中坚，他们参与社团活动的态度、对于社团的认识、关于社团建设和发展的思路以及他们的工作能力等，都直接影响着社团的发展方向和活动质量。因此，加强社团建设，必须加强学生社团骨干队伍建设：一是必须抓好学院社团主任团、主席团干部的选拔、教育、培养工作。通过制定学生社团干部任职条件、选聘和考核办法等规章，坚持德、勤、绩、能、业等较全面的标准竞聘选拔优秀学生骨干。二是要加强社团骨干的培训。学院除了定期的学生干部培训，对骨干进行学生社团建设理念与定位、构建学习型社团等之外，还应注意培养与使用相结合，坚持在工作实践中指导培养，在教育引导中提高社团骨干的综合素质，"不断培养一批具有较高的思想政治素质和道德水平、较强的敬业精神和团结友爱的合作精神的社团骨干，从而为社团的建设打下坚实的基础"[①]。

在当今新时代，学生社团在大学生思想政治教育中发挥着越来越重要的作用，已成为不可替代的新平台。因此必须从学生社团自身的特点和规律出发，加强教育、引导与管理，探索更有效的社团发展思路与形式，更好地发挥学生社团对大学生思想政治教育的功能。

---

① 林娟：《大学生社团的思想政治教育功能及其实现》，华中师大 2008 年硕士论文，第 23 页。

高校学生党员
践行群众路线有效途径研究

民商经济法学院　刘贺元

摘　要　在全党深入开展党的群众路线教育实践活动之际，如何结合高校学生党员的特点，做好高校学生党员践行群众路线工作则成为了这一时期的工作重心。本文将从深入开展党的群众路线教育实践活动要求的时代背景入手，探究践行群众路线的意义并分析开展工作过程中存在的问题，尝试提出合理化建议，以期对未来高校学生党建工作提供帮助。

关键词　学生党建　群众路线　高校学生党员

2013 年 6 月，党的群众路线教育实践活动工作会议召开，会议强调开展党的群众路线教育实践活动要高举中国特色社会主义伟大旗帜，坚持以马克思列宁主义、毛泽东思想、邓小平理论、"三个代表"重要思想和科学发展观为指导，要求各级党委（党组）要坚持围绕中心、服务大局，全面贯彻落实党的十八大提出的各项任务要求，把作风建设放在突出位置，以作风建设的新成效凝聚起推动事业发展的强大力量。高校学生党员群体有着自己鲜明的个性，因此高校学生党员践行群众路线工作势必要结合学生党员的特点，将理论与时代精神相结合，把学生党建工作融入学习生活中来，有新意并富有成效地推进此项工作。

一、高校学生党员践行群众路线的理论依据

（一）时代背景：深入开展党的群众路线教育实践活动的要求

党的群众路线教育实践活动工作会议明确提出，围绕保持党的先进性和纯洁性，在全党深入开展以为民、务实、清廉为主要内容的党的群众路线教育实践活动，这是新形势下坚持党要管党、从严治党的重大决策，是顺应群众期盼，加强学

习型、服务型、创新型马克思主义执政党建设的重大部署，是推进中国特色社会主义伟大事业的重大举措。

习近平在党的群众路线教育实践活动工作会议上的讲话中指出，第一，开展党的群众路线教育实践活动，是实现党的十八大确定的奋斗目标的必然要求。党的十八大提出，在中国共产党成立 100 年时全面建成小康社会，在新中国成立 100 年时建成富强、民主、文明、和谐的社会主义现代化国家。党的十八大之后，党中央又提出实现中华民族伟大复兴的中国梦。实现党的十八大确定的奋斗目标和中国梦，要求全党同志必须有优良作风。第二，开展党的群众路线教育实践活动，是保持党的先进性和纯洁性、巩固党的执政基础和执政地位的必然要求。保持党的先进性和纯洁性、巩固党的执政基础和执政地位，是党的建设面临的根本问题和时代课题。第三，开展党的群众路线教育实践活动，是解决群众反映强烈的突出问题的必然要求。①

（二）理论依据：高校学生党员践行群众路线的现状和优势

党的宗旨是全心全意为人民服务。密切联系群众、服务群众，既是党的优良传统、历史的发展要求，更关乎到党的未来发展。同时，近年来，高校学生党员所占比重逐年增加。2012 年，中组部发布的数据显示：研究生党员比例达到 60% 左右，本科生党员比例达到 20% 左右，高校学生党员队伍呈现蓬勃发展的态势。大学生党员是青年大学生中极具影响力的优秀群体，他们在学校和学生中起到了很好的桥梁纽带作用。只有充分发挥学生党员带头作用，才能更有效地激发学生的智慧，实现学生自我教育、自我管理、自我服务、自我发展的高层次要求。② 他们能通过自己的言行影响其他同学，引导同学们自觉调整和自主审视自己的言行，自觉地改变自己的思想意识和价值观念。

二、高校学生党员践行群众路线的重要意义

高校学生党员是时代的精英，是祖国未来的建设者，是党的事业的接班人。践行群众路线，让学生党员在密切联系群众中提高自己的政治素养和道德水平，将党的优良传统发扬下去，充当党组织的宣传员，发挥学生党员的先锋作用，带动、感

---

① 习近平：《在党的群众路线教育实践活动工作会议上的讲话》。
② 王艳：《发挥学生党员带头作用，构建和谐优良班级风貌》，载《科技风》，2010 年第 19 期。

召其他同学，有利于和谐校园文化的形成，对于大学生的健康成长成才具有重要意义。① 另外，高校学生党员具有流动性和成长性的特点，高校学生党员的管理和培养，关乎党和国家的健康发展。具体来讲，高校学生党员践行群众路线有以下几点意义：

（一）提高个人党性修养，促进学生党员全面发展

践行群众路线，不仅是一项贯彻党中央路线方针的举措，对于学生党员个人也有着重要意义，在联系群众、服务同学的过程中，党员同学必定以严格标准要求自己，不断提升和完善自我，主动学习和思考，走进同学，学会倾听和换位思考，从而健全自己的人格，为今后的全面发展奠定基础。

（二）增强班级凝聚力，推动学风建设

先进人物是鲜活的价值观、有形的正能量，班级的凝聚力、班风的积极向上，关键在于班级先进同学的带动。党员同学作为学生中的先进分子，应当发挥其在班级事务中的核心作用，发挥模范带头作用，热心班级事务，维护班级和谐，为班级的建设和发展创造"正能量"。践行群众路线，我们可在班级内部推行"党员示范制度"，要求预备党员思想上要先进，学习上名列前茅，工作上是榜样，生活上做模范，并制定党员行为规范，在班级内进行公示，所有党员要接受班级同学的监督。② 在学习上，学好专业知识，完善知识结构，主动帮助学习困难的学生，耐心指导讲解。在生活上，按时归寝，寝室卫生保持干净整洁，多与同学沟通、交流，细心观察，及时发现同学们在生活中存在的问题。在工作中，要以高昂的热情为同学们服务，积极配合班团委在班级内开展各项活动。在班级内树立典范，能更好地带动广大同学，在促进同学之间的沟通和交流方面也有良好的导向示范作用。

（三）帮助弱势、困难群体，为同学排忧解难

"要到群众中当雪松"是贯彻群众路线的基本要求。大学校园内，几大弱势群体依旧存在：部分少数民族同学不能融入大学生活，孤立无援；贫困生同学大多生活困难，需要帮助；其他同学也偶尔会出现心理上的问题，需要及时疏导。每个班都有一些需要重点关注的学生，迟到旷课，考试成绩不理想，产生忧郁心理，无心向学。这类问题广泛存在于各大高校，已经严重影响了学校教育成果，而同龄人之

① 王娜艳：《坚持党的先进性与大学生党员发展工作》，载《社会科学论坛》，2008 年第 2 期。
② 王艳：《发挥学生党员带头作用，构建和谐优良班级风貌》，载《科技风》，2010 年第 19 期。

间相互了解能够取得良好的帮扶效果。学生党员践行群众路线，帮助弱势、困难同学有利于进一步密切党群关系，培养学生党员服务意识，保障学院学生安全稳定。其实这部分同学在很大程度上不是不愿意学习，而是之前没学好，现在想学跟不上。要他们去向老师请教，他们又觉得不好意思，如此恶性循环，导致最终考试成绩不理想。在学生党员的带动下，学生多去自习室学习，少在宿舍内打游戏，班级内学习气氛日益浓厚，整体成绩也会有所提高。

（四）投身志愿服务，履行服务社会职能

服务社会是高校重要的职能之一，也是践行群众路线的重要方法。学生党员精力充沛，创新意识强，思维开阔，对新媒体敏感，对新兴互联网技术掌握程度高。这有利于群众路线落实的推陈出新，扩展工作的广度、深度。对他们自己而言，在服务社会的过程中学会感恩、学会回报，也有利于增强自身的责任感和使命意识。

三、高校学生党员践行群众路线中存在的问题

为更深入地了解高校学生党员践行群众路线中存在的问题，笔者组织学生党员和普通同学召开座谈会、发放调查问卷等方式，旨在发现学生党员对于群众路线的认知程度，同时了解学生党员在群众中的公信力与影响力。

（一）缺乏长效机制的保障

当前，学生活动存在被动、消极、拖沓的问题，往往是上边推一下，下边动一下，上边提一提，下边赶一赶，活动前期热情很高，活动后期草草收尾，缺乏长效机制。学生党员开展活动只是临时性、短期性、任务性地去完成要求，不能够形成工作制度，不能够将践行群众路线活动真正落到实处，活动开展的效果大打折扣。

（二）活动形式单一，实效性较差

学生党员践行群众路线中存在"走过场"现象，举办活动的党员同学提不起兴趣，参加活动的其他同学也提不起精神，活动成了喊口号、空架子，活动形式单一，不能以大学生喜闻乐见的方式开展，单一开展理论课等活动形式抓不住同学们的兴趣点，很多活动只是泛泛而为，没有针对性，同学们没有参与感。其次，问题解决的实效性较差，同学们反映的问题得不到解决，合理建议得不到采纳，自然失去了热情。

（三）学生党员先锋模范作用不突出

学生党员应严格要求自己，努力践行群众路线。然而，在现实中存在党员同学不能严格要求自己、规范自身行为的现象。部分党员同学存在感不强，主人翁意识

淡薄，不能摆正自己的位置，自然不能发挥党员同学应有的先锋模范作用。甚至，有些党员在同学中失去了公信力，不利于群众路线工作的开展。学生中的榜样主要是指理想信念坚定、学习成绩良好、工作能力突出、品德口碑较好的学生干部和学生党员。然而，目前在班级还缺少榜样，很多学生进校后没有了高强度的学习，没有了家长的束缚，久而久之，丧失了目标，丧失了方向。[①] 学生的榜样被淹没在这种洪流中，榜样发挥不了力量，也不利于带动学生整体进步。

四、高校学生党员践行群众路线方法与路径探析

（一）建立践行群众路线长效机制

要建立长效服务机制，首先要将践行群众路线活动制度化、日常化、规范化，使其融入学生的日常学习生活，将高校学生党员的集体智慧整合成统一的工作制度，按时按步骤开展践行群众路线的相关活动，避免高校学生党员践行群众路线教育实践活动出现"蜻蜓点水"、"水过地皮湿"的现象，使学生党员真正树立服务群众，一切为了同学的思想意识，将工作制度转变为生活习惯，自觉自愿开展践行群众路线的相关活动。同时，作为大学生思想政治工作的主力军，高校团学工作主管部门应该加强对学生党员开展践行群众路线活动的制度和经费保障，做好学生党支部制度形成的引导工作，大力支持学生党支部开展相关教育实践活动。

（二）结合具体情况开展群众路线工作，增强活动针对性

践行群众路线活动应与年级、班级的实际相结合，把握不同年级在不同时间的不同特点，有针对性地开展活动。总体而言，针对大一新生，活动的落实重在对大学生活的规划，帮扶初入大学不适应大学生活的同学；针对大二同学，活动的落实重在培育良好的学风，拓宽同学视野上；针对大三同学，活动的落实重在培育良好、积极的心态，增强综合能力上；对于即将毕业的大四同学，活动的落实重在增强求职能力，提供就业信息上。同时，要切实认真地听取学生的诉求，及时解决问题和采纳建议，认真做好反馈和回访工作，全方位、多层级提高活动的时效性，让大家看到活动的效果。落实到具体的工作中，学生党员结对不仅要关心结对学生的生活情况，更要关注结对学生、结对寝室、结对班级的思想状况，学会用科学的理论引导结对对象，结合具体情况开展群众路线工作，增强活动针对性对于高校学生

---

① 王壮：《高校学生党员结对在班级学风建设中的作用》，载《文学教育》，2011 年第 4 期。

党员践行群众路线非常有益。这就需要创新党支部群众路线活动，充分利用各种资源，以同学喜闻乐见的形式开展活动。充分发挥党员的主动性，集思广益，使党支部工作更加贴近学生的思想、学习和生活实际，努力使党支部成为凝聚党员和联系同学的核心，切实起到为同学们服务的作用。[①] 学生党员通过开展各类活动，贴近群众实际，树立为班级同学服务的理念，开展同学们真正需要的活动。

（三）充分利用各种平台，拓宽践行群众路线范围

拓宽高校学生党员践行群众路线范围，要在坚持和完善原有的一些有效的党建手段和方法的前提下，积极探索和创新党建的手段和方法，利用各种平台，综合各方力量，把思想政治工作和党建工作深入到学生社团甚至是宿舍中。特别是要充分应用现代化的网络手段和工具对大学生进行先进文化的教育，构建和谐、健康的网络文化环境，加强对校园网络的监督和管理，让健康的网络成为大学生坚持学习、健康成长的"园地"和"基地"。[②] 同时，发挥高校班主任制度的优势，统筹教师党员与学生党员开展活动，依托学校资源大胆"走出去"，发掘社会优势资源，服务社会，履行大学生的社会使命。不断开拓党建工作思路，努力拓宽践行群众路线范围是新时期深入开展党的群众路线教育实践活动的时代要求。

总之，高校学生党建工作的发展直接影响大学生成长成才，学生党员践行群众路线在新时期的重要性也决定了工作开展的困难性和艰巨性，也促进我们根据学生的思维方式和时代特性不断思考和创新高校学生党员践行群众路线的有效途径。本文仅是笔者在积极回应党中央关于开展党的群众路线教育实践活动工作的号召，在学生党建工作中的一些浅显的思考，有待进一步的研究和深入探索。

[①] 张爱平：《浅谈大学生党支部在班级中的影响力》，载《求实》，2011年第S2期。

[②] 李叙芳：《打造高校党建新平台大力提升大学生思想政治素质》，载《广西政法管理干部学院学报》，2010年第1期。

论高校学生党支部
思想政治教育功能的强化措施

法学院　樊昌茂

摘　要　大学生思想政治教育是党支部的重要职责。强化党支部的思想政治教育功能，需要加强思想教育内容和形式的结合，使教育内容和学生的发展需求相契合；需要树立党支部的核心地位，牢牢把握主动权；需要强化党支部和党员的主动性积极性，加强自身建设。

关键字　思想政治教育　核心　内容　形式　制度

中共中央国务院《关于进一步加强和改进大学生思想政治教育的意见》指出，要创新学生党支部活动方式，增强其凝聚力和战斗力，使其成为开展思想政治教育的坚强堡垒。《中国共产党普通高等学校基层党组织工作条例》定位了党支部的思想政治教育功能：大学生党的支部委员会要成为引领大学生刻苦学习、团结进步、健康成长的班级核心，党支部要履行五大职责：宣传、执行党的路线方针政策和决议；加强对学生党员的教育、管理、监督和服务；组织学生党员参与班（年）级事务管理，努力维护学校的稳定；培养发展教育学生党员；根据青年学生的特点，有针对性地做好思想政治教育工作。①

　　如何有效发挥思想政治教育的功能，促进大学生思想政治教育，确保思想政治教育的实效性，是当前衡量党支部的先进性、纯洁性、战斗力和凝聚力的重要标准。党支部的思想政治教育工作实质上就是党员联系群众的工作，思想政治教育工作的开展是在联系服务群众的过程中进行的，思想政治教育的效果是从学生的发展进步中体现出来的。党支部在发挥思想政治教育职责中处于主动地位。如何发挥党

---

① 《中国共产党普通高等学校基层党组织工作条例》，2010 年 8 月 13 日。

支部的主动性和积极性，调动党员同学的榜样作用和示范作用，是发挥党支部思想政治教育作用的关键所在。这就需要解决党支部在加强自身建设中遇到的问题。

增强党支部思想政治教育实效性需要树立党支部在班级中的核心地位，牢牢掌握思想政治教育的主动权；增强党支部思想政治教育实效性，需要思想政治教育在内容、形式、方法、制度上探讨结合点，使教育内容和学生的发展需求相契合；增强党支部思想政治教育实效性需要加强自身建设，强化党支部和党员的主动性积极性。

一、强化党支部思想政治教育职能需要探讨思想政治教育内容和形式的结合点

思想政治教育内容和形式的结合点是指思想政治教育的要求和学生的发展需求相契合，教育的传输途径与学生的接受规律相吻合。

强化思想政治教育职能必须坚持理论学习和理论载体相结合的原则，使党员思想在学习和总结中有所收获，有所提高，有所升华。高校学生的思想政治教育必须结合蕴含思想性和政治性强的事件进行，主要从学习每年举行的党的重要会议精神上进行，从国内外发生的同中国发展密切的政治事件进行，从关系到政治立场的大是大非的事件中进行，这些会议和事件都充分反映着思想政治教育的核心内容。[①]

强化思想政治教育职能必须坚持学习教育与社会实践相结合的原则，使思想政治教育在实践活动的平台中收到实效。高校学生党支部开展的实践活动主要是以主题党日活动的形式进行的。主题党日活动既可以使党员的思想得到教育，又可以增强党支部的活力和凝聚力，扩大党支部的辐射力和影响力。主题党日活动必须弘扬主题精神，和学生所学习的专业相结合，同各学期学生成才发展的需要相结合。活动的内容主要有以纪念五四运动弘扬爱国、民主、科学精神为主题的活动；以纪念七一建党弘扬听党话，跟党走，热爱社会主义为主题的活动；以纪念一二·九运动弘扬爱国主义、民族主义精神为主题的活动；弘扬更高、更快、更强的奥运精神的活动；弘扬万众一心，众志成城，以人为本的伟大抗震救灾精神的主题活动。活动的形式有理论研讨、专题报告、座谈；品味革命文艺作品。到革命博物馆等爱国主义教育基地参观；组织党员同学深入农村，创建 1 + 1 红色工程的活动；组织学生

---

① 樊昌茂：《科学构建高校学生党支部，增强大学生思想政治教育的实效性》，中国政法大学党建网，2014 年 5 月 15 日。

捐书捐物，慰问贫困儿童村等志愿服务，组织学生进行普法宣传、奥运宣传、宣誓诚信考试等活动。[1]

强化思想政治教育职能必须坚持解决思想问题与解决实际问题相结合，这样才能最大限度地得到学生的响应。思想教育必须在满足学生的实际需求中进行，党支部所组织的活动必须贴近大学生关心的社会实际和热点问题，关心党员和群众学生的发展。具体表现为：如何提高就业所需要的硬实力和软实力，如何解决就业过程中出现的心理问题和困惑；如何进行四年的职业规划；如何解决在考研、司考、公务员考试、出国深造过程中出现的问题；如何解决几种特殊人群——内向贫困生、各种心理问题学生、违纪学生、网瘾严重的学生、学习受到预警的学生——问题；如何进行心理疏导和人文关怀，引导大学生锻造健康的心理素质；如何培养和指导学生处理人际关系等问题。这些问题解决得好坏与否直接反映出学校党委、院分党委、年级党总支、班级党支部的工作能力，影响到党支部的形象，最后又反过来影响思想政治教育工作的落实。很好地解决这些问题，就能把学生团结到党的周围，自觉接受党的教育，思想政治教育目标才能落实到位。[2]

二、强化党支部思想政治教育职能需要树立党支部在班级中的核心地位，掌握思想政治教育的主动权

党支部的核心作用主要体现在以下几个方面：思想的核心、行动的核心、决策的核心、学习的核心、群众的核心。核心作用的发挥能够既保持党员的特色，又和学生群众密切地生活学习在一起，及时了解和解决群众的需求，反映群众的呼声，从而强化思想政治教育的职能和有效性。[3]

确保党支部的核心作用必须科学解决党支部、团支部、班委会三者之间的关系。在高校，学生党组织、团组织和班委会都是大学生思想政治教育的主力军，都具有教育、团结和联系大学生方面的优势，都是思想政治教育的组织者、推动者和实践者。但在思想政治教育的过程中容易出现三个不同的个体组织力量涣散，盲目

---

① 樊昌茂：《科学构建高校学生党支部，增强大学生思想政治教育的实效性》，中国政法大学党建网，2014 年 5 月 15 日。

② 樊昌茂：《科学构建高校学生党支部，增强大学生思想政治教育的实效性》，中国政法大学党建网，2014 年 5 月 15 日。

③ 樊昌茂：《科学构建高校学生党支部，增强大学生思想政治教育的实效性》，中国政法大学党建网，2014 年 5 月 15 日。

单干的现象，班级在思想政治教育方面的合力没有形成。究其原因在于没有明确党支部在班级中的核心地位，没有明确三者在思想政治教育中的职能，没有理顺三者的工作机制。①

党支部的职能在于在上级党支部的领导下指导并联合团支部搞好学生的思想政治教育，以党支部的名义组织由党员同学或包括团员同学参加的活动；严格教育，发展党员。团支部的职能在于在低年级阶段在年级党支部和上级团委的领导下从事思想政治教育和组织党团员参加主题团日活动；在高年级阶段配合班级党支部从事思想政治教育，组织共青团内的活动。班委的职能在于处理班级的日常事务，和党支部、团支部协商后负责组织开展丰富多彩的主题班会，解决班级事务等活动。三者之间的关系是党支部指导和支持配合团支部、班委工作，团支部、班委接受党支部指导和监督党支部工作，共同搞好班级工作。党支部、团支部、班委三组织可以建立沟通机制，由党支部定期召开联席会议，研究如何加强班级事务和同学发展需求以及主题党团日活动的研究和沟通，确保班级事务及党团日活动及时顺利地组织解决。②

确保党支部的核心作用必须高度重视学生党员发展工作，确保党员从思想上入党。严格党员发展联系人制度是做到这一点的保障，能够确保积极分子的培养在开始阶段就注重思想政治方面的教育。严格联系人制度必须从严格定期汇报制度入手，联系人定期在民主生活上汇报积极分子的进步情况，共同探讨积极分子思想中存在的共性的东西。汇报的内容包括积极分子的学习、生活和思想问题，既要看到其进步的一面，更要指出缺点、不足和需要改进的地方，会后把支部的意见反馈给积极分子，督促积极分子进行完善和改进。③

三、强化党支部思想政治教育职能需要强化党支部和党员的主动性、积极性

党员的积极性和主动性是党员自身的思想政治素质以及党支部的制度相互作用

---

① 樊昌茂：《论高校和谐班集体的构建》，见冯世勇主编：《时代背景下的大学生思想政治工作与科学管理研究》，中国政法大学出版社 2011 年版。

② 樊昌茂：《论高校和谐班集体的构建》，见冯世勇主编：《时代背景下的大学生思想政治工作与科学管理研究》，中国政法大学出版社 2011 年版。

③ 樊昌茂：《科学构建高校学生党支部，增强大学生思想政治教育的实效性》，中国政法大学党建网，2014 年 5 月 15 日。

的结果。提高党员的思想政治素质才能增强思想政治教育的责任感和使命感，增强思想政治教育的说服力；加强制度建设才能使思想政治教育在时间和空间上呈现程序化，使教育活动常态化，教育效果实效化。

完善民主生活会制度，使民主生活会经常化、制度化。民主生活会可以针对不同的内容采取内部生活会和开门搞教育生活会两种形式。其中，内部生活会每一学期组织两次，要求党员按照党章的规定内部召开，党员同学按照既定的主题汇报和讨论自己对党的路线、方针、政策的学习体会；规划和总结本学期党员发展的方案和进展情况；根据同学的意见和评议进行党员间党性分析和评议；开展批评和自我批评，对同学们反映的问题做好回复、质询工作；汇报自己所联系的入党积极分子的思想和生活情况，讨论发展党员过程中出现的问题。①

开门搞教育学习生活会，每一季度召开一次，主要是在支部组织下由党员、班长、团支书和其他同学参加，学习的内容主要有学习讨论国家大事和党的大政方针，讨论主题党日活动和班级的事务，讨论和解决学生在日常生活、学习中遇到的思想问题，讨论考研、律考、公务员考试等同学比较关心的问题等等。②

严格党内纪律，增强党内奖惩的力度。基层党支部必须建立党员不作为惩戒制度，把党员出席活动的情况作为评优和民主生活会评议的一个依据，这样做能和班级、年级评优挂起钩来，确保思想政治教育的次数最大化；对于违反校规校纪的党员，党支部要把违纪情况报请组织部、分党委进行相应的党纪处分；对党员出现思想、行为与党员标准不相符的情况，出现把党员标准降低为普通同学的情况，要进行严肃的思想批评教育，对屡教不改，不符合党性要求的要严格按照党章规定的正常程序进行处理；严格遵守学校生活制度，对日常卫生、用电安全置若罔闻并达到一定次数的党员同学报经分党委进行严肃的处理；加强奖励制度，对那些热心社会、学校公益事业，积极参加校院活动，助人为乐，在同学中得到好评的的党员在评优和就业推荐方面给予一定的侧重。③

完善党支部同普通学生之间的沟通机制，这是提升党支部的权威，实现决策科

---

① 樊昌茂：《科学构建高校学生党支部，增强大学生思想政治教育的实效性》，中国政法大学党建网，2014 年 5 月 15 日。

② 樊昌茂：《科学构建高校学生党支部，增强大学生思想政治教育的实效性》，中国政法大学党建网，2014 年 5 月 15 日。

③ 樊昌茂：《科学构建高校学生党支部，增强大学生思想政治教育的实效性》，中国政法大学党建网，2014 年 5 月 15 日。

学化的关键。建立直接沟通机制，听取同学意见和评议的方式多种多样。党支部邀请班委、团支部成员和其他同学参加民主生活学习会，共同参与组织思想政治教育活动，在会议和活动中听取普通同学的意见；党员同学之间、党员与普通同学之间采取经常面对面单独谈心、征求书面意见、电子意见和评议相结合的形式。建立中间人制度，完善学生党员同普通学生之间的间接沟通机制。辅导员老师作为年级党支部的指导老师，可以充当党支部和班委、团支部或其他同学之间的联系人，把普通同学不敢反映的意见及时反映到党支部，建议党支部对此问题及时说明和解决。这样可以使党支部及时全面地掌握学生的思想动态，及时发现和纠正党支部在发展党员和组织活动方面存在的问题与不足，又可以达到与普通同学之间的联系，便于班级工作的开展。①

明确党员的社会角色分工制度，把服务群众作为基本任务和开展工作的切入点，是深入进行思想政治教育的有效途径。社会角色分工是指给党员分配具体的事务，包括担任党团班级班干部工作，担任积极分子联系人等。通过社会角色分工既可以用思想影响思想，又可以接受群众监督，在监督中加强自身的素质修养。担任积极分子联系人实行一加一制度，制定具体的党员联系具体的积极分子和群众，经常听取积极分子和群众的意见和建议，了解、分析他们的思想情况，有针对性地做好思想政治工作，帮助他们解决工作和生活中的实际问题，通过服务群众凝聚人心，把服务群众、教育群众、组织群众有机结合起来。

党支部强化思想政治教育职能是一项系统工程，需要在实践中与时俱进，不断探索和完善党的建设与思想政治教育在内容、形式、方法和制度上的结合点，从而增强思想政治教育的针对性、实效性、主动性和辐射性。只有这样，才能永葆学生党员的先进性，才能建立中国特色的高校和谐校园，才能加强党的执政能力建设，巩固党的执政地位。

---

① 樊昌茂：《科学构建高校学生党支部，增强大学生思想政治教育的实效性》，中国政法大学党建网，2014 年 5 月 15 日。

学生社团对于大学生
综合素质培养的重要作用
及实现途径
——以国际法学院学生会、学委会、新闻中心为例

国际法学院　刘　凯

摘　要　大学生综合素质主要由思想道德素质、科学文化素质、身心素质和创新素质构成，而学生社团作为大学生自发组成的学生群体，能够培养大学生自主学习和自理自立的能力，促进大学生与社会的联系和团结协作精神的加强。正是因为学生社团在大学生综合素质培养上的优势地位，文章从大学生综合素质的四个着眼点出发，结合国际法学院三大学生组织的活动情况，具体分析学生社团对大学生综合素质培养中的重要作用和实现途径。

关键词　学生社团　综合素质　重要作用　实现途径

一、大学生综合素质内涵构成

大学生综合素质内涵的细分，根据普遍与特殊的关系，可以分为两大类，即基础素质和拓展素质。基础素质主要由思想道德素质、科学文化素质、身心素质三部分构成。拓展素质也称能力素质，主要反映大学生的创新精神、创新（业）能力和水平以及大学生运用所学知识解决生活、科学技术等方面问题的能力。

（一）思想道德素质是大学生综合素质的灵魂与统帅

广义的思想道德素质包括政治素质、思想素质、道德素质和法律素质。政治素质主要指对民族、阶级、政党、国家、社会制度和国际关系等方面的立场与态度；思想素质主要指世界观和思想方法，包括理想信念、价值观等；道德素质主要指大学生所具有的正确处理个体与个体、集体、社会之间关系的良好品质，包括道德认识、道德

情感、道德意识和道德行为四个方面；法律素质一般包括法律知识、法律意识和法律行为三个方面，大学生法律素质是指大学生理解和掌握法学基础理论形成的法律意识和法治观念，以及运用所学法律知识解决实际问题的能力的总称。

（二）科学文化素质是大学生综合素质的重要内容，主要指大学生的专业素质和非专业文化素质

专业素质是指学生的专业基础知识、科学的思想与方法、分析与解决问题的能力以及知识融会贯通能力。非专业文化素质主要是人文科学知识，包括文学、社会学、政治学、哲学等。专业素质是科学文化素质的基础，是大学生知识水平的最基本反映，也是大学生服务社会的最基本前提；非专业文化素质是科学文化素质的升华，使人具备良好的文化修养、完善的知识结构、宽广的文化视野，使人在工作和生活中感到充实、自信，使人的精神得到升华。

（三）大学生的身心素质包括身体和心理的健康状态以及社会适应能力，是大学生综合素质的重要内容

良好的身心素质是大学生成功融入社会的前提，也是一个人社会生存的基础。当前大学生自我的不断觉醒，所处的社会、生活环境以及人际关系的变化冲突，必将给大学生带来学习、生活、交往方面的适应问题。大学生只有具备了坚强的心理素质和健康体魄，才有了为社会作贡献的基本条件；大学生的沟通能力和合作精神是其对人类社会的适应基础，只有学会沟通的人才能和谐地生活在人类社会的大家庭中。

（四）大学生的能力素质，即实践能力，是大学生综合素质的核心，即将其所拥有的基础素质在实践中加以发挥运用

大学是青少年从家庭生活到社会生活、从依赖父母到相对独立生活的过渡阶段。学生在这个阶段更多地脱离了家长帮助并逐渐走向独立自主。从这种意义上来说，实践能力尤为重要。能力素质包括两方面，即自己独立生活的能力和与人沟通交往的能力。大学生只有提高了能力素质，才能真正成为适应社会的新世纪人才。

二、学生社团在大学生综合素质培养上的优势地位

学生社团是以学生的爱好、兴趣为出发点自发组成的学生组织①，是广大学生增

---

① 廖良辉：《中美高校学生社团管理比较——以美国哈佛大学为研究实例》，载《青年研究》，2005 年第 4 期。

长知识、培养能力、展现个人才华的重要载体。它不仅为学生提高实践能力、促进个性培养提供了广阔舞台，而且对大学生综合能力的培养也具有特殊的作用。社团活动对大学生综合能力的培养表现在以下几个方面：

（一）参加社团能够培养大学生自主学习的意识和能力

高校的学术研究社团不仅起到了巩固课堂学习效果、加宽加深知识的作用，而且对培养学生独立思考、独立研究能力也可产生长远的影响；课堂理论知识与社团实践活动的有机结合，培养了学生的自主学习意识与能力。如有的学术研究型社团定期聘请专业教师进行指导，有一定的研究方向，采用系列讲座、专题报告、专题讨论、学术研究等形式开展活动，通过这些活动，满足了大学生希望在同学们间进行学术交流，学科之间互相渗透的愿望。

（二）参加社团活动能够促进大学生与社会的联系

一个成熟与全面发展的人是其自然性与社会性的统一。"社会化的最后结果，是为社会培养出符合社会要求的社会成员，使其在社会生活中担当一定的社会角色，这个角色要按社会结构中为他规定的规范办事。"① 而这一过程必须通过一定途径才能顺利完成。大学生社团由于自身特点，与大学生社会化有着独特关系，能有效加强与社会的联系，成为大学生进入社会的一条重要途径。学生社团组织根据大学生所关心的热点、疑点及难点问题，邀请一些专家、学者来作报告、开座谈会等，使大学生通过他们了解到社会发展中的各种信息，提高大学生认识及适应社会的能力。为了推动大学生社会实践的开展，部分社团成员利用周末走向社会进行调查，从而调动学生的参与热情，提高大学生分析问题、解决问题的能力。例如我院学生会实践拓展部则有参观律所、法院旁听、模拟法庭等活动，让大学生们能够与司法工作者面对面交流，感受他们的工作环境，将大学生们在课堂中学习的知识应用于实践中。

（三）参加社团能够培养大学生的自理自立能力

高校社团组织的活动，一般都是学生自己策划，自己组织，自己开展，自己总结。在充分自由、民主的前提下，在相关部门的大力支持下，社团成员从思维方式到工作方法都有很大的锻炼空间，在活动具体组织过程中，通过对活动计划的形成、活动的组织开展、最后的活动总结，都在不知不觉中培养了大学生的自理自立能力，大学生在这样的一个可以充分发展个性和创造力的广阔舞台中，思维能力、组织能力、交际能力等都得到了提高。

---

① 吴增基、吴鹏林、苏振芳：《现代社会学》，上海人民出版社 2009 年版，第 124 页。

（四）社团活动能够培养大学生的团结协作精神

在社团内部，社团成员之间以一种平等的同志关系相处。学生们在进行社团活动讨论时，可以公开地阐明自己的观点，平等交流意见，这样可以得到很多好的、有价值的建议，有较浓厚的民主气氛。组织一次活动不是某个人的事，它需要成员之间的互相配合与帮助。在大家的共同努力下，社团活动得以积极有效地开展，培养了大学生的团结协作精神，为其今后走入社会游刃有余地开展工作奠定基础。

总的来说，因为大学生综合素质的全方位以及多层次性，使得学生社团这种结构灵活自由、内容丰富多彩的组织在大学生综合素质培养中发挥着重要优势作用。

三、学生社团对于大学生综合素质培养的重要作用及实现途径

新时代下剧烈的社会竞争将人才评价定位为一个包含多项指标的综合评价形式，目前我国各个高校普遍选择综合素质评价作为对大学生的一种评价性指标。结合前面分析的大学生综合素质内涵构成与学生社团在大学生综合素质培养上的优势地位，下面剖析学生社团在大学生综合素质形成过程中所起到的重要作用及实现途径。

（一）对于思想道德素质培养的重要作用及实现途径

学生社团代表着高校学生的内心价值趋向，健康、多样的学生社团影响和塑造学生，使文化建设变得形式新颖、层次丰富，提高学生的思想道德素质。《关于加强和改进大学生社团工作的意见》指出："高校学生社团活动是新形势下有效凝聚学生、开展思想政治教育的重要组织动员方式。"[1] 由此可见，社团活动是高校提高学生思想道德素质的重要途径。张勇认为，要充分发挥社团文化的思想道德素质、提高功能要从五方面入手：一是坚持马克思主义的指导地位；二是强化管理和领导；三是培育社团精神；四是开展丰富多彩的社团文化活动；五是借鉴和吸收国外社团文化建设的优秀成果。[2] 具体以国际法学院学委会举办的学思历程讲座为例，在第八期"邂逅青春，与众不同——刘同《谁的青春不迷茫》私享会"中，主讲嘉宾刘同与大家分享了他自己的人生经历和成长体验，给同学们以鼓励和启迪；再如第十期"创作素华辞梦，分享艺术人生"，主讲嘉宾方文山先生与同学们分享了他自己的创词心得与制影经历，同学们一致表示深受鼓舞和震撼。在相互畅谈感受的同时，同学们提高了修

---

① 共青团中央、教育部：《关于加强和改进大学生社团工作的意见》，载《人民日报》，2005年1月13日。

② 参加张勇：《思想政治教育视域下的高校社团文化建设》，上海师范大学2010年硕士论文，第40~43页。

养，提升了素质。同学们在参与多样的活动中，通过比较、分析，去粗取精，去伪存真，来选择自己所需要的精神食粮，达到自我教育、相互教育的目的。

由国际法学院学委会举办的"关爱自闭，照亮孤心——关爱自闭症儿童系列志愿活动"，让志愿者们有机会通过系统的培训深入北京市五彩鹿儿童行为矫正中心等地，为自闭症儿童们服务，将爱心播撒社会，在为自闭症儿童带去关爱的同时，大大激发了我校同学身为当代青年人的责任感。

故此，加入学生社团有利于引导大学生用正确眼光来判断和分析复杂事物，对同学们的思想观念和行为方式产生了潜移默化的影响，进而提高了同学们的思想道德素质。

（二）对于科学文化素质培养的重要作用及实现途径

作为法科强校的学生，要在平时积累大量的专业知识，增强自己的专业技能，同时也要多方面聆听经验与演讲，这样才能够全方位地塑造自己，最终让自己成为一个优秀的法学人才。国际法学院学委会举办的第九期学思历程讲座，就为大家提供了一次接近著名律师和教授的机会，让大家有机会从书本以外学习到更多的具有实践意义的知识。第九期"架构正义之梯——从大案视角看程序正义与辩护权"，主讲嘉宾是刑辩律师第一人李肖霖、著名刑辩律师张青松、刑辩律师吴立伟、我校人气名师元轶教授和张劲教授，在讲座中几位大家各抒己见，为到场观众献上了一场精彩的学术盛宴。那天，各位嘉宾围绕着近些年发生的聂树斌案、佘祥林案等近年来一系列令人震惊的刑事冤案展开了对程序正义和辩护权问题的讨论。在法学界中"程序优于实体"的理念已成原则，但它在实际刑事司法操作中仍有巨大障碍。嘉宾们分别站在自己的立场上，讲述自身的看法和理解。现场还有和各位同学的互动，通过提问和嘉宾们精彩的回答，同学们了解了更多法律理论知识在实际应用中存在的困难和问题。

如此的活动还有很多。同学们通过聆听讲座，通过提问，通过参观法院、律所等地方，切切实实地增强了各个方面的知识与能力，独立思考、发现问题、思考问题等能力提高，这对大家的科学文化素质培养起到了不可替代的作用。而学生社团的作用之一，便是要为大家提供更多的学习提高的机会。

（三）对于身心健康素质培养的重要作用及实现途径

学生社团对身心健康具有良好的作用，身体健康的实现除了通过常规工作之外，还能通过举办有关活动得以很大程度的保障，譬如国际法学院学委会举办的内部联谊活动"素质拓展训练"，参与者通过参加与体育锻炼相关的小游戏，既锻炼了身体，又增进了情谊。相对于中学生活，大学的空闲时间增多，迷茫和无聊也难免随之而来。学生社团的出现，正好填补了这部分的空白。选择加入学生社团，既在与他人共事中增强了人际交往，又完善自我，实现了心理补偿；既能坚定理想，也获得了情感支持。普通的日常活动大大益于心理健康，再加上一些活动的定期开展，如院迎新见面会暨三大组织见面会、大一新生选课、复习以及大学生涯规划宣讲会等，社团成员通过观赏甚至参与表演或聆听有意义的宣讲，得到心理、思想上的放松或提升。再比如"关爱自闭，照亮孤心——关爱自闭症儿童系列志愿活动"的开展，社团成员亲身感受自闭症儿童的生活方式并参与其中，不仅帮助他们，还有助于感悟生命并追求积极健康的人生。故此，加入学生社团有利于大学生身心健康，可以通过常规活动及开展体育锻炼或交互类活动来实现自我素质的提升。

（四）对于创新素质培养的重要作用及实现途径

江泽民同志指出："创新是一个民族进步的灵魂，是一个国家兴旺发达的不竭动力。"① 胡锦涛要求当代大学生"在打好知识根基的前提下，提高创新思维能力……在实践中发现新知，运用真知……不断提高实践能力、创新创业能力"②。而社团活动极具个性化，且组织形式自由，具有显著的民主性。这种个性化和民主性，极大促进了大学生创新意识和创新能力的培养。大学学生社团得到学生们的关注，原因之一即是在其中思维可以得到锻炼，素质可以得到提升。在社团的活动中，常常运用创新思维来处理问题，比如由国际法学院学委会举办的第十期学思历程"创作素华辞梦，分享艺术人生——方文山专场"中，为了更便于嘉宾与观众的互动，使用了人人墙，这是该组织开展的讲座活动中首次使用的。诸如此类的创新之举，在社团活动中多多益善。这就要求社团成员时刻保持一颗敢于创新、勤于创新的心。因此，学生社团有利于提高大学生的创新素质，可以通过日常活动的创新想法的鼓励提出或日常思维训练及举办有关比赛或实践活动来实现。

综上所述，高校学生社团组织对于活跃校园文化活动、促进大学生综合能力的培养，具有重要作用。通过多层次、多途径对大学生思维和能力进行培养，在提高思想道德素质、科学文化素质、身心健康素质、创新素质等多方面具有重要作用，有助于大学生综合素质的培养。高校教育工作者应充分了解高校学生社团组织的特点，理顺机制，使学生社团规范有序地健康发展，加强实践、鼓励创新，进一步提升社团活动层次，加强社团之间协作与交流，鼓励学生社团走出校门，走向社会。

---

① 江泽民：《江泽民文选》第 1 卷，人民出版社 2006 年版，第 432 页。

② 胡锦涛：《在庆祝清华大学建校 100 周年大会上的讲话》，新华网，http：//news. xinhuanet. com/edu/2011－04/24/c_ 121341791_ 4. htm，访问时间：2014 年 5 月 15 日。

事务管理篇

SHI WU GUAN LI PIAN

构建"四位一体"全程培养模式
努力夯实国防生军政素质基础

武警驻校选培办　马海伟

摘　要　国防生军政素质的培养提高是一项循序渐进的系统工程，必须充分发挥高校和部队两方面优势，有效调动国防生、依托高校和用人单位三方面积极性，着力构建起入学德育教育、在校军政训练、部队实践锻炼、跟踪接续培养的"四位一体"全程育才模式，努力造就能够担当强军重任的合格后备人才。

关键词　国防生　全程培养　军政素质

加紧大规模培养人才、大幅度提高素质，是强国兴军的根本大计和基础工程。面对国防和军队全面改革不断深化的时代要求，面对寓军于民和军民融合式发展的战略选择，面对依托国民教育选拔培养军事人才加速推进的紧迫形势，实现强国强军目标要求必须坚强国防生这支后备人才力量。近年来，我们认真贯彻落实教育部、武警总部加强人才队伍建设一系列重要指示，牢固确立培养军政素质过硬后备警官的总体目标，充分发挥高校和部队两个优势的基本思路，不断完善有效调动国防生、依托高校和用人单位三方面积极性的培养机制，逐步建立起"入学教育—在校训练—部队实践—接续培养"四位一体的全程育才模式，为武警部队现代化建设提供有力人才支撑。

一、坚持人文熏陶、德育先行，注重从源头打牢思想认知基础

国防生思想素质的培养提高，是一个从思想懵懂到基本思想认同，再到充分思想自觉的逐步成熟过程。从入学动机看，大多数学生当初选择时，是怀着到部队实现人生价值的理想而填报国防生志愿的，但入校后尤其是毕业期，总有个别学生打"退

堂鼓"，也有的思想不稳定，刚到部队就想离开。这些现象尽管受到各种社会因素的影响，但根本原因还是认同感缺失，思想准备不足。近年来，我们特别注重发挥政法大学浓厚的德育教育优势，让国防生一踏进校门就感受到"红色校园文化"励志图强、铸人塑魂、引领道德风尚的人文环境熏陶，从源头上筑牢国防生献身使命、勇于担当的思想认知基础。

（一）光荣传统激励

中国政法大学有着光荣光辉的历史，传承了中华民族优良传统的丰厚底蕴，创建至今已走过六十余年发展历程，秉承"厚德、明法、格物、致公"的校训和"立德树人"的根本目标，为国家建设发展培养输送了大批德才兼备的优秀人才。新生入学之初，我们就坚持把校园环境的"育人"与"励志"相结合，把光荣传统和校史作为国防生入学教育的重要课程，激励他们做法大精神传人，使他们在耳濡目染中受到启发。积极组织国防生参加学校组织的"感动法大"、"榜样法大"等优秀人物评选，用实际行动在弘扬光荣传统、引领校风建设中发挥重要作用，不断激发国防生当先锋、做模范的积极性。

（二）正确舆论引领

高校是各种思想文化交融交织的聚集地。信息化时代，资讯传播迅速，各色舆论观点良莠不齐。为此，我们牢固树立"阵地"意识，坚持用先进思想抢占制高点，把握意识形态领域斗争主动权，先后在校园网和北京总队政工网开设国防生主题网站，设置培养动态、媒体聚焦、校园风采、政策法规、学习园地等栏目，建立高校师生、部队官兵与国防生之间的信息互动平台；在 BBS 开设"思想领先"讨论专栏，扩大宣传影响力和辐射面。积极开发国防生微信平台，及时上传各级领导指示、军地重大新闻事件、国防生培养成果，邀请新入学国防生添加关注，广泛传播正能量。组建中国政法大学橄榄绿协会，每年调整吸收新生力量，大力宣扬新风正气，反映国防生精神风貌，近两年各大媒体刊登国防生新闻报道上百篇。利用校园广播、宣传橱窗等介绍培养工作，宣传好人好事，为国防生健康成长营造良好舆论环境。

（三）军事文化感染

注重加强政治环境建设，在楼道内悬挂以"强军梦"助推"中国梦"宣传标语，在宿舍区制作展板，引导国防生参与投稿，用一时一事的经历、一点一滴的积累、一言一行的启迪，激发他们的使命感责任感。组织新生开展"军歌嘹亮颂祖国"歌咏比赛，把《军人价值观》、《国防生之歌》等曲目制成 MTV，在校园内广为传唱，让青春梦想飞扬释放。组建国旗护卫队，组织入学新生举行向军旗宣誓仪式，叫响战斗口号，强化"在国旗下成长，在军旗下奉献"军人意识。组织新生开展学英模、向武警"十大忠诚卫士"学习等系列活动，邀请部队功臣、精武标兵担任荣誉教官，让国防生从英模、榜样的成长轨迹中汲取力量，进一步夯实献身使命的思想认同感。

二、坚持警校协作、合力育才，着力在提高军人素养上下功夫

依托培养工作要坚持打牢文化基础与提高军人素养相协调相促进，把培养军政素质过硬、文化功底厚实合格人才作为根本目标。国防生相对于军校生、士兵生来说，对部队的熟悉程度、带兵和管理经验方面确有不足，但他们学习刻苦、知识面宽、视野开阔、思维敏锐的特点也很突出，如果能顺利适应基层岗位，发挥好自身优长，必将在强军实践中逐渐显露头角，挑起重担。依托就是依靠，并举就是并肩。总结近年国防生培养工作，我们感到，必须充分发挥警校协同育人功能，形成齐抓共管合力，通过创新理论武装、依法依规管理、严密正规组训，努力培育国防生献身使命的坚定信念、令行禁止的优良作风、英勇制胜的意志品质。

（一）在正面灌输中加强理论武装

积极开展"牢记强军目标，献身强军实践，争做优秀国防生"主题教育活动。通过组织国防生原原本本学原著、认认真真学理论、扎扎实实学讲话，引导大家在掌握基本观点和理性思考上下功夫，做到学深悟透，把握精髓。调动发挥国防生主体作用，以"当兵打仗""带兵打仗""能打胜仗"等引起热议又密切相关的内容为主题，采取干部引导与骨干带头、启发诱导与老师讲析相结合的形式，组织国防生紧贴时代发展谈理想、紧贴自身实际谈体会、联系日常表现找差距，切实把感性认识上升到理性认识，让理论学习真正进入思想，推动工作。认真落实理论学习制度，确保人员、内容、时间和效果"四落实"，国防生理论水平和政治觉悟不断提高，60%以上在校加入党组织。

（二）在从严管理中培育过硬作风

严格管理出凝聚力，出战斗力。为此，我们坚持以条例规范行为，以管理促进养成，注重点滴强化，不断使军人气质、作风和品格扎根于国防学生思想行为深处，体现在一言一行之中。组建国防生模拟大中队，成立"三互"小组，挑选优秀学生担任模拟干部骨干，明确职责、形成机制，定期轮换。依据条令条例，制定完善《国防生量化管理办法》，对思想教育、日常管理、学籍学分、考核奖惩等进行规范，严格一日生活、请销假、内务评比、查寝查铺、班务会、晚点名等经常性制度，引导大家自觉按照军人标准加强作风纪律，实现以管理促正规，以管理树形象，以管理强建

设。校领导经常讲，从学生的仪表神态和走路姿势就能看出哪些是我们的国防生，他们是校园里最亮丽的橄榄绿风景线。

（三）在正规组训中锤炼意志品质

坚持把抓好在校训练作为提高国防生培养质量的有效途径。积极拓展组训模式，加强与学校相关业务部门、国防生培养学院联系沟通，每学年召开会议部署训练工作，研究制定《国防生军政训练计划》，把军政训练课作为国防生的必修课，纳入教学大纲并计算学分。每学期协调军事院校教员到校讲授军政理论课程，帮助国防生打牢军事技能和军事理论基础。定期从部队抽调教练班长深入校园，教动作、讲常识，特别是今年总参总政毕业国防生达标考核任务下达后，我们积极协调北京总队，选调10名军政素质过硬干部骨干，在学校的大力支持下，调动全部资源，集中全部时间，拿出全部精力，落实全部科目，全面开展军事技能、体能和单个军人队列动作强化训练，在校园掀起学军事、练体能、强素质热潮，为迎接全军考核奠定坚实基础。

三、坚持部队实践、多岗历练，真正把基层一线作为基础阵地

基层锻炼是最基础的锻炼。习近平深刻指出："要坚持把基层一线作为培养锻炼干部的基础阵地。"2009年9月，第一批国防生毕业分配到北京总队后，经过五年的部队历练，有的走上了中队主官岗位，有的成为总队、师机关业务骨干，取得了初步成效。但对国防生这个群体，部分单位还存在或多或少的认识偏差，习惯用有色眼镜看人，认为国防生军事素质偏弱，缺少军味兵味，甚至因为他们口令差、队列内务标准低而简单否定他们。国防生到部队的头一两年是关键阶段，能不能帮助他们尽快适应基层部队，对其下一步成长发展至关重要。为此，我们着眼提高国防生职业特质和实践能力，积极提供锻炼平台，鼓励支持国防生到部队历练，帮助他们找准目标，进入角色，打开局面。

（一）当兵练兵带兵，掌握基层基本常识

严格落实武警总部军政训练计划，坚持每年暑假安排大一国防生参加总政统一组织的军校集训，从基本知识、基本动作学起；安排大二国防生到基层部队进行30天的当兵锻炼，从普通一兵做起；毕业前夕组织大四国防生到部队进行至少40天的见习代职，放到战斗班担任班长或副班长，从最基本的带兵岗位做起。通过几个回合的实践锻炼，让国防生与基层官兵实行"五同"，进一步了解警营文化，体验基层工作，感受军人生活，真正熟悉基层中队一日生活干什么，了解一线官兵心里想什么，明确基层工作重点抓什么，学会班排怎么管、战士如何带，进一步打牢国防生热爱警

营、热爱基层的思想准备和素质基础。

（二）参与新训集训任务，补齐军事技能短板

近年，警校双方为提高国防生军事技能想了很多办法，通过安排国防生参加预提士官集训，让他们在教导队与优秀基层班长骨干一起学军事理论、练军事技能、交流带兵体会，在潜移默化中提高管理能力。通过安排国防生担负新训任务，体验新兵生活，从基本动作学起，从一招一式练起，在点滴养成中锤炼过硬作风。三个月新兵连生活，让他们学会如何抓部队、如何带好兵、如何搞训练。很多国防生反映，参加这些任务很管用，对提高能力素质有很大帮助，几个月下来带兵更有底气，管理部队更硬气，战士也更服气了。下一步，我们将积极与部队沟通协调，有计划地把国防生培养纳入整体训练计划，让他们在多个岗位淬火历练，在参加各项任务中提高本领。

（三）依托驻地部队，搭建基地化训练平台

为更高标准落实好军政训练任务，重点解决教学力量不足、组织训练不系统不规范等问题，经北京总队首长批准，我们与驻地支队签订协议，搭建基地化训练平台。支队及时把国防生训练纳入党委议事日程，制定《国防生训练组织实施细则》，对军事训练的目标任务、主要内容、组织形式、相关保障等进行规范，保证了训练效果。组织高年级国防生参加部队外出驻训、野营拉练、实战演习等任务，建立国防生与基层骨干一帮一制度，从搞好点名、开好班务会帮起，一招一式传经验，一点一滴教方法，一人一事解难题。充分利用驻地部队在军事理论教学、训练方面的人员、场地和装备优势，邀请干部骨干为国防生辅导条令条例、基层建设纲要等法规；开展比武竞赛和考核活动，激发国防生到部队迎接挑战、大显身手的训练热情。

四、坚持长远设计、接续培养，切实为职业发展提供良好平台

"国防生"名头响亮，光环很多，各级关注度高，期望值高，但人才成长要遵循一般规律，应区分类型，因人设计，不能求全责备，更不能急于求成，拔苗助长。国防生经过四年的在校学习，在军地双方领导、老师、教官的共同培育下，除了所学专业必修课程外，还经过了部队安排的多次锻炼。应该讲，他们都有在部队建功立业的决心和志向，具备了胜任本职岗位的基本素质，希望在部队能有较好的发展空间。为此，我们立足国防生干部实际，做到"扶上马再送一程"，及时了解掌握他们在部队各方面表现，积极做好跟踪培养工作。

（一）主动联系初任单位介绍情况

这几年，各级对国防生干部的培养使用非常重视，能够结合特点，研究制定相关

措施，取得了较好效果。但是我们也应该看到，还有一些用人单位对国防生群体缺乏全面了解，在选拔使用、教育管理方面缺少针对性研究，习惯与军校毕业生同等对待，用一把尺子量长短。国防生不像军校学员，经历阅历不同，对很多问题的看法也不尽相同。首先要从帮助他们进入情况开始，正确对待他们起步过程中的烦恼和困惑，给予更多包容、更多关心、更耐心细致的引导，甚至要允许他们犯一些错误，走一些弯路。为此，每批国防生毕业分配前，我们都逐一谈话，提好要求，留好联系方式；报到后及时与所在单位业务部门联系沟通，主动介绍他们的性格特点、优长爱好、在校表现、经历阅历等情况，为用人单位接续培养提供基本参考。

（二）鼓励国防生发挥自身特点优长

从这些年任职情况看，国防生发展比较顺利的往往都是进入情况快、自身价值得到较好发挥、能与基层官兵打成一片的干部。每年我们会同学校老师到部队调研时，都要组织召开国防生座谈会，鼓励他们敢于上前台，敢于挑重担，敢于关键时刻"亮剑"，发挥好自身在文字写作、文体活动、法律知识、信息化素质等方面的特长。2010年政法大学一名国防生，毕业分配到海拔四千多米高原部队，一时难以适应，曾一度想放弃。得知情况后，我们一面积极帮他解思想扣子，一面鼓励他多展示自身才干，树立信心就会有所作为。年底指导员休假，该同志主动请缨，承担起中队政治教育课任务，他凭借着扎实的理论功底、深厚的知识积累和突出的表达能力，在充分倾听官兵思想诉求基础上，经过悉心准备，不仅没有"掉链子"，而且还引起较大反响，个人特长得到充分发挥，同时也找回了自信，找到了感觉。

（三）瞄准长远，量身设计发展路径

跟踪了解近年国防生发展情况，存在的突出矛盾是，一些国防生刚到部队没多久，基层的情况还没搞清楚就急着去机关；机关有时为了眼前方便，把国防生过早地借过来，看似为他们发挥某些专长提供了机会，实际上使他们错过了打基础的黄金时期。如果国防生干部基础打得不牢、积累不够厚实，就匆匆忙忙到机关，难免会出现进机关摸不清门道，下基层指导说外行话，提建议说不到点子上，缺少的基层经历成了制约发展的短板。着眼长远发展考虑，我们在广泛调研的基础上，积极向北京总队党委首长建议，为国防生干部科学设计职业发展路径，坚持从打基础做起，从第一任职抓起，明确国防生干部在基层岗位上至少锻炼两至三年，再择优选到机关工作。同时，建议指挥类国防生干部，熟悉了解机关业务后，还应有计划地再到大中队主官岗位接受锻炼，走好基层—机关—基层复合式发展路子，为更好成长成才奠定坚实基础。

遵循成长规律　加强警校协作
锻造能够担当强军重任的
后备警官队伍

武警驻校选培办　朱克寒

摘　要　国防生的思想政治建设是一项铸魂工程，关系到依托培养工作的健康发展，更关系到部队的长远建设。自从与中国人民大学、中国政法大学建立依托培养关系以来，我们始终在探索总结依托培养的规律，坚持以培养忠诚可靠、素质过硬的武警警官为根本目标，紧紧围绕着"牢记强军目标，献身强军实践"这一主线，注重从源头上打牢思想政治基础，实现校园文化和军营文化的成功对接、学生气质与军人本色的有效融合，为把国防生培养成为建设现代化武警的忠诚实践者提供了强有力的思想政治保证。

关键词　国防生　思想政治建设　依托培养

依托国民教育培养国防生，是推进我军人才战略工程的重大改革和实践创新。但是，面对新时期、新形势赋予武警部队的新使命、新任务，培养什么样的国防生、怎样培养国防生，对于全军来说还是一项需要长期探索研究的课题。我们认为，国防生的思想政治建设是国防生培养的关键。国防生的双重身份决定了他们在完成本科学业的同时，还需要学习相关的军政理论知识，提高自身的思想政治素质。为此，要想高标准地实现为部队培养和输送合格的基层指挥警官的工作目标，就必须遵循依托培养的规律，加强警校合作，努力打牢国防生的思想政治基础，从而锻造能够担当强军重任的后备军官队伍。

一、加强理论武装，在正面灌输中坚定携笔从戎的理想信念

"知为行之始，学为用之先。"对国防生开展思想教育实践活动，要把学习教育

摆在突出位置。一方面国防生都是"90后"的青年，正处于世界观、人生观、价值观形成的关键时期，可塑性型和排他性都很强；另一方面国防生生活在相对开放自由的大学校园，思想活跃，价值取向多元。针对以上两个特点，我们在正面灌输中紧紧围绕深入学习贯彻强军目标，坚持以实现"中国梦"的崇高理想为引领，把理论学习和理性思考贯穿教育全过程，扎实开展"牢记强军目标，献身强军实践"主题教育活动，注重革命传统教育和战斗精神培育，努力把以"强军梦"助推"中国梦"的理想信念根植于他们的血脉之中。

一是全面系统学理论。总队制定下发了《"牢记强军目标、献身强军实践，争做优秀国防生"主题教育实践活动方案》，为加强国防生思想政治建设指明了方向，提供了遵循，使教育实践活动有据可依；为了确保系统连贯、学有依据，选培办集中力量，整合资源，编写印发了主题教育辅导材料，丰富完善了教育资料；积极与高校协调，把每周三晚上和周六下午确定为政治教育和理论学习时间，为扎实搞好理论武装提供了时间保证。组织全体国防生在实践教育中，原原本本学原著，认认真真学背景，扎扎实实学理论，引导国防生在掌握基本观点和理性思考上下功夫，做到学深悟透，把握精髓。通过宏观深入的学习，使琐碎的知识系统了，零散的观点连贯了，思考的层次提高了，模糊的认识清晰了。

二是联系实际搞讨论。教育中，借鉴部队政治教育中群众性大讨论的成功经验，提倡讨论争鸣，增进理解认同；注重发挥国防生在思想教育中的主体作用，对"当兵打仗""带兵打仗""能打胜仗"这些既能引起热议又与自身密切相关的问题进行讨论，让国防生畅所欲言，直抒己见，交流争鸣；采取干部引领与骨干带头相结合、现场点将和主动发言相结合、启发诱导与深入剖析相结合等多种形式，营造热烈浓厚的讨论氛围。讨论中，全体国防生紧贴自身现状谈体会、讲感受；紧贴个人思想实际谈认识、讲收获；联系日常工作找差距、谈教训；紧贴时代发展要求谈理想、讲抱负。通过讨论活动逐步把感性认识上升到理性认识，使理论学习很好地进入了思想，在争论中明辨了是非，在交流中达成了共识。

三是多种方法促提高。在学习的覆盖面上，注重融合校内与校外两种资源、个人与集体两种方式、小组讨论与大会发言两种平台；在学习的手段上，采取走出去见学、请进来补脑、立足校园拓展等多种手段；在学习的形式上，采取请高校名师专家开展高端讲座，采取由部队领导进行专题辅导，采取选拔优秀理论骨干登台授课。利用这些措施盘活了教育载体，增强了教育的吸引力和感染力，加深了国防生对军人使命的理解，深化了对部队的认识和军人职业的认同。在学习过程中，坚持学前有要求，学中有检查，学后有讲评，确保了人员、内容、时间和效果的"四落实"。通过每月评选学习之星和优秀学习心得，激发了大家参与学习教育的积极性。通过一年多的教育实践活动，国防生普遍感到，对当初的选择更加坚定了，对肩负的使命更感自豪了，对未来的军旅人生更为憧憬了。

二、注重环境熏陶，在潜移默化中打牢献身使命的思想根基

"春风化雨，润物无声。"良好的环境对人具有潜移默化的教育作用。选培办坚持"文化育人，环境育人"的理念，紧贴国内外局势的变化，紧贴在校培养的实际，紧贴国防生的思想动态，在教育中坚持把环境的"宜人"与教育的"育人"结合起来，在突出经常性学习教育的同时，注重创造良好的育人环境，增强教育的感染力，扩大教育的辐射面，让国防生在耳濡目染中受到熏陶和启迪。

一是用浓厚的教育环境感染人。以"牢记强军目标，献身强军实践"为主题，在国防生宿舍区内制作宣传展板，在楼道内制作反映国防生精神面貌的宣传牌、悬挂宣传标语等，陶冶国防生的思想道德情操；发动国防生开展了创编箴言短信活动，编写心得体会集锦、格言警句集锦；在 BBS 开设"思想政治教育"讨论专栏，宣传当代革命军人核心价值观，扩大了宣传教育辐射面。通过加强宿舍的文化建设，发挥文化育人功能，使大家在浓厚的氛围中接受熏陶，形成了人人参与教育、时时接受教育的良好态势。

二是用丰富的文化活动陶冶人。开展文化活动的关键是用丰富的文化活动宣传"强军梦"助推"中国梦"的基本观点、基本内涵和基本要求，增强教育实践活动的吸引力和感召力。开展了"军歌嘹亮颂祖国"歌咏比赛，并把《我是军人》、《军人价值观》、《国防生之歌》、《强军战歌》等歌曲制成 MV，使这些歌曲在国防生中被广为传唱；组织国防生举行向军旗宣誓仪式，让国防生在庄严的军旗下接受洗礼，让充满梦想的军旗在青春的校园中飞扬；组建国防生国旗护卫队，主动担负了政法、人大两所高校的升降旗任务，使得每周的升旗仪式成为校园中的特色景观。丰富多彩的文化活动，吸引了国防生的广泛参与，用一时一事的经历、一点一滴的积累、一言一行的规范，使国防生在身心愉悦中受到教育和熏陶，唤醒他们身上潜在的历史使命感和社会责任感。

三是用良好的新风正气塑造人。良好风气是培育人才的"沃土"，树立正气是培养工作的"根基"。在国防生队伍中大力倡导"是非分明、好差分明、奖罚分明"的鲜明导向，特别是在选拔模拟骨干、"优秀国防生"评选等敏感问题上，倡导"责

任、诚信、正直、开明、豁达"的做人准则，坚持"一碗水端平"，做到"公开、公平、公正"。帮助国防生澄清了"学习好不如关系硬"、"要奖状不如要奖品"、"受表扬不如得实惠"等一些"歪理邪说"，保证国防生思想道德的纯洁性。

四是用先进的典型事迹感召人。利用合适的时机和场合，深入讨论"长征精神"、"延安精神"、"抗洪抢险精神"、"抗震救灾精神"等我党我军优良传统，培植国防生的精神支柱；先后组织全体国防生参加了丁晓兵事迹报告会、武警部队十大忠诚卫士先进事迹报告会，使国防生进一步认清了肩负的责任与使命，增强了奋发学习、报效国家的信心和决心；在玉树地震等抗震救灾面前，教育国防生如何热爱人民，忠诚于党；组织收看"神十"飞天、"航母"远行，在国防生振奋精神的同时探讨怎样报效国家；观看奥运梦圆、共和国六十华诞的视频资料之际，我们讨论怎样崇尚荣誉，献身使命。通过典型事迹的学习引导国防生弘扬了主旋律，抵制了各种错误思潮的影响，激发了大家在践行核心价值观中砥砺良好品格、争当"优秀国防生"的自觉性。

三、狠抓日常养成，在行为示范中磨砺时代骄子的优秀品质

今日天之骄子，未来军中栋梁。国防生既是在校接受高等教育的天之骄子，又是即将携笔从戎、投身国防建设的后备军官。驻校选培办坚持"高于普通学生标准，严于普通学生要求，先于普通学生奉献"的培养理念，强调"军味"，精心培育，得到了两所高校师生的一致认可和高度好评。加强思想政治建设既要靠日常教育来引导，又要靠日常养成来强化。只有把思想教育拓展到学习和生活的每一个角落，才能保证国防生在多元价值取向上塑造主流精神，有效抵制各种腐朽思想文化的侵蚀，确保政治上的坚定和思想道德上的纯洁。

一是用严格的管理规范秩序。铁的纪律是军人完成一切任务的基础，国防生是"准军人"、未来的警官。我们按照军队的特殊要求，坚持以教育规范行为，以管理促进养成，注重点滴强化，不断使军人的气质、作风和品格扎根于国防生的思想深处，使当代革命军人核心价值观体现在国防生的实际行动之中。参照武警部队管理体制，我们组建了国防生模拟大、中队，通过实行模拟骨干轮任制，为每名国防生提供了提高管理、组织、协调能力的机会；严明纪律规定，我们研究制定了国防生量化管理办法，明确了思想教育、日常管理、学籍学分、考核奖惩等方面的具体规定。通过严格落实制度，加大奖惩力度，实现了以管理促规范、以管理树形象、以管理强建设，目前国防生集体已成为全校师生青睐的队伍，国防生成为校园热血男儿的代名

词。

二是用崇高的荣誉激励团队。在学校和选培办双方长期的不懈努力下，国防生队伍取得了累累硕果，60%以上同学加入中国共产党，国防生党支部连续三年被评为先进党支部，35%以上同学获得各项各类奖学金，45%以上同学在学校社团组织中担任骨干。我们积极利用这些荣誉进行褒奖和赞誉，引导同学们从自身做起，从现在做起，从点滴做起，奋勇当先争取荣誉，挺身而出捍卫荣誉，为党增辉，为国增光，为武警部队添彩。国防生正在以优异的表现，引领学风和校风建设。

三是用健全的机制保证质量。严把"入口关"，坚持好中选优和德智体全面考核原则，根据年度考生质量，及时调整生源地，满足招生需求；严格复审复查，对考生的档案、面试、体检和政治考核等各种数据逐一把关，保证生源质量；严把"出口关"，对不合格学生坚决不输送到部队。目前，两所高校毕业生以其勇挑重担的责任意识、积极向上的精神风貌、行为精英的行事风格、心为平民的处世态度赢得了所在部队和承训单位的好评。

随着依托国民教育培养国防生工作的逐年深入和不断发展，国防生已逐步成为部队生长干部的重要来源。武警部队与中国人民大学、中国政法大学建立依托培养关系，九年来，驻校选培办坚持以培养忠诚可靠、素质过硬的武警警官为根本目标，按照"抓落实，打基础，谋长远，求创新"的思路，严格教育管理，狠抓工作落实，努力打牢国防生的政治思想基础，提高了选拔培养的质量。

驻校选培办一方面很好地完成了上级的任务，为武警部队输送了一大批政治可靠、能力突出、军事过硬的基层带兵人；另一方面，国防生队伍也以严明的记录、高效的组织、良好的形象成为高校中一道亮丽的风景线。

高校国防生军事训练特点
与组织方法的探索

——以中国政法大学武警国防生为例

武警驻校选培办　黄　理

摘　要　军事基础素质培养是国防生依托培养工作的重要内容，过硬的军事素质也是国防生胜任第一任职岗位的基础性要素。在"中国梦·强军梦"的时代背景下，在全军深入贯彻落实习近平"牢牢把握新形势下强军目标"重要讲话的生动实践中，总结在校国防生军事训练的特点规律，有针对性地改进传统的军事训练组织方法极其必要。本文立足于中国政法大学武警国防生多年依托培养的实践，通过实证研究，归纳出在校国防生军事训练的三大特点，并在其基础上提出在四方面改进军事训练组织方法的建议。

关键词　国防生　军事训练　组织方法

军政基础训练是在校国防生区别于普通高校学生的重要科目，也一直是高校国防生依托培养工作的重点内容。在我国高校普遍开展思想政治教育和马克思主义理论教育的背景下，如何补齐国防生军事基础素质的短板成为依托培养工作的关键性问题。在全军深入贯彻落实习近平"牢牢把握新形势下强军目标"重要讲话的实践过程中，就依托培养工作而言，改进国防生军事训练的组织方法，夯实国防生军事基础素质，提高军事训练质量无疑是打造一支听党指挥、能打胜仗、作风优良的人民军队的现实举措。那么，国防生军事训练组织工作具有哪些特点？在校国防生与军校学员相比具备哪些特质？对于部队一直沿用的军事训练组织方法可以做哪些改进呢？

基于对上述问题的思考，笔者对中国政法大学武警国防生的军事训练情况进行了周密的调研。本次调研采取随机抽样方法，以调查问卷方式进行。在中国政法大学300余名国防生中抽取了120名，综合考察他们对军事训练的重要性、自身军事素质提高途径、当前军事训练组织方法是否科学等问题的认识和想法。收回有效问卷 120 份，其中大一 33 份，大二 31 份，大三 28 份，大四 28 份。从政治面貌上看，绝大部分为共青团员（55%），其次是中共预备党员（25%）、中共正式党员（20%）。抽样情况如表 1 所示。

表 1　中国政法大学武警国防生抽样情况一览表

类别	年级				政治面貌		
	大一	大二	大三	大四	团员	预备党员	党员
人数	33	31	28	28	66	30	24
百分比	27.5%	25.8%	23.35%	23.35%	55%	25%	20%

一、组织特点：以体能训练为主，技术难度较小，训练时间分散，集体训练次数相对较少

国防生是根据部队建设需要，由军队（武警部队）依托地方普通高校从参加全国高校统一招生考试的普通中学应届高中毕业生中招收的和从在校大学生中选拔培养的后备军（警）官。实行"4 + 1"学制，即在地方大学学习四年完成本科学业，然后赴指定军事院校进行为期 10 个月的岗前培训。因此在地方大学学习期间，国防生的培养以学习科学文化知识、提高专业技能为主。在校期间，针对其进行的军事训练与军事院校的内容有很大的区别，总体上看技术难度较小，大部分训练内容是体能基础训练，具体包括 3000 米长跑、100 米短跑、5 × 10 米折返跑、俯卧撑、仰卧起坐等。军事训练的主要目标在于提高国防生的身体素质，达到部队相关标准，为岗前培训时进行的军事技能训练打下良好的基础。

在调研中，当问题涉及"你一般何时为自己安排军事训练"时，30% 的国防生选择工作日的 17 点到 18 点，22% 的学生选择没有课程的晚上，23% 的学生选择早上进行晨练，剩余 25% 的学生表示没有固定的时间。如图 1 所示，由于中国政法大学与大多数高校一样，实行学生自由选课的制度，学生个体间课表不甚相同甚至差异巨大。由于个人作息时间普遍不统一，组织集体军事训练的机会和时间都比较少（国防生除每周一、三、五早上出早操外，只安排周六上午集体训练）。同时就个人而言，自主进行加压加训的时间也难以统一，有效的军事训练时间呈现出较为分散的特点。

综上不难发现，高校国防生军事训练在组织上具有以体能训练为主，技术难度较小，训练时间分散，集体训练次数相对少的特点。

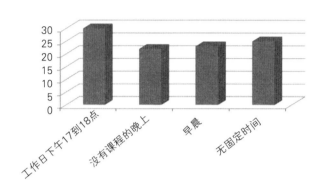

图1　自发训练的时间

二、心理特点：对军事训练重要性认识不足，自尊心强，自我管理能力较好

思想是行动的先导，只有正确掌握国防生的思想动态，结合其年龄阶段和学校环境了解其心理特点，才能激发出他们的主动性、积极性，实现由"要我练"到"我要练"的转变，从而起到提高军事训练的质量和水平，真正打牢军事素质根基的作用。

在调研中发现，由于我校国防生均系从应届高中毕业生中选拔，缺乏在部队工作生活的经历，往往对军事训练的重要性认识不足。同时由于地方高校校园相对自由开放，校园生活内容比较丰富，导致在校大学生的价值观呈现出多元化的特点。国防生群体在长期的耳濡目染中或多或少受到某些思潮的影响，对自身的角色定位容易产生模糊心理，甚至个别同学对军事训练在一定程度上出现了抵触情绪。同时，国防生年龄普遍在20至22岁间，相对部队新兵平均年龄大出2到3岁。而且正在接受高等教育，普遍存在优越感，造成国防生较部队战士或军校学员表现出思维活跃、自尊心强的特点。对部队习以为常的比武、竞赛等活动积极性并不高，竞赛或比武结果的不佳甚至会伤害其自尊心，造成训练热情锐减的反效果。

与此同时，在问题涉及"主要提高自身军事素质的方法"时，83%的国防生认为自发加压，课后自己进行额外训练和"以自发训练为主，以参加集体训练为辅"在提升其军事素质上效果最明显。相比之下，选择"集体训练"（5%）、"以集体训练为主，以自发训练为辅"（12.5%），明显不是主流。因此，结合历年来国防生毕业考核成绩普遍达标的结果来推论，在校国防生的自主性较好，自我管理能力很强。

综上不难总结出，国防生军事训练在受众心理上具有对军事训练的重要性认识不足、自尊心强、自我管理能力较好的特点。

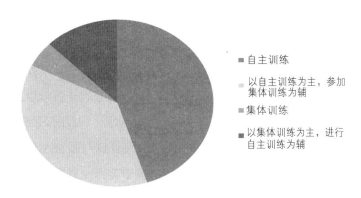

图2　提升军事素质的最有效途径

三、生理特点：身体基础素质普遍不高，个体军事素养差异较大

军事训练的开展和组织工作必须科学且周密，训练不足固然难以起到固本强基的效果，但强度过大更易造成伤病等严重问题。因此，在组织国防生进行军事训练时必须考虑到其身体的基础素质以及个体差异所导致的身体承受能力的不同。

由于目前在校国防生以90后为主，独身子女比较普遍，生活条件相对舒适优越，往往在进入大学前缺乏体育锻炼。同时，鉴于国防生均经历过12年的应试教育，中学阶段升学考试的重压更使他们缺少了参加体育运动增强身体素质的热情。从近年来体检结果和全国对青少年体质调查结果大环境上来看，国防生的身体基础素质较部队战士和军校学员普遍不高，甚至存在较大的差距。在调研中，当问题涉及"请对你自身军事素养进行评价"时，答案明显呈现差异化、两级化的趋势。如图3所示，选择"优秀"的占15%，选择中等的占28%，选择"合格"的占45%，"不合格"的占12%。

综上可以发现，国防生军事训练就其生理情况而言，具有身体基础素质普遍不高、个体军事素养差异较大的特点。

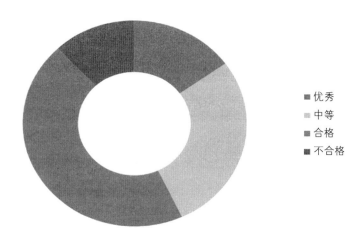

图3 对个人军事素质的评价

四、经验与建议

窥一斑可见全豹。通过对中国政法大学武警国防生的调查研究，可以发现高校国防生军事训练存在以下三大特点：一是组织上以体能训练为主，技术难度较小，训练时间分散，集体训练次数相对少；二是心理上对军事训练重要性认识不足，自尊心强，自我管理能力较好；三是生理上身体基础素质普遍不高，个体军事素养差异较大。紧扣上述三大特点，武警部队驻中国政法大学选培办经过精细调研、科学研究，及时对传统的军事训练组织方法进行了改进。在总体上"严格要求，拔高标准，适度加压"的基础上，保留目前集体训练内容，在训练时间、考核标准和组织方法等四个方面进行完善。从新的训练组织方法实施几个月的结果看，300 余名国防生参加3000 米长跑考核，仅有 28 人未达到及格标准，合格率达到 91.9％，其中大四国防生3000 米长跑考核合格率达到 100％，5000 米长跑考核合格率也达到 80％以上。比较往年同期的考核成绩，中国政法大学武警国防生军事素质显著提高，新的训练组织方法效果比较明显。下面，从四个方面对完善训练组织方法进行阐述。

一是提高考核评价体系科学性，制定多层次、明晰化、数量化的考核标准。考虑到国防生总体知识水平和认知水平比较高，自我认同感和自尊心比较强的心理特点，可以多采用国防生较为熟悉和认同的方式——考核，来激发其危机感、荣誉感和竞争意识。为此需制定明确清晰、具体的考核评价体系。比如，3000 米长跑的考核为二级制，为合格、不合格。对于在校国防生而言，仅仅确定一个合格线的考核标准过于粗糙，须细化评价标准作为给分点，让国防生能有针对性地找出不足，明确差距。现实操作中，我们将 3000 米长跑考核进行如下划分：12 分以内计 100 分，13 分以内计 90 分，依次类推，13 分 40 秒为及格。通过数据化、多层次的考核标准，让国防生真正找到自己的位置，明确努力的方向，燃起创先争优的热情。

二是充分发挥国防生的自主性、明确任务总量的前提下，自我加压，自我管理。在高等院校，自学能力是大学生的基本素养。"师傅领进门，修行在个人"，国防生作为高等院校学生，应该具有较强的自学能力和自我管理能力。同时调研数据也反映出，以自发训练、自主加压为主的训练组织方法被国防生自身认为是最有效的提高军事素质的途径。因此，通过明确每周的训练任务总量，指导国防生自发组成军事训练互助监督小组，变以往体能不合格人员大集体强制训练为小集体自主训练，既充分利用了零散的个人训练时间，又降低了集体训练的时间和组织成本，同时使国防生的自主性得到最大限度的发挥，充分体现了其在军事训练中的主人翁地位，真正实现了"要我练"到"我要练"的态度转变。

三是承认个体间的差异性，以人为本，因材施训，执行差异化的训练计划。军事训练的组织往往呈现出重集体、轻个人、求统一的特点，这是对部队长期集体生活的切实反映，也是组织集体训练呈现出的惯性。但军事训练虽然多以集体形式开展，但真正的落脚点和中心点却是在个人军事素质的真正提升上。鉴于国防生军事素养表现出的巨大差异性和大部分国防生身体基础素质并不突出的现实情况，必须转变观念确立"以人为本，因材施训"的指导思想。通过对国防生的军事素养进行划分，确定不同的层次，针对各层次和个人的实际情况量身制订和执行不同的训练计划，以确保训练计划对每一名国防生的科学性和有效性，真正实现预期的训练效果。

四是抢占舆论阵地，创建多媒体宣传平台，筑牢在校国防生军魂意识。在高校自由开放的校园风气的影响下，不同思潮的涌动成为必然。在互联网日益发达的今天，各种内容的信息充斥社会的每一个角落，采取信息隔离的"堵塞"法在高校国防生中显然是行不通的。对国防生的思想引领工作，也不能简单地停留于部队中政治教育课说说讲讲的层面上，一方面是因为高校信息的开放性和高校教师的专业性，另一方面也是因为国防生比之部队战士具有更强的批判思维能力和独立思考能力。因此，必须结合国防生的年龄特点，大胆运用新的技术平台，以竞争性的姿态抢占舆论阵地，在思潮引领上进行多种形式的正面宣传。例如中国政法大学武警国防生先后创建法大橄榄绿微信账号、法大国防生人人主页、法大国防生公共邮箱等多媒体网络平台，通过对时事政治、军事常识和军队先进事迹人物的推送和转发，抢占校园中的舆论阵地，严守国防生的思想高地，用正确的思想和先进理论武装国防生的头脑，从而真正树立起对军人身份的认同感，激发其参与军事训练的积极性，进而在学校就培养出热爱部队、热爱军营的感情，筑牢其军魂意识。

五、结语

培养军民融合的高素质复合型现代军人是实现人才强军的重要内容，也是实现中国梦、强军梦的必然途径。研究在校国防生军事训练的特点和组织方法，对提高国防生军事训练质量、打牢国防生军事基础尤为关键。本文经过调研，以中国政法大学武警国防生多年依托培养工作经验与实践为基础，从组织上、心理上、生理上进行了分析归纳，并针对上述特点，结合相关实践，在军事训练中采取了多种方法，也期待新方法在运用中能取得好的效果，为新型军事人才的培养提供有益思考。

治理大学生校园摆摊
的法律问题分析

学生处　张永然

摘　要　治理大学生校园摆摊是当前高校管理中的难题。笔者认为应当贯彻依法治校原则，在分析明确其行为法律性质的前提下，针对面临的难点和重点，通过依法治理和综合治理，营造良好的校园环境，激发大学生创业积极性，搭建多渠道的创业实践平台，实现多方共赢。

关键词　治理　校园摆摊　法律问题

在校大学生校园摆摊是当前颇具争议的话题，赞成者有之，认为是大学生创业的重要手段，有利于培养大学生独立自主意识；反对者亦有之，认为浓厚的商业氛围扰乱了校园环境，违背了高校育人宗旨。实践中，各高校治理大学生校园摆摊也做法不一，多数高校明文禁止校园内摆摊设点，而有些高校则划定场地，开设校园市场等。

大学生校园摆摊由于其身份和地点的特殊性，无论是禁还是放，都会引发诸多争议。对此，笔者认为，在当前建设社会主义法治国家，高校积极推进依法治校的时代背景下，治理大学生校园摆摊的关键是要以法治的思维厘清行为的法律性质，以法治的方式明晰管理权限，制订治理方案。

一、治理大学生校园摆摊不存在法律的"特区"

当前支持大学生校园摆摊的观点，多认为应当鼓励大学生培养自主独立意识，校园摆摊是大学生自主创业或勤工助学的重要途径，符合当前大学生就业政策导向和相关政策规定，应当享受法律和政策上的优惠。现就大学生校园摆摊展开如下讨论：

其一，大学生校园摆摊是否为勤工助学行为？2007年教育部、财政部联合颁布的《高等学校学生勤工助学管理办法》（以下简称《办法》）第四条规定："勤工助学是指学生在学校的组织下利用课余时间，通过劳动取得合法报酬，用于改善学习和生活条件的社会实践活动。"考虑到勤工助学具有扶贫济困的性质，目前国家对于勤工助学收入实际上是免收个人所得税等税费。

但该《办法》第六条亦明文规定："勤工助学活动由学校统一组织和管理。任何单位或个人未经学校学生资助管理机构同意，不得聘用在校学生打工。学生私自在校外打工的行为，不在本办法规定之列。"由此可见，勤工助学基本特征是组织性，即必须由学校资助管理机构来统一安排。如学校考虑到学生的生活学习需要，设置了专门场所，组织学生进行二手物品流通的"跳蚤市场"，不具有营利性，不涉及商品流通领域，这种行为就可以视为具有勤工助学性质。但实际的大学生校园摆摊多为自发行为，一些学生瞅准商机，利用新生开学等时机兜售商品谋利，实际上均未经学校批准。可见，大学生校园摆摊行为，并不是法律政策以上的勤工助学的性质。

其二，大学生校园摆摊是否为鼓励和倡导的大学生创业？当前国家为鼓励大学生创业，出台诸多扶持政策。国家实施"大学生创业引领计划"中明确指出，大学生创业符合规定条件的，可享受注册资金优惠、小额担保贷款、税费减免等扶持政策。由此可见，大学生创业是在遵守相关法律法规的前提下，如开设小微企业就应达到市场准入标准，即明确经营范围，有经营场所，进行工商税务登记。但大学生校园摆摊作为操作灵活的形式，往往是经营范围不固定，何种商品赢利就经营什么；场所则在校园内流动，无固定的营业地点，并不符合相关要求，而且大学生的摆摊多为短期行为，大都不去注册登记。由此可以，大学生校园摆摊并非国家政策意义上的创业。同时我们注意到，当前创业优惠政策更多是针对大学毕业生而言，出发点在于促进大学生就业。对于在校大学生的创业，教育部相关负责人在进行政策解答时，建议是先做好创业准备，正确处理好创业准备与学习之间的关系。[1]

综上，大学生校园摆摊并非存在着法律政策上的"特区"，不是法律意义上的勤工助学行为，不符合大学生创业的政策导向，并不能享受法律政策上的相关优惠。

我们认为，对于大学生校园摆摊，无论其理由如何，诸如自力更生、减轻社会负担等等，都不能否认其本质是以赢利为目的的商品交换行为，属于经济流通领域的商业行为。在我国当前采用民商合一的立法体例下，应当适用法律上关于商事行为的规

---

[1]　见 http://cy.ncss.org.cn/cybd/283918.shtml：《教育部就业中心张继栋详解创业政策》。

定，即《中华人民共和国民法通则》、《中华人民共和国合同法》等相关法律，以及《个体工商户条例》等行政法规、部门规章中的相关规定。大学生校园摆摊进行商品交易，作为实际上的个体工商户，就应当依法申请营业执照，办理税务登记，承担相应的法律责任。如果不按相关规定履行申请手续，大学生校园摆摊在法律意义上就是无固定场所的无照经营，通俗来讲就是校园内的"游商"。

二、治理大学生校园摆摊应避免监管的"盲区"

当前大学生校园摆摊之所以受到指责，原因在于其不仅影响了校园的管理秩序，还存在着诸多质量隐患。如一些大学生因本身并无资质，又贪图小利，购入质量无保障的商品予以销售，导致"黑心棉"等伪劣商品进入校园，而受损害同学的合法权益却无法得到维护的情况。[①] 而根据《无照经营查处取缔办法》（中华人民共和国国务院令第 370 号）的规定，"任何单位和个人不得违反法律、法规的规定，从事无照经营"，大学生校园摆摊作为无照经营行为，应当被查处取缔。但由于其在高校校园这一特殊地点内，治理大学生校园摆摊实际上处于空白地带，出现管理部门权限不清的监管"盲区"。

那治理大学生校园摆摊究竟由谁来负责？《无照经营查处取缔办法》第六条规定："各级工商行政管理部门应当依法履行职责，及时查处其管辖范围内的无照经营行为。"但在实际执法中，工商行政管理部门一般负责的是对具有固定合法经营场所的经营者的管理，对于露天摆卖的商品则是由综合执法部门（一般是指城管部门）来管理。如《北京市实施城市管理相对集中行政处罚权办法》就明确规定城管部门负有的十四类行政处罚权有工商行政管理方面对流动无照经营行为的处罚权。而综合执法部门一般认为，其管理权限主要是城市管理和公共事业领域，校园内的摆摊设点不同于公共道路的摆摊设点，应由高校自身管理。

那么高校是如何管理的呢？当前多数高校或以通知的形式禁止摆摊，如华中师范大学等下发了《关于迎新期间校园内严禁摆摊设点的通知》等类似文件；[②] 还有高校出台校园管理办法禁止校内摆摊，如《山东大学校园秩序管理规定》第三十三条就规定："未经公安处审批，任何单位和个人不得在校园内摆摊设点和进行各类展销活动。禁止流动商贩在校园内推销商品。"从法理上分析，高校禁止校园摆摊是于法有

---

① 舒圣祥：《不能容忍黑心棉玷污校园》，载《深圳商报》，2011 年 9 月 13 日。

② 见 http：//www. ccnu. edu. cn/show. php？ contentid = 6008。

据的，《高等学校校园秩序管理若干规定》（国家教委第 13 号令）第十七条规定：
"禁止无照人员在校园内经商。设在校园内的商业网点必须在指定地点经营。违反前
款规定的，学校有关机构可以责令其停止经商活动或者离开校园。"但因高校不具有
执法权，没有罚没物品的权力，只能采用劝阻和教育的手段，实际威慑作用不大。而
随着《普通高等学校学生管理规定》（教育部第 21 号令）规定对于大学生经商的解
禁，学校处罚、禁止学生经商则是于法无据。现实中大学生会为摆摊经营垫付大量资
金，甚至会负债经营，管理者考虑到学生的经济情况和校园安稳，也往往会管理上留
口子。因各项规定很难得到严格执行，故效果也就大打折扣。

综上，大学生校园摆摊出现了有执法权的职能部门不能管、不愿管，有管理权的
高校管不好、管不住的尴尬局面，校园摆摊屡禁不止就在所难免。

三、对于大学生校园摆摊应当实现依法治理和综合治理

虽然大学生校园摆摊本身不合法，但现实中还存在着学生自主创业的主观需求，
相对封闭的校园经济与学生需求之间矛盾等客观条件，完全放开和一概禁止都不现
实。前文提到，一些高校已经开始尝试着规范校园摆摊管理，武汉某高校设置校内百
余摊位，在校生可申请"经营许可证"，但须注明摆摊时间、地点和经营种类、商品
来源等。[①] 还有常州某高校开设校园集贸市场，设置由学生组成的"工商"、"税
务"、"城管"等模拟管理部门。[②] 从初衷和效果上来，以上做法确有可取之处。学校
组织摆摊避免了无序竞争，确保了商品质量，有利于校园秩序的管理。但从法律层面
分析，确有颇多争议之处。学校设置摊位，实际上是开办了一个商品流通市场，允许
未经各履行相关法律登记注册手续、不具备商事主体资格的大学生进行经营。而根据
《无照经营查处取缔办法》的规定，只有"农民在集贸市场或者地方人民政府指定区
域内销售自产的农副产品"，才属于法律例外，不需要依法注册登记。因此，学校实
际上的授权经营行为明显不具有法律效力，经营者也不能为消费者提供发票等凭据，
不利于消费者权益保护。同时，学校作为市场组织者，虽然前期对于经营者做了多方
审核，但并不能排除风险，学校当承担由商品质量问题引发纠纷的连带责任。因此，
笔者认为，这种做法虽有鼓励学生创业积极性的新意，但风险隐患不少，不具有推广

---

① 见 http：//news. xinhuanet. com/legal/2011 – 11/14/c_ 122278620. htm：《湖北高校首创
为大学生颁发摆摊"经营许可证"》。

② 见 http：//www. cztgi. edu. cn/news/08/11 – 20/0615375. shtml：《校园内开设集贸市场，
大学生摆摊做老板》。

性。

当然，更多的高校是通过出台诸如校园经商管理或环境管理规定，以严格审批制度规范校园经商，限制校园摆摊。一般是由后勤部门代表学校管理校园内经商，而对校园内勤工俭学和举办公益性活动涉及经商内容时，则由大学生资助中心和后勤部门共同管理。① 这种做法实际上是严格依法确定校园经商主体的资格，将大学生校园摆摊的无照经营行为排除在外，本质上是一禁了之。

对此，我们认为应当坚持教育、引导相结合的原则，对于大学生校园摆摊通过依法治理和综合治理，营造良好的校园环境，鼓励学生自主创业的积极性，满足学生的多样化需求，实现多方共赢。

（一）依法严管无序违规摆摊，营造良好校园环境

在校园里经商，尤其在学生生活和教学区域经商，的确会对正常学习和生活秩序带来冲击。因此，对于无序违规的校园摆摊，无论其是由校外人员或是在校大学生经营的，应当一律禁止。具体工作可以由学校保卫部门和后勤部门一起负责。但管理大学生校园摆摊时应当注意方法，在摆明态度明令禁止的同时，应加强说服教育，解释相关法律政策，让学生们认识到摆摊行为属于无照经营，不仅违法，还可能损害其他同学权益。还应当向其说明当前国家的创业政策导向，如当前工商注册取消设立公司的最低资本限额，引导同学去依法注册，合法经营。必要时可以协调工商等相关部门帮助学生退货，挽回经济损失。而后勤部门应当加强校园内生活服务设施建设，如提供的商品应当品种齐全，物美价廉，以优质的服务来全方位满足同学日常生活需要，消除对校园摆摊的客观需求。

（二）全面加强就业创业教育，培育正确创业观念

不可否认，选择校园摆摊对于当前大学生是一个简便易行的创业途径，在一定程度上有利于大学生积累经验和资金。但是大学生摆地摊往往缺乏长远规划，很多人本着赚些零花钱的目的，具有盲目性和短期性。这一方面有可能因为过多耗时耗力而影响学业，得不偿失；还有可能因缺乏社会阅历和相应的法律知识，因经营不善导致经济上不小的损失。因此，就业指导部门、学生工作部门和教务部门应当通力协作，通过加强就业课程建设，建立健全创业课程体系，拓宽就业实习实践途径，培育学生正确创业观念，树立良好创业意识。尤其应当鼓励同学们主动运用专业知识，有目的地去创业，有选择地进入相关行业，进而锻炼和提高自己。

---

① 见 http：//www．zhcpt．edu．cn/nwall/hqfwnews/2008627151220．html。

（三）不断创新创业指导和管理机制，搭建创业实践平台

大学生是最具有激情和活力的创业群体，国家、社会和包括高校在内都应当为大学生创业创新营造宽松和良好的政策环境。尽管校园摆摊本身具有很大局限性，但也说明只有进一步放宽创业的限制，降低门槛，落实扶持政策，才能最大限度地释放大学生创业创新潜能。① 目前，个别地方已经在尝试突破，如 2010 年宁波工商局出台了《关于自主经营鼓励创业的意见》，该意见鼓励在校大学生在校园内从事流动经营。在校大学生在本校范围内从事非许可经营项目的，经学校学生管理部门出具证明，可申请登记为无固定经营场所的个体工商户，营业执照、经营场所核定为"在某某大学内"。② 作为一个大胆尝试，其无疑是可贵的，但毕竟只是个一般规范性文件，并无上位法依据，推广可能性较小。③ 对此，学校应当搭建多渠道创业实践平台，激发大学生的创业积极性。如就业指导部门可以利用校园内场地设置创业孵化基地，为打算创业的在校大学生提供注册办公场地等支持，同时还应争取当地政府设立的社会创业孵化基地亦向在校生开放。后勤部门可将校园内提供商品、服务等设施业务向学生开放，鼓励学生参与招标，合法竞争，合法经营。学校资助中心可以设立具有公益服务性质的校园服务设施，针对在校生提供商品和服务，设施交由学生自我管理经营，锻炼、提升其创业能力。

---

① 胡星等：《校园地摊经济的教育效益及发展对策探讨》，载《科技信息》，2012 年第 2 期。

② 见 http：//news. xinhuanet. com/school/2010 - 04/20/c_ 1245074_ 2. htm：《宁波降低创业门槛 大学生可在校园内申请摆地摊》。

③ 根据《个体工商户条例》规定，无固定经营场所摊贩的管理办法，由省、自治区、直辖市人民政府根据当地实际情况规定。

高校学生管理权与
大学生权利的冲突及平衡

国际法学院　张西峰

摘　要　本文探讨了高校的法律性质、高校学生管理权、大学生的权利及二者的冲突与平衡等问题。国家的法律法规是高校制定学生管理制度的依据，高校在制定规章制度时，不得违反国家的有关规定，在内容上不应超越法律法规的规定，限制或者剥夺学生的正当权益。为了能有序、高效地开展工作，高校在行使管理权时，一定要兼顾管理权与大学生权利的平衡，保证大学生法定权利得到充分实现，改变"权威家长制"的管理模式，以规范化与法治化为理念，妥善解决高校与大学生之间的纠纷，从而推动依法治校的开展、和谐校园的构建。

关键词　高校　学生管理权　大学生权利　冲突与平衡

一、引言

从"田永诉北京科技大学不予颁发毕业证书案"[1] 和"刘燕文诉北京大学不授予其博士学位案"[2]，到如今以"学生告学校"为关键词，在百度上搜索，瞬间可以搜索到千万条与之相关的新闻。大学生的权利意识日渐增强，学生诉高校案件不断发生，司法日益介入高校与大学生之间的纠纷，引起了理论界和实务界的普遍关注。这些案件的发生一定程度上反映了我国高校的法律地位不清晰、高校学生管理权与大学

---

① 详见《最高人民法院公报》1999 年第 4 期。

② 详见《北京市海淀区人民法院行政判决书》〔1999〕海行初字第 103 号、第 104 号，北京市第一中级人民法院行政裁定书〔2000〕一中行终字第 43 号。

生的权利存在冲突等问题。现实中，高校与学生之间在学籍档案管理、教育教学、奖励处分、人身安全、升学出国、就业创业、应征入伍、宿舍管理、学历学位证书颁发授予、学费缴纳、婚姻生育、校园秩序维护等方面具有广泛的联系。

本文拟对高校的法律性质、高校学生管理权、大学生的权利及二者的冲突与平衡等问题展开探讨，期望能对依法治校的开展、高校与大学生之间纠纷的妥善解决、高校学生管理法治化与规范化的推动、和谐校园的构建有所裨益。

二、高校的法律性质

1986 年颁布的《民法通则》将法人分为企业法人、机关事业法人和社团法人，是否赢利是该法划分企业法人与机关、事业法人的一个重要标准。1995 年颁布实施的《中华人民共和国教育法》（以下简称《教育法》）第二十五条规定："国家举办学校及其他教育机构，国家鼓励企业事业组织、社会团体、其他社会组织及公民个人依法举办学校及其他教育机构。任何组织和个人不得以赢利为目的的举办学校及其他教育机构。"第三十一条规定："学校及其他教育机构具备法人条件的，自批准或登记之日起取得法人资格。"1999 年 1 月 1 日起施行的《中华人民共和国高等教育法》（以下简称《高等教育法》）第二十四条规定："设立高等学校，应当符合国家高等教育发展规划，符合国家利益和社会公共利益，不得以赢利为目的。"第三十条规定："高等学校自批准设立之日起取得法人资格。高等学校的校长为高等学校的法定代表人。高等学校在民事活动中依法享有民事权利，承担民事责任。"根据 1998 年 10 月 25 日国务院公布的《事业单位登记管理暂行条例》规定："事业单位是指国家为了社会公益目的，由国家机关举办或者其他组织利用国有资产举办的从事教育、科技、文化、卫生等活动的社会服务组织。"按上述法律规定，高校具有法人资格，具有非营利性、公益性等特点，其性质定位为事业单位已无争议，但是高校又具有特定行政职能，在某些方面高校具有终局性的管理权。在两学生对重庆邮电学院提起行政诉讼，要求学校撤销勒令退学处分案及成都某高校两学生在教室接吻而被学校勒令退学案中，法院分别以不属于人民法院受理范围及不属行政诉讼范围为由驳回了原告的起诉。在田永诉北京科技大学案中，法院不但以行政诉讼受理了该案，并且做出了高校败诉的判决。相似案件在不同法院处理结果迥异，原因可能在于对高校的法律性质认识上的差异。"作为事业单位，学校的法律地位比较特殊。一方面，学校像其他民事主体一样，享有普通的民事权利，也承担一般的民事责任。另一方面，学校与学生、教职员工之间的关系既有民事法律关系，又存在民事法律关系以外的其他关系。如果将学校与学生之间的教育关系视为普通民事关系，则无法解释为什么学校对学生享有特殊的管理权限，如纪律处分、颁布学历学位证书、制定校纪校规。因此，学校作为事业单位，既享有一般民事主体的法律地位，又有区别于民事主体而近似行政主体的法律地位。"[1]

《高等教育法》第十一条规定："高等学校应当面向社会，依法自主办学，实行民主管理。"据此，高校具有办学自主权。第十八条规定："高等教育由高等学校和其他高等教育机构实施。"该条款授权高等学校和其他高等教育机构实施高等教育。第二十条规定："接受高等学历教育的学生，由所在高等学校或者经批准承担研究生教育任务的科学研究机构根据其修业年限、学业成绩等，按照国家有关规定，发给相应的学历证书或者其他学业证书。接受非学历高等教育的学生，由所在高等学校或者其他高等教育机构发给相应的结业证书。结业证书应当载明修业年限和学业内容。"据此，高校有权颁发学历证书、结业证书或者其他学业证书。《中华人民共和国学位条例》第八条规定："学士学位，由国务院授权的高等学校授予；硕士学位、博士学位，由国务院授权的高等学校和科学研究机构授予。"高校依法享有颁发学位证书的权力。"虽然长期以来我国高等学校被定位为事业单位，但是高等学校确实拥有并行使着法律授予的部分公共管理职权。高等学校行使这些权力的行为，对于与它处于不平等地位的学生来说，具有明显的单方性、强制性，具有确定力、约束力、执行力，符合行政权力的特征，是典型的行政行为。"[2] 根据《教育法》第二十八条的规定，高校具有招生权、学籍管理权、奖励与处分权、学业证书颁发权等，这些权力具有行政权的性质与特征。

笔者认为，高校作为事业单位，在对外活动中，具有一般民事主体的法律地位，依法享有民事权利，承担民事义务；在法律、法规授权范围内，行使行政职权，应具备行政主体的法律地位。

三、高校学生管理权

《教育法》第二十八条规定，学校及其他教育机构行使下列权利：（一）按照章程自主管理；（二）组织实施教育教学活动；（三）招收学生或者其他受教育者；

---

① 马怀德：《公务法人问题研究》，载《中国法学》，2000年第4期。
② 江广华、陈春莲：《从法律角度看高校与学生之间的纠纷》，载《海南广播电视大学学报》，2010年第2期。

（四）对受教育者进行学籍管理，实施奖励或者处分；（五）对受教育者颁发相应的学业证书；（六）聘任教师及其他职工，实施奖励或者处分；（七）管理、使用本单位的设施和经费；（八）拒绝任何组织和个人对教育教学活动的非法干涉；（九）法律、法规规定的其他权利。《高等教育法》第四十一条规定："高等学校的校长全面负责本学校的教学、科学研究和其他行政管理工作，行使下列职权……（四）对学生进行学籍管理并实施奖励或者处分……"2005年9月1日起施行的《普通高等学校学生管理规定》具体规定了高校在学籍管理、校园秩序维护、奖励与处分等方面的权力。《学位条例》规定了高校的学位授予权。

对上述法律法规进行分析概括，高校对学生的管理权主要包括学校规章制度制定权、学籍管理权、奖励及处分权、校园秩序管理维护权、学业学位证书颁发授予权等。

高校的规章制度制定权，是指高校在法律法规授权范围内，制定有关规范性文件的权力。高校规章制度制定后将在本校范围内对师生员工发生效力。笔者查阅某高校本科生管理方面的规章制度，主要有：本科生学籍管理规定、学生违纪处分条例、学生考试违纪处分办法、学生住宿管理办法、学生听证及申诉规则、学生报到注册实施办法、学生证校徽管理办法、学生档案管理办法、奖学金管理办法、"三好"学生优秀学生干部先进班集体评选办法、本科学分制管理办法、本科生选课管理办法、学年论文管理办法、专业实习管理办法、毕业论文工作管理办法、学士学位授予规定、优秀毕业生评选办法、学生社团管理办法、学生心理危机预防与干预制度、学生心理档案管理制度、学生资助工作专项基金使用管理办法、贫困家庭学生认定及档案管理办法、困难补助发放管理办法、学生勤工助学管理办法、毕业生就业工作实施办法等。这些规章制度涉及大学生学籍管理、日常行为规范、奖励制度、违纪处分、困难学生资助、学生社团活动、专业实习以及心理健康等方方面面。

高校在制定规章制度时，在依法享有自主权的同时，应当遵守"法律保留"原则。"国家权力以法律明文规定（授权）为限，不允许对国家权力作扩张解释和推定；亦即国家机关及其工作人员不能行使法律未规定的权力，否则构成越权。一般说来，公民不得行使法律明文禁止的权利，但法律未明文规定或禁止的权利，原则上公民都可以行使。"[①] 在涉及学生基本权利方面，只要法律没有明文禁止的，高校就不得设定规则予以限制。国家的法律法规是高校制定学生管理制度的依据，高校在制定

---

① 周忠海：《周忠海国际法论文集》，北京出版社2006年版，第443页。

规章制度时，不得违反国家的有关规定，在内容上不应超越法律法规的规定，限制或者剥夺学生的正当权益，坚决贯彻下位法不违反上位法的基本原则。《学位条例》第四条规定："高等学校本科毕业生，成绩优良，达到下述学术水平者，授予学士学位：（一）较好地掌握本门学科的基础理论、专门知识和基本技能；（二）具有从事科学研究工作或担负专门技术工作的初步能力。"我国多数高校的学位授予资格都或多或少与学生纪律处分或者外语等级、计算机过级情况直接挂钩，在笔者查阅的不同高校的管理文件中，大多有"在校期间受到过记过（或者留校察看）以上处分，不得授予学士学位"类似规定，这其实超越了上位法。按照《普通高等学校学生管理规定》第五十四条第四项规定，由他人代替考试、替他人参加考试、组织作弊、使用通信设备作弊及其他作弊行为严重的，学校可以给予开除学籍处分。法律规定可以开除学籍，按照法律解释原则，"可以"一词包括两种意思，可以开除，也可以不开除，但很多高校在制定规章制度时，去掉了"可以"二字，遇有上述违纪情况学校给予开除学籍处分，这样就把上位法规定的"可以"变成了"应当"，选择性规范也就变成了强制性规范，这其实与法律精神不相符合。要知道，一旦开除学籍，就剥夺了学生根据宪法应享有的受教育权，对学生的不利影响非常大且不可逆转，现实中多起起诉高校的案件，多与此有关。

高校对学生的日常管理权涉及面更为广泛，根据《教育法》和《高等教育法》制定的《普通高等学校学生管理规定》，第三章规定了高校在学籍管理方面的权限，在入学与注册管理方面，高校按国家招生规定录取新生，有权要求学生按学校规定到校办理入学手续。此项权利在新生招生工作完成后进行，事关学生学籍的取得，是宪法规定的受教育权的具体体现。在成绩考核与记载方面，高校有权对学生进行考核，对考核过程中的纪律遵守情况及考核结果予以记录，将成绩记入成绩册，并归入本人档案。此外，高校具有学生转专业与转学批准权、休学与复学管理权、退学管理权、毕业结业与肄业管理权。第四章规定了高校的校园秩序与课外活动管理权，包括对学生行为规范、校园安全、学生团体、学生举行大型集会、游行、示威活动、宗教活动等各项活动的管理。第五章规定了高校的奖励与处分权，高校有权对学生进行奖励与处分。《教育法》第二十八条规定了高校具有招生权、学籍管理权、奖励与处分权、学业证书颁发权等方面的权力。

高校在法律授权范围内对学生的管理权，是一种公共权力，具有公权力属性，"大学不是普通民事主体，也不是国家行政机关，而是承担公共职能、追求公共事业的公务法人；大学与学生的关系不是民事关系，也不是普通的行政关系，而是具有特别权力因素的关系；学校的纪律处分、退学决定或不发毕业证学位证等决定，均属于具有行政行为效果的行为，对于这些决定不服，完全可以通过行政复议、行政诉讼等途径解决"[①]。

四、学生的权利

我国《宪法》第四十六条规定，中华人民共和国公民有受教育的权利。《教育法》第四十二条规定了受教育者享有下列权利：（一）参加教育教学计划安排的各种活动，使用教育教学设施、设备、图书资料；（二）按照国家有关规定获得奖学金、贷学金、助学金；（三）在学业成绩和品行上获得公正评价，完成规定的学业后获得相应的学业证书、学位证书；（四）对学校给予的处分不服向有关部门提出申诉，对学校、教师侵犯其人身权、财产权等合法权益，提出申诉或者依法提起诉讼；（五）法律、法规规定的其他权利。《普通高等学校学生管理规定》第五条规定学生在校期间依法享有下列权利：（一）参加学校教育教学计划安排的各项活动，使用学校提供的教育教学资源；（二）参加社会服务、勤工助学，在校内组织、参加学生团体及文娱体育等活动；（三）申请奖学金、助学金及助学贷款；（四）在思想品德、学业成绩等方面获得公正评价，完成学校规定学业后获得相应的学历证书、学位证书；（五）对学校给予的处分或者处理有异议，向学校或者教育行政部门提出申诉；对学校、教职员工侵犯其人身权、财产权等合法权益，提出申诉或者依法提起诉讼；（六）法律、法规规定的其他权利。

这些权利可以概括为参加教育教学活动权、获得物质帮助权、获得公正评价权、人身权、财产权、组织社团权、获得救济权以及法律规定的其他权利，比如政治权利和自由、结婚权、生育权、申诉权、起诉权等。

五、高校学生管理权与学生权利的冲突与平衡

我国传统的权力本位观念影响深远，目前我国高校的学生管理规定一般是以处罚为中心，高校学生管理权与依法治校背景下学生的权利在现实中难免发生冲突，这种冲突首先体现在"权力本位"还是"权利本位"观念上的冲突。

按照《普通高等学校学生管理规定》，高校可给予学生取消入学资格、重修、留降级、休学、停学、退学和不授予学位等处理；也可对学生做出警告、严重警告、记

[①] 马怀德：《公务法人问题研究》，载《中国法学》，2000 年第 4 期。

过、留校察看、开除学籍等处分。可见高校行使对学生的惩戒权力时，足以影响学生的基本权利。

从实际发生的学生告学校案例来看，多数集中在开除学籍、不颁发毕业证书和学位证书等方面，高校在对学生进行惩戒的过程中，大多依据本校的规章制度，而不是直接引用国家已经颁布的法律法规。我们来分析下面案例："在重庆，一对恋人——在校大学生——假日旅游期间，共度了情意缠绵的一夜并珠胎暗结。学校当局知晓后，以两人'道德败坏'为由，勒令退学。两原告提起行政诉讼，请求撤销决定。法院受案后，又以学校开除学生是'内部管理行为'，不属于法院受案范围，驳回起诉。"① 按照我国《婚姻法》规定，我国公民达到法定婚龄，不存在法律禁止结婚的情形，公民有权缔结婚姻。对待大学生性行为问题，学校给予"勒令退学"处分，直接剥夺学生的受教育权。现实中高校管理权与学生权利发生冲突时，会非常严重，学生很少有机会参与学校规章的制定，学校在依据学校规章制度进行管理时，特别是对学生进行惩戒时，学生很难接受。

笔者认为，高校在法律授权范围内享有自主权和管理权，在享有自主权和行使管理权时，只有兼顾到学生管理权与大学生权利的平衡，才能有序高效地开展工作，并确保大学生权利得到充分实现。高校负有教育人、培养人的神圣职责，在当前社会问题校园化、校园问题社会化的大背景下，权利意识高涨的时代背景下，高校在行使学生管理权时，一定不要超越法律授权的界限，要知道"高校校规仅仅是高校的内部自治规则，其制定和运行都必须依据国家现行的法律法规，而不能越过法律法规的授权界线"②。当务之急，高校应及时对《教育法》、《高等教育法》等上位法进行细化、深化，修改废止本校与现行法律法规相违背的规章制度，实现学校管理与运行机制的规范化、制度化，在行使学生管理权时，确保学生的权利和义务达到统一。高校在行使管理权影响到学生的权利时一定要遵守"正当程序"原则，限于篇幅，对"正当程序"原则不再展开论述。

六、结束语

大学生状告学校，背离了中国的传统文化价值，此类案件一旦发生，相关高校会

---

① 何兵：《利害的分配——我们身边的法律》，上海三联书店 2005 年版，第 11 页。
② 邝洪波：《高校法治与学生权益保护——立足于高校校规的实证分析》，北方工业大学 2011 年硕士学位论文，第 8 页。

被推上舆论的风口浪尖，影响了和谐校园的建设。因此，高校在享有自主权和行使管理权时，为了能有序高效地开展工作，一定要兼顾到管理权与大学生权利的平衡，保证大学生法定权利得到充分实现，改变"权威家长制"的管理模式，以规范化与法治化为理念，妥善解决高校与大学生之间的纠纷，有力推动依法治校的开展、和谐校园的构建。

论依法治校的意义

商学院　李欣宇

摘　要　我国一直十分重视教育法制建设，积极推进依法治校工作。依法治校就是通过法治途径建立健全学校管理机制，建设现代学校制度，建立政府、社会与学校的新型关系，形成政府宏观管理监督、学校依法按照章程自主办学、社会依法支持和参与管理的新格局。在当前历史阶段，这对于我国高等学校的发展具有重大意义。

关键词　依法治校　现代学校制度　高校治理

依法治国，建设社会主义法治国家，是我国宪法规定的一条基本原则，也是我国社会主义现代化建设遵循的基本方略。依法治校作为教育领域全面落实依法治国要求、推进教育法制建设的重要内容，在现阶段具有特别重要的意义。

一、依法治校的历史沿革

改革开放以来，国家十分重视教育法制建设，大力加强教育立法工作，有力保障了我国教育事业的健康发展。1980 年我国第一部教育法律《学位条例》诞生，系统的教育法制建设就此起步。在以后的近二十年里，全国人大及其常委会通过并颁布了《教育法》、《教师法》、《高等教育法》等六部重要法律和《未成年人保护法》等相关法律，国务院制定了《社会力量办学条例》等十六项教育行政法规，国家教育行政部门制定了近两百项教育部门规章，全国各地省级人大、政府从各自的实际出发先后制定了百余项地方性教育法规或规章，还有数量更为庞大的教育类规范性文件。到上个世纪末，我国教育法律、法规、规章体系的框架已经基本形成。

随着市场经济的快速发展，人们民主意识和法律意识不断增强，开始对学校内部管理中违法现象采取法律手段来维护自身权益，学校被卷入行政、民事诉讼案件的事不断发生。1998 年出现了第一例高等学校内部管理的案例，即田永诉北京科技大学拒绝颁发毕业证、学位证案①，1999 年发生了刘燕文诉北京大学拒绝颁发博士学位证案②，随后又出现了越来越多的学生起诉学校引起社会关注的案件。法院对学校的内部管理行为进行司法审查，这意味着学校管理内部事务活动不能游离于法律秩序之外，必须符合法律的规定，依法依规依章进行。依法治校有助于提高学校管理活动的法制化、规范化、科学化水平，势在必行。

依法治国方略的确立，揭示了运用法治思维来推动我国教育管理和运行方式的现代化的可能性和必要性，依法治教和依法治校思路开始逐渐清晰起来。1999 年 6 月颁布的《中共中央国务院关于深化教育改革全面推进素质教育的决定》进一步强调指出："全面推进素质教育，根本上要靠法治、靠制度保障。"1999 年 12 月《教育部关于加强教育法制建设的意见》中指出，要加强教育法制建设，全面推进依法治教，积极推进依法治校。文件要求各级各类学校尽快制定、完善学校章程，经主管教育行政部门审核后，按章程依法自主办学。2003 年 7 月教育部发布《关于加强依法治校工作的若干意见》，同年 11 月 6 日《教育部办公厅关于开展依法治校示范校创建活动的通知》中，明确指出了八条依法治校的标准：管理制度完善健全；依法制定学校章程；办学活动依法规范；民主管理机制健全；教师权益受到保障；学生权益得到尊重和维护；法制宣传教育成效明显；依法治校工作机制健全。各学校只有严格对照这八条标准，逐一落实，才是真正意义上的依法治校。2004 年 7 月《教育部依法治校示范校评选与管理办法》出台，包括北京市在内的全国各省、自治区、直辖市按照该文件要求，开展了大规模的依法治校示范校的推荐、评选及管理工作，评选出一批在推进依法治校工作中发挥示范作用的依法治校示范校。

2010 年 7 月《国家中长期教育改革和发展规划纲要（2010—2020 年）》对推进依法治校提出具体要求，学校要依法建立完善体现自身特色的学校章程和制度，依法办学，从严治校，认真履行教育教学和管理职责。尊重教师权利，加强教师管理。保障学生的受教育权，健全符合法治原则的教育救济制度，开展普法教育，促进师生员工提高法律素质和公民意识。

---

① 经法院审理认为，学校的处理与高等学校学生管理规定的相关内容相抵触，无效。同时，学校在处理时学生的被告知权、申诉权没有得到切实保证，程序上违法，判决学校败诉。

② 法院审理认为，北京大学学位评定委员会违反了《中华人民共和国学位条例》关于是否授予博士学位的决定须经校学位委员会成员半数通过的法定程序，同时，北大校学位委员会在作出不予授予学位前，没有告知刘燕文，并听取他的陈述和辩解，在作出决定后也未向刘燕文实际送达，具有程序瑕疵，当庭宣判撤销北大不授予博士学位的决定，责令北大在判决生效后两个月内向其颁发博士研究生毕业证书。

2012 年 11 月 22 日，教育部下发《全面推进依法治校实施纲要》，要求教育行政部门转变工作方式，减少对学校具体办学与管理活动的干扰。并具体从章程制定、民主决策、依法办学、尊重师生、法制宣传教育、依法治校的组织考核、政府保障等方面对学校依法办学提出明确要求。该文件为各级各类学校大力推进依法治校建设现代学校制度，指明了方向。

二、依法治校的基本含义

依法治校简单地说，就是政府和学校管理者依据法律法规和学校章程的规定来管理学校的各项事务。但事实上依法治校概念并不像初看起来那么清楚，人们对其有不同的理解和阐释。以下将从五个方面对依法治校概念加以解读。

（一）依法治校的主体是谁？

一种观点从教育行政法学角度认为，依法治校是指政府及教育等各职能部门依法治理学校，国家机关作为依法治校的主体，对学校各项具体事务的依法管理；另一种观点从教育管理学角度认为，依法治校是指学校校长等学校领导者适应依法治国和建设社会主义法治国家的需要，对全校各项事务进行依法管理，实现学校管理的法制化。[①] 综合来看，依法治校既包括国家对学校实施管理的法治化，也包括学校自我管理的法治化这两个层面的内容。在外部关系上，要依法理顺政府与学校的关系，教育行政机关依法履行教育管理职责，及时查处违反教育法律法规行为，依法行政，切实落实学校办学自主权；在内部关系上，应完善学校各项民主管理制度，实现学校管理与运行的制度化、规范化和法制化，依法保障学校、教师、学生的合法权益。最终形成教育行政部门依法行政，学校依法自主办学、依法接受监督的格局。

（二）依法治校还是"以"法治校？

这关涉到对于依法治校实质的理解。一种观点认为，依法治校就是"以"法治校，我国最早提出依法治校的研究者就认为，依法治校就是依照"有法可依，有法必依，执法必严，违法必究"的社会主义法制原则对学校的教育、科研、生产、行政等各个方面实施法律化、制度化管理。[②] 另一种观点认为，不能把依法治校理解为"以法治校"，仅仅是把法律作为工具和手段来治理学校和办一切事情。依法治校的

---

① 史华楠著：《高校依法治校探微》，载《扬州大学学报》（高教研究版），2002 年第 1 期。
② 张煜全、范颖慧著：《依法治校是教育兴旺之道》，载《广东工学院学报》，1989 年第 2 期。

关键在于转变观念，以良好的法律意识、法制观念指导学校管理和教育教学工作，是将法治的精神、法律的思维模式贯彻到学校教学活动中，其实质在于运用法律的思维模式来管理学校，使学校的各种管理达到法治精神所体现的公平与正义。① 根据依法治校目的，所谓"依"，是指依据和根据，不仅指直接利用法律作为工具和手段来解决问题，更重要的是依据法治目标和法律精神来指引，不能将法制作用简单化和工具化。

（三）依法治校的"法"的范围有哪些？

一种观点认为，所谓"法"，有广、狭义两种理解，狭义上主要是专指有关学校教育方面的法律、法规和规章，如《教育法》、《教师法》、《学位法》、《学校教育法》、《继续教育法》等。广义的"法"不仅包括专门的教育法律、法规和规章，还应包括宪法、民法、刑法、行政法等各部门法中与学校教育有关的法律、法规和规章及规范性文件，如《未成年人保护法》、《妇女权益法》、《残疾人权益保障法》等。依法治校所依之法，宜从广义的角度来理解。② 另一种观点，所谓"法"不仅指需要全社会共同遵守的一般的法律，更主要是指我国关于教育事项的专门的法律。③ 还有一种观点认为，这里的"法"既包括外部国家教育立法，也包括学校自身制定的内部规章制度。④ 确定"法"的范围，不应离开依法治校的目标来考察，依法治校的重要目的就在于规范和制约行政权力，采取理性化的治理方式，而非"人治"。那么，依法治校的"法"代表一种非人格化的权威，其范围应是非常宽泛的，既包括不同效力等级国家法律性规范（教育立法在内），还应包括学校内部的规章制度体系和决策管理体系，以实现人们根据事先设定的规则治理事务，而不受具体情势影响和当事人的情感、意志所左右。

（四）依法治校的"治"是管理还是保障？

一种观点认为，治是办学和管理的具体行为，运用法律手段、经济手段和行政手段等来治理学校，管理学校的各项事务。"治"是指管理，而非简单惩罚，例如评

---

① 赵雪彦：《坚持依法治校构建和谐校园》，载《法制与社会》，2009 年第 7 期。

② 王景斌、唐吉庚：《依法治校论要》，载《东北师大学报》（哲学社会科学版），2000 年第2 期。

③ 焦志伟：《谈当前高校依法治校中存在的问题及其对策》，载《法制与社会》，2007 年第 4 期。

④ 何学：《高校依法治校的内涵》，载《中国成人教育》，2012 年第 4 期。

价、指引、预测人们的行为和思想教育功能等。① 另有学者进一步强调，权利本位理念已成为现代法治的基石，是法治的质和精髓所在。依法治校是指依法约束学校的公共权力，而不是治学生，更不是治教师，是在约束公共权力的基础上，保障师生员工的合法权益，这才是依法治校。② 实际上，从学校管理学角度而言，"治"校的内容应包括学校管理的一切范畴，诸如学校行政管理、教学工作管理、体育工作管理、德育工作管理、劳动教育工作管理等；但从法律角度而言，"治"校要求学校建立完善符合法律规定、体现自身特色的学校章程和制度，依法办学，从严治校，认真履行教育教学和管理职责。其中最重要的，就是要按照法治的原则对学校进行管理。法治，就字面意义而言，就是"法律的统治"（rule of law），其本质是权利本位，精髓即在于对人的权利的保障。法治原则体现在依法治校上，就是要求教育管理者在观念层上摒弃传统法律文化中义务本位思想，不把学生当作管制的对象，而应树立权利理念，并以保障教师、学生的正当权益作为学校管理的核心目标。

（五）所谓"校"并非专指某类或某种学校，而是指我国境内的各级各类学校，包括高校、中学、小学和高职院校

"校"的含义并不限于学校内部事务管理，而是关系到学校与政府及其教育行政主管部门之间，学校与企事业等社会组织、公民之间，学校与校长、教师、学生及其监护人之间复杂的法律和管理关系。

综上所述，依法治校的内容包括对内和对外两个方面，对内是学校应主动适应依法治国与教育创新的要求，通过法治方式努力使学校管理从无序走向有序，从随意性走向标准化，从经验走向科学，建设符合现代教育要求的学校制度，培养更多优秀创新人才；对外则是要依法理顺政府与学校的关系，在落实学校办学自主权的基础上，建立政府、社会与学校的新型关系，形成政府宏观管理监督、学校依法按照章程自主办学、社会依法支持和参与管理的新格局。

三、推进依法治校现实意义

（一）大学贯彻国家依法治国方略，落实依法执教的要求

近年来我国教育事业的快速发展，党和国家越来越重视教育法治环境的建设，不

---

① 王景斌、唐吉庚：《依法治校论要》，载《东北师大学报》（哲学社会科学版），2000年第2期。

② 徐显明：《大学理念与依法治校》，载《中国大学教学》，2005年第8期。

断完善教育法律规范体系，逐步建立相关配套制度措施并优化学校内部治理机制，持续推动学校行政管理体制改革。尤其是 1999 年 3 月，"依法治国，建设社会主义法治国家"的治国方略正式确立后，依法治校和依法治教就成为指导各级各类学校发展和治理的基本方针。多年来，高校管理者深刻理解依法治校工作在教育改革和教育事业发展中的战略地位，转变管理理念和手段、方式，按照法治精神与原则进行依法管理，开展了卓有成效的工作。

（二）推进依法治校是高校建设现代学校制度的内在要求

当前的社会经济发展和教育发展使高校所处的办学环境、秉持的发展理念、采取的发展方式都在发生剧烈变化，学校从原来外控式、外延式、同质化、模仿型的局部办学模式，转为追求自主发展、内涵式发展、特色发展、创新发展、整体发展的新办学模式。[1] 现代学校制度已经成为我国教育制度改革和创新的目标。

现代学校制度需要依法治校建立新的治理方式，学校自主行使办学权，并将学校管理的全过程纳入到制度和法制的运行过程中，实现学校管理的法制化、制度化和规范化。大学要建成适应时代发展的现代学校制度，提高学校管理水平和育人水平，一方面北京市教育行政部门应积极转变管理职能，减少和规范对学校的行政审批和直接干预，落实和扩大学校办学自主权，拓展公共服务职能，更多地运用法规、政策、标准、公共财政等手段引导和支持教育发展，实现政校分开、管办分离目标；另一方面学校也应主动适应教育发展新形势，增强法治观念和依法管理的意识，依法自主办学，全面提升学校教育质量和办学效能，维护学校和师生合法权益，积极运用法治思维和法律手段来解决学校改革发展中的突出矛盾和现实问题，建立学校内部开放民主的管理决策机制，最终实现构建政府依法管理、学校依法办学、教师依法执教、社会依法支持和参与学校管理的新型关系。

（三）推进依法治校是促进教育公平、全面提高人才培养质量的客观需要

依法治校贯穿于教育管理和办学活动的全过程，推进依法治校工作会对学校各个方面工作产生深刻影响。依法治校要大力弘扬平等意识，消除以不当形式对学生进行分类、区别对待以及歧视言行和制度，有利于形成平等自由、公平公正的学校育人环境，十分有助于培养学生的公平正义的观念。同时，法制教育是素质教育的重要内容，目标是促进学生全面发展。依法治校所要求的学校采取课堂教学、主题活动、社会实践等多种方式深入开展法制宣传教育，帮助学生掌握法律知识，提高公民意识、

---

① 陈如平：《转变学校发展方式的关键要素》，载《中国教育报》，2012 年 7 月 10 日第 6 版。

培养法治理念等等，提高学生法律素质、预防犯罪等具有重要意义；同时，依法治校形成尊重和保护师生合法权利，健全校内纠纷解决机制，完善教师学生权利救济制度，培育学生权利义务观念、规则意识、契约精神等社会主义法治理念，对于培养社会主义事业的新一代合格建设者和可靠接班人，具有不可替代的重大教育意义。

面对依法治校工作的新形势，我们应充分认识到依法治校对于现代学校制度和教育法治建设的重要意义，切实采取有效措施将依法治校工作引向深入，使依法治校真正成为学校自觉行为，继续巩固和加强我校在依法治校方面全国领先地位，实现国际一流的法科强校办学目标。

高校基层学院
学生管理工作模式新探

——中国政法大学刑事司法学院学生
代表大会专门委员会制度的探索与实践

刑事司法学院　　田春雨

摘　要　立德树人是高校开展一切工作的基本任务，如何及时了解并充分满足学生的诉求，全面实施素质教育，促进学生成长、成才是这项工作永恒的主题。刑事司法学院在不断改善和创新工作方式的过程中，在学生代表大会这个基本制度的基础上，探索出了学生代表大会专门委员会制度，为推动师生平等对话、畅通学院与学生沟通渠道和不断提升人才培养质量提供了新的平台。本文将主要介绍学生代表大会专门委员会制度的成因及理念、工作模式的构建及职责以及该制度在高校育人工作中的价值与启示。

关键词　学生代表大会专门委员会　学生诉求　高校学生管理　立德树人

随着我国高等教育规模的发展，高校的角色正在从学生的管理者逐渐演变为学生学习和参与自我管理的引导者。[①] 联合国教科文组织在《21 世纪的高等教育：展望和行动世界宣言》中指出："国家和高等院校的决策者应把学生及其需要作为关心的重点，并应将他们视为高等教育改革的主要参与者和负责人的受益者"。"高教三十条"中也指出要将牢固确立人才培养的中心地位，践行"以人为本"的理念，大力提升

---

① 王威：《浅析大学生参与高校民主管理》，载《辽宁教育行政学院学报》，2005 年第 9 期。

人才培养水平作为高校工作的重中之重。① 改善与提升办学质量必须明确学生的主体地位，充分尊重学生人格，自觉维护学生权利。通过充分发挥学生代表大会专门委员会的桥梁纽带作用，畅通和拓宽学生参与学校决策渠道的力度，在保障学生参与高校管理这项权利的同时，还能够及时掌握学生的思想动态，既了解和满足了学生的各项诉求，又力求不断培养学生的社会责任感、创新精神和实践能力，不断提升学校培养高质量人才的能力，实现学生全面发展与完善教育制度体系的双促进，开创高校管理创新与发展的新局面。

一、学生代表大会专门委员会制度的理念

党的十八大报告指出，要把立德树人作为教育的根本任务。高校的一切中心工作都是围绕人才培养来展开的。学生是高校一切工作的出发点和归宿。高校要在德育为先的前提下培养创新型高素质人才，就要通过对话与融通，构建学生代表与学院之间的沟通机制，了解学生成长需求，用制度切实保证学生合法权益的维护，积极创造关爱学生成才和发展的条件和环境，用社会主义核心价值体系引领德育工作。

（一）主体性教育管理理论

根据孙绵涛教授的主体性教育管理理论，受教育者应该是教育活动的主体和社会生活的主体，学校管理者不仅要承认他们的主体地位，也要采取措施帮助他们充分发挥主体性。② 作为教育活动的主体，大学生的维权意识、自主意识和法律意识较高，对于事关自身切实利益的各项工作，如在思想教育管理、学习指导与职业发展、资助管理工作、后勤服务、学生活动等方面，有着强烈的参与意识。学生代表大会的基本任务便是促进学生参与学校的民主管理，代表和维护学生的正当权益和要求。在学生代表大会基本制度的基础上，学生代表大会专门委员会制度将学生代表分为四个专门委员会，在学生代表大会闭会期间，有组织、有针对性地参与到学校管理与反映学生心声的工作中，使得学生的主体潜能得以充分发挥，学生的具体权利得以落实。同时，也使育人管理工作更加精细化地展开。

---

① 《教育部关于全面提高高等教育质量的若干意见》，教高〔2012〕4 号，2012 年 3 月 16 日。
② 孙绵涛：《教育管理哲学——现代教育管理观引论》，武汉工业大学出版社 1997 年版，第22 页。

（二）生本教育理念

生本教育理念是指以学生为本位，在学校的内涵式发展中，有关教学建设与改革、人才培养体系的建立和完善、学校基础设施建设、学校管理和服务体系建设，以及校园文化建设等方面都要以学生学习、学生需要为基点。① 在学生培养的过程中，要尊重学生的积极性和创造性，要注重学生主体和个性的培养，要重视学生的主体差异性。要真正深入了解不同年级、不同专业学生的不同需求，制订个性化的培养方案，保护大学生对自身利益诉求的权利。对学生的需求要更快反应，把服务学生放到首位去考虑②，就需要在职能部门之间、师生之间建立一种具有迅速反应能力的立体联动机制，为学生的成长成才创造良好的条件。

二、学生代表大会专门委员会工作模式成因

目前，学生自身的诉求，民主化意识表达的主要渠道是通过学生代表和学生委员向学生管理部门提出对教育管理的意见和建议来实现的。但是，学生代表和学生委员的存在自身能动性较差，不能深入细致地了解周围同学的感受和需求的问题，导致大多数学生很少有机会明白、准确地表达自己的意见和要求，学生的主体意识没有被激发和调动起来，使学生教育管理工作中存在许多盲点，常常处于被动地位。

在面向刑事司法学院 2010 级、2011 级、2012 级、2013 级本科学生开展的关于学生参与学院管理情况的调查问卷中，对于"你认为学生参与学院管理，及时反映自身诉求面临的最大障碍是什么"的回答，高达 56.08% 的学生认为学院没有学生代表的具体工作机制和准则，24.07% 的学生认为学生代表不能全面了解广大学生的要求和呼声。从该调查所获取的数据来看，接近 80% 的学生认为要建立和完善学生代表的工作机制和模式，仅仅有 11.12% 的学生认为自己不具备参与学院管理工作的能力，而表示没有参与管理的愿望和兴趣的学生只占 6.59%。（参见图 1）

在与学生的访谈中，学生们虽绝大多数赞同主动参与学院的管理，但由于对参与途径较迷茫，找不到及时地表达自身想法的具体有效的方式。可见，将学生代表的工

---

① 胡志范：《以科学发展观为引领，推进高校内涵建设》，载《黑龙江教育：高教研究与评估》，2009 年第 9 期。

② 〔美〕查理德·鲁克：《高等教育公司——营利性大学的崛起》，北京大学出版社 2006 年版，第 140 页。

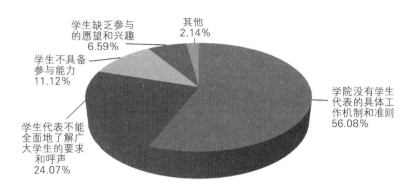

图1　学生参与学院管理，及时反映自身诉求面临的最大障碍

作进行细化，完善学生代表的工作模式，建立一种操作简便且长期有效的收集了解学生诉求的制度性工作方式，对提高学生参与民主管理的积极性，增强学生的主体意识和自我管理、自我教育的意识，起着至关重要的作用。

三、学生代表大会专门委员会工作模式的构建

学生代表大会专门委员会制度紧紧围绕"学生为本，育人为主"的理念，着重强调通过沟通化解危机，构建多利益主体广泛参与的多元维度的利益诉求和解决机制；强调对话体现平等，真正了解学生的实际情况和存在的实际问题；强调协调强化参与，从整体上调动学生代表和学生委员的参与热情，建立具有迅速反应能力的渠道和纽带。通过常规化和规范化的互动、沟通机制，富有成效地解决问题，推动"全员育人、全方位育人、全过程育人"的人才培养工作格局的形成。

（一）学生代表大会专门委员会制度的工作思路

将全院的学生代表分成四个专门委员会：思想教育工作委员会、学习指导与职业发展工作委员会、资助管理工作委员会和学生综合事务管理工作委员会。各专门委员会定期针对分工负责的工作在同学中进行调研，广泛收集意见与建议。同时，学院就各个重要的主题召开学生代表专门座谈会，以此来畅通学院与学生之间的沟通渠道，及时了解和掌握学生的思想动态和利益诉求，及时了解学院在教育、管理和服务学生的过程中存在的各类矛盾，收集学生对学院在教学、科研、管理和服务上的意见和建议，并将之纳入学院的决策中。

（二）学生代表大会专门委员会制度实施的过程与方法

1. 制度保障

学生代表大会专门委员会在学院分党委的领导下，由学院分团委负责指导，学院学生委员会具体组织实施。学院学生委员会先后制定和完善了《刑事司法学院学生代表大会章程》、《刑事司法学院学生代表大会专门委员会章程》、《刑事司法学院学生代表大会专门委员会实施细则》等一系列制度。这些制度的实施，为学生代表大会专门委员会工作的顺利进行提供了强有力的保障。

2. 专门委员会的产生及其职责

第一，专门委员会的产生。

学生代表大会各专门委员会分别由来自四个年级的 15 名学生代表组成，在各专门委员会各年级学生代表中选取各年级负责人，具体安排有关工作。学生代表由各年级推荐或个人自荐产生，必须具备为广大学生服务、为学院发展服务的责任心和使命感，成为广大学生利益诉求的代言人和学院发展的建言献策者。同时，学生委员会主任担任学生代表大会各专门委员会组长，负责统筹整体工作。学委会相关职能部门协助各专门委员会开展工作，为各专门委员会提供必要的工作支持。

第二，各专门委员会职责。

思想教育工作委员会的主要职责是协助学院思想政治工作的开展。思想教育工作委员会的代表要协助学院开展各类奖学金评定和评优工作，并将相关评奖评优信息与各班级沟通，收集学生对该项工作的意见和建议。同时，要及时面向学院学生汇总发布有关时事政策和思想政治教育的形势报告会、展览展出等信息，并做好活动后的总结工作。

学习指导与职业发展工作委员会的主要职责是帮助学生树立正确的职业价值观和培养职业发展意识，协调指导学生规划职业生涯和开展就业工作，全面提升学院学生的就业综合竞争力。学习指导与职业发展工作委员会的学生代表要定期收集、整理各年级学生对职业发展工作的需求、疑问和意见，并向学院主管就业指导和学生工作的教师反映，及时向学生传达反馈意见。同时，要及时整理发布学校有关的职业发展指导、国家就业政策和各方面的就业信息。

资助管理工作委员会的主要职责是协助学院开展助学工作，对贫困生档案库的调整进行监督，对助学制度的实施和助学金的发放工作进行协助。资助管理工作委员会的学生代表要定期收集、整理学生有关助学金制度的问题与意见，以及延发、错发助学金的情况。同时，还要定期向学院主管学生工作的教师反馈学生的有关意见和助学金发放情况。该专门委员会的学生代表要不断地学习助学制度，提高自身水平，以便回答学生对助学制度的疑问。

学生综合事务管理工作委员会的主要职责是协助学院为学生的日常学习和生活提供帮助。学生综合事务管理工作委员会的学生代表要定期与各班团组织进行联系，进行对《刑事司法学院学生成长档案》的发放与收集，了解学生的日常学习和生活情况，对关于学习和生活的疑问和意见进行分类汇总后，制定学院的维权手册并定期发放。同时，积极关注心理健康工作，充当各班级心理委员和学院心理咨询办公室的沟通纽带。

3. 专门委员会工作的程序

各专门委员会以定期和不定期相结合的方式开展工作。一是收集整理意见。各专门委员会学生代表就各自所负责的部分收集学生的建议和意见，或者将学生中发现的突出问题，加以归纳和整理。二是做好反馈工作。各专门委员会将整理好的意见、建议以及解决方案构想同时反馈至学院相关部门、教师和学院的学生委员会，进行研究和整改。三是召开座谈会。各专门委员会可邀请相关部门和教师，采取常规会议、专题会议、现场会议等形式，将解决的问题和改进的方案与问题涉及的学生进行沟通交流，形成会议纪要，通过年级公共邮箱以及微信群发送至各年级学生。

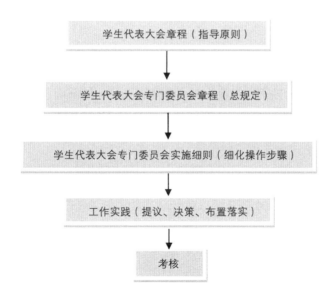

图 2　学生代表大会专门委员会制度层面的机制框架

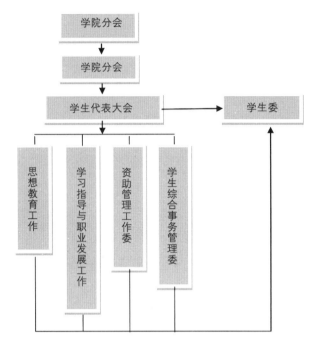

图3　学生代表大会专门委员会机构层面的机制框架

四、学生代表大会专门委员会制度在高校育人工作中的价值

学生代表大会专门委员会制度，是在改善与提升人才培养质量工作中贯彻立德树人，德育为先理念，促进学生全面发展的新探索。实践证明，通过各专门委员会的工作，畅通了学院与学生沟通的渠道，强化了学生参与管理服务的意识。学生代表大会专门委员会制度日益彰显其思想政治教育性和育人成才的功能，在构建稳定和谐的校园中，发挥了重要作用，具体可以体现为"一个畅通，两个增强，三个促进"：

（一）畅通了学生德育工作的渠道

该制度的实施，使学院能及时掌握学生的思想动态和各种利益需求，把善后处理学生中存在的各种矛盾和问题改为提前、主导解决，将思想教育和引导工作做在前头。

（二）增强了学生管理工作的针对性以及学生在管理工作中的主体性功能

一是增强了学生工作者对学生现状的全面了解，能够更有针对性和实效性地组织开展各项管理工作。及时的上情下达，增进了管理者与被管理者的尊重、理解和信任，使学生工作者能够及时发现学生中存在的问题，工作更具准确性。

二是增强了学生的主人翁意识,充分调动了学生的积极性,充分尊重学生对学院工作的知情权,把学院的建设发展与学生自身的发展紧密联系起来,增强了学生的民主管理意识,培养和提高了学生的管理才能和综合素质,真正发挥了学生的主体作用。

(三)促进了学院管理制度、服务水平、德育形式的完善和创新

一是促进了学院管理制度的贯彻落实。通过专门委员会的工作实践,学生对学院的管理工作从不理解逐渐转变为理解、认同和支持,促使学生自觉地进行自我行为规范。学生能积极主动配合学院管理工作,使整个学生管理系统有效运行。

二是促进了学院管理和服务水平的不断提高。通过收集学生对学院的相关政策、制度和措施在实施过程中提出的问题、建议和改进措施,在充分倾听学生意见的基础上进行补充、修订和完善,使得学院的各项管理制度更加切合实际,体现了以学生为本的教育理念在实际工作中的效应。

三是促进了德育形式的创新和德育内容的丰富,促进建构和保持校园稳定和谐工作的开展。通过学生代表大会专门委员会这个平台,给予学生充分的自主权和参与权,增强学生的归属感。通过平等的对话和广泛的参与,使学生的合理意愿和权利受到尊重和保护,从而激发学生对学校的热爱之情,增强学生的公民意识和社会责任感,引导学生自觉践行社会主义核心价值体系,这对于和谐校园的建构具有重要的意义。

结　语

学生代表大会专门委员会,作为学生思想教育和学生管理的一个有效的交流平台,要在教育方式和教育内容上为人才培养工作注入新的内涵。要不断优化思想教育功能,优化育人成才手段,通过倾听了解不同年级、不同类型、代表不同心声和利益诉求的学生代表的建议,将矛盾解决由善后变为前导,真正做到以人为本,贴近实际,贴近生活,贴近学生。

建立实施并逐步完善学生代表大会专门委员会制度,要注重制度保障,使其运作常规化、规范化。同时,根据实际情况合理创新代表选择、任期制度等方面的问题。着眼于实效性和可持续性,有效提升教书育人、管理育人和服务育人的水平,推动人才培养的针对性。随着工作实际和学生利益诉求的多样化发展,学生代表大会专门委员会制度要适度地改善和创新运作模式,使之形成可持续性、较成熟的工作方式,进而不断提高德育工作的吸引力和感染力,实现学校管理服务水平和学生综合素质能力的双重发展。

高校班级管理的问题及解决对策

刑事司法学院　　张继山

摘　要　班级是高校学生日常管理最小和最基层的单位和组织，也是大学生获取知识成长成才的重要载体。90 后大学生已经成为高校学生主体，高校学生班级管理面临着一系列新的问题。论文在分析高校班级管理工作存在问题的基础上，深化班级管理模式创新与探索，以实现班级管理各方面的持续、健康、科学发展。

关键词　班级管理　问题　解决对策

大学生在班级中获取知识、开展活动，进而取得全面的发展；高校的教师也是通过班级的载体进行德育教育。90 后的学生个性明显，主体性强，高校的班级管理就面临了一系列新的问题，必须不断探索新的思路和管理理论对高校学生班级管理加以改革和创新，使班级管理与大学生的身心成长相适应。

一、班级管理的概念及特征

管理即对一定范围的人员和事务进行安排和处理。它是一个协调工作活动的过程，以便能够有效率和有效果地同他人一起或通过他人实现组织的目标。管理以计划、组织、领导、控制为职能，以实现有效的社会协作为最基本的任务，以组织为最基本的形式，以处理人际关系为最主要的内容，以变革和创新为发展的主要动力。

根据管理的上述一般定义，我们可以将班级管理定义为：所谓班级管理，就是在特定的社会环境和校园环境下，学生、老师和学校为实现班级管理的目标，对班级所拥有的资源进行有效的计划、组织、领导和控制的过程。① 根据 2005 年 9 月我国教育部颁发的新《普通高等学校学生管理规定》的要求，高校学生班级管理工作主要包括以下几个方面的内容：一是加强理想信念教育和道德素养；二是营造班级良好的班风学风；三是就业指导和就业服务；四是关注特殊群体学生和心理健康教育；五是校园秩序与文化活动。②

班级管理是一个动态的过程，它的根本目的是实现教育目标，使班级学生得到成长成才和充分全面发展。③

二、高校班级管理中存在的实际问题

本文对中国政法大学刑事司法学院的班级建设与管理的状况进行了问卷调查和学生单独访谈，调查的对象是中国政法大学刑事法学院的本科生，发放问卷总数为 300 份，共收回 286 份有效问卷。

表 1

年级	人数	所占比例
2013 级	121	40. 33%
2012 级	72	24. 00%
2011 级	61	20. 33%
2010 级	46	15. 33%

调查结果显示，大学学分制的学习形式使得学生并不以班级为单位进行学习和生活，导致班级管理较为松散，出现了不少问题。

（一）高校班级文化建设方面的问题

班级文化是立足于班级组织的长远目标基础之上，经过一定的时间积累和引导形成的习惯化的行为方式和认知体系，包括班级的制度文化、班级的精神文化、班级的行为文化、班级的物质文化等多种形式。④

---

① 万成海：《高校班级建设的管理学思考》，载《襄樊职业技术学院学报》，2005 年 6 月第 4 卷第 3 期。

② 《普通高等学校学生管理规定》，教高〔2005〕21 号，2005 年 9 月 1 日。

③ 孙景波：《高校班级管理工作的思考》，载《机械开发管理》，2008 年第 2 期。

④ 陈衍发：《高校学生班级管理创新研究》，南昌大学 2008 年专业学位研究生学位论文。

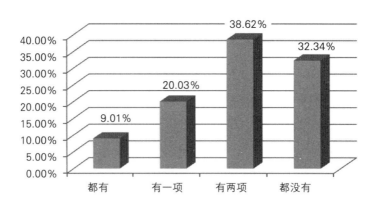

图 1　班级是否有班规、班徽、班歌

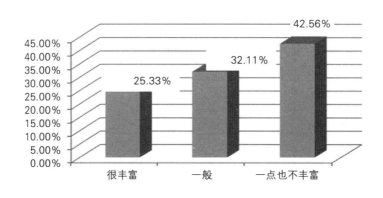

图 2　班级活动是否丰富

　　高校班级的文化制度与建设方面，有班级规定、班级徽标和班级歌曲的仅仅占到了 9.01%，有一项的有 20.03%，都没有的占到 32.34%。对于班级活动的质量，42.56% 的学生认为自己所在班级平时开展的活动质量不高，同学参与的积极性较小；62.87% 的学生认为班级活动的开展不够丰富。

　　由此，在班级文化方面，存在对班级文化建设认识不够、积极性不高，认识不到个体在构建良好班级文化和班级凝聚力中的作用等现象。班级活动形式重于内容，同学参与性不高，班级文化建设的丰富性和发展性不足。

　　(二) 组织管理现状及问题

　　良好的班级组织环境可以促进大学生自我教育、主动发展的人际氛围和精神动力。班级的组织管理，直接影响到学院的思想政治教育工作和学生的成长成才与全面发展。[①]

调查数据显示，超过一半的同学认为班团组织的学生干部的班级工作不能让人满意。

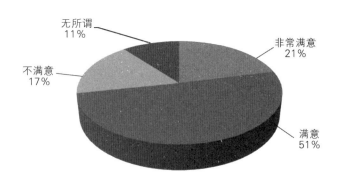

图 3　学生对班级学生干部的工作满意度

班级在组织管理和建设方面主要存在以下问题：

第一，班级凝聚力和向心力有待较强，学生缺乏对班集体的认同感和归属感。班级学生共同生活的时间匮乏，导致缺乏必要的沟通和接触，班级的存在形式重于内容。

第二，班级缺乏对内与对外的沟通渠道。班级内部普遍存在沟通的单方向性，班委不注重学生的意见和建议的反馈，导致沟通反馈渠道的堵塞。

第三，班级的发展目标有待明确，学生在班级的成长空间狭窄。目前的班级发展往往缺乏明确的目标，对学生的成长缺乏科学有效的引导，学生的成长受到空间约束。学生除正常课程学习的需求外，缺乏班级目标指导下的交流、实践、竞赛、活动等，学生的理论水平、创新能力、实践能力和组织协调能力得不到提高。[②]

（三）班级环境现状及问题

在个人发展与班级发展的关系方面，大部分学生只关心自己的成绩和修读学分，并不能真正认识到个人发展与班级发展相辅相成的关系，部分同学表示，在学习的能动性方面，较容易受到其他同学的影响。

---

① 彭哲娟：《论新形势下的高校班级管理》，载《湖南师范大学教育科学学报》，2007 年 11 月第 6 卷第 6 期。

② 朱理哲：《新时期高校班级管理工作探讨》，载《宿州教育学院学报》，2009 年 2 月第 12 卷第 1 期。

三、提高高校班级管理工作有效性的具体思路

（一）创新活动形式，树立正面典型，加强班级文化建设

学院在学生班级管理过程中积极开展品牌班级创建活动，要求以专业知识为基础，积极创立班级文化品牌，如为救助经济困难学生和特殊学生设立"班级基金"。通过引导本班级学生共同设计班级的班规、班徽、班歌等班级形象的符号，来打造班级学生共同认可的班级文化。[①] 不断为班级学生树立正面的榜样，以班级中表现突出的学生作为典型，进行引导和指导，通过榜样的带动和激励作用，增强班级的凝聚力建设。其次，鼓励落后的同学向班级的榜样学习，增强他们的自信，提高他们的时间管理和职业规划能力。通过典型的树立，全面育人，这样就可以以一带十，全面育人。确立班级的共同奋斗目标，进而引导学生在实现共同目标的过程中提升个人的综合竞争力。通过加强班级制度文化建设来推进班级文化建设；通过学习现代管理制度，在班级中建立和健全各项制度来加强班级制度文化建设，如班级的奖惩量化考核体系建设、班级组织制度的建设和学生干部管理制度的建设等等，通过制定班级班规，开发班徽、班歌、班报、班服等活动来加强班级的物质文化建设；通过塑造班级的整体文化形象来搞好班级文化建设。[②]

（二）完善制度构建，架构评估机制，量化班级管理目标

高校的班级管理要充分尊重学生的心理特点和主观能动性，以学生的自主管理为主体。而制度的构建和完善，是学生自主管理的前提条件。班级的管理，要依据学生自身的发展需求，建立健全班级的管理制度，逐渐形成一个符合学生成长成才规律的制度体系。制度建设的目标是建立班级学生规范的学生生活和工作的秩序，所以一定要鲜明地体现出提倡与禁止的内容、发扬和限制的行为，使学生更加明确哪些方面可以更好地提高自己，哪些方面是绝对禁止，进而引导学生把被动的管理变成自我教育、自我调节、自我约束的良好行为习惯。高校班级管理工作的各项制度是否合理、内容是否切合实际、方法和各项措施是否合理、目标是否能实现，都离不开班级管理工作的评估。同时，评估本身对高校班级管理工作，对高校班级管理创新也具有一定的导向作用。通过评估，总结经验，发现问题，改进工作，可以促使高校班级管理工

① 陈衍发：《高校学生班级管理创新研究》，南昌大学 2013 年专业学位研究生学位论文。
② 王宝珠：《高校班级管理准则》，载《江汉大学学报》，2001 年第 5 期。

作走上标准化、规范化、科学化的轨道，促进高校班级管理创新。[1]

建立和完善高校班级管理评估体系是加强和改进工作的重要手段，也是高校班级管理科学化和管理创新的要求。但实际上，当前高校班级管理评估工作相对薄弱，不但评估目标尚未明确，评估体系也不完整，而且具体评估步骤也缺乏科学性。[2] 因此，提高高校班级管理的创新和水平，要以工作中的实际问题为出发点，结合班级管理的总体目标和方向，科学地确定班级的评估与反馈的制度内容体系，完善班级在机构设置、经费运用、领导机制、活动内容、评价反馈、奖惩机制等发面的管理水平。把班级管理评估与学生个人综合表现的评估结合起来，通过评估激励学生积极参加到班级管理的工作中来，进而形成人人重视高校班级管理工作的良好氛围。

（三）充分利用学生学习与生活的公共环境，丰富教育的形式与内容，推动班级管理的发展

大学校园、学生宿舍、学生杜团以及互联网正在构成大学生日常生活的公共环境。学生的活动呈现出分散性特点，活动的单位常处于变化和重组之中，面对教育环境和教育对象的实际变化，学生班级管理工作必须利用公共环境，采取多种教育形式，才能推动班级管理进程。[3]

第一，要重视宿舍文化的构建。学生的生活能力、交往能力甚至人格的成熟依赖于学生平时生活的公共环境。所以，学生宿舍的教育与管理机制的构建至关重要，良好的学生宿舍文化，能够影响学生养成良好的生活及卫生习惯、健康阳光的行为方式、正确积极的价值判断，增强他们自我管理、自我教育、自我服务、自我约束的能力。

第二，鼓励学生积极参加学生社团活动。学生社团可以拓宽学生的知识体系，锻炼自身的能力，更提高学生的团队合作和人际交往能力。学生在社团活动中增强了自我实现的满足感与认同感，与此同时也对其他同学形成了示范和带头作用。将社团活动适当地引入班级，与班级活动相结合，丰富了班级活动的内容，也对班级的建设起到了推动作用。

第三，充分利用网络新媒体平台。随着时代的发展，将班级工作与网络新媒体平

① 万成海：《高校班级管理目标构建刍议》，载《学生党建与思想教育（高教版）》，2005 年第 10 期。

② 韩安庄：《高校班级文化建构现状及对策——以滨州学院为例》，载《西南农业大学学报（社会科学版）》，2012 年第 8 期。

③ 廖西琳：《论高校学生管理理念创新与构建》，载《中国成人教育》，2008 年第 8 期。

台相结合是必然趋势和潮流。积极引导健康向上的网络文化，抢占思想舆论的制高点，已成为班级管理工作的重要课题。学生班级可以设置自己的人人网主页，设立班级微信群、QQ群，开展主题活动。网络平台以其特有的快速便捷的特点，在加强学生之间、学生与辅导员班主任以及任课老师之间的交流和沟通、增强班级的凝聚力和向心力、建立增进信任的桥梁和纽带方面，起着不可替代的作用。

结　语

班级管理模式的探索、创新与发展对于班级管理工作的提升起着重要的作用，我们要不断总结班级管理工作实践中存在的问题和经验，用科学的方法，使班级管理的模式得到完善，使班级的管理工作真正为学生的成长成才助力。

网络思政篇

WANG LUO SI ZHENG PIAN

关于大学生网络思政教育的几点思考

刑事司法学院　赵松云

摘　要　大学生网络思想政治教育是以网络为载体且在网络空间里对大学生进行思想政治教育的一种新形式。虽然大学生网络思想政治教育与现实大学生思想政治教育在所依托的空间以及所采取的实践形式上有所不同，但两者最终的目的却是非常一致的，大学生思想政治教育始终是我国精神文明建设的主要内容之一，承载着培养大学生正确的世界观、人生观、价值观和道德观的重要责任。

关键词　大学生　网络思想政治　教育

随着时代的发展，计算机、手机等电子设备的普及与更新换代的加快，网络承担起了这个时代社会大众认知社会、接收传递信息、学习教育娱乐等多方面的功能，它像磁石般吸引着人们，对全世界都产生了巨大的冲击和影响。青年学生首当其冲成为这个受众群体中的生力军。我所带的 2013 级学生共有 176 人，无一人没有手机，无一人不上网，年级 QQ 群除了几个委培定向的学生没有加入外，目前参与群活动的有 168 人，参群活动覆盖率达到学生的 95% 以上。从这些生动的实例中我们可以看出，互联网成为大学生学习成长过程中获取信息、沟通交往的重要手段和主要途径。为了顺应和满足这种新形式教育手段的需求，达到育人的目的，网络思政教育在近些年也越来越被提及并且受到各高校及教育部门的高度重视。北京市教委去年和今年组织多次的网络思政教育培训班，加强了对高校辅导员在这方面的职业技能教育与培训。我也有幸参与其中，并在培训的过程中深受教育和启发，面对这个思想政治教育工作的新阵地，结合工作实际，如何把握、引导、教育学生开展网络思政教育工作？我陷入了深深的思考，以下是我个人的几点初浅认识，愿与大家分享。

一、更新观念，与时俱进，大学教师应把掌握应用网络技术与思政教育更好更快地进行融合贯通

社会存在决定社会意识，网络思想政治教育的出现取决于社会的发展。网络思想政治教育就是思想政治教育现代化、信息网络化的需要。高校网络思想政治教育者的技能素养水平参差不齐是一个普遍现象，一方面一些中老年教师网络技术水平欠缺，即使有丰富的教学育人经验也没有办法在网络上进行应用；另一方面一些教师缺乏思想政治教育的工作经验和敏锐的政治敏感度，对网络不良行为缺乏足够的法律认识和辨别，没有足够的理论知识来收集网络信息，发现网络舆情的发展变化，从而起到有效引导学生的作用。所以我们教师要顺应时代发展的要求，在思想意识上高度重视起来，努力学习新的网络技术和知识，不断更新知识储备，在学习和实践中寻求创新。特别是在我校现有思政教育体系基础上，进一步加强校园网络文化建设，逐步形成思想政治课教师、辅导员、班主任、学生骨干参与网络文化建设工作的长效机制。

二、国家及各级行政单位都应设置专门的网络监管机构，对从本单位制作、发布出去的网络新闻信息进行有效监督

"世界上从来就没有绝对的新闻自由，新闻舆论作为上层建筑的组成部分，意识形态属性是它的重要属性。"[①] 大学生作为网络受众最主要的群体，其世界观、价值观都处于不成熟阶段，他们渴望思想上的独立自由、活动上的差异多变，寻求属于自己的不同和独特。这个时候的学生，思考力和判断力容易受到外界舆论的影响，并导致情绪和行动上的失控。所以高校更应当肩负起对学生的网络思政教育工作，切实掌握网络媒体的舆论导向，引导学生树立正确的世界观、人生观、价值观，不能任由负面信息、虚假信息侵蚀学生的思想，更不能放任虚拟的电子游戏和五花八门的电子小说迷失学生的理想，腐朽学生的灵魂，我想这是大学生网络思政教育的重中之重，是社会主义核心价值观的内在要求。

中国青少年网络协会近日发布了《2011 年中国网络青少年网瘾调查数据报告》。报告显示，2011 年我国网络青少年网瘾的比例高达 26%，网瘾倾向比例高达 12%。在现在的大学生中，有不少学生总是想着去上网甚至在上课的时间也在不停地刷屏，

---

① 中共中央宣传部理论局：《六个"为什么"——对几个重大问题的回答》，学习出版社2013 年修订版，第 19 页。

更有些学生每当网线被掐断或由于其他原因不能上网时就会感到情绪低落，无所适从，烦躁不安。他们在现实社会生活中一些自己不能实现和达到的梦想在网络中得到满足，认为在网上比在现实生活中更能找到快乐或者更能实现自我，并深陷网络之中不能自拔，上网时间非常长，有些学生通宵达旦，荒废了学业。

有鉴于此，我认为应当加强对网络方面的立法规范，净化网络空间，构筑大学生网络思想政治教育的超级"防火墙"。同时，加强对网络受众尤其是大学生的网络法律意识的宣传与教育，引导大学生对网络话语形成正确的认知。

最高人民法院、最高人民检察院于 2013 年 9 月 9 日下午召开发布会指出："利用信息网络诽谤他人，同一信息被浏览 5000 次以上，被转发 500 次以上，可构成诽谤罪。"这是国家对网络犯罪罪名的进一步明确，也为打击网络犯罪提供了可参考的数据支持。

学校也应该加强大学生在这方面校规校纪的管理规定。学校应加强对师生的网络素养教育，大力倡导健康科学、文明守法的用网新风。增强校园网站的思想性、教育性、服务性功能，加强对校园网络的技术监管和建设，有一支专业化的队伍随时关注校园网络的新动态，对突发事件及时予以正确处理。我认为有必要对学生在课堂的上课行为进行规范，例如关于手机的使用、关于电脑等电子产品的使用等，形成比较明确的行为规范，并教育学生遵守。同时，教师对于学生的学业管理应该更加严格，很多老师除了上课，几乎没有给学生更多硬性的任务，比如查资料、写论文、写读书报告等。所以大部分学生在课外会发现自己无所事事，看专业书看不进去，不如打游戏、看网络小说吸引人，这也是学生沉迷网络的一个很重要的原因。在课程规划上，应增加网络素养教育课程，将网络社会下的学生容易产生的各种问题如网络安全、网络文明与犯罪、网络社会与交际、网瘾与网络修养等内容编成教材进行教授。

三、怎样正确利用网络加强对学生的思政教育

其一，首先要做好在网络上与大学生的沟通与交流。网络思政有传统思政教育不可比拟的优点。网络具有信息集成性、双向性和可选择性，学校可以通过教师博客、微博、班级年级 QQ 群及校园微信、微博等公共账号的建设，占领网络思想阵地，打造覆盖面更广的网络思政集团群，加强对网上舆论的引导和应对能力。网络思想政治教育者还可以通过专题网页、网上系列谈、特色网络文化活动等，结合网络流行话语和热点话题，深入开展社会主义核心价值观以及中国特色社会主义和中国梦宣传教育，推动形成爱学习、爱劳动、爱祖国活动的有效形式和长效机制。

在网络社会里，因为交往对象的社会角色通常是虚拟的，所以为双方带来了更加便利的沟通。年龄、职业、职位、性别，在这里被大家模糊化，交往者之间无直接利害关系冲突，所以大家更能保持相对平和的心态，这有利于建立一个宽松的人际关系网，可以说网络提供了一个极具特色的教育环境，通过网络可以实现与学生的异地联系和互动。教师在这里还可以实现动态的立体化教学，从而丰富思政教育的内容，使网络思政教育互动性和便捷性的特征得到更充分的发挥。在这里，交往者可以直抒胸臆，免去了面对面眼睛直视的尴尬、语言表达的困难，以及动作表情可能带给人的不良感受，使信息的传递更加通畅，思想更容易达到一致。这在一定程度上会大大提高学习以及沟通的效率，节省社会成本。

其二，利用网络进行思政教育不能离开传统思政教育，应该形成优势互补。虽然网络思政教育有无可比拟的众多优点，但是我认为，网络思政教育应当与传统思想政治教育结合起来，充分利用各自的优势，克服其不足，来实现思政教育的深入化。而不是有了新形式就忘了老传统，网络毕竟只是人们沟通交流的一种工具和手段，它可以很好地弥补传统思政教育的诸多不足，但并不能完全取代面对面的交流带给人的心灵上的沟通所引起的震撼。传统思政教育通过面对面的方式进行，老师更容易把握学生的真实情况，及时发现学生的细微变化对学生进行深入的分析和帮助。管理学家德鲁克说："人无法只靠一句话来沟通，总是得靠整个人来沟通。"[1] "一个人在与他人沟通时，7%靠语言表达，38%取决于语调和声音，55%靠的是肢体语言。"[2] 面对面的优势就在于教师可以不说话，仅仅通过一个鼓励的眼神、一个温暖的拥抱、一个握手，就可以缓解学生的紧张情绪，释放学生的不良情绪，解决实际的问题。思政教育是解决学生的思想问题，思想意识上的问题除了要有正确的理论进行引导外，它的贯彻还需要社会大众的共同维护和尊崇，需要普通教师的耐心细心的谆谆教诲。传统思政教育能够弥补网络思政在这个上面的缺口和不足，使网络思政教育更加深入化。

另外，我认为，网络思政教育应该渗透到学校的各个部门、各个层面，它不仅仅是辅导员、班主任和思政老师的职责，更应该是全体教育工作者共同的任务。学校应该充分调动与发挥校内外知名的权威专家、学者参与到网络文化建设中来，把传统的课上教书育人延伸到网上；加强师生间的正能量互动，真正把立德树人的作用扩展至网络空间。

---

[1] 尚水利：《捷径是弯的》，红旗出版社 2009 年版，第 14 页。

[2] 尚水利：《捷径是弯的》，红旗出版社 2009 年版，第 17 页。

互联网思维对大学生
思想政治教育工作的启示

学生处　张永然

摘　要　互联网的迅猛发展正在快速改变着人们的生活方式和思维模式，"互联网思维"以其汹涌来势对社会生活的各个领域形成强有力的挑战，大学生思想政治教育工作者如何应对互联网时代的挑战，借鉴互联网思维加强改进大学生思想政治教育工作，就成为一个重大理论和实践课题。

关键词　互联网思维　思想政治教育工作　启示

当前，互联网的迅猛发展正在快速改变着人们的生活方式和思维模式，而脱胎于互联网行业的"互联网思维"，正把影响力触角延伸到政治、经济、文化、生活各个领域。① 教育行业亦不例外，诸如慕课（MOOC）等在线教育对传统课堂教育形成强有力的挑战。汹涌而来的"互联网思维"，对高校的思想政治教育工作者而言，究竟是个需顺势而动的"革故鼎新"的发展契机？抑或只是个需静观其变的"狼来了"的文字游戏？

一、大学生思想政治教育工作需不需要"互联网思维"？

"互联网思维"作为一个高频和时尚的概念，最早缘起某位互联网行业大咖一次论坛发言，② 而后即以不可思议的速度形成对传统商业的颠覆态势，如被人津津乐道的小米、雕爷牛腩、黄太吉烧饼、特斯拉汽车等被誉为运用互联网思维获得巨大成功

---

① 王永：《"互联网思维"改变生活》，载《人民日报》，2014年4月3日。

② 百度公司创始人李彦宏在百度的一个大型活动上，与传统产业的老板、企业家探讨发展问题时，首次提到"互联网思维"这个词。他说，我们这些企业家们今后要有互联网思维，可能你做的事情不是互联网，但你的思维方式要逐渐像互联网的方式去想问题。

的案例。某商业巨头甚至明确提出："没有互联网思维，企业活不了。"以至于人们惊呼："互联网思维"在改变生活。

被商界封为圭臬的"互联网思维"，初一看来，似乎和大学生思想政治教育"风马牛不相及"，那么它能否在大学生思想政治教育领域同样适用呢？我们的答案是肯定的。

目前虽尚无"互联网思维"精确的定义，存在着如"七字诀"①、"马七条"②、"十二大思维"③ 等多元的解释，但其简约、极致，迭代思维，大数据思维，平台思维……众多阐释尤其是实践心得④却深刻折射出互联网时代中人与人之间关系的深刻变化以及思维模式的转变。

随着互联网的迅猛发展尤其是移动终端的普及，信息的产生、传播、交换打破了传统的模式，突破了时间和空间的限制，来源更为开放，立场更为多元，速度更为快捷，内容更为多样，载体更为丰富，而门槛更为降低，成本更为低廉，方法更为简易，交流更为频繁，互动更为深入，这使得个人在社会公众生活中呈现出个体化、独立化、主动化的显著趋势，人人互动、人机互动呈现出前所未有的活跃状态。以上这些变化在当代大学生中反应尤为突出，电脑屏、手机屏、ipad 屏已经成为大学生获取信息、发表意见的重要渠道；拍砖、吐槽、围观、点赞已经成为大学生公共参与的重要表达方式；而宅文化、微文化、晒文化乃至自文化成为大学生推崇和流行的生活方式。

"互联网思维"正紧扣商业领域客户生活方式和消费习惯的变化，颠覆传统的商家和客户之间关系，以用户至上、体验参与、便捷方便、精准定向等理念大行其道。对于高校的思想政治教育工作而言，面临的同样是受众发生变化的挑战，这和商业领域有着异曲同工之妙。互联网思维契合这些变化，在商业领域已经取得巨大的成功，那么高校思想政治教育向"互联网思维"取"创新经"就成为必然，以"互联网思维"重新审视思想政治教育工作的热点难点，就会发现非常多的机遇和空间。

---

① 小米雷军认为互联网思维是"专注、极致、口碑、快"。

② 腾讯马化腾在 WE 大会谈互联网未来的七个观点：（1）连接一切；（2）互联网＋传统行业＝创新；（3）开放式协作；（4）消费者参与决策；（5）数据成为资源；（6）顺应潮流的勇气；（7）连接有风险。

③ 见陈光峰的《互联网思维：商业颠覆与重构》：标签思维、简约思维、NO. 1 思维、产品思维、痛点思维、尖叫点思维、屌丝思维、粉丝思维、爆点思维、迭代思维、流量思维和整合思维。

④ 赵展慧：《互联网思维并非万能钥匙》，载《人民日报》，2014 年 6 月 20 日。

二、大学生思想政治教育工作要向"互联网思维"学习什么？

正如某些研究者所指出的，互联网科技的发展，推动了人们思维的解放，互联网的"分享、开放、协作"特性①衍生出"平等、公开、包容、监督、互动、快速、主动……"② 等一系列"互联网思维"的内涵。对于高校的思想政治教育工作者而言，就是把握这些内涵，运用在工作之中。

（一）以平等、民主的心态，重构新型的教育关系

当前，随着社会经济的快速发展，迅速普及的互联网技术，以其开放、互动、直接、离散的特性在潜移默化中改变传统的人与人之间关系，消除身份歧视、个体化、去中心化在当代社会尤其是虚拟网络社会中表现非常明显。大学生思想政治教育工作中，突出表现为当代大学生群体思想多元，个性突出，民主平等意识强烈。而传统的以强调权威和统一为特征的工作模式，侧重单向的宣传和灌输，注重话语权的唯一性和绝对性，忽视了大学生的自主性，模糊了其主体地位。这明显已经不适应时代的需求，构建凸显学生主体地位的新型教育关系就成为必然。

（二）以开放、包容的姿态，应对学生的多方诉求

互联网思维在商业领域大获成功的重要经验就是以用户为中心，商家们充分认识到互联网已经成为集中展现人们的各种利益、愿望和诉求的平台，而运用云计算、大数据新技术收集、分析、判断这些信息，将用户的体验和参与转化为个性化的产品和服务，就奠定了成功的基础。小米总裁雷军就曾说要和用户做朋友，"只有极度贴近用户，与之交流，建立情感维系，才能支持产品的发展"。而这正是互联网开放、包容精神的最好体现。对此，思想政治教育工作者必须认识到，互联网时代的大学生思想政治教育不可能再是一言堂，需要面对的是大学生多元化、个性化的成才需求。来自大学生的声音，可能不再是俯身倾耳的遵从，更多的可能是质疑、不满乃至批评，因此要想使思想政治教育更有实效，就必须转变姿态，要以开放、包容的姿态去倾听诉求，去接受监督，去有针对性地改进。

（三）以学习、创新的状态，适应时代的变化发展

互联网正在深度影响着社会的发展变化，互联网思维体现出了新技术和创新等时代精神的深度融合。正如有人总结的："网络为体，创新为用"，互联网思维运用于

---

① 王永：《"互联网思维"改变生活》，载《人民日报》，2014 年 4 月 3 日。
② 参见卞海峰：《互联网思维颠覆传统行业》，载《文汇报》，2014 年 2 月 15 日第 6 版。

学生思想政治教育工作，绝不是将既有的内容"换汤不换药"转移到互联网这个平台上，而是适应时代的根本性变革在总结既往成功经验的基础上，敢于创新，敢于打破思维定式，积极利用网络新技术，搭建新平台，丰富新内容，创造新载体。当然，这对于思想政治教育工作者而言，也是个不断学习的过程，正如互联网思维中提出的"验证性学习"需要在不断的试验和学习中以最小的成本和有效的方式验证工作方式是否具有实效，实现"快速地失败，廉价地失败"，而不要"昂贵地失败"；一旦发现具有效果，被大学生认可，深入学习，挖掘需求，实现迭代优化。

三、大学生思想政治教育工作如何运用"互联网思维"？

应时而生的互联网思维对于大学生思想政治教育工作的重要意义不言而喻，但能否再现其商业领域的巨大成功，却是个难题。商业和教育"隔行如隔山"，价值追求不同，内在规律不同，思想政治教育工作者不可能将"用户是上帝"的做法照搬照抄，而是要结合大学生成长成才的实际需求，将互联网思维融入教育管理服务之中。

（一）内容为王，要为大学生提供有价值和乐于接收的思想内容

诸多互联网的案例证明，无论创新的形式如何，其最终标准仍是所提供的产品和服务是否被大众接收、认可。小米的久受热捧和黄太吉烧饼的风光一时已形成鲜明对照。在当前的互联信息时代，尤其是"人人都有麦克风"的自媒体时代，面对思想观点之间激烈的碰撞和对抗，思想政治教育工作至关重要的问题就是要明确向学生们教什么、传递什么。当前的大学生思想政治教育工作一定要牢牢把握核心，始终坚持以社会主义核心价值观为统领，传递正能量，讲述好故事。要准确把握大学生群体的心理特点和接受习惯，[①] 以贴近大学生的语言讲述身边的事、平凡的事和理解的事，真正使思想政治教育工作的内容对大学生有感知，很喜爱，受触动，乐于接受。

（二）渠道制胜，要根据大学生群体的特点全面畅通教育渠道

互联网时代，渠道就是终端和受众。谁拥有更多更快的渠道，谁能最先抢占新媒体渠道的制高点，就意味着谁就拥有最多的受众，谁就离成功最近。小米的成功是借助微博的大爆发乘势而上，而微信的朋友圈则是诸如电影《小时代》、手游"疯狂猜图"大获成功的有力推手。思想政治教育工作同样要拓宽渠道，用好新媒体，尤其是在互联网时代"一云多屏"的背景下，不仅要利用好传统的电视媒体、户外宣传屏加强宣传教育，还要进一步巩固电脑屏，建设网络的红色阵地，充分利用网络资

---

① 黄相怀：《善用互联网思维看待中国政治》，载《思想政治工作研究》，2014 年 6 月 5 日。

源，让思想政治教育工作发声更有力；还要积极拓宽手机屏和 IPAD 屏，利用微信等社交媒体，开发有针对性的 APP 等措施，让大学生中的"低头族"有关注、有所思，甚至鼓励他们抬起头，直面现实。

（三）人才优先，积极培育具有互联网思维的高素质思想政治教育人才

互联网时代的新思维、新技术，最根本的是人在推动。这一点在互联网思维上表现得最为明显，没有提出、运用、发展互联网思维的人，只是空谈。当前大学生思想政治教育工作中仍然存在着人在互联网时代而头脑仍停留在"前互联网时代"的情况；存在着把互联网作为工具，网络思想政治教育只是换个形式表达的简单认知。大学生思想政治教育工作要想运用互联网思维，就需要一批不仅具备深厚理论修养、了解学生成才需求，而且精通网络技术、深谙网络沟通技巧的高素质人才。他们以网络为主要平台，以大学生为主要受众，以特有的人格魅力感染学生，传递着主旋律和正能量。当然，在他们其中，我们期望着走出具有广泛影响力的网络大咖、微博大 V 等等。

（四）制度筑基，建立健全规范和保障网络思想政治教育发展的制度

互联网思维本质是创新，但创新绝非是错位、越界乃至违规违法。互联网在带来机遇和发展的同时，也有着不可估的风险和挑战。开放的言论平台可能会使流言肆虐，大数据则可能会人们毫无隐私和秘密。因此，互联网时代大学生思想政治教育工作必须纳入法治轨道之中，在法律法规的允许范围内，以制度规范行为，保障发展。充分尊重大学生的权益，允许不同的声音，合法合理运用技术手段，避免网络成为压制和打击异己的工具。要注重工作的界限和尺度，尤其在网络发声中，绝不能混淆公私，以情感代替理智。

浅析网络文化下的
国防生思想政治教育工作

武警驻校选培办　刘洪涛

摘　要　随着信息技术不断进步，网络传媒获得了长足发展，它从社会交往形式、信息获取方式、语言表达习惯和思想问题反映渠道等方面，对国防生的行为习惯产生了深刻影响。网络传媒的兴起对国防生思想政治教育的理念、时效性、工作机制和途径等形成了严峻挑战。要应对这些挑战，必须系统推进以网络传媒为载体的思想政治教育建设，加强对国防生正确认识和理性使用网络传媒的教育引导。

关键词　网络传媒　国防生　思想政治教育　挑战与对策

网络作为一种重要的大众传媒方式，已经遍布世界的各个角落，网络文化亦成为校园文化的重要组成部分，并以前所未有的速度在大学生的思想、生活、学习等方面迅速传播开来，在潜移默化中对青年学生的行为举止、思想观念、价值取向等有着深远的影响。

习近平在中央网络安全和信息化领导小组第一次会议上强调，要创新改进网上宣传，运用网络传播规律，弘扬主旋律，激发正能量，大力培育和践行社会主义核心价值观，把握好网上舆论引导的时、度、效，使网络空间清朗起来。要求加强网络文化建设和管理，营造良好的网络环境，增强社会主义意识形态的吸引力和凝聚力，为网络文化的前进指明了发展方向。

在大学校园里，个别学生已经将沉浸于网络中的生活变成了大学生活的主要组成部分。身处大学校园的国防生群体，亦时刻受网络文化的影响。因此，正视网络传媒对国防生的影响，探索新形势下国防生思想政治教育的方式方法，成为驻校选培办需要研究的新课题。

一、客观分析网络传媒对国防生思想的冲击

信息技术的迅速发展使人民生活发生了深刻的变革，网络传播途径的不断完善，为人们的信息取得提供了更加便捷的方式。复杂社会的各种信息通过网络渠道融入国防生的学习、生活、交往等方方面面，在国防生的身心健康发展、思想行为过程中形成一种不可抗拒的影响因素，这一现实情况是在国防生的选拔培养工作中应认真思考与积极面对的。

（一）网络传媒内容的多样化促使国防生的价值观出现多元化

网络传媒没有民族、国界的限制，信息渠道的来源多种多样，没有统一衡量对错善恶的标准，不同地域的传统、文化、信仰也冲破了各种束缚融合在网络大环境中。因此，网络文化呈现出多元化发展的趋势，大学生活作为价值观、人生观形成的重要阶段，国防生在这种网络环境中，受到东西方文化的影响和冲击，使得传统主流思想的激励和引导作用有所降低。

（二）社会道德环境受到网络文化的侵蚀，在国防生的成长过程中产生消极影响

在国防生中受到普遍欢迎的人人网、微信朋友圈、新浪微博等，由于各种信息的易复制性导致了学生们在缺乏政治敏感和价值认同的情况下，根据自己的主观意识肆意转载传播，这正是利用了青年学生辨别能力薄弱、防范意识较低、容易受主观情感操控等特点，成为网络传媒变相的传播途径之一。目前，西方国家利用网络传媒手段，隐性地对社会主义国家进行全面渗透，对大学生这个政治信仰尚不坚定的群体进行各种思想的侵蚀，使个别国防生处在信仰迷茫、价值取向不稳定的状态，淡化国家意识、民族情感及革命军人使命感。

二、网络传媒对国防生思想政治教育的挑战

伴随着网络传媒手段的日益发展，网络文化对青年学生思想的影响越来越深远，选培办及学院领导应与时俱进，改变教育方式，加强国防生的精神引导和塑造，全面了解国防生的思想动态，熟悉网络传媒的各种内容，提高政治敏感性和对国际局势观察的敏锐性，从而为国防生提供正确积极的信息内容，帮助他们鉴别网络信息的真伪，引导他们按照社会主流文化方向不断发展。

（一）对大学生思想政治教育传统理念的挑战

国防生思想政治教育的理念需要在党的领导下，根据时代发展的要求和国防生思想实际的变化与时俱进地不断调整。当前，网络传媒的勃兴对国防生的思想实际产生

了深刻影响，最显著的有两个方面：一是在社会化媒体互动性、参与性等特点的激发下，越来越多的国防生在我的地盘我做主的实践中，逐渐形成了更为强调独立性、主体性的权利意识和平等意识；二是由于社会化媒体打破了少数传播机构对于信息渠道的垄断，促使人们话语权的解放，这使得个别还处在叛逆心理时期的国防生，在通过网络自由表达思想的过程中，内心里的反权威意识被不断强化。

网络环境的复杂性导致了国防生思想政治教育工作的复杂化，网络媒体对信息的传播并不等同于客观信息的传播，它加入了人的主观思想，弱化了现实生活的真实性，国防生对这种信息更容易接受与相信，而对严肃的传统道德的传承却越加排斥。在这随波逐流的网络环境中，如果选拔培训工作中不能深刻意识到网络的污染性，只会让个别国防生不断迷失自我，使主流意识所倡导的思想政治教育内容的权威性受到挑战。

与此同时，网络受社会因素、市场因素的影响，其轻松娱乐的氛围，容易让人们在虚幻的世界里得到精神上的满足。这让个别国防生在现实生活中产生了人与人之间的距离感和陌生感，丧失了对现实的责任感和道义感，使得民族主流思想被娱乐花边新闻所替代，国防生从军报国的崇高理想、人生信念、价值追求等被淡化和质疑，这对国防生的思想政治教育工作敲响了警钟。

这些实际变化，对国防生思想政治教育工作教育理念的及时更新提出了迫切的要求。理念是行动的先导，没有科学理念的指导，实际工作必将落后于时代的步伐。因此，如何在以人为本的科学理念渐入人心的形势下，积极借鉴最新选拔培养经验成果，根据国防生思想观念的新变化，有针对性地创新国防生思想政治教育工作理念，就成为当务之急。

（二）对国防生思想政治教育工作机制的挑战

网络传媒的不断发展是社会进步的必然趋势，身处大学校园的国防生也成为网络传播中的一个重要环节，他们对网络依赖程度越深，思想政治教育工作在该方面的作用就越突出。部分国防生大量使用网络填充自己的生活，使得独立思考和思想交流的机会愈来愈少，越来越依赖网络传媒工具的使用。目前 90 后国防生表现出的冷漠、私利等特点，正是长期沉浸于网络中所形成的。

国防生思想政治教育工作机制的理念作用过程和方式，需要伴随客观形势的变化而变化，如果落后于时代发展要求，则会出现机制不健全的现象，进而影响到工作的全局。当前，社会化媒体日益成为国防生进行思想感情交流和表达利益诉求的重要渠道，这使得他们在遇到一些普遍性思想问题时，可能会放弃与选培办教官及辅导员老师的正常沟通，转而通过社会化媒体寻求群体内部的交流，发泄心中的怨气。再加上网络信息传播迅速、较少受现实规范约束等条件的催化，很可能会迅速演化为集体无意识行动，如近年多地出现由于中日钓鱼岛撞船事件而引起的学生自发爱国行动等。

在大学校园相对宽松的生活环境中，现有的工作机制无法很好应对这些问题，往往出现行动迟缓、防不胜防的局面。因此，在非传统安全问题越来越受到人们关注的今天，这一挑战必须引起我们的高度警惕，这也是构建和谐社会、和谐校园难以回避的问题。

（三）对国防生思想政治教育途径的挑战

积极拓展国防生思想政治教育的途径，是不断提升这一工作实效性的重要保障。长期以来，在以知识灌输为主的理念支配下，国防生思想政治教育工作普遍重视课堂教材、报告精神学习会等途径，近年来虽在活动和网络等方面有所尝试，但由于尚不够深入以及流于形式等问题，途径较单一的总体面貌仍未完全改观。而网络传媒恰恰为我们解决这一问题提供了有利条件，由于它备受国防生的认可与推崇，已经全面渗入他们的学习生活和交往活动之中，所以通过它便于真正了解、触及 90 后国防生的内心世界。因此，网络传媒理应成为思想政治教育的新空间和新阵地，这也是国防生思想政治教育现代化的必然要求。

三、不断探索网络环境下国防生思想政治教育工作的新途径

网络文化的勃兴是社会发展的一种趋势，对国防生的影响是一把利弊兼具的双刃剑。针对这一挑战，选培办及辅导员老师可从以下几个方面开展国防生思想政治工作。

（一）系统推进以网络传媒为载体的国防生思想政治教育工作

网络传媒作为社会传递信息的重要工具，使国防生的视野得到了极大的拓展，也是他们必不可少的生活工具之一。因此，在思想政治教育工作中，科学合理地应用这一载体，可以降低其对国防生的不良影响，达到良好的教育效果。

其一，选培办及学院领导必须首先在意识上明确社会化媒体对于现代社会的重要意义，应将使用社会化媒体技能作为选培办教官及国防生辅导员的一个必备素质，根据社会化媒体的不断创新变化，定期培训，形成制度。

其二，选培办教官、国防生辅导员应充分利用社会化媒体与学生展开交流，如充分利用微信、朋友圈、人人网、新浪微博、QQ 等多元途径，倾听学生的心声，实现以理服人、以情感人的言传身教。

其三，要加强思想政治教育，通过宣传、讲座等方式积极引导，让国防生认识到健康网络环境的重要性，形成正确的网络使用观念，号召国防生在其自身作为网络传媒载体的过程中，理性辨析，坚守阵营，提防成为社会不良分子利用的对象。

（二）在国防生思想政治教育工作方法上突出对语言艺术的锤炼

思想政治教育主要是通过语言媒介实现教育者与受教育者之间的沟通，因此正确使用语言有助于从方法层面有效提高思想政治教育的效果。以社会化媒体为产生环境的网络语言改变着青年学生的语言表达习惯，如今的网络语言已不再是网虫们标新立异的专用语言，在日常交际及官方媒体的报道中也时常出现。

针对这一新的形势，选培办教官及国防生辅导员在工作方法的创新上，一要充分了解和掌握网络语言，同时要注重针对网络语言口语化、个性化、形象化、简洁明了的特点，加强对自身语言艺术的锤炼，这样有助于在更加轻松的氛围中与国防生交流，也更容易在交谈中引起学生的共鸣；二要注重文风的转变，会议讲话稿、国防生思想教育读物的结构用语都要针对国防生的思想实际和用语习惯加以调整，尤其要避免大话、空话、套话，只有真正深入服务对象之中，才能得到他们的认可。近年来，"给力"等网络热词登上《人民日报》头版头条并引发轰动的现象，就是这一发展趋势的很好写照。

（三）正确引导国防生参与网络文化的传播

在高校校园里，国防生同样是参与网络传媒运作的一个重要环节，他们熟知先进的网络传媒应用技术，受主观思想的影响深刻，因此，树立正确的价值观、世界观是避免受到网络文化侵蚀的根本解决方法。选培办应该联合辅导员老师，为国防生创造良好的道德环境，加强文明行为教育，树立遵纪守法作风，提高自身的思想素质。

在网络文化中，国防生接触的是符号，自身也以一种符号的形式出现在网络世界中，在这个虚拟空间中，他们可以避开舆论压力，在一个无人控制、无人干预、无人监管的环境下活动。当前，部分国防生对于社会化媒体非常推崇并乐于使用，但他们对于这一新生事物究竟会给自己的生活带来怎样的影响和变化尚处于不自觉的状态，个别国防生由于过分沉溺网络传媒，直到对自身心理、生理造成了不良后果才追悔莫及。

个别国防生在思想和道德上以及政治观方面还不够成熟，在网络文化环境中，容易做出不符合国防生身份要求的行为，甚至将网络文化环境中违反社会政治规范的行为延伸到现实社会。对于这一情况，选培办教官及国防生辅导员应该具有一定的前瞻性，要未雨绸缪，加强对社会化媒体的研究，深入把握其内在本质发展规律性及其对国防生的积极和消极影响，正确引导国防生参与网络文化的传播。

应加强对网络媒体的研究，深刻探寻内在本质、发展规律，通过客观的国际时事讲座、网络知识讲座等，使国防生能够正确对待形形色色的网络文化，不断教育引导他们正确认识和理性使用社会化媒体，防止可能出现的不良思想与行为，使网络媒体更好地为他们的成长成才服务。

（四）加强对国防生正确认识和理性使用网络传媒的教育引导

当今世界因为网络的兴起而变得越来越小，人与人之间的交流也突破了民族、国界的限制。在复杂的国际社会背景下，发达国家通过"网络影视"、"网络图片"等文化形式，将西方国家的意识形态形象展示出来，这很容易吸引正处于政治价值观确立时期的青年学生。这种影响会潜移默化地渗透于他们的思想中，久而久之，某些思想不坚定的国防生很有可能接受西方社会的意识形态，进而动摇中国特色社会主义信念与当代革命军人核心价值观。

此外，不法分子利用网络煽风点火，破坏国家团结等案例也屡见不鲜。国防生身处宽松自由、思想多元化的大学校园，辨别能力较差者，容易被其迷惑。因此，应该引导国防生理性对待网络信息，以积极乐观的态度对待各种网络事物，不能深陷于网络灰色环境中不能自拔。

尽管网络信息可能会基于传播迅速、较少受现实规范约束等条件的催化，从而诱发集体无意识行动，但网络传媒本身也可以为建立防范机制提供重要途径和手段。

具体措施包括：

第一，逐步形成预警机制，可以充分利用网络传媒能够及时反映国防生思想情绪变化的特点，由选培办教官及国防生辅导员对国防生的不满情绪和思想矛盾等信息进行搜集和监控，并将普遍问题通过网络传媒向选培办及学校部门快速通报，制订应急预案。

第二，建立心理干预机制，选培办教官及国防生辅导员可以充分运用网络传媒在学生中进行舆论引导，以较为客观中立的态度分析问题，通过各种心理调节手段化解个别国防生的偏激状态，创造良好的群体心理环境。

第三，完善对话机制，使国防生能够通过网络传媒获得与选培办、与学校相关部门负责人及时沟通的渠道，如微信公众平台等，从而逐步培养国防生面对问题首先寻求理性表达方式的习惯。

手机微平台视角下的
大学生网络思想政治教育研究

外国语学院　刘建波

摘　要　随着社会发展及人民生活水平的提高，电脑与手机的使用在大学生当中已经相当普及，特别是高年级的大学生，基本人手一台电脑；手机更是许多学生从初、高中就开始接触的电子产品，部分家庭条件困难的学生，也会在刚考入大学时，配备一部手机。

硬件条件的具备为大学生网络思想政治教育这一软件提供了基础。本文对大学生网络思想政治教育进行了界定，并从教育的主客体关系、教育内容传播方式、网络多元文化、教育内容分散化及碎片化等方面对大学生思想政治教育的特征进行了描述，也提出了新时代大学生网络思想政治教育面临的挑战。通过对现有电脑、手机上微平台的分析，以微平台的使用为切入视角，概括出了如何在微平台下开展网络思想政治教育。

关键词　微平台　大学生　网络思想政治教育　研究

随着社会发展以及人民生活水平的提高，电脑已经在大学生当中普及，特别是本科高年级以及研究生阶段的大学生，由于课业的需要，基本上人手一台电脑，并且以笔记本电脑居多。可以说电脑是大学生首先了解互联网的场所。同时，随着智能手机的普及，通过手机接入互联网的学生也越来越多。根据某校调查，在 2012 年，每天使用手机上网的大学生占被调查大学生的一半左右。① 目前我校范围内实现了无线网络的全覆盖，学生可以通过有线无线网络，在校内绝大部分地点较便捷地实现笔记本电脑与手机上网。

---

① 　盛红勇、刘春花：《大学生手机上网现状调查》，载《教育与职业》，2012 第 7 期。

2010 年被称为微博元年，2011 年被称为微信元年，以微博、微信为代表的微平台是大学生接触互联网时间最多的平台，而且大学生不同于初高中学生，具有上课时间集中、课余时间分散的最大特点，微平台就成为同学之间、老师与同学之间沟通最便捷的平台。虽未有确切统计，但可以认为，基本上使用智能手机的大学生，都会在手机上安装微博、微信等软件，仅在使用频率上有所区别。

大学生网络思想政治教育已经不能仅仅局限在电脑上，要将手机微平台也考虑在内，而且要向微平台更加倾斜，才能够取得预想的效果。

一、核心概念界定

大学生网络思想政治教育是指通过网络对在校大学生进行爱国主义、集体主义、社会主义的教育，进行理想、道德、纪律、法制、国防和民族团结的教育。其教育客体是在校大学生，媒介是能够接入互联网的一切设备，包括台式电脑、笔记本电脑、平板电脑、手机、具备上网功能的相机等等，平台是浏览器、微博、微信、腾讯 QQ（以下简称 QQ）等具备信息传递功能的软件。

二、大学生网络思想政治教育的特征

（一）主客体关系打破传统观念

无论是科学技术教育还是思想政治教育，传统的教育手段均以人对人的面授为主要教育方式，在网络时代初期，这种教育只是转换了媒介，但其主客体的关系仍然保持。随着网络的发展，越来越多的信息暴露于网上，客体获取信息的渠道变多，逐渐出现了"去主体化"的状况，且受教育的过程反而体现出了主动性，可以主动地选择接受什么样的教育。

在手机微平台视角下，以前的人对人的面授为主的教育模式也有变化。首先，从形式上变成了人与机器的对话，无论是电脑还是手机，均不再是人直接面对人，而是通过一个中间的媒介——电子产品，在互动方式上表现为"人—电脑—人"[1] 或"人—手机—人"的间接互动，这也是主客体变化的一种趋势。其次，从时间上的同步教育变为了同步异步并存。电脑、手机等媒体的出现，使得信息得以方便地保存并可随时回看，以往的同步教学互动，逐渐分化出了异步互动这样一种新的延时沟通方

---

[1]　唐亚阳、杨果：《大学生网络思想政治教育的基本特征探析》，载《湖南大学学报（社会科学版）》，2012 第 1 期。

式。如 QQ 群、微信群内的聊天记录，可以在一定时间内储存并随时回放，即使客体在发生教育行为时不在场，仍可以通过回看来了解并接受教育，并在事后进行补充和互动。

（二）教育内容传播方式发生转变

虽然电脑、网络技术的出现使得信息可以异步获取，但另一方面，传播时效也从原来的单向、滞后性向多向、即时性转变了。任何一个新信息从发出到传播至最大范围，可能仅需要一小时甚至更短时间。在手机微平台视角下，这种瞬间的传播不仅仅意味着单向的传播，而是会随着人们的传播而加入每个人的想法，并且将这些想法继续传播出去。这都是以往的传播过程当中不具备的。

多媒体可以更好地表达出各种教育内容，特别是思想政治教育。以往的教育内容往往显得枯燥无味，但是经过一定形式的包装以后，变成了大学生喜闻乐见的形式，并通过网络、手机等媒介传播。特别是功能强大的智能手机，可以播放音乐、视频、电子书等，摆脱了刻板的课堂式、背书式的教育传播方式。

（三）网络多元文化冲突明显

当大学生试图用自己的价值观去判断一件事的时候，易受到传统思想政治教育的引导，从而只形成单一的"是"或"非"结论。但在网络条件下，多元文化冲突就显现出来，带有不同价值观而形成的判断可以在瞬间被大学生获取。在手机微平台的视角下，大学生甚至可以直接与持有不同价值观的人进行对话，加入到支持或反对某一价值观的阵营当中。

区别于以往只在课堂上进行或小范围内进行的可控制的传播与引导，网络条件下，不可控的因素变得更多，多元价值观不经过滤就可直接被大学生获取，大学生的正统思想观念很有可能会被动摇。

（四）思想政治教育内容分散化、碎片化

思想政治教育本是成体系、成章节的。但在网络条件下，虽然传播速度变快，形式多样，但其体系性、连续性被打破，取而代之的是内容的分散、碎片化。除专业的目录式的网站能够罗列出思想政治教育的体系外，其他任何平台都不可能在传播过程当中还注重体系建设。在手机微平台视角下，这一特点就更加突显出来，受限于手机屏幕或多种形式的包装等，一次只能表达出一种观点，而且学生使用微平台的时间也不会是连续的，而是呈多次不平均分布的状态。

三、大学生网络思想政治教育面临的挑战

（一）思想政治教育者的素质需要提高

传统思想政治教育者只要掌握专业基础与授课技巧，即可开展教育，所需要提高的仅是与学生面对面沟通的能力。但在网络条件下，除了这些能力外，还需要掌握网络、计算机甚至手机的使用，同时，要接受自己与大学生处于信息完全公平的状态这一心理变化。

网络条件下，教育者与大学生可同时从网上获取知识，了解到一个事件的起因、动态、结果。如何引导学生分辨信息的真伪优劣，引导学生使用正确的价值观去判断一件事情，成为网络条件下教育的主要内容。而在手机微平台视角下，教育者要比学生更快、更早掌握这些微平台的用法，才能够通过微平台传达给学生自己的意图。

（二）思想政治教育的方式需要转变

传统的思想政治教育方式多为面对面沟通交流，摆事实、讲道理，并试图通过教育者的个人魅力向大学生传达主流价值观。这样的方法能够直接得到反馈，并根据反馈及时调整教育内容、教育方式。而在网络条件下，教育的时间、地点不再受到限制，但缺少了及时的反馈，所以要求教育者在进行内容准备的时候要充分考虑到这一点。

同时也应当注意到，虽然网络具有可复制、传播快的特点，但由于思想政治教育归根结底还是有针对性的教育，所以需要教育者针对不同人群设计不同的教育内容，教育者的工作量并未因多次重复而减少。

（三）思想政治教育过程复杂、反复

传统的思想政治教育可以被控制在学校、老师、家长手中，学生接触的非正统思想也很有限，但是网络条件下，所有的信息都不再受到学校、家长、老师的控制，网络上的内容纷繁芜杂，其价值观甚至与传统价值观是相悖的，这就会引起大学生在思想上的疑惑或斗争，原有的教育过程仅教授正确的即可，现在需要先扭转错的再教授对的，教育的过程会因此而变得更为复杂。

手机微平台视角下，大学生对于教育者想要扭转的价值观，往往会再次提出质疑，而且诉之于微平台的求助，这样就会形成一个反复的过程，还需要教育者的再次纠正和扭转。

四、现有微平台分析

现在的大学生多为 90 后，他们生活的年代正是网络迅猛发展、智能手机更新换代的时期，QQ、微信、微博等微平台成为他们日常交流及获取信息的主要方式。现对手机上的腾讯 QQ、微信、微博三个微平台进行分析。

（一）QQ

QQ 是很多人接触互联网的第一个产品，对大学生来说也不例外。而随着大学生网络使用从电脑向手机迁移，QQ 自然也成为智能手机中安装的第一个即时通讯软件。

QQ 的沟通模式可归纳为"单—单"模式和"单—多—单"模式。

以安卓系统手机 QQ（版本 4.6.2）为例。"单—单"模式即为单人对单人聊天，发送者发送目的指向性明确，接收者也可直接接到信息，并且未读到的信息会不断逐条提示，所以接收者不会错过信息。"单—多—单"模式即为 QQ 群聊天，群内的每个人都可以发言，其他人都可以看到，发送者在群内发送的信息指向性不明确，群内每个人都是接收者，而仅有少部分接收者对其中一部分信息会产生反馈，由于并非逐条提示，所以在很多时候，一些信息是会被部分接收者错过。

在 QQ 软件当中还有一个"好友动态"功能，这与下面将提到的微信"朋友圈"功能类似，也可归为"单—多—单"模式，将在微信软件当中统一讨论。

（二）微信

微信是目前手机装机量最高的软件之一，很多不安装 QQ 的人也安装微信，这与其可便捷地发送语音、图片功能是分不开的。

以安桌系统手机微信（版本 5.2）为例，微信模式也可归纳为"单—单"模式与"单—多—单"模式，这与 QQ 软件基本等同，如果有所区别的话，那就是微信功能可兼容 QQ，即在微信软件当中查收到 QQ 软件的消息，但反向则不可。

微信"朋友圈"与 QQ"好友动态"类似，其原理类似于一个 BBS，每个人发出的所有内容都可被保留在这个 BBS 当中，好友间可互相看到每条信息与评论，非好友间互相无法看到内容与评论。可以说，"朋友圈"扩大了群的范围，同样是指向性不明确的信息，在群中，仅群成员可见，即使是好友，未加入群中，也不可见；但在朋友圈中，只要是互为好友，即可看到内容，并加入到回复与评论中。

（三）微博

微博是以新浪微博为代表的一款软件的简称，目前各主流互联网公司均推出自己的微博产品，仅以新浪为例分析。微博的信息传播模式也类似于"朋友圈"与"好友动态"，区别之处在于，微博任何人都可以浏览、评论并且加入转发功能，即将自己喜欢的内容转发至自己的微博内。

微博是目前中国最火爆的互联网产品，从 2009 年微博在中国诞生起，近年来均以 140% 以上的速度增长①，中国社科院发布的《2011 年中国社会形势分析与预测》蓝皮书中称，微博正在改变着中国互联网舆论载体的格局。而使用微博的用户当中，有 36.6% 的人是通过手机客户端使用微博的，考虑到大学生对电子设备的喜好程度，在大学生中，这一比例更高。

对于大学生来说，这三种平台的使用规律还是比较清晰的。

微信出现后，同学与同学之间的交流更多使用微信。由于微信可以便捷地发送文字信息，这项功能可以取代原有的短信功能以及原有的 QQ 功能，而且微信也可以发送语音，所以有取代传统的通话功能的趋势。

由于微信在电脑上较为不便，所以大学生在电脑上的即时通信软件更倾向于使用 QQ。而 QQ 的功能当中，最多被使用的应该是群。在大学当中，一个新 QQ 群的建立通常是伴随着一个新班级的成立而来的，通常会由某个同学建立一个 QQ 群，然后同班同学相继加入这个 QQ 群，而后这个 QQ 群将陪伴这个班级直至毕业，并用于毕业后的联系。只讨论大学阶段的话，QQ 群通常是班主任或班委传达通知的场所。

大学生喜欢通过微博发布自己的观点，或通过微博浏览偏好的内容，并转发或评论。与 QQ 群和微信相比，班内同学较少使用微博直接交流。但有同样偏好的同学可能选择关注同类别的账号，获取到类似的信息。

五、微平台视下如何开展网络思想政治教育

通过对微平台的分析，以及厘清网络思想政治教育的内容，不难发现，如果能够通过 QQ、微信、微博开展思想政治教育，就把握住了新时代思想政治教育的关键。

（一）转变直接教育内容与形式

传统教育当中，教育者很容易照本宣科，而不考虑学生是否理解、喜欢和接受，只把教育当作完成任务，而大学生也仅仅是"身在曹营心在汉"。在网络背景下，教育者需要转变这样的教学方式。在教学周期内，教育者应该协助大学生构建起思想政治教育体系，最主要教给大学生一个学习的框架，这一点是无法用任何形式替代的。

---

① 《中国微博元年市场白皮书》，新浪，2010。

然后通过很多鲜活生动的案例去填空这个框架，吸引学生来学习，并留给学生一些可以通过上网才查询得到的作业，去加深学习效果。

（二）教育者要擅用善用微平台

擅用与善用是两个不同层次的使用方式。大学生接受电子产品的能力很强，也会经常选择新鲜的软件使用。目前看来，QQ、微信、微博等微平台的使用量和使用率都是很高的，教育者要抓住这个机会，占领微平台的阵地。

擅用微平台是指教育者要尽快学会使用各类新生软件，熟练地掌握软件的特点，并有针对性地设计教育内容，使得大学生在课余也能够吸收到知识，并且完善思想政治教育框架。通过微平台与大学生进行交流，将它作为课堂讲授的一种良好的补充。这就要求一批精通计算机网络技术的专业人员充实到思想政治教育队伍中来[①]，或在他们的带领下，各年龄段的教育者学习新知识、新技能。

善用微平台是指教育者不要一味地把课堂上的内容原样照搬到微平台中去，而要合时宜地制作大学生喜欢的文章、音乐、视频等，把微平台用好。

（三）去"过度保护"，还世界本来面目

曾经的大学校园被誉为象牙塔，就是因为这里与世无争，避开了社会的各种人情世故。但不可否认，微平台的大量使用，使得学生即使身在校园，其思想也很容易与社会同步，他们缺乏的只是处世的经验，但在思想上的认识却是优于经验而形成的。在微平台视角下，大学的各种教育者，特别是思想政治教育者不能再将大学生"过度保护"，而要让他们暴露在各种复杂的思想中，让他们看到社会的各种现象、怪象。

（四）以正向引导代替一味批评

大学期间，是一个人世界观、价值观正在形成的关键时期，而根据前文分析可知，大学生会更多地求助于网络。在这样的情况下，教育者要走在大学生的前面，对于网络上发生的事件，要首先给予正向评价，引导大学生的价值观。用这样的方式，效果会好很多。

大学生的世界观、价值观形成过程肯定不是一蹴而就的，如果他们不经过科学引导，很容易片面、偏激地看问题，所以正向引导发挥着很重要的作用。教育者应看到，在事件一发生就以正向引导去牵引大学生，使之形成正确的思想，要比大学生思想状况出了问题再纠正容易得多。

---

① 吴一桥：《高校思想政治教育网络新模式探索》，载《高等工程教育研究》，2003 第 4 期。

大学生使用微博的
行为特点及其引导方式
——基于 F 大学的分析

马克思主义学院　吴韵曦　苑芳芳

摘　要　微博深化了信息即时传播程度，逐渐成为大学生获取信息、日常交流的重要工具。与此同时，微博带来的问题影响着大学生的现实生活。本文通过调查问卷的形式，以 F 大学的本科生为采集样本，分析大学生使用微博的行为特点，在此基础上对高校利用微博开展思想政治教育提供参考建议。

关键词　微博　大学生　行为分析　思想政治教育

微博是微型博客（MicroBlog）的简称，是一种由博客演变而来的网络新媒体。用户能够使用 Web、Wap 等客户端登陆，以固定上限的文字、图片、视频等为内容，随时随地发布信息，分享资源。由于社会热点事件不断通过微博的方式传播放大，2010 年被誉为中国的"微博元年"。

微博不"微"，对社会的影响日益扩大。2014 年 1 月，中国互联网络信息中心（CNNIC）发布的《第 33 次中国互联网络发展状况统计报告》显示，网民的微博使用率从 2010 年的 13.8% 上升到 2013 年 12 月的 45.5%，微博用户从 6311 万增加到近 2.8 亿。[①]

"微时代"意味着自媒体时代的到来，是"人人都能发声，人人都可能被关注的

---

① 中国互联网络信息中心：《第 33 次中国互联网络发展状况统计报告》，详见 http：//www. cnnic. net. cn/hlwfzyj/hlwxzbg/hlwtjbg/201403/P020140305346585959798. pdf。

时代"。① 微博呈现以下特点：

第一，更加精练。微博的内容少于 140 字，无须严谨的构思、复杂的内容和渊博的学问。这种微言大义的形式比较符合现代人上网浅阅读的习惯。为了完整陈述观点，吸引他人注意，微博的表达方式趋向简洁化、个性化、口语化、碎片化。

第二，更加便捷。就用户而言，只要会发短信，就懂使用微博。微博用户通过移动终端等多种平台即时发布、观看信息，不受时空限制，顺应了移动互联的趋势，适应了现代社会的节奏。

第三，更加开放。微博作为一种"点对面"的社交媒体，具有强大的互动功能，进而极大增强了用户获得信息的时效性。经过数次评论、转发，信息的传播人数呈现几何级增长，产生裂变式传播的规模效应。有一种形象的比喻称：当一个微博拥有 1 万"粉丝"，它相当于一本杂志；当超过 100 万"粉丝"，它就等于一份全国性报纸。②

第四，更易接受。微博的内容传播建立在一种信任关系背书基础上，带有一种基于博主和"粉丝"的认同关系、欣赏关系的内容传播，属于圈子文化的产物，比一般的内容传播在影响力、可信度、可接受程度方面往往要大得多。③

一、大学生使用微博的普及

微博影响了大学生的生活、学习和交流方式，成为该群体自我呈现的新平台。本文通过问卷调查，对 F 大学在校本科生随机发放问卷 100 份，问题涉及使用微博的习惯、对微博的看法等内容。通过抽样调查数据，考察微博行为主体即大学生使用微博的习惯及动机。

（一）微博使用人数

使用微博的大学生共 96 人，占调查总数的 96%，普及率较高。与全国市场份额相符，新浪微博成为大学生的首选。

① 谢耘耕：《微博的历史、现状与发展趋势》，载《现代传播》，2011 年第 4 期。
② 李开复：《微博改变一切》，上海财经大学出版社 2011 年版，第 52 页。
③ 喻国明：《微博是个好东西》，载《中国党政干部论坛》，2011 年第 12 期。

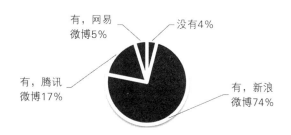

图 1　微博账号的基本信息

（二）微博注册和使用时长

调查显示，注册不到一个月的大学生有 7%，12% 受访者注册时间在一个月到六个月，63% 的人注册时间在一年以上，表明用户正在逐步接纳微博。当然，该数据可能与部分低年级学生刚进大学有关。

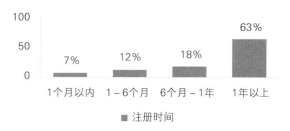

图 2　微博注册时间统计

在使用微博的平均时长和频率方面，46% 受访者每天平均用时在 10 至 30 分钟；1 小时以上的人数较少，占 4%。信息生成时间差导致登陆频率高，形成了"刷屏"的习惯。73% 的大学生每天登陆，而使用微博频率不固定者占 18%。微博渗透到大学生的日常生活，部分同学出现了"微博控"现象。

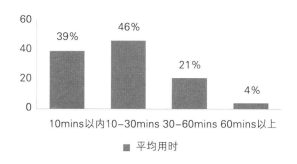

图 3　登录微博的日平均用时

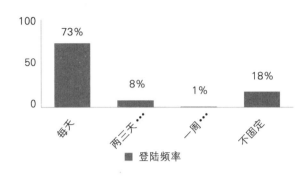

图 4　登录微博频率

（三）微博使用媒介

在 3G 网络进一步普及、智能手机和无线网络持续发展的背景下，微博等新媒体的发展获得了广阔的空间，通过手机客户端和网页发布信息的大学生占 89%。

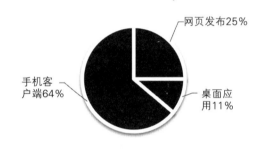

图 5　微博发布信息媒介方式

（四）微博与其他社交平台比较

部分社交平台因为微博的兴起而流失用户，但影响不大。大学生一般使用多个社交平台，用户黏性亦会导致他们不轻易放弃常用平台。

值得注意的是，根据《第 33 次中国互联网络发展状况统计报告》，2013 年微博发展出现转折，用户规模和使用率均出现大幅下降。2013 年 12 月全国微博用户规模较 2012 年底减少 2783 万，下降 9.0%。网民中微博使用率为 45.5%，降低 9.2%。大专以上学历的用户，最近一年减少使用微博的比例高达 23.7%，增加使用的比例为 13.2%，均高于其他学历段的微博用户。37.4% 减少使用微博的人转移到了微信。其他替代应用的出现、长期使用缺乏新鲜感、过于浪费时间等因素对于大学生群体使用微博的影响有待观察。

微博运营商与校园活动相联系，积极开拓大学生消费群体。微博进校园的代表是

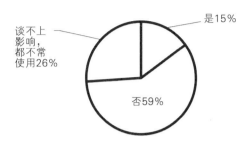

图6　微博导致其他社交网站用户流失情况

"微博大屏幕"。在举办校园活动时，通过在线微博或者手机短信参与的方式将现场参与者发布的信息"上墙"，做到嘉宾和观众的实时互动。大学生对该形式的兴趣反映了该群体对于和自身相关的活动参与度比较高。

总之，越来越多的大学生选择运用微博与他人交流思想，分享近况，拓展人脉，乐于利用零散时间随时随地发布和获取丰富的信息。这些信息较好地满足了大学生的个性与智力发展需要。

二、大学生使用微博的动机

大学生使用微博的动机主要表现在以下三方面。

（一）宣泄情绪和交流感情的方式

微博承载用户释放情绪、记录生活、交流互动的价值诉求。用户作为话题的主导者，对圈群中的好友表达思想，得到反馈。调查显示，81%的大学生与现实中的亲朋好友互相关注，以了解彼此动态。他们习惯在自己的圈子里活动，希望知道周围同学和朋友的动态，在一定程度上满足了大学生的情感和心理需求。

微博的"半隐匿性"既便于用户更好地表现自己，又不完全暴露自己。作为单

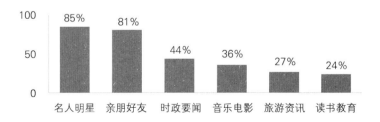

图7　大学生微博关注类型（多选）

方面的信息发布媒介，它的交流方式无须刻意组织语言陈述事实，也不用精雕细琢的词汇来表达情绪，只需要只言片语即时表述个人感兴趣的相关信息。手机关联微博账号，实现了随时随地的交流互动。

微博低门槛的发布要求容易导致内容缺乏深度，养成发牢骚的习惯。一句话、一个字乃至一个表情符号都能组成一条信息，手机客户端的出现更是简化了微博的编辑方式，加剧了信息碎片化。"微言大义"本是微博的特色，但大学生发布信息通常容易体现"微"，内容显得过于随意。例如，"自拍类"、"抱怨类"、"签到式"微博的泛滥，表明大学生群体对信息缺乏足够的解读和加工。

（二）获取资讯和讨论话题的途径

在信息时代，网络几乎实现了传统媒介的功能，成为大学生获取信息的重要来源。与以往社交平台经对方验证反馈才能获取信息的机制相比，微博的单方面关注就能在自己首页上显示关注者信息。调查显示，44%的大学生关注时政要闻类型的微博。微博的信息有助于增长见识，拓宽视野。85%的受访者关注名人明星的微博。可见，微博"大V"的观点具有一定的权威性，与他们的交流能解除自己的困惑。

微博的信息生成零时间机制、信息传播时滞趋近于零的优点满足了用户及时获取社会突发事件的需求。换言之，在传统媒体还在编辑策划之时，微博用户就能刷新网页了解突发性事件的最新动态。此外，各大媒体的官方微博对于事件的处理会形成动态追踪式报道，实现相同话题的在线讨论。

微博不微薄，其以自身固有的"井喷式"信息爆发方式与"裂变式"信息传播特点集聚公众力量，并经由用户转发出去，显示了其强大的扩散功能。2011年1月，中国社会科学院于建嵘教授在微博上发布的"随手拍照解救乞讨儿童"信息引起网民关注，迅速形成强大的舆论传播力量，促使越来越多的网民成为"随手拍"志愿者。公共突发事件中的线下寻人、困难群体救助等活动，也说明了微博能够快速凸显出具有共同关注价值的社会事件，打破传统交际圈的限制。

虚拟、匿名、开放的网络世界不可避免地会出现谩骂、诽谤、谣言等非理性内容。部分网民缺乏道德自律意识，言辞过于情绪化、主观化。微博的普及加快了负面信息的传播速度，使这些言论更容易淹没客观理性的声音。微博良莠不齐的信息也给大学生的价值认知造成了影响。受访大学生认为，虚假新闻谣言散播扩大化（占69%）、加剧信息爆炸与信息碎片化（占58%）以及私人生活公共化（占51%）是微博的负面因素。

表1　微博使用的弊端（多选）

选　项	%
虚假新闻、谣言散播扩大化	69
加剧信息爆炸与信息碎片化	58
私人生活公共化	51
微博的虚拟隐匿性导致人格角色的混乱，责任缺失	39
字数少，缺乏思考的深度，易养成发牢骚的习惯	35
微博使人上瘾，成为"微博控"	23
各家网站的微博之间没有互通合作关系，无法跨网站添加关注的人	10
其他	0

（三）展示自我和围观事件的平台

大学生的求知欲和言论欲反映在网上，表现为经常发布一些调侃性的原创段子，以排遣压力。2012年女大学生宿舍"一字劈"照片走红，一度登上微博热门话题榜。连姚晨也转发该微博并感叹："当年在舞院宿舍，一到休息时间，我们也是一边下着竖叉或横叉，一边聊八卦，看书，织毛衣。"①

信息接收的"碎片化"、信息阅读的"快餐化"，催生了微小说、微电影等形式的流行。它们形式简单，短小精悍，契合了受众即时消费的诉求，满足了时间上的"碎片化"和传播上的"碎片化"需求，成为微博草根文化的典型代表。

对于借助微博发起的活动，大学生大多了解，但参与度不太高。奖励性质的如有奖转发、即时反馈性质如微博大屏幕参与度相对较高，反馈与互动集中在熟人之间。

表2　微博发起活动的参加人数（多选）

	知道并参加	听过但没参加	不知道也没参加
微小说	7	88	1
微电影	0	94	2
随手拍	14	67	15
微访谈	12	65	19
有奖转发	41	55	0
微博大屏幕	44	39	13

① 摘自姚晨微博，http://weibo.com/yaochen，2012 - 09 - 28。

大学生访问微博的活跃度虽高，在内容发布和交流互动上，却显得不太积极。调查的 100 人中仅有 16 人经常发布微博，22 人与圈群好友交流频繁。作为以社交功能为主要出发点的互动平台，大量微博用户只浏览信息而缺乏互动，或将互动当作偶发行为，是大学生群体使用微博的一大特点。

表 3 微博功能使用频率（多选）

	经常	一般	偶尔	从不
发布	16%	29%	46%	5%
转发	25%	43%	28%	0
评论	22%	24%	42%	6%
@	31%	23%	38%	4%
关注	41%	17%	36%	2%
收藏	22%	26%	17%	31%
私信	9%	15%	53%	19%
搜索	26%	22%	37%	11%
话题讨论	8%	33%	39%	16%

三、利用微博开展大学生思想政治教育工作

微博作为个性化互联网技术发展的产物，在丰富高校思想政治教育的教学内容、创新教学手段、增强教学效果的同时，也对高校传统思想政治教育工作提出了多方面挑战。[①] 鉴于微博的影响，高校应该重视大学生使用微博的情况，积极探索"微时代"推行思想政治教育的新理念、新方式和新途径。

（一）培养学生网络素养

大学生处于心智尚未完全成熟的年龄阶段，具有阅历不深、甄别能力弱、好奇心强等特点。在使用开放性、交互性强的微博时，容易被其中良莠不齐的信息所迷惑。

一方面，高校要将网络道德纳入校园文化建设的总体规划，利用《思想道德修养与法律基础》等课程，开展网络媒介素养教育，宣传《互联网信息服务管理办法》、《维护互联网安全的决定》等涉及互联网信息管理的法律、法规和条例，引导

[①] 童卫丰：《"微时代"大学生思想政治教育创新研究》，载《浙江师范大学学报》（社会科学版），2012 年第 3 期。

大学生自觉遵守网络道德规范。

另一方面，鼓励学生自我管理，组建新媒体爱好者社团，以点带面，带动更多学生正确看待和利用新媒体。从本质上来说，微博只是一种传播媒介，因此，大学生不宜过分依赖它，而要将其视为普通的沟通工具和休闲方式。大学生须以学业为重，妥善安排使用微博的时长和时段。同时，注意辨别信息来源的真伪性，提高网络传播的责任意识，以身作则，不发布、不传播虚假信息，更好地发挥微博的积极价值。

（二）引导学生网络行为

微博网络社交的虚拟性和多重身份导致大学生疏远现实群体，影响人际关系，偏爱与虚拟世界的网友而非真实的朋友畅谈。针对此问题，学校要根据大学生的实际情况，帮助他们正确认识虚拟社区与现实社会的区别。对于过度沉迷网络的同学，引导他们从虚拟世界回归现实社会。

在实际工作中，思想政治工作者并未能抓住大学生在微博上关注的社会热点和学习生活中的焦点问题，营造润物无声的育人氛围，对学生进行因势利导、因材施教的无形渗透和隐形教育，错失了思想政治教育的主动权。[①] 引导大学生正确使用微博，仅靠其自身意识远远不够，学校要掌握微博的德育功能，适时开通官方组织微博和学工队伍微博，主动占领这一新阵地。

在语言风格方面，转变表达方式，提高语言艺术，改善沟通技巧，有效利用140字的微博发表人性化、生活化的言论，多讲白话、实话，做到有的放矢，一事一议，以平民化的语言与学生交流，有助于塑造亲民形象。

在文字内容方面，侧重于大学生感兴趣、互动性强的话题，更多地发布第一手新闻材料，少转发，多原创。面对社会热点问题，把微博作为危机管理的工具，及时发布准确信息，努力引导校园舆论。

（三）改善课堂教学质量

微博有助于创新传统授课形式，实现思想政治理论课教学从传统灌输模式向共同探究方式的转变，其海量信息为课堂教学提供了难得的课堂资源，也给教师提出了崭新挑战。思想政治理论课教师要不断更新知识结构和教学方法，结合实际，寓教于乐，才能保证学生对教学内容的认同。

思想政治理论课大多采取大班授课，囿于时间和人数限制，难以彻底实现师生互

---

① 徐兰等：《高校微博思想政治教育的现状分析与对策研究》，载《广西教育学院学报》，2013 年第 1 期。

动以及学生对教师的真实反馈。无须"面对面"的交流、侧重"键对键"的微博扩大了教学和沟通的覆盖面、渗透性和时效性，促使教学互动从课上延伸到课下，从实名转向虚拟，便于及时发现问题、讨论问题、解决问题，有助于鼓励传统课堂讨论中"沉默的大多数"说出不敢说的话。

总之，高校要重视大学生群体使用微博等新媒体的行为特点，研究新媒体的信息传播与舆情演变规律，逐步完善网络思想政治教育工作体系，牢牢把握网络时代思想政治教育的主动权。

附：

大学生使用微博情况调查问卷

各位朋友：

您好！首先感谢您百忙之中抽出时间填写本份调查问卷，您的填写是对我研究工作的莫大支持。本次调查结果仅用于本人的论文研究，请根据您的实际情况回答。再次感谢您的支持！

1. 您有微博账号吗？【单选】

    A. 没有（选此项以下内容可不填）   B. 有，新浪微博

    C. 有，腾讯微博   D. 有，网易微博

    E. 有，搜狐微博   F. 有，其他微博

2. 您注册微博多久了？【单选】

    A. 1 个月以内   B. 1~6 个月

    C. 6 个月~1 年   D. 1 年以上

3. 您登陆微博的频率是多少？【单选】

    A. 每天   B. 两三天一次

    C. 一周一次   D. 不固定，想起来才用

4. 您每次登陆微博平均用时大概是多少？【单选】

    A. 10 分钟以内   B. 10~30 分钟

    C. 30~60 分钟   D. 60 分钟以上

5. 您微博关注的类型主要是多少？【可多选】

A. 同学、朋友、家人的微博　　　　B. 时政要闻

C. 体育新闻　　　　　　　　　　　　D. 名人明星

E. 健康养生　　　　　　　　　　　　F. 旅游资讯

G. 购物推荐　　　　　　　　　　　　H. 音乐电影

I. 财经金融　　　　　　　　　　　　J. 游戏动漫

K. 餐饮美食　　　　　　　　　　　　L. 读书教育

M. 其他（请说明_____）

6. 您经常使用哪些方式发布微博？【可多选】

A. 网页发布　　　　　　　　　　　　B. 桌面应用

C. 手机客户端

7. 到目前为止，您在最常用的微博上发表过多少条信息？【单选】

A. 没有发表过　　　　　　　　　　　B. 50 条以下

C. 50～100 条　　　　　　　　　　　D. 100～200 条

E. 200 条以上

8. 您使用微博的原因是什么？【限选 5 项或以内】

A. 了解亲朋好友动态　　　　　　　　B. 更广泛、快速地发布信息

C. 拉近与名人明星的沟通距离　　　　D. 更便捷地获取信息

E. 了解热点话题，方便与他人讨论　　F. 关注行业资深人士观点

G. 紧跟潮流　　　　　　　　　　　　H. 认识陌生人，扩大交友圈

I. 打发闲暇时间　　　　　　　　　　J. 其他

9. 使用微博是否减少您登陆其他社交网站（如人人、微信等）的次数？【单选】

A. 是，其他的不经常登　　　　　　　B. 否，对其他的没影响

C. 谈不上影响，都不常使用

10. 您使用以下微博功能的频率是多少？【请在对应的方框内打钩】

	经常	一般	偶尔	从不
A. 发布	☐	☐	☐	☐
B. 转发	☐	☐	☐	☐
C. 评论	☐	☐	☐	☐
D. @	☐	☐	☐	☐
E. 关注	☐	☐	☐	☐
F. 收藏	☐	☐	☐	☐

G. 私信	☐	☐	☐	☐
H. 搜索	☐	☐	☐	☐
I. 话题讨论	☐	☐	☐	☐

11. 对于在微博中发起的以下活动，您是否参加过？【请在对应的方框内打钩】

	知道并参加	听过但没参加	不知道也没参加
A. 微小说	☐	☐	☐
B. 微电影	☐	☐	☐
C. 随手拍	☐	☐	☐
D. 微访谈	☐	☐	☐
E. 有奖转发	☐	☐	☐
F. 微博大屏幕	☐	☐	☐

12. 对于社会公共事件或突发事件，您是否会去微博发表观点，了解大家的看法？

A. 会去，微博上的观点可以代表真实民意【单选】

B. 会去，但只是围观大家的看法或者有选择性地相信

C. 不会去，微博上观点不能代表真实民意

13. 您认为微博有哪些弊端？【可多选】

A. 私人生活公共化

B. 加剧信息爆炸与信息碎片化

C. 虚假新闻、谣言散播扩大化

D. 字数少，缺乏思考的深度，易养成发牢骚的习惯

E. 微博使人上瘾，成为"微博控"

F. 微博的虚拟隐匿性导致人格角色的混乱，责任缺失

G. 各家网站的微博之间没有互通合作关系，无法跨网站添加关注的人

H. 其他_____

再次感谢您的参与！

加强高校网络文化建设
助力大学生思想政治教育工作

宣传部 米 莉

摘 要 网络已经成为当代大学生获取信息的一个主要途径，加强网络文化建设是当前高校思想政治教育发展的必然要求和趋势。充分认识高校网络文化建设对于大学生思想政治教育的价值与意义，大力探索如何去加强高校网络文化建设，对于推进大学生思想政治教育工作有着极为重要的理论价值和实践意义。

关键词 思想政治教育 高校网络文化建设

中国互联网络信息中心（CNNIC）发布的第 33 次《中国互联网络发展状况统计报告》显示，截至 2013 年 12 月，中国网民规模达 6.18 亿，互联网普及率为 45.8%。其中，手机网民规模达 5 亿。此外，综合近年来网民规模数据及其他相关统计，中国互联网普及率逐渐饱和，互联网发展主题从"数量"向"质量"转换。[①]

目前，在校的大学生都已经是"90 后"，而且他们大多是独生子女，很少看报纸杂志等纸质媒体，基本上都是从网上获得信息，网络化生活已经成为常态。网络在全方位、深层次地影响和改变着在校大学生的生活方式、交往方式、思维方式和价值观念。

早在 2004 年，中共中央、国务院就在《关于进一步加强和改进大学生思想政治教育的意见》中明确指出：我们要主动占领网络思想政治教育新阵地，全面加强高校网络文化建设，使网络文化成为弘扬主旋律、开展思想政治教育的重要手段和载体。

---

① CNNIC 第 33 次《中国互联网络发展状况统计报告》，中国互联网络信息中心 2013 年版。

时至今日，网络的发展已大大超过了十年前。无论是传统网络媒体的持续发展还是新兴网络媒体的不断扩展壮大，全都以难以预计的速度在前进。因此，充分认识和把握网络文化建设的方向和策略，深入了解网络文化建设与思想政治教育之间的内在关系，对于推进大学生思想政治教育工作，具有重要的现实意义。

一、何为高校网络文化

从《中国互联网络发展状况统计报告》的数据统计可以看出，如今，网络已经如同一张大网包围着我们，其普及率、覆盖率已经不容置疑，网络传递着信息，沟通着情感，开阔着视野，而随着网络在高校中迅速发展，使得高校与网络之间形成了一种新兴文化，那就是高校网络文化。

所谓的高校网络文化，作为一种多元化、开放性的新文化，是高校校园文化与网络文化相结合的产物，是以大学师生为活动主体，以校园文化为依托，以计算机数字技术和通信技术相结合为物质基础，以数字化的互动媒体（如 BBS、微博、微信）为载体，具有科技时代新特点的一种群体文化，并已成为高校文化建设的重要组成部分。[①]

高校网络文化是网络化环境下兴起的一种新型的校园文化，具有较大的相对独立性，既不同于传统意义上的高校文化，更有别于社会范围内的网络文化。它受到传统文化和网络传播手段的影响，又具有自己特殊性。

第一，平等开放。传统教育中，教学分明，一般来说，学生都处于被教育的位置。而在网络中，信息的互动性和交流的平等性，形成了一个极为开放的社会，每个人在网络上都可以自由地表达、关注自己感兴趣的信息，说自己关注的话题。网络上的参与者，基本上处于一种平等自由的状态。

第二，先进创新。大学生对新兴事物的接受力强，又具备较高的文化素质，所以，高校网络文化往往走在整个时代社会的前端，对信息传播表现出极强的敏感度和创新性，更替速度也非常快，信息的传播速度更是走在前列。

第三，资源多样。高校网络文化形式多样，内容丰富，网络上既有国家大事的关注、社会现象的评价，也有家庭琐事、个人情感的抒发和诉说，各种文献、数据、资料可以说是包罗万象，应有尽有。

第四，信息交互。网络文化与传统的校园文化有一个极大的不同之处，传统文化

---

① 刘大勇：《初探高校网络文化建设的价值意义》，载《思想政治》，2013 年第 10 期。

往往是单一的发布，而网络文化作为一种互动的交流方式，不断地处于双方的沟通和思想碰撞之中。特别是对于一些思想问题，教育者与被教育者之间不再是简单的角色定位，而是互相学习、互相融合中，被教育者也不再是单纯的接收信息而已。

二、高校网络文化建设对于思想政治教育的意义

现在的网络对大学生产生着广泛、深刻、长久和复杂的影响，这种影响可以说已经远远超出了以往任何一种传统媒体。正是因为高校网络文化的现状及特点，使其成为当前高校思想政治教育的一个重要载体和阵地，发挥着信息传递、思想引导、舆论宣传和价值传播的功能。加强网络文化建设，为高校思想政治教育提供了有效平台。因此，从另一个角度来说，网络文化也为思想政治教育提供了更大的空间和难得的机遇。所以，要用正确、积极、健康的网络占领网络德育这个阵地，用先进文化凝聚人心，用先进思想塑造高尚品质，用先进理念服务广大大学生，从而发挥高校网络文化的育人功能，丰富大学生德育工作的内容和形式。

（一）加强高校网络文化建设，有利于拓展高校德育工作新途径

网络文化的典型表现形式主要有网络新闻、网络视频、网络音乐、网络文学、论坛、微博、微信等，文化动态性和可变性特点决定了其在内容和形式上不能一成不变，因此，随着网络在大学生日常学习、生活中的快速融入，导致思想政治教育工作的内容和方式都要有新的转变。通过高校网络文化建设，可以改变传统思想政治教育的"一块黑板、一支粉笔、一本书、一张嘴"的说教模式，覆盖传统思想政治教育所不能触及的网络平台。而网络信息的传播除了文字外，还包括声音、视频、动画等，使思想政治教育的内容能够更加生动形象地展现在受教育者面前，产生润物细无声、潜移默化的渗透作用，从而极大地增强思想政治教育的吸引力，也扩展了思想政治教育的途径和方式。

（二）加强高校网络文化建设，有助于完善高校校园文化新体系

就当前个高校网络文化发展现状而言，随着信息技术更新与网络设备升级，校园网、新闻网、学院网、主题网以及 BBS 论坛微博微信等网络平台每天都飞速刷新，而大学生在纷杂繁多的网络平台中每天要接触到大量的网络传播内容，受网络文化影响最广、最深，社会上不同性质的文化、观念在网上交流，加剧了各种价值观念、思想文化的交融和碰撞。大学生由于好奇心强、鉴别力弱，容易在大量信息面前丧失判断是非的能力，给高校的德育工作带来巨大冲击和新的挑战。因此，利用好健康文明、丰富多彩的校园网络文化资源，能够进一步完善校园文化体系，是对传统校园文

化的一个极其必要也非常有益的补充。

（三）加强高校网络文化建设，有利于促进大学生个人的全面新发展

大学生的总素质不仅仅是学习能力或专业知识，在人的综合素质中，思想道德素质和科学文化素质才是最重要的素质。现在绝大多数青年学生都喜欢运用网络获取信息，享受网络带来的愉悦。但网络文化也有很多有害信息腐朽文化，尤其是网络色情、暴力、赌博、欺诈等腐蚀大学生心灵，影响身心健康。因此，要加强高校网络文化建设，加强积极健康的高校网络文化对大学生思想政治教育的正面功能，采取有效手段扬长避短，构建以网络文化为支撑的思想政治教育内容和方法，这对于提高大学生思想道德素质和科学文化素质、促进大学生全面发展，有重要的现实意义。

三、如何建设高校网络文化，以推进大学生思想政治教育工作

（一）加强高校网络文化建设和管理机制

为了用积极健康先进的信息、思想、文化占领网络阵地，防止个别人利用网络传播负面的思想和信息，必须加强对高校网络文化建设工作的领导和管理，建立健全相应的领导和管理体制，做到职责明确，责任到人。高校党政领导要重视和研究网络文化发展的新动向，加大力度推进网络文化的建设工作。在校党委的统一领导下，设立由党委的有关领导担任组长，宣传部门、网络技术部门相关人员参加的高校网络文化德育领导小组以及相应的工作机构。同时，建立健全高校网络文化建设的规章制度，规范网络文化运行机制。各职责部门要有明确的分工和责任制度，由专人对网络平台进行管理，对网络信息的发布和审核进行把握，建立网络管理员版主负责制度，从而保证网络文化内容的积极健康；还要建立起可执行的日常工作制度，保证各网页内容的采、编、审以及发布、更新和维护等一系列环节的流畅。

（二）构筑高校网络思想文化阵地，不断创新形式和方法

高校要更加重视校园网站的建设，着力增强传统网络媒体的思想性、教育性、服务性、互动性，同时也要主动去把握大学生越来越常使用的新媒体等平台。改变对传统主体的认识，积极运用网络发展的最新成果，了解网络发展的最新动态和内容，从过去的论坛、电子邮件、人人网、博客，到现在的微博微信双微时代的到来，要多掌握大学生喜欢的渠道和形式，能够从多沟通多互动的角度，努力发现大学生的思想倾向和关注热点，从而真正了解当代大学生的利益诉求和内心向往。而且这种创新不是盲目的，而要不断深刻调研，深入了解，走近学生的生活状态，真正找到符合大学生需要并能够接受的方式，从而产生最好的教育效果。

（三）提高高校网络文化建设队伍的整体素质

高校网络文化环境下，必须有一支懂网络技术、熟悉网络传播的专职队伍，否则很难对信息庞大、内容虚拟、传播自由的高校网络文化进行有效的监控与引导，更难遏制网络文化的负面影响。而且在网络文化时代，学生接受信息和运用网络的速度和程度甚至超过了教育者。所以，作为高校的网络建设管理工作者，一定要更新观念，树立现代信息意识，及时适应教育环境和大学生的变化带来的新变化，更要善于学习，掌握现代教育技术，密切关注网络动态，及时引导学生汲取健康的信息内容，并且能够自觉将这种信息意识和网络技术应用于教育实践。

（四）打造精品的网络文化产品，加大网络文化供给和服务

建设一批有吸引力的网络文化内容，用正确、健康、积极的思想文化占领网络阵地，以鲜明的思想内容、丰富的信息资源吸引大学生注意力，运用多种网络形式建立和开设丰富多彩的栏目，以生动活泼、喜闻乐见的方式为大学生提供丰富、可读性强的信息，满足大学生的需要。党的十八大报告指出："倡导富强、民主、文明、和谐，倡导自由、平等、公证、法治，倡导爱国、敬业、诚信、友善，积极培育和践行社会主义核心价值观。"[①] 以主流价值观为导向的高校网络文化建设，能够产生广泛的感召力、强大的凝聚力和持久的引导力，而通过对这些先进文化的网络包装，构建精品网络内容和品牌活动，集思想性、知识性、趣味性于一体，既符合时代特点，又要符合大学生心理需求，使之能得到他们内心的认同，从而能起到健康积极的引导和教育作用。如网络文化创意活动、精品课程共享、精美的网络视频以及适合新媒体传播的网络应用和优秀文化作品的运用，以大学生喜闻乐见的形式成为大学生的朋友，增强了教书育人的感召力，营造出了良好的网络文化建设氛围。

（五）加强网络内容和信息的监管和引导

网络信息庞杂多样，良莠不齐，因此要特别重视对网络文化内容运行过程的监控和管理，在宣传、倡导有利于社会政治、经济和文化进步的良性信息的同时，充分利用必要的技术、法律和行政等手段，建立起网络传播的"围墙"，封堵、拦截不利于大学生身心健康发展和社会进步的不良或者恶劣信息，构筑起一道坚固的防火墙，还网络一片清朗的空间。可以通过建立网络评论员、网络信息员制度，及时了解大学生思想动态，快速捕捉、反馈和引导大学生网民的思想动态和倾向，在师生中培养和塑

---

① 胡锦涛：《坚定不移地沿着中国特色社会主义道路前进为全面建成小康社会而奋斗》，载《人民日报》，2012 年 11 月 9 日第 2 版。

造网上的意见领袖，在关键时刻能够勇敢发声，对网上信息进行及时有效的监督和引导，确保网络文化建设的有序进行。

（六）优化高校网络文化建设的资源环境

最后，一定要大力加强校园网络基础设施建设，推动高校的信息化建设和数字化校园建设。"要坚持运用先进的技术，拓展网络覆盖面，有效地将学校的各种 PC 机、工作站、终端设备、局域网和广域网连接起来，逐步形成结构合理、内外相通的校园网络系统，建立起覆盖高校教育场所、生活场所、活动场所等领域的网上思想政治教育平台，从而为文化信息资源的传播与共享提供必要的路径和手段，为网络思想政治教育的全面展开奠定基础。"① 在这个信息化高度发达的时代，高校早已融入了整个社会快速发展的大时代，因此提升校园网在校园的普及并切实提高网络速度，加大力度进行高校的数字化建设，是进行网络文化建设的最根本的基础条件。

---

① 徐建军：《大学生网络思想政治教育理论与方法》，人民教育出版社 2012 年版，第 341 ~ 342 页。

心理健康篇

XIN LI JIAN KANG PIAN

研究生心理危机干预体系构建
的问题与对策

学生处　许晶晶

摘　要　研究生作为高素质人才，是当今我国社会主义建设的中坚力量。但是，由于社会竞争的加大，该群体的心理危机问题也日益凸显，研究生心理危机干预体系的构建亟待开展。当前在研究生心理危机干预体系的构建过程中，存在心理健康和危机知识宣传不到位、排查工作难度大、危机过程责任难以明确等问题。针对以上问题，以完善研究生心理危机干预体系的运行为目的，建议加大心理危机干预知识宣传，加强导师在危机干预中的作用及引入社会力量。

关键词　研究生　心理危机干预　体系建立

研究生教育是我国高等教育的最高层次，它不仅是高等教育不可或缺的组成部分，也是提升高校整体水平，培养高端人才，建设高水平学科，支持国家全面发展的重要环节。作为这一环节中的主体，研究生的心理健康水平直接影响和制约其科学研究的兴趣和自主创新能力。在实践当中，许多人认为经历过本科学习与层层选拔的研究生是高素质人才，必然拥有良好的心理素质和自我调节能力，对研究生的心理危机与心理健康重视程度不够，同时在校园心理健康教育活动、宣传工作、培训工作方面也主要面向本科生，针对博士生、硕士生的心理危机干预与心理健康教育往往较少。教师与导师都默认研究生已经长大，具备自我管理的能力，能够解决生活中的困难乃至心理上的问题，造成事实上对研究生日常生活的帮助和心理指导都很匮乏，导致对研究生的心理危机干预体系不够健全，对他们的心理帮助工作仍是一块模糊的边缘区域（许琳玲、陈少平，2013）①。但事实上，由于在校学生数量多、人口密集、文化程度高等特点，心理危机对研究生人才培养所产生的危害性和长久性要远远大于社会危机事件。因此，了解新形势下研究生的心理危机状况，分析研究生危机干预中存在的问题，进而提出改善危机干预工作的对策，对于提升研究生心理健康水平、提高研究生人才培养质量具有重要的意义。

一、研究生心理危机现状

心理危机是指个体运用平常的应对方式不能恰当处理当前所遇到的内外部刺激时所产生的一种内部心理状态或生理反应，它的出现通常是由于个体突然遭受严重灾难、重大生活事件或精神压力，使生活状况发生明显的变化，尤其是出现了用现有的生活条件和经验难以克服的困难，以致当事人遭遇超过其承受能力的紧张刺激而陷入痛苦不安，失去控制、不能自拔的状态。近十年来，随着我国高校研究生招生规模的不断扩大、社会竞争的日益激烈、就业形势的日益严峻，在内外部各种压力之下研究生群体的心理健康及精神卫生问题日益凸显，研究生的心理危机事件也频发不穷。

一般而言，可以把危机事件分为自杀、他杀、精神疾病、离家（校）出走、神经症（抑郁、焦虑、强迫）、人格障碍、网络成瘾等类型。调查数据显示，各种研究生心理危机中，神经症与精神障碍的发生要多于自杀等问题，但可能因为自杀是心理危机的极端表现形式，它所导致的后果和社会影响最大，因此更容易被人们关注。然而实际上，神经症和精神障碍本身是诱发自杀的重要因素，所以对研究生包括神经症和精神障碍在内的心理健康问题进行早期发现和早期治疗是非常重要的（李秀云，刘希庆，2009）②。一项使用 SCL - 90 量表对某高校 2011 级 1609 名硕、博士新生的调查表明，硕士研究生异常率达 4.4%，博士研究生异常率达 8%，研究生新生的强迫症状、焦虑、恐怖、精神病性等因子得分均高于全国常模，尤其是精神病性因子得分高出最多并与常模数据有显著差异，而且其分值高于往年，呈逐年上升趋势（许琳玲、陈少平，2013）③。同样使用 SCL - 90 量表，另一项研究对青岛地区五所高校

①　许琳玲、陈少平：《对研究生心理危机的典型案例透视及对策研究》，载《成都师范学院学报》，2013 年第 29 期。

②　李秀云、刘希庆：《研究生心理危机干预机制调研分析》，载《思想教育研究》，2009 年第 4 期。

③　许琳玲、陈少平：《对研究生心理危机的典型案例透视及对策研究》，载《成都师范学院学报》，2013 年第 29 期。

中的 486 名研究生进行了调查，结果发现，部分研究生存在着不同程度的心理健康问题，特别是女性研究生、文科研究生和三年级研究生的心理健康问题比较突出（夏侯雪娇，宋大鹏，薛诚，2013）[1]。还有，研究整体抽取21 072名国家科研所的研究生，采用自评量表对研究生的一般心理健康状态（UPI）、抑郁状态（SDS）、自杀态度、人格特征（16PF）进行测量，结果发现1.78%的研究生出现过自杀意念，而自杀意念的出现和一般心理健康状况、自杀态度和抑郁状态都有密切关系（李虹，黄悦勤，2009）[2]。此外，根据笔者对北京高校近两年的心理危机事件的统计，研究生发生的概率也占到了大约50%，且在数量和严重程度方面呈现出继续上升的势头。这些数据和结果都说明研究生的心理健康状况并非如一些人所认为的那么乐观，相反，其心理危机特点不同于其他群体，他们的心理健康状况需要持续关注和改善。

二、研究生心理危机干预体系不健全的原因

针对北京市 15 所高校研究生心理危机工作开展情况的调研结果显示，当前高校中的研究生心理危机预防工作、心理危机预警工作和心理危机应急处置工作等方面还存有不尽如人意的地方（李秀云，刘希庆，2009）[3]。在危机预防方面，个别咨询、课程设置、心理普查、心理协会、心理健康教育活动等工作并没有得到各个高校的重视，在研究生中开展一般；在危机预警方面，各个高校忽略了研究生心理危机预警指标体系的建立和排查工作的进行；在危机应急处置方面，危机事件发生后学校各个部门都在发挥作用，但是也存在一定缺陷，比如各个部门之间职责不明确。这些状况表明，针对研究生群体的心理健康教育还存在多方面的工作需要开展，研究生心理危机干预体系尚待完善。究其原因，与以下因素有关：

（一）研究生心理健康和危机干预知识宣传工作不到位

从现有的经验来看，在高校中宣传心理健康和危机干预知识多采用课程和教育活动的方式，但是与本科生相比，研究生的心理健康和危机干预宣传存在以下问题：

首先，心理健康课程开设的难度大。随着教育部门对大学生心理健康的重视，越

---

① 夏侯雪娇等：《研究生心理危机成因及预防干预》，载《山东理工大学学报（社会科学版）》，2003 年第 29 期。

② 李虹、黄悦勤：《我国科研院所研究生自杀意念影响因素研究》，载《中国健康心理学杂志》，2009 年第 18 期。

③ 李秀云、刘希庆：《研究生心理危机干预机制调研分析》，载《思想教育研究》，2009 年第 4 期。

来越多的高校在本科生阶段开设心理健康课程，甚至在北京、上海等地要求开设大学生心理健康必修课程。但是在研究生开设心理健康课程的高校寥寥无几，在现有的对研究生课程建设的论述（宋振韶，2010①；朱逢九，2012）中，都提到研究生的不同群体有不同的特点，且群体比较散，课程安排、课程研究的时间节点都不一样，很难将他们集中到同一时间段。另一方面，现有的研究中对研究生心理健康与心理问题的探讨较少，虽然有部分研究者已经开始对该群体予以关注，但是了解都不够透彻和系统，心理健康课程的目标和内容势必会模糊。所以，现在面向研究生进行心理健康课程开设是较为困难的，也正处于摸索阶段。

第二，心理健康活动和心理协会参与度低。由于研究生课程的选取是和专业培养目标相配合的，研究生在选取课程、研究进度上都存在较大差异。而且，由于毕业的压力，较多的研究生提早进入社会实习，占用了部分在校时间，所以针对研究生开展的心理健康和危机干预等教育活动，例如讲座、展板、现场互动等，参与的比例较低，效果受到限制。

进一步来看，心理健康知识和危机干预知识宣传得不到位，主要是由于研究生群体具有"大"、"散"、"杂"等特点。其中"大"是指研究生年龄大且跨度大；"散"是指研究生缺乏一种作为团体的凝聚力，集体组织观念淡泊，学习和生活更具独立性；"杂"是指研究生的来源比较杂，整体素质参差不齐，心理学知识水平不同，研究生的自身特点势必造成心理健康知识和危机干预知识的宣传力度和广度不够。

（二）研究生的危机排查工作难度大

首先，在高校现有的危机排查过程中，主要采取班级心理委员和辅导员报告的方式。但是这种方式在研究生群体中难以发现问题。这是因为，第一，有较多高校没有专门设立研究生辅导员，或者研究生辅导员管理学生数量较多，导致辅导员对学生的生活了解少，所以很难排查出问题；第二，研究生的生活和学习主要围绕导师和宿舍进行，集体活动机会少，同学之间的关系松散，所以，当出现心理危机时难以发现。第三，研究生的年龄普遍偏大，且经历过大学时期，对自己的心理问题隐藏极深，所以就导致了同学之间无法发现。例如在复旦投毒案件的审判中，投毒人林浩森的亲朋好友都认为"他擅长的是救人，而不是杀人"。所以研究生危机干预的排查是非常困难的，检出率极低。

---

① 宋振韶、蔡瑶：《研究生心理健康教育课程建设初探》，载《北京教育》，2010 年第 7 期。

（三）危机事件处理过程中责任难以明确

在学校发生心理危机干预事件时，多会采取及时监护、通知家长、协助学校保卫处或警方调查、传达准确信息和后期辅导等。在这个过程中极易出现两组矛盾：第一，家长与学校。由于对心理咨询和精神卫生的误解，以及认为研究生已经是成人，可以自主，家长通常并不积极主动配合危机干预；而在精神卫生法的相关条例中，规定就医必须由监护人陪同就医，这致使家校合作较为艰难。第二，辅导员和导师。从对研究生心理健康的帮助来讲，辅导员和导师都有着重要的作用，而且如果能够相互配合，可以使学生的心理问题得到缓解。但在现实当中，极易出现责任的相互推诿，反而使得学生问题搁置。

由于上述情况的复杂性，研究生心理危机干预工作的开展就变得异常艰难，所以建立一个健全、合理的研究生心理危机干预体系是非常重要的。

三、对研究生心理危机干预体系的启示

（一）加强对心理健康和危机干预知识的宣传

对于心理危机干预，首先要做到的就是防患于未然。所以，加强研究生自身和相关管理人员对心理健康和危机干预知识的了解就变得格外重要。首先，根据本校学生心理特点，开展研究生心理健康相关课程的建设，这种方式不仅能够将心理健康知识广泛宣传，同时也使得学生在心理危机时刻了解得到帮助的途径。第二，根据研究生人群特点，开展范围小、质量精的活动，例如团体辅导、现场咨询等，即采用遍地开花的方式，这样使得学生的参与度大大提高。第三，对研究生管理相关人员宣传心理危机知识。管理人员是长期而又密切地与研究生生活相关的群体，对他们进行培训，可以及时发现严重心理问题的苗头，减少恶性事件发生的概率。

（二）增强导师在心理危机中的责任意识

首先，在研究生学习的过程中，个别化的指导模式奠定了导师的权威地位，也提高了导师监控学生心理行为的执行力度。[①] 导师每周举行学术研讨会，全体研究生都会参加，因此导师更容易掌握每个学生的具体困难、心理压力状况，这是发现研究生心理危机的得天独厚之处，起到了学校心理咨询中心无法起到的作用。

其次，从心理层面的意义上来说，导师与研究生的关系更像父母与孩子，研究生

---

① 王尧骏：《论导师在研究生心理危机干预中的责任与作用》，载《思想教育研究》，2012 年第 4 期。

的内心对导师有种极大的依附感和信赖感。同时，导师作为学校的工作人员，在危机的时候起到学生与院系、心理咨询中心桥梁的作用，能够及时和有效地化解危机状况。

所以，加强导师对学生在思想和心理方面的监管和辅导，使得学生能够得到及时的关注，减少心理危机的发生。建议各高校根据《教育部办公厅关于进一步做好研究生培养机制改革试点工作的通知》的精神，加强导师在研究生整体素质方面的培养。

（三）引入社会力量，完善危机干预体系

研究生心理危机干预是一项复杂的系统工程，仅仅靠学校心理咨询机构的力量无法取得较好的干预效果。有时对危机个案的处理涉及相关法律问题，而近1/4的危机个案还需要住院服药治疗。因此，应由学校领导统筹规划，成立研究生心理危机干预领导小组，引入社会力量完善危机干预体系，包括得到公安部门与精神科医院等部门的配合。

综上所述，研究生心理危机干预不是一个院系、一个部门、一个院校所能解决的，必须有全局观、系统观、社会观，综合提高研究生的心理健康水平，才能更好地预防危机事件的发生。

毕业生心理健康教育
短信平台模式初探

学生处 宋 歌

摘 要 大学生心理健康教育工作需要在方式方法上不断地推进。本文根据心理咨询中心一年来的工作实践，初步探索了利用短信平台开展毕业生心理健康教育的背景、优势与效果，以及对这一工作模式的总结与思考。

关键词 毕业生 短信平台 心理健康

近些年，大学生心理健康教育工作普遍受到高校各级领导的重视和大力支持，经过近十几年的快速发展，在经费划拨、场地保障、软硬件配置以及专业队伍建设等方面都有了长足的进步。为了保证大学生心理健康教育工作的质量，不断提高心理健康教育工作的实效和水平，各高校也在推进心理健康教育工作的方式方法上进行不懈探索和实践。在过去的一年里，我校心理咨询中心利用信息平台为本科毕业生开展服务就是一次有益的尝试。

一、利用短信平台开展毕业生心理健康教育工作的背景

本人从事大学生心理健康教育与心理咨询工作十几年，在长期的工作中发现，毕业生比其他年级的学生承受了更加巨大的心理压力，就业焦虑、司考和考研焦虑、司考和考研失利导致的挫败感、情感危机以及家族的殷殷期望等等，这些压力一旦累积不能及时化解，就容易导致学生出现比较严重的心理危机，甚至付出生命的代价。以我校为例，据不完全统计，从 2004 年至今的十年间，在校园内以及校园周围地区大约有 7 例学生非正常死亡或杀人事件，其中有 5 例为毕业生（其中包括一例弑师事件），比例之高令人吃惊。这几例事故虽然数量很少，却让学校在善后工作的处理中付出了高昂的代价，更让当事人的亲朋好友长久地生活在自责、悔恨的痛苦之中难以

自拔。

由此可见，毕业生出现严重心理危机的概率高于其他年级，而应当引起我们警觉的情况是，我们发现每年前来心理咨询中心寻求帮助的来访学生中，毕业生的数量在各个年级的学生中却是最少的。究其原因，不外乎毕业生在毕业前的这一年格外忙碌：忙统一司法考试、忙考研、忙公务员和选调生以及村官考试、忙着求职笔试面试、忙出国留学等等，这些事情关乎个人的人生前途大计，时间上又比较紧迫，因此导致许多毕业生即便意识到自己出现了一定的心理问题，也不愿意抽出自己宝贵的时间去心理咨询中心寻求帮助，有相当多的学生甚至不知道可以去咨询中心寻求帮助，这样就导致我们对毕业生的心理健康教育工作陷入一定的被动。那怎样化被动为主动，及早化解毕业生的心理困扰、缓解他们的心理压力？我们考虑利用短信平台这种方式作为补充。

二、利用短信平台开展心理健康教育工作的优势

在当前的大学校园，不管来自于富裕的家庭还是贫寒之家，学生基本上人手至少一部手机，用于彼此间的沟通、联络与交流。不管手机的功能强大与否，都具有打电话、收发短信的基本功能，这就为我们采用短信平台开展心理健康教育工作创造了条件。具体分析起来，利用信息平台开展大学生心理健康教育工作有以下几方面的优势：

（一）增强工作的主动性

对于大学生的心理问题来说，预防胜于治疗，因此，高校的心理健康教育工作一定要在主动性上下功夫。对于毕业生来说，由于毕业实习、各种考试和求职就业等原因，导致他们常常是各忙各的，因此想将他们集中起来统一开展各种心理辅导就显得异常困难。而短信平台可以打破毕业生所处地理位置和时间的限制，不管学生是否在学校，都可以接收到来自于心理咨询中心发送的信息，从而使得心理咨询中心与毕业生之间直接建立了联系与沟通，这在一定程度上有助于增强我们毕业生心理健康教育工作的主动性。

（二）受众面广，经济高效

通过信息平台发送短信，一次可以同时发送几千条，可以照顾到我校每一名应届毕业生，保证信息的覆盖面广，几乎没有死角。从费用上来说，利用信息平台给每人发送一条短信需要向电信运营商支付 0.07 元，按照我校每年 2000 名毕业生计算，每次总计支付 140 元左右，价格上相对便宜，符合经济原则。

（三）宣传与关怀

利用信息平台为毕业生开展心理健康教育工作最主要的目的就是宣传与关怀。由于在每条短信中均附有心理咨询中心的地址以及咨询预约电话，因此，有效地向毕业生宣传了心理咨询中心。有毕业生表示，以前只知道学校有一个心理咨询中心，具体在什么地方不清楚，平时有心理困扰都是自我排解，接收到短信，倒是提醒了自己，心理咨询的老师更专业，有需要时可以直接找老师寻求心理帮助。此外，短信的发送也可以让毕业生直接感受到来自于心理咨询中心的关怀，这有助于帮助毕业生缓解心理压力，找到一个宣泄不良情绪的出口，避免压力不断累积，导致心理危机的发生。

三、利用短信平台开展心理健康教育工作的几点考虑

（一）短信内容的来源

利用信息平台为毕业生发送的短信内容，大致来源于三方面：

一是心理咨询中心自创。例如："同学：在这样一个特殊时期，你是否感到压力山大？如果你正在为考研紧张焦虑，如果你正在为司考结果惴惴不安，如果你担心求职就业，如果你需要心理的帮助，请来心理咨询中心，我们愿意陪伴你走过毕业季，咨询预约电话：58909124（白天），58909024（晚上）。"

二是摘录自其他心理健康宣传海报。例如："关注自己今天的心理健康就是为自己明天的健康生活买保险；关注他人的心理健康就是为自己和谐的生存环境做建设；必要的心理求助是强者的行为，心理咨询中心地址：学活205。咨询预约电话：58909124。心理热线：58909024（周一至周五晚）。""在我们相聚的日子里，以心相交，以情相会，是这一生中不悔的知遇，愿彼此拥有珍惜。心理咨询中心58909124、58909024（热线）。"

三是一些有关励志、应对挫折等针对性内容。例如："在人生的道路上，经历了挫折的人不一定能够取得成功，但取得成功的人，必定是经历了许多挫折。58909124（白天），58909024（晚上）。""无论在什么情况下，只要拥有一个良好的心态，我们就能从容地面对一切逆境。心理咨询中心：58909124、58909024（热线：周一至周五晚）。"

（二）短信内容的设计

短信内容的设计要充分考虑到受众的特点和需要。其实除了毕业生外，也可以考虑将信息平台服务拓展到全部在校生，可以针对不同的年级，发送不同的内容，如，对大一学生以生活学习适应内容为主，对大二学生以四六级英语考试和提升自我能力

为主，对大三学生以考研、出国留学准备或就业准备的内容为主，对大四毕业生以缓解焦虑和挫折应对内容为主；针对研究生也可以根据他们的实际情况设计相应的内容，等等。

（三）短信发送时间节点的安排

对毕业生发送短信时要把握好几个关键的时间节点：一是秋季学期刚开学时，许多刚入大四的学生容易在人生道路的选择上产生何去何从的迷茫情绪；二是司考和考研前夕，容易出现考试焦虑情绪；三是司考、考研（包括复试）、国家公务员考试成绩刚公布时，学生会因为考试失利产生挫败感，容易出现心理问题；四是毕业前夕，如果此时学生各种考试失利，工作没着落，或者因为学业问题不能按时拿到毕业生和学位证，就容易出现绝望的情绪，导致心理危机的发生。

四、利用短信平台开展毕业生心理健康教育工作的实效

心理咨询中心为毕业生发送短信，一直使用的是由学生就业指导中心购买的信息平台，考虑到每次发送短信的费用均由学生就业指导中心支付，因此从 2013 年 3 月至 2014 年 3 月的一年间，我们经过精心斟酌，共为我校本科毕业生发送 6 次短信，并且对比了过去五年毕业生前来心理咨询中心寻求帮助的人数，具体数字见图 1。

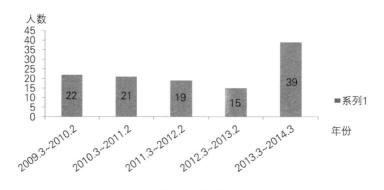

图 1　心理咨询中心接待来访毕业生人数

从图 1 可以看出，过去的一年中，前来心理咨询中心寻求个别咨询的大四毕业生人数虽然也不算很多，但是比起前几年还是有了较大幅度的增长。通过面谈咨询，可以帮助毕业生及时化解心理压力，防止心理问题出现累积效应。据心理咨询中心不完全统计，在过去的一年中，我校没有发生太严重的毕业生心理危机事件，可见短信平台确实起到了一定的效果，增强了毕业生心理健康教育工作的主动性。当然，仅仅用一年的数据并不足以充分说明问题，因此，利用短信平台开展心理健康教育工作的实

效还有待于更进一步的实践检验。

五、毕业生容易出现的心理问题类型

通过对毕业生的面谈咨询，我们发现，毕业生心理问题中有代表性的主要包括以下几方面：

（一）考试、就业焦虑

临近毕业，几乎所有的大四毕业生都会出现程度不同的焦虑，面临司考、考研（包括复试）、各种求职面试等，由于惧怕失败而感觉心理压力巨大，导致紧张不安，难以放松，严重者甚至出现睡眠和呼吸障碍等。

（二）挫折感强

在大四这一年，有相当一部分毕业生会体验到司考、考研失利所带来的痛苦挫折感受。临近毕业，如果工作仍没着落，内心就会充满对未来的不确定感。有些学生感叹没有"拼爹"的资本，自身条件也不优越，又觉得父母养育自己多年很不容易，自己学了那么多年，花了家里那么多钱，总不能毕业后还让父母养着自己吧？因此对父母存有内疚心理，导致情绪低落。

（三）担心不能顺利毕业

有个别同学（包括理解汉语有困难的少数民族学生）由于学业成绩不理想，担心成绩挂科太多不能按时拿到毕业证和学位证，影响顺利毕业，因而容易焦虑甚至出现绝望的情绪。

（四）情感问题

有的毕业生毕业时遭遇恋人劈腿、失恋等，剧烈的心理冲突和不良情绪反应导致难以平心静气地准备各种考试，学习效率的下降反过来又加重了焦虑的情绪，甚至出现生理症状。

如果一名毕业生同时经历以上几方面的问题，那么就应该引起我们的高度警觉，及早主动地将工作做在前面，防止心理问题的叠加效应导致学生心理危机的发生。

六、总结与思考

从一年的实践经验看，短信平台在开展毕业生心理健康教育工作方面具有一定的优势，但是它也有自身的局限性，具体表现为短信具有严格的字数限制，一条短信仅限于 69 个字，超出字数就要按照两条信息进行收费，导致费用加倍。由于篇幅过于短小，也难以表达出想表达的所有内容，这都在一定程度上局限了毕业生心理健康教育的效果。为此，我们考虑可以将短信平台的模式进行拓展，尝试使用微信、QQ、飞信或者电子邮件的方式。当然，这些方式对技术或硬件的要求也更高，真正实施起来具有一定的难度。另外，我们也可以考虑利用短信平台覆盖更多的受众，比如对大一刚入学的新生甚至其他年级的学生等。总之，短信平台是对正常心理健康教育工作的一种有效补充，有待于我们进一步的实践与检验。

大学生心理健康教育主题班会
研究与实践现状分析

学生处　刘希庆

摘　要　高校主题班会在宣传心理健康知识、解决学生心理问题方面发挥着重要的作用，是大学生心理健康教育的重要途径。本文分析了当前对大学生心理健康教育主题班会研究和实践的现状，阐述了面临的问题，并提出了解决策略。

关键词　大学生　心理健康教育　主题班会

大学生主题班会是辅导员组织班集体围绕一个主题有目的、有组织、有计划的教育活动，是辅导员开展大学生思想政治教育的日常渠道和模式。[①] 高校的主题班会是大学生思想道德教育的有效途径，能够引导正确的班集体舆论的形成，是培养学生的集体荣誉感、责任感以及创新精神和独立工作能力的重要手段；通过主题班会能够发现和培养学生的闪光点，增强学生的自信力，促进学生个体的核心能力的提高，使学生的情感得以释放，情操受到陶冶；而且主题班会也是发现班级问题、解决班级问题的最佳途径之一。因此，高校应该重视主题班会的作用，积极认真地开好大学生主题班会。

近年来随着大学生心理问题的增多，高校越来越重视大学生心理健康教育，各学校通过心理咨询、团体辅导、心理课程等途径进行心理健康教育和心理辅导。主题班会作为一种对学生进行教育的有效手段，应该是宣传心理健康知识，对学生进行心理辅导的有效途径。因此，有些研究者和实践者试着结合主题班会对大学生进行心理健康教育。本研究从心理健康教育的角度出发，对当前国内大学生心理健康教育主题班

---

① 聂久胜：《高校主题班会研究述评》，载《高校辅导员学刊》，2011 年第 5 期。

会进行评述，以总结优点，发现缺点，促进大学生心理健康教育主题班会健康发展。

一、大学生心理健康教育主题班会研究现状

当前，国内对大学生心理健康教育主题班会的研究和应用主要有以下几个特点：

（一）把心理辅导的技术引入主题班会

谭志敏、郭亮把心理咨询中的真诚、共情、尊重、倾听、概括、提问以及目光注视、形体动作、声音特征、沉默等非言语技术运用到大学生主题班会中。通过实践，他们认为通过利用心理咨询技术，可以更好地和同学建立良好关系，改变辅导员和学生的对峙或者不平等的地位；引入心理辅导技术有利于引导学生将内在需求展现出来；最后，辅导员通过影响和概括、建议与引导等心理辅导技术，让学生"争论、辨析、质疑、启发、说服、驳斥、反思、体验、感悟"，实现价值观的澄清与自我升华，这些都是"强制灌输"或"放任自流"所不能达到的良好效果。[1] 另外，于晓梅、王雅倩等人也认为通过把心理咨询技术引入主题班会，能有效地增加主题班会的育人效果[2]。

（二）团体心理辅导技术在主题班会中的运用

高素华尝试过将团体心理辅导的一些元素加入日常的班会中：探讨大学生自我意识发展的"自画像"游戏、探讨大学生价值取向的"拍卖会"游戏、了解班级成员之间熟悉程度的"猜猜我是谁"等，学生的投入度和兴趣非常高。[3] 王文娟、赵小刚在新生班级开展如"连环炮"、"信任之旅"等活动，在活动中引导学生消除陌生环境中的紧张、焦虑，加强彼此的了解与沟通，增进同学间的相互交流、理解和信任。[4]

团体心理辅导在主题班会中的应用具有广泛的理论基础，可以运用团体辅导中的游戏辅导、角色扮演、价值澄清法等多种形式开展主题班会，以提高主题班会的针对性和有效性，激发学生自我省悟和主动改变，形成良好的班级风气。

---

[1] 谭志敏、郭亮：《心理辅导技术在高校主题班会中的运用及其注意要点》，载《中国电力教育》，2007 年 11 月。

[2] 王雅倩：《高校主题班会的创新研究———引入心理辅导技术与技巧》，载《校园心理》，2010 年 6 月第 8 卷第 3 期。

[3] 高素华：《将团体心理辅导的思想运用到高校班会中去》，载《科技信息》，2008 年第 286 期。

[4] 王文娟、赵小刚：《团体心理辅导在主题班会中的应用探索》，载《世纪桥》，2010 年第 13 期。

但对于当代大学生来说，单是随机随意的心理辅导技术不够系统也不全面，无法满足学生的心理需求，解决学生遇到的心理问题。

（三）以心理健康为内容开展主题班会

蒋小曼、邓雪梅以教育心理学和发展心理学为基本，针对高校学生从大一到大四每个阶段所需要经历的心理历程设定主题，大一以适应、自我认识自我了解、规划大学生活为主；大二以学习、恋爱与性心理、人际交往为主；大三以情绪与压力调控、珍爱生命为主题；大四以职业规划、社会适应和意志品质培养为主题。另外，辅导员也可根据近期班级群体心理变动进行调整，自拟主题。[①]

针对当前大学生出现的心理问题，有研究者开展了以大学生心理健康为内容的主题班会，比如以生命教育为主题的班会、以人际交往为主题的班会和以职业规划为主题的班会等。这些班会的开展，对于预防和解决大学生的心理问题具有一定的作用。

（四）把心理案例运用在主题班会中

陈姮、高朝辉将心理疏导案例导入班会，通过选取典型案例、为学生设立问题情境、引导学生在实践中将已掌握的心理自助技巧加以运用、案例分析的自我教育课，让学生的心灵得到滋养，使学生终身受益。同时，他认为由于案例更贴近同学的生活实际，更有利于学生的感同身受，有利于学生的理解，从而获得解决心理问题的技巧，有利于学生的身心健康发展。[②]

从以上的研究来看，现在的研究者借鉴了心理健康和心理辅导的技术和内容，把心理健康的部分技术和内容运用到大学生主题班会中，在一定程度上丰富了主题的内容，提高了主题班会的效果和作用。

二、大学生心理健康教育主题班会研究存在的问题与对策

（一）存在的问题

1. 心理健康教育主题班会在大学中并未得到重视，研究较少

目前国内对大学生主题班会的研究较少，以心理健康为主题的班会则更少。张明等人查询了中国学术期刊全文数据库（1998——2008），搜集到关于"主题班会"的文章共277篇，但绝大部分是关于中学生主题班会的论文，研究大学生主题班会的论

[①] 蒋小曼、邓雪梅：《心理健康教育进班会—高校主题班会创新研究》，载《科技信息》，2012年第6期。

[②] 陈姮、高朝辉：《心理疏导案例在高校主题班会上的运用》，载《法制与社会》，2009年第9期。

文仅有 25 篇。可见，主题班会这一形式在中学已经得到了较多的关注，而在高校的重视程度，特别是在研究方面的重视程度还远远不够。[①] 本人在中国学术期刊全文数据库查询到的近十年来以心理健康教育为主题的班会的论文仅 8 篇。

2. 研究力量薄弱

在实践中进行心理健康教育主题班会的研究者和实践者大多都是辅导员或班主任等学工干部，他们虽然实践经验丰富，但缺乏系统的教育学和心理学理论知识，因此他们的研究更多的是强调实践，甚至是实践经验的总结，而且很多情况下他们开展的心理健康教育主题班会也只是表面上的模仿，而没有学到实质性的东西。例如团体辅导中，有些辅导员仅仅把团体辅导的游戏和活动引入，引导学生进行游戏或活动，表面上班会搞得很活跃，学生的参与性高，但却忽略了团体辅导的游戏或活动更注重的是通过游戏或活动的反思和提高，这些并没有得到重视。

3. 缺乏全面性和系统性

主题班会是对大学生进行思想教育的重要途径，但是在实践中辅导员和班主任在主题班会的组织上缺乏经验和方法，在主题选择、方法运用等方面不符合大学生的实际需求，使得主题班会的效果大打折扣。另外，由于大学生心理健康问题越来越引起高校的重视，也在不断探索心理健康教育的新途径。为了克服以上问题，有人开始创造性地把心理健康教育与主题班会结合起来，把心理健康教育的内容和方法引入主题班会中，取得了不错的效果。但是当前的研究和实践缺乏系统性和针对性，带有较强的随机性和随意性，因而这些主题班会对大学生的整体心理素质的提高和心理问题的预防和解决发挥的作用不明显。

（二）对策

1. 高校重视心理健康教育主题班会的功效，加强理论研究

心理健康教育主题班会在宣传心理健康知识、解决学生心理问题方面发挥着重要的作用，是开展大学生心理健康教育的重要途径，应该得到高校的重视，加强理论研究和实际应用研究。在理论研究方面要充分调动心理学和教育学专家的积极性，发挥他们的专业优势；在实践方面要每学期根据学生的需求开展不同主题的心理健康教育主题班会。另外，为了提高班会的效果，辅导员要加强心理学和教育学专业的培训。

---

① 张明、秦伟伟：《近十年大学生主题班会研究述评》，载《高等函授学报（哲学社会科学版）》，2009 年 9 月期。

2. 要根据学生的实际需求设立心理健康主题班会的内容

当前，大学生在不同的年级面临不同的发展任务，也产生了不同的心理困惑。因此，为了更好地提高学生的心理素质，解决学生在学习生活中遇到的心理问题，心理健康教育主题班会要系统化，要根据不同年级学生发展的需求和遇到的问题设计主题和方案。心理健康主题班会要贯穿整个大学生涯，不同年级不同阶段有不同的主题，切实解决学生在每一个阶段所面临的发展任务和问题。

3. 深入创新，促进两者的有效结合

当前，心理健康教育与主题班会的结合还停留在表面，更多的是形式上的结合，其实质和规律并没有摸清楚。因此需要加深研究，在摸清心理健康教育规律和主题班会规律的基础上，创造性地把两者有效地结合，才能真正发挥其作用。

高校本科生学习压力
的认知与应对

外国语学院　许慧芳

摘　要　学习压力及其引发的相关问题已经成为高校本科生必须面对的重要问题之一，对于学习压力及学习压力应对方式的理性认知和合理选择将有助于学生积极面对本科学习挑战，科学规划学习生活，顺利完成学习任务，实现健康成长成才。

关键词　本科生　学习压力　认知　应对

学习是大学本科生的首要任务，知识是能力提高的基础。学习成绩与奖学金、保研、考研、就业、出国等息息相关。根据对中国政法大学外国语学院 2005 年至 2013 年在校就读的 2005 级、2006 级、2009 级和 2010 级等四个年级本科生四年学习情况的跟踪调研，学生普遍感到有学习压力，80% 以上的学生认为学习压力已对自己的生活造成了影响，在这些学生中，75% 以上的学生学习压力源于考研升学、奖学金竞争、司法考试、口译考试以及托福、雅思、德福和 LSAT 考试等各类考试，23% 左右的学生学习压力源于无人督促、自我放松而导致的学习跟不上以致无法顺利完成学业，不足 2% 的学生学习压力源自缺乏专业学习能力而导致的学习效率低下，成绩不理想。学习压力以及由此引发的相关问题已成为本科生大学生活中所要面对的重要问题之一，如何引导学生正确认识学习压力并采取相应应对方式，建立符合学生个体成长成才的积极合理的学习压力应对机制，成为学生思想政治工作的一项重要内容。

一、学习压力的认知

（一）学习压力

压力源于物理学研究，在物理学范畴内压力是指物体单位面积所承受的力量。压力被引入心理学研究后，压力特指面对挑战、威胁或所拥有的资源与要求有所差距时内在的感受。根据这一定义，学习压力是人在学习活动中面对挑战或其所拥有的资源与学习要求有所差距时的内在感受。

学习压力和学生的学习生活密切相关，尤其是在学生接受系统的学校教育之后，学习压力对于学生的影响更加明显。对于已经完成系统的基础教育、中等教育的大学本科生而言，学生都拥有自己行之有效的学习压力应对措施，然而在实践中仍然不乏这样的案例：某省市的高考状元不能顺利完成大学学业，多门挂科，甚至是无法顺利毕业。这一问题的凸显表明大学本科生所要面对的学习压力完全不同于学生接受基础教育、中等教育中所面对的学习压力问题。

著名的加拿大生理心理学家、压力研究专家汉斯·薛利（Hans Salye）指出："心理压力不是神经紧张那么简单。人们发觉自己不能完成或处理某一生活要求时，便感到被某一生活要求所把持着，不能逃退，因而感到压力。"① 如果我们在面对一个要求的时候，我们可以逃，可以躲，那么我们就不会有压力，或者你拥有应对这一要求的足够充分的资源，那么你同样不会感到有压力。和小学、中学的学习相类似的是，大学阶段，学习不仅是学生必需的，而且是最重要的生活内容之一，但与大学之前的学习所不同的是，学生所要完成的学习内容更加丰富、复杂，而学生可能获得的学习压力应对资源更加多元化，更加繁杂。

从本科生学生培养方案来看，和中学十几门功课的课业量相比，本科生的学习被分为课堂教学和课外实践教学两部分，需要完成的课程学习包括通识必修课、通识选修课、专业必修课、专业选修课等课程，以学分为标准进行课程修读计算。以中国政法大学外国语学院为例，该院英语专业本科生需修读171学分，德语专业本科生需修读181学分，约折合60~70门课程。对于同时修读第二专业第二学位的本科生而言，还需要完成第二专业课堂教学和专业实习、毕业论文等学分的修读。

而与此同时，学生应对学习压力的资源不同于高中时期。首先，和小学、中学学习阶段相对单一的学习资源相比，大学为学生提供了更加丰富、更加多元化的学习资源，不仅仅是博学的专业教师、多媒体教室、开放式图书馆、多样化知识和能力竞赛

---

① 转引自樊富珉：《应对压力有良方》，中国大学视频公开课，清华大学精品视频公开课，http：//www.icourses.cn/viewVCourse.action? courseCode = 10003V001，最后访问时间：2014年5月13日22：00。

以及各类素质拓展训练，而且还包括学生社团工作、志愿服务和社会公益服务等多种社会实践和实习资源。在如此广博的学习资源面前，如何取舍成为学生首先要解决的问题。其次，和小学、中学的教育模式不同，大学的教育主要是教师引导，学生自主学习。大学教师不会再像小学、中学教师那样对学生进行全方位、手把手的教学指导，而主要是课程学习的设计和组织者，引导和支持学生学习。同时大学寄宿制的学生管理模式下，家长不再全程陪护在学生的身边，学生必须要自己处理生活起居的具体问题，并在此基础上安排课业的学习。在大学期间对自我的重新定位以及人际资源的重新整合，成为学生完成专业学习的必修课。[①]

大学期间的学习压力不再是单纯的知识学习和运用的问题，而是在繁重的课业压力下，学生对于学习资源和人际资源的选择、整合和利用的问题。谁能够尽快地适应、熟悉学校的生活，能够迅速、充分、合理地利用学校的学习资源和学习平台，谁就能更好地应对学习压力，更好地享受大学的学习生活乐趣。

（二）学习压力对学生的影响

在本科学习阶段，学习压力和学生的生活如影随形，学习压力源于学生所面对的学习挑战，然而根据生理、心理学的研究成果，学习压力形成后会直接对学生的心理和生理产生影响。

生理、心理学的研究成果表明，压力过大会引发精神上或生理上的疾病。起初可能表现为头痛眼花、睡眠不好、面青唇白、肌肉紧张、身体倦乏、肠胃不适、腰酸背痛、烦躁、抑郁、焦虑不安、愤怒、沮丧、失望、健忘、消沉、无信心，长期持续下去则可能导致消化系统、心血管系统、肌肉系统等多方面的疾病。[②] 过去二十年不断增加的研究已经表明，压力与近80%的主要身体疾病有关。

---

① 本文中学生对于学习压力的感受，以及学习压力的成因分析源自中国政法大学外国语学院本科生调研数据，类似的分析请参见金鑫：《大学新生心理压力问题研究》，中国计量学院 2013 年硕士学位论文，第 28 ~ 30 页；李俊芝、郭彦霞：《大学新生抑郁情绪现状及对策研究》，载《高校辅导员学刊》，2011 年第 2 期；雷环：《从社会心理学角度看大学新生的适应问题》，载《思想教育研究》，2008 年第 3 期；段兴利、叶进、权丽华：《大学新生入学适应问题浅析》，载《思想理论教育导刊》，2008 年第 4 期；赵海信：《大学新生的心理问题与教育对策》，载《理工高教研究》，2006 年第 3 期。

② 樊富珉：《应对压力有良方》，中国大学视频公开课，清华大学精品视频公开课，http：//www. icourses. cn/viewVCourse. action? courseCode = 10003V001，最后访问时间是 2014 年 5 月 13 日 22：00。

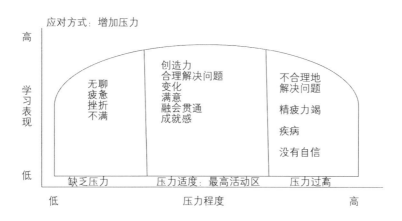

图1 学生学业压力适度表（Anderson 1987）

著名的心理学家安德森（Anderson）在1987年曾经对学生的学习表现和他所受到的学习压力之间的关系进行了研究，提出了著名的倒U形理论。在压力适度的情况下，学生会表现出出色的创造力，能够合理地解决问题，对相关知识融会贯通，并对自己的学业有成就感；而在压力过小的情况下，会觉得无聊、疲惫、有挫折感并且对现状不满；在压力过大的情形下则易烦躁，不能合理地解决问题，感觉精疲力竭，缺乏自信。

正是如此，学习压力问题是学生学习期间不容忽视的问题，正确地评估学习压力并选择合理的应对方式有助于学生改善学习状态，并有利于学生的健康成长成才。正如汉斯·塞勒所说："我不能也不应该消灭我的压力，而仅可以教会自己去享受它。"①

二、学习压力的应对

（一）学习压力的应对

应对，又名应付，是指个体处于压力状态或遭受压力事件时为平衡自身所做出的认知或行为上的努力。应对其实是我们的认知和行为所做出的应激反应，"应对"本身是一个客观的描述性的术语，它不包含任何主观评价。无论是自己解决、不知所

---

① 转引自樊富珉：《应对压力有良方》，中国大学视频公开课，清华大学精品视频公开课，http：//www. icourses. cn/viewVCourse. action？courseCode = 10003V001，最后访问时间：2014 年5 月13 日22：00。

措、逃避问题、推卸责任、自责无能还是攻击他人等等，虽然结果大相径庭，但都是人的压力应对方式之一。

学习压力的应对，是个体在处于学习压力的状态下，为了平衡自我所做出的寻求支持资源的努力。换句话说，学习压力的应对是学生在新的学习情境中为了实现学习目标寻求支持性资源的努力。在学习问题面前，学生常见的缓解方式如找家人、朋友倾诉，听音乐，看电影，运动，打游戏，旅游等等。①

（二）学习压力应对的具体方式

根据学生在实践中所采用的具体应对方式产生的效果不同，学习压力的应对方式可以分为两种：短期学习压力应对方式和长期学习压力应对方式。

短期学习压力应对方式指能够在短时间内让我们感到精神上的放松和愉悦，无助于现实问题的解决，甚至会导致学习问题更为严重，学习压力倍增，例如打游戏、抽烟等。网络游戏所建构的虚拟世界以及抽烟带来的精神放松在短时间内确实可以让学生缓解压力，感到舒适，然而，这种方式极易让人上瘾，令人沉迷于虚拟的生活中，无法自拔，以至于不愿意再回到现实的学习生活中。最终这些应对措施不仅无益于学习问题的解决，而且还直接对学生的身体和心理健康造成损害，甚至会导致人际交往障碍等次生性问题的产生。阅读网络小说，观看电影、电视剧等减压方式，如果运用不当，也会导致类似的问题产生。在实际学生管理中，很多同学的惨痛教训反复地验证了这一结论，因此，这些减压方式在实践中需谨慎使用。

长期学习压力应对方式是指在相当长的时间内让我们感到精神上的放松和愉悦，并有助于学习问题解决的方式。清华大学樊富珉教授从生理、心理学的角度出发，将压力的应对方式分为生理层面、心理层面和社会层面。她认为，生活规律、饮食合理和适度的运动能够有效地缓解压力对学生生理造成的消极影响；重新认识自我、制定合理的发展目标和科学、弹性的学习时间管理能够有效地缓解压力对于学生心理造成的消极影响；重新评估人际支持系统，建立并充分运用由家人、朋友、同学和老师等构成的社会支持系统，能够使学生获得充分的人际资源支持。

事实上，每个大学本科生在漫长的学习过程中，基本上形成了自己行之有效的学习压力应对方式，在大学学习期间，学生长期学习压力应对方式的建构重点不在于建立，而在于调整，即在原有的压力应对方式的基础上，重新整合学习资源和人际资

---

① 金鑫：《大学新生心理压力问题研究》，中国计量学院 2013 年硕士学位论文，第 26 页。

源，确立适合本科学习的学习压力应对措施。① 高校专业化的学习模式、学分制的课程管理和多元化的学习资源为学生提供了开放、自主的学习环境，学生拥有了更多的选择空间，专业选择、课程选择、资源选择以及未来的职业规划选择是否合理均取决于学生对自我定位的准确性和合理性。好高骛远或者不求进取不仅无益于学习生活安排，反而会成为新的学习压力源。深入剖析，认真反思，合理定位成为学生应对学习压力的首要任务。其次，健康的生活方式、弹性化的时间管理不仅有助于学生身体强健，保持积极活跃的思维状态，而且可调控的时间安排将有助于学生控制学习生活节奏，规避慌乱或者拖沓以致无法有效完成学习任务从而形成新的压力源。最后，学分制教学管理体制在强化学生自主学习意识的同时，减弱了学校对于学生的学习控制和管理，建立以学生本人为核心，家人、教师、同学等为主要成员的不同层次的人际资源支持网络，使之成为学生必需的学习支撑。以学习小组为主要形式的导师指导、朋辈辅导和学习圈等成为适宜大学学习的新的自主学习模式，新的自主学习模式在学生互助中分享资源，促进学习，从而避免学生个体因思想放松或者无法排解压力等导致新的压力源出现。人际沟通以及寻求帮助，成为本科学生在大学期间亟待提升和训练的学习能力的重要内容。实践证明，对自己有合理的认知，作息规律，长期坚持体育锻炼，乐于助人，善于沟通，并且形成自己的人际资源支撑体系和学习资源体系的学生，不仅能够很好地安排自己的学业进度，高效地完成学习任务，而且能成为其所在学生群体的学习榜样，引导整个学习群体形成积极的学习风尚。

三、结语

大学本科学习阶段，是学生由集体学习向自主学习过渡的关键时期，学习是学生的立身之本，是每个学生无法忽视更无法逃避的挑战，转变学习角色，形成适于自己的行之有效的长期稳定的应对措施，是本科学习有序进行的重要一课。只有清晰地了解和认识将要面对的学习压力，及时调整学习压力应对方案，迅速适应大学学习生活，才更有可能在本科学习结束之后拥有属于自己的辉煌未来。

---

① 关于学习压力应对方式的研究请参见黄希庭：《压力、应对与幸福进取者》，载《西南师范大学学报（人文社会科学版）》，2006 年第 3 期；孙冰峰：《大学生应对学习和人际交往压力研究》，厦门大学 2006 年硕士学位论文。

积极心理学背景下的
心理委员工作模式探析

学生处　刘希庆

摘　要　心理委员作为大学班级干部的一员，迄今有十余年的历史，当前对他们角色的定位、工作方式方法、功能还存在很多的疑惑。本文尝试从积极心理学的角度探讨心理委员的工作模式，提出心理委员要根据积极心理学的理论开展各项活动，目的是塑造学生的健康人格、积极情绪，并促进建立积极的班级组织。

关键词　心理委员　积极心理学　工作模式

心理委员最早见于浙江海洋学院和天津大学，大约是 2003 至 2004 这两年间在这两所大学最早出现心理委员职务，随后在各大学迅速普及，现在相当多的大学中都出现了这一职务。我校从 2004 年开始，在班干部队伍中也增添了这一新角色，具体负责本班的心理健康教育工作。他们在心理健康知识宣传与普及、开展心理健康教育活动、危机干预等方面做了大量的工作，为学校心理健康教育工作的开展起到非常重要的作用。从其他高校来看，班级心理委员的建设和发展是非常必要的，心理委员已经成为学生和老师沟通的一个桥梁。

但心理委员毕竟是个新生事物，通过近十年的发展，它的局限性也显现出来，例如，很多同学认为心理委员就是一个形同虚设的职位，大家都不知道心理委员是负责什么工作，甚至班上连心理委员是谁都不知道，优秀班干部选举、班干部名单表等等往往把心理委员给遗漏了；有的同学认为，心理委员就像个奸细，他们是学校为了防止发生事故派到各个班级中的"奸细"，主要工作就是时刻监视他们，抓到同学有不良倾向后立即上报学校；有的同学认为，心理委员缺乏专业知识，自己的问题他们都解决不了，所以遇到心理问题也不会主动向心理委员求助。

因此，本文主要针对以上问题，结合积极心理学的理论，分析心理委员的工作模式和工作目标。

一、积极心理学简介

积极心理学是致力于研究人的发展潜力和美德等积极品质的一门科学。积极心理学把自己的研究重点放在人自身的积极因素方面，主张心理学要以人固有的实际潜在的具有建设性的力量、美德和善端为出发点，提倡用一种积极的心态来对人的许多心理现象做出新的解读，从而激发人自身内在的积极力量和优秀品质，并利用这些积极力量和优秀品质来帮助有问题的人、普通人或具有一定天赋的人最大限度地挖掘自己的潜力并获得良好生活。

积极心理学研究的三大内容：一是积极情感体验，这一部分内容主要以主观幸福感为中心，着重研究人针对过去、现在和将来的积极情感体验的特征以及产生机制；二是积极人格；三是积极的社会组织系统，这一部分的主要内容就是确定如何使社会、家庭、学校、单位等有利于个人形成积极的人格，并产生积极情感[①]。

二、心理委员工作模式探析

（一）积极心理学背景下心理委员工作的目标

在积极心理学背景下，心理委员的工作不仅仅是发现、关注有心理问题的学生，他们更主要的目标是通过组织积极、健康、向上的活动，引导大学生追求幸福，促进个体全面、协调而健康地发展。通过积极的心理健康教育活动，进一步优化他们的认知、情感、意志、人格及人际交往能力，充分发挥他们的主观体验能力，增加积极的情绪体验，使其具备自我教育、自我调适的能力，不断完善自我，发展自我，实现自我。[②]

（二）工作模式

1. 通过团体心理辅导塑造学生积极的人格

有研究表明，团体心理辅导对大学生形成积极的人际交往品质、促进团体成员的

---

① 任俊：《积极心理学》，上海教育出版社 2006 年版。

② 姜小军：《基于积极心理学取向的大学生班级心理健康教育模式》，载《江苏技术师范学院学报》，2012 年 10 月。

某些人格品质的发展有明显作用，且在提高大学生自信心方面也是有效的。[①] 心理委员在经过专业的培训后，完全有能力自己组织本班学生开展团体辅导活动。针对不同年级的发展需求，心理委员可以开展不同主题的团体辅导。

大一新生，由于面对的是一个全新的生活和学习环境，复杂的人际关系、迥然不同的学习方式、激烈的竞争氛围、对大学生活的期待和对未来就业的焦虑等等主客观因素的影响，特别容易使刚刚入学的新生产生较大的心理落差，因此要开展以适应为主题的"大学生成长小组"，从入学的第二个月开始，一直到学期期末，每周一次，主要针对学生在日常生活学习中遇到的问题进行辅导。比如针对宿舍人际交往问题，开展以"察你察我"为主题的人际交往团体辅导活动，使学生通过观察宿舍每个同学的性格、生活习惯、行为方式等特点，做到了解每个同学，学会接纳他人的缺点和不同点，创造良好的宿舍氛围；针对高中与大学课程安排的不同，开展以"一寸光阴一寸金"为主题的时间管理团体辅导活动，使大一新生学会合理安排自己的课余时间；针对老师授课方式、学习方式的不同，开展以"我会学"为主题的学习团体心理辅导，使大一新生适应大学老师的授课方式和学习方法；针对迷茫等心理状况，开展以"天生我材必有用"为主题的自我认识团体辅导活动，帮助他们认识自己，了解自己，接纳自己，合理定位。

学生进入大二后，随着彼此的熟悉，彼此具有好感的男女同学开始逐步建立恋爱关系。恋爱是人生的必修课，通过恋爱，我们获得成长，但是恋爱也是最复杂的人际关系，在这个过程中，两人会产生各种矛盾和冲突，处理不好还会导致严重问题的发生。因此，对大二学生要开展以恋爱为主题的团体心理辅导，通过"恋爱是什么"的团体活动让同学们认识恋爱的本质，树立正确的恋爱观和恋爱态度，明确恋爱在人的成长中的作用；通过"选择恋人的标准"的活动，让学生反思自己对恋人选择的标准，让他们知道现实中能满足自己所有标准的、完美的恋人是不存在的，既要抓住对自己来讲最重要的标准，也要学会接受对方的缺点。通过"爱情保鲜"活动，使学生学会在恋爱过程中保持爱情活力，使恋爱顺利发展；通过"你争我吵"团体活动，使学生学会如何处理恋爱中出现的各种矛盾和冲突。

大三是一个非常关键的阶段，在这个阶段学生要明确自己的目标，并为未来做规划，比如是考研还是就业，考研是考哪个专业、哪个学校，就业是考公务员还是去公

---

① 官锐园、樊富珉：《10 名大学生人际交往团体训练前后 16PF 测评》，载《中国心理卫生杂志》，2002 年第 7 期。

司等等一系列的问题，会使同学纠结，为了帮助他们顺利度过这个阶段，需要对他们开展以"职业生涯规划"为主题的团体心理辅导活动；其次，在为考研和就业的准备过程中并不是一帆风顺的，学生会遇到各种挫折和压力，因此针对大三学生还要实施以经受挫折、磨炼自己意志力的"风雨彩虹路"为主题的团体辅导活动，使学生明白人的生命历程难免风风雨雨、坎坷不平，挫折既会给大学生以打击，带来损失和痛苦，也能使大学生奋进、成熟，从中受到磨炼和考验，变得坚强起来。另外，还要教会学生如何面对困难和挫折，掌握缓解压力的方法。

大四的学生面对最多的就是就业的难题。辅导活动就围绕"向未来招手"、"我自信我成功"等为主题的活动，使同学掌握制作简历的技巧及面试的各种技巧、仪表等，还要根据实际情况适时调整自己的心态，调整自己的求职心理，为将来走上社会做好心理准备。另外，对于考研失败的同学还开展以"明天会更好"为主题的团体辅导活动，让他们树立信心，重新规划自己的道路。

2. 增强学生的积极情绪与积极体验，建立积极心态

积极心态能让我们走出绝望和消沉，建立自信。培养并拥有积极心态，我们将以一种积极、健康和高效的方式与别人交流，并以正确的行动去实现真正有意义的生活。在这方面心理委员可以通过以下途径帮助班级同学建立积极心态。

第一，在平时，心理委员要关注班级的每一个同学，通过关注使每个同学知道自己对他人的重要性。例如，有的心理委员开通了飞信并将班里的每个同学都加为好友，每周至少向同学们群发一次信息，信息不仅局限在基本心理学知识，还包括笑话、新闻、百科小知识及天气预报等等各种各样的内容，这些信息不仅能为同学们提供有趣的知识，还能为同学们的日常生活增加欢乐，拉近与同学们的感情距离；另外，在大学，多数同学都是远离故乡独自在异乡，那对于他们来说，班级就是一个大家庭。所以有的心理委员将所有同学的生日进行统计，并在前一日发给其他同学提醒短信，让大家记得他们的生日。这样，在特殊的日子收到大家的关心，无疑更能使大家对班集体产生归属感，减少心理孤独。

第二，心理委员要注意在一些重要事件中帮助学生建立积极心态。例如，在每年成绩公布时、相关荣誉评选之后，很多同学会出现一定程度的心理落差，也有可能觉得不公平而产生较大的情绪波动，这时候作为心理委员要注意这些同学，并向他们身边的好友了解情况。如果真的有一定心理波动，要通过陪伴、运动、倾听等形式帮助他们排解负面情绪，负面情绪一旦得到释放，那么他们的情绪糟糕状况就会得到缓解；另外，运动会也是大学生比较关注的，很多班级对成绩看得很重，这就导致有些

同学在运动会开始前夕就感觉压力很大，怕自己比赛中发挥失常影响团体成绩。作为心理委员应该对个别赛前焦虑的同学进行心理辅导，通过采用鼓励和积极暗示的方法增强运动员的信心，并在日常生活中为他们提供一些舒缓压力的方法。①

3. 通过心理班会建立积极的班级组织

一个积极的班集体有利于学生良好品德的形成，有利于学生增长知识，提高能力，发展特长，陶冶情操，促进学生的身心健康发展。因此，心理委员可以通过心理班会等方式塑造良好的班集体。心理委员开展心理班会要避免单调的说教，要以普及心理知识和带大家做游戏、看电影等方式增加大家的交流时间，增进班级同学之间的感情，同时在活动形式上特别注意增加男女生之间的交流。心理委员可以通过温馨的心理小贴士、轻松而有意义的视频、有智力要求的对抗游戏、以信任和团体协作为内涵的游戏等方式来活跃心理班会的气氛。心理班会活动不仅让同学们在高强度的学习生活中得到休息，更加促进了同学之间的交流，班级凝聚力有极大的提高。另外，随着网络媒体的发展，心理委员可以通过建立班级微博、QQ 群、班级微信等形式，加强班级同学的沟通和交流。

总之，作为心理委员来讲，其主要的任务不是帮学生进行心理咨询、解决心理问题，也不是心理危机干预。他们应该注重积极的因素，通过各种活动促进同学健康成长。

---

① 部分工作方法来自《中国政法大学优秀心理委员工作经验交流材料》。

大学生生命意识缺失及培养对策

刑事司法学院　江乐园

摘　要　大学生是否具备正确的生命意识关系到无数家庭的幸福，也关系到社会的和谐。当前大学生生命意识缺失现象明显，其缺失原因既有外因也有内因。因此，培养大学生生命意识应该从内在层面和外在层面两个方面来抓。

关键词　大学生　生命意识　缺失　培养　对策

2014 年 5 月 15 日，湖南南华大学道桥班学生肖某在校园跳楼，经医院全力抢救无效离世。据了解，这名学生自 2010 年入学后因学业问题两次留级，跳楼前在南华大学贴吧发布贴文，称"今日即将在一教赴死"，校方曾赶到现场劝说，但不幸仍然发生。另据不完全统计，2005 至 2011 年中国大学生自杀事件分别达到 116 起、130起、15 起、33 起、59 起、63 起。这些非正常死亡事件让人感到痛心的同时也让人不得不深思大学生的生命意识何在、生命价值何在，大学生是否具备正确的生命意识关系到无数家庭的幸福，也关系到社会的和谐。

一、大学生生命意识及其缺失

（一）大学生生命意识的内涵

所谓生命意识，指的是每一个现存的生命个体对自己、他人及他物生命的自觉意识，并养成一种相应的自觉行为。大学生的生命意识，顾名思义，则指大学生对自身、他人、他物的生命的认识及对生命价值的理解和感悟，完整的大学生生命意识蕴含了两个方面的内容，即：第一方面指对生命的认识，即对生命现象和生命规律的认知。因为生存是最基本的底线，只有生命存在，才能涉及人的价值和意义等其他问题。第二方面是对生命价值的理解与感悟，也就是生命的存在对自身、他人、集体与社会、自然生态发展的意义。大学生生命意识包含的这两方面内容之间存在着密切的联系，正确的生命认知是形成正确的生命价值的基础，因为，只有在认识生命的基础上，才能对生命产生一定的体验；反过来，积极向上的生命价值能成为生命认知学习的内在动力，同时也是对生命的肯定。[①]

（二）大学生生命意识的缺失

1. 对自然生命爱惜不够

主要表现在三个方面：首先，大学生往往对身体健康重视不够，或是自恃身体强健而不注重保护，或是不爱运动而忽视保养身体，或是宅在宿舍，吃喝不规律……发生在大学生身上不爱惜身体的现象比比皆是，诸如不吃早餐、饥一顿饱一顿、过量饮酒、网络成瘾、熬夜上网、生病不及时治疗等都严重影响大学生的身体健康。其次，大学生破坏环境，残害生态的事件屡屡发生。小到不关水龙头、出门不关灯、乱扔食物、乱倒饭菜、随地吐痰、乱吐食物、乱扔果皮纸屑废电池、随意践踏草坪攀折花木的现象，大到清华大学刘洋的"伤熊事件"、复旦大学张亮的"虐猫事件"等，都凸显出大学生生命意识的缺失。再次，大学生漠视他人生命，伤害他人的情形也不鲜见。一些大学生伤害他人的事件频频见诸报端，云南大学马加爵的"杀害寝室同学事件"、西安音乐学院药家鑫"撞人并刺死伤者事件"等都在一定程度上昭示了当代大学生生命意识的缺失。

2. 生命价值观的偏离

随着近年来大学生各方面的压力增大，大学生自残、自杀事件不少见，彰显着对生活的消极态度。有的大学生否定自我生命，放弃自我生命；有的大学生则游戏自我生命，没有生活目标；还有的大学生喝多自残、心理抑郁自残，甚至还有大学生网上征集自残办法……这些都表现了当代大学生儿戏式地对待生命，他们对待生命的态度不容乐观，缺乏对生命价值的正确理解和积极感悟，或干脆对生命价值予以否定。虽然总体上大学生对生命的主流价值观基本上是正确和积极的，但实际上又存在着不容忽视的价值观偏离现象，如对人生目标模糊、生命幸福感偏低、生命神圣感缺失、生活缺乏乐趣和意义、生命价值取向功利化、生命交往趋向封闭、对其他生命体缺乏信任、对未来缺乏信仰、自我中心严重，等等。

二、大学生生命意识缺失的原因分析

寻找大学生生命意识缺失的原因，既要从大学生自身查找，也要从外部生态环境

---

① 吴翠霞：《生物课堂教学中生命意识培养的研究》，首都师范大学 2007 年学位论文。

上查找，即既有内因，也有外因。

（一）内因

重视自我生命，忽视他人生命，淡化生命责任。大学生习惯于站在自己立场上考虑问题而忽视他人他物的生命，比较注重自我而忽略生命责任，部分学生甚至信奉"人不为己，天诛地灭"的极度自私价值观。在一些校园暴力事件中，往往就是因为大学生过于注重主观感受而不顾及他人，置自我、他人的生命于不顾，最终酿成校园悲剧。另外，在自然灾害面前，虽然大部分同学认为"应该尽我所能捐钱捐物给灾区"，但也有一些同学认为"不用捐，要捐就捐国内的"。可见，当代大学生的生命责任感在一定程度上是较为缺乏的。

心理问题凸显，焦虑情绪加剧，生命抗挫较弱。竞争的压力、生存的焦虑、发展的期许、情感的困惑等各种因素交织使得当代大学生生存生活压力增大，当他们发现实际得到的和希望得到的、自己得到的和他人得到的之间存在差距时，就会产生心理上的失衡。所谓抗挫，就是大学生应对挫折、抵御和对待挫折，大学生抗挫能力普遍较弱，一些无足轻重的小小的挫折和打击，在他们眼里往往成为洪水猛兽，他们无力应对，难以承受，精神崩溃，意志消沉，自暴自弃，有的甚至对人生失去信心，导致他们伤害身体，放弃生命。

人际关系冲突，人际适应不良，漠视现象增加。进入大学后，大部分大学生离开家长的呵护，与来自五湖四海的同学同寝生活四年，与来自全国各地甚至是世界各地的同学同班学习四年，开始独自面对陌生的学习和生活环境，独自生活在新的人际群体里，独自处理师生关系、同学关系和异性关系，会发生环境适应不良和人际不适应的情况，轻者性格孤僻，远离人群，重者则打架斗殴，谩骂侮辱同学，甚至是伤害自己、伤害他人，这都在一定程度上反映了大学生对生命权利、尊严的漠视和践踏。

生命体验消极，生命价值感缺乏，生命满意度低。梅萍教授通过实证调研得出当代大学生"抱有积极开放的人生态度，但实际应对挫折和危机的能力较弱，消极的生命体验加剧了心理危机"[①]的结论。她进一步指出制约大学生心理健康和抗挫能力的更深层次的原因还在于学生对人生、对社会的信仰和态度即人生观、价值观出现了偏差，错误的、不稳定的人生观和价值观，尤其是人格缺陷不仅影响了学生的心理健

---

① 梅萍等：《当代大学生生命价值观教育研究》，中国社会科学出版社 2009 年版。

康，更有可能导致部分大学生无法面对生活中的困境和冲突，走上自杀的绝路。① 大学生人生坐标、价值信仰的缺失使他们方寸之心无以托付，进而对自身生命的价值产生了怀疑，甚至将生活中承受的生存压力与遭受的挫折当做生命不能承受之重而选择用极端的方式来解脱。

（二）外因

导致大学生生命意识缺失的外因有多方面：社会多元价值观误导；社会生存压力加大；学校生命教育缺失；家庭教育的偏差。

社会多元价值观误导。社会已变成一个全方位的多元开放的时代，不论你愿意与否，人类已进入一个全球的世界性社会。全球化的发展虽然给生命教育提供了机遇，但也有挑战和压力，除了生存的压力，更多是源于多元文化和社会思潮带来的价值观冲突、思想迷茫和精神失落。多元的文化、思想观念、价值观以及行为方式导致社会失范现象比较严重，社会冲突不断，如恐怖事件、淫秽传播，吸毒事件等，网络、微博、微信等互联网高科技使得大学生能迅速探知到不良信息，并受到误导，错误地定位人生意义和人生价值，加之他们本身缺乏对生命的透彻认识，因而很难形成正确的生命意识，导致生命意识的缺失。

社会生存压力加大。急剧转变的中国正步入一个压力社会，社会充满了强烈的利益驱动，却没有一套可以遵循的规则体系。社会各阶层的利益结构和社会经济地位正处于大规模的急剧重构过程中，威胁大学生生存甚至生命的不安全因素时时存在，大学生对于自己的未来感到迷惘且不确定，伴随新的应试主义和功利主义的产生，校园里弥漫着种种普遍的焦虑不安的情绪和浮躁的氛围，他们生活在就业压力和危机之中，努力学习的目的是为了学技术、考证书、考研究生，为就业增加砝码，进而忘记或无视生命的本真和意义。这种压力和浮躁威胁着大学生的身心健康，对于部分学生甚至成了"不可承受之重"。

学校生命意识教育失衡。在各种形式的应试教育的压力和根深蒂固的工具理性的共同作用下，功利驱动的教育已无暇顾及其本真的精神意蕴，而成为社会发展的工具、人类谋生的手段，是"半个人"的教育。"半个人"的教育培养出的人往往因利失理，因理丧情，因情丧失人之整体，忘记了人的全面价值和生命的整体意义，成为

---

① 梅萍：《当代大学生生命意识与价值观取向的实证分析》，载《高教探索》，2007 年第 3 期。

"单面人"。① 长期以来，我国的中等教育以高考升学率为核心目标，把重心放在了学业知识的传授上，无暇顾及应试知识之外的人文关怀和生命关怀，使得学生进入大学后情感发育不足，精神无所寄托，陷入精神迷茫和价值危机，从而产生自杀、伤人、践踏生命、游戏人生的现象。中等教育是不为大学负责的，而大学却要对中学教育的缺失和弊端进行纠偏。现代教育成功地教给现代人过现代生活的技能和技巧，却不能教给他们深深意蕴在生活技能里的生命智慧和生存精神。②

家庭生命意识培养失范。中国家庭大学生生命意识的培养一直处于一种失范的状态，具体表现在：第一，家庭中对大学生自然性生命关怀的缺失。自然性生命是最基本的，但一些家庭却缺少对大学生自然生命的关怀，他们忌讳谈论生与死，认为生和死的话题会对孩子产生负面影响，或者回避或者敷衍对待孩子诸如此类的问题，结果导致大学生的生命意识缺失。事实上，没有正确的生死观念，大学生就不能理解生命的难能可贵，就不容易形成珍惜生命、尊重生命的生命意识。还有，一些家长没有对大学生进行安全意识的教育，教育孩子既要学会保护自己，也要做到不伤害他人他物的生命。再有，一些家长没有对大学生进行生命意志的教育，教他们体验人生百味。第二，家庭中对大学生社会性生命关怀的缺失。表现在家庭中是关于集体意识教育的缺失、尊重意识教育的缺失、诚信意识教育的缺失和法律意识教育的缺失等。当前许多家长以片面的、支离的甚至是单一的培养目标来要求孩子，只关心孩子的知识学习和智力发展，而把品德、情感、责任心等心理动力因素置之度外，导致出现越来越多的"单面人"。第三，家庭中对大学生精神性生命关怀的缺失。表现在家庭中是生命信仰教育的缺失、生命审美教育的缺失和生命理想教育的缺失等。例如，有的家长对孩子期望过高，尤其是一些功利性的期望；还有家长使用一些病理性语言无形中伤害、打击或侮辱孩子，导致孩子的生命信仰、生命美和生命理想受到压抑或遭到扼杀，怀疑自身价值，形成自卑心理，自我谴责，自我放弃。

三、大学生生命意识培养的对策思考

从大学生生命意识内涵的两个方面及大学生生命意识缺失的原因分析不难得出，培养大学生生命意识应从内在层面和外在层面两个方面来抓。

---

① 王北生等：《生命的畅想——生命教育视域拓展》，中国社会科学出版社2004年版。
② 刘恩允等：《生命教育：高校德育的缺失与补救》，载《山东师范大学学报（人文社会科学版）》，2011年第3期。

（一）抓内在层面

1. 注重自我教育，加强生命认知

如前文所述，生命认知是生命意识的前提和基础，大学生若缺乏对生命的认知，或没有对生命的正确认知，他就必然不会珍爱生命，生命意识形成将成为空谈。要培养大学生生命意识，必须是大学生个体有自我教育的欲望和学习生命知识的自愿诉求，因此大学生首先应从自我教育做起，自觉地学习生命知识，加强自我生命认知，除了学习生命的起源、自然生命形态、生命体机能机构等自然科学知识之外，还要学习诸如生命的意义和价值等社会科学知识。

2. 重视生命实践，强化生命体验

正如刘次林指出的，一个自杀的大学生如果能体会父母从十月怀胎到含辛茹苦抚养子女上大学的经历，以及漠视和践踏生命所带来的对家庭、对社会的伤害，他就不会把自己的痛苦看做是越不过的大山。[①] 这个观点也反映了大学生生命实践和生命体验的重要性。所谓体验，就是全身心地去关注、感受、欣赏、评价某个事物或事件，而生命体验则顾名思义是大学生在生命成长过程中形成的对生命和生活的感受、感悟和追求，包括对自己的生命经历、生活经验、生命追求和对他人的生活和生命的感受、经验、体验和追求的感悟等。要让大学生有这种亲身体验，就必须让他们深入到生命实践中去，融入社会和自然中去，去体验、丰富自己对生命的认识和生命价值的理解，进而形成积极的生命情感，对自己生命予以体认、肯定、接纳和珍爱，对他者生命乃至整个生命世界有同情、关怀和钟爱的大爱之心。如果大学生缺乏这种体验，就会缺乏对生命的积极的情感，就会产生情感上的荒芜，进而对生命的意义甚至是对生命予以否定。

3. 历练生命意志，增强生命责任

坚强的生命意志会促使大学生勇敢地面对并战胜自己生命过程中的挫折，才会让他们心存相信，心存希望，而有希望之处，生命就会生生不息！而具备坚强的生命意志，生命责任才能真正成为大学生的内在品质，成为他的内在意识。增强大学生生命责任意识，对于大学生认识生命、体验生命、珍惜生命，显得十分迫切与重要，因为一个对生命充满激情与渴望的人是不会漠视生命和践踏生命的，他一定会积极追求真善美的生活。换言之，一个珍爱生命的人，他会对自己的生命负责，对他人的生命负责，也会自觉履行对他人、对集体、对社会的责任，更不会为摆脱一时的痛苦而采取

---

① 刘次林：《幸福教育论》，人民教育出版社 2005 年版。

极端的方式。增强大学生生命责任意识可从三个方面入手：一是个人在为社会、为集体尽责任时，不以回报为前提；二是将本属于个人责任内的事情视为分内之事，而不是当做无比高尚的行为；三是将为他人、为社会尽责任视为应该之事，而不看作是傻瓜的选择。

（二）抓外在层面

1. 家长要重视生命意识培养

首先，家长重视自然性生命意识培养，尊重孩子的生命独立性。家长要转变观念，树立正确的生命意识培养理念，坚持正确的生死观，加强安全意识教育和生命意志教育。父母要对生命的基本特征及生命的发生、发展和完善机制有总体的认识和把握，对孩子生命成长的细节和点滴变化予以关注，重视孩子的生命主体。其次，家长要身体力行，充分发挥榜样示范作用，强化大学生的社会性生命关怀。家长要有乐观的生活态度，当好孩子的精神支柱，热爱集体，做事不投机取巧，践行我国的优良文化传统，忠于职守、孝敬长辈、关爱他人，使自己的言行成为孩子模仿的榜样。再次，家长要努力营造良好的家庭环境，强化对大学生精神性生命意识培养。家庭环境在很大程度上直接影响生命意识教育的结果，不同的家庭环境对生命意识教育效果的影响是不同的，和睦、平等、温馨的和谐家庭氛围能增强学生的积极生命体验和愉快的生命情怀；反之，则会增加学生消极的生命体验和不悦的生命情感，这非常不利于大学生生命意识的积极渗透。

就生命意识培养而言，良好的家庭环境一个重要的表现是父母要重视大学生独有的精神世界。学生的精神世界是独具魅力的，他们从课堂、书籍、网络、电视、歌曲中认识人类生存的永恒主题，他们对贫穷和富有、善良与邪恶、强大与弱小、奖励与惩罚有自己的见解，他们通过梦想、游玩、唱歌等来表达自己的观点，实践自己的想象，验证自己的猜想，宣泄自己的情感，创造着一个丰富的精神世界，作为家长，可加以引导，但切记要尊重。

2. 学校要完善生命意识教育

美国、英国等西方国家从小学时期便开设了生命教育的相关课程，并注重增强孩子的生命体验和生命感悟，让孩子从小就学会尊重生命，珍惜生命。完善学校生命意识教育要让学生认识到生命之真，引导学生感受生命的可贵、有限和脆弱，使学生珍惜和尊重自己的生命，进而珍惜和尊重他人的生命；要让学生追求生命之善，引导学生去发现和完整地理解生命的意义和价值，追求精神世界的丰富，并为实现生命的意义和价值而努力；要让学生凝练生命之美，引导学生以审美的态度来看待生命，接受生命，不管它是鲜花掌声还是坎坷挫折，都要用心去享受生命所赋予的一切。

学校生命意识教育具体可从两方面入手：一是通过开展显性的学校生命教育来促使大学生生命意识觉醒，包括在生命教育课程或生命教育讲座里多注重生命意识渗透，通过完善大学生对生命的认知，包括生命的起源、发展、消亡的整个过程，使得大学生体悟到生命的脆弱、生命的有限、生命的艰辛和可贵。二是注意加强隐性的学校生命意识教育。生命意识更容易通过校园环境、校园文化、校园人际关系等来唤醒，优美的校园环境能唤起大学生珍惜生命、珍爱生活的情怀，高雅的校园文化能起到润物细无声的作用，和谐的师生关系、同学关系能激发学生热爱生命、提升生命的情感。如果说生命意识中认知的部分可以靠说教和灌输来培养，那么情感的部分则要主要靠渗透、陶冶、孕育和激发。

3. 社会要优化生命意识环境

如果说家庭是大学生生命意识培养的根据地，学校是大学生生命意识培养的主阵地，那么社会则是大学生生命意识培养的大课堂。无论个体生命以什么样的自由方式存在，都必须在社会关系系统中体现其生命意义和价值，社会环境尤其是社会文化对个体生命的浸染和提升作用是不言而喻的，所以，要培养大学生的生命意识，需要不断优化生命意识教育的社会大环境。

优化大学生生命意识环境有以下几个思路：一是要营造热爱自然、保护环境的自然生态氛围，有效控制吸毒、暴力和不健康的网络游戏等社会生态氛围，逐渐形成"老吾老以及人之老，幼吾幼以及人之幼"的社会道德氛围。二是要通过制定并执行相关法律、法规来约束人们破坏环境、漠视生命、践踏生命的恶劣行为。三是净化社会文化，用优秀的传统文化和创新的红色文化为生命意识培养提供文化依托，充分彰显生命的内涵和张力，体验生命的现实境遇和终极追求，让大学生学会反思自身的存在价值，学会追寻生命存在的原点，来重新经历、反思自身生命存在的历程。四是呼吁社会团体积极参与，生命意识培养是需要多方联手的，如邀请一些关心和资助生命教育的非政府组织深入高校以讲座、展览等形式宣传生命的意义和价值，引导大学生珍视生命；医院等公共场所提供机会和条件让学生参观，近距离考察和感受抑郁、自杀和伤害等病例，感受生命的可贵；建立死亡博物馆，连同殡仪馆这些机构提供条件和机会让大学生加深对生和死的理解，加深他们的情感体验，由"死"观"生"，培养他们珍惜生命的意识。只有社会环境不断得到优化，在全社会成员中普遍形成一种尊重生命、敬畏生命、热爱生命的良好生态氛围，大学生才会关心自己及他人的存在和生命价值，大学的生命意识培养才会顺理成章。

积极心理学指导下
做好经济困难学生工作的思考

——以中国政法大学商学院 2011 级为例

商学院　李琼华

　　摘　要　帮扶家庭经济困难学生是党和政府在新时期下高度关注的工作之一，高校如何做好家庭经济困难学生的学习、生活、就业，帮助其成长成才，也是长期以来高校工作的重要内容之一。本文结合实际工作，对进入我院学习的 2011 级 53 名家庭经济困难学生进行长期的跟踪、培养、调研，运用积极心理学的方法，鼓励和帮助学生在校学习期间增加对学习和社团工作、实习实践的尝试，进而增加对满足、喜悦、成就感等积极情绪的体验，对自身能力和自我概念形成符合实际的清晰认识，促进其身心健康发展。

　　关键词　积极心理学　家庭经济困难学生

　　随着我国高校体制改革的深入，在校大学生人数的不断增加，家庭经济困难大学生的总数也在随之增加。高校家庭经济困难学生（简称贫困生）是指那些家庭月收入低于当地政府规定的居民平均经济收入和生活平均最低水准线，在校难以维持正常学习和生活的大学生。目前，大学学费高昂，高校云集的大中城市的生活费偏高，给许多中低收入的家庭和偏远的经济欠发达地区家庭带来了经济和精神上的压力。党和政府高度重视贫困大学生的帮扶工作，为了切实解决贫困生上大学的问题，从中央到地方各级政府及学校，建立了助学、奖学、贷款、勤工俭学等一系列的资助体系，这些对于困难家庭的学生来讲无疑是非常重要的。正如有些研究者指出的那样，当前高校学生贫富差距悬殊的现实与社会舆论鼓励小康、富裕的大环境，使得"贫困生"这个原本仅指家庭经济困难学生的称谓，现在俨然成了一个消极群体的代名词。一些研究表明，贫困大学生群体更容易产生诸如自卑、孤独、抑郁、焦虑等情绪，容易对贫困的现实及自我形象产生消极认识。①

在传统的心理学理论指导下，日常工作中高校负责学生工作的老师需要及时发现出现心理问题的学生，及时进行干预，消除学生的负面情绪，帮助他们端正对问题的看法和态度，顺利完成学业，促进学生的心理成长。而积极心理学家 Diener 则认为心理健康有三个标准：一是主观性，心理健康是个人的主观体验，客观条件只作为影响主观体验的潜在因素；二是积极方面，心理健康并非仅仅是消极因素较少，同时也是积极因素较多；三是多维性，心理健康应包括个人生活的各个层面。不是发生在人们身上的事件决定了他们是否感到幸福，而是人们对事件的解释和看法决定人们的幸福感。② 因此，积极心理学以研究人类的力量和美德等为主要内容，包括人的主观体验，如信服感、满意度、快乐等；个体水平上的积极人格品质，如爱的能力、激情、潜能等。它强调心理学的研究从过去对心理问题和心理疾病的关注转向对人类积极力量的关注。

本文通过对中国政法大学商学院 2011 级 53 名家庭经济困难学生为期三年的培养和调查情况为依据，在积极心理学理论③指导下，用积极的方式对贫困生的心理现象进行解读，帮助学生寻找到在学习和生活中增加快乐、喜悦、满意、成就感等积极情绪的条件，正视自身有利和不利因素，形成符合实际的清晰的自我概念，达到个人对校园和社会的良好适用，促进学生的全面发展。

一、贫困原因分析和正视困难教育

（一）贫困生家庭经济困难的原因

贫困生家庭情况不一，呈现多元化现象。首先由于经济历史条件、地理环境、资源状况等限制，中国各地区发展不均衡，呈现东部地区经济水平高于西部地区，即便

---

① 许丽芬：《积极心理学视野下高校贫困生教育探讨》，载《现代商贸工业》，2009 年第 8 期。

② Diener E. Subjective well – being: The science of happiness and a proposal for a national index [J]. American Psychologist, 2000, (55): 34 ~ 43.

③ 积极心理学（Positive Psychology）是 20 世纪末美国心理学界兴起的一个新的研究领域。它是利用心理学目前已比较完善和有效的实验方法与测量手段，来研究人类的力量和美德等积极方面的一个心理学思潮。首先提出积极心理学这一概念的是心理学家 Seligman 和 Csikzentmihlyi。1997 年 Seligman 就任 APA（American Psychiatric Association）主席一职时提出 "积极心理学" 这一概念，随后，愈来愈多的心理学家涉足这一研究领域，逐渐形成了一场积极心理学运动。积极心理学的研究渊源，最早可追溯到 20 世纪 30 年代 Terman 关于天才和婚姻幸福感的研究，以及荣格的关于生活意义的研究。

是同一地区，城乡居民收入差距较大，尤其是在农村地区，以种地、打工为主要收入来源，收入微薄，保障性差。从贫困生源地看，贫困生来源于 21 个省市，其中河北、河南、甘肃、山西、安徽、福建、贵州、黑龙江、内蒙古、山东等省较多，从省份上看，中西部地区占多数；其次，由于天灾人祸等原因，一些家庭发生重大变化，如车祸、疾病、天灾等，使得家庭主要劳动力结构发生变化，甚至一些家庭失去了经济支柱，经济情况发生剧变，家庭经济负担增重，使得部分学生成为了贫困生。三是一些家庭本身负担较重，如单亲家庭，有些家庭有老人、家中有多个子女，这些人无劳动能力且需要赡养，甚至要支付长期的医药费用和抚养费用，致使家庭经济负担重，难以支付孩子在校费用。

在商学院 2011 级 53 名贫困生中，大多数学生是来自农村、贫困县等经济欠发达地区，家庭经济主要来源以务农或者打工为主，经济条件差，大约占贫困生总数的 85%，而且家中有老人、长期病患的家庭占约 90%。

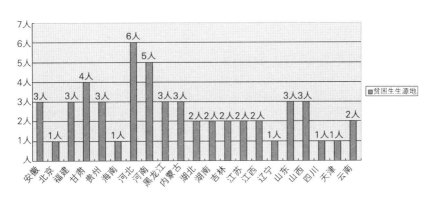

图 1　贫困生生源地

（二）从积极的角度正视家庭经济困难和自身经历

在 2011 年新生入校后对每位同学进行深度辅导中，笔者发现，贫困生普遍存在明显的焦虑情绪，指向物价、未来发展、大学的授课、社团工作、人际关系等方面。在学习上尤其是英语学习上，城乡学生区别明显，在口语和听力方面贫困生明显处于劣势。

在深度辅导中，笔者注重一方面引导学生对经济困难的现状有客观的认识，正是由于家庭有实际的经济困难，所以处于此境地的人才有更强烈的改变现状的动力；另一方面引导学生看到贫困状况下的生活经历对个人成长具有的积极意义。引导学生思考，由于经济条件差，其实父母为他们的成长付出了更多的努力，虽然不一定用语言，但是用实际的行动表达了对子女成长的更深的关爱。和家境优越的学生相比，贫困生同学克服了物质上的压力，意志坚定地追寻自己成才的目标来到大学，本身就说明拥有良好的自制、坚韧、自强、不屈等能力，这些品质在未来的学习和发展中同样是非常重要的，因此以往的经历为未来的发展已经做了坚实的积累。

通过团体辅导的方式，为贫困生讲解一些简单的心理学知识，使他们了解自己压力和负面情绪往往与参照系选择偏差和消极的社会比较及自我期待有关。在当前，享乐主义、拜金主义、实用主义的一些消极思潮对高校大学生有一定影响，我们生活在信息时代，应当提升自己的辨识能力，排除干扰，根据自身的特点和优势，设定职业发展规划和个人成长目标，充分调动自身的潜能，主动克服遇到的学习和工作困难，塑造自立自强、坚忍不拔的品质。在参照系选择和调整自我期待方面，选择积极、健康、向上的身边榜样，在目标选择上，注重实现目标过程的细化和行动力的提高，了解自己的优势和不足，扬长避短，通过达到每一个小目标的体验和努力体会满意和成就感。

二、激发贫困生在学习上的热情

（一）贫困生在专业和学校的适应能力较强

对于贫困生的培养和调研从学生入校时开始，作为非法学专业，在我校以法学为优势学科，多学科共同发展，创建多科性大学发展中，我院在招生过程中每年存在较大比例学生因未达到法学专业录取分数线从我校法学专业或者其他学校经管类专业调剂而来的情况。在工作中我们发现，对经调剂进入我院学习的学生存在必要的学校认同和专业认同教育的问题。笔者发现，与非贫困生相比，对贫困生进行专业认同和学校认同教育的效果良好，学生在对学校和专业的适应能力上明显强于非贫困生同学。

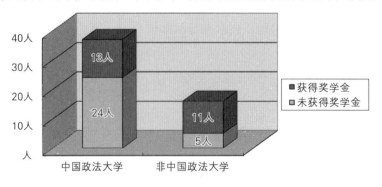

图2　贫困生获得奖学金与第一志愿调查

根据我院对 2011 级 257 名同学的统计，第一志愿报考中国政法大学的，分专业统计为：工商管理专业 71 人，占 62%；经济学专业 16 人，占 50%；成思危现代金融菁英班 17 人，占 55%；国际商务专业 56 人，占 74%。总体来看，第一志愿为中国政法大学的 160 人，占 63%；贫困生同学中第一志愿报考我校的为 37 人，占 70%，高于总体水平。也就是说，贫困生对我校的认同程度高于年级总体水平。

从两个学年的学校各类奖学金获得情况来看，贫困生共有 24 人，在我校因学习优异获得优秀学生奖学金等奖项的，占 45%，明显高于年级平均 30% 的获奖比例。这说明无论是否将中国政法大学作为第一志愿，贫困生进入我校学习后，顺利完成了对学校和专业的认同，专业学习方面适应良好，比一般同学更重视专业学习。

从国内名校之间的交流情况来看，贫困生中成绩优异的同学，共有 9 人被选派到厦门大学、中山大学、南开大学、武汉大学等国内知名院校交流学习，占我院选派人数的 37.5%。这些同学在名校经管类专业的学习经历极大开阔了他们的视野，启发他们对专业学习的思考，并积极参与该校的实习和实践活动，在人际、社会适应、专业问题等方面有明显提升。

（二）贫困生在双学位修读方面更积极

从专业来看，我院 2011 级本科生中第一志愿为法学的共 97 人，占全年级人数的 38%，贫困生中第一志愿为法学的 22 人，其中有 16 人选择修读第二学士学位；贫困生中第一志愿非法学专业的有 31 人，这些同学中有 18 人选择修读法学为第二学士学位。也就是说，在 53 名贫困生同学中，无论其在报考我校时是否有修读法学专业的意向，在进入我校学习后，受我校优势法学资源吸引，都表现出对法学专业的浓厚兴趣。

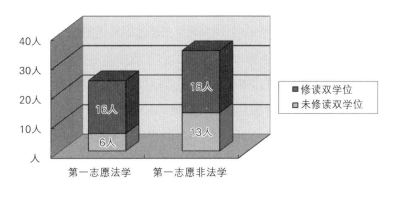

图 3　第一志愿与修读双学位情况

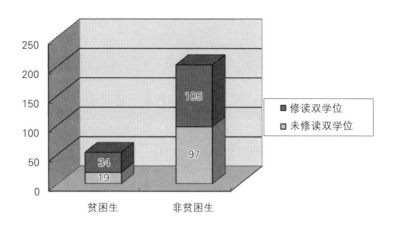

图4　修读双学位情况

和非贫困生在选择修读双学位的数据对比可知，在我院2011级同学中，修读双学位的贫困生34人，占贫困生的64%；非贫困生202人中修读双学位的共105人，占非贫困生的51.9%。可见，贫困生在学习过程中，更加注重对自身的复合型培养，努力在有限的时间内获得更多知识收益，实现自身知识结构的合理化。另外，我校"4+1"的双学士培养方式受到贫困生的青睐，这种方式既满足了同学做更高更好的知识储备，提升自己在就业市场上核心竞争力的要求，同时在时间上相比考研节省，能够更早进入职场缓解自身和家庭经济方面的压力。

（三）高度重视英语学习

当发现部分贫困生在英语学习方面不能达到自己的目标，跟城镇学生相比存在发音、口语不流利、写作等方面的问题后，针对贫困生普遍存在的焦虑情绪，笔者首先帮助学生分析其自身实际水平和自己预期之间的差距，解释焦虑情绪的来源；其次，针对同学提出和重视英语学习的行为积极肯定，这是改善的前提，通过美剧片段对话练习、每天听力半小时、朗读半小时、每周练一套题等具体的学习方案，帮其缓解焦虑，使其对自己完成学习目标不断进行正强化。

经过不懈努力，在2013至2014年的四六级考试中，2011级贫困生四级共50人通过，占94.4%，其中500分以上的共38人，占70.37%。六级48人通过考试，占91.89%，其中500分以上的15人，占40.54%。正是通过这些成绩的取得，贫困生对学业的控制感增加，解决问题的能力提升，更加主动地参与到学校各项生活中去。

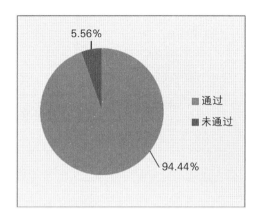

图5　贫困生四级通过率

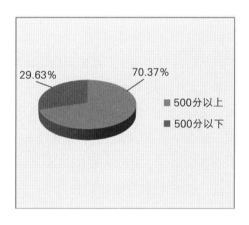

图6　贫困生四级500分以上比例

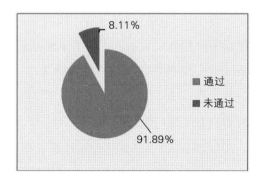

图7　贫困生六级通过率

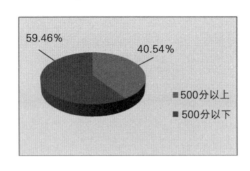

图 8　贫困生六级 500 分以上比例

三、贫困生思想素养和工作能力的培养和提升

贫困生同学进入大学后开始加入社团工作，如何处理学习与社团、班级工作之间的关系是他们必须面对的实际问题。指导他们从就业和锻炼自身工作能力的角度，重视社团工作，注意从积极的角度理解和化解工作中遇到的困难，处理好工作和学业之间的冲突，不仅能够使学生在工作中得到相应锻炼，而且能够增强其自信心和对生活的控制感，提高时间管理、人际交往等方面的能力。

在积极心理学指导下，教育学生从小事做起，从细节着手，将工作能力培养和职业素养提升具体到校园中的勤助岗位、班级社团工作中。以勤助岗位为例，贫困生入校后，大多安排有勤助岗位，笔者在进行团体辅导时，启发学生将勤助岗位或者社团工作作为自己的第一份工作来对待，如准时上下岗位；对分配给自己的工作要表现出高度的责任心；对老师交办的每一项工作要有始有终，清晰交代事情的解决及进展，对于没有办好的事情，向老师解释遇到阻力的环节；换位思考；等等。在学生遇到委屈和误解时，从解决问题的角度分析有利因素，和同学一起感受做这份工作的收获，如认识了新同学、学会了使用办公设备、了解了学校各部门的办公地点、组织了一些活动、学会联系嘉宾、学会说服外联单位提供赞助等等。根据统计，2011 级我院贫困生普遍积极参与社团工作，80% 以上的同学在一年级的勤政岗位上被留任，他们踏实细致的工作和表现得到相关部门老师的肯定。

根据调查统计，2011 级有 46 名贫困生曾担任班干部或社团干部，占贫困生总数的 86.87%；在思想上，贫困生同学积极要求进步，有 37 人参加过党课培训，占贫困生总数的 70%，其中 16 人已经光荣加入了中国共产党，占贫困生的 30%；非贫困生发展入党的 25 人，占非贫困生总数的 12.4%。可见，在积极心理学理论指导下，

图 9　贫困生担任班级或社团干部情况

经过较长时期、分阶段、有目标的培养，2011 级贫困生在校期间在政治理论素养的提高和工作能力锻炼方面均明显高于普通同学的平均水平。

四、贫困生参加竞赛和各类创新项目

（一）广泛参加多项课题

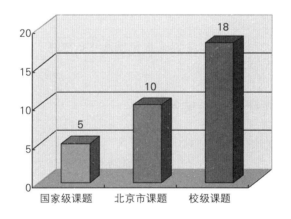

图 10　贫困生参加课题情况

在 2011 年 9 月到 2014 年 5 月，2011 级商学院本科生中 53 名贫困生中，共 33 人参与国家、北京市、校级创新、创业课题中，占贫困生总数的 62%。其中，参与国家级创新课题的有 5 人，参与北京市级课题的有 10 人，参与校级课题的有 18 人。贫困生在选题过程中充分利用生源地人文自然资源，结合环保、创新理念，结合感兴趣的领域，积极参与课题申报、评选，在课题进行中，高效有序地组织团队，发挥协助精神，按时保质地完成课题。

（二）踊跃参与各类比赛

在校期间，积极组织贫困生参加各类比赛，除自强之星、感动法大等项目外，在不同领域、不同级别的比赛中和学生一起发掘潜能和闪光点，如参加辩论赛、创业大赛、北京市青年合唱比赛、财务案例比赛、首都大学生书法比赛、全国数学建模大赛、全国 MBA 案例比赛等项目，注重参赛的整个过程中学生的积极情绪体验，结识到志同道合的朋友，开拓更广阔的视野。在校期间，贫困生共有 33 人参与各项比赛，15 人获奖，占贫困生总数的 28%。

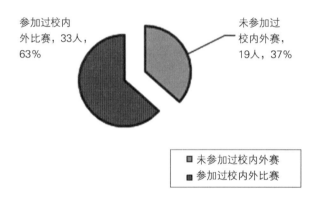

图 11　贫困生参加校内外赛情况

五、在就业、考研方面的准备

（一）目前关于就业方面的计划

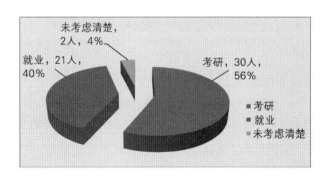

图 12　贫困生就业去向

（二）考研的方向

考研专业的确定方面，我院贫困生中有 30 名同学决定考研；在专业选择上，受辅修和双学位专业的影响主要分为法学类和经管类，据统计，有 13 人选择法学类专业作为考研方向，有 17 人选择经济、管理、金融等领域作为研究生期间学习的方向。

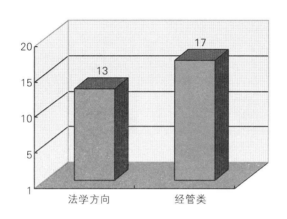

图 13　贫困生考研方向选择

（三）直接就业比例及就业方向统计

在就业过程中，贫困生由于社会资源稀少，是高校就业中需要高度关注的对象，入校后的培养和培训中，从自我概念的逐步清晰、制订符合自身优势的成长计划、了解就业形势、调整就业预期、锁定目标行业和工作岗位、积极准备相关考试、在同类行业和岗位上实习等步骤，针对学生特点提供个性化的指导，不断指出学生在不同学习阶段的进步和某些重要的职业素养的提升，正向强化学生对职业目标的追求。

在进行深度辅导时，笔者比较贫困生对学习规划和职业发展规划中发现，贫困生倾向于本科毕业后直接就业的比例为 40%，高于普通同学（约为 30%）。这和学生实际的经济压力和在校期间为就业做的准备有关。

就业准备方面，经统计发现，2011 级贫困生中除英语四六级证书外，拥有计算机等级证书、证券从业资格证、托福、BEC 中高级、普通话、银行从业资格、人力资源管理师、期货从业资格等一个及以上证书的人有 35 人，占 66%。

就业方向统计，2011 级商院贫困生中，准备本科毕业后直接就业的有 21 人，有意在经济类管理类领域就业的有 18 人，占 85%；有意向考取公务员的（包含在法律和经管类人数中）有 8 人，占 38%，法律类 3 人，占 14%。

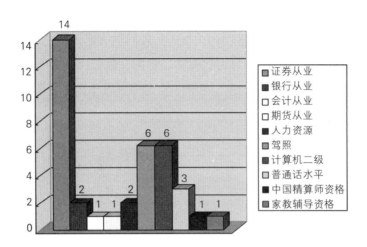

图 14　贫困生证书拥有情况

在实习经历方面，2011 级商学院贫困生从入学开始就关注在具体工作岗位上体验工作能力的提升，截至 2014 年 5 月，在还没有进行学校规定的专业实习前，有实习实践经历者有 34 人，占贫困生总数的 63%，已经参加过一次以上的正规单位实习，实习单位包含教育咨询、航空公司、餐饮连锁公司、银行、税收、会计师事务所、科技公司、广告公司、投资公司、传媒公司、旅游公司、翻译公司、评估公司、中国电信、财经报社、国家行政机关、法院、检察院等不同性质单位。通过实习，贫困生进一步明确了自身和岗位的匹配度，在以后的学习中为就业做更充足的准备。

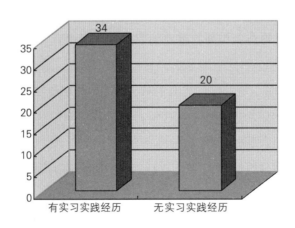

图 15　贫困生实习实践情况

综上，做好贫困生工作是高校实现高等教育"立德树人，全面培养人才"目标的重要工作之一，使用新方法，引入新理论，促进贫困生在高校和社会的良好适应和成长成才是思想教育工作者的重要任务。在对 2011 级贫困生三年来的培养和指导中，笔者在实际工作中，通过主动应用积极心理学理论帮助贫困生厘清自我概念，正视家庭经济困难的实际，赋予自身经历以积极正面的意义，挖掘自身潜力，调整自己适应和应对大学期间的人际关系、情绪管理，深度参与到大学生活的专业学习、班级、社团工作、创新创业项目、各类竞赛中去。贫困生不断在各种活动中加深对自己学习能力和工作能力的锻炼和认识，增强了自信，在勤奋学习和积极交往中体会到大学生活付出的充实感、收获的成就感、每一点滴的进步和喜悦；不断地正向强化学生的主动行为，坚定并耐心地陪伴学生面对和解决遇到的困难，始终相信学生能够对自己的人生和行为负责，永远坚定地对学生说："I know，you can." 通过深入细致的工作，促进贫困生身心健康和全面成长。